2016
中国500强企业发展报告

中国企业联合会
中国企业家协会 编

企业管理出版社

图书在版编目（CIP）数据

2016 中国 500 强企业发展报告 / 中国企业联合会，中国企业家协会编. —北京：企业管理出版社，2016. 8

ISBN 978 - 7 - 5164-1326-5

Ⅰ. ①2… Ⅱ. ①中… ②中… Ⅲ. ①企业发展—研究报告—中国—2016 Ⅳ. ①F279. 2

中国版本图书馆 CIP 数据核字（2016）第 195290 号

书　　名：2016 **中国 500 强企业发展报告**

作　　者：中国企业联合会、中国企业家协会

责任编辑：尤　颖　徐金凤

书　　号：ISBN 978-7-5164-1326-5

出版发行：企业管理出版社

地　　址：北京市海淀区紫竹院南路 17 号　　邮编：100048

网　　址：http：//www. emph. cn

电　　话：出版部：68414643　发行部：68701638　编辑部：68701661

电子信箱：80147@ sina. com　　zbs@ emph. cn

印　　刷：北京联兴盛业印刷股份有限公司

经　　销：新华书店

规　　格：210 毫米×285 毫米　大 16 开　28. 25 印张　700 千字

版　　次：2016 年 8 月第 1 版　2016 年 8 月第 1 次印刷

定　　价：300. 00 元

《2016 中国 500 强企业发展报告》

顾　　问： 袁宝华　张彦宁

主　　编： 王忠禹

副主编： 李德成　王基铭　李建明

践行五大发展理念　推动企业提质增效

中国企业联合会、中国企业家协会会长　王忠禹

党的十八届五中全会通过的《中共中央关于制定国民经济和社会发展第十三个五年规划的建议》提出，必须牢固树立创新、协调、绿色、开放、共享的发展理念。刚刚闭幕的十二届全国人大四次会议通过了“十三五”规划，并对全面贯彻落实“五大发展理念”做出部署。今年是“十三五”开局之年，广大企业要切实践行“五大发展理念”，主动适应、把握和引领经济发展新常态，推动企业以提高发展质量和效益为中心，以推进结构性改革为重点，着力加强创新驱动、结构调整、低碳循环发展、开放合作和提质增效，为促进经济社会持续健康发展、全面建成小康社会做出积极贡献。

一、企业要创新发展

创新是引领企业发展的第一动力。改革开放以来，我国创新能力快速提升，发明专利受理量连续5年世界居首，其中企业获得发明专利授权占国内发明专利授权量的60%以上。高速铁路、核电、第四代移动通信、特高压输变电等一系列重大技术取得突破，带动产品和装备走向世界。但也要看到，我们科技储备还有待加强，高端人才仍然十分匮乏，关键核心技术受制于人的局面尚未根本解决，许多产业仍处于全球价值链的中低端，制约创新发展的思想观念和深层次体制机制的障碍迫切需要革除。广大企业要牢固树立创新发展理念，大力实施创新驱动战略，进一步推动转型升级。一是大力推进企业技术创新，着力攻克一批关键核心技术，在高端制造领域占得先机。紧紧抓住新一代信息技术带来的技术机会，推动互联网、云计算、大数据、物联网等与现代制造业结合。广泛采用国内外先进的新技术、新设备、新工艺、新材料，加快企业技术改造。二是健全促进企业创新体制机制，进一步健全完善有利于企业转变经营模式、商业模式、转变经济发展方式的体制和机制。充分利用好政府鼓励自主创新的各项政策和各种社会资源，搭建企业创新平台，建设企业创新战略联盟。积极推进企业主导的产学研协同创新，坚持“引进来”和“走出去”相结合，把企业创新融入到全社会创新及全球创新网络，形成推进企业创新发展的合力。要结合自身实际，探索创新成果参与分配的有效形式，实施期权股权和分红权激励，充分调动创新人员的积极性。三是不断推动企业管理创新，运用互联网思维，研究分析企业的市场、产品及企业价值链，推进商业模式创新。要

与国际一流企业对标，狠抓管理重点环节，突破管理薄弱环节。要强化精益管理，加强基础管理，推动企业管理工作加快走向规范化、集约化，持续推进降本增效，切实采取措施开源节流，向管理要效率、要效益。

二、企业要协调发展

协调是企业持续健康发展的前提。改革开放以来，我国综合实力不断增强，经济总规模大幅提升，制造业增加值跃居世界第一，高技术产业和战略性新兴产业比重持续上升，有力地支撑了我国经济实力和人民生活水平的大幅提高。但我们要清醒地看到，企业发展中的不协调问题仍然很突出，主要体现在发展方式粗放、部分行业产能过剩严重、一些企业效益下滑、重大安全事故频发等。广大企业要按照中央“去产能、去库存、去杠杆、降成本、补短板”的要求，大力推进供给侧结构性改革，培育壮大战略性新兴产业，推动传统产业向中高端迈进，加快发展现代服务业，持续优化产业组织结构和空间布局，工作中坚持走优质高效的产业发展道路。一是着眼于抢占国际竞争制高点，实施智能制造工程，着力发展智能装备和智能产品，推动生产方式向柔性、智能、精益转变，延伸企业服务链条和服务环节，全面提升企业研发、生产、管理和服务的智能化水平。二是发展战略性新兴产业，通过统筹科技研发、产业化、标准制定和应用示范等措施，在新一代信息技术产业、高端装备制造业、新材料产业、新能源产业和生物产业实现新的突破。三是在不断优化升级传统产业的同时，进一步推动服务业特别是生产性服务业的大发展。把改造提升传统产业与发展新兴产业更好结合起来，推广应用新技术、新工艺、新装备、新材料，更好满足消费者的高品质需求，提高生产技术水平和效益，加快发展电子商务、现代物流等新兴市场业态，大力发展大数据、云计算等高端产业，积极发展售后服务，提高服务质量，完善服务标准。

三、企业要绿色发展

绿色是企业永续发展的必要条件。党的十八大以来，党中央把环境保护摆到更加重要的位置，治理进程明显加快，生态文明建设取得新成就。但我国资源约束趋紧，环境污染严重，生态系统退化，发展与人口资源环境之间的矛盾日益突出，已成为经济社会发展的重大瓶颈制约。企业作为自然环境的利用者和受益者，要积极响应党中央、国务院的号召，顺应时代潮流，进一步增强责任感和自觉性，切实转变发展理念，采取更加有力的措施，把资源消耗、环境损害、生态效益纳入企业发展评价体系，加快形成资源节约、环境友好的生产方式，努力在转变发展方式上取得突破性进展。一是大力发展和运用能够大幅减少能源消耗和直接温室气体排放的新低碳技术，建设以低排放为特征的企业生产体系，推进资源高效循环利用，充分利用余热、余压、废气、废水、废液、废渣，发展循环经济。二是以精益管理为主线，进一步做好节能减排、清洁生产工作，加快推进能源管理体系建设，完善能耗内部控制管理模型，提高能源管控水平，推动低碳循环发展。三是加强能源、资源集约管理，积极利用先进适用的节能降耗技术、工艺和装备实施技术改造，淘汰落后工艺和设备，提高资源、能源利用效率，减少浪费，主动推进产品结构调整升级，逐步淘汰高能耗、低附加值产品，开发低耗能、高附加值的产品。

四、企业要开放发展

开放是企业走出去的必由之路。改革开放以来，从建立经济特区，到推动对外贸易、利用外资，再到加入世贸组织，我国发展的历程是对外开放不断扩大和深化的历程。但从总体上看，我国对外开放水平还不够高，用好国际国内两个市场、两种资源的能力还不够强，应对国际贸易摩擦、争取国际经济话语权的能力还比较弱，运用国际贸易规则的本领也不够强。在我国已进入与世界深度互动的新阶段，企业融入国际经济体系的步伐将进一步加快。广大企业要充分利用国际经济结构深刻调整和世界经济温和复苏的历史性机遇，加快推进国际化经营，增强在全球范围内配置和重组资源的能力，做到走得出、站得住、有实效。一是进一步发挥竞争优势，合理选择投资方式，在全球范围内统筹布局生产和营销力量，特别是在“一带一路”中主动作为，进一步完善国际优先发展战略，努力形成与世界各国深度融合的互利合作格局，为经济全球化以及各个国家互利共赢发展新格局的形成发挥重要作用。二是在巩固和提高传统优势产品竞争力的同时，大力发展服务贸易，壮大装备制造等新的出口主导产业，有序推进钢铁、有色、建材、铁路、电力、化工、轻纺、汽车、通信、工程机械、航空航天、船舶和海洋工程等重点行业国际产能和装备制造合作，带动我国装备、技术和服务输出。三是积极参与全球经济治理和公共产品供给，进一步掌握国际通行的游戏规则和所在国的法律法规及政治、经济、社会、文化背景，警惕和防范“走出去”的各种风险。

五、企业要共享发展

共享是企业构建和谐劳动关系的要求。改革开放以来，我国职工生活水平、收入水平、社会保障水平持续提高，但也存在收入差距较大、劳动关系矛盾增多、部分职工就业和生活比较困难等问题。企业作为社会财富创造者和劳动力使用者，要坚持发展为了职工、发展依靠职工、发展成果与职工共享，进一步加强和谐劳动关系建设。一是坚持以人为本的理念，努力营造尊重劳动、尊重知识、尊重人才、尊重创造的浓厚氛围，让劳动者体面劳动，有尊严地生活。二是不断加强和完善民主管理制度，健全科学的工资增长机制、支付保障机制，让企业发展惠及广大职工。三是不断提高劳动者的技术素质和就业能力，加强培训投入，加强校企合作，大力开展就业技能培训、岗位技能提升培训和创业培训，激发职工群众推动企业持续健康发展的潜能。

（本文摘自作者2016年4月17日在全国企业管理创新大会上的讲话）

目　　录

The Development Report on 2016 China Top 500 Enterprises

Contents

第一章
2016 中国企业 500 强分析报告

2016 中国企业 500 强是由中国企业联合会、中国企业家协会连续第 15 次向社会发布的“中国企业 500 强”排行榜。2015 年，中国企业 500 强呈现出诸多新特点：企业增长动力处于转换之中，企业盈利能力的分化特征明显；大企业产业分布处于深刻调整之中，传统制造业面临大挑战，新兴产业和服务业总体快速增长。面向“十三五”发展，中国 500 强企业需要勇于面对国内外经济社会发展变化带来的挑战，抓住时代机遇，加强自身变革，从规模扩张型向质量效益型、创新发展型转变，引领行业技术和时代发展，为实现国家全面建成小康社会奋斗目标贡献力量。

一、2016 中国企业 500 强的规模特征

中国企业 500 强是一个大企业群体，它们大多数都是行业龙头企业或地区支柱企业，它们拥有约 5 万家控股子公司、1.03 万家参股公司、1.26 万家分公司，在国民经济与社会发展中有着重要作用。

1. 500 家大企业的总体规模

2016 中国企业 500 强的营业收入总额达到了 59.46 万亿元，与上年中国企业 500 强营收总额持平；500 强营收总额相当于 2015 年中国国内生产总值（GDP）67.67 万亿元的 87.87%，比值连续两年下降（参见图 1-1）。

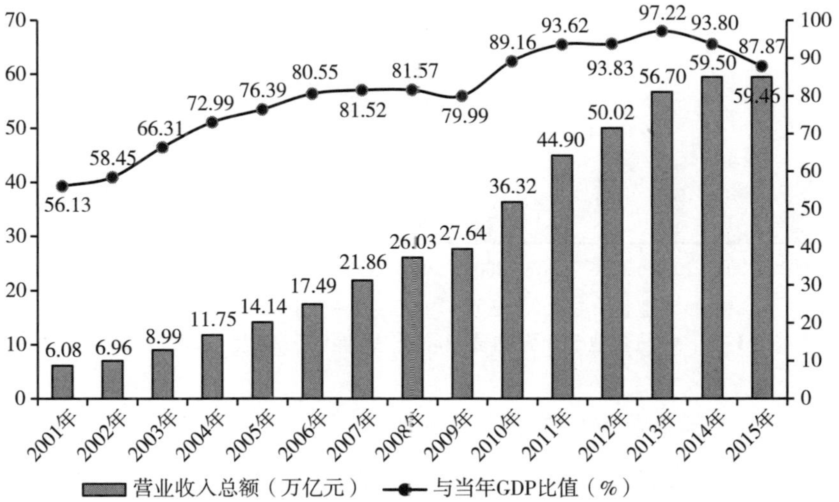

图 1-1　中国企业 500 强的营业收入总额及其与当年 GDP 百分比

2. 营业收入总额首次出现负增长

（1）2016 中国企业 500 强的入围门槛为 243.46 亿元，较上年 500 强增长了 7.36 亿元，增幅较上年略有降低（参见图 1-2）。

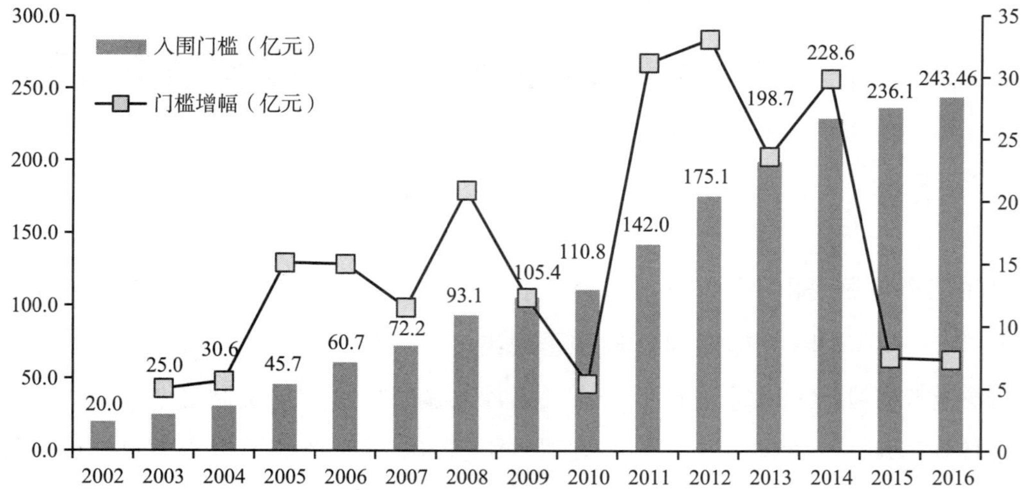

图 1-2 中国企业 500 强的入围门槛及增幅（2002-2016）

（2）营业收入总额首次负增长，资产总额增速有所反弹。2016 中国企业 500 强的营业收入总额达到 59.46 万亿元，同口径同比下降了 0.98%，较上年 500 强营收总额下降了 0.07%，为中国企业 500 强历史上首次出现营收规模下降现象（参见图 1-3）。

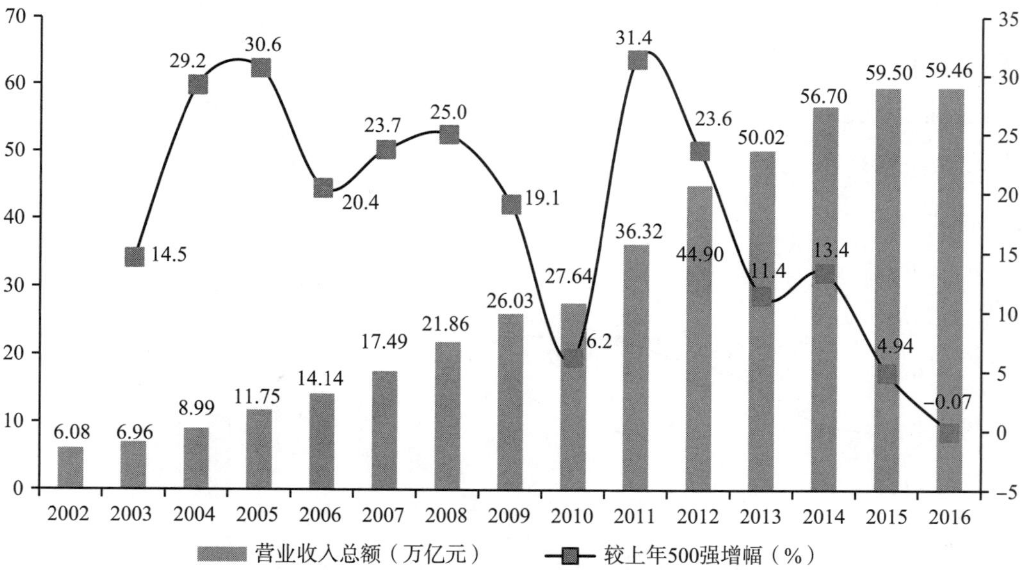

图 1-3 中国企业 500 强的营业收入总额和增长幅度（2002—2016）

从资产总额看，2016 中国企业 500 强资产总额达到 223.27 万亿元，同口径同比增长了 12.62%；较上年 500 强资产总额 197.6 万亿元增长了 12.99%，增幅较上年略有扩大（参见图 1-4）。从趋势上看，国际金融危机以来中国企业 500 强的资产总额增幅总体呈现下滑态势。从行业结构上看，223.27

万亿资产总额中，高负债经营特征的银行和保险企业资产合计达到144.56 万亿元，占64.75%，非金融企业资产总额约占1/3 强。

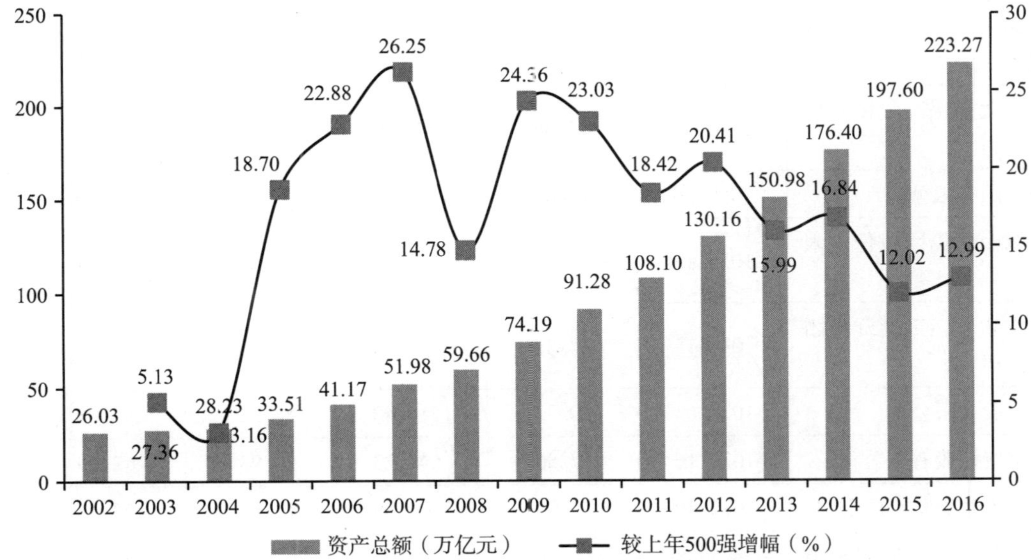

图 1-4 中国企业 500 强的营业收入总额和资产总额（2002—2016）

3. 超千亿元的大企业群体继续扩容

2016 中国企业 500 强中，营业收入超过 1000 亿元的共有 152 家，其中包括 4 家超过 1 万亿元的大企业：国家电网公司（2.07 万亿元）、中国石油天然气集团（1.88 万亿元）、中国石油化工集团（1.85 万亿元）、中国工商银行（1.08 万亿元）。4 家万亿级企业的营业收入只有中国工商银行有所增长（4.90%），其他 3 家均不同程度减少，特别是中国石油天然气集团和中国石油化工集团的营业收入都各自比上年下降了 1 万亿元左右，降幅均超过 30%（参见表 1-1）。

表 1-1 2016 中国企业 500 强中营业收入超万亿的企业

排名	企业名称	营业收入（亿元）	营收增幅（%）	资产（亿元）	资产增幅（%）	净利润（亿元）	净利润增幅（%）
1	国家电网公司	20713.49	-0.96	31074.43	7.42	641.10	6.22
2	中国石油天然气集团公司	18807.36	-31.11	40340.98	2.43	445.60	-55.79
3	中国石油化工集团公司	18497.78	-35.99	20585.08	-3.80	225.91	-24.94
4	中国工商银行股份有限公司	10798.38	4.90	222097.80	7.76	2771.31	0.48

其他营业收入超过 1000 亿元的大企业有 148 家，比上年净增 8 家，12 家企业新晋千亿级企业（参见表 1-2）。新增的 12 家企业表现最抢眼的是 3 家保险公司（泰康人寿、中国太平保险、太平人寿）和 2 家互联网公司（腾讯控股、阿里巴巴集团），它们不但营业收入大幅增长，利润也大幅增长。

表 1-2　2016 中国企业 500 强中的新晋千亿级企业

排名	企业名称	营业收入（亿元）	营收增幅（%）	资产（亿元）	资产增幅（%）	净利润（亿元）	净利润增幅（%）
114	泰康人寿保险股份有限公司	1323.13	34.47	5698.83	8.03	105.96	54.31
129	中国太平保险集团有限责任公司	1110.91	25.34	4121.02	16.70	28.00	36.27
132	三胞集团有限公司	1080.70	27.04	1020.99	27.61	17.06	25.43
133	上海医药集团股份有限公司	1055.17	14.20	743.44	15.55	28.77	11.03
138	天津渤海轻工投资集团有限公司	1038.15	14.88	657.74	22.88	14.77	12.42
140	腾讯控股有限公司	1028.63	30.32	1514.40	58.01	291.08	21.85
141	厦门国贸控股有限公司	1026.16	17.86	648.23	20.93	2.99	57.93
142	太平人寿保险有限公司	1022.49	56.95	3300.89	12.41	55.28	102.43
146	四川长虹电子控股集团有限公司	1014.99	8.96	660.89	-10.19	0.46	扭亏
148	阿里巴巴集团控股有限公司	1011.43	32.73	3644.50	42.68	714.60	195.91
150	中兴通讯股份有限公司	1001.86	22.97	1208.94	13.82	32.08	21.81
152	大冶有色金属集团控股有限公司	1001.28	4.46	350.66	6.87	-4.85	-752.9

4. 企业间的规模差距总体在缩小

用规模大小来评价不同行业领域的企业，本身意义并不大，即使同行业企业之间的规模差距大也是正常的。但仅从数据本身看，近 10 多年来，500 强第 1 名和第 500 名的营业收入之比总体上呈现缩小态势，近 10 多年的中国企业 500 强的变异系数的总体趋势也呈缩小态势（参见图 1-5）

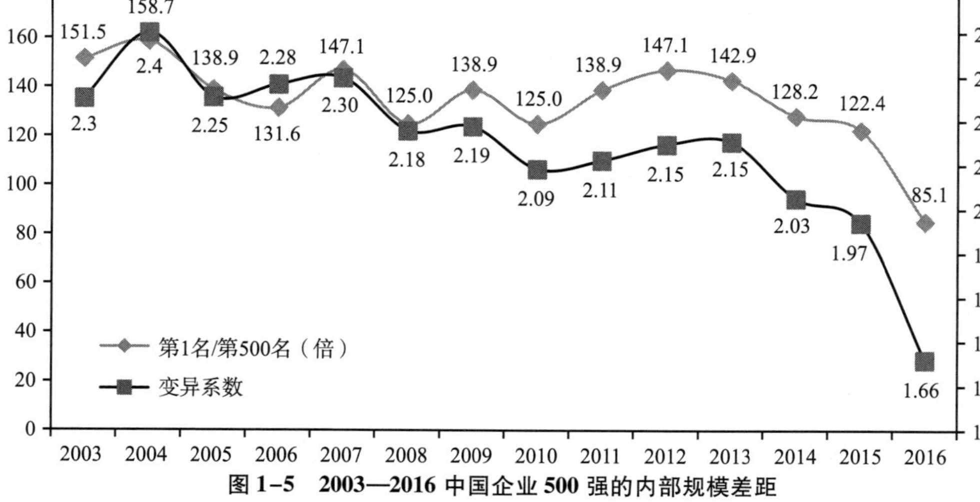

图 1-5　2003—2016 中国企业 500 强的内部规模差距

二、2016 中国企业 500 强的效益特征

经济增长速度阶梯型下行对大企业效益的影响很大，基本情况是：500 强企业的总体亏损面进一步扩大，利润增长率和利润率处于较低水平。

1. 企业亏损面和亏损额都显著增加

2016 中国企业 500 强中，亏损企业有 72 家，比上年 500 强增加了 15 家，亏损面为 14.4%；72 家企业的亏损额达到 1478.14 亿元。从图 1-6 可以看到，中国企业 500 强近四年的亏损面和亏损额都持续上升，这反映了中国大企业当前面临着严峻的调结构和脱困问题。

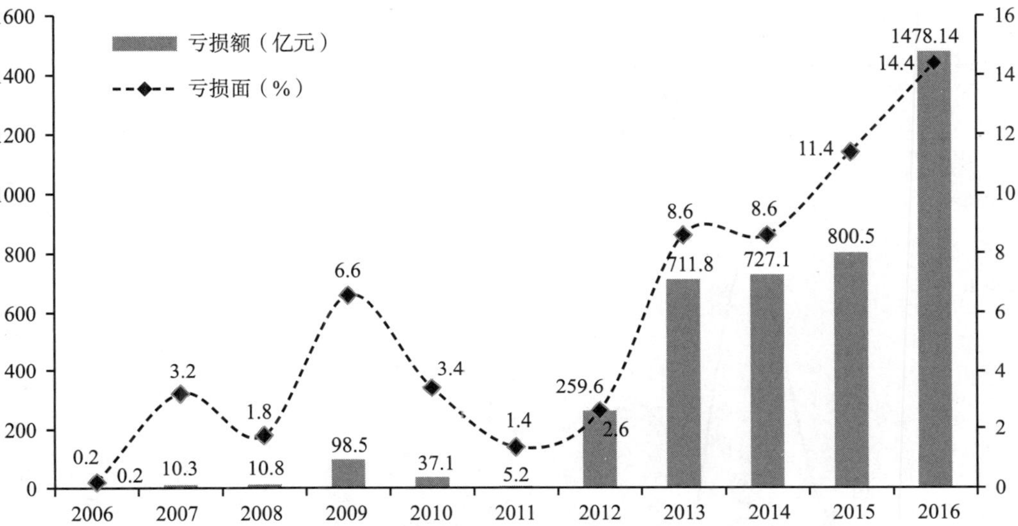

图 1-6 中国企业 500 强的亏损面和亏损额趋势（2006—2016）

72 家亏损企业的资产总额达到 10.3 万亿元，占 500 强中非金融企业资产总额 70.81 万亿元的 14.56%；它们主要集中在重化工领域，包括钢铁 21 家（增加了 10 家）、煤炭 17 家（较上年减少 1 家）、有色 11 家（较上年增加 3 家）、建材 2 家（与上年同）、化工 2 家、港口 2 家。72 家亏损企业中有 5 家民营企业、12 家中央国有企业、55 家地方国有企业。

2. 营业收入、净利润下降企业数量都明显增加

2016 中国企业 500 强中，营业收入负增长的有 155 家，较上年增加了 61 家；净利润负增长的有 170 家，较之上年基本持平（参见图 1-7），另有 25 家亏损加大的企业。营业收入负增长和净利润负增长的企业主要集中在煤炭、钢铁、化工、石油石化、房地产等行业领域。

3. 净利润增速处于较低增长水平

2016 中国企业 500 强的净利润总额达到 2.74 万亿元（6 家企业未提供净利润数据），同口径同比增长了 3.47%，较上年 500 强的 2.58 万亿元净利润增长了 6.20%，净利润增速保持在较低水平上（参见图 1-8）。

从收入利润率和资产利润率看，近几年也进入一个较为稳定的新阶段。2016 中国企业 500 强的收入利润率为 4.61%，较上年 500 强有所上升；资产利润率为 1.23%，连续 5 年下降（参见图 1-9）。近两年的收入利润率和资产利润率走势有比较明显的"背离"现象。

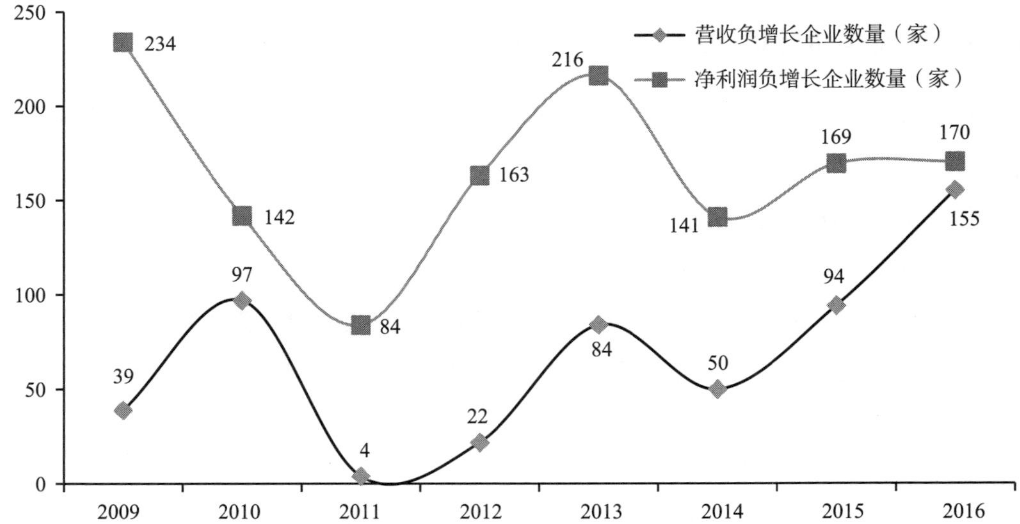

图 1-7　中国企业 500 强中营业收入和净利润出现负增长的企业数量（2009—2016）

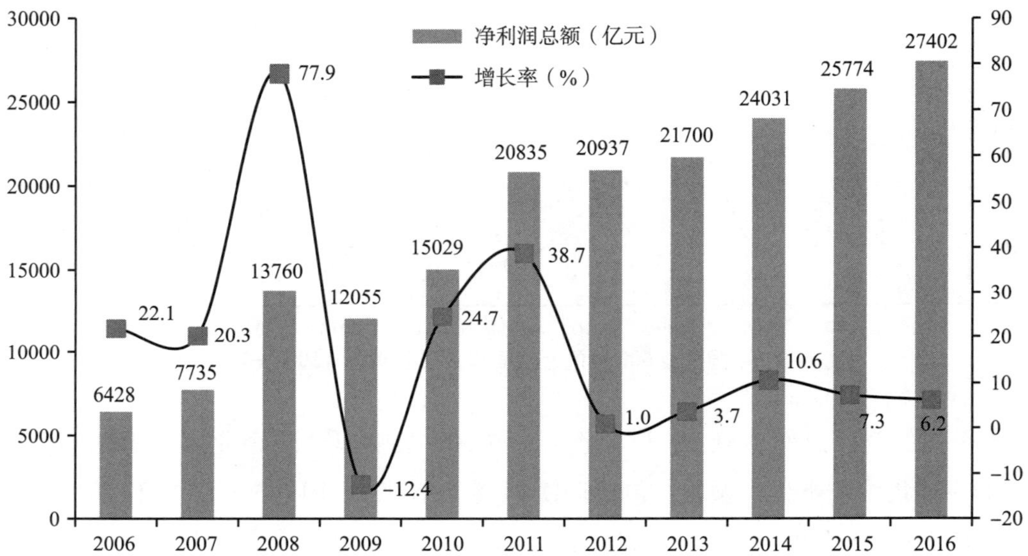

图 1-8　中国企业 500 强的净利润及增长率趋势（2006—2016）

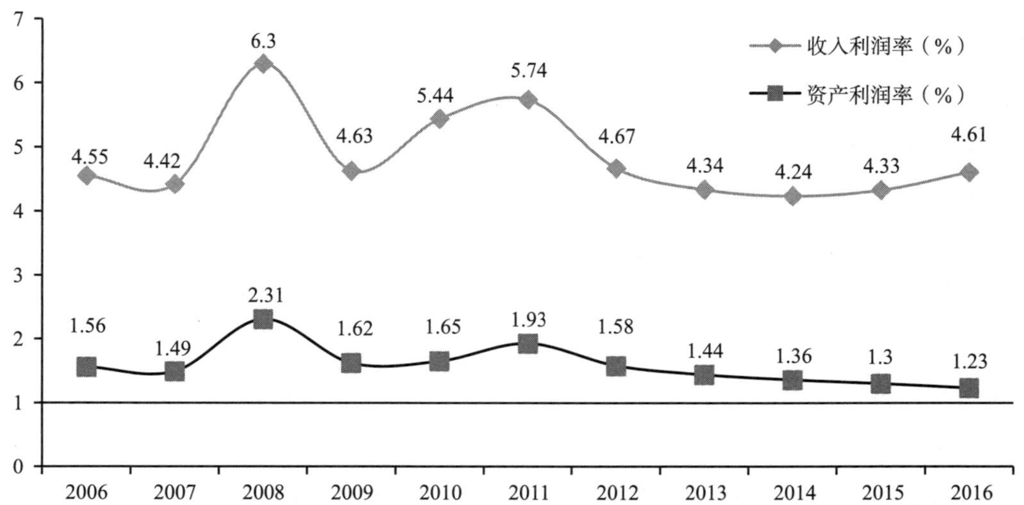

图 1-9　中国企业 500 强的营业收入利润率和资产利润率趋势（2006—2016）

4. 平均净资产收益率连续4年下降

2015中国企业500强的净资产为28.55万亿元，平均净资产收益率为9.60%，较上年500强该指标进一步降低，连续4年下降（参见图1-10）。从近十多年来国际比较看，中国企业500强与世界500强、美国企业500强在平均净资产收益率上基本保持了同步波动。

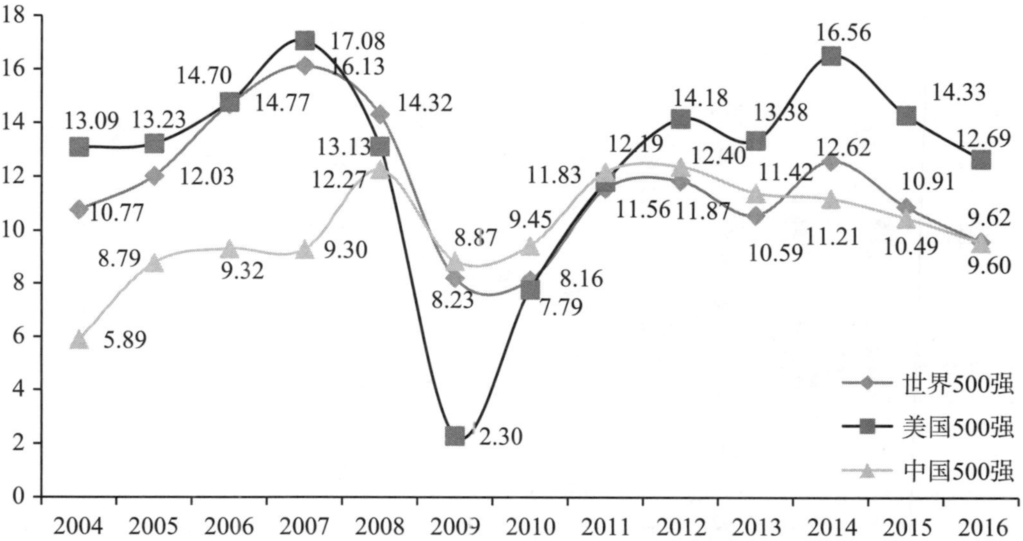

图1-10 世界、美国、中国企业500强的净资产收益率比较（2004—2016）

如果按照2015年我国商业银行1年期定期存款利率2%算，2016中国企业500强中，有107家企业的净资产收益率低于或等于2%；其中，72家企业的净资产收益率是负的。这107家大企业合计资产有13.37万亿元，其中有92家国有企业，合计资产12.76万亿元，主要分布在煤炭、钢铁、有色等行业。

5. 缴税总额增速有所下降

2016中国企业500强共实缴税收总额4.04万亿元，同口径同比纳税增长了0.68%；较上年500强企业纳税总额3.98万亿元增长了1.51%，增长幅度连续四年下降；500家大企业的缴税总额（10家未提供缴税数据）占2015年我国税收收入12.49万亿元的32.35%，占比连续5年下降（参见图1-11）。

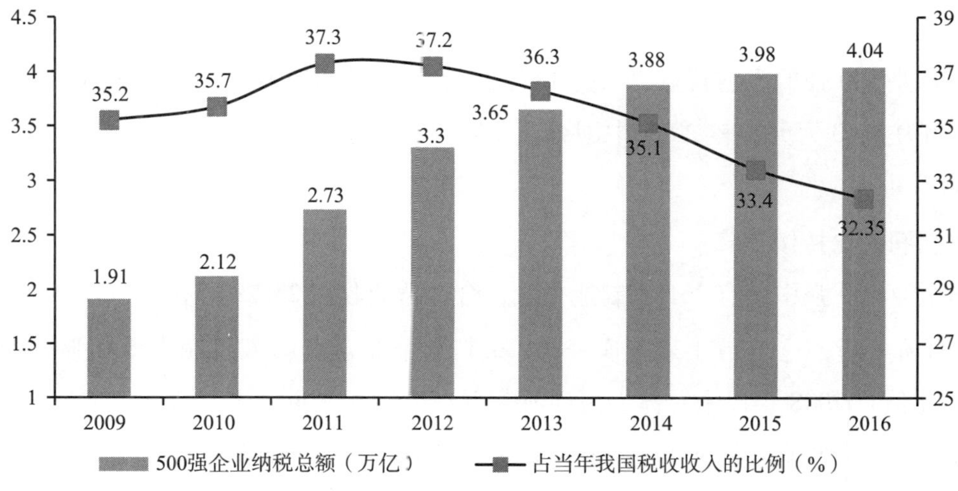

图1-11 中国企业500强纳税总额占当年我国税收收入的比例（2009—2016）

6. 员工总数连续 5 年保持总体稳定

近年来，500 家大企业的员工总数维持在 3100 万人上下。2016 中国企业 500 强共有员工人数 3175.9 万人（6 家企业未提供员工数据），较上年 500 强员工总数增长了 2.11%，近几年增长幅度保持在较低水平上。

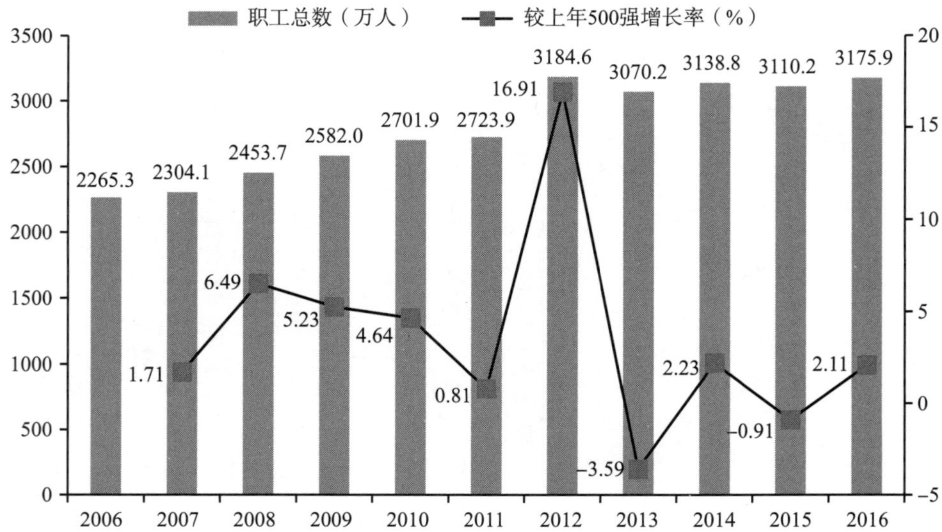

图 1-12　中国企业 500 强的员工人数及其增长率（2006—2016）

其中，员工数量减少的企业有 224 家，较上年增加了 28 家。从员工减少企业的行业分布看，有 133 家制造业企业、48 家服务业企业；从具体行业来看，钢铁企业有 40 家，减少幅度最大的钢铁企业达到 20.35%；煤炭企业有 21 家；其他还有 19 家建筑企业、14 家有色企业（含黄金）、11 家农业食品企业、10 家化工企业、7 家汽车企业、6 家发电及能源企业、6 家建材企业、5 家石油石化企业也不同程度出现员工数量减少现象。从所有制结构看，155 家国有企业、69 家民营企业出现不同程度员工数量减少现象。

员工数量增长的有 258 家，包括 136 家国有企业、117 家民营企业；包括 115 家制造企业、106 家服务业企业。从行业分布看，27 家金融企业、12 家 IT 和互联网公司、7 家保险公司的员工数量增加比较明显。

2016 中国企业 500 强的人均营业收入为 187.23 万元，较 2015 中国企业 500 强该指标略有下降；实现人均净利润为 8.63 万元，较 2015 中国企业 500 强提高了 0.43 万元，近七年总体在波动中上升（参见图 1-13）。

7. 制造业利润占比持续下降

2016 中国企业 500 强中，有 261 家制造企业，合计营业收入 23.29 万亿元，较上年 500 强中的制造业营收总额有所下降，这是历年来首次。261 家制造企业营业收入总额占 500 强营业收入总额的 39.17%。这一比值自 2008 年以来总体上呈现显著下滑态势（参见图 1-14）。

从净利润指标看，中国企业 500 强中制造业企业的利润占比的下降幅度更大。2016 中国企业 500 强中的 261 家制造企业，其净利润总额为 4679.0 亿元，占 500 强净利润总额的 17.08%。这一百分比

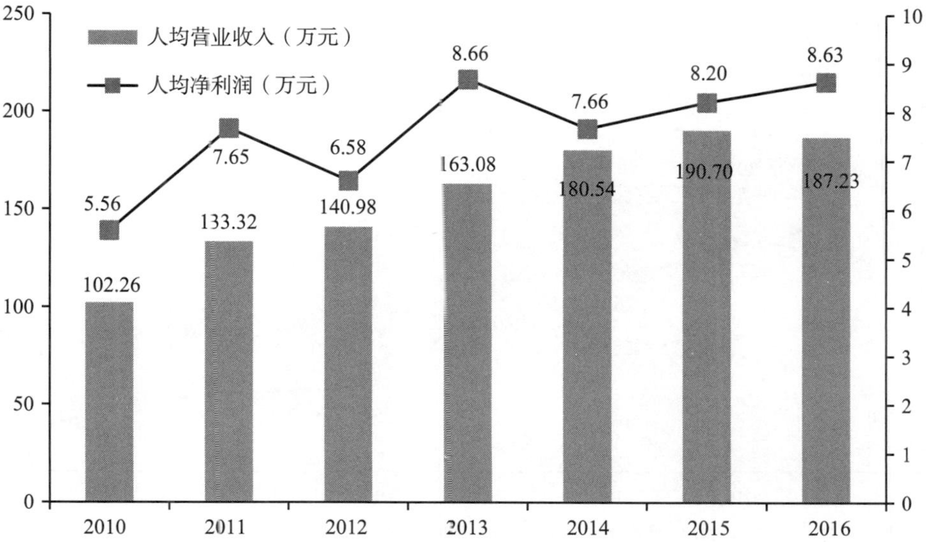

图1-13 中国企业500强的人均营业收入和人均净利润（2010-2016）

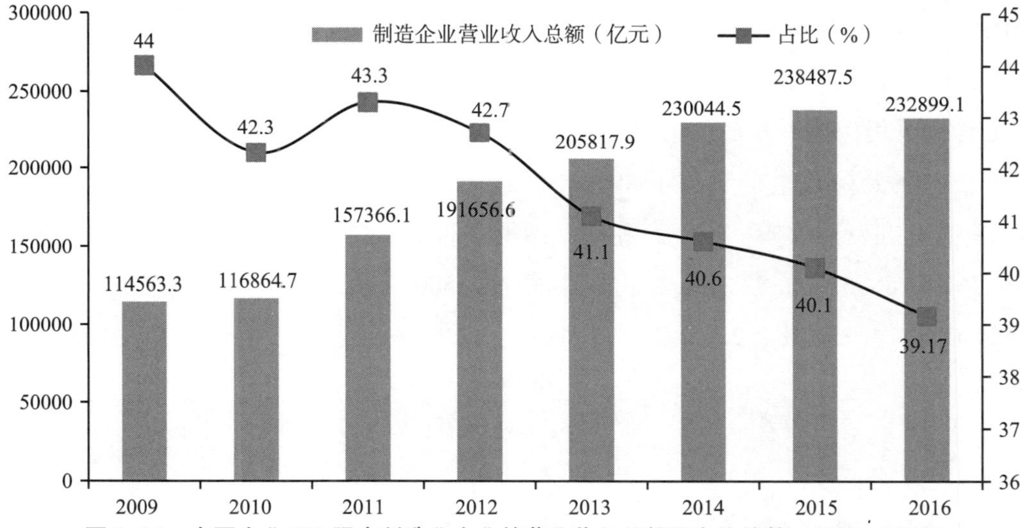

图1-14 中国企业500强中制造业企业的营业收入总额及占比趋势（2009—2016）

注：2009—2016中国企业500强分别有294、279、279、272、268、260、266、261家制造企业。

自2011年以来持续下跌。与制造业企业相对应的是银行。2015年，五大国有商业银行共实现净利润9232.3亿元，占33.69%，占比较上年明显下降（参见图1-15）。这正是此前中国企业500强报告所预测的那样，大银行的经营绩效必然会受到制造业经营困难的影响。如何推进金融改革，使银行部门与制造部门能够形成良性互动关系，是未来我国金融改革的重要问题。

三、2016中国企业500强的所有制格局

企业的所有制属性分为国有及国有控股、民营两类。其中，国有及国有控股可分为中央国有（包括中央金融企业、中央非金融企业）、地方国有企业（包括地方政府控股、兵团控股、高校控股、国有企业控股等）两类，民营则包括私营企业、集体企业等非外资控股、非国有控股企业。

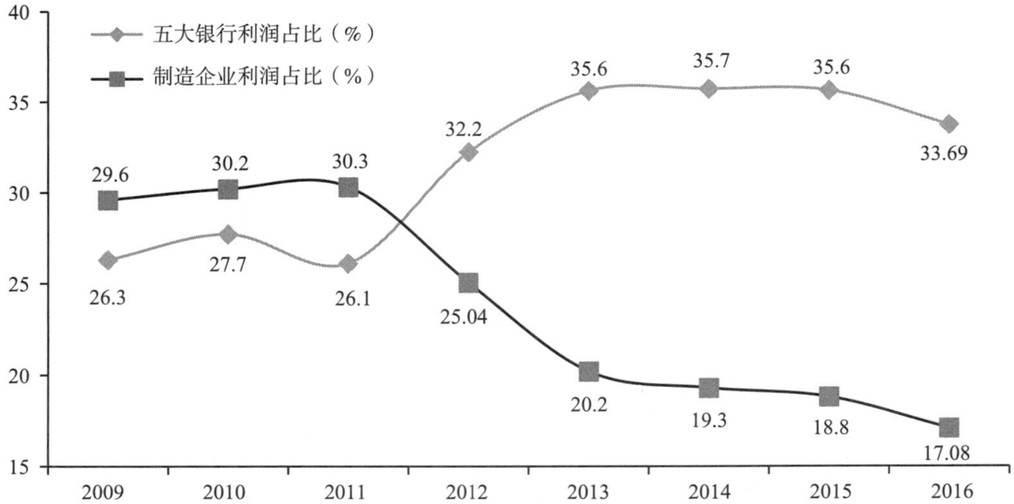

图 1-15　五大国有商业银行与历年制造业企业的利润占比趋势（2009—2016）

注：2009—2016 中国企业 500 强分别有 294、279、279、272、268、260、266、261 家制造企业。

1. 中国企业 500 强的所有制格局

2016 中国企业 500 强中有 295 家国有企业、205 家民营企业，分别占 500 家企业的 59% 和 41%，国有企业的上榜数量仍保持近六成的上榜比例，仍具有数量优势。

尽管民营企业在上榜数量上超过了 40%，但它们与国有企业的差距还非常大。2016 中国企业 500 强中，国有企业在营业收入、资产、利润、纳税、职工人数等指标上，分别占 500 强的 75.94%、89.74%、76.76%、88.51%、81.09%，占了中国企业 500 强“总盘子”的大多数；民营企业的上述指标分别占 24.06%、10.26%、23.24%、11.49%、18.91%（参见表 1-3、图 1-17）。

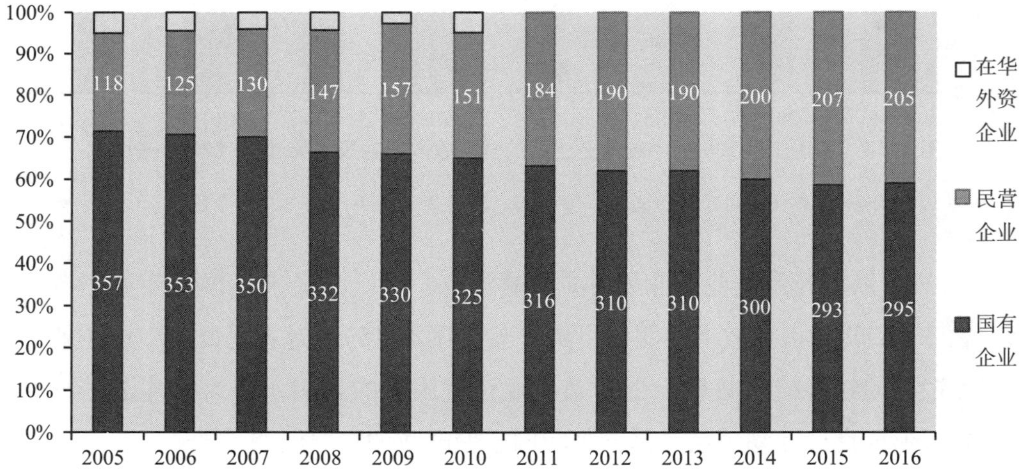

图 1-16　中国企业 500 强中国企和民企数量对比图（2005—2016）

注：自 2011 中国企业 500 强后不再统计在华外资企业。

表 1-3 2016 中国企业 500 强主要指标（按所有制）

所有制	企业数	营业收入（亿元）	净利润总额（亿元）	资产总额（亿元）	所有者权益（亿元）	纳税总额（亿元）	员工数（万人）
全国	500	594623.07	27402.36	2232721.61	285454.22	40421.11	3175.87
中央国有	84	285978.13	16783.94	1559756.67	188101.64	23939.70	1663.31
地方国有	211	165562.17	4251.14	443894.10	55755.91	11835.10	911.99
民营	205	143082.77	6367.28	229070.84	41596.68	4646.31	600.57

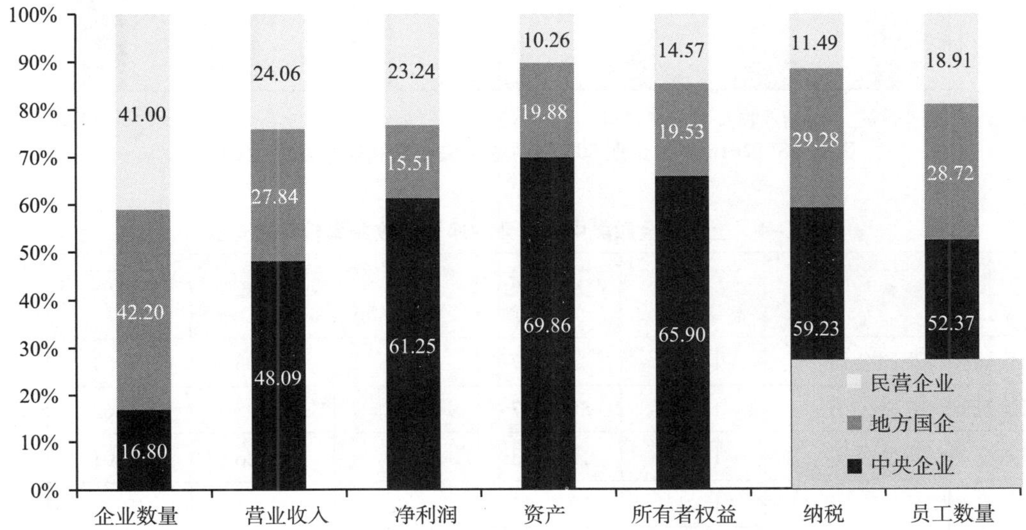

图 1-17 2016 中国企业 500 强主要指标的所有制分布

2. 500 强里的中央国有企业

中央企业在中国企业 500 强中占有重要地位。2016 中国企业 500 强中，共有 84 家中央企业上榜，包括 69 家国务院国资委监管的中央企业、15 家金融企业（商业银行、保险公司、金融控股公司、政策性金融公司，含中国邮政集团，不含招商银行）。

84 家中央企业在数量上，占 500 强企业的 16.8%，但在营业收入、净利润、资产、所有者权益、纳税、员工人数等指标上占 500 强的“半壁江山”或甚至七成。84 家企业合计营业收入占 500 强营业收入总额的 48.09%，合计资产占 500 强资产总额的 69.86%，合计净利润占 500 强净利润总额的 61.25%，合计所有者权益占 500 强的 65.90%，合计纳税额占 500 强纳税总额的 59.23%，合计职工人数占 52.37%（参见图 1-17）。

非金融中央企业方面，2016 中国企业 500 强中共有 69 家企业上榜，超过一半的国资委监管中央企业上榜（共 104 家，上榜率达到 66.35%）。第一，营业收入方面，有 35 家企业负增长，企业数量超过 50%。第二，亏损面方面，有 12 家亏损，亏损面 17.39%；有 20 家企业净利润下降，另有 5 家亏损额加大、4 家亏损额缩小、3 家扭亏为盈。第三，员工数量方面，有 40 家企业员工数量有所下降，下降幅度最大的企业达到-17.78%（净减少约 2 万人）。第四，行业分布方面，航空航天、军工、电网效益良好，石油石化、钢铁、煤炭、建材等行业营收和净利润均大幅下降。表 1-4 展示了上榜央企中净资产收益率比较高的企业情况。

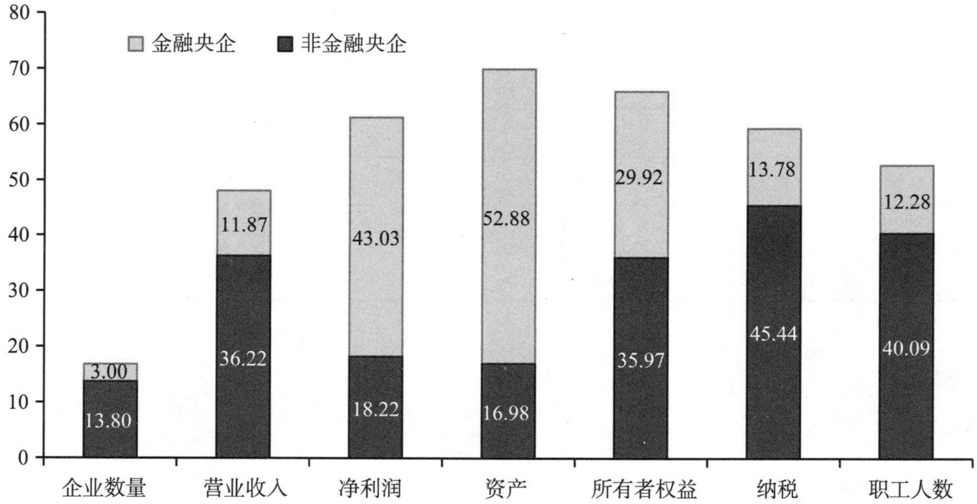

图 1-18　2016 中国企业 500 强中的中央金融和非金融企业的占比

表 1-4　上榜非金融类中央企业中净资产收益率较高的企业

排名	企业名称	净资产收益率（%）	营业收入（亿元）	营业收入增幅（%）	资产增幅（%）	净利润总额（亿元）	净利润增幅（%）
20	中国兵器装备集团公司	18. 33	4404. 17	3. 75	17. 03	93. 51	扭亏
6	中国建筑股份有限公司	15. 52	8805. 77	10. 07	16. 95	260. 62	15. 47
109	中国航空油料集团公司	15. 44	1388. 93	-37. 69	-18. 26	21. 01	262. 05
77	中国华电集团公司	14. 42	1975. 62	-7. 03	4. 78	76. 20	14. 44
155	中国东方航空集团公司	14. 36	970. 68	2. 45	19. 88	31. 28	71. 00
16	东风汽车公司	13. 02	5204. 54	6. 95	9. 47	93. 00	-5. 69
28	中国第一汽车集团公司	12. 77	3949. 90	-20. 06	1. 39	204. 41	-21. 91
43	中国电力建设集团有限公司	12. 22	2866. 12	7. 82	21. 25	73. 55	11. 71
23	中国交通建设集团有限公司	11. 34	4258. 57	14. 97	38. 11	107. 39	18. 80
91	中国航天科工集团公司	11. 00	1751. 30	11. 24	19. 98	92. 43	18. 46
215	中国化学工程股份有限公司	10. 87	635. 32	-8. 26	0. 43	28. 42	-10. 24
14	中国铁道建筑总公司	10. 80	6011. 14	1. 21	11. 99	69. 49	-2. 28
96	中国保利集团公司	10. 79	1676. 38	4. 46	8. 02	52. 76	-9. 39
127	中国南方航空集团公司	10. 69	1122. 06	2. 77	-1. 02	25. 91	59. 98
98	中国电子科技集团公司	10. 66	1659. 74	28. 30	17. 58	102. 87	29. 95
66	中国能源建设集团有限公司	10. 63	2087. 89	11. 75	19. 15	33. 93	41. 54
81	中国国电集团公司	10. 38	1917. 70	-10. 12	-0. 03	51. 49	72. 73
17	华润（集团）有限公司	3. 59	4812. 21	4. 29	6. 41	156. 43	3. 59

中央金融企业方面，2016 中国企业 500 强中共有 15 家企业上榜（含中国邮政集团，不含招商银行）。从经营绩效看，2015 年，15 家中央金融企业经营状况总体良好，但行业之间存在一定分化趋势，主要是商业银行的规模增长速度和盈利能力明显下降，五大国有商业银行利润增幅仅在 1% 上

下，而保险、证券大企业快速增长（参见表 1-5）。

表 1-5 上榜的中央金融企业主要指标

排名	企业名称	营业收入（亿元）	营业收入增幅（%）	资产总额（亿元）	资产增幅（%）	净利润总额（亿元）	净利润增幅（%）
4	中国工商银行股份有限公司	10798.38	4.90	222097.80	7.76	2771.31	0.48
5	中国建设银行股份有限公司	9258.78	7.39	183494.89	9.59	2281.45	0.14
7	中国农业银行股份有限公司	8337.66	4.48	177913.93	11.38	1805.82	0.62
8	中国银行股份有限公司	7692.22	3.22	168155.97	10.26	1708.45	0.74
12	中国人寿保险（集团）公司	6364.44	18.39	30279.80	10.24	262.08	152.06
15	国家开发银行股份有限公司	5953.23	7.16	126196.75	22.32	1020.77	4.61
21	中国邮政集团公司	4376.26	8.12	75155.58	15.59	263.59	-7.82
24	中国人民保险集团股份有限公司	4060.11	15.51	8464.68	8.21	195.42	49.07
33	交通银行股份有限公司	3579.85	7.04	71553.62	14.15	665.28	1.03
34	中国中信集团有限公司	3515.38	3.12	57431.30	21.34	236.51	-18.59
52	中国太平洋保险（集团）股份有限公司	2472.02	12.48	9238.43	11.97	177.28	60.45
68	中国光大集团股份有限公司	2067.66	19.19	34869.16	17.90	132.87	46.19
129	中国太平保险集团有限责任公司	1110.91	25.34	4121.02	16.70	28.00	36.27
184	中国华融资产管理股份有限公司	753.86	47.64	8665.46	44.30	144.82	35.90
481	中国银河证券股份有限公司	262.60	130.10	3006.56	67.01	98.36	160.84

3. 500 强里的地方国有企业

地方国有企业通常是地方经济的支柱企业，对地方经济增长、财政税收缴纳、就业机会提供、社会发展等方面都有重要影响。2016 中国企业 500 强中，共有 211 家地方国有企业上榜，企业数量占 500 强的 42.2%，营业收入总额占 27.84%，净利润总额占 15.51%，资产总额占 19.88%，纳税总额占 29.28%，员工数量占 28.31%。

从行业分布看，211 家地方国企主要分布在建筑（23 家）、煤炭（20 家）、钢铁（17 家）、有色（含黄金，13 家）、汽车制造（11 家）、批发零售（9 家）、农业食品（9 家）、商业银行（9 家）、烟草（7 家）、房地产（6 家）、化工（6 家）、医药（5 家）、综合能源（5 家），基本都分布在传统领域。

从经营绩效看，地方国企的总体经营情况不容乐观，经营活力需要提升。2015 年，211 家地方国企共实现营业收入 16.56 万亿元，同口径同比下降 1.18%；共实现净利润 4251.14 亿元，同口径同比下降 4.09%；共拥有资产 44.39 万亿元，同口径同比增长了 15.58%。从亏损面看，有 55 家亏损，亏损面达到 26.07%，亏损面还是很大；亏损额合计达到 937.54 亿元，亏损额进一步加大。

4. 500 强里的民营企业

民营大企业是我国广大民营经济中的佼佼者，是我国 30 多年改革开放事业取得的重要成果。2005 年以来，中国企业 500 强中的民营企业数量稳步增加，这一大趋势没有改变过。2016 中国企业 500 强里，有 205 家民营企业，其中营业收入超过 1000 亿元的有 32 家，进入 2016 财富世界 500 强的民营企业达到 16 家（参见表 1-6）。两家资产规模最大的民营金融企业平安保险集团和民生银行分别达到 4.77 万亿元、4.52 万亿元，大连万达集团资产也超过了 9000 亿元。

表 1-6 2016 财富世界 500 强中的中国民营企业

世界 500 强排名	公司名称	行业	营业收入（亿美元）	净利润（亿美元）	资产总额（亿美元）	员工人数（人）
41	中国平安保险集团	综合金融	1103.08	86.25	7338.24	275011
99	太平洋建设集团	建筑	730.47	32.05	427.98	351679
129	华为	电信设备制造	628.55	58.73	573.11	170000
163	山东魏桥创业集团	多元化	530.26	11.21	270.49	140358
190	正威国际集团	金属	477.95	11.41	185.59	17683
202	联想集团	多元化	449.12	-1.28	249.33	60000
221	中国民生银行	银行	424.49	73.37	6961.76	59510
314	江苏沙钢集团	金属	327.51	1.42	250.68	36710
353	海航集团	航空	295.62	2.35	953.39	175600
356	万科企业	房地产	293.29	28.83	941.68	42295
366	京东	电子商务	288.47	-14.92	131.15	105963
385	大连万达集团	房地产	273.77	24.31	1391.15	128518
410	浙江吉利控股集团	汽车	263.04	2.87	248.39	45720
481	美的集团	家电	221.74	20.22	198.41	93299
495	万洲国际有限公司	食品	212.09	7.86	143.01	105000
496	恒大集团	房地产	211.84	24.74	1165.82	83372

注：数据来源为 2016 财富世界 500 强。

2015 年，上榜的 205 家民营大企业的总体经营情况良好。第一，亏损企业仅有 5 家（另有 5 家未提供利润数据），亏损面仅有 2.44%，比中央企业、地方国有企业的亏损面小得多。第二，205 家民营大企业的营业收入总额达到 143082.77 亿元，同口径同比增长了 11.49%；资产总额达到 229070.84 亿元，同口径同比增长了 17.49%；利润总额达到 6367.28 亿元，同口径同比增长了 29.03%，显著高于国有企业的利润增幅。更重要的是，在经济新常态条件下，民营大企业与国有大企业的利润增幅相比，出现了完全相反的增长趋势（参见图 1-19）。

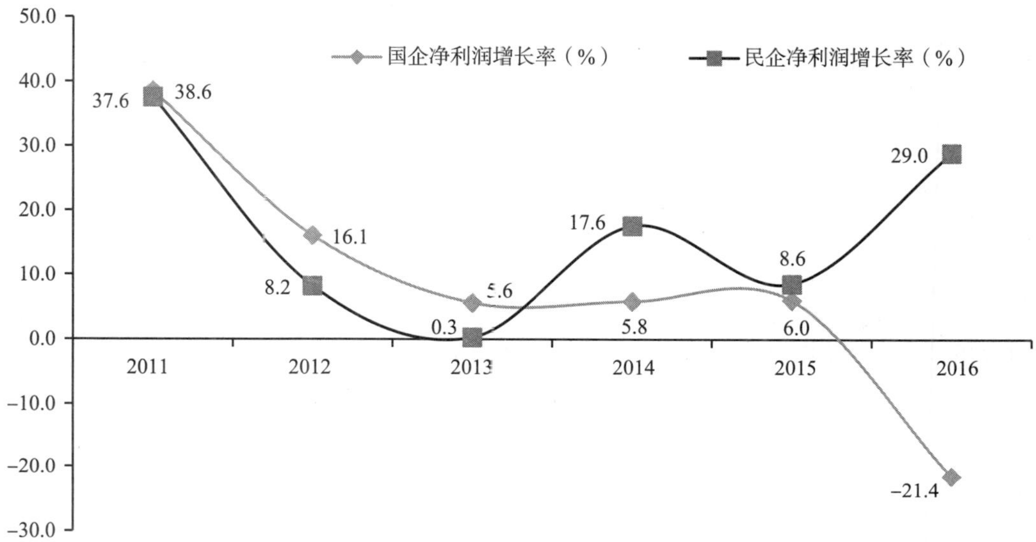

图 1-19 中国企业 500 强里国有企业和民营企业的净利润增速

注：该数据为当年 500 强企业的同口径同比。

四、2016 中国企业 500 强的行业特征

中国企业 500 强的行业分布长期以来都是以传统行业为主。随着国民经济增速持续阶梯型下行，传统行业大企业的业绩受到显著影响，而金融、互联网、IT、新能源、现代农业等新兴产业的企业则发展势头良好。中国企业 500 强的产业结构分布正在悄然发生着变化。

1. 大农业类企业的特征

在三次产业分类法中，农业是第一产业，包括种植业、林业、渔业、畜牧业等。然而，另外一个农业概念则是“从田间到餐桌”的全产业链：从农业生产资料如化肥、种子等生产和供应，到农产品的生产、收储、流通、加工等全部环节。本部分所说的大农业包括种子、化肥、种植、养殖、乳制品生产、肉制品加工、农副食品加工、基于农产品的饮料生产、粮油进出口贸易、农产品仓储物流、酒类生产等。

2016 中国企业 500 强中，有 25 家大农业类企业上榜，包括 16 家民营企业、10 家国有企业（参见表 1-7）；它们合计营业收入达到 1.67 万亿元，同口径同比增长了 25.49%；合计利润为 491.58 亿元，同口径同比增长了 13.11%；合计资产总额为 1.74 万亿元，同口径同比增长了 11.46%。总体经营情况良好。

表 1-7 入围 2016 年中国企业 500 强的大农业类企业

排名	企业名称	所有制	总部所在地	营业收入（亿元）	净利润（亿元）
25	中粮集团有限公司	中央国有	北京	4054.42	16.68
105	光明食品（集团）有限公司	国有	上海	1475.55	10.69
111	万洲国际有限公司	民营	河南	1377.23	51.04
116	黑龙江北大荒农垦集团总公司	国有	黑龙江	1313.36	-5.21
197	新希望集团有限公司	民营	四川	682.44	23.74
208	四川省宜宾五粮液集团有限公司	国有	四川	652.51	70.68
226	内蒙古伊利实业集团股份有限公司	国有	内蒙古	603.60	46.32
250	通威集团有限公司	民营	四川	532.11	12.17
254	正邦集团有限公司	民营	江西	520.35	1.36
272	深圳市大生农业集团有限公司	民营	广东	491.11	3.99
278	广东温氏食品集团股份有限公司	民营	广东	482.37	62.05
302	稻花香集团	民营	湖北	435.52	1.84
338	双胞胎（集团）股份有限公司	民营	江西	386.18	1.26
343	天津宝迪农业科技股份有限公司	民营	天津	381.41	9.90
356	中国贵州茅台酒厂（集团）有限责任公司	国有	贵州	363.58	111.67
395	三河汇福粮油集团有限公司	民营	河北	324.48	5.20
404	西王集团有限公司	民营	山东	312.31	3.05
416	山东渤海实业股份有限公司	民营	山东	303.39	0.95
417	维维集团股份有限公司	民营	江苏	303.18	16.20
459	泸州老窖集团有限责任公司	国有	四川	276.77	10.80
461	青岛啤酒股份有限公司	国有	山东	276.35	17.13
482	北京二商集团有限责任公司	国有	北京	261.77	2.60
487	五得利面粉集团有限公司	民营	河北	256.87	8.15
488	广东海大集团股份有限公司	民营	广东	255.67	7.80
500	北京粮食集团有限责任公司	国有	北京	243.46	1.51

注：未包括烟草企业；未包括中化集团（下辖种子、化肥板块）、中国化工集团（其收购先正达后将成为中国最大的种子生产企业）。

上榜的大农业类企业基本上都是各领域的行业龙头企业或区域骨干企业，拥有较强的市场地位（参见表1-8）。在大农业企业中，呈现出融合发展与现代农业同步发展的两大特征。一方面粮油类企业在农产品生产、加工、贸易的产业链条上不断扩展，同时在产品种类的市场开拓方面越来越全面和多样化，使得企业之间的主营业务界限越来越模糊；另一方面，随着高新技术在农业领域的应用不断深化，现代农业的发展呈现出强劲发展的势头。

表 1-8 500 强中大农业类企业基本情况

涉农领域	企业名称	市场地位	营业收入（亿元）	净利润（亿元）
农产品种植与生产	黑龙江北大荒农垦集团总公司	中国拥有耕地面积最大、产粮最多的种植企业	1313.36	-5.21
粮油加工贸易	中粮集团有限公司	中国最大的粮油加工贸易综合企业之一，拥有大米、小麦等粮食品种的进出口特许经营权，以及糖肉类等国家储备业务	4054.42	16.68
	三河汇福粮油集团有限公司	中国大型大豆深加工企业	324.48	5.20
	西王集团有限公司	中国最大的玉米深加工企业之一	312.31	3.05
	山东渤海实业股份有限公司	中国大型大豆深加工企业	303.39	0.95
	五得利面粉集团有限公司	中国大型小麦深加工企业	256.87	8.15
	北京粮食集团有限责任公司	华北地区粮食深加工、贸易企业	243.46	1.51
食品、饮料	杭州娃哈哈集团有限公司	中国最大的饮料生产企业之一	494.75	58.33
	维维集团股份有限公司	中国最大的豆奶饮料生产企业之一	303.18	16.20
乳制品	光明食品（集团）有限公司	中国最大的综合食品企业集团之一	1475.55	10.69
	内蒙古伊利实业集团股份有限公司	中国最大的奶牛养殖和牛奶企业之一	603.60	46.32
肉类加工	万洲国际有限公司	全球最大的肉制品加工企业	1377.23	51.04
	天津宝迪农业科技股份有限公司	首批国家级农业产业化重点龙头企业和创新型高科技企业	381.41	9.90
综合食品	北京二商集团有限责任公司	北京最大的农副食品供应商之一	261.77	2.60
现代农业	深圳市大生农业集团有限公司	现代农业基地	491.11	3.99
饲料生产和养殖	新希望集团有限公司	中国最大饲料生产企业之一	682.44	23.74
	通威集团有限公司	全球最大的水产饲料生产企业及主要的畜禽饲料生产企业之一	532.11	12.17
	正邦集团有限公司	均为中国最大的综合农业产业化龙头企业之一	520.35	1.36
	双胞胎（集团）股份有限公司		386.18	1.26
	广东温氏食品集团股份有限公司		482.37	62.05
水产加工	广东海大集团	国内最大的水产品企业之一	255.67	7.80

我国拥有近 14 亿居民和约 3 亿中产阶层人群，其消费结构升级，将给中国农产品和食品市场带来重大发展机遇，一方面人均收入增高能够大幅扩展大农业类企业的市场空间和消费层次，另一方

面也对食品安全标准提出更高的要求。我国大农业类企业要能够承担起技术创新、食品安全、粮食安全等责任，敢于放下包袱，勇于迎接挑战，抓住全面深化改革的红利，成长为具有国际竞争力的大企业。

2. 房地产业以及建筑、建材企业的特征

2016 中国企业 500 强中有 16 家房地产企业，没有亏损企业，总体经营绩效良好（参见表 1-9）。2015 年，16 家房地产企业合计营业收入 130004.16 亿元，同口径同比增长了 8.39%；合计净利润 865.32 亿元，同口径同比增长了 16.92%。

表 1-9　2016 中国企业 500 强中的房地产企业

排名	企业名称	所有制	总部所在地	营业收入（亿元）	营收增幅（%）	净利润（亿元）	净利润增幅（%）
42	大连万达集团股份有限公司	民营	辽宁	2901.60	19.66	152.79	21.73
67	绿地控股集团股份有限公司	国有	上海	2072.57	-20.80	68.86	23.64
86	万科企业股份有限公司	民营	广东	1843.17	25.91	181.19	15.08
113	恒大地产集团有限公司	民营	广东	1331.30	19.51	155.48	-8.23
231	银亿集团有限公司	民营	浙江	588.36	9.80	11.97	9.36
252	天津泰达投资控股有限公司	国有	天津	522.91	-6.34	6.93	96.82
260	华侨城集团公司	国有	广东	506.93	0.81	48.07	55.46
318	重庆龙湖企业拓展有限公司	民营	重庆	412.64	-16.79	80.99	0.31
333	广东圣丰集团有限公司	民营	广东	391.72	8.00	25.53	29.00
377	四川蓝润实业集团有限公司	民营	四川	338.15	177.89	27.55	103.44
379	广州越秀集团有限公司	国有	广东	337.64	36.82	19.13	32.65
382	世纪金源投资集团有限公司	民营	北京	336.75	17.46	33.20	77.98
402	卓尔控股有限公司	民营	湖北	313.95	12.02	24.27	29.26
409	弘阳集团有限公司	民营	江苏	307.78	8.50	14.92	11.87
464	天津房地产集团有限公司	国有	天津	273.47	13.76	1.71	扭亏
480	福佳集团有限公司	民营	辽宁	263.89	-9.11	8.70	-3.43
484	珠海华发集团有限公司	国有	广东	261.33	51.56	4.02	37.47

2016 中国企业 500 强中有 7 家建材企业，有 2 家企业亏损（参见表 1-10），但有 6 家营业收入出现负增长，6 家均出现利润大幅下降情况，显示经营绩效不容乐观。2015 年，7 家企业合计营业收入 5151.34 亿元，同口径同比增长了-13.54%；合计净利润 45.70 亿元，同口径同比增长了-56.13%。

表 1-10 2016 中国企业 500 强中的建材企业

排名	企业名称	营业收入（亿元）	营收增幅（%）	净利润（亿元）	净利润增幅（%）
74	中国建筑材料集团有限公司	1992.50	-20.44	-8.93	-130.35
157	安徽海螺集团有限责任公司	930.70	-16.56	30.27	-24.59
190	中国中材集团有限公司	729.69	-5.93	3.72	扭亏
283	北京金隅集团有限责任公司	472.30	-1.14	9.72	-34.45
329	吉林亚泰（集团）股份有限公司	399.98	-6.99	-1.90	-203.27
400	天瑞集团股份有限公司	315.36	-11.42	10.52	-32.66
405	沂州集团有限公司	310.81	4.00	2.31	-54.38

建筑业包括房地产建筑和工程建筑。2016 中国企业 500 强中有 48 家建筑企业，没有企业亏损。2015 年，48 家企业中，只有 6 家营业收入下降，10 家净利润下降；48 家企业合计营业收入 5.54 万亿元，同口径同比增长了 7.94%；合计净利润 1382.10 亿元，同口径同比增长了 13.97%，建筑业的总体经营情况良好（参见表 1-11）。

表 1-11 2016 中国企业 500 强中的前 10 家建筑企业

排名	企业名称	营业收入（亿元）	营收增幅（%）	净利润（亿元）	净利润增幅（%）
6	中国建筑股份有限公司	8805.77	10.07	260.62	15.47
13	中国铁路工程总公司	6248.89	1.89	61.78	4.46
14	中国铁道建筑总公司	6011.14	1.21	69.49	-2.28
19	太平洋建设集团有限公司	4590.56	17.57	201.43	22.54
23	中国交通建设集团有限公司	4258.57	14.97	107.39	18.80
43	中国电力建设集团有限公司	2866.12	7.82	73.55	11.71
60	中国冶金科工集团有限公司	2219.30	0.59	24.12	39.53
66	中国能源建设集团有限公司	2087.89	11.75	33.93	41.54
119	上海建工集团股份有限公司	1254.31	8.57	18.71	4.22
162	广厦控股集团有限公司	897.10	-9.09	17.90	75.00

从近年上榜中国企业 500 强的房地产、建材、建筑企业指标看，三个行业的营业收入增长幅度都总体上都呈下降态势，同时都降至 7 年来最低增长水平，其中建材工业大企业的营业收入总体出现较大幅度负增长情况，经营情况十分严峻（参见图 1-20）；但是，净利润指标的趋势与营业收入不太一样，房地产企业净利润增幅较过去三年显著提升，建筑业企业净利润增幅虽有下降但仍然不算最坏，只有建材工业大企业的净利润增幅近 6 年来再次出现严重恶化的情况（参见图 1-21）。

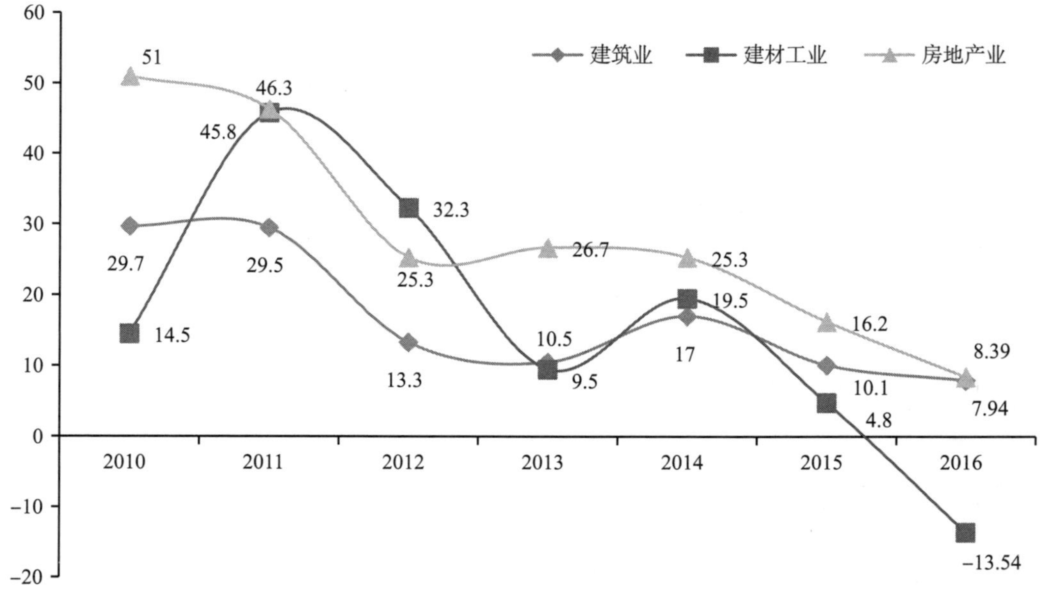

图 1-20　中国企业 500 强中房地产、建筑和建材大企业营收总额增速（2010—2016）

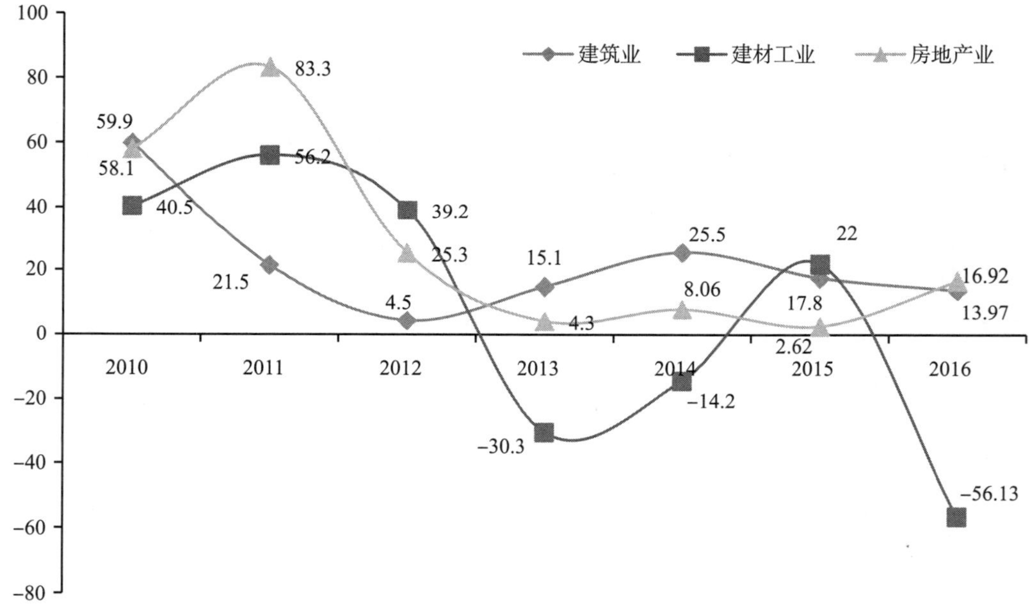

图 1-21　中国企业 500 强中房地产、建筑和建材大企业净利润总额增速（2010—2016）

3. 钢铁、有色（含黄金）企业的特征

钢铁和有色是国民经济的基础性材料工业。自从 2002 年中国企业联合会发布中国企业 500 强以来，钢铁都是上榜企业最多的行业。2016 中国企业 500 强榜单上，有 48 家钢铁企业、24 家有色企业（含 4 家黄金企业）上榜（参见图 1-22）。

48 家钢铁企业中，有 27 家民营、18 家地方国有、4 家中央国有钢铁企业。①亏损面大幅增加。48 家上榜企业有 21 家亏损（其中包括 18 家国有企业、3 家民营企业），亏损面达到 43.8%（3 家企业未提供利润数据），较上年 500 强亏损面 22% 大幅增加。21 家亏损企业的亏损额达到 720.56 亿元。②营业收入总额显著下降。2015 年，48 家钢铁大企业的营业收入总额达到 32856.35 亿元，同口径同

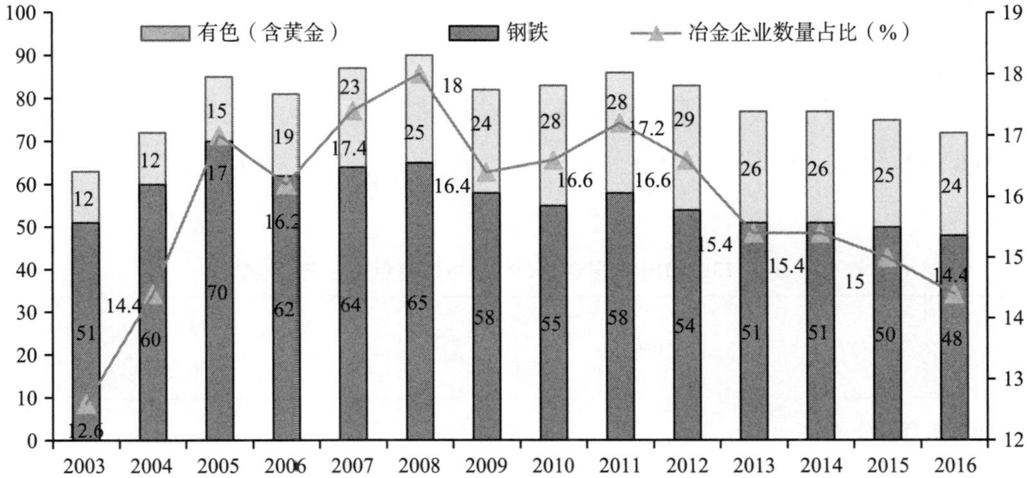

图 1-22　历年中国企业 500 强中的冶金企业数量（2003—2016）

比下降 12.59%。其中有 19 家营业收入负增长。③合计净利润负增长。48 家企业合计净利润-564.05 亿元，同口径同比下降 3355.34%。单个钢铁企业最大的亏损额超过 100 亿元。总体看，大型钢铁企业的经营情况十分糟糕。不过值得提到的是，在有利润的 24 家钢铁企业中，有 3 家国有企业（新兴际华集团、宝钢集团和青岛钢铁集团），其他 21 家都是民营钢铁企业。这些企业在严峻的行业形势、压减产能政策面前努力"调结构、降成本"，实现了微薄的利润（参见表 1-12）。

表 1-12　2016 中国企业 500 强中的钢铁企业前 10 名

排名	企业名称	所有制	营业收入（亿元）	营收增幅（%）	净利润（亿元）	净利润增幅（%）
44	河钢集团有限公司	地方国有	2844.68	1.37	-12.77	亏损加大
57	宝钢集团有限公司	中央国有	2300.59	-22.73	25.04	-57.35
69	江苏沙钢集团有限公司	民营	2058.23	-17.18	8.90	-49.14
70	新兴际华集团有限公司	中央国有	2046.66	-3.71	28.64	5.85
112	首钢总公司	地方国有	1352.01	-26.08	-20.14	-10108.25
118	鞍钢集团公司	中央国有	1297.08	-19.69	-116.76	亏损加大
143	山东钢铁集团有限公司	地方国有	1021.08	-11.97	-38.09	亏损加大
144	武汉钢铁（集团）公司	中央国有	1018.31	-30.32	-67.69	亏损减少
149	酒泉钢铁（集团）有限责任公司	地方国有	1008.57	-27.14	-61.68	亏损加大
151	中天钢铁集团有限公司	民营	1001.63	-4.79	3.89	1.10

24 家有色企业（含 4 家黄金企业）中，有 3 家中央国有、13 家地方国有、8 家民营企业。2015

年，大型有色企业总体属于惨淡经营。①亏损企业12家，较上年增加4家，亏损面50%，亏损额达到202.62亿元。②合计营业收入正增长。合计营业收入达到23716.09亿元，同口径同比增长了2.05%，属于小幅增长。营业收入下降的有6家。③净利润方面，24家企业合计净利润-11.12亿元，同口径同比下降114.52%，出现了全行业亏损（参见表1-13）。

表1-13　2016中国企业500强中的有色企业前10名

排名	企业名称	所有制	营业收入（亿元）	营收增幅（%）	净利润（亿元）	净利润增幅（%）
40	正威国际集团有限公司	民营	3003.64	11.78	71.67	21.46
54	中国铝业公司	中央国有	2387.79	-14.72	-53.46	亏损减少
63	金川集团股份有限公司	地方国有	2204.13	9.98	-64.18	-934.82
75	江西铜业集团公司	地方国有	1983.04	-4.72	-3.59	-210.41
95	中国有色矿业集团有限公司	中央国有	1708.66	-8.95	-29.09	亏损加大
107	铜陵有色金属集团控股有限公司	地方国有	1453.47	6.59	-5.83	亏损加大
108	海亮集团有限公司	民营	1401.61	7.79	7.48	-5.66
124	陕西有色金属控股集团有限责任公司	地方国有	1161.77	10.18	-0.50	亏损减少
130	中国黄金集团公司	中央国有	1107.46	-8.73	-1.65	亏损减少
152	大冶有色金属集团控股有限公司	地方国有	1001.28	4.46	-4.85	-752.90

4. 石油石化企业的特征

2016中国企业500强中共有15家石油企业上榜，主要分为四类企业：国有大型一体化企业4家（中石油集团、中石化集团、中海油集团、延长石油集团）、石油进出口贸易企业2家（珠海振戎、华信能源集团）、炼油企业（山东京博控股、山东海科化工、利华益、宁夏宝塔石化、山东金诚石化、山东汇丰石化等）（参见表1-14）。

表1-14　2016中国企业500强中的石油石化企业

排名	企业名称	类别	所有制	营业收入（亿元）	营收增幅（%）	净利润（亿元）	净利润增幅（%）
2	中国石油天然气集团公司	一体化	中央国有	18807.36	-31.11	445.60	-55.79
3	中国石油化工集团公司	一体化	中央国有	18497.78	-35.99	225.91	-24.94
22	中国海洋石油总公司	一体化	中央国有	4260.79	-30.33	289.59	-45.30

续表

排名	企业名称	类别	所有制	营业收入（亿元）	营收增幅（%）	净利润（亿元）	净利润增幅（%）
50	中国华信能源有限公司	贸易	民营	2631.51	22.97	37.91	9.66
61	陕西延长石油（集团）有限责任公司	一体化	地方国有	2208.97	6.08	-23.08	-134.52
65	恒力集团有限公司	石化	民营	2120.80	29.69	35.95	22.79
266	山东京博控股股份有限公司	石化	民营	501.88	15.02	11.06	149.72
267	利华益集团股份有限公司	石化	民营	501.68	19.39	12.08	4.62
280	山东海科化工集团有限公司	石化	民营	478.95	10.30	8.04	20.03
289	山东晨曦集团有限公司	石化	民营	461.57	-40.00	13.51	-36.77
322	宝塔石化集团有限公司	石化	民营	409.31	13.30	6.51	34.14
327	珠海振戎公司	石化	中央国有	403.29	-47.64	-3.31	-361.62
383	山东金诚石化集团有限公司	石化	民营	336.52	10.29	8.06	578.60
496	富海集团有限公司	石化	民营	251.66	1.63	11.84	-8.09
498	山东汇丰石化集团有限公司	石化	民营	246.00	0.51	2.65	418.24

15家石油石化企业中，有2家亏损，但有6家企业营业收入大幅下降、7家企业利润大幅下降，因此带动整个石油石化企业经营状况严重恶化。2015年，15家石油石化企业共实现营业收入52117.47亿元，同口径同比增长了-27.80%，出现了大幅下降；共实现净利润1082.32亿元，同口径同比增长了-37.05%，出现了大幅下降。五大国有石油石化企业，营业收入和净利润都出现不同程度大幅下降情况（参见图1-23、图1-24）

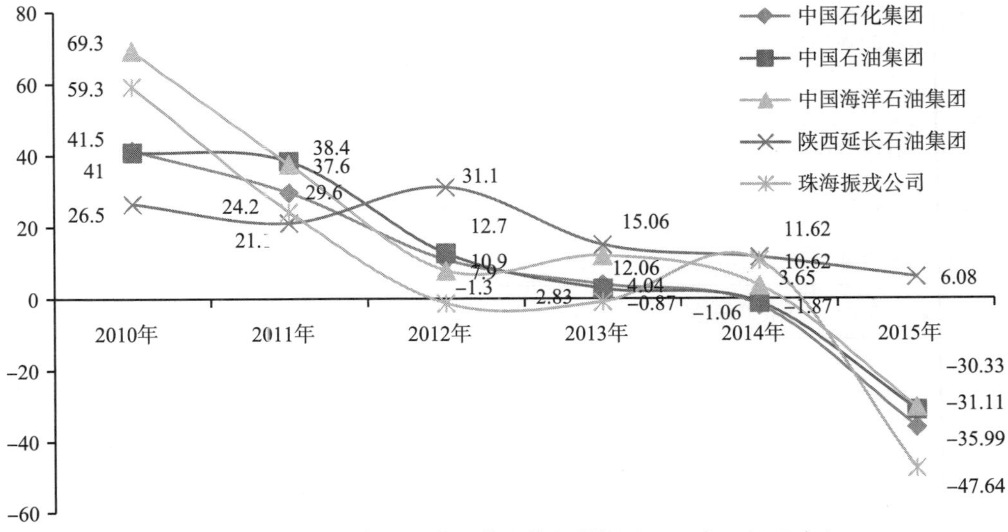

图1-23 五大国有石油企业营业收入增幅（2010年—2015年）

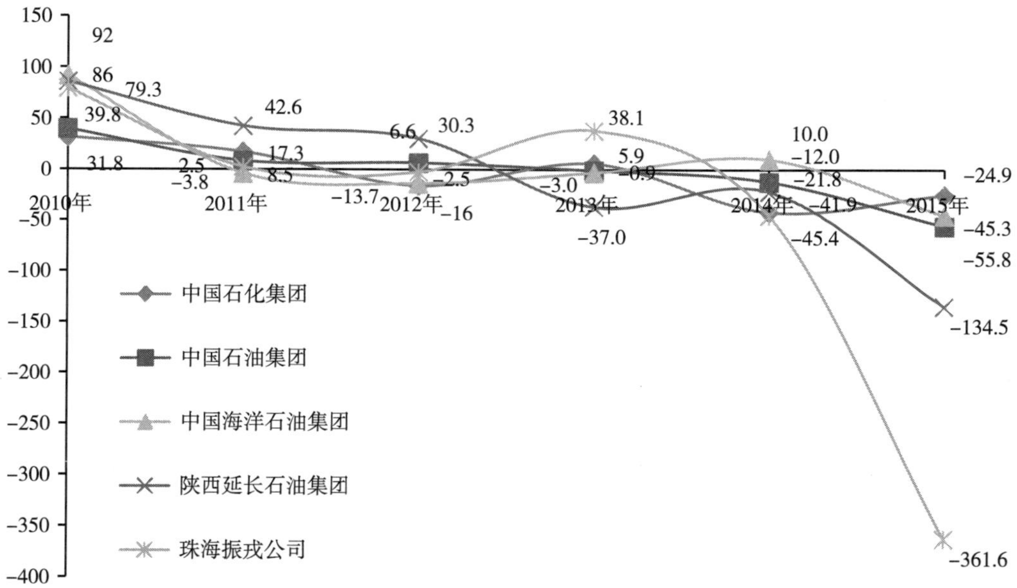

图 1-24 五大石油企业净利润增速（2010 年—2015 年）

5. 煤炭、电力、电网企业的特征

2016 中国企业 500 强中，共有 26 家煤炭企业上榜（参见表 1-15）。从亏损面看，26 家企业中有 17 家亏损，亏损面达到 65. 4%；亏损额合计约 265. 57 亿元。从营业收入看，26 个企业营业收入合计额达到 29295. 69 亿元，同口径同比增长了-13. 95%。从净利润看，26 家企业净利润合计为-145. 95 亿元，同口径同比增长了-93. 4%，出现全行业亏损。从员工人数看，21 家企业出现员工数量减少现象。

表 1-15 2016 中国企业 500 强中的煤炭企业前 10 名

排名	企业名称	营业收入（亿元）	营收增速（%）	净利润（亿元）	净利润增速（%）
55	冀中能源集团有限责任公司	2376. 55	3. 68	-14. 33	亏损减少
56	神华集团有限责任公司	2363. 66	-27. 25	87. 39	-67. 59
71	大同煤矿集团有限责任公司	2006. 77	-6. 02	-10. 41	亏损减少
78	山西焦煤集团有限责任公司	1950. 59	-24. 32	4. 78	15. 05
82	陕西煤业化工集团有限责任公司	1906. 14	7. 92	-15. 53	亏损减少
89	山西潞安矿业（集团）有限责任公司	1800. 01	-12. 25	-17. 42	亏损加大
90	阳泉煤业（集团）有限责任公司	1779. 08	-1. 78	-1. 86	亏损加大
93	山西晋城无烟煤矿业集团有限责任公司	1732. 73	-10. 74	-9. 67	-252. 79
94	开滦（集团）有限责任公司	1716. 88	-6. 27	-21. 25	亏损减少
101	河南能源化工集团有限责任公司	1602. 46	-21. 58	-69. 53	亏损加大

2015 年，由于中国电力投资集团公司与国家核电技术有限公司合并重组而成国家电力投资集团公司，中国形成了五大发电集团（华能、大唐、华电、国电、国电投）和四小发电（华润电力、国华电力、国投电力、中广核）的电力格局，地方也有一些规模较大的国有电力及综合能源投资企业。2016 中国企业 500 强榜单上，共有 13 家发电公司上榜。2015 年，13 家企业共实现营业收入 13668.68 亿元，同口径同比增长了-4.59%；实现净利润 455.76 亿元，同口径同比增长了 25.24%（参见表 1-16）。尽管营业收入下降，但净利润显著增长。

表 1-16　2016 中国企业 500 强中的电力及综合能源企业

排名	企业名称	所有制	营业收入（亿元）	营收增速（%）	净利润（亿元）	净利润增增速（%）
47	中国华能集团公司	中央国有	2682.26	-7.62	48.67	76.26
77	中国华电集团公司	中央国有	1975.62	-7.03	76.20	14.44
79	国家电力投资集团公司	中央国有	1924.04	6.23	18.19	26.16
81	中国国电集团公司	中央国有	1917.70	-10.12	51.49	72.73
97	中国大唐集团公司	中央国有	1661.61	-10.72	11.53	1499.90
201	浙江省能源集团有限公司	地方国有	679.52	-4.52	80.91	23.99
228	北京能源集团有限责任公司	地方国有	597.65	-9.97	35.45	11.96
261	中国广核集团有限公司	中央国有	506.04	12.02	51.62	-16.72
285	广东省粤电集团有限公司	地方国有	467.49	-7.96	35.84	11.71
361	重庆市能源投资集团有限公司	地方国有	360.08	5.56	-2.07	亏损加大
393	申能（集团）有限公司	地方国有	327.87	6.37	29.42	25.45
403	福建省能源集团有限责任公司	地方国有	313.85	14.22	16.71	97.69
490	登封电厂集团有限公司	地方国有	254.95	9.97	1.79	-16.19

从 3 家电网企业看，国网、南网两家企业的营业收入都出现微幅负增长，净利润却出现不同程度增加现象，而内蒙古电力公司营收小幅增长，净利润却大幅下滑（参见表 1-17）。

表 1-17　2016 中国企业 500 强中的电网企业

排名	企业名称	所有制	营业收入（亿元）	营收增速（%）	净利润（亿元）	净利润增速（%）
1	国家电网公司	中央国有	20713.49	-0.96	641.10	6.22
18	中国南方电网有限责任公司	中央国有	4694.26	-0.62	139.67	33.09
217	内蒙古电力（集团）有限责任公司	地方国有	634.93	2.80	6.39	-57.32

6. 新能源企业的特征

新能源是我国能源结构调整中不断做“加法”的领域，但也是处于不断“洗牌”中的领域。曾经的太阳能光伏龙头企业如江西赛维 LDK、无锡尚德消失在榜单之外，而新的光伏、风电设备制造、新能源电池等龙头企业不断成长。2016 中国企业 500 强榜单中，有 6 家新能源企业上榜，分别是光伏领域的协鑫（集团）控股有限公司、晶科能源有限公司、晶龙实业集团有限公司，风电设备制造领域的新疆金风科技股份有限公司，新能源电池领域的超威电源集团有限公司、天能电池集团有限公司。2015 年，这 6 家企业的营业收入、利润、资产均实现快速增长，显示出良好发展状态（参见表 1-18）。中国新能源大企业的良性健康成长，对于我国增加清洁能源比重、提升新能源产业在全球的竞争力等方面有重要意义。

表 1-18　2016 中国企业 500 强中的新能源及相关企业

排名	名称	行业	营业收入（亿元）	营收增速（%）	净利润（亿元）	净利润增速（%）	净资产收益率（%）
176	协鑫（集团）控股有限公司	光伏	797.87	36.66	37.95	226.47	13.68
186	超威电源有限公司	电池	749.77	14.21	3.79	70.18	13.45
191	天能电池集团有限公司	电池	723.93	19.50	6.48	293.35	21.18
411	晶科能源有限公司	光伏	305.61	21.95	30.19	13.86	43.04
420	新疆金风科技股份有限公司	风电设备	300.62	69.80	28.50	55.74	17.00
440	晶龙实业集团有限公司	光伏	288.22	8.13	12.71	1.28	7.44

7. 汽车、高铁、民航企业的特征

“要想富先修路”是中国地方经济发展的经验之一。的确，公路、铁路、机场等基础设施建设为中国汽车制造、铁路设备制造、民航运输业发展创造了良好基础条件，而国民收入的快速增长也为它们的快速发展形成了庞大的市场空间。

汽车行业分为汽车制造业和汽车销售业，汽车制造业可以分为轿车和客车制造。2016 中国企业 500 强中，共有 19 家汽车生产企业（其中包括 1 家重型汽车、2 家客车企业、1 家低速汽车生产企业、1 家汽车零部件生产企业）、2 家汽车连锁销售企业上榜。2015 年，19 家汽车制造企业共实现营业收入合计 31660.91 万亿元，同口径同比增长了 1.96%，增长幅度也显著下降；净利润合计 990.51 亿元，同口径同比增长了 10.66%（参见表 1-19）。两家汽车销售企业营业收入增速也出现疲软态势（参见表 1-20）。过去十多年是中国汽车制造业发展的黄金时代，但随着进入汽车社会后诸多社会问题随之产生，汽车市场竞争也更加激烈；目前，SUV 和新能源市场是主要汽车厂商“血拼”的领域。未来全行业出现产能过剩也可以预期。

表 1-19 2016 中国企业 500 强中的汽车及配件生产企业

排名	企业名称	所有制	营业收入（亿元）	营收增速（%）	净利润（亿元）	净利润增速（%）
11	上海汽车集团股份有限公司	地方国有	6704.48	6.42	397.94	42.26
16	东风汽车公司	中央国有	5204.54	6.95	93.00	-5.69
28	中国第一汽车集团公司	中央国有	3949.90	-20.06	204.41	-21.91
36	北京汽车集团有限公司	地方国有	3452.21	10.80	61.83	22.40
64	广州汽车工业集团有限公司	地方国有	2164.37	5.69	31.29	78.72
99	浙江吉利控股集团有限公司	民营	1653.04	7.37	18.01	6.12
100	华晨汽车集团控股有限公司	地方国有	1605.46	6.56	2.11	-80.32
125	万向集团公司	民营	1153.60	-10.43	8.47	39.71
145	江苏悦达集团有限公司	地方国有	1018.13	-8.40	-7.72	亏损加大
175	比亚迪股份有限公司	民营	800.09	37.48	28.23	551.27
183	长城汽车股份有限公司	民营	760.33	21.46	80.59	0.22
222	中国重型汽车集团有限公司	地方国有	616.64	-9.73	10.53	-13.57
249	江铃汽车集团公司	地方国有	534.53	6.01	7.44	-20.86
284	安徽江淮汽车集团控股有限公司	地方国有	470.51	18.64	2.90	55.73
342	郑州宇通集团有限公司	民营	381.99	24.35	33.00	30.12
372	山东时风（集团）有限责任公司	民营	342.00	5.42	11.68	4.05
422	陕西汽车控股集团有限公司	地方国有	300.19	-24.97	-0.29	-113.58
450	奇瑞汽车股份有限公司	地方国有	280.55	-6.01	1.73	-70.25
475	厦门金龙汽车集团股份有限公司	地方国有	268.35	25.22	5.35	115.34

表 1-20 2016 中国企业 500 强中的汽车连锁销售企业

排名	企业名称	所有制	营业收入（亿元）	营收增速（%）	净利润（亿元）	净利润增速（%）
237	庞大汽贸集团股份有限公司	民营	563.75	-6.53	2.36	66.60
293	上海永达控股（集团）有限公司	民营	446.14	3.66	8.53	6.89

铁路方面，由于南北车合并成立中国中车集团公司，2016 中国企业 500 强上只有 1 家铁路设备制造企业。中国中车集团作为唯一一家铁路设备特别是高速铁路机车制造企业，承担着高端装备制造“走出去”的重任。2015 年，中国中车集团实现营业收入 2437. 33 亿元，增长了 8. 31%；实现净利润 57. 54 亿元，增长了 7. 96%（参见表 1–21）。

表 1–21　2016 中国企业 500 强中的铁路设备制造企业

排名	企业名称	所有制	营业收入（亿元）	营收增速（%）	净利润（亿元）	净利润增速（%）
53	中国中车集团公司	中央国有	2437. 33	8. 31	57. 54	7. 96

民航方面，2016 中国企业 500 强中，有 5 家民航企业及辅助企业上榜，分别是海航集团、南方航空集团、中国航空集团、东方航空集团和中国航空油料集团公司（参见表 1–22）。民营性质的海航集团通过多元化、兼并重组已经完全实现了对三大国有航空公司在规模上的“赶超”。2015 年，5 家公司营业收入和净利润都实现不同程度增长，总体经营效益良好。

表 1–22　2016 中国企业 500 强中的民航和辅助企业

排名	企业名称	所有制	营业收入（亿元）	营收增速（%）	净利润（亿元）	净利润增速（%）
85	海航集团有限公司	民营	1857. 80	17. 57	14. 76	15. 81
127	中国南方航空集团公司	中央国有	1122. 06	2. 77	25. 91	59. 98
128	中国航空集团公司	中央国有	1111. 20	3. 65	38. 26	76. 32
155	中国东方航空集团公司	中央国有	970. 68	2. 45	31. 28	71. 00
109	中国航空油料集团公司	中央国有	1388. 93	–37. 69	21. 01	262. 05

8. 批发零售业企业的特征

我国庞大的人口和中产阶层人群为批发零售企业成长提供了广阔空间。2016 中国企业 500 强中有 12 家一般批发零售企业上榜（见表 1–23）。12 家企业合计营业收入 8122. 62 亿元，同口径同比增长了 5. 15%，较上年增幅有所提高；实现净利润 13. 12 亿元，同口径同比下降 69. 13%，净利润大幅下跌。与此相对应的是商务部数据，2015 年中国居民在境外消费 1. 2 万亿，同比增长 53%，显示出中国消费者的庞大购买力。如何将这种强大购买力转化为国内批发零售企业、制造企业进行转型升级的动力，是后者实施供给侧结构性改革的重大课题。

表1-23 2016中国企业500强中的连锁商业企业

排名	企业名称	所有制	营业收入（亿元）	营收增速（%）	净利润（亿元）	净利润增速（%）
72	大商集团有限公司	民营	2004.39	17.74	3.47	18.91
121	百联集团有限公司	地方国有	1198.39	-10.80	-4.13	-2.16
159	武汉商联（集团）股份有限公司	地方国有	913.24	5.62	1.56	2.53
161	山东省商业集团有限公司	地方国有	907.00	12.66	0.45	0.74
258	天津一商集团有限公司	地方国有	510.09	10.16	1.08	12.56
262	重庆商社（集团）有限公司	地方国有	505.01	-2.41	1.84	5.95
312	永辉超市股份有限公司	民营	421.45	14.75	6.05	4.95
331	合肥百货大楼集团股份有限公司	地方国有	392.28	3.78	2.62	7.77
359	长春欧亚集团股份有限公司	地方国有	361.78	11.93	3.24	17.36
392	石家庄北国人百集团有限责任公司	地方国有	328.01	2.07	3.97	14.54
407	步步高投资集团股份有限公司	民营	310.17	14.72	2.76	5.60
470	浙江省商业集团有限公司	地方国有	270.80	-26.45	-9.80	-47.16

9. 银行、保险、证券和综合金融企业的特征

2016中国企业500强中有33家金融企业上榜，包括17家商业银行（含中国邮政集团、国家开发银行）、9家保险机构、3家证券公司（海通证券、广发证券、银河证券）、4家综合性金融集团（平安保险集团、中信集团、光大集团、华融资产管理公司）。2015年，33家金融大企业共实现营业收入97786.38亿元，实现净利润15560.68亿元，累计资产1523477.65亿元，实际缴纳税收7300.29亿元（中国银行、中国平安保险集团、中国太平洋保险集团未提供纳税数据）。金融机构的资产、净利润在500强中占有突出重要地位（参见图1-25）。

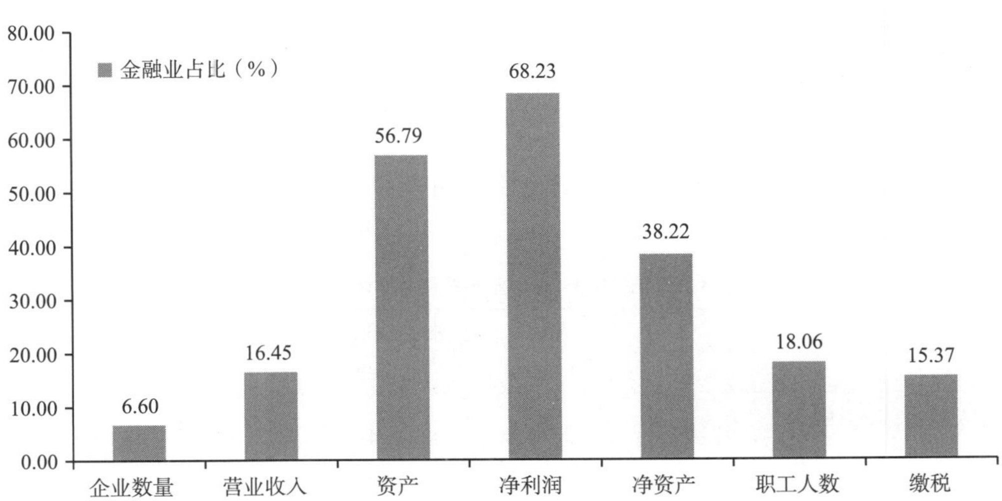

图1-25 2016中国企业500强中银行企业的占比（%）

银行方面，上榜的17家商业银行（含中国邮政集团）共实现营业收入64573.47亿元，同口径同比增长了6.67%；实现净利润13151.57亿元，同口径同比增长了1.58%；资产累计129.29万亿元，同口径同比增长了12.80%（参见表1-24）。

表1-24　2016中国企业500强中的银行企业

排名	企业名称	营业收入（亿元）	资产（亿元）	净利润（亿元）	净利润增幅（%）	净资产收益率（%）
4	中国工商银行股份有限公司	10798.38	222097.80	2771.31	0.48	15.49
5	中国建设银行股份有限公司	9258.78	183494.89	2281.45	0.14	15.91
7	中国农业银行股份有限公司	8337.66	177913.93	1805.82	0.62	14.92
8	中国银行股份有限公司	7692.22	168155.97	1708.45	0.74	13.09
15	国家开发银行股份有限公司	5953.23	126196.75	1020.77	4.61	9.59
21	中国邮政集团公司	4376.26	75155.58	263.59	-7.82	9.43
33	交通银行股份有限公司	3579.85	71553.62	665.28	1.03	12.44
39	招商银行股份有限公司	3038.43	54749.78	580.18	3.51	16.08
41	兴业银行股份有限公司	2918.88	52988.80	502.07	6.51	16.01
48	中国民生银行股份有限公司	2674.41	45206.88	461.11	3.51	15.31
49	上海浦东发展银行股份有限公司	2641.34	50443.52	506.04	7.61	16.06
134	华夏银行股份有限公司	1051.48	20206.04	188.83	5.02	16.05
163	北京银行	878.76	18449.09	168.39	7.78	14.45
299	渤海银行股份有限公司	437.44	7642.35	56.89	13.06	16.00
351	重庆农村商业银行股份有限公司	370.02	7168.05	72.23	5.78	15.45
441	广州农村商业银行股份有限公司	287.23	5828.07	50.01	-6.95	14.81
454	天津银行股份有限公司	279.10	5656.68	49.16	11.30	14.89

保险公司方面，9家保险公司共实现营业收入18965.88亿元，同口径同比增长了20.5%；共实现净利润964.12亿元，同口径同比增长了74.7%；累计资产70180.32亿元，同口径同比增长10.61%（参见表1-25）。保险业企业正处于高速增长期。

表1-25　2016中国企业500强中的保险企业

排名	企业名称	性质	资产（亿元）	营业收入（亿元）	净利润（亿元）	净利润增幅（%）	净资产收益率（%）
12	中国人寿保险（集团）公司	中央金融	30279.80	6364.44	262.08	152.06	20.74

续表

排名	企业名称	性质	资产（亿元）	营业收入（亿元）	净利润（亿元）	净利润增幅（%）	净资产收益率（%）
24	中国人民保险集团股份有限公司	中央金融	8464.68	4060.11	195.42	49.07	16.83
52	中国太平洋保险（集团）股份有限公司	中央金融	9238.43	2472.02	177.28	60.45	13.30
102	新华人寿保险股份有限公司	地方国有	6605.60	1584.53	86.01	34.26	14.87
114	泰康人寿保险股份有限公司	民营	5698.83	1323.13	105.96	54.31	28.42
129	中国太平保险集团有限责任公司	中央金融	4121.02	1110.91	28.00	36.27	10.94
142	太平人寿保险有限公司	地方国有	3300.89	1022.49	55.28	102.43	18.43
213	阳光保险集团股份有限公司	地方国有	1921.69	639.48	31.82	247.37	8.53
335	中华联合保险控股股份有限公司	地方国有	549.38	388.76	22.27	29.85	17.18

证券公司方面，3家证券公司都是第一次上榜中国企业500强。2015年，三家证券公司营业收入都翻倍增长，净利润也都实现了翻倍增长（参见表1-26）。

表1-26 2016中国企业500强中的证券企业

排名	企业名称	营业收入（亿元）	营收增幅（%）	净利润（亿元）	净利润增长率（%）	净资产收益率（%）
344	海通证券股份有限公司	380.86	111.84	158.39	105.42	14.71
385	广发证券股份有限公司	334.47	149.70	132.01	162.83	17.03
481	中国银河证券股份有限公司	262.60	130.10	98.36	160.84	17.28

4家综合金融机构总体发展势头良好，除了中信集团由于产业部门盈利能力下降而出现营收微幅增长、利润有所下滑情况外，其他三家企业的营业收入和利润均实现快速增长（参见表1-27）。

表1-27 2016中国企业500强中的综合金融企业

排名	企业名称	营业收入（亿元）	营收增幅（%）	净利润（亿元）	净利润增幅（%）	净资产收益率（%）
9	中国平安保险（集团）股份有限公司	6932.20	30.79	542.03	37.99	16.22
34	中国中信集团有限公司	3515.38	3.12	236.51	-18.59	8.81

续表

排名	企业名称	营业收入（亿元）	营收增幅（%）	净利润（亿元）	净利润增幅（%）	净资产收益率（%）
68	中国光大集团股份有限公司	2067.66	19.19	132.87	46.19	13.42
184	中国华融资产管理股份有限公司	753.86	47.64	144.82	35.90	14.76

10. 互联网、电信、IT 企业的特征

互联网和信息技术高速发展是当今时代最鲜明的特征之一。2016 中国企业 500 强中，4 家互联网企业上榜，分别是京东商城、腾讯、百度、阿里巴巴集团公司。从表 1-28 可以看出，京东、腾讯、阿里巴巴、百度四家企业的营收增长率都保持高速增长，净利润则参差不一，阿里巴巴集团和百度保持快速增长，京东亏损增加，腾讯则稳定成长（参见表 1-28）。

表 1-28　2016 中国企业 500 强中的互联网企业

排名	企业名称	所有制	营业收入（万元）	营业收入增幅（%）	净利润（万元）	净利润增幅（%）
88	北京京东世纪贸易有限公司	民营	1812.87	57.64	-93.78	亏损↑
140	腾讯控股有限公司	民营	1028.63	30.32	291.08	21.85
148	阿里巴巴集团控股有限公司	民营	1011.43	32.73	714.60	195.91
212	百度网络技术有限公司	民营	640.37	32.05	336.64	155.09

电信服务为我国实施“互联网+”、宽带中国战略提供网络支持。面对互联网企业的竞争，三大电信公司 2015 年营业收入增长率继续微幅增长或负增长，净利润则都出现负增长，发展情况不容乐观（参见表 1-29）。

表 1-29　2016 中国企业 500 强中的电信公司

排名	企业名称	营业收入（亿元）	营收增幅（%）	净利润（亿元）	净利润增幅率（%）	净资产收益率（%）
10	中国移动通信集团公司	6709.28	1.27	637.50	-1.00	7.31
29	中国电信集团公司	3883.50	1.42	107.82	-14.12	2.87
46	中国联合网络通信集团有限公司	2783.39	-3.91	48.22	-14.33	2.94

信息技术（IT）发展日新月异，新一代通信技术、移动终端、智能设备、云技术等产业高速发

展，以华为、中兴、联想等为代表的高技术企业成为我国参与国际产业竞争的市场主体。2016 中国企业 500 强中有 10 家以 IT 为主业的企业上榜。2015 年，10 家企业共实现营业收入 14126.49 亿元，同口径同比增长了 12.13%；共实现净利润 573.94 亿元，同口径同比增长了 18.14%。多数 IT 企业都取得了不错的发展业绩（参见表 1-30）。

表 1-30　2016 中国企业 500 强中的 IT 企业

排名	企业名称	所有制	营业收入（万元）	营业收入增幅（%）	净利润（万元）	净利润增幅（%）
27	华为技术有限公司	民营	3950.09	37.06	369.08	32.52
38	联想控股股份有限公司	民营	3098.26	7.03	46.59	11.99
76	中国电子信息产业集团有限公司	中央国有	1981.91	-2.72	11.08	-12.53
120	天津中环电子信息集团有限公司	地方国有	1215.24	-21.40	28.53	-48.76
150	中兴通讯股份有限公司	地方国有	1001.86	22.97	32.08	21.81
173	北大方正集团有限公司	地方国有	805.11	7.70	12.53	817.80
193	清华控股有限公司	地方国有	705.39	16.77	15.14	30.16
218	浪潮集团有限公司	地方国有	632.01	23.84	16.21	48.19
274	京东方科技集团股份有限公司	地方国有	486.24	32.07	16.36	-36.14
493	研祥高科技控股集团有限公司	民营	250.37	29.42	26.34	22.67

五、2016 中国企业 500 强的区域分布特征

多数大企业的业务遍布全国，相当一部分企业的跨国指数也比较高。这是说的企业区域分布是基于总部注册地城市，一定程度上可以反映出不同地区的营商环境差异。

1. 总体分布情况

2016 中国企业 500 强分布在内地 30 个省市自治区，只有西藏没有企业上榜。按照多年来使用的企业总部所在地标准，2016 中国企业 500 强的地区分布（如表 1-31 所示）。

表 1-31　2016 中国 500 强企业地域分布

四大板块	七大区域	所包括的省区市
东部（365）	环渤海（191）	北京（101）、天津（17）、河北（24）、山东（49）
	泛珠三角（49）	广东（48）、海南（1）
	长三角（115）	上海（27）、江苏（44）、浙江（44）
	海西经济区（10）	福建（10）

续表

四大板块	七大区域	所包括的省区市
东北（14）	东北三省（14）	辽宁（9）、吉林（3）、黑龙江（2）
中部（58）	中部（58）	山西（10）、安徽（14）、江西（7）、河南（9）、湖北（11）、湖南（7）
西部（63）	大西南（41）	重庆（12）、广西壮族自治区（6）、四川（14）、贵州（2）、云南（7）
	大西北（22）	陕西（7）、甘肃（4）、青海（1）、宁夏回族自治区（2）、新疆维吾尔自治区（4）、内蒙古自治区（4）

表 1-32　2016 中国 500 强企业之各地区企业的总量指标

名称	企业数	营业收入（亿元）	净利润（亿元）	资产（亿元）	纳税总额（亿元）	从业人数（万人）
全国	500	594623.07	27402.36	2232721.61	40421.11	3175.87
北京	101	279693.93	16901.70	1561646.14	23163.00	1608.85
上海	27	39728.45	2699.86	181896.91	3268.40	123.36
天津	17	13238.53	293.39	27053.89	367.50	33.14
重庆	12	4409.70	188.52	14099.94	240.57	34.19
黑龙江	2	1592.77	-3.77	2626.05	44.19	53.17
吉林	3	4711.67	205.75	4027.74	597.36	16.68
辽宁	9	9778.78	-3.70	16820.59	691.36	71.17
河北	24	15597.48	148.96	11289.34	359.04	63.75
河南	9	6298.26	-7.63	7394.24	201.98	59.53
山东	49	28980.47	721.95	31360.43	1027.75	132.36
山西	10	12432.61	-75.26	16415.18	420.73	98.36
陕西	7	7729.31	-31.58	9727.18	588.06	37.04
安徽	14	6692.73	-18.62	10001.54	299.94	46.37
江苏	44	31031.89	624.18	23172.21	880.35	150.36
湖南	7	3446.51	10.40	3709.32	74.45	14.82
湖北	11	11423.51	131.29	8748.70	1041.42	50.57
江西	7	4356.18	28.61	2457.56	113.84	15.50
浙江	44	27121.27	1184.80	23338.81	1299.83	105.92

续表

名称	企业数	营业收入（亿元）	净利润（亿元）	资产（亿元）	纳税总额（亿元）	从业人数（万人）
广东	48	52578.66	3442.44	181637.91	2613.49	275.49
四川	14	6572.62	198.94	7467.45	299.91	46.49
福建	10	8186.51	574.75	57689.47	684.92	27.02
广西壮族自治区	6	2956.92	20.12	4395.43	86.63	33.97
贵州	2	731.10	139.01	1339.08	407.68	3.33
云南	7	4185.03	121.62	6231.23	1258.48	12.49
甘肃	4	4186.83	-124.19	3242.71	73.24	12.27
青海	1	330.71	-7.93	447.13	4.75	0.94
宁夏回族自治区	2	782.11	6.57	1025.60	7.71	3.51
新疆维吾尔自治区	4	2104.94	66.93	3358.58	92.28	11.46
内蒙古自治区	4	1885.79	-49.50	3910.29	130.62	16.18
海南	1	1857.80	14.76	6190.96	81.64	17.56

表1-33 2016中国500强企业之各地区企业的部分效益指标

名称	资产利润率（%）	人均利润（万元）	资产周转率（%）	人均营业收入（万元）
北京	1.08	11	17.91	173.85
上海	1.48	22	21.84	322.05
天津	1.08	9	48.93	399.49
重庆	1.34	6	31.27	128.99
黑龙江	-0.14		60.65	29.96
吉林	5.11	12	116.98	282.51
辽宁	-0.02		58.14	137.4
河北	1.32	2	138.16	244.65

续表

名称	资产利润率（%）	人均利润（万元）	资产周转率（%）	人均营业收入（万元）
河南	-0. 10		85. 18	105. 80
山东	2. 30	5. 45	92. 41	218. 95
山西	-0. 46	-1	75. 74	126. 40
陕西	-0. 32	-1	79. 46	208. 65
安徽	-0. 19		66. 92	144. 34
江苏	2. 69	4	133. 92	206. 38
湖南	0. 28	1	92. 91	232. 59
湖北	1. 50	3	130. 57	225. 90
江西	1. 16	2	177. 26	280. 97
浙江	5. 08	11	116. 21	256. 05
广东	1. 90	13	28. 95	190. 85
四川	2. 66	4	88. 02	141. 37
福建	1. 00	21	14. 19	302. 96
广西壮族自治区	0. 46	1	67. 27	87. 04
贵州	10. 38	42	54. 60	219. 24
云南	1. 95	10	67. 16	335. 01
甘肃	-3. 83	-10	129. 12	341. 11
青海	-1. 77	-8	73. 96	350. 81
宁夏回族自治区	0. 64	2	76. 26	223. 06
新疆维吾尔自治区	1. 99	6	62. 67	183. 69
内蒙古自治区	-1. 27	-3	48. 23	116. 58
海南	0. 24	1	30. 01	105. 8

2. 500 强中的湖南企业

湖南省位于中国中南部，物产丰富，人杰地灵。2015 年，湖南省 GDP 达到 2. 9 万亿元，比上年增长 8. 6%；人均 GDP 达到 42968 元，增长 7. 9%，全省经济社会发展呈现稳中有进、稳中趋优态势。

2016中国企业500强中，湖南企业共上榜7家企业，包括3家国有企业、4家民营企业，主要分布在工程机械、钢铁、建筑领域（参见表1-34）。2015年，7家湖南企业共实现营业收入3446.51亿元，同口径同比下降3.12%；共实现净利润10.4亿元，同口径同比增长了72.32%。很显然，由于受经济增速阶梯型下行影响，湖南的钢铁、工程机械、基础设施建设等企业的经营业绩都受到了明显影响。

表1-34 2016中国企业500强中的湖南企业

排名	企业名称	所有制	行业领域	营业收入（亿元）	营收增幅（%）	净利润（亿元）	净利润增幅（%）	净资产收益率（%）
185	三一集团有限公司	民营	工程机械	750.50	-3.97	23.97	77.14	9.94
204	湖南华菱钢铁集团有限责任公司	国有	钢铁	667.97	-13.88	-26.71	-351.12	-21.82
238	湖南省建筑工程集团总公司	国有	建筑	556.95	12.13	3.64	25.44	9.60
255	中联重科股份有限公司	国有	工程机械	519.41	-18.46	0.83	-85.95	0.21
384	大汉控股集团有限公司	民营	多元化	336.39	15.00	5.48	—	13.70
407	步步高投资集团股份有限公司	民营	批发零售	310.17	14.72	2.76	-21.95	5.60
412	湖南博长控股集团有限公司	民营	钢铁	305.12	0.48	0.44	-57.87	2.83

注：大汉控股集团未提供净利润数据。

六、2016中国企业500强的创新特征

创新型企业是我国建设创新型国家的主体，大企业拥有集成创新的突出优势。随着我国500强企业的创新特征更加突出，其对于我国建设创新型国家、推动经济转型升级都有着重要意义。2016中国企业500强共有430家企业提供了研发数据。这430家企业的营业收入总额达到47.61万亿元，占2016中国企业500强营收总额的80.07%，因此它们的创新行为能够反映我国大企业的基本特征。

1. 创新投入情况

研发投入是创新投入的主要部分。没有一定规模和强度的研发投入，是不可能出现较大创新成果的。2015年，430家企业共投入研发资金7060.37亿元，同口径同比增长了7.41%，研发投入增速较上年有所下降（2012—2015中国企业500强的该指标分别为16.50%、11.37%、7.36%、9.37%）；平均研发强度（研发投入与营业收入的百分比）为1.48%，较上年明显提高（注：此前数据不含华为研发数据，因此往年研发强度存在一定程度的低估；2016中国企业500强中如果不含华为，研发经费总额为6464.30亿元，研发强度为1.37%，也较上年有所提高）。

这430家大企业的研发投入在2015年全国研发经费支出中占49.6%，显示出它们的重要地位。根据国家统计局公布的《2015年国民经济和社会发展统计公报》，2015年我国全国研究与试验发展（R&D）经费支出为14220亿元，比上年增长9.3%，增速连续4年下降（参见图1-27）。

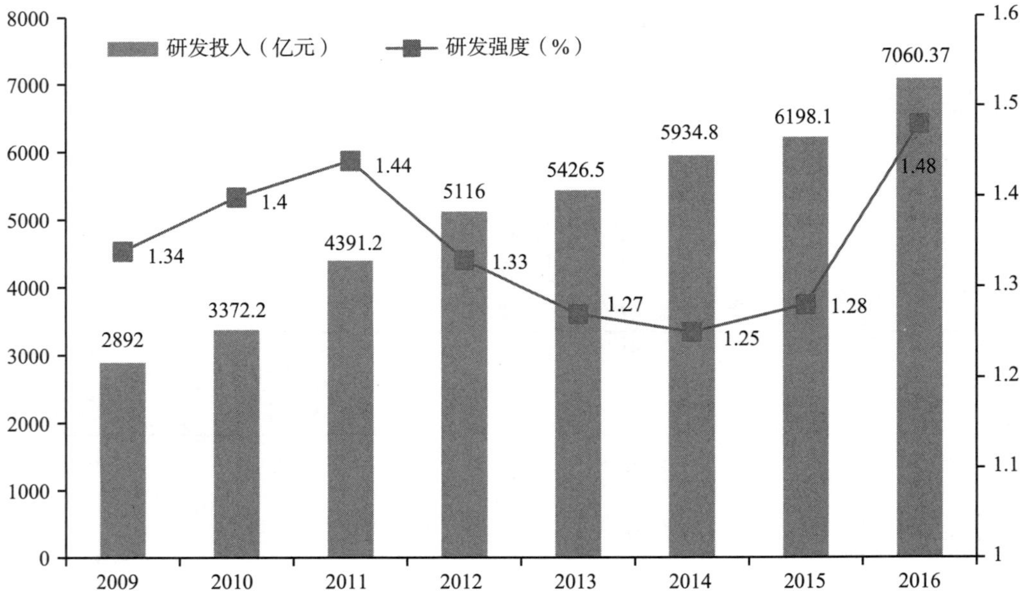

图 1-26　中国企业 500 强的研发投入及研发强度（2009—2016）

注：（1）研发强度是当年度 500 强中填报研发数据的企业的研发经费总额与它们营收总额之比。

（2）2016 中国企业 500 强的研发经费和研发强度中包括了华为数据，而往年则没有华为数据，如果继续不含华为，研发经费总额为 6464. 30 亿元，研发强度为 1. 37%。

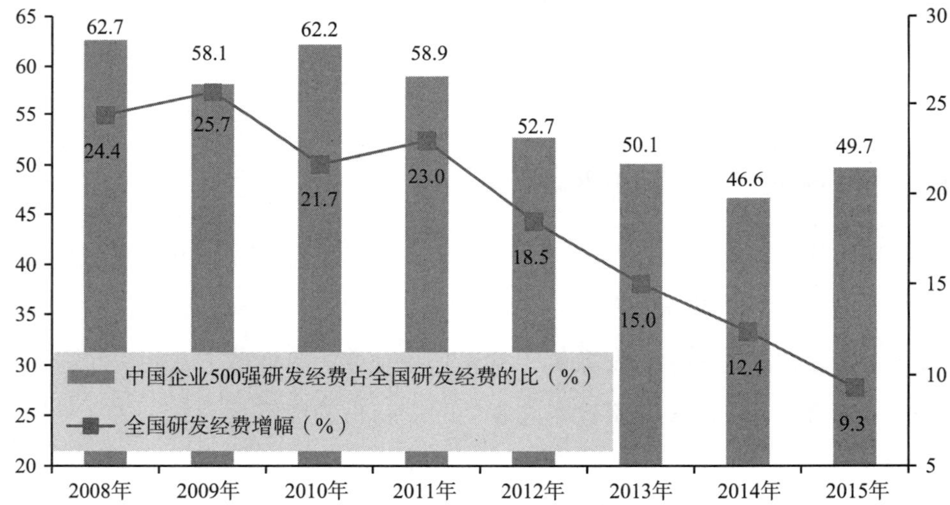

图 1-27　2008—2015 年全国研发经费增幅与 500 强研发经费在全国的占比

注：2008—2014 年缺失华为研发数据。2015 年如果剔除华为，那么研发经费在全国研发经费中的占比为 45. 46%。

2. 创新产出情况

2016 中国企业 500 强中有 384 家企业提供了专利数据（部分知名企业没有提供专利数据），合计拥有专利 64. 41 万件，其中发明专利 18. 99 万件，发明专利占比为 29. 48%，较上年提高 2. 50 个百分点。表 1-35 和表 1-36 是 2016 中国企业 500 强中拥有专利数量、发明专利数量最多的 10 家企业。

表 1-35 2016 中国企业 500 强中拥有专利项数最多的 10 家企业

排名	公司名称	研发费用（万元）	研发强度（%）	拥有专利项数（项）	发明专利项数（项）
1	国家电网公司	737586	0.36	40646	6080
32	中国航空工业集团公司	2762745	7.30	22739	10153
150	中兴通讯股份有限公司	1220054	12.18	22000	19800
110	美的集团股份有限公司	526260	3.80	21581	1456
2	中国石油天然气集团公司	2623149	1.39	20226	5034
3	中国石油化工集团公司	845652	0.46	20046	13825
84	海尔集团公司	943469	5.00	16537	6621
60	中国冶金科工集团有限公司	413570	1.86	16426	3674
53	中国中车集团公司	1004404	4.12	14616	2800
91	中国航天科工集团公司	2088167	11.92	13785	6602

表 1-36 2016 中国企业 500 强中拥有发明专利项数最多的 10 家企业

排名	公司名称	研发费用（万元）	研发强度（%）	拥有专利项数（项）	发明专利项数（项）
150	中兴通讯股份有限公司	1220054	12.18	22000	19800
3	中国石油化工集团公司	845652	0.46	20046	13825
32	中国航空工业集团公司	2762745	7.30	22739	10153
10	中国移动通信集团公司	2027226	3.02	9164	8469
51	中国化工集团公司	431885	1.66	9025	6691
84	海尔集团公司	943469	5.00	16537	6621
91	中国航天科工集团公司	2088167	11.92	13785	6602
1	国家电网公司	737586	0.36	40646	6080
58	中国船舶重工集团公司	1309978	5.79	11820	5306
2	中国石油天然气集团公司	2623149	1.39	20226	5034

标准竞争日益成为市场竞争的一个新特征，也是企业建立核心竞争优势的一个重要途径。从创新活动的标准制定看，2016 中国企业 500 强中有 333 家企业提供了标准数据，它们共参与制定标准数 45323 项，其中国内标准 38033 个、国际标准 1621 个。其中，有 7 家企业参与制定标准数量超过 1000 个（参见表 1-37）。表 1-38 是 10 家制定国际标准最多的企业情况。

表 1-37　2016 中国企业 500 强中研制标准最多的 10 家企业

排名	公司名称	研发费用（万元）	研发强度（%）	标准总数（项）	国内标准（项）
62	中国机械工业集团有限公司	313540	1.42	7922	7182
150	中兴通讯股份有限公司	1220054	12.18	2430	1850
3	中国石油化工集团公司	845652	0.46	1631	1626
30	中国兵器工业集团公司	1009666	2.61	1367	1367
1	国家电网公司	737586	0.36	1317	1295
51	中国化工集团公司	431885	1.66	1245	1242
92	中国通用技术（集团）控股有限责任公司	43055	0.25	1025	1023
53	中国中车集团公司	1004404	4.12	961	905
66	中国能源建设集团有限公司	229233	1.10	879	879
31	中国中化集团公司	108245	0.28	875	875

表 1-38　2016 中国企业 500 强中制定国际标准最多的 10 家企业

排名	公司名称	研发费用（万元）	研发强度（%）	标准总数（项）	国际标准（项）
150	中兴通讯股份有限公司	1220054	12.18	2430	580
10	中国移动通信集团公司	2027226	3.02	760	322
29	中国电信集团公司	1163032	2.99	485	146
46	中国联合网络通信集团有限公司	32163	0.12	584	134
53	中国中车集团公司	1004404	4.12	961	56
84	海尔集团公司	943469	5.00	381	36
97	中国大唐集团公司	16738	0.10	207	25
274	京东方科技集团股份有限公司	293796	6.04	36	25
1	国家电网公司	737586	0.36	1317	22
418	宁波富邦控股集团有限公司	28131	0.93	57	20

3. 中国企业 500 强中的创新型大企业

企业研发强度是评价创新型大企业的主要信息之一。如果不分行业，2016 中国企业 500 强中，研发强度超过 10% 的有 3 家公司，分别为百度（15.89%）、华为公司（15.09%）、中兴通讯（12.18%）、中国航天科工（11.92%）、阿里巴巴集团（10.54%）。这些企业在电信设备制造、航天科技、军工、电子商务等领域保持着领先地位，他们是我国创新型大企业的代表（参见表 1-39）。

表 1-39 2016 中国企业 500 强研发强度超过 5%的企业

排名	公司名称	营业收入（亿元）	净利润（亿元）	研发强度（%）	发明专利（项）	国际标准（个）
212	百度网络技术有限公司	640.37	336.64	15.89	—	—
27	华为技术有限公司	3950.09	369.08	15.09	—	—
150	中兴通讯股份有限公司	1001.86	32.08	12.18	19800	580
91	中国航天科工集团公司	1751.30	92.43	11.92	6602	
148	阿里巴巴集团控股有限公司	1011.43	714.60	10.54	—	—
193	清华控股有限公司	705.39	15.14	8.94	—	—
99	浙江吉利控股集团有限公司	1653.04	18.01	7.77	1139	—
32	中国航空工业集团公司	3786.24	55.48	7.30	10153	6
218	浪潮集团有限公司	632.01	16.21	6.30	—	—
274	京东方科技集团股份有限公司	486.24	16.36	6.04	3643	25
58	中国船舶重工集团公司	2263.16	82.18	5.79	5306	7
453	哈尔滨电气集团公司	279.41	1.43	5.49	254	11
420	新疆金风科技股份有限公司	300.62	28.50	5.19	125	2
267	利华益集团股份有限公司	501.68	12.08	5.05	3	—
84	海尔集团公司	1886.94	147.77	5.00	6621	36
371	山东胜通集团股份有限公司	346.12	39.42	5.00	8	—
249	江铃汽车集团公司	534.53	7.44	5.00	51	—

注：表中划“—”线的表示相应数据缺失。

七、2016 中国企业 500 强的国际化特征

从 2016 中国企业 500 强的海外数据看，中国大企业的海外资产在上升，但营业收入在下降，显示出国际贸易萎缩对中国企业的海外市场产生较大影响。

1. 海外营业收入有所下降

2016 中国企业 500 强中，有 292 家企业提供了海外营业收入数据。2015 年，292 家企业共实现营业收入 41.97 万亿元，其中海外营业收入 5.90 万亿元，同口径同比增长了-11.11%；海外营业收入占比为 14.06%。海外营业收入占营业收入比例超过 40% 的企业有 21 家（参见表 1-40）。

表 1-40　2016 中国企业 500 强中海外营业收入超过 40%的企业

排名	公司名称	海外收入（亿元）	海外收入占比（%）	国际化指数（%）
327	珠海振戎公司	389.81	96.66	58.56
31	中国中化集团公司	3124.39	81.97	56.62
99	浙江吉利控股集团有限公司	1312.20	79.38	65.43
235	杭州汽轮动力集团有限公司	392.30	68.81	22.94
38	联想控股股份有限公司	2118.78	68.39	57.22
274	京东方科技集团股份有限公司	286.09	58.84	21.50
27	华为技术有限公司	2291.00	58.00	41.09
232	中国国际海运集装箱（集团）股份有限公司	340.01	57.94	19.31
51	中国化工集团公司	1477.28	56.76	47.98
275	浙江省国际贸易集团有限公司	269.49	55.51	23.04
76	中国电子信息产业集团有限公司	1045.22	52.74	34.93
290	上海纺织（集团）有限公司	233.18	50.61	20.62
171	潍柴控股集团有限公司	397.33	49.26	42.98
282	济宁如意投资有限公司	231.83	49.03	38.83
59	中国远洋海运集团有限公司	1067.37	47.59	37.05
150	中兴通讯股份有限公司	470.78	46.99	28.32
136	TCL 集团股份有限公司	471.58	45.09	28.25
2	中国石油天然气集团公司	8138.73	43.27	24.26
219	雅戈尔集团股份有限公司	261.48	41.93	39.50
22	中国海洋石油总公司	1761.23	41.34	30.23
109	中国航空油料集团公司	567.77	40.88	19.90

2. 海外资产同比显著增长

2016 中国企业 500 强中，有 263 家企业提供了海外资产数据。2015 年，263 家企业的资产总额达到 132.99 万亿元，其中海外资产总额达到 11.87 万亿元，同口径同比增长了 18.68%；海外资产占比为 8.93%。其中，海外资产占总资产比例超过 30%的企业有 19 家。其中中国中化集团公司的最高，达到77.56%；珠海振戎、浙江吉利控股集团有限公司占比次之，分别为73.24%、64.17%（参见表1-41）。

表1-41 2016中国企业500强中海外资产占比超过30%的企业

排名	公司名称	海外资产（亿元）	海外资产占比（%）	国际化指数（%）
31	中国中化集团公司	2750.62	77.56	56.62
327	珠海振戎公司	42.25	73.24	58.56
99	浙江吉利控股集团有限公司	1035.04	64.17	65.43
38	联想控股股份有限公司	1750.48	57.16	57.22
59	中国远洋海运集团有限公司	3090.26	52.07	37.05
73	中国五矿集团公司	1773.72	50.13	32.81
51	中国化工集团公司	1792.92	48.13	47.98
282	济宁如意投资有限公司	146.12	44.97	38.83
171	潍柴控股集团有限公司	587.75	44.97	42.98
467	浙江龙盛控股有限公司	121.29	43.01	31.38
27	华为技术有限公司	1536.00	41.27	41.09
22	中国海洋石油总公司	4789.24	41.20	30.23
54	中国铝业公司	1856.17	38.13	15.18
136	TCL集团股份有限公司	401.05	35.89	28.25
140	腾讯控股有限公司	536.37	35.42	22.95
379	广州越秀集团有限公司	1164.50	34.04	17.98
30	中国兵器工业集团公司	1031.98	30.64	22.95

3. 海外职工人数显著增加

2016中国企业500强共有270家企业填报了海外职工人数。2015年，270家企业共有海外员工总数为112.22万人，同口径同比增长了27.05%；海外员工占比3.55%；海外员工总数较上年500强海外职工总数增长了10.2%，增速连续三年增长。单个企业看，海外员工人数占企业职工数量最多的是万向集团公司，2015年海外员工数量为14717人，占全公司人数54.02%（参见表1-42）。

表 1-42　2016 中国企业 500 强中海外职工数量超过 20%的企业

排名	公司名称	海外员工数（人）	海外人数占比（%）	国际化指数
125	万向集团公司	14717	54. 02	31. 14
99	浙江吉利控股集团有限公司	24112	52. 74	65. 43
219	雅戈尔集团股份有限公司	23976	51. 05	39. 50
468	新疆生产建设兵团建设工程（集团）有限责任公司	8536	50. 36	26. 50
247	上海复星高科技（集团）有限公司	27899	50. 00	27. 71
85	海航集团有限公司	82800	47. 15	29. 63
38	联想控股股份有限公司	34584	46. 11	57. 22
43	中国电力建设集团有限公司	85180	43. 38	28. 15
51	中国化工集团公司	50327	39. 04	47. 98
171	潍柴控股集团有限公司	26682	34. 69	42. 98
463	卧龙控股集团有限公司	4708	29. 05	32. 29
76	中国电子信息产业集团有限公司	38750	28. 02	34. 93
140	腾讯控股有限公司	8205	26. 78	22. 95
467	浙江龙盛控股有限公司	2175	25. 05	31. 38
210	广东省广新控股集团有限公司	6119	25. 04	19. 17
50	中国华信能源有限公司	5620	24. 38	12. 79
27	华为技术有限公司	40800	24. 00	41. 09
282	济宁如意投资有限公司	5692	22. 49	38. 83
478	重庆轻纺控股（集团）公司	4878	22. 03	14. 69
95	中国有色矿业集团有限公司	11747	20. 38	26. 03

八、2016 中国企业 500 强的兼并重组活动

兼并重组是大企业成长的重要途径。从兼并重组动力可以分为两种：市场力量推动型和行政力量推动型。在目前发展阶段，行政力量仍然在企业兼并重组中发挥着突出作用。

2016 中国企业 500 强共有 135 家企业实施了兼并重组活动，共实施了 688 次并购重组活动，比上

年 500 强的 690 次基本持平，单位企业实施了 5. 10 次并购重组活动，显示出在经济持续下行条件下企业间的并购重组活跃度没有显著变化（参见图 1-28）。

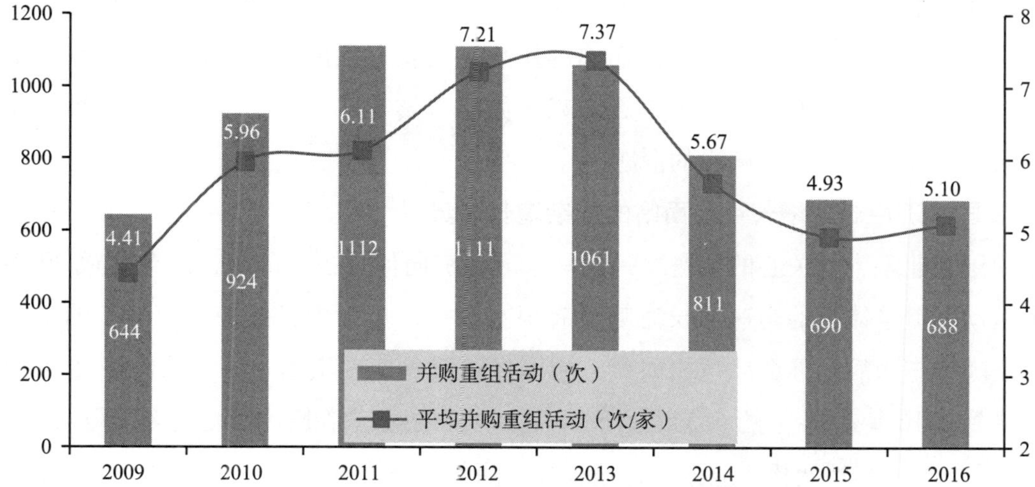

图 1-28 中国企业 500 强实施的兼并重组活动

从兼并重组的行业看，兼并重组活动发生在多个行业，没有一致的特征。表 1-43 提供了兼并重组最多的 10 家企业，这 10 家企业共实施了 281 次并购重组。

表 1-43 2016 中国企业 500 强中兼并重组最多的 10 家企业

排名	公司名称	所有制	营收增速（%）	资产增速（%）	利润增速（%）	并购重组企业数
376	中国港中旅集团公司	中央国有	27. 79	34. 13	136. 77	62
86	万科企业股份有限公司	民营	25. 91	20. 24	15. 08	54
254	正邦集团有限公司	民营	20. 90	23. 37	-2. 96	40
45	中国医药集团总公司	中央国有	12. 92	14. 61	0. 94	25
136	TCL 集团股份有限公司	民营	3. 51	20. 33	-19. 36	20
293	上海永达控股（集团）有限公司	民营	3. 66	5. 98	6. 89	20
408	北京首都创业集团有限公司	地方国有	30. 32	25. 37	10. 57	16
206	腾邦集团有限公司	民营	44. 04	31. 80	23. 86	15
338	双胞胎（集团）股份有限公司	民营	4. 29	2. 43	-86. 66	15
252	天津泰达投资控股有限公司	地方国有	-6. 34	17. 55	96. 82	14

九、面向未来中国大企业面临的挑战和问题

对于大企业来说，当前面临的形势是错综复杂和严峻的。虽然新发展的政策机遇、科技机遇很多，但对于中国的大企业群体而言，眼前面临的挑战是真实存在的，它们过去长期赖以生存和发展的经营模式正在面临着再造和大幅度调整，未来该如何“转方式、调结构、转型升级、提质增效”，是摆在中国大企业眼前迫切需要解决的命题，

1. 未来我国经济中长期增长可能面临的复杂增长态势

近几年中国企业家十分关心的话题之一就是中国经济向何处去。的确，改革开放 30 多年中国经济增长虽有波动，但总体上的高速增长态势没有根本改变，推动中国经济高速增长的基本条件也没有改变。但是随着进入后国际金融危机时代，中国经济增长速度不断下行，从 10% 上下接连阶梯式下降，一直降到 2016 年上半年的 6.5% 上下，不少地区的经济增长速度更是经历了从 10% 以上到“腰斩”再到负增长的剧烈变化。应该说，这种长时间的经济增速下行对于国内大企业来说是前所未见的，也是影响巨大的，中国经济为什么持续下行特别是未来会怎么走，是企业家们最为关切的问题。对此，2016 年 5 月人民日报发表对权威人士专访指出：“综合判断，我国经济运行不可能是 U 型，更不可能是 V 型，而是 L 型的走势。这个 L 型是一个阶段，不是一两年能过去的”。这种长期趋势判断对于国内产能过剩行业的企业消除“观望等待”心理、倒逼转型升级起到促进作用。但未来的 L 型是怎样一种 L 型，还需要进一步回答。对此，李克强总理在 2016 年 4 月在北京大学时与林毅夫教授交流时谈到管理学、经济学中的“S 型曲线”表示，中国经济增长的传统动能已经走向 S 型曲线的天花板，中国经济面临转型的转折点，如果此时再依靠“强刺激”来维持经济高速成长，只会导致投资效益递减，并造成更多僵尸企业、产能过剩、技术退步等现象，而在旧动能增长乏力的时候，新的动能异军突起，就能够支撑起新的发展（参见图 1－29）。在这种新旧动力转换过程中，必须要认识到两个方面的问题，一是新旧动力转换必然有一个“衔接期”，衔接的好，新经济动力会弥补旧经济下行的缺口，否则国民经济就可能“断档”失速，作为政府政策来讲，一方面要尽快促进新经济、新动能形成和“接班”，另一方面更要防止经济失速，努力使经济平稳运行；二是新旧动力转换完成后，国民经济增长速度肯定不会像过去和现在这么高，创新型经济体如果能保持 3% ～5% 的经济增长速度，一定属于高增长。对于中国大企业来说，必须认清一个现实，那就是国民经济像过去那样高达 10% 的增长速度以及所谓“V 型”“U 型”反转以后不大可能出现了，或者说高增长速度阶段已经结束。大企业必须改变自己长期以来适应于经济高增长速度条件下的经营模式，思考形成适应新条件和新环境的经营战略和经营模式。这当然是个长期任务，但无论如何，

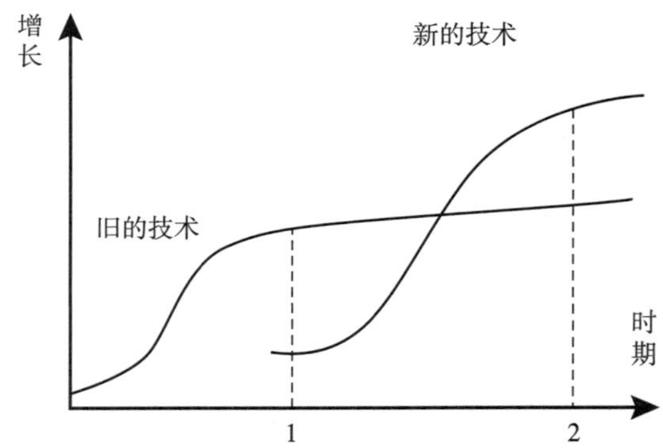

图 1－29 新旧技术的“S 型曲线”

来源：郑世林．《“S 型曲线”理论：用新动能带动“新经济”》，中国政府网，2016. 5. 17。

现在必须开始改变了。

2. 影响大企业发展的体制环境仍在不断优化调整而未定型

中国大企业发展包括国有大企业和民营大企业发展都深受体制改革进展的影响。众所周知，改革开放以来中国企业面临的体制环境不断调整优化，总体上计划经济的成分越来越少，市场经济的成分越来越多，束缚企业发展的体制机制因素越来越少，企业经营的制度环境总体上越来越好。这正是邓小平同志经常谈到的“解放生产力”“让生产关系适应生产力的发展，让上层建筑反映经济基础的要求”。中共十八大以来，中国推进“四个全面建设”即全面建设小康社会、全面深化改革、全面依法治国、全面从严治党，旨在“推动生产关系同生产力、上层建筑同经济基础相适应”，进一步“解放和发展社会生产力、解放和增强社会活力”，努力在2020年实现全面建成小康社会，跨越中等收入陷阱，进入中等发达国家阶段。为此中国正在实施大规模的供给侧结构性改革，希望解决经济运行中的供给侧、结构性、体制性问题。对于中国大企业来说，有几个方面的体制改革仍然在不断探索推动和优化调整。第一，国有企业体制改革问题。国有企业是500强企业的主体，其行为和绩效都直接受到国资国企体制影响。中央对于这一轮国企改革高度重视，连续出台了多项政策文件，提出国资管理体制、混合所有制改革等重大任务要求，希望推动国有企业做强、做优、做大。但另一方面，国有企业面临的体制环境更加复杂，承担的任务更加多重，约束条件却更多，未来如何深化改革特别是如何发挥国有企业内部的资源优势、人才优势仍然是一个可以讨论的重大命题。第二，民营经济发展和“亲、清”的政商关系处理问题。2016 年 5 月人民日报专访权威人士指出：“企业家是优化资源配置、提高供给体系适应能力的主导力量。推进供给侧结构性改革，亟须发挥企业家的创新精神，包括面广量大的民营企业家。现在最关键的是通过保护产权、知识产权，使企业家既有‘恒产’又有‘恒心’。要建立‘亲’和‘清’的新型政商关系，把企业家当作自己人，让他们充分体会到权利平等、机会平等、规则平等。在一些具体政策执行上，不要盲目翻旧账，使创业者有安全感。”这段话切中目前民营大企业发展的核心问题所在。现在中国企业 500 强里能有 4 成民营企业存在，主要得益于改革开放的伟大事业使蕴藏在中国人民头脑中的聪明才智和勤劳能干品质发挥了出来，但现在民营大企业的确面临未来如何发展的重大问题，大企业的“亲与清”的政商关系该如何建立以及如何在法律框架下运行，未来制度的定型必将深刻影响民营大企业的成长和发展。

3. 大企业面临的供给侧结构性改革任务十分严峻

在经济增速连续阶梯式下行背景下，我国经济出现了诸多工业行业产能过剩、金融杠杆率过高、房地产业高库存、企业各项成本居高不下等突出问题和深层次矛盾。推进供给侧结构性改革，实施“去产能、去库存、去杠杆、降成本、补短板”（简称“三去一降一补”），是党中央、国务院综合研判世界经济形势和我国经济发展新常态做出的重大决策，被认为是解决我国经济结构性矛盾的治本之策。实事求是地说，“三去一降一补”与中国企业 500 强大企业的生存发展和转型升级密切相关。第一，500 强企业中相当一部分重化工企业存在严峻的“去产能”问题。中国企业 500 强里，钢铁、有色、黄金、煤炭、石油石化、化工、建材、船舶制造等重化工行业企业占有突出地位，这些行业都出现严重的产能过剩、产品价格大幅下跌以及全行业性亏损现象。按照“十三五”规划，我国将压减钢铁产能 1 亿 ~ 1.5 亿吨，煤炭化解过剩产能 5 亿吨，减量重组 5 亿吨，其他行业也有不等的去产能任务。“去产能”直接与上述行业大企业的利益相关，如何做好这个减法，处理好严重亏损和企业发展的关系，是个很大的挑战。第二，房地产业大企业面临“去库存”问题。2015 年末中国商品房待售总面积达 7. 19 亿平方米。要化解这个库存，不是一件容易的事情。第三，非金融企业面临高杠杆、高负债和“去杠杆”问题。据中国社科院原副院长李扬主持的国家资产负债表研究测算，非金融企业杠杆率 2008 年到 2014 年持续上升，处于较高水平，值得警惕。杠杆一旦使用过度，必然带来高风险。但高杠杆不是一天加上去的，也不可能一夜之间去掉。特别是如果操作过程中方式方法不当，可能会带来不可意料的严重后果。第四，大企业特别是国有大企业面临严峻的“降成本”问题，包括企业内部冗员多、大量退休职工没有社会化、原来“企业办社会”遗留下“三供一业”和厂办大集体等问题，这些问题都耗费企业大量成本。第五，大企业也要做“加法”，改造提升传统产业，培育新产业新优势。供给侧结构性改革事关中国经济发展问题，更事关中国 500 强大企业当前和未来的生存发展和转型升级。

4. 大企业并购后整合能力及内部资源配置能力亟需提高

并购重组是大企业成长的关键途径。中国大企业的并购主要分为两种：市场力量推动型和行政力量推动型。市场推动型并购是由企业根据自身发展战略需要从事的市场行为，比如联想集团收购 IBM 的 PC 部门，吉利控股收购沃尔沃轿车公司等，主导并购的大企业通常都十分注重并购后整合问题，希望能够通过并表整合、业务链整合、管理的深入融合来提高企业集团的内部资源配置能力。行政力量推动型并购是中国 500 强企业规模扩张的突出途径，国资部门、地方政府根据国家或地方战略规划目标，对实施出资人职能的企业进行合并重组。比如经过十多年的合并重组，国资委所属中央企业已经从超过 200 家减少到 110 多家，2016 中国企业 500 强中的 69 家中央企业几乎都经历过同行业合并重组；地方政府对于辖区内国有企业合并也着力很多。然而在经济增速下行过程中，行政力量推动的企业合并也暴露出一些问题，主要就是资源错配、“合并而不整合”“夹生饭”，实现了“做大”而难以实现“做强做优”。2016 财富世界 500 强中，有几个通过行政力量合并重组的大企业就退出了，有企业甚至再次拆分解散。完整的并购是包括并购后整合在内的一系列过程，行政力量推动的并购重组“重合并而轻整合”“重做大而轻做优做强”，尤其是并购后整合是包括从战略至资本、从文化到团队、从技术到供应链、从产品线到营销的各种深度整合，如果无法实现深度融合，那么合并可能会产生“1+1<2”的效果。当前，中央企业正在进行新一轮大规模的横向合并，但央企内部利益主体多，遍布区域广，层级结构多，企业总部和子孙公司相互脱节。如果并购后整合和内部资源配置能力没有有效提高，那么企业内部就容易出现军心涣散、离心离德、跑冒滴漏等负面结果，市场竞争力就会下降。这是当前和今后大企业合并重组需要切实面临和解决的问题。

5. 大企业的研发管理水平总体不高，技术创新能力有待加强

习近平总书记指出：“我们必须把创新作为引领发展的第一动力，把创新摆在国家发展全局的核心位置，不断推进理论创新、制度创新、科技创新、文化创新等各方面创新，让创新贯穿党和国家一切工作，让创新在全社会蔚然成风。”正因如此，创新是五大发展理念中排在第一位，国家十三五规划的第二篇就是“实施创新驱动发展战略”，将创新放在优先重要位置，目标是努力在 2020 年初步跨入创新型国家之列。建设创新型国家需要政府财政、科技部门、教育部门、科研院所、企业、民间创新力量协同联动，共同努力，但最主要的是要强化企业在创新活动中的主体地位和主导作用，形成一批具有国际竞争力的创新型领军企业。这是建设创新型国家、实施创新驱动发展战略的必然要求。近十多年来，我国创新型企业也取得很大进步，在中国企业500强中就有若干创新型企业，比如华为、中兴、京东方、航天科技、航天科工等。然而对于中国企业500强的大企业群体而言，这个群体的创新能力并不很高，其研发投入力度甚至与国家整体水平都很大差距。

中国大企业在创新方面的主要问题是绝大多数企业并没有形成适合社会主义市场经济条件下的企业研发管理体制和成熟模式。多数科技型国有大企业下面都有一定规模的科研院所，"拥有"若干科学家、工程师和青年博士，但企业研发管理体制总体是计划经济模式下的举国体制，科研管理"重物而轻人"，对人才的市场化激励机制严重不足，在国际化的人才竞争之间天然地处于劣势，尤其在集团工资总额控制条件下，人才流失问题突出；企业集团内部各科研机构条块分割，难以形成合力，如何能够发挥国有科技型大企业内部的资源、人才优势，"力出一孔"，集中力量干大事，才是新条件下国有科技型大企业应该探索的。民营大企业除了少数搞技术类企业的技术创新和研发管理有所突破，其他大多数企业的技术创新和研发管理模式都在探索之中，特别是中央研究院该如何管理考核，科学家、工程师和青年科技人员如何激励约束考核，如何加强与国外人才的合作与交流，等等。如果不能形成市场经济条件下特别是国际竞争条件下的技术创新模式和科研管理体制，那么中国大企业的技术创新必然还有很长的路要走。

十、面向未来我国大企业做强做优的若干建议

"十三五"（2016—2020）时期是我国跨越中等收入阶段、初步成为创新型国家、实现全面建设小康社会的最关键时期。在经济增长速度下来条件下，要使国民收入跨越中等收入阶段、升到高收入阶段，就必须最大限度解放生产力和发展生产力，"让一切劳动、知识、技术、管理、资本的活力竞相迸发，让一切创造社会财富的源泉充分涌流"，大幅提高技术进步和创新在经济增长中的贡献率。中国大企业要在这一大历史格局背景下，树立"创新、协调、绿色、开放、共享"五大发展理念，发挥大企业的独特优势，承担起大企业应有的责任，不断做强、做优、做大，为实现第一个"一百年"奋斗目标做出应有的贡献。

1. 践行五大发展理念，引领行业和时代发展

当前我国经济发展呈现速度变化、结构优化、动力转换三大特点。适应新常态、把握新常态、引领新常态，是当前和今后一个时期我国经济发展的大逻辑。面对全面建成小康社会决胜阶段复杂的国内外形势，面对经济社会发展新趋势新机遇和新矛盾新挑战，以习近平同志为总书记的党中央坚持以人民为中心的发展思想，鲜明提出了"创新、协调、绿色、开放、共享"的发展理念，并将之贯彻在"十三五"规划的全部内容里面。中国大企业在新时期要大力贯彻五大发展理念，引领行业和时代发展。第一，要把创新摆在企业发展的核心位置，把创新作为企业发展的第一动力，把人才作为支撑企业发展的第一资源，不断推进企业的制度创新、产业创新、产品创新、技术创新、市场创新、管理创新、企业文化创新，尽快改变数量规模扩张型的粗放型发展模式，形成靠利用人才红利、制度红利和改革红利为基础的质量效益型发展模式。第二，要坚持协调发展理念，正确处理

发展中的各种重大关系，比如短期生存和中长期发展的关系、国内业务发展和国际化及全球化的关系、经济效益与社会效益的关系，做强做优与做大的关系，等等。第三，要坚持绿色发展理念，实施清洁生产和循环经济发展模式，提高可再生能源利用比重，最大限度减少资源消耗和污染物排放，倡导文明、节约、绿色、低碳的消费理念，和政府、社会组织、消费者一道推动形成与我国国情相适应的绿色生活方式和消费模式。第四，要坚持开放发展理念，在技术创新、商业模式创新、管理创新等方面开展互惠互利的国际合作，广泛利用全球最优秀的人力资源、智力资源、技术资源，充分利用国内和国际两个市场，在合规经营条件下开拓海外市场空间。第五，要坚持共享发展理念，将发展成果与员工共享、与客户共享、与合作伙伴共享、与社会共享，构建和谐劳动关系，让劳动者体面劳动，有尊严地生活。如果我国大企业能够践行五大发展理念，那么就能树立通行全球的企业核心价值观，赢得国内外合作伙伴和消费者的信任和赞誉，引领行业和时代发展。

2. 落实国企改革政策，建立健全现代企业制度增强国有企业活力和竞争力

国有大企业是中国企业 500 强的主要组成部分，在经济新常态下，许多国有大企业出现了低效无效资产比重大、企业活力和抗风险能力不足、企业经营性国有资产流失、上缴国家资本金收益有限等问题。党的十八届三中全会决定确定了“积极发展混合所有制经济”“推动国有企业完善现代企业制度”的重大战略措施，并在随后发布了“1+N”的多份推进国企改革的政策文件，奠定了新一轮国有企业改革的基础。中国国有大企业要积极配合并落实国家及有关部门实施国有企业分类改革、混合所有制改革和完善公司治理改革等重大政策举措，做好“去产能、去库存、去杠杆、降成本”工作，减轻企业负担，增强企业活力和竞争力。第一，要积极贯彻落实国资部门关于国企改革试点工作，包括国有资本运营公司试点、国有资本投资公司试点、董事会职权试点、兼并重组试点、信息公开试点、剥离企业办社会和解决历史遗留问题试点等，企业应积极参与或密切关注试点工作。2016 年，国资委向中粮集团下放 18 项授权，不再干预中粮集团的战略和投资计划，中粮集团可自主决定五年发展规划、年度投资计划等，可以自主决定职工工资分配，可以对经理层实施个性化考核，对公司内部企业之间的产权无偿划归、通过产权市场转让国有产权、重大资产处理事项等都可以自主决定。试点企业要充分利用这次授权经营管理体制改革带来的发展机遇，充分调动人的积极性，持续做强做优做大。第二，积极配合有关部门、地方政府做好剥离企业办社会和解决历史遗留问题等项工作，减轻企业负担，轻装上阵，公平参与市场竞争。包括做好退休职工的社会化移交工作，做好“三供一业”等原属于企业办社会职能的地方移交工作，做好厂办大集体的产权改革等。第三，要完善现代企业制度，形成股权结构多元、股东行为规范、内部约束有效、运行高效灵活的经营机制。要推进董事会建设，建立健全权责对等、运转协调、有效制衡的决算执行监督机制，充分发挥董事会的决策作用、监事会的监督作用、经理层的经营管理作用、党组织的政法核心作用，实现规范的公司治理。实行与社会主义市场经济相适应的企业薪酬分配制度，真正形成企业各类管理人员能上能下、员工能进能出的合理流动机制。

3. 瘦身健体，打好打赢“去产能、去杠杆、调结构”的关键战役

当前困扰不少大企业包括国有大企业和民营大企业的问题，是行业性产能严重过剩和企业盈利能力急剧下降。寄希望于经济增长 V 型或 U 型反转来实现企业下滑态势是不现实的。要解决这个问题，相关大企业就必须下决心瘦身健体，苦练内功，减少无效和低端供给，扩大有效和中高端供给，在推动新动能培育和传统动能改造提升方面加大投入力度打好打赢“去产能、去杠杆、调结构”的攻坚战。第一，要科学实施“去产能”工作。“去产能”是大企业瘦身健体的主要内容之一。“去产能”要切实淘汰不符合国家环保、能耗、质量标准的落后产能。“去产能”要处置掉企业内部的僵尸企业，通过债务重组、冗员分流、清产核资、业务整合、破产重整或清算等方式，果断去除僵尸企业对集团公司的“吸血”。“去产能”分类处置企业内严重亏损企业，通过转换经营机制、托管经营、资产拍卖、破产重整等方式尽可能减少严重亏损企业对集团公司的“拖累”。科学实施“去产能”更要处理好“减肥”与“健康”的关系，不能一蹴而就、一步到位，要处理好过剩产能背后的债权债务关系、社会主要利益攸关方的利益关系，不可因为急于“减肥”而影响企业健康。第二，要重点通过化解负债来“去杠杆”，逐渐改变高负债经营的特点。河北钢铁集团从2014年开始，把“新增贷款为零”作为一条不可触碰的红线，把刚性的资金管控挺在前面，倒逼各子分公司彻底摆脱高盈利期形成的高负债经营、高成本支撑的经营惯性，建立起了适应新常态的低资金保障、低成本运行的生产组织模式，近两年同比减少贷款270亿元。第三，要大力调整企业的产业结构和布局。淮北矿业集团以临涣煤焦化电工业园、定远盐化工业园为载体，构建循环经济发展模式，大力实施产业链增效升级工程，同时大力发展康复医疗、健康养老、物业服务、信息开发、电子商务、新闻传媒等生活服务业，着力培育检测检验、现代物流、金融产业、新型建筑业、煤矿灾害治理技术服务等生产服务业，加快从重资产运营向轻资产运营转变。河南登封电厂集团成功实现了由普通水泥向特种水泥的转产，研发和生产的无人机正式投产飞出国门，通用航空项目也得到批复开工建设，玄武石纤项目已经投产；采用先进的工艺和技术，生产高气孔率的闭孔陶瓷A级防火保温材料，填补了国内建筑无机保温材料的空白。正如《道德经》所言“飓风过岗，伏草惟存。”在企业经营环境显著变化的条件下，企业要有所不为有所为，才能生存的好发展的好。

4. 加强并购后重组整合和创新工作，做到“力出一孔，利出一孔”

《管子·国蓄第七十三》中提到“利出于一孔者，其国无敌；出二孔者，其兵不诎；出三孔者，不可以举兵；出四孔者，其国必亡”。从2009年以来，我国大企业进行了大量并购包括海外并购，并购在推动企业快速做大的同时，也带来了诸多负面效果，主要是并购后重组整合工作不力，有的中央企业能实现“19代同堂”，无法实现“力出一孔”。面向未来，大企业必须加大企业内部重组整合工作，强化集团总部对企业内部资源的掌控力和配置能力。第一，要大幅压缩减少企业内部层级。国务院办公厅印发的《关于推动中央企业结构调整与重组的指导意见》指出，中央企业产业分布过广、企业层级过多等结构性问题仍然较为突出，决定力争在3年内使多数央企管理层级由目前的5~9层减至3~4层以下、法人单位减少20%左右。中国电子信息产业集团有限公司为避免战略管控管不住甚至“够不着”，下大力气压缩企业产权层级和管理层级，已经通过“要约+吸收合并”这一港股市场的“重大无先例”方式，创造性地实现长城科技退市，并正通过长城科技所属相关企业系列资本运作实现原六级企业冠捷科技变为二级企业，从而使集团公司产权层级由11级减少至7级，实际管理层级逐步控制在4级。中国通号从2013年起，采取“新的控、旧的并、长的压、弱的退”四种改革手段，实现了管理层级压缩到三级、法人层级限制到四级的目标。第二，要集中全公司所有优质资源和力量，加强对重点行业、关键环节和领域的创新力度，“集中力量办大事”。要突破新一代信息通信、新能源、新材料、航空航天、生物医药、智能制造等领域核心技术，加强深海、深地、深空、深蓝等领域的战略高技术部署，参与重大科技项目研发的大企业，就要集中全公司所有资源，实现区域间、部门间信息共享和资源整合协同。华为公司拥有 17 万员工、约 8 万研发人员，在国内外人才聚集地区拥有 16 个研究所。华为总裁任正非表示，华为成立 28 年来坚持只做一件事，那就是坚持不懈地只对准一个城墙口冲锋，现在十几万人还是对着一个城墙口冲锋，密集炮火，饱和攻击，每年 1000 多亿的“弹药量”炮轰这个城墙口（研发 500 亿，市场服务 500 亿～600 亿），最终在大数据传送上领先了世界，走入了“无人区”。中国船舶重工集团拥有 12 名院士，4 万多名科研设计人员，7 个国家级研发中心，9 个国家级重点实验室，12 个国家级企业技术中心，150 多个大型实验室。近年来中船重工以“建设军民融合、技术领先、产融一体的创新型领军企业”为战略定位，集中力量突破了辽宁号航空母舰、蛟龙号深海探测设备的研制工作，并瞄准全球最新趋势，研发出 18 万吨散货船、新型 32 万吨原油船、11 万吨阿芙拉型品油船、深潜水工作母船、大型科考船等高端船舶等一批高端船舶，取得了较好的经济效益。

5. 围绕客户需求和消费升级，提高产品或服务供给质量

早在 20 世纪 50 年代，我国就提出社会主义经济建设的主要矛盾是人民群众日益增长的物质文化需求与生产力不能满足人民群众需要的矛盾。供给和需求是经济生活中不断动态调整变化的关系。截至 2015 年，我国经济总量稳定位居全球第二，人均收入接近 8000 美元，中场阶层群体位居全球第一，高净值和高消费人群也保持全球前列。按照国际经验，人均 GDP 在 8000 美元左右时，消费结构将从生存性消费向发展型消费升级。近年来国内消费者对国外高质量产品几乎到了如饥似渴的程度，从境外疯狂扫货日本马桶盖、电饭煲、书包、药品，到通过海淘、跨境电商蜂拥而入的奶粉、尿不湿，再到苹果手机店、国外奢侈品店里中国人排成的长队，可谓蔚为壮观。这些说明，我国消费者需求结构已经发生很大变化，人们不再满足低端产品，尤其中等以上收入人群对高质量的生活充满期待。而面向低收入群体为主的供应体系，没有及时跟上中等收入群体扩大的消费结构。第一，要以客户需求为中心，提高产品或服务供给质量。华为总裁任正非说：“你就是真心诚意地磨好豆腐，豆腐做得好，一定是能卖出去的。只要真心诚意去对客户，改进质量，一定会有机会。”因此，一方面要实现中高端产品“从无到有”的跨越。我国在特殊钢材、芯片、液化天然气船舶（LNG）、航空发动机、新能源动力电池等高技术产品上供给能力不足，无法满足市场需要，大企业要继续加大研发投入力度，集中企业内外资源进行技术开发和商业化。江苏法尔胜泓昇集团长期以来发挥工匠精神，每年的研发投入都超过销售额的 5%，从追求“量”的增长转向追求“质”的增长，走精品、极致路线，把钢丝做到极细，把钢丝绳做到极长、极强、极广，满足各种行业客户的复杂需求，把法尔胜缆索品牌用到全世界。第二，通过产品服务化、服务产品化等途径向“微笑曲线”的两端延伸，向全球价值链的中高端攀升。从价值链低端向中高端攀升，需要利用好产品服务化、服务产品化的路径。一方面，要实施产品服务化战略，加强出加工制造环节以外的研发设计、核心零部件生产、影响渠道建设、售后服务，采取“制造+服务”模式来提升产品附加值和市场竞争力。另一方面，要实施服务产品化战略，推动服务企业的战略转型。IBM 最早提出全面转型“服务产品化”，通过改变服务的生产方式，把服务的生产过程变得像产品制造一样，把服务的内容分解，实现标准化，然后按照传统产品市场的原则，把服务产品交付给客户。服务产品化让服务有标准，能够被评估，改变了目前服务行业里一些过去无法解决的效率、成本、标准、定价以及评估等难题。苹果、谷歌、小米、乐视等互联网公司将互联网服务体现在移动终端上，如智能手机、笔记本电脑、平板电脑、电视、智能汽车等，将互联网服务延伸至高品质的产品终端上，提升了服务品质和价值。

第二章 2016 中国制造业企业 500 强分析报告

2016 中国制造业企业 500 强是中国企业联合会、中国企业家协会连续第 12 次向社会发布的中国制造业最大 500 家企业年度排行榜。与 2015 中国制造业企业 500 强相比，2016 中国制造业企业 500 强的入围门槛下降，营业收入首次出现负增长。在《财富》杂志 2016 公布的世界企业 500 强中，有 99 家中国内地企业入围，其中制造业企业 35 家，比上年增加 4 家。

2016 中国制造业企业 500 强中，有 261 家企业入围 2016 中国企业 500 强，比上年减少 5 家。12 年来，入围中国企业 500 强的制造业企业数量由最初的 280 家，发展到最多时的 2008 年的 294 家，此后呈现连年减少态势，直至 2013 年减少到 261 家。这 261 家企业的营业收入总额为 23.29 万亿元，占 2016 中国企业 500 强总营业收入的 39.17%，这一数值比上年（45.28%）下降了 6.11 个百分点；净利润（归属母公司所有者净利润，下同）总额为 4679.01 亿元，占 2016 中国企业 500 强实现利润总额的 17.08%，这一数值比上年（22.26%）下降了 5.18 个百分点。

一、2016 中国制造业企业 500 强的规模及其分布特征

1. 总体规模出现萎缩，入围门槛下降

2016 年中国制造业企业 500 强入围门槛由上年（2015 中国企业 500 强，下同）的 68.06 亿元下降为 65.37 亿元，下降了 3.95%；营业收入总额 26.52 万亿元，比上年下降 1.54%，与上年 3.25% 的增长速度相比，增幅下降了 4.79 个百分点；资产总额达到 29.14 万亿元，比上年增长了 13.53%；从业人数达到 1311 万人，比上年增加了 28.7 万人。2015—2016 中国制造业企业 500 强的总体规模对比，（参见表 2-1）。

表 2-1 2015—2016 中国制造业企业 500 强总体规模对比

项目 / 年度	入围门槛（亿元）	总营收（亿元）	总资产（亿元）	从业人数（人）	入围中国 500 强企业个数	入围世界 500 强企业个数
2016 年	65.37	265187	291351	13110429	261	35
2015 年	68.06	269340	256609	12823133	266	31
增长率	-3.95%	-1.54%	13.53%	2.24%	-5	+4

12 年来，中国制造业企业 500 强的入围门槛由 2005 年的 20.2 亿元提高到 2016 年的 65.37 亿元，

提高了 3 倍多。12 年中有 3 年的入围门槛是降低的。第一次出现在 2010 年，入围门槛由上年的 48.6 亿元下降为 41.6 亿元，下降了 14.40%。第二次出现在 2014 年，入围门槛由上年的 70.6 亿元下降为 67.1 亿元，下降了 4.96%。第三次则出现在今年。这三次入围门槛的下降也正反映了当时国际国内经济形势的动荡对我国实体经济的影响（参见图 2-1）。

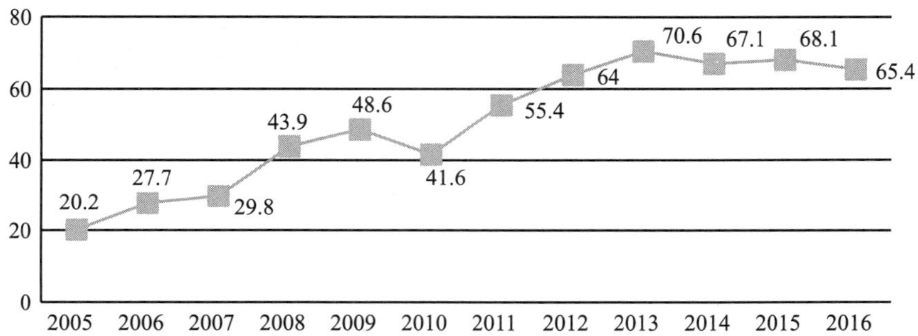

图 2-1　2005—2016 中国制造业企业 500 强入围门槛变化（单位：亿元）

入围门槛的降低从另外一个侧面反映了经济形势的不稳定制约了我国制造业企业的发展，使得一些竞争能力弱抗风险能力差的企业没有能够跟上其他企业营业收入增长的速度，从而被中国制造业企业 500 强"拒之门外"。同时世界经济不景气和国内发展新阶段等各种约束日益明显，国际及国内购买力水平在下降，这对中国制造业企业的总营业收入产生了影响，比上年减少。

2. "两级分化"现象在减弱，但规模分布不均衡依然存在

2016 中国制造业企业 500 强中千亿规模以上的企业有 63 家，比上年的 60 家增加了 3 家；500 亿企业（营业收入超过 500 亿元、低于 1000 亿元的企业）数目达到了 68 家，比上年增加了 9 家；百亿企业（营业收入超过 100 亿元、低于 500 亿元的企业）有 302 家，比上年减少 11 家；营业收入不足 100 亿元的企业有 68 家，与去年持平。

表 2-2　2015—2016 中国制造业企业 500 强整体规模分布对照表

项目 / 年度	1000 亿元以上		500 亿～1000 亿元		100 亿～500 亿元		100 亿元以下	
	营业收入	总资产	营业收入	总资产	营业收入	总资产	营业收入	总资产
2016 年	63 家	71 家	68 家	61 家	302 家	245 家	68 家	123 家
2015 年	60 家	58 家	59 家	56 家	313 家	247 家	68 家	137 家
增长情况	增加 3 家	增加 3 家	增加 9 家	增加 5 家	减少 11 家	减少 2 家	未变	减少 16 家

从资产规模来看，2016 中国制造业企业 500 强中有 71 家企业资产达到 1000 亿元以上，比上年多 3 家，其中资产规模最大的仍然是中国石油化工集团公司，资产已经超过了 2 万亿元；另外，包括中国航空工业集团公司在内的 71 家企业资产超过了 1000 亿元；资产在 500 亿～1000 亿元的企业有 61 家，比上年增加了 5 家；资产在 100 亿～500 亿元的企业有 245 家，与上年相比减少 2 家；资产在 100 亿元以下的企业有 123 家，比上年减少了 16 家。可见，2016 中国制造业企业 500 强资产规模的分布

仍然很不均衡，主要力量仍然集中分布在中等规模的企业，但超大资产规模的企业数量有不断增加的趋势。2015—2016中国制造业企业500强整体规模分布对比情况见表2-2。

从入围2016中国制造业企业500强前10名企业与后10名企业的情况相比来看，前10名企业营业收入总和与资产总额分别为5.71万亿元和6.65万亿元，后10名企业营业收入总和与资产总额分别为679.13亿元和198.7亿元，后10名企业营业收入总和与资产总额仅为前10名企业的1.19%与0.3%，而上年这两个比值分别为1.06%和1.01%。这再一次说明，2016中国制造业企业500强在规模上的个体差距越来越大，而且多年来这种差距始终存在，并且出现了更为严重的趋势，短期内这种现象是无法改变的。

二、2016中国制造业企业500强的经济效益及其分布特征

1. 总体经济效益未有大的起色，盈利能力出现下滑

2016中国制造业企业500强共实现净利润5691.03亿元，比上年的5737.4亿元下降了88.6亿元，下降0.8%，增幅较上年下降了3.07个百分点。

从人均实现利润看，2016中国制造业企业500强人均利润为4万元，比上年下降了10.71%；从收入利润率看，2016中国制造业企业500强平均收入利润率为2.18%，比上年略升0.05个百分点；从资产利润率来看，2016中国制造业企业500强平均资产利润率为1.97%，比上年略降0.27个百分点。从人均营业收入看，2016中国制造业企业500强人均营业收入为202万元，比上年的210万元下降了3.81%，下降的幅度明显小于人均利润下降的速度，这也反映了营业收入总额的增长速度比员工人数的增长速度要快。

总体上看，2016年中国制造业企业500强总体盈利能力未有延续上年的盈利能力上涨的趋势出现了下滑，说明中国制造业企业受到了全球经济不景气的影响。同时总体经济效益仍然未有起色，可知国内外经济形势的持续恶化，对我国实体经济特别是制造业企业产生的重大影响仍然在持续。

2. 利润依然集中在少数企业，亏损企业数量及亏损额均大幅度增加

2016中国制造业企业500强实现利润超过100亿元的企业有11家，比上年增加3家，其利润总额为2135.87亿元，占制造业500强利润总额的37.53%，这个比例比上年提高了8.49个百分点；实现利润50亿~100亿元的企业有21家，比上年增加5家，其利润总额为1464.99亿元，占制造业500强利润总额的25.74%，这个比例比上年增加了6.48个百分点；实现利润在50亿元以上的企业虽然仅有32家，但其实现利润已经占到全部500家企业的一半多比例，制造业企业的利润仍然高度集中于为数不多的企业；实现利润10亿~50亿元的企业有109家，比上年减少了3家，其利润总额为2291.48亿元，占制造业500强利润总额的40.26%；实现利润0~10亿元的企业有271家，比上年减少了45家，其利润总额为982.79亿元，占制造业500强利润总额的17.27%。另外，有66家企业亏损，比上年多20家，共亏损1184.1亿元，亏损额比上去年增长了143%。2015—2016中国制造业企业500强利润分布情况见表2-3。

表 2-3　2015—2016 中国制造业企业 500 强利润分布情况对照表

	100 亿元以上	50 亿～100 亿元	10 亿～50 亿元	0～10 亿元	亏损企业	未填报企业
2015 年	11	21	109	271	66	22
2014 年	8	16	113	316	46	2
变化情况	增加 3 家	增加 5 家	减少 2 家	减少 45	增加 20 家	增加 20 家

3. 资产管理质量和利用效率均低于上年水平

资产周转率是衡量企业资产管理效率的重要财务指标，是考察企业资产运营效率的一项很重要的指标，体现企业经营期间全部资产从投入到产出的流转速度，反映企业全部资产的管理质量和利用效率。一般情况下，这个数值越高，表明了企业总资产周转速度越快，销售能力就越强，资产利用效率就越高。2016 中国制造业企业 500 强平均资产周转率达到 1.5 次/年。资产周转率大于 2.00 次/年的企业有 86 家，比上年少 31 家；资产周转率小于 1.00 次/年的企业有 208 家，比上年多 39 家。

净资产利润率反映了企业为股东创造价值的能力，是反映企业盈利能力的一个核心指标。2016 中国制造业企业 500 强平均净资产利润率为 7.59%，比上年减少 1.00 个百分点。从净资产利润率的角度看，2016 中国制造业企业 500 强的盈利能力低于上年水平。净资产利润率最高的北汽银翔汽车有限公司，达到了 278.23 %，比上年最高的净资产利润率 116.4% 有所提高。排在第 2 至第 5 位的分别是天津华北集团有限公司、花园集团有限公司、浙江天圣控股集团有限公司、广州钢铁企业集团有限公司，净资产利润率分别为 100%、81.39%、79.53%、64.73%，总体水平低于上年。今年有 2 家企业的净资产利润率超过 100.00%，与上年相比减少 1 家。

通过与上年的数据比较可以发现，2016 中国制造业企业 500 强的资产管理质量和利用效率均低于上一年。这说明中国制造业企业 500 强在提质增效发展的道路上出现了波动情况。

4. 纳税总额有小幅度提升，税收贡献持续下降

纳税总额直接反映了中国制造业企业 500 强对国民经济发展所做的贡献。2016 中国制造业企业 500 强纳税总额达到了 1.78 万亿元，与上年 1.70 万亿元相比略高一些。

近年来，中国制造业企业 500 强的纳税贡献持续降低，2016 中国制造业企业 500 强纳税总额只占 2015 年全国税收总收入（12.49 万亿）的 14.25%，比上年减少 0.03 个百分点。

从单个企业来看，2016 中国制造业企业 500 强中，纳税额超过 100 亿元的企业有 28 家，与上年持平。其中，中国石油化工集团公司连续第五年纳税额超 3000 亿元，达到 3556.78 亿元。

三、2016 中国制造业企业 500 强的行业结构与分布特征

从产业结构特征看，中国制造业企业 500 强门类比较齐全，传统产业、高新技术产业、轻工业、重工业等都有不同程度的发展。2016 中国制造业企业 500 强分布在 40 个行业中。

1. 行业分布情况变化不大，各行业在市场中的地位长期稳定

从 40 个行业中所分布的企业数目来看，2016 中国制造业企业 500 强的行业分布比较分散。入围

企业数最多的行业，仍然是“黑色冶金及压延加工业”，共有73家企业入围，比上年少4家。该行业已经连续十一年占据入围企业最多的地位。

入围企业数排在第2至第5位的行业分别是“化学原料及化学制品制造业”42家，“一般有色冶金及压延加工业”34家，“电力、电气等设备、机械、元器件及光伏、电池、线缆制造业”30家、“汽车及零配件制造业”29家。以上提到的5个行业，近五年来一直都排在入围企业数最多的前5位，只是位次稍有变化。

入围企业数最少的行业是“乳制品加工业”“轨道交通设备及零部件制造业”，只有1家企业入围。其次“是电梯及运输、仓储设备与设施制造业”“木材、藤、竹、家具等加工及木制品”和“农林机械、设备及零配件制造业”等3个行业，分别有2家企业入围。

通过2016中国制造业企业500强各行业入围企业数与前几年数据的对比我们发现，中国制造业企业500强的行业分布虽然比较分散，但各行业的市场地位相对稳定，个别行业中少数企业的变动不会影响整个行业在大企业中的地位。

2. 部分行业的盈利能力持续下降，各行业间的差距显著

从收入利润率来看，2016中国制造业企业500强的平均收入利润率是2.18%。平均收入利润率高于10%的行业有“饮料加工业”“酿酒制造业”“办公、影像等电子设备、元器件制造业”，其行业平均收入利润率分别达到12.03%、10.41%、10.21%，其中“饮料行业”打破“酿酒行业”连续七年在这一指标上排在第一位而成为了新榜首。除此之外，“烟草加工业”和“乳制品加工业”的行业平均收入利润率也接近10%，分别达到8.93%和7.67%。除以上5个行业之外，行业平均收入利润率高于3.47%的还有“通讯器材及设备、元器件制造业”等8个行业。另外，还有27个行业的平均收入利润率低于3.47%，其中，行业平均收入利润率最低的是“黑色冶金及压延加工业”（仅为-1.62%）。与上年相比，行业平均收入利润率低于平均数的行业比上年少了16个。

从资产利润率来看，2016中国制造业企业500强的平均资产利润率为3.8%。平均资产利润率高于10%的行业有3个，其中“饮料加工业”的行业平均资产利润率最高，为16.32%；另外，“乳制品加工业”的行业平均资产利润率为11.69%，“办公、影像等电子设备、元器件制造业”的行业平均资产利润率为10.3%。除以上三个行业之外，还有12个行业的平均资产利润率高于3.8%。另外，有25行业的平均资产利润率低于3.8%，其中“黑色冶金及压延加工业”的行业平均资产利润率最低，为-1.3%（参见表2-4）。

表2-4 2014—2016中国制造业企业500强按行业平均指标对照表

项目 行业	平均收入利润率(%)			平均资产利润率(%)			入围企业数		
	2014	2015	2016	2014	2015	2016	2014	2015	2016
酿酒制造业	11.52	10.37	10.41	8.04	6.31	5.52	7	7	7
黄金冶炼及压延加工业	1.02	-0.13	0.53	1.13	-0.16	0.52	5	4	4
烟草加工业	9.86	8.88	8.93	10.94	10.19	8.92	13	12	12

续表

项目 行业	平均收入利润率(%)			平均资产利润率(%)			入围企业数		
	2014	2015	2016	2014	2015	2016	2014	2015	2016
电梯及运输、仓储设备与设施制造业	4.03	4.23	3.28	3.11	3.54	1.9	2	3	2
办公、影像等电子设备、元器件制造业	4.29	7.5	10.21	5.53	4.01	10.3	1	3	5
工程机械、设备及零配件制造业	3	1.69	1.63	2.2	1.2	0.83	10	13	9
纺织品、服装、鞋帽（含皮草、毛、绒等）加工业	4.33	4.84	5.42	4.86	6.34	5.25	16	14	13
船舶工业	3.51	3.72	3.1	1.76	1.86	1.74	6	5	3
塑料制品业	4.18	3.8	4.15	11.02	5.86	8	3	4	3
食品加工制造业	2.26	2.37	1.98	1.86	2.4	1.67	11	11	10
乳制品加工业	6.67	7.68	7.67	9.69	10.49	11.69	1	1	1
通讯器材及设备、元器件制造业	5.6	6.57	6.62	6.68	6.78	6.77	7	6	6
橡胶制品业	4.67	4.96	4.15	8.12	8.31	5.99	7	6	6
医药、医疗设备制造业	3.96	4.15	4.96	4.73	4.72	3.17	16	15	18
纺织、印染业	2.86	3.18	2.7	4.83	5.85	4.58	13	12	13
造纸及纸制品加工业	2.94	2.4	2.31	2.95	2.5	2.49	7	6	7
化学纤维制造业	1.18	1.17	1.12	2.1	1.9	1.96	14	13	12
建筑材料及玻璃等制造业	1.9	2.21	1	1.38	1.54	0.56	14	15	15
农林机械、设备及零配件制造业	2.29	2.37	3.37	5.87	5.97	9.14	2	2	2
汽车及零配件制造业	2.75	2.92	3.2	3.67	3.75	3.58	28	29	29
肉食品加工业	3.6	5.57	2.77	4.95	9.27	2.99	5	3	3
化学原料及化学制品制造业	1.4	1.61	1.95	1.37	1.61	1.71	37	41	43
家用电器及零配件制造业	4.2	3.96	5.4	4.74	4.28	5.05	12	14	15
综合制造业（以制造业为主，含有服务业）	1.44	1.19	1.56	1.53	1.01	1.07	22	21	22
工业机械、设备及零配件制造业	2	2.52	1.63	1.7	2.09	1.12	10	10	11
轨道交通设备及零部件制造业	2.48	2.33	2.36	1.92	1.69	1.75	2	2	1

续表

行业＼项目	平均收入利润率(%)			平均资产利润率(%)			入围企业数		
	2014	2015	2016	2014	2015	2016	2014	2015	2016
石化产品、炼焦及其他燃料加工业	1.76	1.03	1.36	2.55	1.42	1.42	20	20	23
饮料加工业	9.92	9.7	12.03	17.09	15.76	16.32	4	4	5
农副食品及农产品加工业	1.64	2.42	3.12	2.69	3.77	5.18	14	15	16
航空、航天及国防军工业	1.29	2.31	2.59	1.08	1.56	1.81	4	4	5
电力、电气等设备、机械、元器件及光伏、电池、线缆制造业	2.45	2.16	3.02	3.24	3.16	4.26	29	25	30
电子元器件与仪器仪表、自动化控制设备制造业	1.41	2.68	3.66	1.41	2.24	2.73	6	10	9
一般有色冶金及压延加工业	1	0.5	0.12	1.22	0.63	0.14	42	36	33
生活用品（含文体、玩具、工艺品、珠宝）等轻工产品加工制造业	1.68	3.55	3.68	2.76	4.08	5.32	4	5	3
金属制品、加工工具、工业辅助产品加工制造业	1.46	1.34	1.33	2	1.82	1.56	17	15	16
摩托车及零配件制造业	1.78	1.97	1.71	1.66	1.51	1.24	4	4	3
黑色冶金及压延加工业	0.31	0.33	-1.62	0.3	0.31	-1.3	72	77	73
计算机及零部件制造业	1.03	2.4	1.78	1.01	1.79	1.05	3	4	4
动力、电力生产等装备、设备制造业	1.99	0.97	0.81	1.54	0.69	0.53	7	7	6
木材、藤、竹、家具等加工及木制品、纸制品等印刷、包装业	2.48	6.78	2.45	1.18	2.63	1.63	3	2	2

通过表2-4的数据对比分析可以看出，入围的40个行业中部分行业的平均盈利能力有所提升，但个别行业严重下滑，行业间差距在继续扩大。

3. 黑色冶金及压延行业盈利能力仍然垫底，与其规模极度不匹配

如前所述，2016中国制造业企业500强中入围企业数最多的行业分别是“黑色冶金及压延加工业”“化学原料及化学制品制造业”“一般有色冶金及压延加工业”“电力、电气等设备、机械、元器件及光伏、电池、线缆制造业”和“汽车及零配件制造业”，分别有73家、42家、34家、30家和29家企业入围。但从表2-4的数据可以看出，这5个行业中5个行业的平均盈利能力都低于平均水平。这与它们庞大的规模相比非常不匹配。需要引起注意的是，作为入围企业数量连续数年排在首位的重点行业“黑色冶金及压延加工业”，虽然入围企业数最多，但盈利能力却与之相差甚远，平均收入利润率和资产利润率与其他行业的差距相当悬殊。2016中国制造业企业500强分行业主要指标见表2-5。

表 2-5　2016 中国制造业企业 500 强分行业主要指标

名称	企业数	营业收入（万元）	利润（万元）	资产（万元）	纳税总额（万元）	从业人数（人）
全国	500	2651885579	56910277	2913526328	177723025	13110429
黑色冶金及压延加工业	73	361295541	-5688615	444238839	9416987	1786909
化学原料及化学制品制造业	42	125776937	2378258	144182960	4099649	556593
一般有色冶金及压延加工业	34	225563398	269235	182029131	3419967	617137
电力、电气等设备、机械、元器件及光伏、电池、线缆制造业	30	84995945	2532339	60214827	2649158	366177
汽车及零配件制造业	29	320714430	10267199	286462209	31258773	1145487
石化产品、炼焦及其他燃料生产加工业	23	239972906	3524134	248296711	36998303	963860
综合制造业（以制造业为主，含有服务业）	22	90557051	1381998	130008264	3472062	644047
医药、医疗设备制造业	18	55447852	2563312	87688749	2497567	314065
农副食品及农产品加工业	16	51417780	1604325	30948956	978425	320441
金属制品、加工工具、工业辅助产品加工制造业	16	24077565	285237	20101126	461950	102882
建筑材料及玻璃等制造业	15	62062159	608350	110778990	3967599	473359
家用电器及零配件制造业	15	94191645	5086304	100692991	6334123	569656
纺织、印染业	13	64440505	1741230	37979634	1523033	249556
纺织品、服装、鞋帽、服饰加工业	13	35955997	1525795	33340699	1350863	261189
烟草加工业	12	60318910	5309257	60372053	38149477	91845
化学纤维制造业	12	62864473	705980	35966133	1162519	163823
工业机械、设备及零配件制造业	11	19214277	290803	26955246	717157	148402
食品加工制造业	10	34130231	674368	40308288	1643917	229331
工程机械、设备及零配件制造业	9	27695478	321033	38539597	544801	112517
电子元器件与仪器仪表、自动化控制设备制造业	9	47986354	1756892	64404969	1617635	358567
酿酒制造业	7	21523767	2157255	41116407	3717137	169171
造纸及纸制品加工业	7	33226284	768390	30857344	1324026	77144
橡胶制品业	6	17463292	724470	12088344	596122	75610
通讯器材及设备、元器件制造业	6	66878205	4424698	65333168	2340968	349171
动力、电力生产等装备、设备制造业	6	32340417	262532	49558490	788272	193982

续表

名称	企业数	营业收入（万元）	利润（万元）	资产（万元）	纳税总额（万元）	从业人数（人）
饮料加工业	5	10840351	1303610	7985488	2496849	65388
办公、影像等电子设备、元器件制造业	5	7495965	643560	7278105	308834	106845
航空航天及国防军工业	5	157344038	4084111	225827128	7173158	1372878
黄金冶炼及压延加工业	4	29872757	158536	30333789	868251	115915
计算机及零部件制造业	4	50950014	906248	86262310	1209720	219237
肉食品加工业	3	16267069	579489	11598912	262581	117020
生活用品（含文体、玩具、二艺品、珠宝）等轻工产品加工制造业	3	15921041	585520	11012337	552334	68972
塑料制品业	3	3481622	113181	1883301	56998	8306
摩托车及零配件制造业	3	8889808	151670	12254345	178052	46188
船舶工业	3	44373577	1373480	78914403	1162958	254243
木材、藤、竹、家具等加工及木制品、纸制品等印刷、包装业	2	3466436	85024	5203599	167759	46530
农林机械、设备及零配件制造业	2	4233225	142514	1560031	47765	28986
电梯及运输、仓储设备与设施制造业	2	8229007	269934	14175144	311489	71641
乳制品加工业	1	6035987	463179	3963097	350388	57971
轨道交通设备及零部件制造业	1	24373283	575442	32810214	1545399	189388

4. 利润高度集依然中于少数行业和企业

在 2016 中国制造业企业 500 强中，实现利润最多的前 5 个行业分别为“汽车及零配件制造业”“烟草加工业”“家用电器及零配件制造业”“通讯器材及设备”和“航空航天及国防军工业”，这 5 个行业共 67 家企业实现利润总额 2917. 15 亿元，占 2016 中国制造业企业 500 强利润总额的 51. 26%。不到两成的企业实现了一半多的利润，这也充分说明了在 2016 中国制造业企业中，利润高度依然集中于少数行业和企业中。

四、2016 中国制造业企业 500 强的区域结构与分布特征

中国制造业企业 500 强的企业总部分布格局与中国地区经济的发展程度基本保持一致，并且长期以来始终稳定在一种发展相对非均衡的状态上，这种非均衡状态与地区经济发展的差异性一样在短期内不会改变。

2016 中国制造业企业 500 强总部所在地涉及了 29 个省、自治区、直辖市，西藏自治区和海南没有企业入围 2016 中国制造业企业 500 强。这 500 家企业在各个地区的分布同以往一样，呈现出不均

衡性。其中东部地区有346家企业，占69.20%；中部地区有69家企业，占13.80%；西部地区有63家企业，占12.6%；东北地区有22家企业，占4.4%。总体上看，东部地区企业数量没有变化，中部地区企业的数量增加，其他地区企业数量都在减少。

东部地区：浙江92家、江苏43家、山东76家、北京34家、河北39家、广东25家、天津16家、上海14家、福建7家。这9省市共有346家企业入围，与上年入围企业数量持平，但是海南省企业今年没有入围，占2016中国制造业企业500强总数的69.20%，超过了2/3的比例。

中部地区：河南12家，安徽15家，湖南9家，湖北17家，江西13家，山西3家。这6省区共有69家企业入围，比上年少5家，占2016中国制造业企业500强总数的13.80%。

西部地区：四川14家、重庆13家、云南8家、陕西4家、广西壮族自治区9家、内蒙古自治区2家、甘肃3家、贵州2家、新疆维吾尔自治区4家、青海2家、宁夏回族自治区2家。这11个省市共有63家企业进入2016中国制造业企业500强，比上年少2家，占12.6%。

东北地区：辽宁17家、黑龙江3家、吉林2家。这3个省共有22家企业进入2016中国制造业企业500强，比上年少了3家，占4.4%。图2-2是2005—2016中国制造业企业500强的企业在各个区域分布的变化示意图。从图上可以很直观的看出来，12年来，东部地区入围中国制造业企业500强的企业数目基本上保持在70%左右，中、西部地区以及东北地区在过去的几年里受到“中部崛起”“西部大开发”“振兴东北老工业基地”以及“一带一路”等区域及国家扶持政策的支持后，虽然入围的企业数目有所增加，但幅度不大。

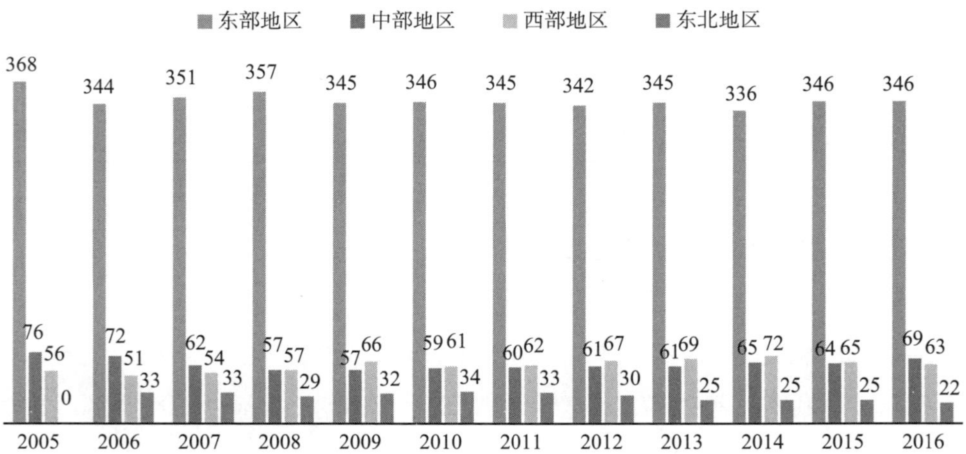

图2-2 2005—2016中国制造业企业500强区域分布变化示意图

从经济总量上看，2016中国制造业企业500强营业收入总额为26.52万亿元，利润总额为5691.03亿元，资产总计为29.14万亿元，其中绝大部分集中在东部，东部地区的营业收入、利润总额、资产总额分别为20.2万亿元、5049.97亿元、22.14万亿元，各占全国的76.31%、88.74%、75.97%。各地区营业收入、利润总额及资产总额及其在全国所占比例分布，见表2-6及图2-3。

表2-6 2016中国制造业企业500强四大地区主要指标

名称	营业收入（万元）	利润总额（万元）	资产总额（万元）
东部地区	2023746201	50499756	2213264969
中部地区	279752515	2506575	267884516
西部地区	242559015	3554353	296828031
东北地区	105827848	349593	135548812

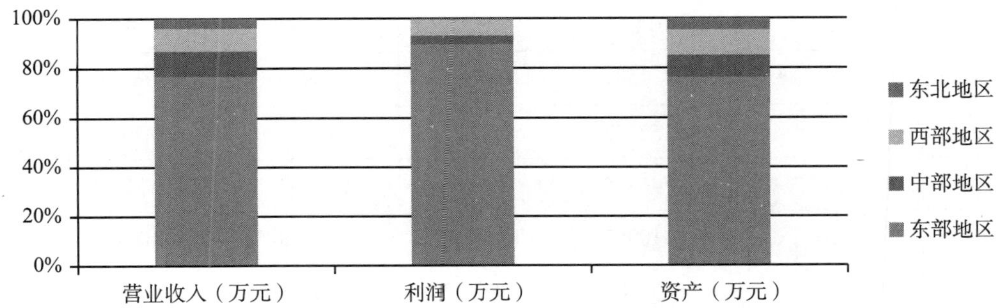

图2-3 2016中国制造业企业500强四大地区总量分布示意图

2016中国制造业企业500强分地区主要指标详见表2-7。

表2-7 2016中国制造业企业500强分地区主要指标

名称	企业数	营业收入（万元）	利润（万元）	资产（万元）	纳税总额（万元）	从业人数（人）
全国	500	2651885579	56910277	2913526328	177723025	13110429
北京	34	723875779	9206758	1015689130	57011177	4376265
上海	14	159046912	7868329	204818527	21160632	536205
天津	16	78708156	2562311	64913016	2558955	299150
重庆	13	28567802	358083	40176406	819603	207488
黑龙江	3	5282222	43230	9457641	817241	53070
吉林	2	43498880	2025109	38707592	5914707	158847
辽宁	17	57046746	−1718746	87383579	3495940	459078
河北	39	119935659	2054172	95036927	4228467	537046
河南	12	37485712	789342	38096542	1062096	244649
山东	75	287128445	8532434	249224717	9792209	1089533
山西	3	11330751	−258291	18776595	228609	60158
陕西	4	23809465	93697	22412752	492708	105969
安徽	15	47158978	179805	45840619	2071074	235482

续表

名称	企业数	营业收入（万元）	利润（万元）	资产（万元）	纳税总额（万元）	从业人数（人）
江苏	43	190593174	3148567	156811218	4965511	641361
湖南	9	28293686	123909	39282778	571946	175687
湖北	17	107089104	1223403	94188096	10935245	472711
江西	13	48394284	448407	31699886	2358030	208797
浙江	93	256604171	6360437	193841935	14095421	1026893
广东	25	188701797	10199521	211133309	9104075	1122817
四川	14	55471581	1442501	59794950	2367610	347030
福建	7	19152108	567227	21796190	2876374	121316
广西壮族自治区	9	19746855	259486	21525791	1979389	154816
贵州	2	7310952	1390068	13390845	4076839	33347
云南	8	36698408	1285472	45620545	12511463	112788
甘肃	3	37617402	-1247495	28896363	587028	82223
青海	2	4395345	-23409	12542651	222023	28218
宁夏回族自治区	2	7821062	65740	10256039	77062	35062
新疆维吾尔自治区	4	11855153	495825	22096425	584640	66456
内蒙古自治区	2	9264990	-565615	20115264	756951	117967

五、2016 中国制造业企业 500 强的所有制分布特征

在 2016 中国制造业企业 500 强中，有 183 家国有企业，比上年减少 7 家，占总数的 36.6%；317 家民营企业，占总数的 63.4%。中国制造业企业 500 强中的国有企业数量连续 7 年减少，国有与民营企业在相关领域内发挥着各自的优势。

1. 国有企业在数量上的占比持续下降，但依然占据相对主导地位

入围 2016 中国制造业企业 500 强的 183 家国有企业的营业收入总额为 15.84 万亿元，占总量的 59.74%；利润总额达到 2207.2 亿元，占总量的 38.78%；资产总额为 20.18 万亿元，占总量的 69.26%；纳税总额达到 1.45 万亿元，占总量的 81.63%。而 317 家民营企业的营业收入总额为 10.67 万亿元，占总量的 40.26%；利润总额达到 3483.9 亿元，占总量的 61.22%；资产总额为 8.96 万亿元，占总量的 30.74%；纳税总额达到 3265.5 亿元，占总量的 18.37%。183 家国有企业的平均营业规模和资产规模为 865.78 亿元和 1102.63 亿元，分别是民营企业（336.75 亿元和 282.56 亿元）的 2.57 倍和 3.90 倍（参见表 2-8、表 2-9）。

表 2-8 2016 中国制造业企业 500 强按所有制分类的主要指标 （万元）

名称	企业数	营业收入（万元）	利润（万元）	资产（万元）	纳税总额（万元）	从业人数（人）
全国	500	2651885579	56910277	2913526328	177723025	13110429
国有	183	1584368686	22071590	2017806989	145067773	8637750
民营	317	1067516893	34838687	895719339	32655252	4472679

表 2-9 2016 中国制造业企业 500 强主要指标所有制分布

名称	企业数（%）	营业收入（%）	利润（%）	资产（%）	纳税总额（%）	从业人数（%）
国有	36.60	59.74	38.78	69.26	81.63	65.88
民营	63.40	40.26	61.22	30.74	18.37	34.12

与上年相比，国有企业在经济总量上的占比均略有下降，但仍然占据相对主导地位，收入、资产、纳税、就业人员占比仍明显高出民营企业。

2. 国有企业在税收上的贡献仍然远大于民营企业

在全部制造业 500 强中，国有企业以 59.74% 的收入份额贡献了 81.63% 的纳税份额，百元收入纳税率为 9.16 元，是民营企业（3.06 元）的 2.98 倍。国有企业所占份额较上年（82.53%）有所下降。国有企业的收入利税率（（纳税总额+净利润）/营业收入）为 10.41%，高于民营企业 6.34% 的水平。

3. 盈利能力均低于上年水平，但民营企业的经营绩效仍然好于国有企业

从盈利性的角度看，国有企业的经济绩效一直不如民营企业。183 家国有企业中，有 29.5%（54 家）的企业亏损，亏损额达 1134.33 亿元，而 317 家民营企业中仅有 12 家（3.78%）企业亏损，亏损额为 45.76 亿元。

从盈利水平看，国有企业和民营企业的盈利水平低于上年的盈利能力水平。2016 中国制造业企业 500 强中 183 家国有企业的平均收入利润率为 1.61%，低于 317 家民营企业的 3.3%；平均资产利润率为 1.09%，低于民营企业的 3.87%。从资产管理效率来看，2016 中国制造业企业 500 强中的国有企业的平均资产周转率为 0.795 次/年，低于民营企业的 1.19 次/年。从劳动生产率指标来看，国有企业的人均营业收入为 185.76 万元，低于民营企业的 242.39 万元；国有企业的人均利润为 3 万元，低于民营企业的 8 万元。（参见表 2-10）。

表 2-10 2016 中国制造业企业 500 强按所有制分类的经济效益与效率

名称	资产利润率（%）	人均利润（万元）	资产周转率（%）	人均营业收入（万元）	收入利润率（%）
国有	1.09	3	79.52	185.76	1.61
民营	3.87	8	119.19	242.39	3.30

六、2016 中国制造业企业 500 强的研发状况

1. 总体研发投入力度持续加大

2016 中国制造业企业 500 强中有 478 家填报了研发投入数据，共投入研发费用总额为 5373. 46 亿元，比上年的 4814. 65 亿元提高了 11. 6 %，增速高于上年的 4. 77%；平均研发费用为 11. 24 亿元，比上年增长了 10. 4%。研发投入费用最多的 5 家企业分别是华为技术有限公司（596. 07 亿元）、中国航空工业集团公司（276. 27 亿元）、中国航天科工集团公司（208. 8 亿元）、中国兵器装备集团公司（158. 6 亿元）、中国船舶重工集团公司（131 亿元），其研发投入占各自营业收入的比例分别为 15. 1%、7. 22%、11. 92%、3. 6%、5. 8%。

2016 中国制造业企业 500 强的平均研发强度（研发费用占营业收入的比重）为 2. 10%，较上年提高 0. 24 个百分点。2016 中国制造业企业 500 强的研发强度超过 10% 的企业有 4 家，比上年持平；在 5% ~10% 之间的企业有 23 家，比上年增加 3 家；在 3% ~5% 之间的企业有 79 家，比上年减少 8 家；在 1% ~3% 之间的企业有 178 家，比上年增加 5 家；有 192 家企业的研发投入比例小于 1%，比去年增加 3 家。

2. 研发投入增长率持续降低

随着营业收入增长率的降低，众多企业的研发投入增长率延续上年下降的态势。在填报数据的 478 家企业中，虽然有一定数量的企业自身研发投入的水平有了一定程度的提高，但整体水平仍然在下降。其中，有 14 家企业的研发投入增长率高于 100%，比上年增加了 1 家，占总数的 2. 93%；有 16 家企业的研发投入增长率在 50% ~100% 之间，比上年减少 11 家，占总数的 3. 35%；有 37 家企业的研发投入增长率在 30% ~50% 之间，比上年减少 9 家，占总数的 7. 74%；有 107 家企业的研发投入增长率在 10% ~30% 之间，比上年减少 7 家，占总数的 22. 38%；有 125 家企业的研发投入增长率在 0% ~10% 之间，比上年减少 1 家，占总数的 26. 15%；另外，还有 177 家企业的研发投入增长率出现了负增长，比上年增加 33 家，占总数的 37. 03%。（参见表 2-11）。

表 2-11　2015—2016 中国制造业企业 500 强研发投入增长情况对比

	超过 100%	50% ~100%	30% ~50%	10% ~30%	0 ~10%	0 以下
2015 年	13	27	46	114	126	144
占总数比例	2. 77%	5. 74%	9. 79%	24. 26%	26. 81%	30. 64%
2016 年	14	16	37	107	125	177
占总数比例	2. 93%	3. 35%	7. 74%	22. 38%	26. 15%	37. 03%
增长情况	增加 1 家	减少 11 家	减少 9 家	减少 7 家	减少 1 家	增加 33 家

通过以上两年数据变化的对比可以发现，研发投入增长率高的企业数量越来越少，大部分企业都集中在中下游水平，而且有逐年增加的趋势，并且今年研发投入相比去年下降的企业数目在持续

增加。

3. 专利数和发明专利数继续提高

2016 中国制造业企业 500 强中有 455 家企业填报了专利情况，共拥有专利 49.75 万项，比上年（440 家）的 42.1 万项增加了 18.17%；其中发明专利 15.4 万项，比上年的 12 万项增加了 28.33%，占全部拥有专利数量的 36.58%；从平均数来看，455 家企业平均每家拥有专利 1093 项，比上年增长了 14.21%；平均拥有发明专利 338 项，比上年增长了 16.15%。

虽然通过专利数量尤其是发明专利的数量增加，能够看出我国企业越来越重视自主研发能力和研发水平的提高，但由于基础差、底子薄，与国际上先进企业相比还存在巨大的差距，投入的产出比以及研发效率亦有不小提升的空间。

七、2016 中国制造业企业 500 强的海外经营状况

1. 海外营业收入相比上年有所提高，占比也有所上升

2016 中国制造业企业 500 强中，有 258 家企业填报了海外营业收入，共实现海外营业收入 3.17 万亿元，与上年的 2.90 万亿元相比，增加了 9.31%；占其营业收入总额的 16.60%，比上年的 13.22% 提高了 3.38 个百分点。

海外营业收入超过 500 亿元的企业有 11 家，其中有 8 家企业超过了 1000 亿元，分别是中国石油化工集团公司（5531 亿元）、华为技术有限公司（2291 亿元）、联想控股股份有限公司（2119 亿元）、中国化工集团公司（1477 亿元）、浙江吉利控股集团有限公司 1312 亿元）、中国兵器工业集团公司（1312 亿元）、中国兵器装备集团公司（1142 亿元）、中国电子信息产业集团有限公司（1045 亿元）。海外营业收入占总收入比例超过 50% 的企业有 14 家，比上年增加 7 家；在 30% ~50% 之间的有 18 家，比上年多 5 家。（参见表 2-12）。

表 2-12 2016 中国制造业企业 500 强中海外营业收入占比超过 50% 的企业

公司名称	总排名	海外占总收入比例（%）	海外收入（万元）
蓝思科技股份有限公司	320	93.32	1607724
浙江吉利控股集团有限公司	34	79.38	13121955
东凌控股有限公司	378	75.65	955622
山东科瑞控股集团有限公司	352	73.5	1083966
宁波均胜电子股份有限公司	468	68.85	556464
杭州汽轮动力集团有限公司	113	68.81	3922979
联想控股股份有限公司	11	68.39	21187754
深圳市中金岭南有色金属股份有限公司	321	60.84	1032145
京东方科技集团股份有限公司	133	58.84	2860854

续表

公司名称	总排名	海外占总收入比例（%）	海外收入（万元）
华为技术有限公司	5	58.00	22910000
中国国际海运集装箱（集团）股份有限公司	110	57.94	3400129
中国化工集团公司	14	56.76	14772768
宁波申洲针织有限公司	377	52.81	667513
中国电子信息产业集团有限公司	27	52.74	10452227

2. 海外资产及海外从业人数相比上年均有较大增加

2016 中国制造业企业 500 强中，有 208 家企业填报了海外资产数据。这 208 家企业的海外资产总额达到了 3.05 万亿元，比上年 189 家企业的 2.4 万亿元增加了 27.08%；占其资产总额的 14.80%，比上年提高了 1.11 个百分点。海外资产超过 100 亿元的企业有 45 家，其中 14 家企业超过了 500 亿元。海外资产占比超过 50% 的有厦门钨业股份有限公司、浙江吉利控股集团有限公司、联想控股股份有限公司、中国五矿集团公司 3 家，在 30% ~50% 之间的有 12 家。

另外，2016 中国制造业企业 500 强共有 209 家企业填报了海外从业人数，共有海外员工 61.48 万人，较上年增加了 56.84%。

八、2016 中国制造业企业 500 强发展面临的主要问题

2016 年是“十三五”规划开局之年，也是我国全面建设小康社会决胜阶段的开局之年，更是推进供给侧改革的攻坚之年。当前我国经济社会发展已经从前期高速增长进入了中高速增长的新阶段，预示着我国经济告别粗放型增长方式，走向依靠技术创新驱动、消费主体拉动、制度创新推动的以内源式发展为主导的市场引导型经济。但是，我国制造业还处于从制造业大国向制造业强国转型升级的过程之中，仍存在很多的问题。与世界一流制造业企业相比，我国制造业企业也还存在很大差距。从国际视角来看，制造业仍处于全球产业链低端并且国际竞争力较低，关键技术、核心技术受制于人的局面仍没有发生实质性改变。造成这种结果的原因：

一是企业自主创新能力不高。缺乏原始创新和集成创新为一体的自主创新能力和研发体系，是中国制造业面临的最大的问题。目前，中国大中型工业企业开展研发活动的仅占 28.3%，拥有研发机构的仅占 27.6%，研发人员仅占从业人员的 3.3%，企业参与研发的程度不高。同时，原有工业部门科研院所转制后，以共性技术研究为特征的产业体系不断弱化，技术上缺少对创新的持续投入和创新引领发展的理念，进一步制约了制造业企业自主创新能力的提升。企业不太注重培育自身技术能力，在企业长期经营的过程中并没有形成促进自身技术发展的制度、机制和环境，同时在技术引进的过程中，没有很好地消化、吸收，对自主创新重视不够。制造业技术引进与消化吸收的比例保持在 1∶3 的水平，而我国大中型企业这一比例仅为 1∶0.1，差距悬殊。

二是企业的核心技术能力难以取得突破性提高。这种结果产生的原因主要是基础研究能力积累

不足。企业在核心技术上取得突破性需要基础研究能力的长期积累，技术取得突破之后市场应用面临严重的后发劣势，这是我国企业处于追赶地位带来的问题。如大唐电信完成的第三代移动通信国际标准TD-CDMA虽然在政府的大力支持下已进入商业化、产业化运营阶段，但还是与国外标准抗衡中显得力不从心，创新收益回收周期长。再如奇瑞汽车的汽车发动机产品、海信集团的“信芯”等核心技术突破的零部件都面临国内市场开拓难的问题。同时2016年中国制造业企业的研发投入增长率总体下降，研发投入增长率高的企业数量越来越少，大部分企业的研发投入增长率在下降，这也对技术能力的提升产生消极影响。

三是高端技术创新人才的缺乏。人才是技术创新的主体，尤其是高层次人才，但目前人才缺乏已成为阻碍科技进步的重要因素。虽然中国每年的高校毕业生比较多，2015年高校毕业生总数已经达到749万人，但是真正能够和国际接轨的高端技术人才则少之又少。

九、促进制造业企业向全球价值链高端环节攀升

目前，我国制造业发展已经进入升级转型的关键时期，亟待通过转型升级提高我国制造业的技术创新水平，从而从一个制造业大国向制造业强国进行迈进。2016年4月6日国务院召开常务会议，决定实施《装备制造业标准化和质量提升规划》，引领中国制造升级，并且要求与《中国制造2025》对接，瞄准国际先进水平，并且还部署推进“互联网+流通”行动，促进降低成本扩内需增就业。由此可见国家对于中国制造业发展的关切。我国制造业企业应该积极抓住国内经济转型升级的机遇以及政府给予制造业的一系列政策支持，开拓创新，不断提高市场竞争力，努力向全球价值链高端环节攀升。

一是把握全球制造业的智能化、网络化、品牌化、全球化的“新四化”，抓住全球价值链的生产制造环节的智能化、网络化，强化企业内部价值链的管理，从而提升在全球价值链中的生产制造环节的位置。

二是强化创新，增强中国在研发、设计和关键零部件等高增值环节的优势。要通过产品差异化经营来避免恶性竞争，从而获得一定的市场空间；与大学、科研机构等科研单位形成创新联盟，开展联合技术攻关，同时完善技术创新平台，优化研发体制机制，建立跨领域、协同化、网络化的创新平台；加强与价值链高端龙头企业的交流培训，要塑造自主有实力的品牌，同时逐步建立完善的营销渠道，向品牌、营销和服务等高附加值环节攀升。

三是大力发展服务创新。坚持技术服务先行，靠客户信任发展，凭借对科技创新的把握和研判，构建智能化平台、协同设计平台，既能为客户提供全方位的技术支持，又能让客户买进产品的同时也得到全方位服务，促进中国制造业企业在全球价值链中的升级。

四是将品牌建设上升到战略高度，加强品牌管理。要建立健全品牌管理组织机构，明确相应品牌管理职能，优化品牌管理流程，构建系统规范的品牌管理体系，形成快速高效的工作机制。同时，应将品牌制度和流程渗透到设计、研发、采购、生产、营销、售后服务等企业生产经营的各个环节，形成协同效应。建立完善品牌资产和品牌建设工作的评估体系，有条件的企业还可以积极探索将品牌建设工作纳入业绩考核体系，采取相应的激励约束措施。此外，还应加强品牌专业人才的培养、

引进、使用，不断提高品牌管理队伍的能力和水平。

五是强化人力资源管理。人力资源管理的核心是打造一个让多方人才干事创业的发展平台，激励各类人才实现价值最大化。激励机制主要有物质激励、职业生涯发展激励、企业精神文化激励等。企业需要采用不同种激励方式的结合来达成激励目标，要树立开放的人才观，善于搭建事业平台，通过制定人才激励、成长机制，让优秀人才都能找到施展才华的机会；要加大技能人才培训力度，通过建立有效的职业培训体系，提高培训质量。

第三章
2016 中国服务业企业 500 强分析报告

2016 中国服务业企业 500 强是由中国企业联合会、中国企业家协会连续第十二次向社会发布的我国服务业大企业榜单。综合近几年中国服务业企业 500 强榜单可以看出以下特点：第一，服务业企业 500 强的规模持续扩大，营收增速连续 4 年超过制造业，且营收总额首次超过制造业企业 500 强，入围世界 500 强的数量达到 40 家。第二，服务业企业 500 强资产利用水平持续下降，资产利润率、净资产利润率和资产周转率三个指标持续走低。第三，互联网企业和金融企业获利能力最强，其收入利润率分别相当于服务业企业 500 强平均水平的 2. 8 和 2 倍，且非银行金融企业快速发展，金融格局不断优化。第四，广东在服务业领域持续发力，首次超越北京、浙江成为第一大入围服务业 500 强的地区。近年来，我国服务业 500 强企业的地区分布中东部和东北部企业数量显著减少，中部和西部企业数显著增加，服务业 500 强企业的阵地可能正从东部和东北部向中西部地区转移。第五，房地产、旅游、互联网三大行业发生大规模并购重组，涉及并购主体和并购标的分别为 22 家和 278 家，分别占服务业企业 500 强总体的 19. 13% 和 43. 85%。这些行业或将出现较为深刻地调整。第六，服务业企业 500 强中，国有企业在金融、交通运输、能源、公用事业和文化产业等行业处于绝对优势地位，民营企业则在房地产、汽车商贸、商业零售、互联网等行业，民营企业占据主导地位。

一、2016 中国服务业企业 500 强的规模及分布特征

1. 营收总额首次超过制造业，增速连续四年超过制造业

2016 中国服务业企业 500 强的规模增长依然显著，实现营业收入总额达 271040 亿元，资产总额达到 1894389 亿元，与 2015 中国服务业 500 强企业（以下简称上年）相比较，分别增长 7. 35% 和 14. 89%。营业收入增长较上年的 7. 17% 有所提高，相较于制造业企业 500 强营业收入增长速度为-1. 54% 的情况更为乐观；服务业企业 500 强员工人数持续增加，增幅为 6. 04%。2016 中国服务业企业 500 强入围门槛为 29. 02 亿元，较上年的 28. 05 亿元增加 3. 46%。2016 中国制造业业企业 500 强的营收总额和入围门槛分别为 20265189 亿元和 653712 万元，分别相当于服务业 500 强企业的 97. 84% 和 225. 22%，可以看出，尽管在入围门槛上制造业企业 500 强远高于服务业，但从 500 家企业实现的营收总量来看，服务业大企业首次实现了对制造业的超越。

表 3-1 2015—2016 中国服务业企业 500 强企业总规模对比

	总营收（万元）	总资产（万元）	纳税总额（万元）	员工数（人）	入围门槛（万元）
2015	2524751566	16488124795	149420786	12667167	280540
2016	2710397710	18943892356	158745873	13432516	290249
增长	7.35%	14.89%	6.24%	6.04%	3.46%

2. 中国 500 强占据近 1/3，世界 500 强名次显著提升

2016 中国服务业 500 强榜单中有 157 家企业入围 2016 中国企业 500 强，占比 31.4%，和上年 151 家相比略有回升，但近几年一直稳定于 1/3 左右的占比，且小于制造业企业 50% 左右的占比。另外，在 2016 服务业 500 强榜单中有 40 家服务业企业进入世界 500 强，占中国企业入围世界 500 强总数的 40.4%，较上年增加 6 家。万科、京东、万达、新华人寿和恒大 5 家企业今年新入围世界 500 强。从排名变化来看，除了国机集团、绿地控股、浙江物产、中国远洋和中航油料 5 家企业排名有不同程度的下降，其他 30 家企业排名均有显著提升。其中中粮集团、华信能源、光大集团、海航集团名次提升均超过 100 位。且中粮集团是继上年名次从 401 名提升至 272 名，上升 129 位后，又一次实现大幅跨越，排在 121 位。从进入世界 500 强的行业来看，主要分布在银行和贸易两大行业，总计达 24 家企业，较上年增加 4 家，这和我国服务业以银行和贸易类企业为主要构成的行业结构是一致的。2016 年有 4 家房地产企业入围，是一个新的特点。

表 3-2 2016 中国服务业企业入围《世界 500 强》名单

排名	上年排名	公司名称（中英文）
2	7	国家电网公司（STATE GRID）
15	18	中国工商银行（INDUSTRIAL & COMMERCIAL BANK OF CHINA）
22	29	中国建设银行（CHINA CONSTRUCTION BANK）
29	36	中国农业银行（AGRICULTURAL BANK OF CHINA）
35	45	中国银行（BANK OF CHINA）
41	96	中国平安保险（集团）股份有限公司（PING AN INSURANCE）
45	55	中国移动通信集团公司（CHINA MOBILE COMMUNICATIONS）
54	94	中国人寿保险（集团）公司（CHINA LIFE INSURANCE）
91	115	中国华润总公司（CHINA RESOURCES NATIONAL）
95	113	中国南方电网有限责任公司（CHINA SOUTHERN POWER GRID）
105	143	中国邮政集团公司（CHINA POST GROUP）
119	174	中国人民保险集团股份有限公司（People´s Insurance Co. of China）

续表

排名	上年排名	公司名称（中英文）
121	272	中粮集团有限公司（COFCO）
122	146	天津物产集团有限公司（TEWOO GROUP）
132	160	中国电信集团公司（CHINA TELECOMMUNICATIONS）
139	105	中国中化集团公司（SINOCHEM GROUP）
153	190	交通银行（BANK OF COMMUNICATIONS）
156	186	中国中信集团有限公司（CITIC GROUP）
189	235	招商银行（CHINA MERCHANTS BANK）
195	271	兴业银行（Industrial Bank）
205	276	中国医药集团（Sincpharm）
207	227	中国联合网络通信股份有限公司（CHINA UNITED NETWORK COMMUNICATIONS）
221	281	中国民生银行（CHINA MINSHENG BANKING）
227	296	上海浦东发展银行股份有限公司（Shanghai Pudong Development Bank）
229	342	中国华信能源有限公司（CEFC China Energy）
251	328	中国太平洋保险（集团）股份有限公司（CHINA PACIFIC INSURANCE（GROUP））
293	288	中国机械工业集团有限公司（SINOMACH）
311	258	绿地控股集团有限公司（GREENLAND HOLDING GROUP）
313	420	中国光大集团（China Everbright Group）
353	464	海航集团（HNA Group）
356	N. A.	万科企业股份有限公司（China Vanke）
359	339	浙江物产集团（Wuchan Zhongda Group）
366	N. A.	京东（JD. com）
383	426	中国通用技术（集团）控股有限责任公司（China General Technology）
385	N. A.	大连万达集团（Dalian Wanda Group）
401	457	中国保利集团（China Poly Group）
427	N. A.	新华人寿保险股份有限公司（New China Life Insurance）
465	432	中国远洋海运集团有限公司（China COSCO Shipping）
484	321	中国航空油料集团公司（CHINA NATIONAL AVIATION FUEL GROUP）
496	N. A.	恒大集团（Evergrande Real Estate Group）

3. 规模分布呈金字塔形，底部企业上升空间较大

总体上看，2016 中国服务业企业 500 强的规模分布仍延续了前几年的格局，继续呈现金字塔的状态，属于低数量区间的企业占据了绝大多数，但逐渐呈现出朝金字塔的高数量级移动的趋势。

从营业收入分布来看，超过 1000 亿元的有 59 家，比上年增加 6 家，100 亿～1000 亿元的企业数量有 213 家，比上年增加 23 家，60 亿～100 亿元的企业数量有 87 家，比上年减少 2 家，低于 60 亿元的企业数量有 141 家，比上年减少 27 家。2016 中国服务业企业 500 强中，营业收入达到万亿元以上的企业有国家电网和中国工商银行 2 家，分别为 20713 亿元和 10798 亿元。近几年，百亿元以下的企业数量持续减少，2016 服务业 500 强榜单中有 228 家企业规模在百亿以下，比较上年的 257 家有所减少，占 2016 中国服务业企业 500 强企业数的 45.6%，金字塔底部企业上升空间很大。

表 3-3 2015—2016 中国服务业企业 500 强企业营收规模分布

	超过 1000 亿元	100 亿～1000 亿元	60 亿～100 亿元	60 亿元以下
2015	53 家	190 家	89 家	168 家
2016	59 家	213 家	87 家	141 家
增长情况	6 家	23 家	-2 家	-27 家

从资产规模的分布上看，有 116 家服务业企业资产达到 1000 亿元以上，比上年增加 20 家，资产在 100 亿～1000 亿元的企业数量有 194 家，比上年增加 10 家。资产在 60 亿～100 亿元的企业数量有 51 家，比上年减少 8 家，低于 60 亿元的有 139 家，比上年减少 20 家，榜单中企业的资产规模在朝着金字塔上方聚拢。

表 3-4 2015—2016 中国服务业企业 500 强企业资产规模分布

	超过 1000 亿元	100 亿～1000 亿元	60 亿～100 亿元	60 亿元以下	总数
2015	96 家	184 家	59 家	159 家	498 家
2016	116 家	194 家	51 家	139 家	500 家
增长情况	20 家	10 家	-8 家	-20 家	-

另外，企业间的差距有所缩小。2016 中国服务业企业 500 强中排名前 30 位企业的营业收入之和占比 56.88%，比上年 57.23% 有轻微降低，前 30 位的资产之和占资产总额的 78.64%，比上年的 79.70% 有所降低。

4. 人均资产增幅快于人均营收增幅

2016 中国服务业企业 500 强的各项人均指标均有提升，其中人均营业收入实现 201.79 万元，增长 3.03%，较上年的 3.23% 下降了 0.2 个百分点，人均拥有资产 1415.30 万元，增长 8.99%，较上年的 8.69% 略有增加。显然，继前两年人均资产增幅快于人均营收增幅后，2016 中国服务业企业 500

强中，二者的差距进一步放大。分析其中原因，可能是资产相比于营业收入的总量增幅差距进一步扩大，资产的增幅为14.89%，营业收入的增幅为7.35%，这应该是由于近两年服务业500强企业快速扩张引起。2016服务业500强中，有115家企业并购了634家企业，远大于2015服务业500强中，有99家企业并购了518家企业和2014服务业500强中的117家企业并购了587家企业的幅度。

表3-5 2015—2016中国服务业企业500强人均规模指标对比

报告年份	人均营收（万元）	人均资产（万元）
2015	195.85	1298.50
2016	201.79	1415.30
增长情况	3.03%	8.99%

从人均营业收入的分布来看，超过1000万元的有90家，比上年增加3家；100万元至1000万元的有323家，相比上年的309家，增加14家；100万元及以下的有83家，相比上年的104家，减少21家。

从人均资产的分布来看，千万元以上的企业有144家，相比上年的121家，增加23家；100万元至1000万元的有280家，相比上年的285家，增加5家；100万元以下的有61家，相比上年的68家，减少7家。显然，人均营收和人均资产都在显著地向高阶位迈进。

二、2016中国服务业企业500强的经济效益及特征

1. 净利润总体增幅持续提高

2016中国服务业企业500强实现净利润（指归属母公司净利润，下同）总额为22034亿元，增长12.62%，较上年的9.77%，增加3个百分点；人均利润为16.40万元，较上年的14.94万元，增长10.24%，较上年增速2.82%，增加为7个百分点。

表3-6 2015—2016中国服务业企业500强经济效益指标

报告年份	净利润（亿元）	人均利润（万元）
2015	19565	14.94
2016	22034	16.40
增长情况	12.62%	10.24%

2. 企业盈利两级分化更为突出

2016中国服务业企业实现利润超过100亿元的企业有34家，净利润总额18525亿元，占榜单企业利润总额的比重为84.27%，较前两年的80.96%和83.94%，利润继续向少量企业集中；在10亿~100亿元之间的企业有93家，实现净利润2746亿元，占比12.49%，较上年的12.32%有所上升。

利润在 10 亿以上的企业数合计为 127 家，占 2016 我国服务业企业 500 强总利润的 96.76%。而其余的企业中有 323 家的净利润在 0 至 10 亿元之间，占利润总额的 4.37%，较上年的 4.65% 进一步降低；另有 37 家企业亏损，其中 17 家企业持续亏损，20 家企业由赢变亏，占总榜单企业总数的 7.4%，这是在 2014、2015 中国服务业企业亏损企业数量分别达到 24 家和 32 家后，亏损企业进一步增加。

表 3-7　2016 中国服务业企业 500 强企业利润分布表

规模	个数	利润额（亿元）	占比
100 亿元以上	34	18524.96	84.27%
10 亿 ~100 亿元之间	93	2745.8	12.49%
0 ~10 亿元之间	323	962.07	4.38%
亏损	37	-250.33	-
总计	487	21982.5	-

3. 企业利润增长水平趋稳

从 2016 中国服务业企业 500 强利润增长率的变化来看，榜单中企业利润增长率高达 50% 以上的企业数量为 92 家，明显高于上年的 73 家，也略高于 2014、2013 中国服务业企业 500 强的 91 家和 82 家，但较之 2012 中国服务业企业 500 强有 106 家和 2011 中国服务业企业 500 强有 170 家企业的利润增长率超过 50%，仍然处于较低的增长水平；增长率 30% 到 50% 之间的企业数量为 37 家，与上年 34 家相比有所回升；在 10% ~30% 增长率之间的企业数量为 86 家企业，相比 2015 的 110 家有明显下降。0 ~10% 利润增长率的企业数量为 81 家，略高于上年的 79 家。总体而言，2016 中国服务业企业 500 强利润增长水平虽然和五年前相比有所下降，但近两年稳中有升。

表 3-8　2011—2016 中国服务业企业 500 强企业利润增长率对比

利润增长率	2011 个数	2012 个数	2013 个数	2014 个数	2015 个数	2016 个数
50% 以上	170	106	82	91	73	92
30% ~50%	74	65	64	52	34	37
10% ~30%	116	123	87	138	110	86
0 ~10%	59	65	80	71	79	82
总计	419	359	313	352	296	297

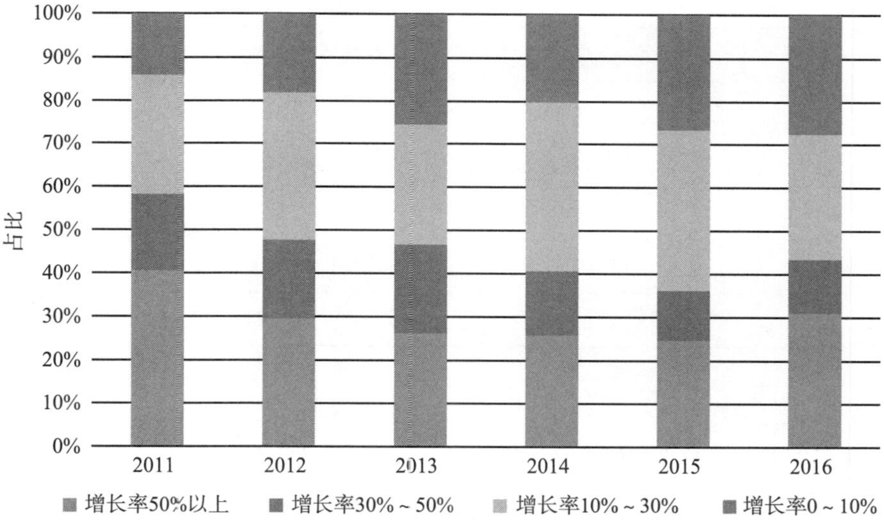

图3-1 2011—2016中国服务业企业500强不同利润增长率对应企业数量占比变化

4. 互联网和金融企业获利能力最强

从收入利润率来看，2016中国服务业企业500强的平均收入利润率为8.16%，较上年7.77%，增加了0.39个百分点。收入利润率达到30%以上的企业有12家，比上年减少2家，其中包含有5家银行，2家互联网公司，4家证券公司。2016中国服务业企业500强榜单企业中，按照其营业收入加权平均，16家信息、传媒、电子商务、网购等互联网服务企业加的平均收入利润率为22.92%，62家金融企业（银行、证券、保险、其他金融服务等）的加权收入利润率为16.75%，分别为2016中国服务业500强平均收入利润率（8.16%）的2.8倍和2倍。金融和互联网企业已经成为服务业大企业中获利最强的两类企业。

5. 资产利用状况持续下降

2016中国服务业企业500强企业平均资产利润率为1.16%，较上年1.19%降低了0.03个百分点。其中超过10%的有19家，较上年的23家减少了4家，5%～10%之间的企业有49家，较上年的56家减少了7家，3%～5%的企业有73家，较上年的55家增加了18家，1%至3%之间的有169家，较去年的198家减少了29家，0～1%之间的142家，比去年的132家增加了10家，资产利润率为负的有37家，相比去年增加了7家，总结而言，相比年，资产利润率较高的企业数量有所减少，而资产利润率较低的企业数量有所增加。

2016中国服务业企业500强企业平均净资产利润率为11.21%，与上年相比下降了0.85个百分点。从资产周转率看，2016中国服务业企业500强企业平均资产周转率为0.1426次/年，较上年0.1528次/年进一步下降。通过表3-9可以看出，自2012年至今，中国服务业企业500强的平均资产利润率、平均净资产利润率和平均资产周转率都呈现出持续下降的态势，已经分别下降0.13个百分点、2.03个百分点和0.024次/年。这可能是由于企业扩张速度加快导致资产增幅快过引起。

表 3-9　2012—2016 中国服务业企业 500 强企业各平均效率指标

	平均收入利润率（%）	平均资产利润率（%）	平均净资产利润率（%）
2012	1.29	13.23	0.1661
2013	1.25	12.95	0.1654
2014	1.21	12.76	0.1594
2015	1.19	12.06	0.1528
2016	1.16	11.21	0.1426

三、2016 中国服务业企业 500 强的行业分布情况

2016 中国服务业企业 500 强共分布在 38 个行业中，与去年相同（参见表 3-10）。

表 3-10　2016 中国服务业企业 500 强分行业主要指标

名称	企业数	营业收入（万元）	利润（万元）	资产（万元）	纳税总额（万元）	从业人数（人）
全国	500	2710397710	220336251	18943892356	158745873	13432516
能源（电、热、燃气等能）供应、开发、减排及再循环服务业	27	294388423	10561802	487395542	21181977	1539560
铁路运输及辅助服务业	1	345167	59248	1138688	17982	834
陆路运输、城市公交、道路及交通辅助等服务业	18	25045885	179563	205981260	1782824	352279
水上运输业	2	22847821	882339	60872383	582360	131488
港口服务业	8	16079113	987874	55781885	873711	93464
航空运输及相关服务业	5	52377104	1189643	127833283	3207219	461328
航空港及相关服务业	2	2171934	247277	8830323	205841	29430
电信、邮寄、速递等服务业	4	177524234	10571258	1057967725	12476349	2045953
软件、程序、计算机应用、网络工程等计算机、微电子服务业	5	20147523	483075	18536137	542334	175829
物流、仓储、运输、配送服务业	22	65961815	541747	71079604	1564999	169552
矿产、能源内外商贸批发业	14	70935714	692870	54340617	1444585	163576
化工产品及医药内外商贸批发业	7	42508673	90951	38002556	2666633	63651
机电、电子产品内外商贸及批发业	8	27378973	493651	21034631	882555	76262
生活消费品（家用、文体、玩具、工艺品、珠宝等）内外批发及商贸业	22	40451127	1041004	41509303	1504153	119687
粮油食品及农林、土畜、果蔬、水产品等内外商贸批发、零售业	17	57988631	385361	61119389	258077	155043
生产资料内外贸易批发、零售业	20	79121821	415742	43137453	761749	68824

续表

名称	企业数	营业收入（万元）	利润（万元）	资产（万元）	纳税总额（万元）	从业人数（人）
金属内外贸易及加工、配送、批发零售业	15	26108955	50392	6377822	189988	7232
综合性内外商贸及批发、零售业	13	40356387	240179	20046199	619035	70894
汽车和摩托车商贸、维修保养及租赁业	18	26227541	242303	16006927	467781	98714
电器商贸批发、零售业	7	60850825	257206	27914100	370118	70484
医药专营批发、零售业	11	39964461	490736	29939862	1155261	148360
商业零售业及连锁超市	41	105238731	897124	64017837	2648813	872979
家具、家居专营批发、零售业	1	1121805	-46543	622885	27406	17292
银行业	45	646265151	135501962	13134994635	60562607	2222949
人寿保险业	6	113228362	5634188	483561851	4274061	494823
证券业	4	10870785	4293958	144162666	1801659	37267
财产保险业	1	40601100	1954200	84646800	2391242	659980
其他金融服务业	3	10920478	420200	31221726	378955	30661
多元化投资控股、商务服务业	26	139372055	6819810	924502262	8347896	941845
房地产开发与经营、物业及房屋装饰、修缮、管理等服务业	46	153783832	10367996	535116664	14951636	566028
旅游、旅馆及娱乐服务业	7	11021469	138764	22410829	604686	137321
公用事业、市政、水务、航道等公共设施投资、经营与管理业	19	26557997	996520	214962181	1815252	201396
人力资源、会展博览、国内外经合作等社会综合服务业	5	11973667	247015	7803213	403730	43314
科技研发、推广及地勘、规划、设计、评估、咨询、认证等承包服务业	7	4131628	159321	4061784	82111	17790
文化产业（书刊出版、印刷、发行与销售及影视、音像、文体、演艺等）	11	10762828	665949	17783429	366850	77994
信息、传媒、电子商务、网购、娱乐等互联网服务业	17	59566984	13153768	89163195	2275423	296849
综合服务业（以服务业为主，含有制造业）	12	71047393	1554667	119904298	4593845	351130
综合保险业	3	105151318	7473131	610110412	464170	420454

1. 前10大行业占比500强总规模的六成，但呈现分化趋势

按照企业数量排序，2016服务业企业500强前10位的行业拥有企业数286家，占57.2%，较上年的57.6%减少0.4个百分点，其所实现的营收、利润、所占有的资产、所缴纳的税款和员工人数分别占总量的比例为：58.15%、75.94%、83.00%、72.52%和52.52%，与上年相比均有不同幅度的下降，其中营业收入占比降低了2.63个百分点，利润占比下降了8.52个百分点，资产占比降低了0.67个百分点，员工人数占比降低了0.04个百分点。纵观近几年，服务业企业500强前十个行业所包含的企业数量已经由 2013 年的 298 家，依次下降为 296 家、288 家和 286 家，前十个行业所实现的营收、利润、资产等指标在近三年也出现不同程度的下降，这说明服务业 500 强大企业可能在不同行业间正逐渐分化。

表 3-11　2013—2016 中国服务业企业 500 强包含企业数量前 10 的行业比较

	企业数（%）	营业收入（%）	利润（%）	资产（%）	从业人数（%）	纳税（%）
2013	59.60	47.06	77.99	79.33	42.85	58.55
2014	59.20	60.07	84.92	82.54	52.97	72.56
2015	57.60	60.78	84.46	82.33	52.92	72.22
2016	57.40	58.15	75.94	83.00	52.52	72.52

具体而言，以企业数量为例，2016 中国服务业企业 500 强排名前 10 的行业包括：房地产业（46 家）、银行业（45 家）、商业零售业及连锁超市（41 家）、能源服务（27 家）、多元化投资控股和商务服务业（26 家）、物流仓储和运输配送（22 家）、生活消费品内外批发及商贸业（22 家）、生产资料内外贸易批发和零售业（20 家）、公用事业等公共设施投资经营和管理业（19 家）、汽车和摩托车商贸维修保养及租赁业（18 家）。与上年相比，商业零售业减少了 7 家、银行业增加了 4 家，其他行业也有不同程度的增减。互联网行业企业数从上一年的 24 家减少到 17 家，也因此掉出前 10 大行业。

表 3-12　2015—2016 中国服务业企业 500 强前 10 大行业对比

2015 前十大行业	企业数量	2016 前十大行业	企业数量
商业零售业及连锁超市	48	房地产开发与经营、物业及房屋装饰、修缮、管理等服务业	46
房地产开发与经营、物业及房屋装饰、修缮、管理等服务业	47	银行业	45
银行业	41	商业零售业及连锁超市	41
能源（电、热、燃气等能）供应、开发、减排及再循环服务业	24	能源（电、热、燃气等能）供应、开发、减排及再循环服务业	27
物流、仓储、运输、配送服务业	24	多元化投资控股、商务服务业	26
信息、传媒、电子商务、网购、娱乐等互联网服务业	24	物流、仓储、运输、配送服务业	22
生产资料内外贸易批发、零售业	21	生活消费品（家用、文体、玩具、工艺品、珠宝等）内外批发及商贸业	22
多元化投资控股、商务服务业	21	生产资料内外贸易批发、零售业	20
生活消费品（家用、文体、玩具、工艺品、珠宝等）内外批发及商贸业	19	公用事业、市政、水务、航道等公共设施投资、经营与管理业	19
粮油食品及农林、土畜、果蔬、水产品等内外商贸批发、零售业	19	汽车和摩托车商贸、维修保养及租赁业	18

2. 服务业 500 强资产、利润在银行业高度集中，其他金融企业快速发展

在 38 个行业之中，2016 服务业 500 强的利润和资产在高度集中在银行业。500 家企业之中，银行业有 45 家，占所有企业数量的 9.0%，实现利润 13550 亿元，占服务业 500 强企业利润 22026 亿元的 61.50%，拥有资产为 1313499 亿元，占比 69.34%。中国服务业 500 强中，银行业以仅有的 45 家企业，即不到一成的企业数量贡献了近六成多的利润和近七成的资产。这个特征在十年前就有，但相比 2015 银行利润 67.62% 的占比和资产 69.34% 的占比，2016 中国服务企业 500 强中银行的利润和资产占比有所下降，纳税、从业人数这两个指标也都呈现出下降趋势。

表 3-13 2009—2016 中国服务业 500 强中银行业各项指标占比

	营业收入占比	利润占比	资产占比	纳税总额占比	从业人数占比
2009	17.51%	58.04%	68.59%	31.68%	14.76%
2010	16.51%	54.12%	69.61%	26.51%	14.08%
2011	15.86%	54.40%	70.77%	35.76%	16.07%
2012	18.89%	63.97%	70.50%	36.65%	15.61%
2013	21.61%	67.50%	71.27%	40.45%	16.65%
2014	22.94%	70.95%	72.35%	39.45%	17.94%
2015	24.36%	67.62%	71.24%	38.81%	17.50%
2016	23.84%	61.50%	69.34%	38.15%	16.55%

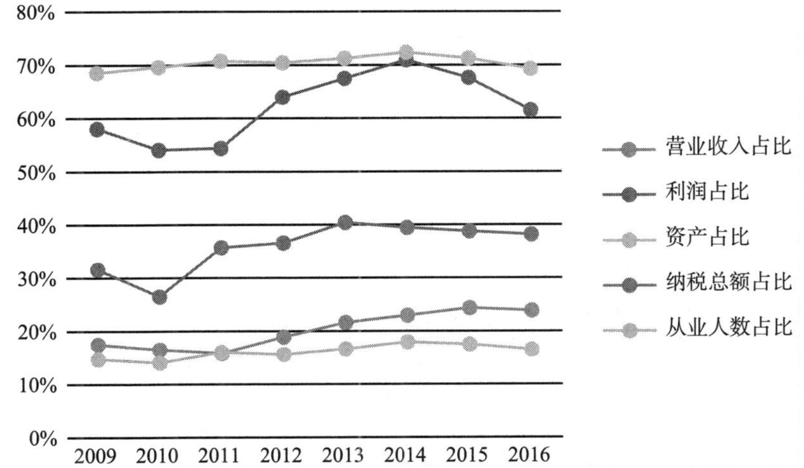

图 3-2 2009—2016 中国服务业 500 强中银行业各项指标占 500 强总额变化趋势

除银行以外的其他金融业在过去一年得到了较大的发展，保险业、证券业分别以 10 家和 4 家企业入围中国服务业 500 强，比上年增加 3 家，且这 14 家非银行金融企业实现利润 1935.55 亿元，占服务业 500 强企业利润总量的 8.78%，相比上年的 4.96% 增加了 3.82 个百分点。

从行业平均利润水平来看，排在前 5 名的行业包括：银行业，邮电通信业，综合保险业，财产保险业和证券业，邮电通信业虽然不属于纯粹的金融企业，但其中中国邮政集团的利润来源以邮政储蓄银行为主要支撑，可见金融业的利润相比于其他行业仍处于绝对优势水平。

3. 非银行业获利水平稳步提升

剔除掉银行业的影响，分析其余行业在近些年的发展可以发现，银行业之外的其他行业占总营业收入占比徘徊在 76. 15% 左右，利润占据 38. 48%，相比去年的 32. 38% 增加了 6. 1 个百分点。从变化趋势来看，营收、利润、资产、纳税和从业人数等指标占比经过了 2011—2015 年的逐渐下降，在 2016 年有所回升，其中利润占比回升明显，在图形上主要表现为先下降后上升的“U”型。

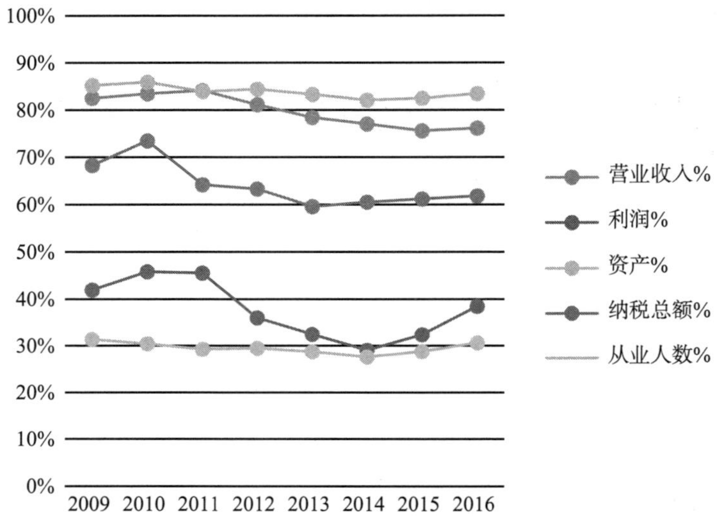

图 3-3　2009—2016 银行业之外的其他行业占服务业 500 强总额变化趋势

原因可能是非银行的金融企业和互联网企业等新兴服务业的获利能力提高所致。下表显示，在 2014—2016 中国服务业 500 强企业中，剔除掉银行的金融企业和互联网企业在其他服务业企业在企业数、营业收入、利润、资产、纳税总额、从业人数等指标方面的表现持续提高，三年中分别提高 2. 8 个百分点、4. 22 个百分点、9. 66 个百分点、1. 24 个百分点、2. 34 个百分点和 5. 03 个百分点，其中利润提高程度尤为突出，非银行的金融企业和互联网企业的利润占比由 2014 年的 5. 29 的占比提高至 14. 95%。

表 3-14　2014—2016 非银行的金融企业和互联网企业占服务业 500 强的比例

	企业数（%）	营业收入（%）	利润（%）	资产（%）	纳税总额（%）	从业人数（%）
2014	4. 0	8. 34	5. 29	6. 37	4. 96	9. 41
2015	7. 6	9. 92	8. 82	6. 86	5. 53	10. 53
2016	6. 8	12. 56	14. 95	7. 61	7. 3	14. 44

银行业利润的回调和非银行的金融企业和互联网企业的崛起意味着服务业大企业朝着更为均衡和健康的方向发展，一方面，非银行金融业的崛起可以为企业提供更为多元化的金融渠道，这是对制造业和其他服务业发展的有力支撑，另一方面，互联网企业的发展是产业未来的趋势，对于服务业企业自身的转型和升级提供了更多的例证。

四、2016 中国服务业企业 500 强的地域分布特征

1. 广东超越北京、浙江成为第一大入围服务业 500 强地区

2016 中国服务业 500 强企业榜单中，企业分布在 28 个地区，除贵州、西藏、甘肃三个地区，其他省、自治区、直辖市均有企业入围。

企业数量排名前 10 位的地区拥有企业的数量为 379 家，占比 75.8%，与上年基本持平。排名前 5 位的地区，拥有企业 267 家，占 53.4%，较上年的 52.2%，增长 1 个百分点。服务业大企业仍集中在少数区域。排名前三位的地区分别为广东、浙江、北京，拥有企业数量分别为 78 家、63 家和 51 家，相比于上年（北京，60 家；浙江，65 家；广东，63 家），北京减少了 9 家，浙江减少了 2 家，而广东增加了 15 家，成为第一大入围服务业 500 强地区。北京、浙江和广东是近几年入围中国服务业企业 500 强地区的三甲，只是广东在服务业领域持续发力，入围企业数量已经远超北京和浙江。

表 3-15 2016 中国服务业企业 500 强分地区主要指标

名称	企业数	营业收入（万元）	利润（万元）	资产（万元）	纳税总额（万元）	从业人数（人）
全国	500	2709571128	220258923	18941842729	158657057	13428549
广东	78	382505436	26156994	1751118563	18680101	1980365
浙江	63	108579877	9417333	156920432	4156600	332897
北京	51	1362388137	140909649	13017854542	96189554	7463550
上海	47	254049775	20315359	1684203989	12466726	857457
江苏	28	78784436	1159868	93825594	1159266	213597
重庆	26	37727243	2472559	177152841	2546920	305953
天津	24	82336812	1907048	351678684	2323633	153091
山东	21	40042119	1787912	212125128	1841949	183076
福建	21	77203928	5872545	578947740	5106247	263691
湖北	20	29387019	1368076	125215809	1335668	147750
广西壮族自治区	17	25428374	812648	112803985	1070930	98812
河北	16	28688902	975496	43745817	716755	194673
安徽	14	23104781	852938	51465070	867528	77041
湖南	13	14659226	1135049	53022377	741468	86849
辽宁	12	62117088	2764944	194425506	4527534	416884
四川	10	13457892	1059304	49825519	1505782	49192

续表

名称	企业数	营业收入（万元）	利润（万元）	资产（万元）	纳税总额（万元）	从业人数（人）
山西	8	23569362	-24928	44608922	837536	182807
新疆维吾尔自治区	6	13767544	110357	18897136	436926	74405
河南	5	3658157	220816	34917090	356977	52909
江西	5	5320895	318092	37192775	153561	28731
陕西	3	8962675	78588	11997888	305741	19835
云南	3	5562289	157739	9044546	67017	15615
吉林	2	5290023	291066	37323131	254843	17184
青海	2	894953	68967	7419887	44063	3099
宁夏回族自治区	2	1413864	101803	12335091	88600	22784
黑龙江	1	1500906	5540	1252221	31362	528
内蒙古自治区	1	591394	-184476	10612874	27408	10174
海南	1	18578021	147637	61909572	816362	175600

2. 地区分布数量向中西部转移

和上年相比，2016 中国服务业企业 500 强地区分布在向中西部倾斜，东部数量为 350 家，较上年增加 1 家，中部 65 家，较上年增加 1 家；西部 70 家，较上年增加 1 家；东北部 15 家，比上年减少 3 家。

具体而言，东部地区：广东 78 家、浙江 63 家、北京 51 家、上海 47 家、江苏 28 家、天津 24 家、山东 21 家、福建 21 家、河北 16 家、海南 1 家，合计 350 家，占总企业数为 70.0%，比上年增加了 1 家，其中增加最多的是广东（增加 15 家）和上海（增加 6 家），减少最多的是北京（减少 9 家）。

中部地区：湖北 20 家、安徽 14 家、湖南 13 家、山西 8 家、河南 5 家、江西 5 家，合计 65 家，占总企业的 13%，在上年增加了 2 家后，今年的榜单中又增加 1 家。

西部地区：重庆 26 家、广西壮族自治区 17 家、四川 10 家、新疆维吾尔自治区 6 家、陕西 3 家、云南 3 家、青海 2 家、宁夏回族自治区 2 家、内蒙古自治区 1 家，合计 70 家，占企业总数的 14%，在上年增加了 6 家后，今年的榜单中又增加 1 家。

东北地区：辽宁 12 家、吉林 2 家、黑龙江 1 家，合计企业数为 15 家，占总企业数为 3.0%。在上年减少了 3 家后，今年的榜单中又减少 3 家。

五、2016 中国服务业企业 500 强所有制分布特征

1. 国有企业多项指标占比有所减少

2016 中国服务业企业 500 强中，国有及国有控股企业共计 285 家，占全部企业数量的 57.0%；

拥有资产1706816亿元，占资产总额的90.11%，较上年的90.66%减少0.55个百分点；实现营业收入208777亿元，占营业收入总额的77.03%，较上年的79.74%减少2.71个百分点；实现利润为18038亿元，占利润总额的81.86%，较上年的85.05%减少3.19个百分点；实现纳税13474亿元，占纳税总额的84.88%，较上一年的85.53%减少了0.65个百分点；拥有员工1091万人，占员工总数的81.23%。

表3-16 2016中国服务业企业500强企业的所有制结构分布

名称	企业数	营业收入（万元）	利润（万元）	资产（万元）	纳税总额（万元）	从业人数（人）
全国	500	2710397710	220336251	18943892356	158745873	13432516
国有	285	2087766369	180375306	17071232310	134739854	10911310
民营	215	622631341	39960945	1872660046	24006019	2521206

表3-17 2016中国服务业企业500强按所有制主要指标单位 （%）

名称	企业数（%）	营业收入（%）	利润（%）	资产（%）	纳税总额（%）	从业人数（%）
国有	57.00	77.03	81.86	90.11	84.88	81.23
民营	43.00	22.97	18.14	9.89	15.12	18.77

2. 民营企业规模有所扩大，但前100位企业数量仍显著低于国企

榜单中，民营企业共计215家，占43.0%；拥有资产总计187266亿元，占比9.89%，比上年的9.34%，增加0.55个百分点；实现营业收入62263亿元，占比22.97%，比上年的20.26%，增加2.71个百分点；实现利润总额为3996亿元，占比18.14%，比上年的14.95%增加3.19百分点；实现纳税2401亿元，占比15.12%；拥有员工252万人，占比18.77%，较上年的17.34%，增加1.43个百分点。

在2016中国服务业企业500强中，前100位中的民营企业数量有29家，与上年持平，显著少于国有企业的71家。且民营企业总体规模显著低于国有企业，2016中国服务业企业500强中，民营企业总资产187266亿元，仅相当于国有企业资产的10.7%；营业收入和利润仅相当于国有企业的29.82%和22.15%。

3. 国企在金融、交通运输、能源、公用事业和文化产业等行业处于绝对优势地位

在金融、交通运输、能源、公用事业和文化行业，国有企业一直处于绝对优势地位，2016年中国服务业500强榜单中，在上述几个行业，国有企业的企业数量远远超过民营企业。例如在银行业、陆路运输、文化产业、公用事业、能源服务和多元化投资控股（商务服务业）等行业中，国有企业超出民营企业数量为27家、14家、11家、11家、11家和10家。其中在文化产业、港口服务业、电信邮寄业、航空港、水上运输、财产保险、铁路运输等行业民营企业入围数为0。相比较而言，房地产、汽车商贸、金属加工贸易、商业零售、信息传媒、电器商贸等行业，民营企业占据着显著优势，超出国有企业数量分别为 20 家、12 家、11 家、9 家、7 家和 5 家。这和国家在这几个行业的放开政策不无关系，民营服务大企业获得了较为迅速的发展。

表 3-18　2016 年中国服务业 500 强不同类型企业的行业分布　（家数）

行业	国有	民营	差额
银行业	36	9	27
陆路运输、城市公交、道路及交通辅助等服务业	16	2	14
文化产业（书刊出版、印刷、发行与销售及影视、音像、文体、演艺等）	11	0	11
公用事业、市政、水务、航道等公共设施投资、经营与管理业	15	4	11
能源（电、热、燃气等能）供应、开发、减排及再循环服务业	19	8	11
多元化投资控股、商务服务业	18	8	10
港口服务业	8	0	8
生产资料内外贸易批发、零售业	14	6	8
粮油食品及农林、土畜、果蔬、水产品等内外商贸批发、零售业	12	5	7
物流、仓储、运输、配送服务业	14	8	6
电信、邮寄、速递等服务业	4	0	4
人寿保险业	5	1	4
航空运输及相关服务业	4	1	3
人力资源、会展博览、国内外经合作等社会综合服务业	4	1	3
科技研发、推广及地勘、规划、设计、评估、咨询、认证等承包服务业	5	2	3
航空港及相关服务业	2	0	2
水上运输业	2	0	2
证券业	3	1	2
生活消费品（家用、文体、玩具、工艺品、珠宝等）内外批发及商贸业	12	10	2
财产保险业	1	0	1
铁路运输及辅助服务业	1	0	1
其他金融服务业	2	1	1
综合保险业	2	1	1
旅游、旅馆及娱乐服务业	4	3	1
医药专营批发、零售业	6	5	1
综合性内外商贸及批发、零售业	7	6	1

续表

行业	国有	民营	差额
家具、家居专营批发、零售业	0	1	-1
软件、程序、计算机应用、网络工程等计算机、微电子服务业	2	3	-1
机电、电子产品内外商贸及批发业	3	5	-2
矿产、能源内外商贸批发业	6	8	-2
化工产品及医药内外商贸批发业	2	5	-3
综合服务业（以服务业为主，含有制造业）	5	7	-2
电器商贸批发、零售业	1	6	-5
信息、传媒、电子商务、网购、娱乐等互联网服务业	5	12	-7
商业零售业及连锁超市	16	25	-9
金属内外贸易及加工、配送、批发零售业	2	13	-11
汽车和摩托车商贸、维修保养及租赁业	3	15	-12
房地产开发与经营、物业及房屋装饰、修缮、管理等服务业	13	33	-20

六、2016 中国服务业企业 500 强并购重组、研发与海外经营情况

1. 房地产、旅游和传媒行业并购重组较多

从行业来看，2016 中国服务业企业 500 强榜单企业的并购重组涉及 115 家企业，并购重组数为 634 个，多发生在房地产、旅游、互联网、能源、陆路运输等领域。其中 14 家房地产企业并购重组企业数为 141 个；3 家旅游企业共计发生并购重组 72 个，信息互联网作为服务业企业 500 强中的新兴行业，5 家企业发生并购重组，涉及对象为 65 个。另外还有能源服务、陆路运输、物流仓储等行业也发生了较为强烈的并购，这些行业或正发生着较为深刻的调整。相比较而言，金融行业较为稳定，其中人寿保险业、银行业和证券业分别有 1 家、2 家、1 家并购主体企业，各自并购了 2 家企业。

表 3-19　2016 中国服务业企业 500 强并购重组数量分行业统计

行业	企业数量	重组并购个数
房地产开发与经营、物业及房屋装饰、修缮、管理等服务业	14	141
旅游、旅馆及娱乐服务业	3	72
信息、传媒、电子商务、网购、娱乐等互联网服务业	5	65
能源（电、热、燃气等能）供应、开发、减排及再循环服务业	11	43
陆路运输、城市公交、道路及交通辅助等服务业	7	41
物流、仓储、运输、配送服务业	7	37

续表

行业	企业数量	重组并购个数
粮油食品及农林、土畜、果蔬、水产品等内外商贸批发、零售业	6	29
公用事业、市政、水务、航道等公共设施投资、经营与管理业	5	26
医药专营批发、零售业	1	25
汽车和摩托车商贸、维修保养及租赁业	2	21
多元化投资控股、商务服务业	10	17
软件、程序、计算机应用、网络工程等计算机、微电子服务业	3	15
生产资料内外贸易批发、零售业	6	12
航空运输及相关服务业	1	12
其他金融服务业	1	12
综合性内外商贸及批发、零售业	3	11
港口服务业	3	10
矿产、能源内外商贸批发业	5	9
文化产业（书刊出版、印刷、发行与销售及影视、音像、文体、演艺等）	3	8
综合服务业（以服务业为主，含有制造业）	4	7
商业零售业及连锁超市	4	5
机电、电子产品内外商贸及批发业	3	4
金属内外贸易及加工、配送、批发零售业	2	4
化工产品及医药内外商贸批发业	2	2
银行业	2	2
人寿保险业	1	2
证券业	1	2
科技研发、推广及地勘、规划、设计、评估、咨询、认证等承包服务业	1	1

2. 国企研发投入总额高，民企研发投入强度大

2016 中国服务业企业 500 强中，254 家企业共计投入研发经费 1072.48 亿元，与 2015 年 240 家企业共计投入研发经费 826.23 亿元相比较，单个企业平均研发投入增加了 7732 万元，增幅为 22.46%。

从企业性质来看，2016 中国服务业企业 500 强中，国有企业投入研发费用 739.37 亿元，是民营企业的 2 倍。而民营企业的平均研发费用投入与营业收入的比值为 1.23%，是国有企业的 2 倍，是企业自主创新的有生力量，国有企业在平均研发费增长率上则远远超过民营企业，高达 178.52%，这与国有企业通常具有较大的资产量和营业收入作保证是分不开的。

表 3-20 2016 中国服务业企业 500 强不同所有制企业研发投入对比

	研发费用占总收入比例	研发费增长率	总研发费用（亿元）
国有	0.58%	178.52%	739.37
民营	1.23%	29.90%	335.66

3. 服务业企业“走出去”集中在化工贸易、矿产贸易和电信三大行业

2016 中国服务业企业 500 强中，135 家服务业企业实现海外收入 15114.3 亿元，相比 2015 年海外总收入 14633.7 亿（115 家企业）增加了 3.28%；海外资产 67521.7 亿元，相比上年的 52103.1 亿（115 家企业）有较大幅度的增加，增幅为 29.6%；海外员工 27.2 万人，相比 2015 年榜单的 19.1 万员工（115 家企业），共计增加了 8.1 万人。

从行业来看，化工贸易、矿产贸易、电信、银行、水上运输、商务服务业等 6 个领域的企业占中国服务业企业 500 强“走出去”中的主导地位，共计实现海外收入 9094.4 亿元，占榜单企业海外总收入的 60.17%。其中，化工产品及医药内外商贸批发业的海外收入最多，高达 3127 亿元，另外，能源矿产、电信、银行业、水上运输企业、多元化投资控股及商务服务 5 个行业的海外实现收入也突破了千亿元人民币，分别为 1397 亿元、1244 亿元、1217 亿元、1102 亿元和 1006 亿元。而商业零售、互联网传媒、电器商贸和港口服务等领域的企业“走出去”的步伐则相对缓慢。

表 3-21 各行业 2016 中国服务业 500 强海外收入汇总

行业	海外收入（万元）
化工产品及医药内外商贸批发业	31278228
矿产、能源内外商贸批发业	13968269
电信、邮寄、速递等服务业	12440473
银行业	12178096
水上运输业	11021213
多元化投资控股、商务服务业	10057497
生产资料内外贸易批发、零售业	7949669
航空运输及相关服务业	7821945
综合性内外商贸及批发、零售业	7325975
综合服务业（以服务业为主，含有制造业）	6798542
物流、仓储、运输、配送服务业	4726625
房地产开发与经营、物业及房屋装饰、修缮、管理等服务业	4462770
人寿保险业	3873406
生活消费品（家用、文体、玩具、工艺品、珠宝等）内外批发及商贸业	3301467
能源（电、热、燃气等能）供应、开发、减排及再循环服务业	2428303
机电、电子产品内外商贸及批发业	2223543

续表

行业	海外收入（万元）
金属内外贸易及加工、配送、批发零售业	2170919
科技研发、推广及地勘、规划、设计、评估、咨询、认证等承包服务业	1356895
综合保险业	973152
陆路运输、城市公交、道路及交通辅助等服务业	827122
公用事业、市政、水务、航道等公共设施投资、经营与管理业	672110
医药专营批发、零售业	671755
旅游、旅馆及娱乐服务业	631930
证券业	450507
人力资源、会展博览、国内外经合作等社会综合服务业	429978
文化产业（书刊出版、印刷、发行与销售及影视、音像、文体、演艺等）	343519
粮油食品及农林、土畜、果蔬、水产品等内外商贸批发、零售业	249422
软件、程序、计算机应用、网络工程等计算机、微电子服务业	220498
汽车和摩托车商贸、维修保养及租赁业	117653
商业零售业及连锁超市	63008
其他金融服务业	62654
信息、传媒、电子商务、网购、娱乐等互联网服务业	31810
电器商贸批发、零售业	13777
港口服务业	743

七、服务业大企业 10 年发展情况回顾

1. 营收总额 10 年增长 3 倍，净利润增长 7 倍

2006—2016 中国服务业企业 500 强的数据显示，服务业企业的营业收入、利润和入围门槛均获得了较多增长。营业收入由 2006 年的 61218 亿元，增长至 2016 年的 271040 亿元，增长 4.43 倍；净利润由 2006 年的 2829 亿元，增长至 2016 年的 22034 亿元，增长 7.79 倍；入围门槛由 2006 年的 6 亿元，增长至 2016 年的 290249 亿元，增长 4.92 倍。11 年来，中国服务业企业 500 强净利润的增长幅度大大高于营业收入和入围门槛的增长水平。

表 3-22　2006—2016 年中国服务业 500 强企业各指标

报告年份	收入（亿元）	净利润（亿元）	入围门槛（万元）	资产（亿元）
2006	61218	2829	59000	327526
2007	75339	3523	72057	418546

续表

报告年份	收入（亿元）	净利润（亿元）	入围门槛（万元）	资产（亿元）
2008	91810	7102	98469	470390
2009	110883	7039	119700	592775
2010	116295	8594	99410	734584
2011	147319	12171	197303	872843
2012	177869	13624	227029	1055560
2013	204773	15479	241601	1242160
2014	235582	17832	261330	1476244
2015	252475	19565	280540	1648812
2016	271040	22034	290249	1894389

从变化的角度看，从营业收入增长情况来看，2006年至2015年这10年间，中国服务业企业500强的营业收入持续增加。但10年中增长率的变化呈现波浪形的变化，在第一个阶段，从2006年的23.1%下降至2009年的4.9%，再回升至2010年的26.7%；此后从2011年至2015年，营收增长率逐年减少，近两年基本稳定在7%。

表3-23 2007—2016中国服务业500强企业各指标变化

	营收增长率	利润增长率	入围门槛增长率	资产增长率
2007	23.07%	24.53%	22.13%	27.79%
2008	21.86%	101.59%	36.65%	12.39%
2009	20.77%	-0.89%	21.56%	26.02%
2010	4.88%	22.09%	-16.95%	23.92%
2011	26.68%	41.62%	98.47%	18.82%
2012	20.74%	11.94%	15.07%	20.93%
2013	15.13%	13.62%	6.42%	17.68%
2014	15.05%	15.20%	8.17%	18.84%
2015	7.17%	9.72%	7.35%	11.69%
2016	7.35	12.62%	3.46%	14.89%

从利润的增长水平看，2005至2015这10年期间经历了“过山车”式的变化。在2006年至2010年之间，利润增长经历了非常大的起落，例如与2006年相比，2007年的企业利润水平实现爆发式增长，增长率达到101.58%；经历着金融危机爆发的2008年，500家企业的利润总额增长为负，增长率为-0.88%；2009年开始，受到4万亿刺激计划的利好影响，利润指标逐渐回暖，增长率达到

22.08%，2010 年最高达到 41.62%。而后，自 2011 年开始，利润增长水平处于下降的态势中，这和宏观环境相对偏紧不无关系，2015 年利润增长率虽然较 2014 年有所增加，为 14.89%，但终究还是距离巅峰状态相差较大。

从入围门槛来看，2006 年至 2015 年，我国服务业 500 强企业入围门槛除 2009 年同比下降以外，均持续增加，从入围门槛增长率来看，2006 年至 2008 年增长率保持在 20% 以上，在经过了 2009 年门槛减少 17% 的快速下降以后，2010 年的入围门槛增长 98.5%，达到 19.7 亿元，此后从 2011 年开始直至 2015 年，入围门槛的增长率持续减小，并在 2015 年达到最小值 3.5%，这反映了中国服务业 500 强企业入围门槛逐步趋于稳定的态势。

所以从营收、利润、入围门槛等指标来看，过去 10 年间，我国服务业 500 强企业的增长态势经历了较大的起落，近两年逐渐趋稳。

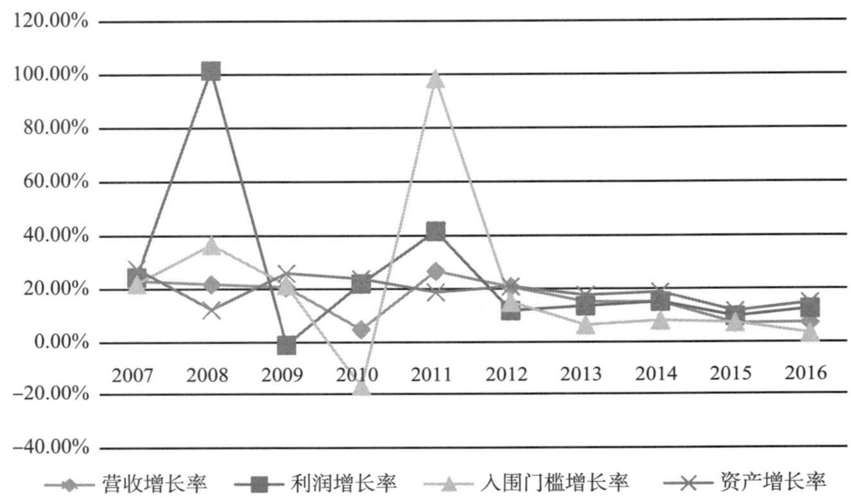

图 3-4　2007—2016 中国服务业 500 强企业各指标变化

2. 行业结构持续优化，贸易、运输下滑，金融、商务服务崛起

在 2006—2016 期间，中国服务业企业 500 强所涉及的行业出现了较为明显的分化。这其中贸易零售已经由 2006 中国服务业 500 强榜单中的 225 家企业减少为 2016 年榜单中的 176 家。第二大类“走下坡路”的行业则为交通运输仓储物流行业，由 2006 中国服务业 500 强榜单中的 94 家企业减少为 2016 榜单中的 62 家。餐饮住宿也处于下滑的态势中。但与之相反的是，金融行业和商务服务业等则处于上升趋势，在 2016 中国服务业 500 强的榜单中分别达到顶峰，为 62 家和 27 家。另外，综合服务业、公用事业和能源服务两类服务业企业也处于上升的趋势中，10 年间，分别增加了 12 家、10 家和 9 家。相对而言，文化产业、教育科研、房地产等 3 大行业则处于相对稳定状态，所包含的企业数没有明显的变化。

2006—2016 这 11 年间，我国服务业企业经历了金融危机的洗礼，也受到消费需求和生产性需求上升的拉动作用和国家加快服务业发展各项政策的不断推进的良好环境的影响。可喜的是传统服务业所占比例逐渐降低，现代服务业逐渐居主导地位，非银行类金融企业、互联网服务业和商业服务业的崛起正不断优化服务业的行业结构。而综合服务业企业从 10 年前的 0 家发展至如今的 12 家，说明我国的服务业企业也呈现出多元化和综合化的成长态势。

表 3-24 2006—2016 中国服务业 500 强部分行业所包含企业数（个）

行业	2006	2007	2008	2009	2010	2011	2012	2013	2014	2015	2016
贸易零售	225	231	219	225	214	210	220	209	191	187	176
交通运输、仓储物流	94	84	83	90	87	71	62	70	63	68	62
金融	29	37	33	41	39	42	48	52	58	55	62
商务服务业	11	13	14	17	14	16	19	19	22	21	26
公用事业	9	10	10	11	10	13	15	14	15	15	19
房地产	49	42	64	43	52	56	51	49	53	47	46
能源供应	18	15	16	16	19	19	18	16	23	24	27
教育科研	10	13	14	15	18	14	13	11	12	10	12
文化产业	13	14	12	9	8	9	8	11	11	8	11
旅游、餐饮、住宿	11	11	13	8	15	11	7	9	8	6	7
综合服务业	0	5	3	4	6	10	12	12	13	12	12

3. 服务业企业向中西部转移趋势显著

2006—2016 年期间，我国服务业 500 强企业的地区分布较为明显的呈现出：东部和东北部企业数减少、中部和西部企业数增加的特点（参见图 3-5）。其中，东部企业包含的服务业企业数量由 371 家减少为 350 家，东北部企业包含的服务业企业数量由 23 家减少为 15 家，中部企业包含的服务业企业数量由 53 家增加至 65 家，西部企业包含的服务业企业数量由 53 家增加为 70 家，这说明中国服务业 500 强企业的阵地可能正在从东部和东北部向中西部地区转移。但尽管如此，东部地区终保持占有榜单企业数的 70% 以上，其中的北京、浙江和广东是近几年入围中国服务业企业 500 强地区的前三甲，且广东在服务业领域持续发力，2016 的榜单数据显示，广东入围企业的数量已经远超北京和浙江。

八、服务业大企业成长面临的挑战和机遇

服务经济时代正将来临，这对服务业企业大发展是最好的机遇，也提出了诸多挑战。目前，大部分生产性服务环节仍内置于工农企业内部，加之长期以来资源依赖型发展制约了生产性服务需求的产生，从源头上影响了服务业企业的成长。“互联网”浪潮中，传统商业模式受到挑战，制造业不断向高端化、智能化和服务化方向发展，服务业大企业转型升级的要求更为迫切。长期受到政策推动发展起来的服务业大企业正面临着需求拉动和技术推动的双重刺激，企业需要尽快适应。

1. 服务经济时代正将来临，是机遇也是挑战

我国国民经济构成中，服务业所占比重逐年攀升，2015 年我国服务业增加值 341567 亿元，占

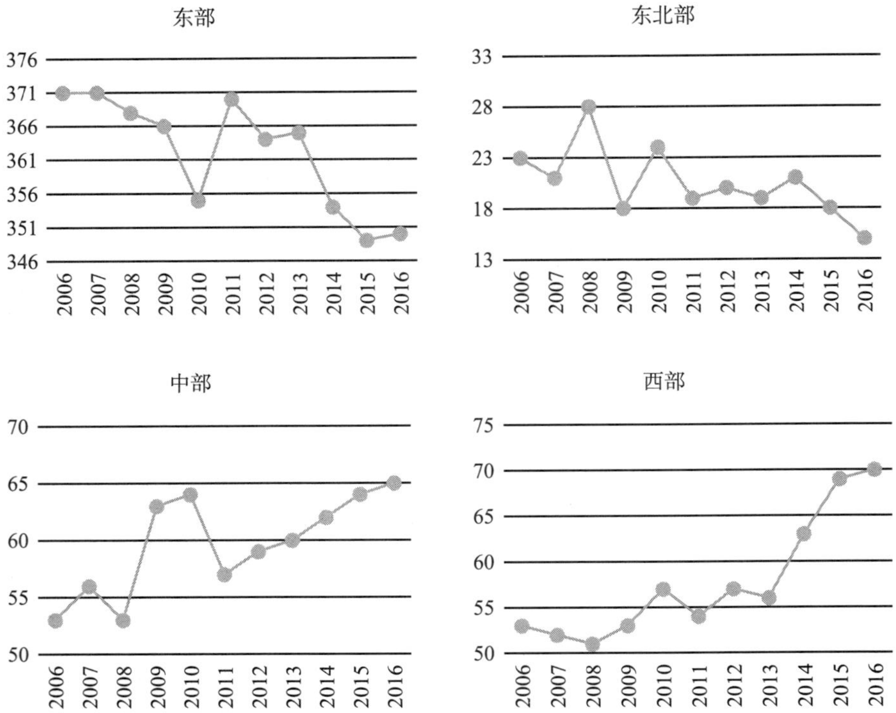

图 3-5　2006—2016 中国服务业 500 强企业地区分布情况

GDP 比重为 50.5%，首次突破 50%，这也是继 2012 年服务业占比首次超过第二产业占比 0.5 个百分点后，连续 4 年居于 GDP 贡献的第一位。这说明我国经济已经开始从“工业”时代逐渐向“服务业”时代过渡，服务业已经成为经济增长的主要动力。

从固定资产投资的角度看，2015 年，服务业投资 311939 亿元，增长 10.6%，在绝对量和增速上都超过第二产业的投资 224090 亿元和 8.0% 的增速。而文化、金融、房地产、商务服务、科学研究、批发零售等服务业行业的投资增速在过去 5 年中，都超过制造业的平均投资水平，这说明资本对服务业有更多的青睐，社会的期待值更高，预示着在未来服务业的发展有更好的基础条件。从利用外资的角度看，2015 年，新设立外商直接投资企业（不含银行、证券、保险）26575 家，其中服务业企业为 21459 家，占比 80.75%，高于 2014 年 22.2 个百分点，利用外资 5266.4 亿元，占比 67.4%，高于上年 13.5 个百分点。这是继 2011 年中国服务业利用外资首次超过第二产业后，连续 6 年，服务业利用外资超过第二产业。利用外资已经进入名副其实的“服务经济时代”。

从服务业大企业的角度看，2016 服务业企业 500 强营业收入增速连续 4 年快于制造业企业 500 强，且营业收入总规模首次超过制造业企业 500 强。这也进一步说明服务业企业正在崛起，将在一段时间内代替制造业企业，成为经济发展的支撑和“亮点”。

另外，现代信息技术运用及其网络化，改造了服务活动的部分属性，促进了服务活动泛化与独立化，对服务业的产业结构、组织方式、资源配置和产业布局等方面的深刻变革，并作为基本要素和重要支撑，给服务业的发展带来新的活力，对服务业的发展产生全方位影响。互联网为服务业的发展植入新的基因，让服务“站在了最容易找到的地方”，使低成本、高效率、全方位、全流程的服务变得可行，服务业蓬勃发展的时代正在到来。

因此，从种种表现中看来，我们认为“服务经济”时代，正在到来，然而对服务业企业而言，这是最好的时代，也是最坏的时代，是机遇，也是挑战。

2. 服务内置化和资源依赖化，制约了服务发展的中间需求

伴随着经济的发展，服务的最终需求（主要是和人们生活相关的消费服务）和中间需求（主要是为企业发展提供支持的生产服务）都会显著上升，是社会生产力提高和社会进步的一种必然结果，也是服务业发展的动力。其中，以中间需求引发的生产服务决定着服务业发展的质量，更是经济增长的牵引力和经济竞争力提高的助推器。然而，目前我国工业企业的服务内置化和长期以来资源依赖型的发展制约了中间性需求的产生，需求空间的狭窄限制了生产性服务业企业的成长和壮大。

首先，我国大多数组织仍然是大而全，小而全，大量的服务需求或者服务环节被安置在工业企业内部，严重压抑了生产性服务的市场需求，也降低了服务效率和供应质量，这从需求和市场源头上影响了服务业企业快速的、有质量的成长。虽然早在 20 世纪 90 年代初的国企改革中，大多数企业通过分离分流，将学校、医院等“三产”交给政府或者社会，转移国有企业承担的社会职能，实行主辅分离、精化主业发展。但如今，大多数企业在产业链和价值链这两条“链”中，仍旧存在着大而全，小而全的现象，企业生产、供应、销售一体化，规划咨询、研发设计、金融租赁、商务服务、采购营销、人力资源、物流仓储等生产性服务业外包比重偏小、种类偏少且集中在低端生产性服务，不少的工业企业仍旧处于自我封闭、自我服务和自我循环的阶段。从而使得我国生产性服务业企业与制造业企业表现为一种相对低级和低效的共生关系，合作的紧密程度低，本应市场化、产业化、社会化的生产性服务变成了工业企业自我提供的服务，既影响了工业企业的有质量的、高端化发展进程，经济的运行效率，也从源头上抑制了服务业企业的成长速度。以物流环节为例，2009—2014 年，我国物流总费用与 GDP 的比率由 18.1% 下降至 16.6%，物流效率整体上呈现出提高态势，但与发达国家 10% 的比例相比，仍处于较高水平。这可能和目前大多数企业都是自主承担仓储、运输任务有关。从制造企业对服务的需要和服务产业发展的趋势来看，物流是融合运输、仓储、货代、信息等产业的复合型服务，这既有利于工业（农业）企业集中精力于核心业务，将资源配置在核心事业上，也有利于物流企业的专业化、规模化发展。

其次，长期以来，我国资源依赖型的发展模式使得很多企业的成长和扩张依赖对资源的“粗放型”和“暴利化”使用，中间性服务需求没有立足空间。在理论上，工业的繁荣发展促使服务的中间需求出现，并带动了生产性服务企业的成长。就现实而言，河南、河北和山西都是工业大省，但优质的服务业企业却寥寥无几，这和这些地区一直以来且目前仍处于重化工阶段，资源依赖型发展有关系，即使没有服务业的支持，也因为铁矿、煤炭资源丰富，其中的工业企业和经济总量保持上升的趋势。近两年，在这三个省份所出现的钢铁、煤炭、玻璃、水泥等工业产能过剩的问题突出，企业转型升级、经济结构转变都对服务业企业成长赋予了更多期待，在未来，服务业企业可能会在这些地区获得生机。但因为这些地区的人力资本储备不足，服务业企业的成长也并不能一帆风顺。在这些地区，服务业企业表现为一种被迫性和期待性成长，成为工业发展的衰退期的一种无奈选择。

3.“互联网”浪潮中，传统商业模式受到挑战，新兴模式还需优化

互联网、大数据、云计算等新技术的普及对企业的运营模式、组织结构、资源配置方式带来了革命性的影响，它们不但为服务业企业自身的成长植入了新的基因，构筑了新的模式，很多传统的、固化的商业模式被颠覆，受到越来越多的挑战。而新的商业模式，如 O2O、OTT、OTA 等企业因为野蛮生长和竞争的激烈则面临着行业内的洗牌和重整。

首先，互联网使服务可以跨越时空，生产和消费之间的传统渠道会被互联网逐渐替代，商贸服务这些渠道商受到较大影响。网络购物、广告、租车、旅游、教育等网络消费兴起，实体、门店经营模式受到严峻挑战。随着淘宝、京东为代表的电商逐步正规化、透明化，品牌影响力植入人心，很多实体的商超百货店面成为鸡肋，未来很有可能成为体验中心或者仓储场所，传统购物转型迫在眉睫。这在 2006—2016 的中国服务业 500 强中商超百货企业的入围数量的变化趋势可见一斑（参见图 3-6）。2005 年，共有 91 家入围服务业 500 强榜单，而后出现持续下降，10 年过去，在今年的榜单中仅有 42 家企业入围，所剩不足一半。相类似的还有以随着携程、去哪儿、途牛在线旅游公司的兴起，客户资源逐渐向线上转移，传统旅游受到较大冲击。伴随着互联网金融的持续升温，传统银行业赖以生存的“存、贷、汇”等核心业务也面临众筹、第三方支付等新型业态的有力竞争，而以大数定律为基础的保险公司，会因为拥有大数据的企业而具有提供更好的保险产品的机会，反之其他有数据和信息优势的企业则面临困境，保险行业面临着洗牌和分化。

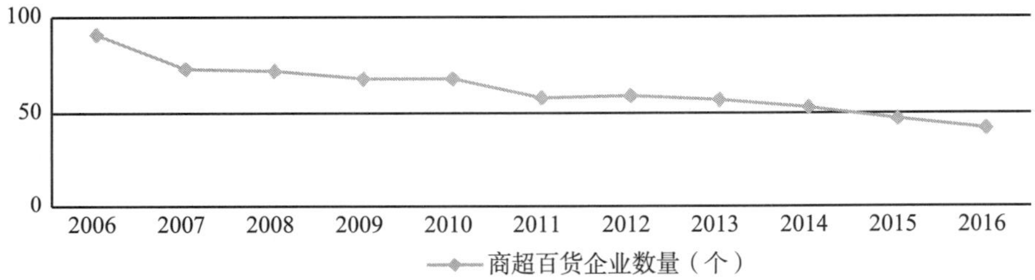

图 3-6 2006—2016 中国服务业 500 强中商超百货企业数量变化趋势

其次，互联网改变了原有的分工协作体系，使得企业边界变得模糊，传统服务的挑战不仅来自于业内，更来自于跨界竞争。众多新兴企业以互联网新技术为基础，凭借其灵活的机制、与众不同的商业模式，实现“过顶传球”（OTT，Over The Top），改变了竞争规则，不少传统服务业企业都产生“狼来了”的危机感。电信运营商在以微信为代表的 OTT 业务的冲击下，依靠网络规模、用户数带来收入的盈利模式正在失效，面临着被“管道化”的风险；滴滴、快的、神州、易道等专车（打车）服务平台挑战出租车，为消费者提供了更为经济、便捷和舒适的服务，原有的出租车模式岌岌可危；而面对微信、微博、APP、客户端等新媒体的挑战，纸媒日渐式微，依靠广告盈利的模式受到挑战，对内容的专注和付费的阅读模式正成为传统媒体探索的出路。互联网提高了企业获取外部资源的便利性和经济性，模糊了传统的产业边界，推动了企业平台化、跨界化发展，对传统服务业企业的发展战略提出了更大的挑战。互联网企业跨界竞争，发挥鲶鱼效应，正全面重塑行业格局。

第三，新兴业态对传统企业进行颠覆的同时，自身也获得了蓬勃、快速发展，然而市场竞争的激烈、企业运营的不规范、商业模式本身的难以持续性，使得一大批新兴互联网企业在野蛮生长过后，在资本寒冬中面临着被洗牌、重整，甚至于破产、消亡。这在 P2P 企业体现得最为充分，作为借助电子商务专业网络平台而爆发式成长的小额信贷企业，近几年在风投注资的驱动下风起云涌。

2015 年我国 P2P 网贷成交额突破万亿，达到 11805.65 亿，同比增长 258.62%。然而，大多数企业风控存在漏洞，经营模式的正规性与合法性屡遭质疑。随着政策监管的力度不断扩大，P2P 行业自 2014 年后半年开始，跑路、倒闭频发，整个行业经历着洗牌、重整和规范。另外，2015 年，58 同城与赶集网、苏宁与阿里、世纪佳缘和百合网、美团网和大众点评几个著名的并购事件也在一定程度上说明了一些新兴模式本身的脆弱和对资本（烧钱）的过度依赖，尚需要调整、完善，才能实现可持续的健康成长。

4. 制造服务化趋势对服务业企业提出了更高要求

从世界经济发展的趋势来看，越来越多的生产企业从提供产品到提供产品和服务再向提供服务解决方案转变，服务化已成为制造业发展的重要方向，制造产业呈现出“服务为主导”的发展趋势。而在 ICT（信息、通信和技术）和人工智能第四代工业革命技术的推动下，制造业还将呈现出智能化和服务化并重的局面，这将会对服务企业的提供服务的方式和内容产生重大影响。制造业企业和服务业企业的关系，发展也会从产业链中的“买卖”关系或者服务和被服务的关系发展成为一种更加紧密、高质量的融合和共生关系，这对服务业企业而言，既是机遇，也是挑战。

目前，制造业企业的转变趋势表现为三个方面：第一，制造业价值链中生产服务的绩效在增加。自 20 世纪后期，在许多传统制造企业中，从销售产品到销售服务，服务成为创造差异化优势的工具，而且对销售额和利润的贡献比重越来越高。第二，制造企业进行“外包”或“服务剥离”，这其中既有制造环节也有服务环节，从而使得企业聚焦于核心业务，并获得外包公司提供的更加专业和优良的服务。如 Nike 公司，集中于新产品的研发和市场营销，并生产其中最为关键的耐克鞋的气垫系统，而其它的生产环节、人力资源、管理咨询、金融支持、物流服务、营销和售后服务全部进行外包。第三，越来越多优秀的生产企业从“生产为中心”向“以服务为中心”过渡，从重视产品转向产品的整个生命周期。尤其是在工业 4.0 时代，不仅能够实现全工厂的互相连通、互相协作，形成全流程效率最大化的智能制造，也可以通过互联网连接供应商、客户等外部资源实现“云制造”，更改变了制造企业的存在模式，制造业企业将从提供传统产品向提供产品与服务整体解决方案转变，生产、制造、研发、设计、售后的边界会越来越模糊。制造企业的盈利模式，将由单一的制造——销售产品，转向消费者驱动、服务附加值份额的提升和工业数据价值的变现。

在这些转变和未来的趋势中，服务业企业如何融入其中，帮助制造业企业提升解决问题的能力，并在产业链重构中寻求成长的机会和空间值得关注。当制造业企业更加聚焦主业，服务业企业能否承接住制造业并剥离出来，且对制造业朝向高端化迈进极为重要的服务需求至关重要。在智能制造和制造服务化即将全面开花的时候，服务业企业如何通过对供应链的管理和对网络链的构建为制造业企业提供一体化的解决方案，这对服务业企业的成长是巨大的挑战。当然，抓住机会，也是服务业企业做大、做强、做优的有力途径。

5. 外部动力出现换挡，服务业企业需快速适应

从过去 10 年的成长实践来看，我国服务业企业成长主要受到技术的推动、需求的拉动和政策的推动三个外部因素的驱动，但观察我国服务业企业的成长变化，发现这些动力因素所起的作用正在出现变化，支撑服务业企业的外部动力可能出现换挡，即政策推动主导向需求拉动转变，技术或将推动服务业由衍生性产业到先导性产业转变，服务业企业能否快速适应值得关注。

首先，政策推动主导向需求拉动转变，这在受益于政策红利的外贸企业的衰落和需求刺激的文化娱乐企业与科学技术服务业企业的崛起过程中尤为显著。1992 年国务院出台《关于加快第三产业发展的决定》，服务业被提升至国家战略的高度，加快服务业发展逐步成为中国政府制定经济政策的重要导向，服务业企业从数量和体量上都获得了较为快速的成长。以外贸企业为例，它是过去 10 年中我国服务业企业成长的主要力量，2007 年围服务业 500 强榜单的数量达到 137 家，占比 27.4%。分析外部因素，长期的外贸导向政策也成就了一批贸易流通类企业，并随着扶持政策、优惠政策的落地和企业经营自主权的逐步放开，很多大型国有外贸企业应运而生。而如今，外贸行业全面放开且充分竞争，国家从政策层面的刺激难以凑效，外贸企业已然进入微利时代，原有的成长模式难以为继。2016 服务业 500 强中外贸企业的平均净利润率分别为 0.89%，远低于全部企业的平均净利润率 8.16%，外贸企业数量也减少为 116 家。从其企业成长环境看，政策红利几乎消失，企业的成长面临诸多困境。而文化娱乐和科学技术服务企业的崛起意味着消费需求和中间需求已经出现并会持续上升，并激发企业的快速成长。2005 年，两类企业在我国 A 股上市企业中分别为 18 家和 2 家，而 10 年之后，2014 年，已分别增加为 37 家和 21 家。并且文化娱乐企业的平均净利润率已经由-7.9%提高至 14.25%，科学技术服务业企业的平均净利润率已经由-10.01%提高至 9.32%。在未来，消费需求和中间需求拉动服务业企业成长会更加显著，而很多受益于政策导向刺激成长起来的服务业企业在激烈的竞争中应更加关注服务需求，摆脱对政策的依赖。

其次，技术对服务业发展的推动作用主要以创新作为中介，在理论和实践中，普遍认为技术的进步是服务创新的来源。近两年，信息通信技术（TMT）不仅激发了新的企业出现，更改变了已有企业存活、服务的方式，重塑了服务业企业的商业模式和价值构建，服务业企业运用新的技术，创新了服务方式，改变了服务行业的竞争状态和竞争格局。技术推动着产业结构演进的步伐，甚至打破了产业演进的规律。服务业作为过程性和衍生性的产业，随着经济的向前发展，服务业业会随之崛起，并处于更加重要的位置；物流仓储企业是其中较为明显的例子，伴随着制造业规模的扩大而分离出来，并随着需求的增多而实现成长。随着技术的推动，智能制造普及、消费互联深入、产业互联的兴起，服务业与制造业、互联网深度融合，最终需求和中间需求都将被更好地满足，物流仓储服务业将发挥“黏合剂”的功能，并实现由衍生性产业到先导性产业的转变。如何抓住技术推动下产业格局重塑中的服务机会，如何利用新的技术，实现服务创新，改变服务方式，提升服务质量，对服务业企业而言至关重要。

九、促进服务大企业健康成长的建议

十三五规划纲要指出，要加快推动服务业优质高效发展。随着中产阶级的崛起和制造业朝向高端化发展，消费需求和生产性需求升级，在新技术的推动下，服务业企业在做大的同时，有条件同做强、做优。服务业企业在产业链条和产业生态中具有连接性、过程性和黏合性的特质，如何快速、准确识别需求，合理有效利用企业资源，匹配、满足不断升级的需求，对服务业企业做大、做强、做优至关重要。服务业企业的成长依赖于自身的探索和完善，也依靠政策的支持和环境的规范。

1. 抓住消费升级的机遇，以需求为导向，创造顾客价值

随着收入的持续增加，国内中产阶级群体崛起，以高标准、高效便捷、专业性、亲和力为内容的升级消费将取代过去以成本为导向的消费模式。消费需求的变化将驱动服务方式的改变和服务质量的提升，服务业企业要抓住消费升级的机遇，以客户需求为导向，提升服务品质，为顾客创造价值，实现自身成长。

首先，切实确立以顾客需求为导向，为顾客创造价值的服务思维。对服务业企业而言，隐藏在服务企业增长、利润和持久价值背后的主要力量不是市场份额的大小、而是顾客忠诚度的高低。有研究发现，当顾客忠诚度上升5%，服务企业利润可上升25%至85 %。而满足顾客需求，实现顾客价值是顾客忠诚的最大前提。近几年，互联网新模式对传统服务领域的颠覆能够频频奏效，其重要原因就是互联网新模式以客户需求为导向，提升客户价值为己任。客户是服务的出发点、核心点、闭环点和再提升点，也是互联网企业能够生生不息、持续发展的根本驱动力。因此，“顾客是上帝”决不能仅仅停留在口号上，服务业企业尤其是传统服务业企业应积极识别、抓住顾客的现在需求，并激发顾客的潜在需求，切实为顾客创造价值。

其次，主动出击，匹配顾客需求，提升服务品质。对服务业企业而言，企业拥有什么不重要，能给顾客什么也不重要，客户需要什么才是意义重大。客户关心的才是商机，才有价值，否则只是企业的自娱自乐，最终会走向灭亡。目前，中产阶级崛起，消费升级，顾客需求注重高品质而不是低价服务，具体呈现出几个变化特点：一是注重高效便捷而非冗余和强行消费，二是偏重个性化和定制化而非标准化和流水线的服务，三是看中服务过程中的专业性和知识性，四是注重消费过程中的体验价值。以此为出发点，企业应尽力将个性化、专业化、体验性、高效性和便捷性等服务元素体现在服务产品的提供和商业模式的设计中。广大服务业企业应主动出击，以防在互联网浪潮催生的新模式、新服务和新业态中被动出局。有实力的服务业大企业要积极构建服务标准，把握服务质量的话语权，同时加快品牌建设，促进品牌消费，提升竞争实力。

2. 依托标准化、平台化等手段实现规模性成长

企业的规模性成长是企业做大的过程，是企业增加经营资源，以此获得生存和拓展所需的生产要素，是企业成长的存量基础和手段。与制造业企业的规模意味着规模效应和成本的降低不同，服务业企业的规模性还意味着知识和经验优势的积累，也意味着服务的便利性，如银行网点的设立，服务业企业的规模扩大有利于顾客可以获得一个网络或者一个专业化的服务体系。通过对比发现，2014年，我国最大的100家服务业企业和美国仍相差3. 55倍，服务业企业成长从实践经验上看还有很大的发展空间。因此，我们认为规模性成长目前仍是我国服务业企业的主要任务，并在规模性成长的过程中，要坚持实现顾客价值，提高顾客忠诚的理念，同时做强、做优。

服务业企业的成长实践中，企业的规模成长有两种思路，即标准化和平台化。我们发现，那些不复杂的、能够实现标准化的服务交易活动会在空间布局上趋于分散，而那些复杂的、不能实现标准化的服务交易会选择集聚的布局模式。因此，服务业企业可以根据服务业务和内容的不同选择分散或者聚集的做大模式，即标准化和平台化。第一，空间的分散是以服务的标准化为前提，商超、百货、餐饮等流通性企业表现的最为突出，如麦当劳和星巴克。空间分散必然带来企业地域的扩张，将服务场景放置在距离顾客最近的地方，有利于实现顾客对所需求的“触手可及”，增加顾客忠诚度，有利于企业获利，实现企业成长。第二，空间的集聚是将多种服务产品汇集于一处，依靠协同效应和范围经济实现成长，并伴随着互联网的发展，表现在将多项服务产品在一个平台上进行虚拟的聚集，平台化正是实现了产品结构的多元化。如腾讯依靠 QQ 免费获得亿级用户，打造“一站式在线生活服务”，游戏、购物、视频、音乐、理财、安全、聊天、社区、门户等产品都放在 QQ 界面这样一个一寸见方的管理应用平台之上，一站式服务及时、迅速的满足了不同用户的个性化需求和同一用户的多样化需求，也因为便捷的体验提升了平台本身的价值，在顾客和平台相互依赖的过程中进一步增强了顾客粘性和忠诚，成就企业成长。

因此，具备服务标准化特点的企业可以选择地域结构的增长，而因为顾客多样化、个性化需求难以标准化的企业，则可利用平台聚集实现业务结构的成长。但二者都因为及时、便捷地满足了更多顾客的需求，实现顾客忠诚，来实现规模性成长。

3. 有效利用企业资源，提升企业服务能力

服务能力比企业资源对顾客价值实现和企业成长具有更为直接的决定作用。服务能力的高低取决于企业的“硬件”投入和“软件”效力。硬件投入是服务企业经营所必需或能够提升服务质量的物质设施的投入。软件效力则包括企业的文化、品牌、人力资源等。然而，软硬件资源如何搭配，如何最大化的利用，是服务业企业低成本、高效益运营的重要方面。

首先，服务企业的能力建设以人为内核，服务业企业的核心优势在于拥有高素质、高协作性与高积极性的人力资源。服务产品过程性和互动性的特点决定了顾客价值实现的程度取决于员工的技能、素质以及服务意愿，服务过程具有人力资源高度卷入的特点。服务员工承担着生产和营销的双重职责，员工必须深度参与其中，并经常作为产品的一部分提供给顾客，员工作为服务业企业对外服务最重要的无形资产和中介桥梁，是企业获得持续竞争优势的关键因素。有效地将员工个体的能力、服务意愿形成企业层面服务能力可以从四个方面着手：培训提升、物质激励、硬件资源支持和精神鼓励，以此提高员工素质、员工满意度和员工效能。

其次，注重有效利用服务过程中的硬件资源。目前，服务业企业的发展正从劳动密集型向资本密集型和知识密集型过渡，发展越来越依赖于设备、技术，知识和人力资本。服务能力的建设不仅仅有人的因素，还要依托于物的支持。任何一类服务都需要一定的场景和设备支持，硬件支持决定了服务水平的优劣，甚至影响了服务水平所能够达到的高度。如物流企业对仓储和运输设施的强化投入，完成了跨行业、跨地区、数量庞大的运输需求，实现了仅依靠人力难以企及的服务水平。服务价值的实现以人为主体，但硬件也具有很强的支持性功能，并有助于提升企业的服务能力。硬件设备和企业员工有一定程度的替代关系，又相互辅助发挥作用。如银行中 ATM 的使用，将原本由服务人员承担的业务以机器的形式呈现，服务人员依托机器，又能提供更好的服务，给顾客带来更好的价值体验。

4. 创新服务方式，做大产业格局

服务创新在于满足顾客的需求，使服务变得高效、易得、专业，也在于提高服务的可复制性，加快企业成长的步伐。服务创新可单独地发生在服务理念、与客户相互交往的渠道、技术理念、服务传递等之中，也可能同时发生在它们的多个组合之中。因此，当前服务创新应注意以下三个方面：

首先，注重服务创新中的研发投入。因为顾客需求具有差异性和个性化，服务业企业实现快速成长，需要分析顾客共有的、特定的、通用的需求，设计通用的功能、流程、活动等标准化模块，根据顾客动态需求，快速调整、重组相关模块组合，提供给顾客具备个性化的一系列服务集合，实现企业的批量化服务产品供应，需要企业投入研发来实现。相比于制造业企业进行订单式生产，产品的研发相对集中；但因为服务的随时随地性，服务业企业的创新需要更加灵活、及时和频繁，服务创新需要在企业战略层面给予更多的重视，以顺应服务的特点，满足顾客需求。目前，信息技术的快速发展，推动着产业结构的演进步伐，也改变着企业的生态环境和成长条件，服务业企业需要去关注技术对服务方式甚至于服务理念的改变，投入一定的财力和物力，以此来提高企业的服务能力。

其次，借助互联网在消费领域和产业领域中的崛起大势，开辟服务业企业成长新道路。互联网等新技术的出现，也让服务“站在了最容易找到的地方”，低成本、高效率 、全方位、全流程的服务变得可行。随着消费互联网深入、产业互联网兴起，服务业企业与互联网深度融合，必将产生更多的服务新业态，开辟新的服务道路，服务业企业也将借此机会转型升级，真正实现做大、做优、做强。例如，流通企业与互联网继续深度融合，商业模式从买卖差价升级为集合金融、信息、仓储、物流等供应链的服务模式，构建O2O闭环，从消费终端向产业互联方向发展，最终实现流通企业的升级，达到流通4.0。而互联网和旅游、教育结合，使得客户资源逐渐向线上转移，服务业企业也呈现出线上线下互相融合渗透的趋势。企业间在资源整合、品牌推广、服务体系构建等领域开展激烈竞争，这正是传统旅游企业开辟新渠道、提升产品服务质量，打造品牌形象的大好机会。

第三，探索服务供应链模式，为产业链中的主体提供一体化、打包式的服务，提高产业控制力。服务企业的存在更多地发挥的是一种连接属性和黏合剂功能，在知识经济和信息技术飞速发展的时代，企业更好地发挥作用，依赖于一站式、打包式的服务。大企业的竞争力在于综合性、复合性的优势，要围绕产业价值链进行布局，把握产业价值链的关键环节，整合全产业价值链资源去开展服务，建立不可替代的优势地位。从服务业的发展来看，服务业企业的商业模式逐渐由交易服务阶段、信息服务阶段过渡到资源整合阶段，新常态下，服务业企业的竞争常常来自跨行业的颠覆，领先的企业都在着力打造以产业融合与持续进化为特征的生态圈，构建难以取代的多方位的复合竞争优势，企业跨行业重组整合已经渐成趋势。因此服务业大企业的胜出在于，能否打通行业壁垒，汇集平台优势，整合相关资源，做大产业格局，建设闭合的生态圈系统，为产业链主体提供一站式服务，更好地发挥连接属性和黏合剂功能。

5. 加强信用、标准体系建设，规范服务业企业成长环境

因服务产品具有无形性、差异性，易逝性，不可储存性，生产与消费的同步性、不可分割性等独特属性，使得服务业企业的生产、交易、消费环节都充满了不确定性，交易双方的关系变得更加脆弱、不稳定，因此服务业企业的发展更加依赖于健康、公正、透明的制度环境的支撑，依赖于有效的规则和标准确立。

首先，在服务生产环节，强化信用体系和标准规范建设。“一流企业定标准，二流企业卖品牌，三流企业卖产品”，国外服务业巨头之所以具有强大的竞争力，其中一个主要原因是因为他们有自己的技术标准和服务标准。政策制定层面应倡导规范服务和诚信服务，建立健全信用记录和失信惩戒机制，为服务经济营造良好的社会信用环境，健全服务的标准体系，加快制定市场准入标准、技术服务标准和信用评价标准，扩大服务标准和信用评价制度，扩大服务标准覆盖范围，鼓励龙头企业、政府和行业协会先行制定服务标准，推进服务业发展的标准化和规范化。

第二，在服务交易环节，建立公正、独立的契约保护体系。服务产品与制造品相比较，具有无形性、易逝性特征，且生产、交易和消费过程往往同时进行，一方面，这使得在服务交易过程中需求方既无法在交易之前对服务的质量进行检验，又很难在事后对其质量进行有效评估；另一方面，服务品的独特属性也增加了服务生产方对其产出保护的难度。因此，服务交易的顺利实现有赖于外部公正、独立的契约保护和执行体系的建立，以缓解服务交易的困境。

第四章
2016 中国跨国公司 100 大分析报告

为了贯彻党的十八届三中全会、四中、五中全会精神，发展我国大型跨国公司，提高国际化经营水平，同时为社会各界提供我国大企业跨国经营水平及其相关信息，中国企业联合会、中国企业家协会继续第六年推出中国跨国公司 100 大分析报告。

“中国 100 大跨国公司及跨国指数”是在中国企业 500 强、中国制造业企业 500 强、中国服务业企业 500 强的基础上，依据企业自愿申报的数据，由拥有海外资产、海外营业收入、海外员工的非金融企业，参照联合国贸易和发展组织的标准，依据企业海外资产总额的多少排序产生；跨国指数则按照［（海外营业收入÷营业收入总额+海外资产÷资产总额+海外员工÷员工总数）÷3×100%］计算得出。

一、中国企业对外投资步伐加快，企业国际化正进入一个新阶段

自 2002 年中国公布对外直接投资统计数据以来，中国企业的对外直接投资金额年均增速达到 42.13%。尽管受 2008 年美国次贷危机影响，增速一度有所放缓，但 2013 年增速出现明显提升，显示出中国企业“走出去”步伐明显加快，对外直接投资活动进入新一轮的快速增长期。2014 年，中国企业对外直接投资达到 1400 多亿美元，首次超过外商对中国的直接投资，进而成为资本净输出国。这是中国企业“走出去”的一个里程碑，是中国企业国际化进程的分水岭。据商务部统计，2015 年我国境内投资者共对全球 155 个国家和地区的 6532 家境外企业进行了非金融类直接投资，累计实现对外投资 7350.8 亿元人民币（折合 1180.2 亿美元），同比增长 14.7%。截至 2015 年年底，我国累计对外非金融类直接投资 5.4 万亿元人民币（折合 8630.4 亿美元）。

2015 年，全球共有 10044 起跨国并购案，并购金额达到 7215 亿美元，数量和规模较 2014 年分别增长 1% 和 66.82%，其中发达国家并购 7623 起，占比 75.90%，金额 5859 亿美元，占比 81.21%；发展中经济体并购 1662 起，占比 16.55%，金额 1191 亿美元，占比 16.51%。2015 年中国跨境并购 348 起，金额 437 亿美元。2015 年全球 10 亿美金以上的并购为 230 起，涉及金额 8411 亿美金，其中中国大陆为 11 起（占 4.78%），涉及金额为 163 亿美金（占 1.94%）（参见表 4-1）。

表 4-1 2015 年中国企业超过 10 亿美元的主要跨境并购交易概况

并购方	被并购公司	被并购公司所在地	被并购方母公司所在地	金额（亿美元）	并购股权比例（%）
联想跨国	IBM 子公司	美国	美国	20	100
复星国际控股	Ironshore 股份有限公司	百慕大	百慕大	18	80
中国化工集团公司	倍耐力公司 SPA	意大利	意大利	18	23
中国投资公司	恩智浦半导体 nv-rf 电力业务	荷兰	美国	18	100
安邦保险公司	Reaal NV	荷兰	荷兰	15	100
大连万达集团	CBRE-Shopping Centers Portfolio	法国	美国	14	100
锦江国际控股	Groupe du Louvre SASU	法国	美国	14	100
光明食品集团	Tnuva 食品工业有限公司	以色列	英国	12	77
韩华新能源有限公司	Hanwha Q CELLS 投资公司	德国	韩国	12	100
大连万达集团	盈方体育传媒公司	瑞士	英国	12	100
安邦保险公司	同阳人寿保险股份有限公司	韩国	韩国	10	66

注：表中数据未包括被并购方母公司所在国亦为中国的并购交易。资料来源：联合国贸发会议发布的《2016 世界投资报告》。

在 2011 至 2016 年间，我国企业海外并购市场的规模迅速放大，年复合增长率为 16.69%，交易数量的年复合增长率为 12.22%。根据波士顿咨询的统计，2014 年，中国企业完成了 154 起海外并购交易，交易金额达到 261 亿美元；2015 年，中国企业完成 382 起海外交易，交易金额达到 674 亿美元。进入 2016 年，中国企业海外并购更是风生水起。据彭博社统计的数据显示，在 2016 年不到三个月的时间内，中资企业海外并购交易金额达 708 亿美元，超 2015 年全年交易金额的一半。2015 年，海信集团以 2370 万美元收购夏普墨西哥工厂全部股权及资产，同时获得夏普电视美洲地区品牌使用权和所有渠道资源。创维集团相继收购了欧洲一家著名机顶盒品牌企业 Strong 集团和德国高端电视机制造商 Metz。2016 年第一季度海尔以 54 亿美元收购通用家电，创下中国家电企业迄今最大一笔海外并购案的纪录；大连万达以 35 亿美元收购美国传媒公司传奇影业（Legendary Pictures）；中国化工集团以 430 亿美元收购瑞士先正达公司（Syngenta），创下中资公司海外单笔投资的记录。

此外，中国企业海外投资领域多元化，投资更具战略性，投资方向从产业链整合转向全球资产配置，不断完善自身的产业链，在全球价值链上不断上移，民营企业成为海外并购主力军。以均胜电子为例，该公司相继以 11 亿美元、1.26 亿美元并购美国德国汽配巨头 KSS 和美国 EVANA，推进产业全球布局。目前，均胜可以为汽车零部件、医疗、快消等多个行业领域定制高度集成的全套数字化智能制造解决方案，技术国际领先。近五年中国民营企业在并购数量上一直占到 50% 以上，在并购金额上也从 2011 年的 33.10% 提高至 2015 年的 56.82%。这些都预示着中国企业国际化正在进入一个新阶段。

当然，中国企业走出去并非一帆风顺，挑战和挫折从未停止。从外部看，一些国家监管当局以国家安全等为由阻碍中企在当地收购的阻力时有出现。此外，中企在克服本土化障碍及在所在国合法合规、安全有效运营方面，还有很多教训值得总结。从内部看，中企在并购前做好海外经营调研和战略规划，以及在并购投资后提升自身财务透明度、提高生产经营和创造利润能力上仍有改善空间。

二、2016中国跨国公司100大及跨国指数的主要特点

依据2016中国企业500强、2016中国制造业企业500强、2016中国服务业企业500强的海外数据，中国企业联合会排出了2016中国跨国公司100大及其跨国指数，中国石油天然气集团公司、中国石油化工集团公司、中国海洋石油总公司、中国中信集团有限公司、中国移动通信集团公司、中国远洋海运集团有限公司、中国中化集团公司、中国铝业公司、中国化工集团公司、中国五矿集团公司位列2016中国跨国公司100大前10位，前三位仍由石油和石化企业包揽。详见表4-2。2016中国跨国公司100大及其跨国指数有以下主要特点：

1. 规模继续扩大，入围门槛大幅提高

2016中国跨国公司100大海外资产总额达到70862亿元，比上年提高25.79%，比5年前（2011中国跨国公司100大，下同）提高了1.18倍；2016中国跨国公司100大海外营业收入达到47316亿元，比上年下降8.61%，比5年前提高了52.56%；2016中国跨国公司100大海外员工总数达到1011817人，比上年提高34.06%，比5年前提高了1.40倍；2016中国跨国公司100大入围门槛为41.48亿元，比上年提高55.53%，比5年前提高了4.52倍（参见表4-2）。

表4-2 2016中国跨国公司100大及跨国指数

排名	公司名称	海外资产（万元）	企业资产（万元）	海外收入（万元）	营业收入（万元）	海外员工	企业员工	跨国指数（%）
1	中国石油天然气集团公司	88371552	403409779	81387296	188073616	120729	1589508	24.26
2	中国石油化工集团公司	50046256	205850770	53305508	184977795	56187	845652	19.92
3	中国海洋石油总公司	47892423	116238317	17612348	42607860	8979	110203	30.23
4	中国中信集团有限公司	40985730	574313011	4438657	35153783	18180	194795	9.70
5	中国移动通信集团公司	40593214	163062995	11463919	67092753	7371	436651	14.56
6	中国远洋海运集团有限公司	30902627	59347360	10673721	22426441	14451	125759	37.05
7	中国中化集团公司	27506151	35464151	31243900	38118599	5539	53601	56.62
8	中国铝业公司	18561709	48684403	1405737	23877911	2105	139272	15.18
9	中国化工集团公司	17929225	37251406	14772768	26025252	50327	128917	47.98
10	中国五矿集团公司	17737190	35285566	7272311	20036679	10884	90653	32.81
11	联想控股股份有限公司	17504798	30624289	21187754	30982614	34584	75000	57.22
12	华为技术有限公司	15360000	37215500	22910000	39500900	40800	170000	41.09
13	中国交通建设集团有限公司	14668355	91418775	8487362	42585682	8850	160393	13.83
14	海航集团有限公司	13866871	61909572	3593982	18578021	82800	175600	29.63
15	中国建筑股份有限公司	12312766	107490490	6107836	88057713	17545	250953	8.46
16	广州越秀集团有限公司	11644980	34207525	223734	3376435	1749	13172	17.98

续表

排名	公司名称	海外资产（万元）	企业资产（万元）	海外收入（万元）	营业收入（万元）	海外员工	企业员工	跨国指数（%）
17	国家电网公司	11280080	310744265	1331950	207134945	2896	975855	1.52
18	中国航空工业集团公司	11262901	93386825	4793726	37862420	29237	587952	9.90
19	浙江吉利控股集团有限公司	10350390	16129409	13121955	16530399	24112	45720	65.43
20	中国兵器工业集团公司	10319834	33682043	13115047	38725293	10499	241309	22.95
21	中国兵器装备集团公司	10104043	39187535	11419777	44041718	5496	238287	18.01
22	中国电力建设集团有限公司	8535104	50260637	6907625	28661193	85180	196368	28.15
23	大连万达集团股份有限公司	6911112	90335724	2911414	29016000	23814	128518	12.07
24	绿地控股集团股份有限公司	6245374	60043607	12919	20725659	260	25621	3.82
25	北京首都创业集团有限公司	5999007	22317734	339225	3099452	1583	24475	14.76
26	中国电子信息产业集团有限公司	5953801	24778465	10452227	19819149	38750	138271	34.93
27	中国华能集团公司	5943710	97189567	1355205	26822627	565	140274	3.86
28	潍柴控股集团有限公司	5877532	13069174	3973251	8065115	26682	76918	42.97
29	中国联合网络通信集团有限公司	5805186	66079101	234525	27833943	465	277590	3.27
30	中国铁道建筑总公司	5407904	70566258	2771573	60111385	6286	284100	4.83
31	兖矿集团有限公司	5365331	21345978	808278	10123468	2278	89214	11.89
32	腾讯控股有限公司	5363714	15144000	683776	10286300	8205	30641	22.95
33	上海复星高科技（集团）有限公司	5332544	17778804	169285	5379286	27899	55800	27.71
34	宝钢集团有限公司	4655902	52933249	6327459	23005904	1016	124310	12.37
35	河钢集团有限公司	4420434	34878568	5818055	28446842	7000	135798	12.76
36	中国铁路工程总公司	4103243	71636445	2953073	62488857	5920	291149	4.16
37	TCL 集团股份有限公司	4010542	11175482	4715772	10457948	2763	73537	28.25
38	中国冶金科工集团有限公司	3775424	35426050	1614231	22192950	7456	140482	7.75
39	中国有色矿业集团有限公司	3729213	12553544	4784914	17086594	11747	57648	26.03
40	中兴通讯股份有限公司	3532748	12089390	4707789	10018639	7392	84622	28.32
41	光明食品（集团）有限公司	3526300	23747409	2243200	14755461	15570	115094	14.53
42	金川集团股份有限公司	3525036	13740446	3941454	22041320	2227	31986	16.83
43	中国通用技术（集团）控股有限责任公司	3177184	13942222	1270165	17387349	734	39829	10.65
44	国家开发投资公司	3001445	49552967	3373465	10423958	8988	74058	16.85
45	国家电力投资集团公司	2886247	77379955	35348	19240381	561	131730	1.45
46	广东省广晟资产经营有限公司	2822284	13200409	1368682	4263633	1372	38372	19.02
47	鞍钢集团公司	2768466	30452745	715124	12970755	476	200780	4.95

续表

排名	公司名称	海外资产（万元）	企业资产（万元）	海外收入（万元）	营业收入（万元）	海外员工	企业员工	跨国指数（%）
48	中国港中旅集团公司	2618519	10064492	580041	3386730	5624	31503	20.33
49	首钢总公司	2356535	43695839	2269302	13520063	4334	114807	8.65
50	神华集团有限责任公司	2341001	93141757	254223	23636609	449	248352	1.26
51	中国航空集团公司	2299466	22543387	4227963	11111975	2411	88178	16.99
52	中联重科股份有限公司	2288030	9372302	255455	5194081	396	19141	10.47
53	中国能源建设集团有限公司	2182048	27169465	3026819	20878859	6953	158609	8.97
54	上海汽车集团股份有限公司	2136629	51163069	1435182	67044822	1589	91665	2.68
55	雅戈尔集团股份有限公司	2035269	7974221	2614848	6236444	23976	46963	39.50
56	中国华电集团公司	2015278	76130738	132769	19756174	952	109431	1.40
57	三一集团有限公司	1985000	10446481	398645	7505031	1097	19821	9.95
58	美的集团股份有限公司	1973651	12884194	4941734	13844123	5032	108000	18.56
59	万向集团公司	1952418	8804252	1987257	11535989	14717	27245	31.14
60	中国中车集团公司	1906069	32810214	2551531	24373283	4467	189388	6.21
61	中国黄金集团公司	1804175	9634780	220899	11074589	1966	50871	8.19
62	紫金矿业集团股份有限公司	1799530	8391403	297214	7430357	4260	24875	14.19
63	华侨城集团公司	1723938	13695687	404058	5069295	286	42920	7.08
64	北京汽车集团有限公司	1629024	42738282	1265944	34522067	4920	120487	3.85
65	广东粤海控股集团有限公司	1584047	7971195	225599	1495606	468	11745	12.98
66	中国机械工业集团有限公司	1575173	26143149	6751214	22079734	1241	120602	12.55
67	中国建筑材料集团有限公司	1463281	43264769	2263622	19925009	2091	163793	5.34
68	济宁如意投资有限公司	1461233	3249113	2318292	4728115	5692	25312	38.83
69	武汉钢铁（集团）公司	1448616	19027441	1953734	10183092	1320	87811	9.43
70	海信集团有限公司	1440814	10727367	1963757	9901646	334	57178	11.28
71	中国电信集团公司	1333249	77269810	738260	38834967	4565	417101	1.57
72	中国大唐集团公司	1248879	72954670	160504	16616058	449	96204	1.05
73	浙江龙盛控股有限公司	1212888	2820322	711078	2724673	2175	8682	31.39
74	江苏新潮科技集团有限公司	1071969	2660741	227608	1089388	5167	17995	29.96
75	北京建工集团有限责任公司	1007777	5611232	433026	3369624	340	20304	10.83
76	奇瑞汽车股份有限公司	997489	6849253	176768	2805540	300	14143	7.66
77	广东省航运集团有限公司	921659	1525023	347492	421380	2863	5729	64.29
78	上海建工集团股份有限公司	891824	14220024	383198	12543070	557	36807	3.61
79	珠海格力电器股份有限公司	859999	16169802	1333489	9774514	253	70838	6.44
80	新希望集团有限公司	826462	7549150	21743	6824439	3349	64625	5.48
81	广东省广新控股集团有限公司	795302	4510973	953378	6425364	6119	24439	19.17

续表

排名	公司名称	海外资产（万元）	企业资产（万元）	海外收入（万元）	营业收入（万元）	海外员工	企业员工	跨国指数（%）
82	中国恒天集团有限公司	770719	7408678	737615	4087670	6719	46920	14.25
83	云南建工集团有限公司	753572	12282665	109767	4423530	347	17879	3.52
84	徐州工程机械集团有限公司	735677	8074868	872657	7394093	3187	26322	11.01
85	中国重型汽车集团有限公司	715946	10362351	809254	6166359	246	41727	6.87
86	江苏沙钢集团有限公司	704064	16277842	812382	20582346	561	36710	3.27
87	卧龙控股集团有限公司	699055	2436657	1070149	2735584	4708	16208	32.29
88	铜陵有色金属集团控股有限公司	679523	7663915	189863	14534744	1088	26851	4.74
89	正泰集团股份有限公司	662362	4166228	615268	4051877	305	30073	10.70
90	白银有色集团股份有限公司	646343	4509900	92361	5490409	2761	16590	10.88
91	云天化集团有限责任公司	585360	9210889	1430038	5855820	598	25070	11.06
92	陕西煤业化工集团有限责任公司	573321	43710662	70107	19061424	1038	126570	0.83
93	天津泰达投资控股有限公司	571033	29831699	148829	5229092	535	19277	2.51
94	山东魏桥创业集团有限公司	568800	17564750	311270	33323772	3200	140358	2.15
95	四川长虹电子控股集团有限公司	552535	6608875	1203509	10149949	572	68902	7.02
96	马钢（集团）控股有限公司	539842	8227636	124020	5037063	479	47078	3.35
97	宁波均胜电子股份有限公司	495805	1140939	556464	808253	6901	9127	62.64
98	重庆对外经贸（集团）有限公司	460663	1792862	289029	1738593	3316	6477	31.17
99	中国航天科工集团公司	426079	23852272	501002	17512976	3413	144308	2.34
100	深圳市中金岭南有色金属股份有限公司	414800	1588284	1032145	1696571	2622	10470	37.33
	合计数	708618622	4556518485	473159697	2366231333	1011817	13248918	14.40

注：由于华为技术有限公司未填报海外数据，海外收入是由该公司对外发布占营业收入的58%算出，海外资产、海外员工数是依据该公司以前的数据推算出来的，只能作参考。联想控股公司的海外资产、海外员工数，上海复星高科技（集团）有限公司的海外资产、海外营业收入和腾讯控股有限公司的海外资产、海外营业收入、海外员工数来自于《2015 发展中国家跨国公司 100 大》。

表 4-3 2011—2016 中国跨国公司 100 大有关数据

发布年份	2011	2012	2013	2014	2015	2016
海外资产总额（亿元）	32503	38187	44869	52473	56334	70862
海外营业收入总额（亿元）	31015	43517	47796	50074	51771	47316
海外员工总数（人）	421000	485480	624209	72392	754731	1011817
入围门槛（亿元）	7.52	8.82	14.91	21.00	26.67	41.48

2016 中国跨国公司 100 大海外营业收入排前 10 位的企业分别是中国石油天然气集团公司、中国石油化工集团公司、中国中化集团公司、华为技术有限公司、联想控股股份有限公司、中国海洋石油总公司、中国化工集团公司、浙江吉利控股集团有限公司、中国兵器工业集团公司、中国移动通信集团公司（参见表 4-4）。

2016 中国跨国公司 100 大海外员工数排前 10 位的企业分别是中国石油天然气集团公司、中国电力建设集团有限公司、海航集团有限公司、中国石油化工集团公司、中国化工集团公司、华为技术有限公司、中国电子信息产业集团有限公司、联想控股股份有限公司、中国航空工业集团公司、上海复星高科技（集团）有限公司（参见表 4-5）。

表 4-4　2016 中国跨国公司 100 大海外营业收入前 10 名

公司名称	海外资产（万元）	海外收入（万元）	海外员工（人）	跨国指数（%）
中国石油天然气集团公司	88371552	81387296	120729	24.26
中国石油化工集团公司	50046256	53305508	56187	19.92
中国中化集团公司	27506151	31243900	5539	56.62
华为技术有限公司	15360000	22910000	40800	41.09
联想控股股份有限公司	17504798	21187754	34584	57.22
中国海洋石油总公司	47892423	17612348	8979	30.23
中国化工集团公司	17929225	14772768	50327	47.98
浙江吉利控股集团有限公司	10350390	13121955	24112	65.43
中国兵器工业集团公司	10319834	13115047	10499	22.95
中国移动通信集团公司	40593214	11463919	7371	14.56

表 4-5　2016 中国跨国公司 100 大海外员工前 10 名

公司名称	海外资产（万元）	海外收入（万元）	海外员工（人）	跨国指数（%）
中国石油天然气集团公司	88371552	81387296	120729	23.29
中国电力建设集团有限公司	8535104	6907625	85180	28.15
海航集团有限公司	13866871	3593982	82800	29.63
中国石油化工集团公司	50046256	53305508	56187	19.00
中国化工集团公司	17929225	14772768	50327	47.98
华为技术有限公司	15360000	22910000	40800	41.09
中国电子信息产业集团有限公司	5953801	10452227	38750	34.93
联想控股股份有限公司	17504798	21187754	34584	57.22

续表

公司名称	海外资产（万元）	海外收入（万元）	海外员工（人）	跨国指数（%）
中国航空工业集团公司	11262901	4793726	29237	9.85
上海复星高科技（集团）有限公司	5332544	169285	27899	27.71

2. 国际化程度稳步提高，43 家公司高于平均跨国指数

2016 中国跨国公司 100 大的平均跨国指数为 14.40%，高于平均跨国指数的公司达到 43 家，平均跨国指数排前 10 名的企业分别是浙江吉利控股集团有限公司、广东省航运集团有限公司、宁波均胜电子股份有限公司、联想控股股份有限公司、中国中化集团公司、中国化工集团公司、潍柴控股集团有限公司、华为技术有限公司、雅戈尔集团股份有限公司、济宁如意投资有限公司。其中浙江吉利控股集团有限公司的跨国指数仍居首位，达到 68.91%，比上年提高 1.3 个百分点（参见表 4-6）。

2016 中国跨国公司 100 大的平均跨国指数比上年提高了 0.74 个百分点，比 5 年前提高了 2.16 个百分点（参见表 4-7）。

表 4-6　高于平均跨国指数的 43 家公司排行榜

	公司名称	海外资产（万元）	海外收入（万元）	海外员工（人）	跨国指数（%）
1	浙江吉利控股集团有限公司	10350390	13121955	24112	65.43
2	广东省航运集团有限公司	921659	347492	2863	64.29
3	宁波均胜电子股份有限公司	495805	556464	6901	62.64
4	联想控股股份有限公司	17504798	21187754	34584	57.22
5	中国中化集团公司	27506151	31243900	5539	56.62
6	中国化工集团公司	17929225	14772768	50327	47.98
7	潍柴控股集团有限公司	5877532	3973251	26682	42.97
8	华为技术有限公司	15360000	22910000	40800	41.09
9	雅戈尔集团股份有限公司	2035269	2614848	23976	39.50
10	济宁如意投资有限公司	1461233	2318292	5692	38.83
11	深圳市中金岭南有色金属股份有限公司	414800	1032145	2622	37.33
12	中国远洋海运集团有限公司	30902627	10673721	14451	37.05
13	中国电子信息产业集团有限公司	5953801	10452227	38750	34.93
14	中国五矿集团公司	17737190	7272311	10884	32.81

续表

	公司名称	海外资产（万元）	海外收入（万元）	海外员工（人）	跨国指数（%）
15	卧龙控股集团有限公司	699055	1070149	4708	32. 29
16	浙江龙盛控股有限公司	1212888	711078	2175	31. 39
17	重庆对外经贸（集团）有限公司	460663	289029	3316	31. 17
18	万向集团公司	1952418	1987257	14717	31. 14
19	中国海洋石油总公司	47892423	17612348	8979	30. 23
20	江苏新潮科技集团有限公司	1071969	227608	5167	29. 96
21	海航集团有限公司	13866871	3593982	82800	29. 63
22	中兴通讯股份有限公司	3532748	4707789	7392	28. 32
23	TCL 集团股份有限公司	4010542	4715772	2763	28. 25
24	中国电力建设集团有限公司	8535104	6907625	85180	28. 15
25	上海复星高科技（集团）有限公司	5332544	169285	27899	27. 71
26	中国有色矿业集团有限公司	3729213	4784914	11747	26. 03
27	中国石油天然气集团公司	88371552	81387296	120729	24. 26
28	中国兵器工业集团公司	10319834	13115047	10499	22. 95
29	腾讯控股有限公司	5363714	683776	8205	22. 95
30	中国港中旅集团公司	2618519	580041	5624	20. 33
31	中国石油化工集团公司	50046256	53305508	56187	19. 92
32	广东省广新控股集团有限公司	795302	953378	6119	19. 17
33	广东省广晟资产经营有限公司	2822284	1368682	1372	19. 02
34	美的集团股份有限公司	1973651	4941734	5032	18. 56
35	中国兵器装备集团公司	10104043	11419777	5496	18. 01
36	广州越秀集团有限公司	11644980	223734	1749	17. 98
37	中国航空集团公司	2299466	4227963	2411	16. 99
38	国家开发投资公司	3001445	3373465	8988	16. 85
39	金川集团股份有限公司	3525036	3941454	2227	16. 83
40	中国铝业公司	18561709	1405737	2105	15. 18
41	北京首都创业集团有限公司	5999007	339225	1583	14. 76
42	中国移动通信集团公司	40593214	11463919	7371	14. 56
43	光明食品（集团）有限公司	3526300	2243200	15570	14. 53

表 4-7　2011—2016 中国跨国公司 100 大平均跨国指数及相关指标

年份	2011	2012	2013	2014	2015	2016
跨国指数（%）	12.24	12.93	13.98	13.60	13.66	14.40
海外资产占比（%）	14.73	13.73	14.61	14.65	14.32	15.55
海外营业收入占比（%）	17.34	21.51	22.25	20.86	20.83	20.00
海外员工占比（%）	4.67	3.55	5.07	5.29	5.84	7.64

3. 经济发达地区占大多数，国有控股公司仍然占据明显的主导地位

从公司总部所在地看，2016 中国跨国公司 100 大主要在经济发达地区，其中北京占 45%、广东占 13%、浙江占 7%、上海占 6%、山东占 5%，江苏、安徽各占 3%，辽宁、湖南、四川、云南、甘肃各占 2%。

从公司所有制性质看，2015 中国跨国公司 100 大中，国有及国有控股公司占 81%，说明大企业国际化的主力军仍然是国有控股公司。

三、中国跨国公司的主要差距

尽管 2015 年中国跨国公司取得了较大进步，在 2016 中国跨国公司 100 大中，有 7 家公司达到 2016 世界跨国公司的入围门槛，有 3 家公司达到的跨国指数达到 2016 世界跨国公司的平均跨国指数，有 44 家公司达到 2015 发展中经济体跨国公司的入围门槛，有 10 家公司达到的跨国指数达到 2015 发展中经济体的平均跨国指数，但世界级跨国公司是在世界范围内跨国化程度高、拥有全球行业领导地位、全球资源配置高效的跨国公司。具体来说，世界级跨国公司的一般标准包括：跨国化程度高（体现为跨国化指数不低于 30%），在品牌营销、技术创新、商业模式、管理水平、服务能力等方面在全球行业拥有领先地位，有能力高效配置和重组全球资源，具有较强的企业软实力或影响力。按照上述标准衡量，我国跨国还存在较大差距。

1. 国际化程度远远落后于世界平均水平

2016 中国 100 大跨国公司的平均跨国指数只有 14.40%，不仅远远低于 2016 世界 100 大跨国公司的平均跨国指数 61.01 %，而且也低于 2015 发展中国家 100 大跨国公司的平均跨国指数 38.33%。2016 中国 100 大跨国公司中跨国指数在 30% 以上的只有 19 家，达到 2016 世界 100 大跨国公司平均跨国指数的企业只有 3 家，达到 2015 发展中经济体 100 大跨国公司平均跨国指数的企业也只有 10 家，还有 22 家企业的跨国指数没有超过 5%（参见表 4-8）。

中国跨国公司 100 大的跨过指数各项指标的比例都亟需提高，海外经营业绩也亟待改善。2016 中国 100 大跨国公司的入围门槛只有 41.48 亿元，而 2016 世界 100 大跨国公司的入围门槛高达 2281.07 亿元，2015 发展中经济体 100 大跨国公司的入围门槛也达到 293.51 亿元；2016 中国跨国公司 100 大的平均海外资产比例只有 15.55%，而 2016 世界 100 大跨国公司的平均海外资产比例高达 61.96%，2015 发展中经济体 100 大跨国公司的平均海外资产比例为 29.10%；2016 中国跨国公司

100 大的平均海外营业收入比例只有 19.71%，而 2016 世界 100 大跨国公司的平均海外营业收入比例高达 64.21%，2015 发展中经济体 100 大跨国公司的平均海外营业收入比例也为 49.71%；2016 中国跨国公司 100 大的平均海外员工比例只有 7.64%，而 2016 世界 100 大跨国公司的平均海外员工比例高达 56.87%，2015 发展中经济体 100 大跨国公司的平均海外员工比例也为 36.18%（参见表 4-8）。

表 4-8 中外跨国公司 100 大有关指标

	入围门槛（亿元人民币）	海外资产比例（%）	海外营业收入比例（%）	海外员工比例（%）	跨国指数（%）
2016 中国	41.48	15.55	19.71	7.64	14.30
2015 发展中经济体	293.51	29.10	49.71	36.18	38.33
2016 世界	2281.07	61.96	64.21	56.87	61.01

注：汇率按照 1 美元=6.4936 元人民币换算

2. 在技术、品牌和管理上缺乏企业核心竞争优势

当前公认的世界级跨国公司无一例外都拥有自己的企业核心竞争优势，这些核心竞争优势或者体现在产品和技术创新方面，或者体现在品牌方面，或者体现在经营管理方面。与世界级跨国公司相比，当前中国跨国公司仍然主要体现为“大而不强”“大而不优”，规模庞大但缺少拿得出手的“撒手锏”，即企业的核心竞争优势。具体来看，中国跨国公司与世界级跨国公司在竞争优势方面主要差在技术、品牌和管理上。一是缺技术。相当一部分中国跨国公司的技术创新能力还不够强，尚未开发出突破性的原创技术，或者仍然处在追赶阶段；二是缺品牌。当前越来越多的中国企业已经意识到品牌的重要性，然而拥有世界一流品牌的中国跨国公司仍然不多；三是缺管理。无论是生产管理、研发管理还是营销管理，中国跨国公司与世界均存在不小差距。

3. 企业影响力和全球行业地位尚待提升

全球行业领导企业往往是整个行业的技术领先者、商业模式首创者、行业价值链的组织者和控制者。与世界级跨国公司相比，当前不少中国跨国公司的生产经营规模位居世界前列，但其全球影响力却远远不够，尤其缺少全球行业领导企业。

4. 企业国际化经营能力不足

国际化经营或者全球化经营是跨国公司的主要特征。当前中国跨国公司的国际化经营能力尚显不足，存在不少问题。主要体现在：对外投资与国际化经营战略不够清晰或定位不够准确，获取东道国法律、政策、市场信息的能力不强，市场开拓具有一定的盲目性，利用国际国内金融市场的能力不足，投资决策不科学和不规范；“大企业病”比较普遍，企业组织僵化，缺乏灵活性，风险管理与应对能力有待加强；不重视跨文化整合和当地化经营，缺乏处理与东道国工会关系的能力，企业社会责任意识较弱；跨国经营的内生动力不足，缺乏科学有效的国际化经营绩效考核与人力资源管理等。

四、把握新趋势，迎接挑战，不断提高国际竞争力

党的十八届五中全会提出，要“支持企业扩大对外投资，推动装备、技术、标准、服务走出去，深度融入全球产业链、价值链、物流链，建设一批大宗商品境外生产基地，培育一批跨国企业”，为中国大企业跨国经营指明了方向。当前和今后一个时期，中国大企业只有树立全球视野，增强紧迫感和危机意识，把握新趋势、迎接挑战，努力提升国际化经营水平，才能打造出一批真正意义上大而强、大而优的跨国公司。

1. 把握全球价值链分工演进新趋势

首先，全球价值链正由制造业价值链向创新链发展变化。20 世纪 80 年代中期以来，以产品价值增值环节和阶段国际梯度转移为主要特征的全球分工和生产体系的构建，主要发生在制造业领域。而当前全球分工演进的一个重要发展趋势就是技术创新也越来越具有全球性特征，即一方面包括研发在内的技术创新出现国际梯度转移，另一方面技术创新的全球“协作性”越来越明显。已有的研究表明，技术创新的跨国转移和合作已经成为当前经济全球化的重要发展趋势，进而使得全球价值链的发展在原有制造业价值链基础上，向全球创新链层面深度拓展。这一深度拓展的实质，就是企业在全球范围内搜索可利用的知识资源、关注资源使用权并且具备高度开放性的价值网络创新模式。其次，全球价值链出现了跨国公司“逆向创新”战略调整的发展变化。20 世纪后半叶，尤其是进入 21 世纪以来，世界经济格局发生了“东升西降”的巨大变化，即世界经济增长的重心从发达经济体转移到新兴和发展中经济体。其中，中国经济的快速发展成为全球经济“东升西降”的巨大引擎。全球经济格局的巨大变化引起了跨国公司全球竞争战略布局的相应改变。这是因为，发达国家在布局全球价值链过程中，不仅与各国的要素禀赋结构所形成的比较优势有关，也与最终消费市场的区位有关。具体而言，诸如研发、设计、营销和售后等更倾向于“接近”消费市场，而具体的组装、加工和普通制造环节则对是否“接近”消费市场不太敏感。因此，在全球财富和经济权力主要集中于发达经济体的背景下，全球主导性消费也主要集中于发达经济体，这必然促使跨国公司的全球战略主要“定位”于发达经济体市场。但伴随新兴经济体和发展中经济体的迅速崛起以及全球经济重心的逐渐“东移”，由此必然推动全球消费市场布局的重新调整。随着新兴和发展中经济体市场需求规模不断扩大，跨国公司会越来越重视这一新的市场需求和巨大潜力，为了接近这一“新”的市场，其全球价值链的布局策略也将随之调整，更多的研发创新活动即将置于新兴市场经济体，并以此为基础将创新产品销往包括发达国家在内的全球市场，这一新的策略变化可称为“逆向创新”。第三，全球价值链出现了从制造业向服务业的拓展延伸。当前，全球服务业对外直接投资保持了较高的增长态势，使得服务业对外直接投资在全球外资流出中所占比重一路攀升。全球对外直接投资正加快向服务业聚集的事实，昭示着全球产业转移从结构上看，正从以往的制造业向服务业拓展延伸。此外，全球制成品贸易中内含的服务价值，同样是全球服务价值链布局的表现。实际上，伴随着产品国际生产分割和切片化的深入演进，服务业在全球价值链中的作用也日益凸显，这不仅表现为服务成为“链接”产品生产不同环节和阶段的重要“粘合剂”，发挥着协调运营、总部管理等重要作用，服务本身（比如研发、设计、营销等）也越来越成为价值链中的重要增值环节。第四，全球价值链

进入“高端回流低端转移”等重塑阶段。目前，不论是美国实施的“先进制造业”发展战略，以推动制造业回流和升级，还是德国大力推进的“工业 4.0 战略”；不论是英国实施的“高价值制造”战略，还是法国实施的“新工业法国”战略，本质上都是科技革命和产业革命的竞赛，同时也说明了各国愈发重视以技术创新拉动经济发展。显然，新的产业革命和技术革命必然改变着全球产业链格局，从而使得全球价值链进入新一轮的调整期和重塑期。当然，科技革命和产业革命推动下的全球价值链的重塑和调整，既包括全球价值链自身的变动，比如传统“微笑曲线”的整体移动、与“微笑曲线”相伴随的可能还会出现新式的所谓“沉默曲线”乃至“悲伤曲线”、以及不同国家在全球产业链中地位重构，也包括发达国家所谓的“制造业回流”，以及寻求劳动力等成本“洼地效应”的低端产业向其他发展中国家及低收入国家转移等。总之，基于全球价值链的产业转移不是静态的，它正在并将继续处于发展变化之中。第五，全球价值链深度演进正内生地推动全球经济新规则诞生。实际上，全球价值链分工能够得以迅猛发展，除了与产品生产国际分割技术的突飞猛进有关外，更重要的还在于以边境壁垒降低为主要内容的第一代全球经济规则为其提供了制度保障。第一代经济全球化规则的重要特征就是以“边境开放”措施为主要内容，这种开放为全球价值链的深度演进提供了重要制度保障，从而促成了其迅猛发展。实际上，实现产品生产不同环节和阶段的无缝对接、降低交易成本，是价值链分工的内生需求，这不仅需要通过“边境开放”以降低产品跨境流动壁垒，还需要各国市场规则的一致性乃至各国间标准的兼容性。特别是全球价值链的进一步发展尤其是基于制造业价值链向全球创新链的深度演进，会对与之相应的后者制度保障提出更高要求，更确切地说，会对包括法制化水平、制度质量、知识产权保护、生产要素市场、环保标准、劳工标准、竞争中立、商业环境的公正透明等内容在内的一国国内经济政策和市场环境提出了更高的要求。当前，以跨国公司主导的全球价值链深度演进为主要内容的经济全球化是大势所趋，其对更高标准制度保障的内生需求正催生着“新一轮区域贸易自由化浪潮的兴起”。为此，我国大企业应当实施创新驱动战略，要结合供给侧结构性改革，引领市场发展趋势，以消费者为导向，提升以技术、标准、品牌、质量为核心的竞争力，提供更超前的产品、服务和技术，有意识地将发展方式从投资驱动向创新驱动转换，将产品服务从劳动密集型向科技密集型转变，真正发挥出引领市场、创造需求的作用。

2. 站在国际制高点，紧紧把握国际产业发展新趋势

进入 21 世纪以来，信息技术、生物技术、新能源技术、新材料技术、智能制造等快速交叉融合，孕育出了一批具有重大意义的颠覆性技术，引发全球新一轮技术革命，加速催生重大产业变革，成为推动社会生产力新飞跃的巨大引擎。自电力革命开始，科学革命、技术革命、产业革命越来越呈现高度同步化趋势，主流技术则明显呈现内在交叉融合。产业革命爆发和演进的条件已经越来越不限于单纯依赖重大技术的发明和应用，而是依赖现代化进程强大需求的拉动，又源于知识与技术体系内在逻辑的突破与创新。与前几次相比，第四次工业革命不再是单一产品或服务的创新，而是若干新兴领域的综合性、系统性创新，各种颠覆性技术不断催生新产品、新业态、新需求，加速推进产业变革。第四次工业革命以数字化、网络化、机器自组织为标志，以技术融合为特点，模糊了实体、数字和生物世界的界限。从智能机器人到无人机、从 3D 打印机到无人驾驶汽车、从虚拟现实技术到物联网，以人工智能、机器人技术、纳米技术为代表的新一轮技术应用，已经在日常生活中无处不在，并即将开辟一个全新的工业时代。哈佛大学经济史学家尼尔弗格森指出，“第四次工业革命的独特之处在于，它的发展不是线性速度，而是呈几何级增长；它不仅改变人类的行为方式，也改变人类本身，它将影响我们的身份认同、所有权概念、消费模式、工作和休闲时间，以及如何发展职业、磨炼技能等”。诸多分析表明，第四次工业革命将彻底改变人类生产、分配、消费等经济活动，给世界带来“颠覆效应”。在可预见的未来，技术创新将实现生产效率的大幅提升和生产力爆发式增长，交通和通信成本将大幅下降，物流和全球供应链将更加高效便捷，贸易成本将大幅降低，进而开辟更大更深的国际市场。面对新技术新产业的滚滚浪潮、空前激烈的国际竞争，我国大企业必须奋力抓住第四次工业革命的历史机遇，加快转型升级。

3. 制定并实施科学科学的国际化经营战略，建立与跨国经营相适应的管控模式和组织架构

企业开展跨国经营，首先要制订跨国经营战略，实施跨国经营工作超前谋划，统筹布局。根据国内外经济发展的宏观环境，结合行业发展和自身实际情况，立足全局和长远，明确企业实施跨国经营所处的发展阶段，深入分析面临的机遇与挑战，明确不同阶段跨国经营的主要目标和任务，确定应采取的方针、策略等，全面规划、分步实施。要统筹做好国内外业务规划布局，合理安排境内外项目，在资金、人力、资源等方面给予保障。要根据国际化的目的和出发点，企业自身的能力和行业特点，选择合适的切入点。不同的市场进入有难易之分，进入新兴市场相对容易，进入成熟的发达市场比较困难；地理位置近的比较容易，地理遥远的比较困难，可选择先难后易，如海尔；或先易后难，如华为、中兴。合资，收购兼并是一种选择；独资自建又是另一种模式。要制定细化的、可控的战略规划和质询流程，并利用信息化工具控制和把握战略的执行，能够在企业总体战略方向的指导下，有效布局和分配资源，并从实质上对下属业务单元的战略计划进行质询和平衡。

企业国际化经营战略的落实，必须有合适的管控模式，特别是完善的组织架构来保证。企业应依据自身的特点和战略需要构建全球协同机制，包括全球统一的业务标准、服务理念、全球战略统领地区团队的工作目标、各部分之间充分合作和资源共享机制等。我国企业要建立并不断完善境外经营管理的组织架构，明确职责、理顺关系、落实责任，重视国际化经营组织架构和经营模式的创新。按照职责和权利相统一的原则，科学划分公司总部与海外公司的职责与权限，探索职能模块、业务条线、区域板块的矩阵式运作模式，实现跨地域、多层次经营的资源有效配置，促使公司发挥宏观管理的管控效力。只有灵活的、柔性的、网络状的矩阵式管理，乃至于更新的组织管控，才有可能适应全球化的运作。发挥公司总部在海外分支机构发展过程中的技术和资源支持、竞争优势附加值注入、品牌无形资产支撑、战略引领及推动国际联盟合作等关键作用，强化公司总部对海外分支机构影响力。通过推进分级授权，统一公司品牌，设计内外业务合作模式，构筑“协同作战”机制，形成内外制衡或互补机制，强化公司控制力。加强国际市场开发、境外项目管理、风险控制部门与人力资源、财务、后勤保障等部门的协作，构建高效运转的管理体制和运行机制，对一些重点项目，可以采取成立联合工作组的方式，简化程序，提高效率。要向跨国公司学习，探索复杂产权结构下，通过完善公司治理、明晰产权，创新国际化经营工作的有效方式。要根据投资方式方法和融资模式的创新要求，学会作为战略投资者，提升资本运作层面有效管理的能力。要根据海外分支机构类型（事业部、分公司、子公司等）由浅入深、由易到难地个性化导入国内类似分支机构的管控模式，稳妥推进全球化管控体系建设，并最终探索形成一套成熟的适合全球化管控的可复制管控体系。

4. 大力提高资源整合能力

只有具备一流的资源整合能力，有效推动资源优化配置，才能真正提高国际化经营水平。企业需要根据战略的需要，结合下属单位的绩效表现，把有限的资源进行价值链和资产层面的合理配置，真正把公司整体的投资回报和价值提高到最大。一是开展持续性的资源整合，专注于企业核心竞争力的提升。从国际经验看，跨国企业的发展历程不但是一个不断并购做大的过程，也是根据发展战略，通过对非优势、不具发展潜力业务剥离出售等手段不断调整优化的过程。所有的跨国公司在发展过程中，都在不断出售自己的原有业务、收购新的业务，不断对业务进行调整和优化。公司按照企业的战略发展方向，对哪些业务需要退出，哪些业务需要加强，通过什么手段来加强（如自建，还是并购等），都需要有清晰的思路，并通过落实到投资项目层面和对战略性投资项目的动态控制来实现业务的组合管理。二是全球化的资源配置。世界一流跨国公司的资源整合早已不局限于某个区域和国家，而是在全球范围内有效配置资源，实现从跨国公司到全球化公司的转变。在资源最便宜的地方开采资源，在制造成本最低的地方生产加工，在融资成本最低的地方进行融资，在市场最大的地方卖产品，在研发能力最强的地方搞研发，实现在全球最适合的地方运营，最有效地利用全球资源和能力。这已成为世界一流跨国公司必备的一种能力。三是切实推进并购重组后整合，实现 1+1>2。跨国并购由于其投资环境的高度复杂性，致使并购结果具有很强的不确定性，这种不确定性往往给跨国公司带来极大的风险。尽管并购是目前跨国投资的主要方式，但国际经验表明，并购特别是跨国并购成功的概率非常低。对于我国来说，由于自主创新能力和核心竞争力薄弱，缺乏管理国际品牌和营销渠道的经验，实施跨国并购的风险更大。因此，我国企业国际化中，特别是在对发达国家的投资中，应慎重采取并购方式，一旦确定采取并购的方式，应对并购可能带来的各种风险进行详尽的分析并提出有效对策。并购完成后要进行有效的整合，企业应当重视整合过程中的沟通管理，如果目标企业具有较好的管理模式、经营理念和企业文化，不妨保留其原有的管理制度，而将主要精力放在管理控制方面。同时企业也要注意维护好客户关系，使他们认可合并后的产品和服务，在留住老客户的基础上吸引新顾客，并利用联合产品去创造新的品牌。企业文化的整合是并购后整合过程中难度最大的任务，被并购企业所在国的员工、媒体、投资者甚至是工会仍然对我国企业持偏见和怀疑的态度，因此，并购后要想把文化的冲突降到最低程度，就要学会建立起一种共同的文化。可以在领导、决策、激励与报酬方面借鉴当地习惯做法，以减少文化冲突所引起的企业不稳定。

5. 加强跨国经营人力资源管理

中国企业要成为世界一流跨国公司就必须有世界级人才，世界一流跨国公司不仅善于从世界范围内吸引中级和高级人才，并公平对待、充分尊重具有多元文化背景的员工，全面激发员工的创造力和主动性，在企业文化上体现海纳百川的气魄，而且在构建全球知识流动机制的基础上，使员工形成开放的学习与合作态度，树立灵活的全球职业发展理念，从而最大限度地发挥全球范围的智力优势。中国企业要在以下五个方面下功夫。一是制定明确的人才计划。要根据企业国际化发展战略要求制定全球的人才计划和分配，如哪些部门和业务环节需要本地化员工，哪些地方需要全球的管理人员。二是加大国际化人才培训力度。要依据国际化人才培训需求，完善企业内部人才培养培训体系。通过与国外跨国公司、知名院校建立战略合作关系，选派优秀人才到境外研修，培养人才的国际化思维、全球视野和跨文化经营管理能力。要注重在跨国经营和海外投资项目中培养人才，通过实践锻炼，使得大批国际化人才在跨国经营中茁壮成长。要通过多种方式选派员工参加海外工作，体验海外文化和生活方式，培养一批能够融入海外市场，具有多元文化背景的专家，使得企业的触角多元化、丰富化。如中国建筑股份有限公司大胆使用年轻的管理人员，从企业内部培养国际化的人才。通过多年的全球化运作，已经培养了一大批年轻的全球化业务骨干。30 岁出头的年轻人、在海外独当一面，管理几万人，数亿美元的工程。三是加大海外优秀人才引进力度。要根据企业发展需要，注重择优聘用外籍人士参与海外分支机构管理；可以逐步加大从国外知名院校接受优秀毕业生的工作力度，为国际化经营管理人才队伍建设做好人才储备。同时，要建立有效的激励机制吸引和挽留国际先进人才。四是加大境内外人才交流力度。要建立交换项目，为员工提供在不同工作环境中工作的机会，促进不同文化背景的员工相互沟通与交流，设计共同的信息和通讯技术平台，鼓励知识共享和建设性讨论。要有计划地选派国内优秀的经营管理人才到境外合资合作企业、海外分支机构工作锻炼，使其进一步熟悉国外的经营环境和国际商业规则，提高涉外工作能力、多元化团队领导力和跨国经营管理水平。要注重把经过海外复杂环境考验、境外工作业绩突出的优秀人才优化配置到集团总部、国内重要分支机构的关键岗位上，使其在推动企业国际化经营中担当重任。五是实施人员本土化战略。招聘和雇佣当地各类人才，有利于跨文化交流和沟通，降低东道国市场进入门槛。

6. 加强风险管理

海外业务和国内业务最大的不同是，海外业务更多是商业事务和政治、外交、社会、环境、法律等非商业事务的复杂交错，非商业风险凸现。非商业风险预测难、恶性大，属于灾难性风险，一旦爆发往往直接威胁海外投资安全和重大利益。据世界经济论坛等权威机构预测，自 2015 年起，世界经济政治的不平衡发展将大幅加速，全球经营中的非商业风险将大幅加剧。当前，世界经济正在进行深度转型调整，多双边经济对话谈判频繁，国际经贸规则孕育变革，企业国际化经营的外部环境更加复杂严峻。为此，我国大企业必须把境外风险防范摆上国际化经营的重要议事日程，切实抓紧抓好。要牢固树立规则意识和依法合规经营理念。要依法合规开展境外经营管理活动，及时加强对合规风险的认识，积极建立合规内控制度，保证企业在海外经营中守住本地化底线和基本的商业道德，确保可持续发展。要按照“事前防范和事中控制为主、事后补救为辅”的原则，建立健全以经营合同、规章制度和重要决策全面实现审核为主要内容的风险防范机制制度，将风险防范有效延伸到全部境外业务和境外子企业、分公司、办事机构（简称境外子企业）。要不断完善与国际化经营相适应的规章制度，将风险防范机制嵌入到境外上市并购、重大项目承揽、战略投资引进以及公司治理、财务与税收管理、劳动用工、环境保护、知识产权和反商业贿赂等业务流程，实现从项目可行性研究探讨到决策，从谈判签约到运营、终止、退出等国际化经营活动风险防范的全覆盖。我国大企业在海外并购之前应当制定符合公司战略的、行而有效的海外并购战略，谋定而后动。使用多元化的融资技巧并增强资本运作能力，建立具有国际背景的专业化并购团队，并在并购后开展有效的整合，才能实现预期的战略目标，实现企业国际化的扩张发展。我国大企业在考虑实施海外并购时，应客观认识自身实力，审慎考虑海外并购。还应思考目标公司与企业发展战略的吻合程度，根据企业自身的优势和管理理念进行决策。需组建专业高效的海外并购团队，积极与国际中介合作；需努力实现融资渠道多元化。

第五章
2016 中国企业效益 200 佳分析报告

《2016 中国企业效益 200 佳》是中国企业联合会、中国企业家协会在 2016 中国企业 500 强、制造业企业 500 强和服务业企业 500 强共计 1082 家企业的基础上，依据企业归属母公司所有者净利润产生的（参见表 5-1）。2016 中国企业效益 200 佳当中，包括 85 家中国制造业企业 500 强（其中 72 家同时是中国企业 500 强），92 家中国服务业企业 500 强（其中 71 家同时是中国企业 500 强），以及采掘、建筑等行业的 23 家中国企业 500 强。与 2015 中国企业 200 佳相比，制造业企业减少了 10 家，服务业企业增加了 9 家，其他行业企业数量与 2015 年持平。

表 5-1 2016 中国企业效益 200 佳

名次	企业名称	净利润（万元）	营业收入（万元）	纳税总额（万元）	资产总额（万元）	所有者权益（万元）	从业人数（人）
1	中国工商银行股份有限公司	27713100	107983800	12374577	2220978000	178947400	466346
2	中国建设银行股份有限公司	22814500	92587800	10303982	1834948900	143402000	369183
3	中国农业银行股份有限公司	18058200	83376600	8715200	1779139300	121009100	503082
4	中国银行股份有限公司	17084500	76922200		1681559700	130494600	310042
5	国家开发银行股份有限公司	10207656	59532274	6415002	1261967489	106432436	9741
6	阿里巴巴集团控股有限公司	7146000	10114300	844900	36445000	21698700	34985
7	交通银行股份有限公司	6652774	35798543	3191009	715536158	53488522	91468
8	国家电网公司	6411002	207134945	13944062	310744265	134641533	975855
9	中国移动通信集团公司	6375034	67092753	6839659	163062995	87255220	436651
10	招商银行股份有限公司	5801800	30384300	2899000	547497800	36080600	76192
11	中国平安保险（集团）股份有限公司	5420300	69322000		476515900	33424800	275011
12	上海浦东发展银行股份有限公司	5060400	26413400	2760400	504435200	31517000	48427
13	兴业银行股份有限公司	5020700	29188800	2976400	529888000	31364800	52016
14	中国民生银行股份有限公司	4611100	26744100	2568900	452068800	30121800	59510
15	中国石油天然气集团公司	4456043	188073616	33807644	403409779	207939608	1589508

续表

名次	企业名称	净利润（万元）	营业收入（万元）	纳税总额（万元）	资产总额（万元）	所有者权益（万元）	从业人数（人）
16	上海汽车集团股份有限公司	3979379	67044822	8021594	51163069	17512874	91665
17	华为技术有限公司	3690800	39500900	507700	37215500	11902100	170000
18	百度网络技术有限公司	3366417	6403700	547437	14785331	8025566	41467
19	腾讯控股有限公司	2910800	10286300	504700	15144000	12003500	30641
20	中国海洋石油总公司	2895890	42607860	7061391	116238317	48161503	110203
21	中国邮政集团公司	2635851	43762571	2326426	751555819	27942919	914611
22	中国人寿保险（集团）公司	2620818	63644438	2520286	302797957	12637863	157232
23	中国建筑股份有限公司	2606190	88057713	4424645	107490490	16797739	250953
24	中国中信集团有限公司	2365121	35153783	3769121	574313011	26854554	194795
25	中国石油化工集团公司	2259135	184977795	35567825	205850770	73023803	845652
26	中国长江三峡集团公司	2217753	6351741	1680314	56337354	24598672	18960
27	上海烟草集团有限责任公司	2073124	13183197	9694354	18322140	14804693	13961
28	中国第一汽车集团公司	2044068	39499035	5707065	33328582	16007205	132083
29	太平洋建设集团有限公司	2014252	45905631	2523656	27791030	11647178	351679
30	中国人民保险集团股份有限公司	1954200	40601100	2391242	84646800	11610100	659980
31	华夏银行股份有限公司	1888267	10514829	1076371	202060434	11767826	34020
32	万科企业股份有限公司	1811941	18431705	3118683	61129557	10018352	42295
33	中国太平洋保险（集团）股份有限公司	1772800	24720200		92384300	13333600	91761
34	北京银行	1683918	8787567	866944	184490855	11655100	13776
35	海通证券股份有限公司	1583885	3808627	488896	57644889	10769454	9024
36	华润（集团）有限公司	1564330	48122063	484292	99451931	15462720	447348
37	恒大地产集团有限公司	1554800	13313000	606500	75703500	12674300	83372
38	大连万达集团股份有限公司	1527884	29016000	3020000	90335724	11113047	128518
39	海尔集团公司	1477657	18869388	1471463	25718164	6268076	56091
40	中国华融资产管理股份有限公司	1448205	7538576	799956	86654641	9811735	9224
41	中国南方电网有限责任公司	1396683	46942579	3640916	64001010	24210157	299259
42	中国光大集团股份有限公司	1328700	20676600	2007400	348691600	9900100	59500
43	广发证券股份有限公司	1320101	3344664	627174	41009701	7751927	9789
44	美的集团股份有限公司	1270673	13844123	1080000	12884194	4920185	108000
45	珠海格力电器股份有限公司	1253244	9774514	1387824	16169802	4752138	70838
46	中国航天科技集团公司	1165237	19201631	444175	35718453	12927976	161022
47	中国贵州茅台酒厂（集团）有限责任公司	1116707	3635788	1526038	10931358	6235729	24397

续表

名次	企业名称	净利润（万元）	营业收入（万元）	纳税总额（万元）	资产总额（万元）	所有者权益（万元）	从业人数（人）
48	中国电信集团公司	1078171	38834967	2062602	77269810	37598908	417101
49	中国交通建设集团有限公司	1073855	42585682	2243130	91418775	9473415	160393
50	泰康人寿保险股份有限公司	1059642	13231325	580821	56988311	3728460	48666
51	中国电子科技集团公司	1028687	16597360	522192	22065885	9650641	140493
52	中国银河证券股份有限公司	983551	2625995	429687	30065555	5691357	10091
53	中国兵器装备集团公司	935088	44041718	3687952	39187535	5101762	238287
54	东风汽车公司	929992	52045396	4456473	36810766	7143926	191950
55	中国航天科工集团公司	924336	17512976	506796	23852272	8399662	144308
56	神华集团有限责任公司	873859	23636609	4850144	93141757	32017348	248352
57	中国远洋海运集团有限公司	861289	22426441	566795	59347360	18333648	125759
58	新华人寿保险股份有限公司	860100	15845300	482500	66056000	5783500	52474
59	中国船舶重工集团公司	821795	22631565	667077	44305154	11895831	164000
60	重庆龙湖企业拓展有限公司	809896	4126402	645102	14253833	4400767	15633
61	浙江省能源集团有限公司	809073	6795234	743966	17955286	6436291	22455
62	长城汽车股份有限公司	805933	7603314	757772	7191063	3833087	68320
63	恒丰银行股份有限公司	803354	2403855	468321	106815567	5635582	9550
64	上海复星高科技（集团）有限公司	791116	5379286	653745	17778804	3816971	55800
65	红云红河烟草（集团）有限责任公司	774955	9287350	6010221	9207711	6770105	12450
66	中国华电集团公司	762047	19756174	2484375	76130738	5284798	109431
67	中国电力建设集团有限公司	735518	28661193	1236695	50260637	6020889	196368
68	重庆农村商业银行股份有限公司	722330	3700225	414890	71680522	4676274	16182
69	正威国际集团有限公司	716722	30036385		12067412	6413186	17683
70	四川省宜宾五粮液集团有限公司	706836	6525087	761169	8252840	5822909	44798
71	山东魏桥创业集团有限公司	704391	33323772	785802	17564750	6151731	140358
72	红塔烟草（集团）有限责任公司	697332	10338809	5826252	13266910	10888811	16837
73	中国铁道建筑总公司	694942	60111385	2775312	70566258	6435528	284100
74	天津百利机械装备集团有限公司	694675	11866099	845199	7981194	3624986	72790
75	绿地控股集团股份有限公司	688643	20725659	1661663	60043607	5307575	25621
76	上海国际港务（集团）股份有限公司	656245	2951083	315439	9851492	5960820	18338
77	盛京银行股份有限公司	621133	1418416	347615	70162850	4126853	4567
78	广东温氏食品集团股份有限公司	620537	4823737	22291	3273497	2226406	44000

续表

名次	企业名称	净利润（万元）	营业收入（万元）	纳税总额（万元）	资产总额（万元）	所有者权益（万元）	从业人数（人）
79	北京汽车集团有限公司	618325	34522067	2989047	42738282	6848511	120487
80	中国铁路工程总公司	617811	62488857	3011413	71636445	7201178	291149
81	湖北中烟工业有限责任公司	601589	6405378	4722189	4307922	2987489	8960
82	杭州娃哈哈集团有限公司	583279	4947540	563509	3344836	2322933	29533
83	南山集团有限公司	577679	8222167		10626138	4817343	46536
84	中国中车集团公司	575442	24373283	1545399	32810214	5758022	189388
85	渤海银行股份有限公司	568851	4374434	308276	76423544	3555700	7020
86	中国航空工业集团公司	554756	37862420	1647790	93386825	17865811	587952
87	太平人寿保险有限公司	552800	10224880	194998	33008946	2998828	23582
88	中国保利集团公司	527612	16763849	2651823	59387490	4890467	70437
89	中国广核集团有限公司	516233	5060433	591802	43269564	7970712	34874
90	中国国电集团公司	514874	19177018	2758566	78631035	4961699	124493
91	万洲国际有限公司	510397	13772276	231323	9286497	3742262	105000
92	中国兵器工业集团公司	504694	38725293	886445	33682043	8180646	241309
93	广州农村商业银行股份有限公司	500102	2872255	296996	58280720	3377795	8010
94	天津华北集团有限公司	493310	1312469	21584	829798	493310	720
95	天津银行股份有限公司	491644	2791035	256773	56566773	3302365	6092
96	中国华能集团公司	486702	26822627	3565078	97189567	5011868	140274
97	中国联合网络通信集团有限公司	482202	27833943	1247662	66079101	16408916	277590
98	中国机械工业集团有限公司	481841	22079734	973764	26143149	5774237	120602
99	华侨城集团公司	480687	5069295	851266	13695687	2740537	42920
100	联想控股股份有限公司	465908	30982614		30624289	4889652	75000
101	内蒙古伊利实业集团股份有限公司	463179	6035987	350388	3963097	1998440	57971
102	海信集团有限公司	447609	9901646	560337	10727367	3618988	57178
103	雅戈尔集团股份有限公司	441522	6236444	287850	7974221	2008205	46963
104	国家开发投资公司	414326	10423958	1401296	49552967	7098739	74058
105	方正证券股份有限公司	406421	1091499	255902	15442521	3495809	8363
106	山东胜通集团股份有限公司	394230	3461245	142871	2178221	1103387	7500
107	中国航空集团公司	382648	11111975	554354	22543387	4214461	88178
108	协鑫（集团）控股有限公司	379487	7978687	397313	13325079	2774210	30000
109	中国华信能源有限公司	379051	26315060	245312	9221586	2250871	23055
110	海澜集团有限公司	373547	6718367	218384	8530882	6705741	31000
111	山东大海集团有限公司	364898	5885447	135365	2952648	1033617	6124

续表

名次	企业名称	净利润（万元）	营业收入（万元）	纳税总额（万元）	资产总额（万元）	所有者权益（万元）	从业人数（人）
112	恒力集团有限公司	359464	21207961	552514	8255648	3715737	64524
113	广东省粤电集团有限公司	358390	4674916	769952	12908303	4583723	14851
114	北京能源集团有限责任公司	354474	5976457	588540	23390151	6773750	39803
115	天狮集团有限公司	339736	3320985	185642	1237939	980157	8313
116	中国能源建设集团有限公司	339272	20878859	1038423	27169465	3192788	158609
117	世纪金源投资集团有限公司	332023	3367531	388366	10765865	2999031	20360
118	郑州宇通集团有限公司	330025	3819932	326025	4619144	989831	20394
119	山东大王集团有限公司	329525	11269181	519205	7669417	2746867	28300
120	中国通用技术（集团）控股有限责任公司	328355	17387349	636793	13942222	3422521	39829
121	恒安国际集团有限公司	326095	1968263	306060	3278876	1459842	29700
122	中兴通讯股份有限公司	320789	10018639	1043014	12089390	2966009	84622
123	科创控股集团有限公司	319937	4674444	105042	5105778	4050290	21900
124	北汽银翔汽车有限公司	319084	1207756	36900	1206646	114684	10808
125	阳光保险集团股份有限公司	318176	6394797	285106	19216872	3730204	174321
126	重庆银行股份有限公司	317006	859258	207386	31980799	2129300	3780
127	广州银行股份有限公司	316242	1861458	150977	41519234	1981267	3359
128	广州汽车工业集团有限公司	312931	21643680	2283028	17433626	2302745	67426
129	中国东方航空集团公司	312810	9706848	867319	21482117	2178909	83846
130	上海红星美凯龙投资有限公司	307103	1784766	216752	11774228	3158027	16653
131	广西投资集团有限公司	305185	8516053	268202	24228212	1895343	21921
132	安徽海螺集团有限责任公司	302650	9307035	821790	11170878	2573829	53721
133	晶科能源有限公司	301891	3056129	15740	1694541	701383	19432
134	申能（集团）有限公司	294244	3278680	258856	14579503	7887194	10433
135	上海东方明珠新媒体股份有限公司	290672	2112597	191300	3527898	2500256	6171
136	上海医药集团股份有限公司	287699	10551659	320277	7434421	2993031	41173
137	新兴际华集团有限公司	286354	20466604	283128	12697421	2923355	64487
138	天津中环电子信息集团有限公司	285315	12152383	557187	8099589	4038366	52887
139	新疆金风科技股份有限公司	284950	3006210	220796	5257240	1676145	6581
140	中国化学工程股份有限公司	284179	6353230	220768	8174640	2614010	45549
141	比亚迪股份有限公司	282344	8000897	502951	11548576	3229440	196026
142	成都银行股份有限公司	281619	1552235	154665	32144534	2021108	5509
143	威高集团有限公司	281272	2851131	141489	2854866	1832752	19564

续表

名次	企业名称	净利润（万元）	营业收入（万元）	纳税总额（万元）	资产总额（万元）	所有者权益（万元）	从业人数（人）
144	浙江中烟工业有限责任公司	281240	7861183	3446972	4455619	3405456	3487
145	中国太平保险集团有限责任公司	280031	11109118	464170	41210212	2558566	53682
146	中国医药集团总公司	278655	27855600	909431	22828598	3741365	102147
147	云南白药集团股份有限公司	277084	2073813	151373	1929094	1343301	8151
148	江苏扬子江船业集团公司	276501	2768840	158453	7852839	3224726	18986
149	大华（集团）有限公司	276320	1300548	238709	4694364	1332075	1445
150	康美药业股份有限公司	275673	1806683	140399	38310523	1876513	8880
151	四川蓝润实业集团有限公司	275496	3381460	176166	3773738	2131152	3200
152	中国船舶工业集团公司	275184	18973172	337428	26756410	5951816	71257
153	贵州中烟工业有限责任公司	273361	3675164	2550801	2459487	1722059	8950
154	长沙银行股份有限公司	273064	1408911	157017	28542047	1764353	4607
155	齐鲁制药有限公司	271945	1291763	124976	1612783	1244951	8890
156	河北养元智汇饮品股份有限公司	265436	1067262	170164	938411	569557	2200
157	研祥高科技控股集团有限公司	263362	2503735	124570	2286301	1383532	5300
158	天津农村商业银行股份有限公司	259800	1407338	172168	25595945	1976876	5842
159	中国南方航空集团公司	259136	11220561	832236	19474054	2424112	102924
160	吉林银行	258630	1672221	195943	35753363	2008331	9254
161	TCL 集团股份有限公司	256700	10457948	607734	11175482	2421011	73537
162	广东圣丰集团有限公司	255300	3917185	220254	2595076	1499276	18036
163	浙江龙盛控股有限公司	255135	2724673	156078	2820322	1422483	8682
164	南通三建控股有限公司	251284	6882735	26099	2193428		106865
165	宝钢集团有限公司	250414	23005904	1215991	52933249	23785271	124310
166	广西中烟工业有限责任公司	248490	2255847	1527761	1893620	1389329	3051
167	南通四建集团有限公司	248227	3643345	136313	784739	272398	41337
168	卓尔控股有限公司	242740	3139470	20276	4763182	3388726	3010
169	中国冶金科工集团有限公司	241202	22192950	1165355	35426050	2546561	140482
170	三一集团有限公司	239670	7505031	27119	10446481	2410700	19821
171	新希望集团有限公司	237415	6824439	231619	7549150	1667569	64625
172	宁波申洲针织有限公司	235466	1263933	118309	1836161	1307412	67390
173	武汉农村商业银行股份有限公司	232785	970515	134993	17051194	1602835	4227
174	新疆特变电工集团有限公司	230293	4826249	186795	8875709	2728032	22782
175	中华联合保险控股股份有限公司	222652	3887622	210350	5493765	1295826	38548
176	大连金玛商城企业集团有限公司	218740	1608940	130854	2039432	1059283	10812
177	广东省交通集团有限公司	210705	4131239	380283	32471797	6659623	53616

续表

名次	企业名称	净利润（万元）	营业收入（万元）	纳税总额（万元）	资产总额（万元）	所有者权益（万元）	从业人数（人）
178	中国航空油料集团公司	210099	13889299	229189	3165477	1360887	11213
179	波司登股份有限公司	206706	2908523	57308	2526108	1572578	24693
180	江苏南通二建集团有限公司	206213	4459278	250989	2018107	964049	93967
181	国购投资有限公司	206071	1850042	110000	3786321	1782813	1630
182	山东科瑞控股集团有限公司	204775	1474785	90795	2277967	1153957	8000
183	新华联集团有限公司	203824	6052763	145948	8470323	1653677	45638
184	新奥能源控股有限公司	203600	3206300	120700	4701900	1346800	28317
185	中国对外贸易中心（集团）	202531	511414	111565	3698384	2249523	1610
186	洛阳银行股份有限公司	202137	800887	106198	16670750	1233222	2159
187	红狮控股集团有限公司	200634	2204165	138211	2595677	970122	11516
188	中国国际海运集装箱（集团）股份有限公司	197401	5868580	93439	10676317	2854132	60030
189	江苏阳光集团有限公司	193267	3574009	141633	2114528	1062499	17541
190	广州越秀集团有限公司	191299	3376435	534616	34207525	2059567	13172
191	安徽省能源集团有限公司	190009	1436251	156097	3780039	1422638	5455
192	万华化学（宁波）有限公司	188256	1210258	135321	1481411	883405	1136
193	四川省烟草公司成都市公司	187941	1700102	333564	785173	664464	1664
194	杭州华东医药集团有限公司	187608	2839662	162080	1906062	701574	10184
195	上海建工集团股份有限公司	187053	12543070	446579	14220024	2203560	36807
196	东辰控股集团有限公司	185514	2423357	148839	1350825	807782	1852
197	上海机场（集团）有限公司	184700	1143068	124134	6786405	4503279	17018
198	国家电力投资集团公司	181896	19240381	2212877	77379955	5499264	131730
199	青岛银行股份有限公司	181378	500551	86167	18723525	1661365	2970
200	浙江吉利控股集团有限公司	180112	16530399	1756332	16129409	1651723	45720
	合计	282222609	3785471751	338216129	20320065437	2510715436	20258813

一、2016中国企业效益200佳盈利增长分析

2016中国企业效益200佳2015年合计实现净利润28222亿元，较2015中国企业效益200佳（以下简称上年）的净利润（25910亿元）增长8.92%，增幅提高了2.22个百分点；与2016中国企业500强净利润6.32%的增长水平相比，高出2.60个百分点，反映出中国大企业的效益分化加剧。2016中国企业效益200佳最后一名的净利润为18.01亿元，较上年15.46亿元的水平，提高16.49%。

2016中国企业效益200佳2015年合计纳税33822亿元，较上年（33516亿元）增长了0.91%，增幅较上年（3.19%）下降2.28个百分点；占2015年全国税收总额（124892亿元）的27.08%，与

上年（28.13%）相比下降 1.05 个百分点。这一比例连续多年稳中有降，说明国家减轻企业税负的政策措施已经取得一定成效。

中国工商银行股份有限公司长期位列中国企业效益 200 佳的首位，前 10 位中有 7 家是银行企业；排在第 2 位至第 10 位的企业分别是中国建设银行股份有限公司、中国农业银行股份有限公司、中国银行股份有限公司、国家开发银行、阿里巴巴集团控股有限公司、交通银行股份有限公司、国家电网公司、中国移动通信集团公司、招商银行股份有限公司。阿里巴巴集团控股有限公司从上年的第 21 位进入前 10 位，中国石油天然气集团公司则跌出前 10 位。

二、2016 中国企业效益 200 佳规模增长分析

中国企业效益 200 佳的规模扩张速度连续两年下滑；此外，虽然整体负债率有所下降，但资产和所有者权益规模的增长仍高于收入和净利的增长，反映出企业的发展质量不够高。2016 中国企业效益 200 佳的营业收入为 37.85 万亿元，较上年（38.37 万亿元）下降了 1.36%，增速降低 7.18 个百分点；资产总额为 203.20 万亿元，较上年（178.34 万亿元）增长了 13.94%，增速提高 3.59 个百分点；归属母公司所有者权益总额为 25.11 万亿元，较上年（21.64 万亿元）增加 16.04%，增速下降 0.19 个百分点；从业人员 2015.88 万人，高出上年（1931.82 万人）4.87%。

三、2016 中国企业效益 200 佳的结构分析

1. 效益分布的行业结构尤其是前 10 大行业变化明显

2016 中国企业效益 200 佳分布在 59 个行业，银行业效益位居首但占比下降，互联网服务业、建筑业提升明显，继上一年度石化行业跌出前 10 位后，石油天然气生产业也降至第 9 位，烟草业跌出前 10 位。

银行业企业由上年的 25 家增至 28 家，实现净利润 13396 亿元，较上年（13080 亿元）增长 2.42%，增幅下降 1.74 个百分点；在 200 家企业中的占比由上年的 50.48% 下降到一半以下（47.46%），近年来首次不足五成。互联网服务业企业由上年的 5 家减少至 4 家，但效益由上年的第 7 位跃居第 2 位；实现净利润 1371 亿元，较上年（702 亿元）增长 95.30%。建筑业由上年的 13 家增至 14 家，效益由上年的第 6 位提升至第 3 位；实现净利润 1172 亿元，较上年（828 亿元）增长 41.55%。前 10 位其它 7 个行业分别是电信、公用事业、汽车、房地产、综合保险业、石油天然气生产、多元化投资。

2016 中国企业效益 200 佳入围企业数量居前三位的行业仍然是银行业、建筑业和房地产业。其中，银行业入围的企业有 28 家，比上年增加 3 家；建筑业入围的企业有 14 家，比上年增加 1 家；房地产业入围的企业有 12 家，与上年持平。这 3 个行业包含企业 54 家，较上年增加 4 家，合计净利润 15412 亿元（上年 14528 亿元），占 2016 中国企业效益 200 佳的 54.61%，较上年（56.07%）减少 1.46 个百分点。2016 中国企业效益 200 佳分行业主要经济指标情况（参见表 5-2）。

表5-2 2016中国企业效益200佳分行业主要经济指标情况

行业	企业数	净利润（万元）	营业收入（万元）	纳税总额（万元）	资产总额（万元）	从业人数（人）
全国	200	282222609	3785471751	338216129	20320065437	20258813
银行业	28	133955690	637504407	59613570	12951173603	2186431
信息、传媒、电子商务、网购、娱乐等互联网服务业	4	13713889	28916897	2088337	69902229	113264
建筑业	14	11717751	411115669	21179691	565487442	2177218
电信、邮寄、速递等服务业	4	10571258	177524234	12476349	1057967725	2045953
能源（电、热、燃气等能）供应、开发、减排及再循环服务业	7	9659085	274770446	19453137	439152154	1381577
汽车及零配件制造业	9	9519849	243916401	26334236	210620587	748853
房地产开发与经营、物业及房屋装饰、修缮、管理等服务业	12	8447029	109164690	11481601	375961658	397582
综合保险业	3	7473131	105151318	464170	610110412	420454
石油、天然气开采及生产业	2	7351933	230681476	40869035	519648096	1699711
多元化投资控股、商务服务业	5	5998053	103088422	6564665	813758871	727055
人寿保险业	6	5634188	113228362	4274061	483561851	494823
烟草加工业	7	4950091	53006928	33778550	53913409	67696
家用电器及零配件制造业	5	4705883	62847619	5107358	76675009	365644
通讯器材及设备、元器件制造业	3	4296904	61671922	2107901	57404479	307509
证券业	4	4293958	10870785	1801659	144162666	37267
航空航天及国防军工业	5	4084111	157344038	7173158	225827128	1372878
电力生产业	6	2820142	94731549	12382650	385509162	555653
石化产品、炼焦及其他燃料生产加工业	2	2463910	186452580	35658620	208128737	853652
财产保险业	1	1954200	40601100	2391242	84646800	659980
医药、医疗设备制造业	7	1901218	26089155	1145636	59153527	118742
酿酒制造业	2	1823543	10160875	2287207	19184198	69195
一般有色冶金及压延加工业	3	1787711	39571021	21584	23523348	64939
综合制造业（以制造业为主，含有服务业）	4	1656771	27411633	1699957	51122782	327464
船舶工业	3	1373480	44373577	1162958	78914403	254243
电子元器件与仪器仪表、自动化控制设备制造业	2	1313637	19603570	742988	27323125	147074
纺织、印染业	3	1262556	42783228	1062800	22631926	164023
纺织品、服装、鞋帽、服饰加工业	4	1257241	17127267	681851	20867372	170046
电力、电气等设备、机械、元器件及光伏、电池、线缆制造业	3	1226859	19748477	1047734	18551444	115004

续表

行业	企业数	净利润（万元）	营业收入（万元）	纳税总额（万元）	资产总额（万元）	从业人数（人）
综合服务业（以服务业为主，含有制造业）	2	1009453	38843583	3625587	85530639	191039
航空运输及相关服务业	3	954594	32039384	2253909	63499558	274948
煤炭采掘及采选业	1	873859	23636609	4850144	93141757	248352
水上运输业	1	861289	22426441	566795	59347360	125759
农副食品及农产品加工业	2	857952	11648176	253910	10822647	108625
饮料加工业	2	848715	6014802	733673	4283247	31733
港口服务业	1	656245	2951083	315439	9851492	18338
化学原料及化学制品制造业	3	628905	6358288	440238	5652558	11670
矿产、能源内外商贸批发业	2	589150	40204359	474501	12387063	34268
轨道交通设备及零部件制造业	1	575442	24373283	1545399	32810214	189388
黑色冶金及压延加工业	2	536768	43472508	1499119	65630670	188797
肉食品加工业	1	510397	13772276	231323	9286497	105000
建筑材料及玻璃等制造业	2	503284	11511200	960001	13766555	65237
生活消费品（家用、文体、玩具、工艺品、珠宝等）内外批发及商贸业	2	495044	3484868	550316	12559401	18317
计算机及零部件制造业	1	465908	30982614		30624289	75000
乳制品加工业	1	463179	6035987	350388	3963097	57971
橡胶制品业	1	394230	3461245	142871	2178221	7500
化学纤维制造业	1	359464	21207961	552514	8255648	64524
食品加工制造业	1	339736	3320985	185642	1237939	8313
造纸及纸制品加工业	1	329525	11269181	519205	7669417	28300
机电、电子产品内外商贸及批发业	1	328355	17387349	636793	13942222	39829
生活用品（含文体、玩具、工艺品、珠宝）等轻工产品加工制造业	1	326095	1968263	306060	3278876	29700
其他金融服务业	1	305185	8516053	268202	24228212	21921
医药专营批发、零售业	1	278655	27855600	909431	22828598	102147
办公、影像等电子设备、元器件制造业	1	263362	2503735	124570	2286301	5300
工程机械、设备及零配件制造业	1	239670	7505031	27119	10446481	19821
商业零售业及连锁超市	1	218740	1608940	130854	2039432	10812
陆路运输、城市公交、道路及交通辅助等服务业	1	210705	4131239	380283	32471797	53616
人力资源、会展博览、国内外经合作等社会综合服务业	1	202531	511414	111565	3698384	1610
电梯及运输、仓储设备与设施制造业	1	197401	5868580	93439	10676317	60030
航空港及相关服务业	1	184700	1143068	124134	6786405	17018

2. 企业效益东部占比继续上升，中西部下降

从企业总部的地区分布看，2016中国企业效益200佳分布在23个省、自治区、直辖市，与上年相比，陕西企业退出，江西企业进入。入围企业主要集中在东部地区。其中东部地区161家，较上年（162家）减少1家；中部地区14家，与上年持平；西部地区20家，比上年增加1家；东北地区5家，与上年持平。2016中国企业效益200佳企业总部所在地区分布情况（参见表5-3）。

从企业效益的地区占比看，4大地区的结构基本稳定，东部地区有所上升，东北地区有所下降。东部地区企业净利润占200佳总额的93.45%，较上年（93.23%）上升0.22个百分点；西部地区占比3.14%，与上年（3.14%）持平；中部地区占比1.76%，较上年（1.75%）下降0.01个百分点，东北地区占比1.65%，较上年（1.83%）下降0.23个百分点。入围企业数量在10家及10家以上的省市依然全部分布在东部，分别是北京64家、广东30家、上海21家、山东13家、浙江11家、江苏10家、天津7家，合计149家企业，较上减少2家。

表5-3 2016中国企业效益200佳企业总部所在地区分布情况

省市	企业数	净利润（万元）	营业收入（万元）	纳税总额（万元）	资产总额（万元）	从业人数（人）
全国	200	282222609	3785471751	338216129	20320065437	20258813
北京	64	170761945	2400993611	215330351	14961311967	13943949
广东	30	34532556	441121623	24414162	1827704363	2463621
上海	21	27442521	324418338	31674122	1766169760	956317
山东	13	6224227	101878288	4675630	211072238	392913
浙江	11	10508325	62727791	8353528	96944004	282051
江苏	10	4508948	106047376	4462662	75392388	780592
天津	7	3133331	37224743	2346829	176734782	153664
四川	6	2009244	24657767	1762225	57611213	141696
重庆	4	2168316	9893641	1304278	119121800	46403
湖北	4	2007106	62560759	9333931	62933064	208147
辽宁	3	2367757	32043356	3498469	162538006	143897
河北	3	1274969	11876876	1048636	12831374	98837
河南	3	1042559	18393095	663546	30576391	127553
安徽	3	698730	12593328	1087887	18737238	60806
湖南	3	919155	10005441	440038	54431049	32791
云南	3	1749371	21699972	11987846	24403715	37438
吉林	2	2302698	41171256	5903008	69081945	141337
福建	2	5346795	31157063	3282460	533166876	81716

续表

省市	企业数	净利润（万元）	营业收入（万元）	纳税总额（万元）	资产总额（万元）	从业人数（人）
广西壮族自治区	2	553675	10771900	1795963	26121832	24972
贵州	2	1390068	7310952	4076839	13390845	33347
新疆维吾尔自治区	2	515243	7832459	407591	14132949	29363
江西	1	301891	3056129	15740	1694541	19432
内蒙古自治区	1	463179	6035987	350388	3963097	57971

3. 国有企业数量增加，效益占比略降，税收占比略升

2016 中国企业效益 200 佳中，国有企业数量增加，各项指标占比稳中略变。共有国有企业有 127 家，较上年（115 家）增加 12 家，民营企业有 73 家，相应较上年减少 12 家。127 家国有企业共实现净利润 22233 亿元，占全部 200 佳净利润的 81.46%，较上年（82.04%）下降 0.58 个百分点；纳税总额 30529 亿元，占全部 200 佳纳税总额的 90.26%，较上年（90.14%）提高 0.12 个百分点。2016 中国企业效益 200 佳企业所有制结构分布情况（参见表 5-4）。

以资产利润率反映企业的盈利能力，2016 中国企业效益 200 佳的平均资产利润率为 1.39%，较上年（1.45%）下降 0.06 个百分点。其中，国有企业为 1.21%，较上年（1.31%）降低 0.10 个百分点；民营企业为 3.15%，较上年（2.88%）提高 0.27 个百分点。民营企业明显好于国有企业。

资产周转率的下降是资产利润率的主要因素；尽管收入利润率有所上升，但难以弥补资产周转率下降的影响。2016 中国企业效益 200 佳的平均资产周转率为 0.186 次/年，较上年（0.215 次/年）下降 13.49%。其中，国有企业为 0.167 次/年，较上年（0.196 次/年）下降 14.80%；民营企业为 0.369 次/年，较上年（0.410 次/年）下降 10.00% 个百分点。2016 中国企业效益 200 佳的平均收入利润率为 7.46%，较上年（6.75%）提高 0.71 个百分点。其中，国有企业为 7.21%，较上年（6.70%）提高 0.52 个百分点；民营企业为 8.53%，较上年（7.02%）提高 1.51 个百分点。

表 5-4　2016 中国企业效益 200 佳企业所有制结构分布情况

项目	企业数	净利润（万元）	营业收入（万元）	纳税总额（万元）	资产总额（万元）	从业人数（人）
全国	200	282222609	3785471751	338216129	20320065437	20258813
国有	127	222327338	3083467941	305285233	18419356271	16843770
民营	73	59895271	702003810	32930896	1900709166	3415043

第六章
2016 中外企业 500 强对比分析报告

2015 年，世界工业生产低速增长，贸易持续低迷，金融市场动荡加剧，大宗商品价格大幅下跌。世界经济整体复苏疲弱乏力，增长速度放缓，国家之间增长差异显著；其中发达国家经济复苏缓慢，新兴经济体增速进一步回落，但下行压力逐渐释放。据 IMF《世界经济展望报告》数据显示，2015 年全球经济增长 3.1%，与 2014 年相比，增速下降了 0.3 个百分点。主要发达国家中，美国增长 2.4%，日本增长 0.5%，德国增长 1.5%，英国增长 2.2%，法国增长 1.1%；新兴经济体中，中国增长 6.9%，印度增长 7.3%，巴西和俄罗斯经济分别萎缩 3.8% 和 3.7%。尽管中国经济增速持续放缓，但 2015 年中国对全球经济增长的贡献仍在 25% 以上，是对全球经济增长贡献最大的国家，中美两国是全球经济最为重要的增长引擎。

受国际经济复苏进程缓慢影响，2016 世界 500 强与 2016 美国 500 强营业收入与利润双双负增长；2016 世界 500 强营业收入与利润增速分别为-11.5%、-11.3%，2016 美国 500 强营业收入与利润增速分别为-4.2%、-11.1%。从横向比较角度看，虽然中国企业 500 强的发展呈现明显趋缓甚至停滞趋势，但 2016 中国企业 500 强的表现明显好于同期世界 500 强和美国 500 强。受世界 500 强、美国 500 强营业收入、净利润双双负增长的影响，中国企业 500 强与世界 500 强、美国 500 强之间的规模与盈利能力差距明显缩小，中国大企业的转型升级与提质增效发展取得初步成效。

一、中国企业世界 500 强第一梯队地位更为稳固

（一）中美两国上榜企业数量已经占世界 500 强将近一半

美国《财富》杂志于北京时间 2016 年 7 月 20 日晚发布 2016 年世界 500 强企业名单，中国两岸三地上榜企业继续保持增长态势，达到 110 家，比上年度增加 4 家。这已经是自 2006 世界 500 强以来中国企业数量连续第十年增加。110 家上榜企业中，内地企业为 99 家，台湾地区 7 家，香港地区 4 家（不含华润）；内地企业比上年增加 5 家，台湾减少 1 家，香港持平。

中美两国企业已经占世界 500 强将近一半。世界 500 强企业名单中各国入围企业数量的变化，有效反映了世界经济格局与重心的变迁。2016 世界 500 强榜单中中国上榜企业数量继续位居世界第二，但与美国上榜企业数量的差距与上年相比有所扩大。2016 世界 500 强中美国企业有 134 家，比上年增加了 6 家，这也是自 2007 世界 500 强以来美国企业数量首次出现增加。2016 世界 500 强中，美中

两国企业数量合计为 244 家，占全部 500 强的 48.80%。日本上榜企业数量自 2010 世界 500 强以来呈持续减少趋势，2016 世界 500 强中只有 52 家，比上年减少了 2 家。法国有 29 家企业进入 2016 世界 500 强，比上年减少 2 家；德国有 28 家企业进入 2016 世界 500 强，与上年持平；英国有 25 家企业进入 2016 世界 500 强，比上年减少 3 家；法德英 3 国共有 82 家企业进入 2016 世界 500 强，比上年合计数减少了 5 家，与中国企业的差距进一步扩大。(参见图 6-1)。如果将欧洲作为一个整体，整个欧洲一共有 125 家企业进入 2016 世界 500 强，也只比中国多 15 家。

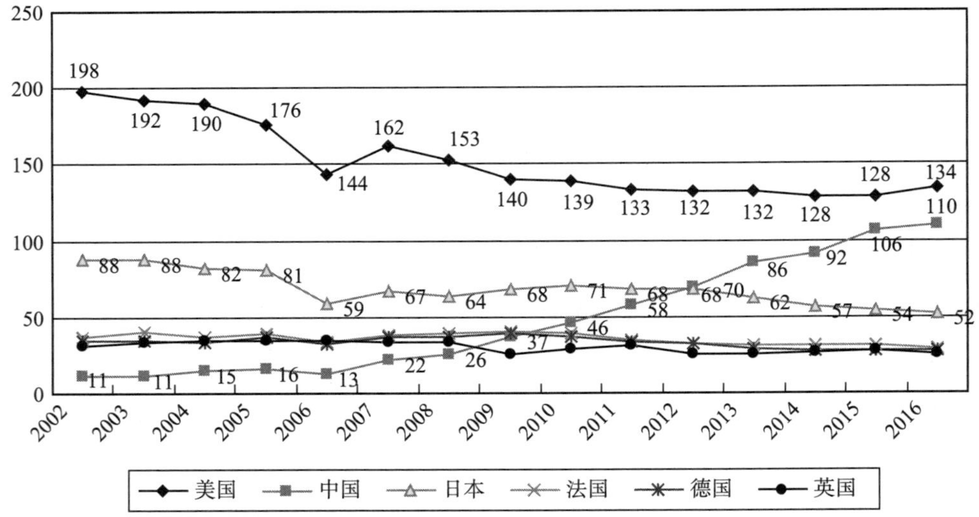

图 6-1 2002—2016 世界 500 强中主要经济体上榜企业数量变化趋势

2016 世界 500 强共有 33 家公司首次上榜或重新上榜，换榜企业数量比上年增加了 10 家，其中 13 家中国公司再次或首次上榜，12 家来自中国内地，1 家来自中国香港；包括电子商务公司京东、家电巨头美的集团、食品企业万洲国际以及三大房地产公司：万科、大连万达、恒大，中国公司占新进榜企业数量的 39.39%。中国大企业已经连续多年成为世界 500 强新进企业最重要的培育摇篮。

(二) 中国企业在榜单中的排名发生较大变化

国家电网首次超过两桶油成为中国营业收入最多的企业。2015 年国家电网实现营业收入 3296 亿美元，跻身 2016 世界 500 强榜单第二位，仅次于跨国零售巨头沃尔玛。中国石油、中国石化 2015 年营业收入分别为 2992.71 亿美元、2943.44 亿美元，分居 2016 世界 500 强第三位、第四位。这也是世界 500 强中首次有 3 家中国企业进入前五名，也是中国石油、中国石化连续第三年共同跻身世界 500 强前五。2016 世界 500 强榜单中前 50 强的中国企业共有 12 家，比上一年增加了 3 家；其中内地企业 11 家，分别是：国家电网（第 2 位）、中石油（第 3 位）、中石化（第 4 位）、工商银行（第 15 位）、建设银行（第 22 位）、中国建筑（第 27 位）、中国农业银行（第 29 位）、中国银行（第 35 位）、平安保险（第 41 位）、中国移动（第 45 位）和上汽集团（第 46 位）。中国内地企业进入前 50 和前 100 强的数量再次创下了《财富》杂志发布世界 500 强排行榜以来中国内地企业最好入围成绩。

榜单中的中国企业排名整体上升。110 家上榜中国企业中，除 13 家新进榜企业外，有 73 家中国企业排名上升，平均上升了 43.10 个名次；只有 24 家企业排名下降，平均下降 48.21 个名次；上榜中国企业中排名上升的企业明显多于排名下降的企业。97 家连续上榜企业的上年排名均值为 253. 14，今年排名均值为 232. 64，上升了 20. 50。升幅榜方面，中粮集团由去年的第 272 位大幅上升至 121 位，提升了 151 位；华信能源、海航集团、光大集团排名上升超过 100 位，华为由 228 位上升至 129 位（参见表 6-1）。降幅榜方面，中国航空油料集团公司、台湾中油股份有限公司、中国五矿集团公司的排名均下降了 100 多位，首钢集团排名下降了 87 位（参见表 6-2）。

表 6-1 2016 世界 500 强中国企业排名上升前 10 位

2016 排名	2015 排名	企业名称	总部驻地	名次变动
121	272	中粮集团有限公司	北京	151
229	342	中国华信能源有限公司	上海	113
353	464	海航集团	海口	111
313	420	中国光大集团	北京	107
129	228	华为投资控股有限公司	深圳	99
259	355	和硕	台北	96
344	437	中国航天科技集团公司	北京	93
281	371	中国船舶重工集团公司	北京	90
309	391	中国能源建设集团有限公司	北京	82
251	328	中国太平洋保险（集团）股份有限公司	上海	77

表 6-2 2016 世界 500 强中国企业排名下降前 10 位

2016 排名	2015 排名	企业名称	总部驻地	名次变动
484	321	中国航空油料集团公司	北京	-163
443	316	台湾中油股份有限公司	台北	-127
323	198	中国五矿集团公司	北京	-125
489	402	首钢集团	北京	-87
270	196	神华集团	北京	-74
337	264	山西焦煤集团有限责任公司	太原	-73
327	270	中国建筑材料集团有限公司	北京	-57
275	218	宝钢集团有限公司	上海	-57

续表

2016 排名	2015 排名	企业名称	总部驻地	名次变动
426	373	山东能源集团有限公司	济南	-53
311	258	绿地控股集团有限公司	上海	-53

（三）营业收入利润率持续小幅提升

虽然 2016 世界 500 强中中国企业上榜数量比上年增加了 4 家，但营业收入与利润在全部 500 强中的占比增加并不明显。全部 110 家中国企业共实现营业收入 61967.17 亿美元，实现利润 3460.03 亿美元，其中内地企业营业收入与利润分别为 57353.09 亿美元、3109.78 亿美元。中国上榜企业在世界 500 强营业收入与利润中的占比分别为 22.42%、23.36%，其中内地企业营业收入与利润中的占比分别为 20.75%、20.99%。虽然内地企业上榜数量比上年多了 5 家，但其营业收入与利润中的占比分别只上升了 1.67 个百分点、0.16 个百分点。从绝对值看，随着中国内地上榜企业数量的增加，营业收入与利润不升反降，2016 世界 500 强中中国内地企业的营业收入、利润分别比上年减少了 3.91%、2.56%。只是由于内地企业营业收入与利润降幅小于其他国家与地区企业，所以才使得其在世界 500 强中的占比略有上升。

中国内地企业营业收入利润率连续三年实现了小幅提升，但与美国上榜企业营业收入利润率之间的差距有所扩大。2016 世界 500 强中中国内地企业的营业收入利润率为 5.42%，与上年相比略微提升了 0.07 个百分点，与 2014 年相比提升了 0.13 个百分点，总体上连续三年保持了稳定改善的趋势；而同期世界 500 强作为一个整体，其营业收入利润率呈现持续下降趋势，2014 世界 500 强营业收入利润率为 6.30%，上年下降为 5.34%，2016 年进一步降至 5.29%。2015 世界 500 强中的中国内地企业营业收入利润率微幅超出世界 500 强总体水平 0.01 个百分点，2015 年这一优势进一步扩大至 0.13 个百分点。从国别比较角度看，中国上榜企业营业收入利润率与美国上榜企业之间差距在 2016 年有所扩大，美国上榜企业的营业收入利润率从 7.62% 升至 8.05%；二者之间差距从上年的 2.27 个百分点扩大至 2.63 个百分点（参见表 6-3）。但与日本、法国、德国与英国相比，随着中国上榜企业的营业收入利润率水平的小幅提升，中国企业的领先优势进一步扩大。

表 6-3　2014—2016 世界 500 强主要经济体营业收入利润率

	2016 营收利润率	2015 营收利润率	2014 营收利润率
中国内地	5.42%	5.35%	5.29%
500 强总体	5.29%	5.34%	6.30%
美国	8.05%	7.62%	9.33%

续表

	2016 营收利润率	2015 营收利润率	2014 营收利润率
日本	3.96%	4.09%	4.49%
法国	3.41%	3.43%	2.45%
德国	2.69%	4.04%	3.40%
英国	2.78%	2.82%	10.20%

（四）民营企业与新业态企业呈现新亮点

中国民营企业进入世界500强的数量继续增长，经营表现总体好于国有企业。2016世界500强中，来自内地的民营企业已经有16家，比上年多了5家；分别是万科企业股份有限公司、京东、大连万达集团、美的集团股份有限公司、恒大集团（参见表6-4）。这是中国民营企业新进榜世界500强最多的一年。其中万科企业股份有限公司、京东、大连万达集团虽然是第一次上榜，但均进入了前400名，分别位居第356、366、385位。有两家中国民营企业跻身2016世界500强前100名，其中中国平安保险（集团）股份有限公司继去年挤进前100后，2016年更是跃升至第41位，进入前50强之列。另外值得赞许的是，11家连续上榜的中国民营企业中，除沙钢集团名次下降了40名外，其他10家企业的排名均实现了上升；升幅最大的是中国华信能源有限公司，排名跃升了113位，其后分别是海航集团、华为投资控股有限公司，名次分别提升了111位和99位。从企业数量占比看，2015世界500强中国企业中，民营企业11家，占全部内地企业的11.70%；2016世界500强中国企业中，民营企业为16家，占全部99家内地企业的16.16%，民营企业占比提高了4.52个百分点。

表 6-4 2016 世界 500 强中国民营企业上榜情况

排名	上年排名	企业名称	营业收入	总部驻地
41	96	中国平安保险（集团）股份有限公司	110307.9	深圳
99	156	太平洋建设集团	73046.9	南京
129	228	华为投资控股有限公司	62855.4	深圳
163	234	山东魏桥创业集团有限公司	53026.1	滨州
190	247	正威国际集团	47795.1	深圳
202	231	联想集团	44912.1	北京
221	281	中国民生银行	42449	北京
229	342	中国华信能源有限公司	41845	上海

续表

排名	上年排名	企业名称	营业收入	总部驻地
314	274	江苏沙钢集团	32751.4	张家港
353	464	海航集团	29562.1	海口
356	—	万科企业股份有限公司	29329.3	深圳
366	—	京东	28847.1	北京
385	—	大连万达集团	27376.9	北京
410	477	浙江吉利控股集团	26303.8	杭州
481	—	美的集团股份有限公司	22173.5	佛山
496	—	恒大集团	21184.2	广州

中国民营科技企业稳步增长。华为是榜单中为数不多的中国优秀民营科技类企业。华为2015年营业收入达到628.55亿美元，排名全球129位，比2015年的228位提升将近百名；盈利达到58.73亿美元，位居全球第81名。自2010年首次入围世界500强之后，华为连续6年排名不断攀升，已经累计提升了268个名次（参见图6-2）。

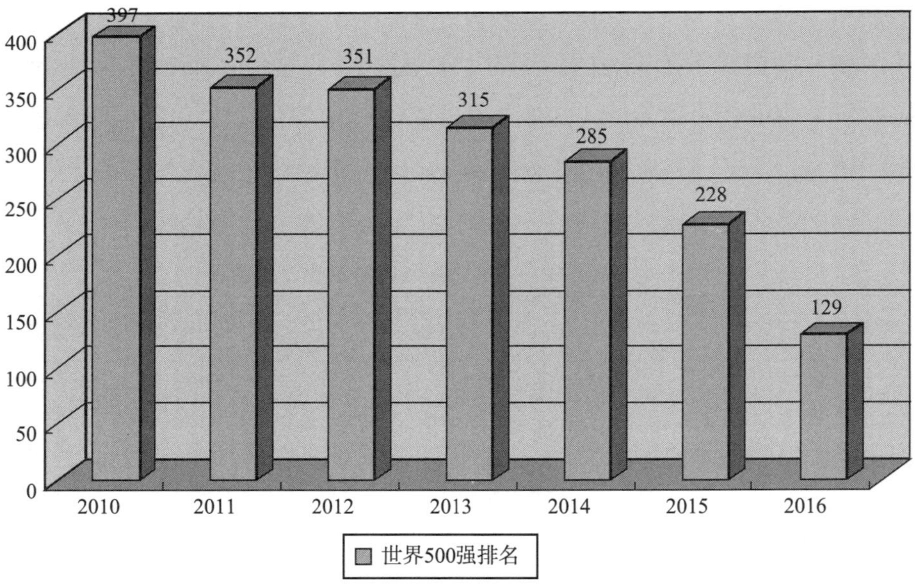

图6-2 历年来华为在世界500强榜单中的排名变化

首次有中国新业态企业企业进入世界500强。多年来，京东长期保持着远高于行业平均增速的高增长态势，营业收入从2004年的仅仅上千万元猛增至2015年的288.47亿美元；作为中国优秀民营互联网企业的代表，京东成功跨过世界500强门槛，首次上榜即位列第366位，成为中国首家且惟一入选世界500强的互联网企业，一举打破中国互联网企业长期缺位世界500强榜单的局面。不过美中不足的是，京东集团依然巨亏14.92亿美元，是中国企业中仅次于五矿的第二大亏损户。

（五）中国上榜企业总部主要集中在京粤沪

北京已经连续四年在入围世界500强企业数量城市排名中位居全球城市之首。110家进入2016世界500强的中国企业中，有58家企业的总部在北京，比去年增加了6家，占世界500强的11.60%，占中国入围企业数量的58.59%。上海有9家企业进入世界500强。广东有9家企业进入世界500强，分别来自深圳（5家）、广州（3家）、佛山（1家）。位居中部的山西有5家企业进入世界500强，这5家企业全部为能源型企业。西北地区门户陕西，有延长石油、陕西煤业化工进入世界500强，也都是能源型企业。其他省份进入世界500强的企业数量基本上都在1～2家，最多的不过2家。浙江、山东和江苏也都有2家企业进入2016世界500强；福建、海南、湖北、吉林、天津、江西都各自有1家企业进入2016世界500强。中国华润总公司、万洲国际有限公司仍视同为内地企业，因为其创立并发展自内地，主要业务与企业实体也都在内地，只是在发展过程中先后将总部迁往了香港。虽然近年来随着一些地方国有企业和民营企业的不断上榜，中国世界500强企业的区域分布已经有一定程度的分散化，但内地世界500强企业集中分布在东部沿海地区的格局并没有发生根本性转变；99家内地企业中，中部地区只有11家企业，1家企业来自东北地区，没有1家来自西部地区的企业，其他87家企业都来自东南沿海地区（参见表6-5）。

表6-5 2016世界500强中国企业总部所在地分布

总部驻地	企业数量（家）	总部驻地	企业数量（家）
北京	58	江苏南京	1
上海	9	江苏张家港	1
广东深圳	5	江西贵溪	1
广东广州	3	山东滨州	1
陕西西安	2	山东济南	1
浙江杭州	2	山西长治	1
福建福州	1	山西大同	1
广东佛山	1	山西晋城	1
海南海口	1	山西太原	1
河北石家庄	1	山西阳泉	1
河北邢台	1	天津	1
湖北武汉	1	内地迁香港	2
吉林长春	1		

（六）中国大企业发展面临的主要问题

中国企业尤其是内地企业的竞争力尚需进一步提升。2016 世界 500 强上榜公司的平均营业收入为 552.68 亿美元，平均利润 29.63 亿美元；上榜的中国企业平均营业收入和利润分别为 563.34 亿美元和 31.45 亿美元，略超过世界 500 强公司平均水平，其中 99 家内地企业平均营业收入为 579.32 亿美元，利润为 31.41 亿美元。尽管 2016 世界 500 强上榜中国企业在一些主要数据上达到甚至超过世界 500 强公司的平均水平。但是，与先进企业特别是与美国企业相比，上榜中国企业还存在差距。上榜美国公司平均营业收入为 631.87 亿美元，平均利润达到 50.87 亿美元，远远高于上榜中国企业。而且中国内地企业的利润主要是集中于 10 家银行。在汽车产业，上榜的中国企业中有 6 家汽车制造企业，即上汽、一汽、东风、北汽、广汽和吉利，一共盈利 113.55 亿美元；美国只有通用、福特与江森自控 3 家汽车企业上榜，但利润合计却有 186.23 亿美元，远高于中国 6 家汽车企业的利润总和。从中国上榜企业内部比较看，内地企业的平均营业收入、利润均高于台湾地区企业，内地企业平均营业收入高于香港企业，但平均利润低于香港企业。从营业收入利润率角度看，中国企业营业收入利润率为 5.58%，其中内地企业营业收入利润率为 5.42%，略好于世界 500 强整体水平的 5.36%，但远低于美国企业的 8.05%。台湾地区企业营业收入利润率也只有 5.43%，与内地企业相当，香港地区企业营业收入利润率为 12.10%，远高于内地企业。

中国面临产业转型升级的严峻挑战。从上榜企业行业结构看，中美两国行业结构存在显著差异。美国 134 家企业涉及 46 个行业大类，且主要集中在金融保险、医疗保健与制药、食品生产与销售、高端制造等领域；中国内地 99 家企业涉及 30 个行业大类，主要集中在银行、采矿与原油、工程建筑、车辆与零部件、金属产品领域（参见表 6-6）。目前国内煤炭、钢铁、房地产等产业都面临着巨大的转型升级压力，中国经济的可持续发展也因此面临着严峻的产业转型升级的挑战。近年来，我国煤炭钢铁领域整体处于亏损或微利状态，这在很大程度上拉低了我国企业在世界 500 强中的盈利表现。食品行业、医疗保健行业未来市场巨大，但我国来自这些领域的企业只有万洲国际和中国医药集团，而美国上榜企业中有 12 家企业与食品行业相关，有 8 家来自医疗保健行业、5 家来自制药业。在今年新进 12 家内地上榜企业中，有 7 家来自制造业、5 家来自服务业，世界 500 强中中国企业的制造业地位有进一步加强的趋势，与全球经济服务化趋势不一致。

表 6-6　中美两国企业在 2016 世界 500 强的行业分布差异

所属行业	美国企业数量	中国企业数量	中美差异
半导体、电子元件	1	0	1
保健：保险和管理医保	6	0	-6
保健：医疗设施	2	0	-2
财产与意外保险（股份）	6	1	-5

续表

所属行业	美国企业数量	中国企业数量	中美差异
财产与意外保险（互助）	2	0	–2
采矿、原油生产	1	13	12
车辆与零部件	3	6	3
船务	0	1	1
多元化金融	4	1	–3
服装	1	0	–1
房地产	0	5	5
工程与建筑	0	9	9
工业机械	1	4	3
管道运输	3	0	–3
航空	3	1	–2
计算机、办公设备	3	1	–2
计算机软件	2	0	–2
家居、个人用品	1	0	–1
建筑和农业机械	2	0	–2
建材、玻璃	0	1	1
金属产品	1	7	6
炼油	6	2	–4
贸易	0	4	4
能源	0	5	5
批发：保健	3	0	–3
批发：电子、办公设备	4	0	–4
批发：食品	2	0	–2
人寿与健康保险（股份）	2	4	2
人寿与健康保险（互助）	4	0	–4
食品：饮食服务业	1	0	–1
食品店和杂货店	5	0	–5

续表

所属行业	美国企业数量	中国企业数量	中美差异
食品生产	4	0	-4
铁路运输	1	0	-1
信息技术服务	1	0	-1
饮料	1	0	-1
邮件、包裹及货物包装运输	3	1	-2
油气设备与服务	2	0	-2
娱乐	3	0	-3
制药	6	1	-5
专业零售	6	0	-6
综合商业	4	1	-3

中国内地企业减员增效压力较大。人员众多一直都是中国大企业的一个历史性的沉重负担，历次国有企业改革都试图减轻企业人员负担，但收效并不明显。2016 世界 500 强中 99 家中国内地企业的人均营业收入为 31. 85 万美元，比 500 强的总体水平低 10. 02 万美元，只相当于总体人均营业收入贡献的 76. 06%；与美、日、法、德英等主要经济体相比，人均营业收入贡献率也明显偏低，只相当于美国企业的 63. 48%、日本企业的 66. 66%、法国企业的 91. 60%、德国企业 84. 40%、英国企业的 72. 59%。中国内地企业人均利润为 1. 73 万美元，低于 500 强总体水平的 2. 24 万美元，更加远低于美国企业的 4. 04 万美元，也低于日本企业的 1. 89 万美元，但高于法、德、英三国企业人均利润（参见表 6-7）。改善中国企业的盈利水平，必须在供给侧加快改革步伐，提高供给侧包括劳动力在内的全要素生产率；但从当前企业过高的人员压力看，中国内地企业，尤其是国有企业的减员增效压力较为突出。

表 6-7　2016 世界 500 强主要经济体人均指标比较

总部所在国家	人均营收	人均利润	人均资产
中国	31. 85	1. 73	148. 20
美国	50. 17	4. 04	170. 49
日本	47. 78	1. 89	256. 15
法国	34. 77	1. 18	207. 98
德国	37. 73	1. 02	113. 26

续表

总部所在国家	人均营收	人均利润	人均资产
英国	43.88	1.22	364.67
500强总体	41.87	2.24	179.39

二、2016世界500强、美国500强基本情况分析

（一）2016世界500强简要分析

2016世界500强实现营业收入27.63万亿美元，实现净利润1.48万亿美元，资产总规模达到118.40万亿美元，所有者权益为15.40万亿美元，员工总数为655998918人。2016世界500强营业收入、利润分别比上年度大幅下降11.46%、11.16%。2016世界500强入围门槛为209.23亿美元，比上年大幅下降27.98亿美元。总体上看，在2015年，世界大企业整体出现了深度调整，而且盈利状况持续恶化。

1. 营业收入罕见大幅负增长

自2008年国际金融危机以来，世界500强营业收入第二次出现负增长。第一次是出现在2010世界500强，2008年爆发的国际金融危机对2009年全球大企业营业收入产生了显著影响，反映2009年经营业绩的2010世界500强营业收入下降了8.30%。但自此以后，世界500强营业收入一直维持着正增长趋势，只是增速逐渐降低。直至上年，营业收入增速降至0.49%。今年是世界500强营业收入自2008年国际金融危机以来第二次负增长，大幅下降了11.46%，降幅远超2010世界500强（参见图6-3）。从绝对值看，世界500强的营业收入已经衰退回到2012的水平，仅相当于2012世界500强的93.71%。

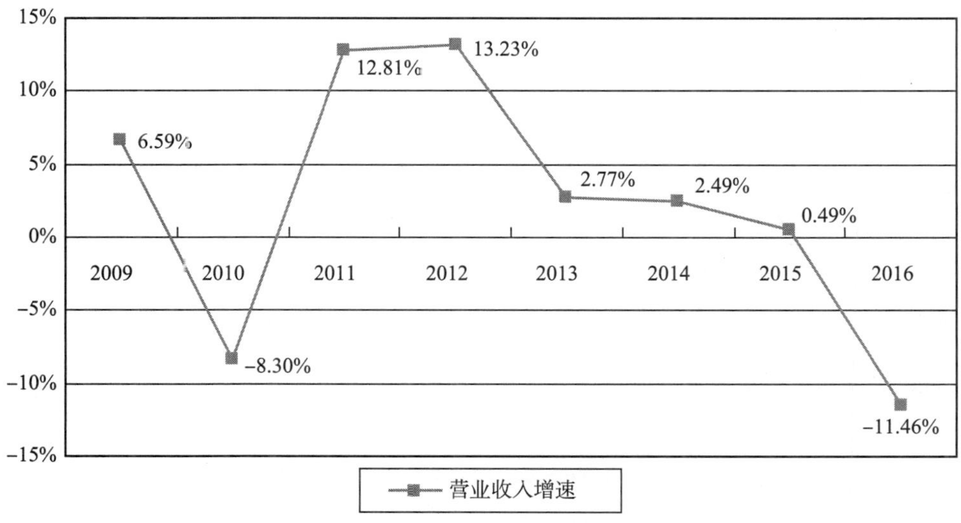

图6-3 2009—2016世界500强营业收入增速

从具体企业情况看，2016 世界 500 强中有 356 家企业的营业收入同比减少。减少最多的是英杰华集团，营业收入大幅减少了 49.4%，几近腰斩；奥地利石油天然气集团、平原 GP 控股公司、宏利金融、康菲石油公司、企业产品合作公司、俄罗斯石油公司、菲利普斯 66 公司、印尼国家石油公司 8 家企业的营业收入降幅也都在40%以上。营业收入同比增长的企业只有134 家，增幅超过30%的只有 13 家。与 2010 世界 500 强营业收入负增长所不同的是，上一次营业收入负增长是由于全球经济衰退；而这一次的全球经济环境显然要好于 2009 年，全球经济整体上也在缓慢复苏之中，但由于大宗商品价格持续大幅走低，使得能源与矿产类企业的营业收入大幅下降，与之相关联的下游产品价格同步走低，大宗商品价格走势应该是造成 2015 年世界大企业营业收入大幅降低的主要原因。其实这一影响在上年 500 强中就已经有了突出反映，只是今年的影响更为显著而已。

2. 净利润连续两年显著下降

2008 年以来，世界 500 强净利润总体上呈宽幅波动态势，经济复苏的不确定性在世界大企业经营绩效层面反映非常显著。受 2008 年国际金融危机影响，2009 世界 500 强净利润与上年相比大幅下滑了 48.27%；随后两年，随着经济从重挫中的逐步复苏，世界 500 强赢利能力也明显复苏，2010 世界 500 强净利润比上年增长了 16.84%，2011 世界 500 强净利润更是比上年大幅增长了 58.58%。但接下来盈利增速开始下滑，2012 世界 500 强净利润仅增长了 7.03%，增幅明显放缓；2013 世界 500 强净利润不增反降，减少了 5.47%。2014 世界 500 强赢利再次好转，增长了 26.96%，但这一次的盈利反转好景不长，2015 世界 500 强净利润再次负增长 14.76%。2016 世界 500 强净利润维持了上一年变动趋势，在去年净利润减少 14.76% 的基础上，再次下降了 11.16%（参见图 6-4）。这是近 10 年来世界 500 强净利润唯一一次连续两年减少。从净利润总量看，2016 世界 500 强 1.48 万亿美元的净利润，是 2008 年以来世界 500 强净利润的第三低值，只高于 2009 世界 500 强和 2010 世界 500 强的净利润，低于 2008 世界 500 强，也低于 2011—2015 世界 500 强的净利润。

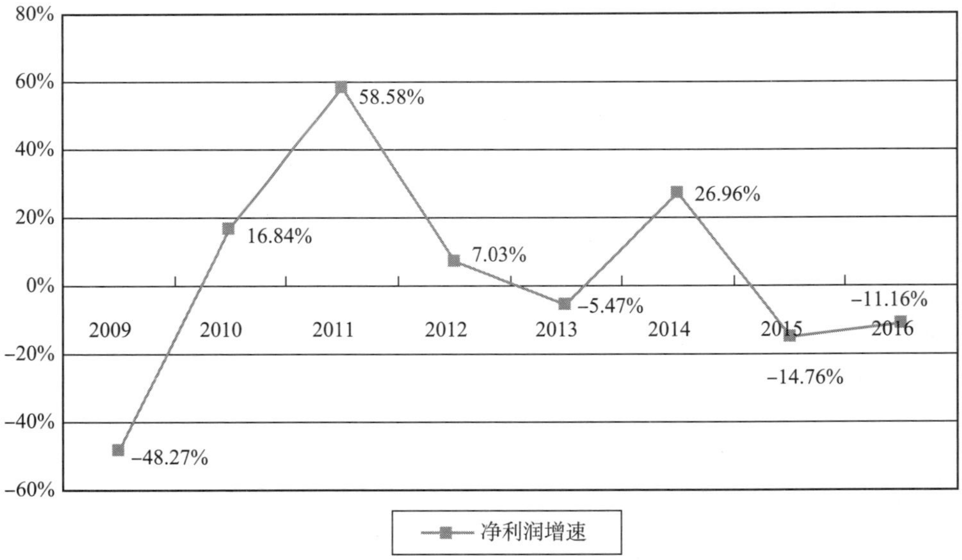

图 6-4 2009—2016 世界 500 强净利润增速

从具体企业层面看，2016 世界 500 强中共有 65 家企业发生不同程度亏损，亏损面为 13.00%，亏损企业比上年增加了11家；65家企业合计亏损1841.45亿美元，亏损额比上年增加了924.64亿美元，亏损企业平均亏损金额为28.33亿美元，比上年企均亏损增加了11.35亿美元。亏损最多的企业是墨西哥石油公司，巨亏449.04亿美元，连续两年排在世界500强亏损榜第一位；其次是巴西淡水河谷，亏损了121.29亿美元；埃尼石油公司排在亏损榜第三位，巨亏97.43亿美元。而在2015世界500强中，只有墨西哥石油公司1家企业亏损额超过100亿美元。2016世界500强企业亏损面进一步扩大，企业亏损程度明显加深。在447家提供了可比净利润增速数据的企业中，有236家企业的净利润发生不同程度下降，211家企业净利润有不同程度增长。在净利润负增长的企业中，有多达99家企业的净利润比上年同比减少了30%以上，减少100%以上的企业有36家；净利润增长30%以上的企业有93家，增长100%以上的企业有43家。

3. 企业盈利能力指标总体上有所下降

2016世界500强营业收入利润率、资产利润率、净资产利润率分别为5.36%、1.25%和9.62%，除营业收入利润率比上年略微提高了0.02个百分点外，资产利润率、净资产利润率分别比上年降低了0.1个百分点、1.29个百分点。与2014世界500强相比，2016世界500强营业收入利润率、资产利润率、净资产利润率分别降低了0.94个百分点、0.34个百分点和3.00个百分点，盈利能力整体下降非常明显（参见表6-8）。从个体企业看，墨西哥石油公司的营收利润率最低，为-61.08%，每实现1美元收入，发生0.61美元的亏损，企业经营已经处于十分困难的境地。巴西淡水河谷的营业收入利润率为-47.36%，与墨西哥石油公司遭遇的经营困难不相上下。从区间分布看，由于2016世界500强营收利润率与上年基本持平，因此区间分布也相差不大（参见图6-5）。在净资产利润率方面，东芝的净资产利润率最低，为-130.94%；能量转移股权公司的净资产利润率排在倒数第二位，为-127.58%；有24家企业的净资产收益在-10%以下；2016世界500强中，净资产利润率低于10%的企业有238家。从行业分布看，64家净资产利润率为负的企业中，有14家是采矿与原油生产企业、10家炼油企业、2家能源企业，这些企业的亏损，其主要原因都是由于国际原油价格的持续大幅下降；此外，还有6家金属制品企业，这也和近年来国际金属产品价格持续走低有关。受全球经济不景气影响，有5家商业储蓄银行在去年也发生了经营亏损。从人均净利润看，近三年来世界500强的总体人均净利润也呈明显下降趋势；2016世界500强人均净利润为2.24万美元，比2015世界500强人均水平低0.32万美元，比2014世界500强人均水平低0.75万美元（参见表6-8）。

表6-8 2014—2016世界500强主要利润指标

	营收利润率	资产利润率	净资产利润率	人均利润（万美元）
2014	6.30%	1.59%	12.62%	2.99
2015	5.34%	1.35%	10.91%	2.56
2016	5.36%	1.25%	9.62%	2.24

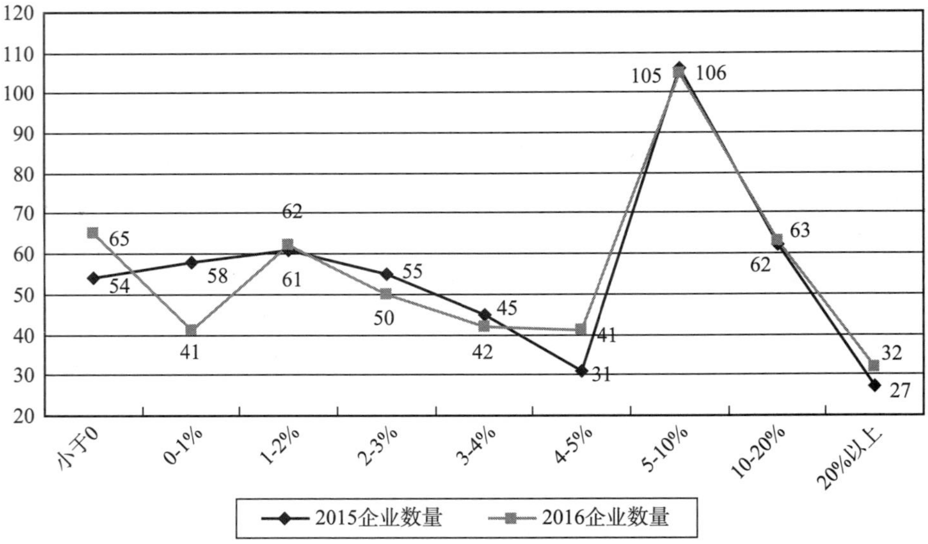

图 6-5　2015、2016 世界 500 强营业收入利润率区间分布

4. 上榜企业产业结构有所优化

2016 世界 500 强共涉及到 53 个行业大类，比 2015 世界 500 强行业大类少了 10 个，和 2014 世界 500 强的行业大类数相同。2015 世界 500 强行业大类的增加，基本上都是由于对原有行业进行拆分的结果，今年榜单则相反，一些去年被拆分开来的行业又被重新归并整理：如专业零售商与服装专业零售商、其他专业零售商进行了合并，统一为专业零售商；银行与商业储蓄银行重新合并到了一起。此外，今年榜单消失的行业还有包装与容器、保健：药品和其他服务、纺织、公用事业：天然气和电力、计算机周边产品、旅游服务、烟草 7 个行业大类。

总体上看，行业上榜企业数量变动较明显；与原油生产与炼油有关的 14 家企业退出了榜单，而高端装备制造领域如航天与防务、工业机械、制药领域 9 家企业上榜，世界 500 强的产业结构有所优化。有 21 个大类上榜企业数量有不同程度增加；21 个行业大类企业数量维持不变；18 个行业上榜企业数量有不同程度减少，其中 7 个为今年榜单无企业上榜的行业。上榜企业数量没有变化的 21 个行业大类是：半导体与电子元件、财产与意外保险（股份）、财产与意外保险（互助）、车辆与零部件、船务、电子与电气设备、服装、工程与建筑、公用设施、管道运输、建筑和农业机械、贸易、人寿与健康保险（互助）、食品：消费产品、食品：饮食服务业、食品店和杂货店、食品生产、铁路运输、信息技术服务、饮料、综合商业。航天与防务增加了 4 家企业，专业零售、制药、房地产均增加了 3 家企业，工业机械增加了 2 家企业；其他增加了 5 家；保健：保险和管理医保、保健：医疗设施、多元化金融、雇佣帮助、航空、计算机与办公设备、计算机软件、家居与个人用品、建材与玻璃、批发：保健、批发：电子与办公设备、批发：食品、批发商：多元化、人寿与健康保险（股份）、网络服务和零售 15 个行业企业数量增加了 1 家。采矿与原油生产、炼油各自减少了 6 家企业，公用事业：天然气和电力减少了 4 家企业，金属产品减少了 3 家企业，能源、银行：商业储蓄各自减少了 2 家企业；包装与容器、保健：药品和其他服务、电信、纺织、化学品、计算机周边产品、旅游服务、网络与通讯设备、烟草、邮件与包裹及货物包装运输、油气设备与服务、娱乐 12 个行业上榜企业数量均减少了1家。

5. 金砖四国盈利能力整体相对改善

2016世界500强企业来自32个国家，比2015年500强少了3个国家，2015年南美洲的智利、委内瑞拉、哥伦比亚各有1家企业上榜，但2016年均退出了榜单。世界6大洲中除了非洲之外，均有企业上榜，但在统计上，将澳大利亚企业作为亚洲企业统计，南北美洲企业作为美洲企业统一进行统计。亚洲14国有201家企业进入2016世界500强，与2015年持平；美洲只有4国企业上榜，但上榜企业数量比上年增加了2家；欧洲上榜企业数量为145家，比上年减少了2家。金砖四国作为一个整体，有125家企业上榜2016世界500强，比上年增加了4家。

从各反映盈利能力的指标看，金砖四国企业除营收利润率比上年提升了0.20个百分点外，其他指标均有不同程度下降；但从横向比较看，金砖四国企业盈利能力总体上好于2016世界500强的整体水平，与2015世界500强中金砖四国企业营收利润率、资产利润率、净资产利润率、人均净利润均低于世界500强整体水平相比，在各国企业主要盈利指标不同程度恶化的情况下，金砖四国企业盈利能力相对有所改善。金砖四国企业营收利润率、资产利润率、净资产利润率均高于世界500强整体水平，也均高于亚洲企业和欧洲企业整体水平，但低于美洲企业整体水平。金砖四国营收利润率为5.37%，比世界500强整体水平略高0.01个百分点，比亚洲企业、欧洲企业整体水平分别高0.08个百分点、2.01个百分点，但比美洲企业低1.86个百分点；资产利润率为1.26%，比世界500强整体水平略高0.01个百分点，比亚洲企业、欧洲企业整体水平分别高0.06个百分点、0.57个百分点，但比美洲企业低0.71个百分点；净资产利润率为9.80%，比世界500强整体水平略高0.18个百分点，比亚洲企业、欧洲企业整体水平分别高0.04个百分点、4.08个百分点，但比美洲企业低3.21个百分点。在人均净利润方面，金砖四国企业人均净利润为1.69万美元，比世界500强整体的人均净利润低0.55万美元，比亚洲企业、美洲企业整体水平分别低0.30万美元、1.84万美元，仅高于欧洲企业净利润人均水平（参见表6-9）。

表6-9 金砖四国与其他区域企业主要盈利指标比较

2016	营收利润率	资产利润率	净资产利润率	人均利润（万美元）
亚洲	5.29%	1.20%	9.76%	1.96
欧洲	3.36%	0.69%	5.72%	1.39
美洲	7.13%	1.97%	13.01%	3.53
金砖四国	5.37%	1.26%	9.80%	1.69
500强总体	5.36%	1.25%	9.62%	2.24

（二）2016美国500强基本情况分析

北京时间2016年6月6日，《财富》杂志公布了2016美国500强榜单。这是《财富》杂志自

1955 年以来连续 61 年发布美国 500 强榜单。尽管美国经济整体上实现了复苏，全年 GDP 增长了 2.4%；但 2016 美国 500 强企业在 2015 年实现的营业收入为 12 万亿美元，与 2014 年相比减少了 4.22%，全部 500 家上榜公司的总收入相当于 2015 年美国 GDP 的 67.32%，比上年下降了 4.58 个百分点。2016 美国 500 强营业收入与美国经济变动趋势的不一致，一方面是由于美国 500 强基本上都是大型跨国公司，国际化指数较高，企业营业收入中很大一部分都来自于国际市场，营业收入的变化同时受美国国内市场与国际市场影响；另一方面可能表明美国经济的复苏动力，更多来自美国中小企业。受大企业营业收入整体下滑影响，2016 美国 500 强入围门槛为 51.30 亿美元，比上年下降了 0.60 亿美元。盈利能力方面，2016 美国 500 强企业实现归属母公司的净利润 8396.02 亿美元，在上年大幅下滑的基础上再次下滑了 11.11%，企业盈利能力进一步下降；以归属母公司净利润计算的营业收入利润率为 7.00%，比上年下降了 0.54 个百分点。总体上看，与我国大企业相比，美国 500 强企业在 2015 年仍然维持着较高的盈利水平，但美国 500 强企业自 2008 年国际金融危机以来的盈利复苏进程再次被打断，盈利水平连续两年下滑。

1. 2010 年以来营业收入首次出现负增长

营业收入指标是确定美国 500 强排名的关键指标，也是衡量美国 500 强企业经营能力变化的关键指标。受美国次贷危机与国际金融危机影响，2009 年美国企业的经营形势明显恶化，企业营业收入减少，2010 美国 500 强实现营业收入 9.76 万亿美元，与上年相比减少了 8.65%，创下了 2000 年以来美国 500 强营业收入最大降幅。随后几年中随着美国经济的逐渐企稳复苏，美国 500 强营业收入出现恢复性增长。2011 美国 500 强营业收入增长 10.46%，达到近十年来营业收入增速峰值，此后增速逐年下降，但均维持小幅增长态势。2016 美国 500 强营业收入与上年相比下降了 4.22%，是 2010 年以来美国 500 强营业收入首次出现负增长，也是 2000 年以来的第三次负增长。美国 500 强营业收入变化情况（参见图 6-6）呈现出一定的周期性规律。总体上看，2003 年以来美国 500 强营业收入增速经历了两个周期性变化，每一次负增长后都会迎来一个 5—6 年的正增长。但这一周期性规律是否成立，还有待放在更长时间段进行观察验证。

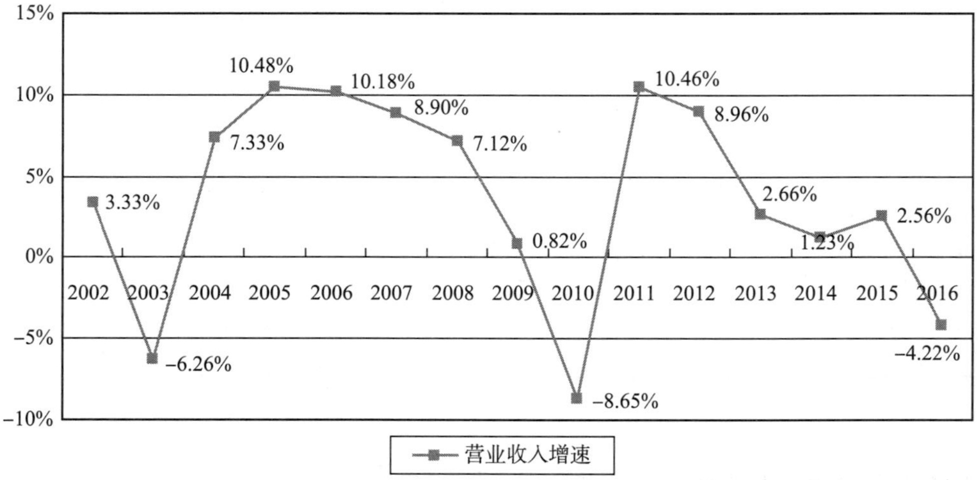

图 6-6　2002 年以来美国 500 强营业收入增速变化趋势

从企业层面看，全部500家美国大企业中，除3家新进榜企业没有提供上年度营业收入数据外，有258家企业营业收入出现不同程度减少，只有239家企业的营业收入与上年度相比有不同程度增长（参见表6-10）。其中WEC能源集团公司、AECOM公司两家新进榜企业营业收入分别增长223.5%、115.3%，高居营业收入增幅榜前两位。营业收入减少最多的是炼油企业美国阿美拉达赫斯公司，与上年度相比营业收入骤降了68.7%；紧接其后的是马拉松石油公司、阿纳达科石油公司、阿帕奇公司、EOG资源公司和美国西方石油公司，这五家采矿与原油生产企业的营业收入均减少了50%以上。与之相对应，这些企业的排名均出现大幅下降，降幅都在110名以上，美国阿美拉达赫斯公司更是从141位直降253名，2016年仅在榜单中排名394位。在营业收入减少20%以上的44家美国大企业中，采矿与原油生产类企业有10家，炼油类企业有11家，占了将近一半。

表6-10 2016美国500强企业营业收入增速区间分布

变化程度	1~10倍	50%~100%	20%~50%	10%~20%	5%~10%
企业数量	2	3	28	35	60
变化程度	0~5%	减少5%以内	减少5%~10%	减少10%~20%	减少20%~100%
企业数量	111	107	55	52	44

2. 盈利水平再次连续两年下滑

与营业收入相比，美国500强盈利水平的波动更为明显。自2000年以来，美国500强的盈利水平已经先后出现过三次负增长，而且均是连续两年的大幅负增长。2002美国500强和2003美国500强净利润的降幅都在50%以上；2008美国500强净利润减少了将近18%，2009美国500强净利润更是大幅减少了将近85%；2015美国500强和2016美国500强净利润降幅分别为12.57%、11.11%（参见图6-7）。与前两次相比，这一次的净利润降幅要小得多。从行业角度看，采矿与原油生产、金属产品、油气设备与服务居于行业利润跌幅榜前三位，净利润与上一年度相比均减少了100%以上，由盈利转为亏损，其中采矿与原油生产行业13家企业合计巨额亏损884.55亿美元。此外，能源行业也陷入了整体亏损，全行业5家企业合计亏损117.79亿美元。

2016美国500强的主要收益率指标都出现了不同程度的下降。与盈利水平连续下滑相对应的是，2016美国500强的营业收入利润率也再次出现连续下降情形。不过与盈利增速巨幅波动相比，营业收入利润率的变化要小得多。2009美国500强的营业收入利润为最近十多年来的最低水平，仅有0.93%。虽然最近两年美国500强盈利能力连续下降，但营业收入利润率仍保持在7%以上（参见图6-7）。这一盈利水平尽管与2014美国500强9%的营业收入利润率相比已经有一定幅度下降，但无论是与自身做纵向比较，还是与其他国家大企业盈利水平相比，都仍处于较好水平。从资产收益角度看，2016美国500强的总资产利润率、净资产利润率分别为2.18%、12.69%，分别比上一年度下降了0.30个百分点和1.64个百分点。2016美国500强的人均净利润贡献为3.02万美元，比上一年度减少了0.54万美元。

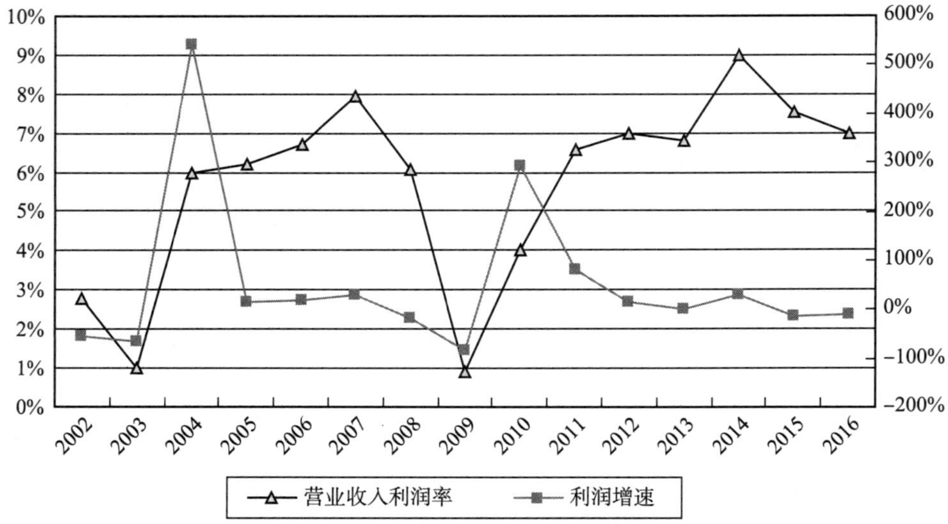

图 6-7 2002—2016 美国 500 强盈利水平变化趋势

从具体企业盈利数据看，2016 美国企业 500 强中有 55 家企业出现不同亏损，这一数量与上一年度的 38 家相比有明显增加，这也是近几年来美国 500 强上榜企业中亏损企业数量最多的一年。其中未来能源控股公司、博地能源公司、雅芳产品公司、西尔斯控股公司等 11 家公司已经是连续四年发生亏损，而且亏损金额有持续扩大趋势；这些连续亏损企业的存续发展将面临严峻挑战。从利润变化角度看，有 241 家企业与上年相比利润减少，249 家企业利润增加，10 家企业没有提供上一年度利润数据；但利润减少 20% 以上的企业比利润增加 20% 的企业多 16 家（参见表 6-11）。NRG 能源公司、农民保险交易所公司、美国钢铁公司、美国西方石油公司、泰尼特保健公司的利润降幅位居前五位，均比上一年度下降 1000% 以上，均由盈利转为亏损。利润增幅最大的是 HD 供应控股公司，利润增长了将近 490 倍，但其净利润额只有 14.72 亿美元，对 500 强总体利润变化的影响几乎可以忽略不计。

表 6-11 2016 美国 500 强企业净利润增速区间分布

变化程度	企业数量	变化程度	企业数量
100 倍以上	1	0～5%	33
10 倍以上	3	减少 5% 以内	35
1～10 倍	40	减少 5%～10%	27
50%～100%	22	减少 10%～20%	33
20%～50%	64	减少 20%～100%	108
10%～20%	59	减少 100% 以上	38
5%～10%	27	无数据	10

2016美国500强亏损企业数量与企均亏损金额均显著增加。55家亏损企业合计亏损额为1316.70亿美元，与上一年度美国500强38家亏损企业的亏损金额314.96亿美元相比，亏损总金额增加了1001.74亿美元。55家亏损企业平均每家亏损额为23.94亿美元，与上年企均亏损额相比增加了15.66亿美元。从企业具体亏损金额看，阿帕奇、切萨皮克能源公司、戴文能源公司、Freeport-McMoRan公司、美国西方石油公司位居企业亏损额前五位，分别亏损了231.19亿美元、146.85亿美元、144.54亿美元、122.36亿美元和78.29亿美元；此外，阿纳达科石油公司等15家企业的亏损额也超过了10亿美元。

3. 一些知名大企业退出榜单

与前些年相比，2016美国500强的变化较大。2012—2015美国500强换榜企业数量分别为27家、6家、30家、26家；2016美国500强中有35家企业换榜，这一换榜企业数量创下近年来的新高。与以往不同的是，2016美国500强榜单中，一些全球知名的美国大企业没有进入榜单；如在2015美国500强中居于前200名的谷歌、美国西夫韦公司、美国直播电视集团、美国食品公司、卡夫食品、天合汽车集团均未出现在2016年的榜单中。这些企业的落选，可能并非源自企业营业收入的下降，或许是企业并购重组与名称变更的结果。如原美国食品公司的名称变更为美国食品控股公司，Alphabet公司由谷歌分立并接收了谷歌公司的原有主要业务。35家新进企业中，除Alphabet公司、美国食品控股公司以外的其他33家新进企业共涉及25个不同行业，多元化批发商、财产与意外保险行业分别有3家企业新晋上榜；医疗器材和设备、金融数据服务、电信、保健医疗设施、包装与容器行业分别有2家企业新晋上榜。从行业上榜企业数量看，在全部71个行业中，有31个行业上榜企业数量发生了变动，但变动都不大，增减数量都是1家或2家。

从企业所公布的营业收入增长数据看，按照2015美国500强51.90亿美元的入围门槛推算，性能食品集团、赫兹全球控股公司、尤尼威尔公司、公民金融集团、西岩公司、Essendant公司和LifePoint Health公司都可以上榜。其中高居251位的西岩公司，则是在2015年由美国位居第二、第三的两家大型龙头包装企业MeadWestvaco和Rock-Tenn合并组建，合并后的西岩公司在北美、南美、欧洲、亚太拥有275家生产基地和遍布全球的运营中心、实验室、销售网点，2015年实现营业收入113.81亿美元。其他真正由于部分大企业落榜以及自身营业收入增加而迈过2016美国500强入围门槛而上榜的企业，包括标准普尔全球公司等公司；其中XPO物流公司营业收入突增223.5%，从上一年的23.56亿美元跃升至76.23亿美元，一举跃居2016美国500强第353位。此外，贝宝控股、Veritiv公司、Baxalta公司没有提供可比较的销售数据，但从公司运营状况看，其上榜应是来自营业收入的快速增长。

4. 大企业服务化趋势持续深化

尽管金融危机以来，为走出经济困境，美国政府一直都高度重视制造业的振兴发展，而且也出台了一系列推动本国高端制造业发展、吸引制造业回归的政策举措，也在事实上促进了一些制造企业向美国的回流，但在美国500强层面，似乎并没有体现出制造业回归的迹象；相反，美国500强的服务化趋势在持续深化，服务业的贡献不断增加，地位日益突出。

从最近三年的数据看，2014美国500强中，制造业企业数量为182家，营业收入与净利润在全部500强中的占比分别为37.74%、37.36%；2016美国500强中，制造业企业数量减少至177家，在全部500强中的营业收入占比下降至33.12%，净利润占比则增长为44.67%。这一变化表明，虽然美国制造业可能尚难言复苏，但其盈利能力确实有了显著改善，发展质量明显提升（参见图6-8）。与此同时，2014美国500强中服务业企业数量为258家，营业收入与净利润在全部500强中的占比分别为56.30%、57.22%；2016美国500强中，服务业企业数量则增至268家，营业收入与净利润在全部500强中的占比分别为61.23%、63.20%。无论是上榜企业数量，还是企业营业收入与净利润总额，服务业在美国500强中的占比都在持续上升，美国500强日益成为一个以服务业为主体的大企业俱乐部。

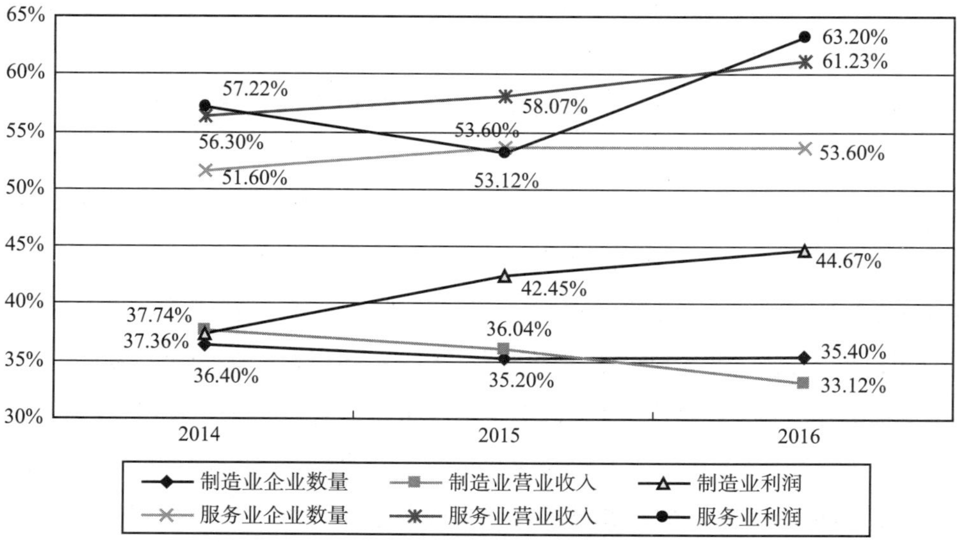

图6-8　2014—2016美国500强制造业、服务业对比

从新进榜企业看，服务业在其中也占了主导地位，正是持续增加的服务业企业新鲜血液，进一步强化了美国500强总体的服务化特征。在全部35家新进企业中，服务业企业有20家，制造业企业只有12家，服务业比制造业多了8家。在新进榜的20家服务业企业中，金融、保险、通讯、网络服务、物流等现代服务业企业为12家，占62.00%，进一步提升了美国500强中现代服务业的比重。

此外，制造业服务化已经成为当今制造业发展不可逆转的重要趋势，欧美发达国家通过制造业服务化实现了制造业的转型和升级，强化了世界制造强国地位。在美国，制造与服务融合型企业已经占制造企业总数的58%。美国通用电气"技术+管理+服务"模式创造的产值已经占到企业总产值的2/3以上，而IBM则已完全转型为全球信息系统解决方案提供商；卡特彼勒公司重点发展金融服务、物流和再制造部门三个边际利润率较高的服务业务，到2009年，公司的服务性收入占到了总收入的39%。根据麦肯锡的研究报告，美国制造业的从业人员中，有34%是在从事服务类的工作，生产性服务业的投入占整个制造业产出的20%～25%。

5. 金融业在发展中呈现明显分化迹象

美国500强中，与金融相关的领域主要包括财产与意外保险、多元化金融、人寿与健康保险、商业银行与证券等行业；2016美国500强中，财产与意外保险、多元化金融、人寿与健康保险、商业银行与证券行业分别有23家、8家、18家、19家、5家企业上榜，合计共有73家金融类企业。与2014美国500强、2015美国500强相比，金融类企业的数量分别增加了3家和2家，上榜企业数量维持着稳步增长态势。其中财产与意外保险、商业银行上榜企业数量分别比上年增加了1家，多元化金融、人寿与健康保险与证券行业上榜企业数量没有变化。73家金融类企业共实现营业收入2.11万亿美元，占2016美国500强营业收入总额的17.60%，比上一年度增加了0.83个百分点；共实现净利润2251.70亿美元，占2016美国500强净利润总额的26.82%，比上一年度增加了2.36个百分点。2016美国500强中，金融企业数量、营业收入与净利润占比实现了同步增长，在500强总体中的地位进一步提升，这一变化客观反映了美国经济中金融业的重要地位及其发展趋势。

金融业各细分行业具体表现存在显著差异。从金融业具体细分行业的表现看，人寿与健康保险的营业收入增长了3.93%，净利润增长了2.32%；二者均保持了平稳增长，而且增速差距不大。财产与意外保险营业收入虽然增长了2.76%，但行业净利润却减少了6.75%，营业收入与净利润出现明显背离，行业整体发展承受较大压力。证券行业的整体表现和财产与意外保险行业类似，全行业营业收入小幅增长，但行业净利润却小幅减少。商业银行的表现好于市场预期，虽然在增加了一家入围企业的情况下，全行业的营业收入只略微增长了0.09%，但全行业的净利润却大幅增加了23.42%；在全部美国500强企业整体盈利减少11.11%的前提下，商业银行的盈利却逆向大幅增长，这一表现出乎意料。不过商业银行的盈利增长也能找到合理解释，毕竟2015年美国经济整体增长了2.4%，已经呈现出稳定复苏的良好迹象；宏观经济的稳定增长，显然可以推动商业银行盈利水平合理上涨。近年来，受房利美、房地美经营业绩大幅波动影响，美国500强中多元化金融行业的业绩表现一直都很不稳定。2016美国500强中多元化金融行业营业收入减少了5.42%，净利润大幅萎缩了62.95%，双双出现下降；其中房利美净利润减少了22.9%，减至109.54亿美元；房地美实现净利润63.76亿美元，减少了17.1%。

金融业与美国500强整体相比较，在主要盈利指标上各有优劣；金融业在营业收入利润率与人均净利润贡献方面明显占优，但在总资产利润率与净资产利润率方面落后于500强总体水平。2014—2016美国500强中，金融业的营业收入利润率分别为16.15%、11.00%、10.66%，人均净利润贡献分别为11.07万美元、7.64万美元、7.22万美元；与同期美国500强的整体水平相比，金融业的营业收入利润率分别高出7.30个百分点、3.46个百分点、3.66个百分点；人均净利润贡献分别高出7.01万美元、4..09万美元、4.20万美元。在总资产利润率方面，2014—2016美国500强中金融业的总体水平分别为1.32%、0.88%、0.87%，与同期500强企业整体水平的2.92%、2.48%、2.18%相比，分别低1.59个百分点、1.59个百分点、1.31个百分点；在净资产利润率方面，2014—2016美国500强中金融业的总体水平分别为14.13%、9.09%、8.77%，与同期500强企业整体水平的16.56%、14.33%、12.69%相比，分别低2.44个百分点、5.24个百分点、3.92个百分点（参见表6-12）。这一业绩表现，充分反映了金融业的重资产运营特征。

表 6-12 2016 美国 500 强中金融业主要指标比较

金融类企业	营收利润率	总资产利润率	净资产利润率	人均利润
2014	16. 15%	1. 32%	14. 13%	11. 07
2015	11. 00%	0. 88%	9. 09%	7. 64
2016	10. 66%	0. 87%	8. 77%	7. 22
全部 500 强企业	营收利润率	总资产利润率	净资产利润率	人均利润
2014	8. 85%	2. 92%	16. 56%	4. 06
2015	7. 54%	2. 48%	14. 33%	3. 56
2016	7. 00%	2. 18%	12. 69%	3. 02
差异值	营收利润率	总资产利润率	净资产利润率	人均利润
2014	7. 30%	-1. 59%	-2. 44%	7. 01
2015	3. 46%	-1. 59%	-5. 24%	4. 09
2016	3. 66%	-1. 31%	-3. 92%	4. 20

6. 大宗商品价格是影响美国 500 强业绩表现的关键因素

2015 年国际市场大宗商品价格延续上年大跌走势，除棉花、白糖价格略有上涨外，小麦、玉米、大米、大豆、天然橡胶、铜、原油及成品油、天然气、煤炭、有色金属、铁矿石及贵金属均出现了不同程度的下降。其中，能源、铁矿石价格跌幅最大，截至 2015 年 12 月，同比跌幅超过 30%；有色金属次之，价格跌幅超过 20%；小麦、玉米、大豆、豆油、天然橡胶、金、银等商品价格同比跌跌幅也在 10% 左右。从长期变动趋势看，粮食、大豆、棉花、天然橡胶、原油、金属等大宗商品价格处于金融危机以来的低位，其中个别品种如布伦特原油、铁矿石价格已经跌至 10 年来的低位。

国际大宗商品价格的大幅下跌，显然对 2016 美国 500 强企业的业绩表现和换榜情况产生了重大影响。一方面，大宗商品价格的下跌，影响了相关行业企业营业收入。在 2016 美国 500 强营业收入减少幅度最大的前 10 家企业中，有 6 家采矿与原油生产企业、1 家炼油企业，以及 2 家与原油输送服务相关的管道运输企业。在收入降幅超过 20% 的 44 家上榜企业中，有 10 家采矿与原油生产企业、11 家炼油企业，以及 5 家与原油输送服务相关的管道运输企业、3 家油气设备与服务企业。2 家金属产品企业美国钢铁公司、纽克公司营业收入也大幅下降，降幅分别为 33. 9% 和 22. 1%。此外，受农产品价格下跌影响，19 家食品类企业中有 16 家企业的营业收入出现不同程度下降。从行业营业收入整体变化情况看，炼油行业营业收入与上年相比整体下降了 42. 36%，降幅最大；其次是油气设备与服务行业，营业收入下降了 34. 18%；再次是油气设备与服务行业，营业收入下降了 27. 45%。金属产品行业营业收入下降了 15. 68%，采矿与原油生产行业下降了 15. 31%，消费食品行业下降了 11. 55%，食品生产行业下降了 10. 45%，上述行业整体营业收入的降幅都在 10% 以上。

另一方面，大宗商品价格低迷也削弱了相关行业企业盈利能力，甚至导致企业发生巨额亏损。受原油及成品油、煤炭价格持续深跌影响，2016美国500强中采矿与原油生产、能源、油气设备与服务行业整体巨亏；采矿与原油生产、金属产品、油气设备与服务位居行业利润降幅前三，与上年相比的利润降幅都在100%以上；炼油行业的净利润减少了58.47%，管道运输行业减少了26.89%，食品生产行业减少了8.10%。2016美国500强利润降幅前10的企业中，有7家采矿与原油生产企业、2家能源企业。受铜、有色金属、铁矿石及贵金属价格下跌影响，2016美国500强中7家金属产品企业共亏损17.9亿美元，与采矿与原油生产、能源、油气设备与服务一起，成为2016美国500强仅有的四个整体亏损行业。在55家亏损企业中，有10家为采矿与原油生产企业，企均亏损92.17亿美元，无论是亏损企业数量还是企均亏损额均高居首位；有4家金属产品企业，企均亏损6.51亿美元；有3家能源企业，企均亏损40.98亿美元；有3家油气设备与服务企业，企均亏损11.36亿美元；有2家炼油企业，企均亏损21.25亿美元。受大宗商品价格下跌影响，上述相关领域的部分盈利企业，其盈利也出现大幅下降（参见表6-13）。

表6-13 2016美国500强中部分企业盈利下降情况

企业名称	所属行业	盈利（百万美元）	盈利降幅
纽蒙特矿业	采矿、原油生产	220	-56.7%
PBF Energy公司	炼油	146.4	-483.2%
Western Refining公司	炼油	406.8	-27.3%
菲利普斯66公司	炼油	4227	-11.2%
雪佛龙	炼油	4587	-76.2%
埃克森美孚	炼油	16150	-50.3%
Delek US Holdings公司	炼油	19.4	-90.2%
Domtar公司	林产品与纸制品	142	-67.1%
惠好公司	林产品与纸制品	506	-72.3%
Calpine公司	能源	235	-75.2%
UGI公司	能源	281	-16.7%
铜铝同盟公司	金属产品	311.5	-16.2%
纽克公司	金属产品	357.7	-49.9%
贝克休斯公司	油气设备与服务	-1967	-214.4%
FMC Technologies公司	油气设备与服务	393.1	-43.8%
卡梅隆国际	油气设备与服务	501	-38.2%

三、2016 中国企业 500 强、世界 500 强、美国 500 强比较分析

中国企业 500 强、世界 500 强、美国 500 强分别代表了中国大企业、世界大企业、美国大企业的发展状况，中国企业 500 强、世界 500 强、美国 500 强之间的差异，也相应反映了中国大企业、世界大企业、美国大企业发展变化的不同之处。总体上看，2016 中国企业 500 强稳中有增，不过受世界 500 强、美国 500 强净利润大幅下滑影响，中国大企业与世界大企业和美国大企业之间盈利能力差距持续缩小，但整体绩效水平仍显著差于 2016 世界 500 强和 2016 美国 500 强。

（一）中国大企业规模扩张继续领先于世界大企业与美国大企业

世界经济增长、美国经济与中国经济增长之间的速度差距，持续在三个 500 强的榜单上得到了清晰体现。2015 年中国国内生产总值增长 6.9%，再次创下新低，但仍明显高于世界经济增速与美国经济增速。受此影响，与 2015 年一样，2016 中国 500 强规模扩张速度持续领先于世界 500 强和美国 500 强。2016 中国企业 500 强共实现营业收入 59.46 万亿，与上年相比略降 0.03%；以美元计算，2016 中国 500 强共实现营业收入 9.59 万亿美元，比上年减少了 1.11%。而同期 2016 世界 500 强营业收入下降了 11.46%，2016 美国 500 强营业收入下降了 4.22%；中国企业 500 强营业收入只是暂时性的在调整中出现了增长停滞，而世界 500 强与美国 500 强均较明显地出现了负增长。在资产与净资产方面，中国 500 强的表现更为突出；2016 中国企业 500 强的资产规模继续实现了较快增长，资产总额为 223.31 万亿元，比上年增长了 13.01%，换算成美元增长了 11.51%；而 2016 世界 500 强企业的资产总额减少了了 3.82%，连续出现负增长；2016 美国企业 500 强的资产总额仅增长了 1.05%，连续五年都是处于小幅增长态势；无论是世界 500 强，还是美国 500 强，资产扩张均明显慢于中国企业 500 强。2016 中国企业 500 强的归属母公司的净资产总额为 28.54 万亿元，增长了 16.12%，换算成美元增长了 14.57%；而 2016 世界 500 强归属母公司的净资产只微幅增长了 0.73%，2016 美国 500 强归属母公司的净资产也仅增长了 0.34%（参见图 6-9）。不过从人员指标看，2016 世界 500 强与美国 500 强的雇员增长率均高于中国 500 强，这也从一个侧面反映中国大企业在控制人员增长，实现减员增效方面取得了一定成效。

从 2011 年以来的变动趋势看，三个 500 强的营业收入增速都呈现出持续下降趋势，这表明全球大企业整体都已经进入了扩张放缓的新阶段；但 6 年来中国 500 强营业收入增速一直都高于世界 500 强和美国 500 强，而且在 2014 年以前，世界 500 强在新兴经济体国家企业继续快速扩张的推动下，营业收入增速快于美国 500 强，不过 2015 年以来这一态势发生了改变，美国 500 强营业收入增速表现稍好于世界 500 强（参见图 6-10）。与 2008 年榜单相比，中国 500 强的营业收入、资产与净资产已经分别增长了 172.06%、274.32% 和 154.60%；而世界 500 强营业收入、资产与净资产分别只增长了 17.00%、12.90% 和 38.78%，美国 500 强营业收入、资产与净资产分别只增长了 13.14%、22.83% 和 34.64%。

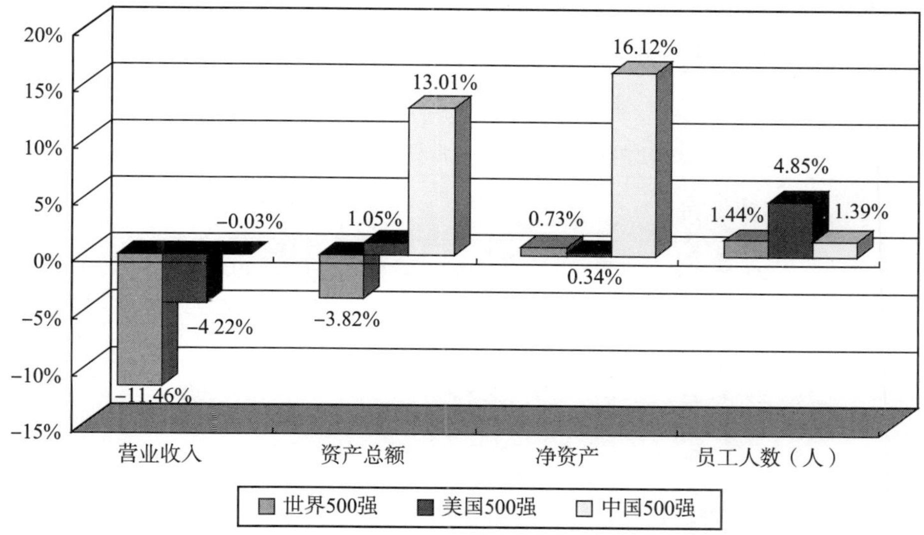

图 6-9 2016 年三个 500 强规模指标比较

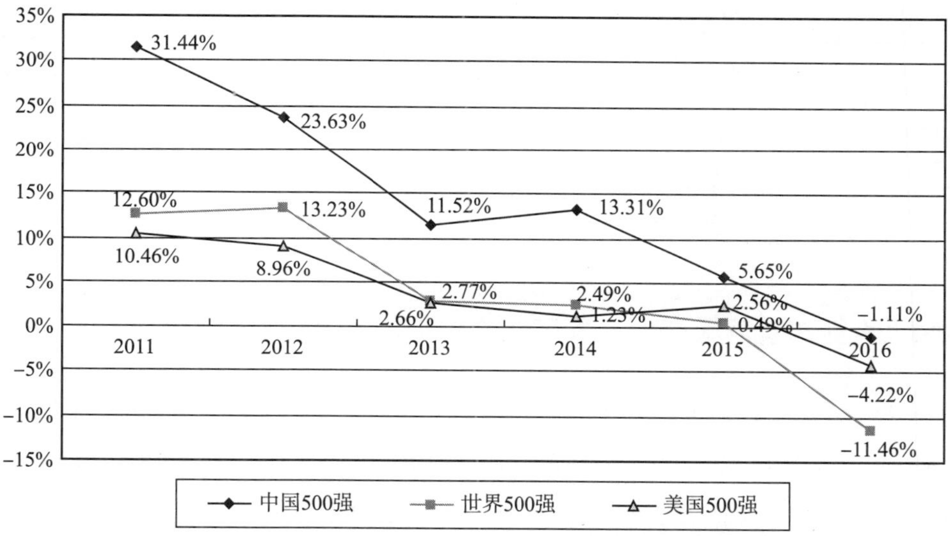

图 6-10 2011—2016 三个 500 强营业收入增速变化趋势

从中国 500 强与世界 500 强、美国 500 强主要规模指标的横向比较看，中国 500 强明显呈现出更快的增长趋势。2012 年，中国 500 强营业收入只相当于当年世界 500 强营业收入的 23.55%、资产只相当于 17.59%、净资产只相当于 19.55%；四年后的 2016 中国 500 强，其营业收入已经相当于 2016 世界 500 强的 34.70%、资产已相当于世界 500 强的 30.41%、净资产相当于世界 500 强的 29.90%；连续四年，三个指标的占比值都在持续提升。2012 中国 500 强营业收入只相当于当年美国 500 强的 59.10%、资产相当于美国 500 强的 59.64%、净资产相当于美国 500 强的 46.37%；四年后 2016 中国 500 强营业收入已经相当于美国 500 强的 79.93%、资产相当于美国 500 强的 93.43%、净资产相当于美国 500 强的 69.58%；三个指标的相对占比同样是连续四年实现了提升。以现有增速继续增长，中国 500 强的资产总额完全有可能在明年超过美国 500 强，营业收入相对占比也将一举超过美国 500 强的 80%。从入围门槛看，2016 世界 500 强是 209.23 亿美元，2016 美国 500 强是 51.29 亿美元，中国

500 强企业中有 398 家企业可以进入美国 500 强榜单，比上年可以进入美国 500 强榜单的企业数又增加了 10 家；有 117 家企业可以进入世界 500 强榜单。

表 6-14　2012—2016 中国企业 500 强与世界 500 强、美国 500 强的相对占比

		营业收入占比	资产占比	净资产占比	雇员占比
中/世	2012	23.55%	17.59%	19.55%	47.49%
	2013	26.19%	19.77%	20.80%	47.31%
	2014	29.44%	22.88%	22.26%	48.34%
	2015	31.06%	26.23%	26.28%	47.87%
	2016	34.70%	30.41%	29.90%	47.85%
中/美	2012	59.10%	59.64%	46.37%	118.25%
	2013	65.81%	66.61%	49.35%	116.76%
	2014	74.87%	76.22%	52.89%	118.99%
	2015	77.42%	84.67%	60.94%	117.30%
	2016	79.93%	93.43%	69.58%	113.43%

（二）中国大企业与世界大企业、美国大企业之间盈利差距持续缩小

2016 中国 500 强实现净利润 2.74 万亿，比上年增长 6.32%；以美元计算，实现净利润 4418.53 亿美元，增长 4.90%。2016 中国 500 强净利润已经相当于世界 500 强净利润的 29.83%，相当于美国 500 强的 52.63%，分别比上年大幅度提升了 9.75 个百分点和 16.27 个百分点。2016 中国 500 强营业收入利润率为 4.61%、人均利润为 1.40 万美元，资产利润率、净资产利润率分别为 1.23%、9.60%；2016 世界 500 强营业收入利润率为 5.36%、人均利润为 2.24 万美元，资产利润率、净资产利润率分别为 1.25%、9.62%；2016 美国 500 强营业收入利润率为 7.00%、人均利润为 3.02 万美元，资产利润率、净资产利润率分别为 2.18%、12.69%（参见表 6-15）。显然，受益于世界 500 强与美国 500 强盈利的双双 11% 以上的负增长，中国 500 强与世界 500 强的整体盈利已经比较接近，但与美国 500 强之间还存在一定距离。2015 中国 500 强营收利润率、资产利润率、净资产利润率分别比世界 500 强低 1.01 个百分点、0.05 个百分点、0.42 个百分点；2016 中国 500 强营收利润率、资产利润率、净资产利润率与世界 500 强的差距分别缩小至 0.75 个百分点、0.02 个百分点、0.02 个百分点。2015 中国 500 强营收利润率、资产利润率、净资产利润率分别比美国 500 强低 3.21 个百分点、1.18 个百分点、3.84 个百分点；2016 中国 500 强营收利润率、资产利润率、净资产利润率与美国 500 强的差距分别缩小至 2.39 个百分点、0.95 个百分点、3.09 个百分点。2015 中国 500 强的人均净利润分别比世界 500 强和美国 500 强低 1.21 万美元、2.21 万美元，2016 中国 500 强的人均净利润与

世界 500 强和美国 500 强的差距则缩小至 0.85 万美元、1.62 万美元。中国 500 强的人均净利润已经连续多年上升，而世界 500 强、美国 500 强人均净利润则逐年下降，中国企业人员贡献效率正在逐年改善。

表 6-15 2016 "三个 500 强" 主要利润率指标比较

	营收利润率	资产利润率	净资产利润率	人均利润（万美元）
中国 500 强	4.61%	1.23%	9.60%	1.40
世界 500 强	5.36%	1 25%	9.62%	2.24
美国 500 强	7.00%	2.18%	12.69%	3.02

2016 中国 500 强中有 72 家企业出现亏损，比上年增加了 15 家，亏损面为 14.40%；中国 500 强亏损企业数量比同期世界 500 强 7 家，比同期美国 500 强多 17 家，亏损面分别比世界 500 强、美国 500 强大 1.40 个百分点、3.40 个百分点。72 家中国企业合计亏损金额 1487.13 亿元，约为 239.79 亿美元，增亏 82.52%；比世界 500 强中 65 家企业亏损金额 1841.45 亿美元少亏 1601.65 亿美元，比美国 500 强中 55 家企业亏损金额 1316.70 亿美元少亏 1076.90 亿美元。中国 500 强中企业 72 家亏损企业平均亏损额为 3.33 亿美元，而世界 500 强中 65 家亏损企业平均亏损额为 28.33 亿美元，美国 500 强中 55 家亏损企业平均亏损额为 23.94 亿美元，中国企业亏损程度总体上比世界大企业、美国大企业小得多。从长期趋势看，中国 500 强、世界 500 强和美国 500 强企业亏损面近三年来都呈现出逐年扩大的趋势，反映当前全球大企业都遭遇了经营困境（参见表 6-16）。

表 6-16 2015 "三个 500 强" 亏损情况比较 （单位：百万美元）

	2014 亏损情况		2015 亏损情况		2016 亏损情况	
	亏损面	亏损额	亏损面	亏损额	亏损面	亏损额
中国	8.60%	-11925.34	11.40%	-13137.79	14.40%	-23979.47
世界	10.00%	-121269.00	10.80%	-91681.30	13.00%	-184144.90
美国	7.40%	-26558.00	7.60%	-31496.10	11.00%	-131669.80

（三）中国 500 强与世界 500 强服务业大企业地位显著回升

与 2015 中国 500 强与 2015 世界 500 强制造业地位逆向加强所不同的是，2016 中国 500 强与 2016 世界 500 强中服务业大企业的地位明显回升。2016 中国 500 强中有服务业企业 157 家，比上年增加了 6 家；制造业企业为 261 家，比上年减少了 5 家。2016 世界 500 强中服务业企业为 260 家，同样比上年增加了 6 家；制造业企业 197 家，比上年减少了 2 家。2016 美国 500 强中服务业企业为 268 家，与上年持平；制造业企业 177 家，比上年增加了 1 家。美国 500 强的服务化程度最高，已经达到 53.60%；世界 500 强由于主要来自发达国家，因此总体服务化程度也比较高，为 52.00%；中国 500 强总体上看仍然是一个以制造业为主的企业集群，服务业大企业数量虽然有所增加，但总体的服务化程度仍然不高，目前只有 31.40%，服务业大企业还有待进一步加快发展。

2016 中国企业 500 强中，服务业与制造业的企业数量比为 0.60，服务业企业营业收入与制造业企业营业收入比是 1.03，服务业企业净利润与制造业企业净利润比是 4.38，服务业企业资产总额与制造业企业资产总额比是 6.95，服务业企业归属母公司权益与制造业企业归属母公司权益比是 2.63，服务业企业员工人数与制造业企业员工人数比是 1.06；6 项指数值分别上年提高了 0.03、0.09、0.6、0.05、0.18、0.03。中国企业 500 强虽然在数量上仍然是以制造业为主体，但其营业收入与赢利却更多来自服务业企业。上述数据也表明，中国企业 500 强中的服务业企业表现出重资产特征，而且与制造业企业相比，服务业企业明显吸纳了更多的就业者（参见表 6-17）。2015 中国企业 500 强服务业与制造业之间利润比表明，中国制造企业的盈利能力相对更低，在 2016 中国企业 500 强中，服务业企业仅占 31.40%，却贡献了全部中国企业 500 强营业收入的 40.53%、净利润的 74.74%。

表 6-17 “三个 500 强”服务业与制造业结构比

		企业数量	营业收入	母公司利润	资产总额	母公司净资产	平均人数
中国 500 强	制造业	261	2328991346	46790097	2532389351	649553545	11029666
	服务业	157	2409792138	204801034	17605625863	1708316374	11640282
	服务业/制造业	0.60	1.03	4.38	6.95	2.63	1.06
世界 500 强	制造业	197	11524775.3	564922.8	15731565.6	5481004.1	26940826
	服务业	260	14288706.1	945005.3	99416662.5	9115454	34727995
	服务业/制造业	1.32	1.24	1.67	6.32	1.66	1.29
美国 500 强	制造业	177	3973196.1	375067	5617084.5	1993420.8	8432225
	服务业	268	7344398.5	530664.3	31115597.6	4135818.2	18409839
	服务业/制造业	1.51	1.85	1.41	5.54	2.07	2.18

在 2016 世界 500 强中，服务业与制造业企业数量的比为 1.32，服务业企业营业收入与制造业企业营业收入比是 1.24，服务业企业净利润与制造业企业净利润比是 1.67，服务业企业资产总额与制造业企业资产总额比是 6.32，服务业企业归属母公司权益与制造业企业归属母公司权益比是 1.66，服务业企业员工人数与制造业企业员工人数比是 1.29；与中国 500 强一样，6 项指标的值都有不同程度提升，服务业大企业在世界 500 强中贡献与地位更加突出（参见表 6-17）。在 2016 世界 500 强中，服务业企业仅占 52.00%，虽然只贡献了全部世界 500 强营业收入的 51.71%，但却贡献了净利润的 63.79%。

2016美国500强中，服务业与制造业企业数量的比为1.51，服务业企业营业收入与制造业企业营业收入比是1.85，服务业企业净利润与制造业企业净利润比是1.41，服务业企业资产总额与制造业企业资产总额比是5.54，服务业企业归属母公司权益与制造业企业归属母公司权益比是2.07，服务业企业员工人数与制造业企业员工人数比是2.18；除企业数量相对比与资产相对比有所下降外，其他4项指标均有不同程度提升。与中国企业500强相比，美国500强中服务业的地位非常突出，服务业吸纳劳动力的能力也显著强于中国服务业企业，而且在去年的经营中，美国服务业吸纳劳动力的能力得到进一步加强（参见表6-17）。在2016美国500强中，服务业企业占53.60%，贡献了全部美国500强营业收入的61.23%和净利润的63.20%。

（四）中国500强、世界500强与美国500强行业结构差异仍十分突出

无论是营业收入还是利润，中国500强、世界500强和美国500强之间的行业结构差异均十分显著。

中国500强依然是一个以建筑地产、钢铁煤炭、有色金属产业占据十分突出地位的大企业集群。虽然与上年相比，黑色冶金及压延加工业、建筑业、煤炭采掘及采选业、一般有色冶金及压延加工业上榜企业分别减少了2家、1家、1家、2家，但从总量上看，建筑地产、钢铁煤炭、有色金属产业领域的企业数量仍高达154家，占500强的30.80%。世界500强中虽然仍有大量炼油、采矿与原油生产企业，但银行与保险等现代服务业的地位也十分突出，呈现出产业结构调整的过渡性特征；在今年世界500强的榜单中，炼油、采矿与原油生产企业均减少了6家，世界500强企业群的重化工特征有进一步弱化趋势。美国500强企业数量排行前10的产业结构则表现出典型的服务化特征，上榜企业数量排在前5位的行业都是服务性行业，而且主要都是金融性行业。此外，从前10行业企业数量看，2016中国500强、世界500强和美国500强的企业分布均有一定程度的分散化趋势；2016中国500强、世界500强和美国500强上榜企业数量前10行业所包括的企业数量分别为225家、250家和163家，分别比上年前10行业企业总数量减少了10家、6家和11家（其中美国的情况比较特殊，财产与意外保险在上年是作为一个整体性行业，而今年榜单中对股份公司与互助公司进行了区分，有5家互助型财产与意外保险企业没有归入）（参见表6-18）。

表6-18 2016“三个500强”企业的行业分布情况

中国500强		世界500强		美国500强	
所属行业	企业数量	所属行业	企业数量	所属行业	企业数量
建筑业	48	银行：商业储蓄	53	公用事业：天然气和电力	22
黑色冶金及压延加工业	48	车辆与零部件	34	专业零售商：其他	22
煤炭采掘及采选业	21	炼油	32	商业银行	19
一般有色冶金及压延加工业	20	人寿与健康保险（股份）	24	人寿与健康保险	18

续表

中国 500 强		世界 500 强		美国 500 强	
银行业	17	食品店和杂货店	20	财产与意外保险（股份）	16
汽车及零配件制造业	17	采矿、原油生产	19	化学品	14
房地产开发与经营、物业及房屋装饰、修缮、管理等服务业	17	公用设施	18	采矿、原油生产	13
电力、电气、输变电等机械、设备、器材、元器件和线缆制造业	13	电信	17	车辆与零部件	13
商业零售业	12	电子、电气设备	17	批发商：多元化	13
综合制造业（以制造业为主，含有服务业）	12	财产与意外保险（股份）	16	食品：消费产品	13

从营业收入产业结构特征看，与世界 500 强、美国 500 强相比，中国 500 强中银行业的地位更加突出；虽然中国 500 强中银行业在上榜企业数量方面明显落后于世界 500 强与美国 500 强，但其营业收入却占了 2016 中国 500 强的 10. 47%，远高于排名第二的建筑业。建筑、钢铁煤炭与有色金属均进入了 2016 中国 500 强营业收入行业前 10；而 2016 世界 500 强营业收入前 10 的行业中，虽然炼油、采矿与原油生产企业分居第二与第十，但人寿与健康保险（股份）、财产与意外保险（股份）也进入了前 10；2016 美国 500 强营业收入行业分布最重要的特征就是商业服务地位突出，综合商业在行业营业收入中高居首位，其他专业零售商、食品店和杂货店、保健批发的行业营业收入分居第五、第六和第十。2016 中国 500 强营业收入前 10 行业中，服务性的行业只有银行业、电力、热力、燃气等能源供应服务业、邮电通信业 3 个行业；2016 世界 500 强则包括有银行：商业储蓄、人寿与健康保险（股份）、食品店和杂货店、电信、公用设施、财产与意外保险（股份）6 个行业；2016 美国 500 强则包括有综合商业、商业银行、财产与意外保险（股份）、专业零售商：其他、食品店和杂货店、保健：保险和管理医保、电信、批发：保健 8 个行业；从营业收入产业结构角度反映的大企业服务化程度现在在逐次深化（参见表 6-19）。从营业收入产业集中度看，中国 500 强明显高于美国 500 强，但稍低于世界 500 强：2016 中国 500 强营业收入前 10 行业占全部营业收入的 54. 12%，2016 世界 500 强、美国 500 强前 10 行业的营业收入占比则分别为 56. 78% 和 43. 20%，中国 500 强、世界 500 强、美国 500 强的营业收入前 10 行业的集中度分别比上年降低了 4. 56 个百分点、2. 70 个百分点和 2. 59 个百分点。

表 6-19　2016 “三个 500 强” 企业营业收入行业分布情况　　（单位：百万美元）

中国 500 强		世界 500 强		美国 500 强	
所属行业	企业数量	所属行业	企业数量	所属行业	营业收入
银行业	1003996. 91	银行：商业储蓄	2995522	综合商业	681529. 1

续表

中国500强		世界500强		美国500强	
建筑业	892972.58	炼油	2878444	炼油	638222.8
黑色冶金及压延加工业	529812.00	车辆与零部件	2436756	商业银行	629462
汽车及零配件制造业	492104.20	人寿与健康保险（股份）	1264485	财产与意外保险（股份）	494305.4
电力、热力、燃气等能源供应服务业、	450505.03	食品店和杂货店	1162504	专业零售商：其他	483222.6
煤炭采掘及采选业	431335.42	电信	1153155	食品店和杂货店	458920.2
石油、天然气开采及生产业	407583.62	公用设施	1055956	保健：保险和管理医保	455871.8
石化产品、炼焦及其他燃料加工业	359836.11	电子、电气设备	1004700	电信	450607.1
一般有色冶金及压延加工业	334244.05	财产与意外保险（股份）	915878.2	车辆与零部件	449031.4
邮电通信业	286250.92	采矿、原油生产	824365.5	批发：保健	440136.4

2016中国500强、世界500强和美国500强净利润前10行业既有共同之处，也有明显差异。首先，在三个榜单中，银行业都是最重要的净利润来源，行业利润贡献均远高于排名第二的行业；不过银行业净利润在500强总利润中占比有很大差异，2016中国500强中银行业利润占全部500强利润的45.38%，世界500强中银行业利润只占28.26%，美国500强中银行业利润则仅占15.27%。其次，建筑业、房地产开发与经营、物业及房屋装饰、修缮、管理等服务业在2016中国500强净利润中的贡献十分突出，分别占据了第二位和第六位，两大垄断型行业，电力、热力、燃气等能源供应服务业、石油、天然气开采及生产业也进入了而中国500强利润贡献前10，分别位于第五和第九；而在2016世界500强中，现代先进制造和现代服务业都在利润贡献前10行业中占有重要份额，前10利润贡献行业中包括了车辆与零部件制造、制药、计算机与办公设备、电子电气设备4个现代先进制造行业，也包括了银行：商业储蓄、电信、财产与意外保险（股份）、人寿与健康保险（股份）、公用设施5个现代服务性行业；2016美国500强中，现代服务性行业的地位同样突出，包括商业银行、电信、财产与意外保险（股份）、网络服务和零售、公用事业：天然气和电力5个行业，此外，高端装备制造行业航天与防务业的利润贡献也进入了前10位（参见表6-20）。再次，从行业利润增减变化看，中国500强中银行业利润总额有所下降，世界500强与美国500强银行业净利润都有不同程度增长；中国500强中，建筑业、互联网传媒、商务、娱乐服务业、房地产开发与经营、物业及房屋装饰、修缮、管理等服务业、综合保险业净利润都有明显增长，石油、天然气开采及生产业净利润总额则大幅减少；世界500强中，银行业、制药业、计算机与办公设备净利润显著增长，炼油业净利润

骤降 68. 81%；美国 500 强中计算机与办公设备、电信行业净利润有较大幅度在增长，炼油行业净利润也大跌了 59. 03%，而上年位居第六、第七位的多元化金融、计算机软件行业则由于净利润大跌，均退出了净利润贡献前 10 行业。最后，从净利润前 10 行业利润总额占比看，中国 500 强净利润前 10 行业的贡献度最高，占全部 500 强净利润的 75. 09%，世界 500 强利润前 10 行业的占比则为 70. 17%，美国 500 强利润前 10 行业的占比则只有 56. 12%；但从变动趋势看，2016 中国 500 强利润前 10 行业的利润占比比上年下降了 4. 56 个百分点，而世界 500 强、美国 500 强净利润前 10 行业占比则分别提高了 5. 22 个百分点、3. 61 个百分点。

表 6-20　2016 "三个 500 强" 行业净利润前 10 行业　（单位：百万美元）

中国		世界		美国	
行业	行业利润	行业	行业利润	行业	行业利润
银行业	200518. 27	银行：商业储蓄	418606. 9	商业银行	128229
建筑业	21284. 07	车辆与零部件	112301. 6	制药	67080. 4
互联网传媒、商务、娱乐服务业	19227. 26	制药	109447. 6	计算机、办公设备	57770
邮电通信业	16279. 50	电信	79095. 3	电信	46243. 9
电力、热力、燃气等能源供应服务业	14840. 73	计算机、办公设备	63214. 9	财产与意外保险（股份）	40699. 5
汽车及零配件制造业	14638. 97	财产与意外保险（股份）	61571. 1	炼油	27556. 7
房地产开发与经营、物业及房屋装饰、修缮、管理等服务业	13325. 79	人寿与健康保险（股份）	59465. 1	航天与防务	27283. 7
综合保险业	11508. 46	电子、电气设备	45901. 2	网络服务和零售	26541. 9
石油、天然气开采及生产业	10966. 33	炼油	45165. 5	车辆与零部件	25081. 5
商务服务业	9196. 75	公用设施	44682. 8	公用事业：天然气和电力	24731. 4

"三个 500 强" 榜单行业营收利润率排名与行业净利润贡献排名差异显著，很多行业整体净利润贡献量大的行业，其行业营收利润率并不高，没有能够进入行业营收利润率前 10 名单之中。第一，整体上看，中国 500 强营收利润率前 10 行业的营收利润率水平低于世界 500 强和美国 500 强。第二，"三个 500 强" 榜单中营收利润率率前 10 行业的差异非常显著，中国 500 强中主要是一些传统加工制造业，以及受去年股市繁荣刺激快速发展的证券业；世界 500 强和美国 500 强营收利润率的前 10 行业，则更多是现代服务业与先进制造业，如信息技术服务、计算机软件、制药、网络与通讯设备、计

算机与办公设备。第三，银行业在中国500强、世界500强和美国500强净利润排名中都居于首位，但其营收利润率在三个榜单中排名并不突出，在2016中国500强和美国500强行业营收利润率排名中都只位居第三，在2016世界500强行业营收利润率排名中更只是位居第六；美国500强中银行业整体营收利润率最高，其次是中国500强，世界500强中银行业的整体营收利润率最低。第四，在中国500强与美国500强可对比的证券、银行、烟草三个行业中，中国证券业行业营收利润率为37.97%，远高于美国500强中的证券业；中国烟草企业的行业营收利润率只有8.67%，远低于美国烟草企业的27.28%；中国银行业的营收利润率也比美国银行业低0.40个百分点（参见表6-21）。第五，从变动趋势看，虽然可比较的具体行业有升有降，但总体上看2016中国500强、美国500强营收利润率前10行业的营收利润率水平与上年相比有一定程度的上升，世界500强前10行业的营收利润率则有一定程度下降。

表6-21 2016“三个500强”行业营收利润率前10行业

中国		世界		美国	
行业	行业营收利润率	行业	行业营收利润率	行业	行业营收利润率
证券业	37.97%	制药	20.33%	烟草	27.28%
互联网传媒、商务、娱乐服务业	26.54%	娱乐	18.73%	制药	22.49%
银行业	19.97%	计算机软件	16.48%	商业银行	20.37%
酿酒制造业	10.11%	半导体、电子元件	16.22%	证券	20.22%
电子办公设备及影像设备制造业	10.05%	饮料	15.02%	金融数据服务	19.25%
饮料加工业	8.92%	银行：商业储蓄	13.97%	铁路运输	18.80%
烟草加工业	8.67%	网络、通讯设备	13.05%	网络、通讯设备	17.89%
乳制品加工业	7.33%	计算机、办公设备	11.82%	计算机、办公设备	16.82%
综合保险业	6.79%	食品：消费产品	10.54%	计算机软件	15.84%
通讯器材及设备、元器件制造业	6.65%	信息技术服务	9.83%	半导体、电子元件	15.51%

净资产利润率是反映企业盈利能力的关键指标，也是判断企业资产质量的重要指标。对一个行业来说，行业整体的净资产利润率，可以大致反映全行业的整体盈利前景和行业经营环境。行业净资产利润率越高，表明该行业市场环境对行业发展越有利，行业未来持续发展的前景相对也越好。表6-22列出了2016中国500强、世界500强与美国500强行业净资产利润率。从表6-22看，三个500强榜单中，净资产利润率前10的行业存在显著差异。一方面，从净资产利润率水平看，2016中

国 500 强前 10 行业的净资产利润水平明显低于世界 500 强与美国 500 强，而且美国 500 强的净资产利润率水平也显著高于世界 500 强。另一方面，从前 10 的行业构成看，差异同样显著。中国 500 强中，有 6 个制造业行业进入了净资产利润率前 10；互联网传媒、商务、娱乐服务业的净资产利润率为 27.88% 居于首位，这客观反映了中国政府部门对这一行业发展的支持，尤其是互联网+战略的深入推进，加快了我国互联网相关产业的发展，并提升了产业的净资产利润率水平；同时，人寿保险业、财产保险、其他金融服务业作为新兴行业，相对宽松的行业发展环境，使得这些行业也进入了净资产利润率的前 10 行列；乳制品加工业、饮料加工业这两个与婴幼儿、青少年有关的行业，也在净资产利润率上取得了很好表现，这在很大程度上反映了中国人口政策与家庭消费文化特征。2016 美国 500 强行业净资产利润率前 10 行业与中国 500 强差异显著，前 10 中有 7 个是属于服务性行业；排名居首是受管制的烟草业，然后是能源、航空；然后依次是三个服务性行业，分别是专业零售商：服装、食品：饮食服务业、信息技术服务，均属于轻资产行业，前二者人力资本价值突出，信息技术服务业则更多体现技术价值；一般性制造领域只有计算机与办公设备行业净资产利润率进入前 10。2016 世界 500 强的特征居于中国 500 强与美国 500 强之间；有 7 个服务性行业进入净资产利润率前 10，呈现出典型的服务化特征；但也有服装制造与饮料制造两个传统低端制造行业进入前 10，与中国 500 强的特征相似。此外，我们通常认为是重资产的航空服务业，在世界 500 强和美国 500 强中，其行业净资产利润率均居于前列；2016 世界 500 强中航空服务业的净资产利润率为 49.95%，美国 500 强中航空服务业的净资产利润率更是高达 60.32%。

表 6-22　2016“三个 500 强”行业净资产利润率前 10 行业

中国		世界		美国	
行业	净资产利润率	行业	净资产利润率	行业	净资产利润率
互联网传媒、商务、娱乐服务业	27.88%	其他	53.11%	烟草	194.81%
乳制品加工业	23.18%	信息技术服务	50.76%	能源	113.21%
通讯器材及设备、元器件制造业	22.73%	航空	49.95%	航空	60.32%
饮料加工业	20.83%	食品：饮食服务业	47.12%	专业零售商：服装	53.50%
橡胶制品业	19.88%	多元化金融	33.75%	食品：饮食服务业	52.47%
家用电器及零配件制造业	19.57%	计算机、办公设备	30.43%	信息技术服务	42.12%
电子办公设备及影像设备制造业	19.04%	服装	25.31%	其他	39.88%
人寿保险业	18.67%	娱乐	24.04%	计算机、办公设备	39.32%

续表

中国		世界		美国	
财产保险业	16.83%	邮件、包裹及货物包装运输	22.79%	广告及市场营销	35.05%
其他金融服务业	16.10%	饮料	22.24%	邮件、包裹及货物包装运输	33.75%

行业的企均利润既能反映行业整体经营能力，也能反映行业企业的规模水平。三个500强榜单在行业企均利润前10方面同样存在显著差异（参见表6-23）。在2016中国500强中，银行业的企均利润为117.95亿美元，远高于居于第二位的互联网传媒、商务、娱乐服务业；在前10行业长，银行业、综合保险业、财产保险业、证券业、人寿保险业都属于具有一定程度行政垄断性的金融产业，并且天生具有规模经济性；邮电通信业、石油、天然气开采及生产业、电力、热力、燃气等能源供应服务业三个行业同样也属于行政垄断性的天生规模经济性行业。2016美国500强中具有企均利润首位的是属于完全竞争性领域的计算机与办公设备行业，企均利润为192.57亿美元，远高于位居第二位的商业银行；在美国500强企均利润前10行业中，包括商业银行在内有6个是服务性行业。2016世界500强企均利润前10行业中，计算机软件业以85.10亿美元居于首位，和排名第二位的制药业相差不大；从行业大类看，只有计算机软件、银行：商业储蓄、娱乐、网络服务和零售4个服务性行业，其他都是制造业；但与中国500强所不同的是，世界500强企均利润前10行业中制造业更多是制药、计算机与办公设备等先进制造业，而且都属于完全竞争性领域。在两个可比较的行业中，中国500强中的银行业企均利润显著高于世界500强，而世界500强的银行业企均利润则高于美国500强；通讯设备领域企均利润，中国企业明显低于美国企业，而美国企业则低于世界500强中的通讯设备企业。

表6-23 2016"三个500强"的行业企均利润排名前10的行业 （单位：百万美元）

中国		世界		美国	
行业	企均利润	行业	企均利润	行业	企均利润
银行业	11795.19	计算机软件	8510.00	计算机、办公设备	19256.67
互联网传媒、商务、娱乐服务业	4806.82	制药	8419.05	商业银行	6748.89
邮电通信业	4069.88	计算机、办公设备	7901.86	制药	6098.22
综合保险业	3836.15	银行：商业储蓄	7898.24	计算机软件	5740.40
石油、天然气开采及生产业	3655.44	娱乐	6840.33	烟草	5122.33
财产保险业	3009.42	饮料	5561.87	航空	3863.67

续表

中国		世界		美国	
通讯器材及设备、元器件制造业	2205.71	网络、通讯设备	5432.93	电信	3853.66
证券业	1995.57	家居、个人用品	5379.70	网络服务和零售	3791.70
电力、热力、燃气等能源供应服务业	1855.09	半导体、电子元件	5208.15	网络、通讯设备	3392.90
人寿保险业	1446.09	网络服务和零售	5150.57	娱乐	3012.86

人均利润可以客观反映企业的人员贡献水平。表 6-24 列出了 2016 中国 500 强、世界 500 强与美国 500 强的人均利润前 10 行业。总体上看，一方面，与 2015 年相比，三个榜单的排名前 10 行业都发生了较明显变化；另一方面，从横向比较看，中国 500 强前 10 行业的人均利润贡献要低于世界 500 强，更低于美国 500 强；三个 500 强榜单中，人均利润最高的是中国的证券业，为 20.71 万美元，这无疑与去年中国证券市场的繁荣发展有关，但这一业绩难以持续保持；其次是美国 500 强中的烟草业，人均利润为 16.24 万美元；再次是美国 500 强中的制药业，人均利润为 15.09 万美元。中国 500 强中，烟草业人均利润排在第二位，但只有 10.25 万美元，远低于美国 500 强中烟草业的人均利润水平。银行业在中国 500 强人均利润行业排名中居于第三位，人均利润为 9.41 万美元；无论是排名还是人均利润额，均高于世界 500 强与美国 500 强。

表 6-24　2016“三个 500 强”的行业人均利润率排名前 10 的行业　　（单位：百万美元）

中国		世界		美国	
行业	人均利润	行业	人均利润	行业	人均利润
证券业	20.71	制药	11.37	烟草	16.24
烟草加工业	10.25	娱乐	8.91	制药	15.09
银行业	9.41	管道运输	7.90	计算机、办公设备	13.45
互联网传媒、商务、娱乐服务业	9.04	计算机软件	7.81	房屋建筑商	10.65
电子办公设备及影像设备制造业	7.65	财产与意外保险（互助）	6.52	炼油	10.57
房地产开发与经营、物业及房屋装饰、修缮、管理等服务业	2.99	计算机、办公设备	6.16	证券	10.19
综合保险业	2.74	银行：商业储蓄	6.08	人寿与健康保险	9.80
金属内外商贸及加工、配送、批发零售业	2.61	网络、通讯设备	5.55	商业银行	8.66

续表

中国		世界		美国	
饮料加工业	2.29	财产与意外保险（股份）	5.33	网络、通讯设备	8.27
通讯器材及设备、元器件制造业	2.15	化学品	5.16	娱乐	8.12

（五）中国500强营业收入与净利润集中度有所下降

表6-25、表6-26分别列出了2016中国500强、世界500强和美国500强营业收入与净利润的区间分布数据。与上年相比较，中国500强营业收入的集中度有所下降，第1~100名营业收入占全部500强营业收入的比重，由上年的64.34%下降至今年的62.93%，降低了1.41个百分点；世界500强营业收入1~100名的分布比率也小幅下降了0.28个百分点，但美国500强1~100名营业收入的占比则提高了0.48个百分点，呈现出进一步向前端加强的趋势。在净利润区间分布方面，与收营业收入占比下降一致，中国500强1-100名净利润的占比也从2015年的78.75%下降至今年的74.79%，下降了4.06个百分点；世界500强则下降了0.35个百分点，美国500强则大幅提升了11.49个百分点。

表6-25表明，2016中国500强与美国500强营业收入的区间分布情况与上年相比发生了变化；上年度中国500强营业收入前端分布集中度比美国500强稍高一些，但今年的分布则相对比较接近，尤其是在1~100名区间的分布，美国500强的分布比率甚至还略微高于中国500强。但与世界500强营业收入的区间分布相比，中国500强、美国500强的分布呈现出明显的前端集中化特征，世界500强营业收入的区间分有更为均匀；世界500强前100名的营业收入仅占全部500强营业收入的45.43%，这一占比远低于中国500强与美国500强。从三个500强营业收入首末位的差距看，中国500强营业收入首末比为85.08，美国500强营业收入首末比为93.99，世界500强营业收入首末比为23.04；2016美国500强营业收入的首末差距明显大于中国500强，更加显著大于世界500强。但如果从前10名看，中国500强的营业收入集中度明显高于美国500强前10企业；2016中国500强前10企业的营业收入占全部营业收入的19.60%，而美国500强中这一占比只有17.62%。

表6-25 2016“三个500强”营业收入集中度比较

	中国500强	世界500强	美国500强
1-100	62.93%	45.43%	62.96%
101-200	16.93%	20.82%	16.18%
201-300	9.13%	14.27%	9.58%
301-400	6.28%	10.88%	6.50%
401-500	4.74%	8.61%	4.79%

表 6-26 表明，2016 中国 500 强净利润的区间分布与美国 500 强净利润区间分布有一定差异，但差异并不明显，但与世界 500 强净利润区间分布之间的差异十分显著；这一特征与上年相比有较大变化，在上年净利润区间分布上，中国 500 强净利润分布的前端集中度明显高于美国 500 强，更是显著高于世界 500 强。2016 中国 500 强 1～100 名实现的净利润总额占全部 500 强净利润总额的 74.79%，仅比美国 500 强 1～100 名净利润占比值高 1.51 个百分点，差距并不明显；但与世界 500 强 1～100 名净利润占比相比，中国 500 强的分布值高出了近 30 个百分点。总体上看，无论是 2016 中国 500 强，还是世界 500 强，各区间的净利润分布均呈现出依次递减的趋势；但 2016 美国 500 强的情况比较特殊，第 301～400 名企业实现的净利润总额仅占全部 500 强净利润的 0.99%，这一占比甚至第 401～500名企业净利润的占比还低，这可能表明这一区间亏损企业或微利企业比较密集；事实上，美国 500 强 55 家亏损企业有 18 家分布在这一区间，亏损金额前 10 的企业中有 3 家位于这一区间，包括亏损额居于首位的阿帕奇公司，巨亏 231.19 亿美元。

表 6-26 2016“三个 500 强”净利润集中度比较

	中国 500 强	世界 500 强	美国 500 强
1～100	74.79%	45.70%	73.28%
101～200	11.37%	18.60%	15.24%
201～300	6.94%	15.72%	6.74%
301～400	3.75%	11.41%	0.99%
401～500	3.15%	8.57%	3.75%

（六）中国 500 强中金融企业的地位继续强化

金融业在中国 500 强的地位进一步加强。2016 中国 500 强中，与金融有关的行业包括银行业、人寿保险业、财产保险业、综合保险业、证券业、其他金融服务业 6 个行业，共有企业 31 家，比 2015 年增加了 4 家；同期世界 500 强中金融企业为 109 家，与上年持平；美国 500 强中金融企业为 73 家，比 2015 年增加了 2 家。2016 中国 500 强中金融企业合计实现营业收入 9.00 万亿人民币、净利润 1.49 万亿人民币，分别占全部 500 强的 15.13%、54.54%，分别上升了 1.69 个百分点和 1.08 个百分点。其中银行减少了 1 家，收入占比上升了 0.4 个百分点，但净利润占比下降了 2.44 个百分点。

从横向比较看，中国 500 强中金融业的数量、营业收入、资产、净资产占比虽然都低于世界 500 强与美国 500 强，但净利润的占比却明显高于世界 500 强和美国 500 强。2016 中国 500 强中金融业尽管只占全部 500 强数量的 6.20%，营业收入也只占全部 500 强的 15.13%，但却贡献了中国 500 强净利润的 54.54%；而 2016 美国 500 强中 14.60% 的金融企业，在营业收入占全部美国 500 强 17.60% 的前提下，也只是贡献了全部美国 500 强净利润的 26.82%，净利润占比值相当于中国 500 强中金融业的一半多一点；在 2016 世界 500 强中，金融企业数量占比多达 21.80%，贡献了全部世界 500 强营业收入的 21.89%，但在净利润中也只占 39.38%，净利润占比也远低于中国 500 强中的金融企业（参见表 6-27）。

表 6-27 2016“三个 500 强”中金融类企业主要指标占比分析

		营业收入	净利润	资产总额	股东权益	员工人数	数量
中国 500 强	金融类企业	15.13%	54.54%	62.07%	36.03%	11.90%	6.20%
	其中银行	10.47%	47.52%	56.10%	31.92%	6.75%	3.40%
世界 500 强	金融类企业	21.89%	39.38%	74.52%	38.67%	15.99%	21.80%
	其中银行	10.84%	28.26%	53.04%	28.06%	10.43%	10.60%
美国 500 强	金融类企业	17.60%	26.82%	67.49%	38.81%	11.21%	14.60%
	其中银行	5.25%	15.27%	32.77%	21.56%	5.32%	3.80%

表 6-28、6-29、6-30 分别列出了 2016 中国 500 强、世界 500 强与美国 500 强金融企业与非金融企业盈利指标。表 6-28 表明，2016 中国 500 强中，金融企业虽然在资产利润率方面低于 500 强总体水平，也低于非金融企业，但在其他指标方面仍处于优势；金融企业的营收入利润率为 16.61%，远高于 500 强总体水平的 4.61%，更加显著高于非金融企业的 2.47%；在净资产利润率方面，金融企业为 14.53%，也远高于 500 强总体水平和非金融企业，金融企业人均利润为 6.13 万美元，显著高于 500 强总体水平与非金融企业。这整体上反映了金融企业的重资产与高杠杆的特征。银行在中国 500 强中的利润占比尤为突出，2016 中国 500 强中有 17 家银行上榜，其营业收入利润率为 20.91%，人均净利润为 9.41 万美元，均高于金融企业的整体水平。从三个 500 强榜单的横向比较看，2016 中国 500 强中金融企业除了在数量处于劣势，以及在人均净利润上不如美国 500 强金融企业之外，在其他指标方面均显著优于世界 500 强与美国 500 强。中国 500 强中金融企业的营业收入利润率比世界 500 强金融企业高 6.97 个百分点，比美国 500 强中金融企业高 5.68 个百分点；资产利润率分别比世界 500 强、美国 500 强金融企业高 0.42 个百分点和 0.17 个百分点；净资产利润率分别比世界 500 强、美国 500 强金融企业高 4.78 个百分点和 5.47 个百分点；人均净利润比世界 500 强金融企业高 0.6 万美元。银行业在横向比较中的优势更为明显，在人均净利润方面，中国 500 强中的银行业也比美国企业中的银行业高 0.75 万美元。

表 6-28 2016 中国 500 强金融与非金融行业盈利指标比较

	营收利润率	资产利润率	净资产利润率	人均利润（万美元）
金融	16.61%	1.08%	14.53%	6.13

续表

	营收利润率	资产利润率	净资产利润率	人均利润（万美元）
银行	20.91%	1.04%	14.29%	9.41
总体	4.61%	1.23%	9.60%	1.34
非金融	2.47%	1.47%	6.82%	0.69

表 6-29　2016 世界 500 强金融与非金融行业盈利指标比较

	营收利润率	资产利润率	净资产利润率	人均利润（万美元）
金融	9.64%	0.66%	9.80%	5.53
银行	13.97%	0.67%	9.69%	6.08
500 强	5.36%	1.25%	9.62%	2.24
非金融	4.16%	2.98%	9.62%	1.62

表 6-30　2016 美国 500 强金融与非金融行业盈利指标比较

	营收利润率	资产利润率	净资产利润率	人均利润（万美元）
金融	10.93%	0.91%	9.06%	7.25
银行	20.37%	1.02%	8.99%	8.66
500 强	7.00%	2.18%	12.69%	3.02
非金融	6.22%	4.90%	15.18%	2.49

从金融企业与非金融企业关系看，2016 中国 500 强中金融企业与非金融企业之间的利润分配更加不平衡，而且在人均净利润 2015 比上年进一步下降。2016 中国 500 强中 469 家非金融企业，其营业收入利润率仅 2.47%，远低于金融企业，更加低于银行业；与世界 500 强中、美国 500 强中的非金融企业相比，这一营收利润率也显著处于劣势；比世界 500 强中非金融企业低 1.69 个百分点，比美国 500 强中非金融企业低 3.75 个百分点。中国 500 强中非金融企业人均净利润仅有 0.69 万美元，比世界 500 强非金融企业低 0.93 万美元，比美国 500 强中非金融企业低 1.80 万美元。

（七）中国 500 强装备制造业发展显著落后于美国 500 强

中国 500 强中装备制造企业发展明显落后于美国 500 强，落后于世界 500 强；盈利改善慢于美国 500 强，但好于世界 500 强。2016 中国 500 强中有装备制造企业 76 家，比上年增加了 2 家；装备制造企业占全部 500 强数量的 15.20%，营业收入占全部 500 强的 15.44%，但净利润只占全部 500 强的

11.01%；与 2015 年相比，营业收入占比提高了 1.86 个百分点，净利润占比提高了 1.81 个百分点，二者提高程度整体相当。2016 世界 500 强有 101 家装备制造企业，与 2015 年相比增加了 6 家，占全部世界 500 强数量的 20.20%；装备制造企业营业收入占全部世界 500 强的 21.75%，净利润占全部世界 500 强的 20.13%，分别比上年提高了 2.29 个百分点、1.07 个百分点，利润占比提升慢于营业收入占比。2016 美国 500 强中有装备制造企业 55 家，比 2015 年减少了 2 家，装备制造企业数量占比为 11.00%；营业收入占比为 11.66%，净利润占比为 17.15%，分别上年 0.12 个百分点、2.62 个百分点（参见表 6-31）。

表 6-31 2016“三个 500 强”中装备制造企业主要指标占比分析

		营业收入	净利润	资产总额	股东权益	员工人数	数量
中国 500 强	2015	13.58%	9.20%	4.55%	8.64%	14.04%	14.80%
	2016	15.44%	11.01%	4.73%	9.00%	15.56%	15.20%
世界 500 强	2015	19.45%	19.06%	5.74%	13.16%	24.74%	19.00%
	2016	21.75%	20.13%	6.55%	15.15%	25.13%	20.20%
美国 500 强	2015	11.54%	14.53%	4.66%	10.05%	12.31%	11.40%
	2016	11.66%	17.15%	4.88%	9.99%	11.84%	11.00%

从盈利指标看，2016 中国 500 强中装备制造企业的盈利能力与上年相比有了全面改善；装备制造企业营业收入利润率为 3.29%，比上年提升了 0.35 个百分点；资产利润率、净资产利润率分别为 2.86%、11.74%，分别比上年提升了 0.22 个百分点、0.58 个百分点；人均净利润为 0.95 万美元，比上年增加了 0.06 万美元。但与中国 500 强的整体水平相比，装备制造企业在营业收入利润率、人均净利润方面都处于劣势，与总体水平还有很大差距；但从改善的角度看，相对差距有所缩小（参见表 6-32）。

表 6-32 2016 中国 500 强装备制造行业盈利指标比较

	营收利润率	资产利润率	净资产利润率	人均利润（万美元）
2015 装备制造	2.94%	2.64%	11.16%	0.89
2016 装备制造	3.29%	2.86%	11.74%	0.95
2015 中国 500 强	4.33%	1.30%	10.49%	1.35
2016 中国 500 强	4.61%	1.23%	9.60%	1.34

表 6-33、6-34 分别列出了 2016 世界 500 强、美国 500 强装备制造业主要盈利数据，总体上看，

中国装备制造企业的盈利能力显著落后于美国500强中装备制造企业，也落后于世界500强中的装备制造企业。2016世界500强中，装备制造企业的营业收入利润率为4.96%，资产利润率、净资产利润率分别为3.84%、12.78%，人均净利润为1.80万美元，各指标均比2015年有一定程度下降；但与中国500强中的装备制造企业相比，其四项盈利指标明显都高于中国装备制造企业；而且从世界500强内部比较看，装备制造企业与世界500强总体之间四项盈利能力指标各有优劣，虽然营业收入利润率与人均净利润不如总体水平，但资产利润率与净资产利润率均好于总体水平。

表 6-33　2016 世界 500 强装备制造行业盈利指标比较

	营收利润率	资产利润率	净资产利润率	人均利润（万美元）
2015 装备制造	5.23%	4.50%	15.81%	1.97
2016 装备制造	4.96%	3.84%	12.78%	1.80
2015 世界 500 强	5.34%	1.35%	10.91%	2.56
2016 世界 500 强	5.36%	1.25%	9.62%	2.24

2016美国500强中装备制造企业的盈利能力从整体上看有较大改善；2016美国500强中装备制造企业的营业收入利润率为10.29%，比上年提升了0.8个百分点；净资产利润率为21.78%，比上年提升了1.08个百分点；人均净利润为4.37万美元，比上年增加了0.17万美元；只有资产利润率比上年微幅下降了0.06个百分点。从美国500强内部看，无论是2015美国500强，还是2016美国500强，装备制造企业的盈利能力均明显好于美国500强整体水平，装备制造企业与美国500强中其他企业相比具有相对更强的盈利能力。

表 6-34　2016 美国 500 强装备制造行业盈利指标比较

	营收利润率	资产利润率	净资产利润率	人均利润（万美元）
2015 装备制造	9.49%	7.72%	20.70%	4.20
2016 装备制造	10.29%	7.66%	21.78%	4.37
2015 美国 500 强	7.54%	2.48%	14.33%	3.56
2016 美国 500 强	7.00%	2.18%	12.69%	3.02

（八）中国 500 强中医疗保健企业发展仍处于起步阶段

与世界500强、美国500强相比，中国500强中医疗保健类企业的发展，仍处于起步阶段。2016中国500强中，与医疗保健有关的行业，仍然只有医药专营批发业、零售业和医药制造业两个行业；

而 2016 世界 500 强中，与医疗保健有关的行业，包括保健：保险和管理医保、保健：医疗设施、批发：保健、制药 4 个行业；在 2016 美国 500 强中，与医疗保健有关的行业，有保健：保险和管理医保、保健：药品和其他服务、保健：医疗设施、医疗器材和设备、制药 5 个行业。在美国 500 强中，医疗保健行业已经成为一个非常重要的行业大类；2016 美国 500 强中，医疗保健类企业已经有 40 家，比 2015 年增加了 2 家；医疗保健企业的营业收入占比已经上升至 9.02%，比 2015 年又增加了 1.04 个百分点；医疗保健企业的净利润占比为 11.58%，净利润占比明显高于营业收入占比。2016 世界 500 强中，医疗保健类企业有 28 家，比 2015 年增加了 5 家；营业收入占比为 5.61%，比上年增加了 1.77 个百分点；净利润占比为 8.90%，比上年增加了 2.34 个百分点，净利润占比明显高于营业收入占比，而且净利润占比提升也快于营业收入，反映了世界 500 强中医疗保健类企业盈利能力改善的趋势。具体见表 6-35。此外，总体上看，三个 500 强中，医疗保健行业的资产、净资产占比都明显低于营业收入、净利润占比，在一定程度上反映了医疗保健类企业的轻资产特征。

表 6-35 2016 "三个 500 强" 中医疗保健企业主要指标占比分析

		营业收入	净利润	资产总额	股东权益	员工人数	数量
中国 500 强	2015	1.22%	0.77%	0.27%	0.78%	1.09%	2.40%
	2016	1.21%	0.59%	0.26%	0.56%	0.95%	2.00%
世界 500 强	2015	3.84%	6.56%	1.10%	3.69%	3.06%	4.60%
	2016	5.61%	8.90%	1.54%	4.20%	3.17%	5.60%
美国 500 强	2015	7.98%	10.11%	3.32%	7.33%	6.89%	7.60%
	2016	9.02%	11.58%	3.69%	7.34%	7.64%	8.00%

从盈利能力指标看，中国 500 强中医疗保健企业不仅发展较晚，盈利能力也差强人意。2016 中国 500 强中医疗保健企业的营业收入利润率仅有 2.23%，与上年相比还进一步下降了 0.5 个百分点，降幅非常明显，使得原本已经是微利经营的医疗保健企业经营状况进一步恶化。2016 中国 500 强中医疗保健企业的资产利润率、净资产利润率分别为 2.82%、10.01%，分别比上年下降了 0.83 个百分点、0.31 个百分点；人均净利润为 0.83 万美元，比上年减少了 0.12 万美元。与中国 500 强的整体盈利水平相比，2016 中国 500 强中的医疗保健企业与其他企业之间盈利能力差距有进一步扩大的趋势。具体见表 6-36。

表 6-36 2016 中国 500 强医疗保健行业盈利指标比较

	收入利润率	资产利润率	净资产利润率	人均利润（万美元）
2015 医疗保健	2.73%	3.65%	10.32%	0.95

续表

	收入利润率	资产利润率	净资产利润率	人均利润（万美元）
2016 医疗保健	2.23%	2.82%	10.01%	0.83
2015 中国 500 强	4.33%	1.30%	10.49%	1.35
2016 中国 500 强	4.61%	1.23%	9.60%	1.34

表 6-37、6-38 分别列出了 2016 世界 500 强、美国 500 强医疗保健主要盈利数据，总体上看，中国 500 强中的医疗保健企业的盈利能力显著落后于世界 500 强、美国 500 强中的医疗保健企业，这一差距要大于装备制造企业。2016 世界 500 强中，医疗保健企业的营业收入利润率为 8.99%，资产利润率为 6.85%，分别比上年下降了 0.57 个百分点、0.69 个百分点；人均净利润为 4.57 万美元，比上年减少了 0.65 万美元；净资产利润率为 20.02%，比上年上升了 0.26 个百分点；但与中国 500 强医疗保健企业相比，世界 500 强医疗保健企业的盈利能力仍明显具有优势；而且总体上看，世界 500 强与美国 500 强中医疗保健企业的盈利能力指标各有优劣，总体水平大致相当。

表 6-37　2016 世界 500 强医疗保健行业盈利指标比较

	收入利润率	资产利润率	净资产利润率	人均利润（万美元）
2015 医疗保健	9.56%	7.54%	19.76%	5.22
2016 医疗保健	8.99%	6.85%	20.02%	4.57
2015 世界 500 强	5.34%	1.35%	10.91%	2.56
2016 世界 500 强	5.36%	1.25%	9.62%	2.24

表 6-38 列出了 2016 美国 500 强医疗保健企业主要盈利能力指标数据。总体上看，美国 500 强中医疗保健企业盈利能力与上年相比也有一定程度下降，但两年盈利状况均显著好于中国 500 强中的医疗保健企业。2016 美国 500 强中医疗保健企业营业收入利润率为 8.50%，比上年降低了 0.63 个百分点；资产利润率为 7.22%，比上年降低了 0.84 个百分点；净资产利润率为 20.37%，比上年提升了 0.97 个百分点；人均净利润为 6.30 万美元，比上年增加了 0.80 万美元。在中国 500 强中医疗保健企业盈利能力全面下滑，世界 500 强中医疗保健企业盈利能力也总体下降的基础上，美国 500 强中医疗保健企业的净资产利润率与人均净利润却均实现了提升，反映了美国医疗保健企业更强的运营能力与盈利能力。更为突出的是，美国 500 强中医疗保健企业的这一业绩，是在美国 500 强整体盈利水平全面下降的基础上实现的；也就是说，美国医疗保健企业走出了一个与美国 500 强中其他大企业不一样的演变轨迹，医疗保健企业的盈利优势有进一步扩大的趋势；这无疑将进一步拉大美国医疗保健企业与中国医疗保健企业之间的差距。

表6-38 2016美国500强医疗保健行业盈利指标比较

	收入利润率	资产利润率	净资产利润率	人均利润（万美元）
2015医疗保健	9.13%	8.06%	19.40%	5.50
2016医疗保健	8.50%	7.22%	20.37%	6.30
2015美国500强	7.54%	2.48%	14.33%	3.56
2016美国500强	7.00%	2.18%	12.69%	3.02

第七章
2016 中国 500 强与世界 500 强行业领先企业主要经济指标对比

表 7-1　2016 中国 500 强与世界 500 强金属产品业领先企业对比

对比指标	安赛乐米塔尔（1）（卢森堡）	河北钢铁集团有限公司（2）	(2)/(1)(%)
营业收入（百万美元）	63578	45266	71. 20
净利润（百万美元）	-7946	-204	——
资产总额（百万美元）	76846	53712	69. 90
股东权益（百万美元）	25272	7489	29. 63
员工人数（人）	209404	128798	61. 51
收入净利率（%）	-12. 50	-0. 45	——
资产净利率（%）	-10. 34	-0. 38	——
净资产收益率（%）	-31. 44	-2. 72	——
劳动生产率（万美元/人）	30. 36	35. 14	115. 75
人均净利润（万美元/人）	-3. 79	-0. 16	——

表 7-2　2016 中国 500 强与世界 500 强计算机、办公设备业领先企业对比

对比指标	苹果公司（1）（美国）	联想集团（2）	(2)/(1)(%)
营业收入（百万美元）	233715	44912	19. 22
净利润（百万美元）	53394	-128	——
资产总额（百万美元）	290479	24933	8. 58
股东权益（百万美元）	119355	3000	2. 51
员工人数（人）	110000	60000	54. 55
收入净利率（%）	22. 85	-0. 29	——
资产净利率（%）	18. 38	-0. 51	——
净资产收益率（%）	44. 74	-4. 27	——
劳动生产率（万美元/人）	212. 47	74. 85	35. 23
人均净利润（万美元/人）	48. 54	-0. 21	——

表 7-3　2016 中国 500 强与世界 500 强工程与建筑业领先企业对比

对比指标	万喜集团（1）（法国）	中国建筑股份有限公司（2）	(2)/(1)(%)
营业收入（百万美元）	43618	140159	321. 33
净利润（百万美元）	2270	2251	99. 19
资产总额（百万美元）	67504	166279	246. 32

续表

对比指标	万喜集团（1）（法国）	中国建筑股份有限公司（2）	(2)/(1)(%)
股东权益（百万美元）	16422	14063	85.63
员工人数（人）	185452	241474	130.21
收入净利率（%）	5.20	1.61	30.87
资产净利率（%）	3.35	1.35	40.27
净资产收益率（%）	13.82	16.01	115.84
劳动生产率（万美元/人）	23.52	58.04	246.78
人均净利润（万美元/人）	1.22	0.93	76.18

表7-4　2016中国500强与世界500强银行业领先企业对比

对比指标	法国巴黎银行（1）（法国）	中国工商银行（2）	(2)/(1)(%)
营业收入（百万美元）	111531	167227	149.94
净利润（百万美元）	7426	44098	593.88
资产总额（百万美元）	2166092	3420257	157.90
股东权益（百万美元）	104567	275575	263.54
员工人数（人）	181551	466346	256.87
收入净利率（%）	6.66	26.37	396.08
资产净利率（%）	0.34	1.29	376.11
净资产收益率（%）	7.10	16.00	225.35
劳动生产率（万美元/人）	61.43	35.86	58.37
人均净利润（万美元/人）	4.09	9.46	231.20

表7-5　2016中国500强与世界500强航空航天与防务业领先企业对比

对比指标	波音公司（1）（美国）	中国南方工业集团公司（2）	(2)/(1)(%)
营业收入（百万美元）	96114	70081	72.91
净利润（百万美元）	5176	1488	28.75
资产总额（百万美元）	94408	60348	63.92
股东权益（百万美元）	6335	7857	124.02
员工人数（人）	161400	238287	147.64
收入净利率（%）	5.39	2.12	39.43

续表

对比指标	波音公司（1）（美国）	中国南方工业集团公司（2）	(2)/(1)(%)
资产净利率（%）	5.48	2.47	44.97
净资产收益率（%）	81.70	18.94	23.18
劳动生产率（万美元/人）	59.55	29.41	49.39
人均净利润（万美元/人）	3.21	0.62	19.47

表 7-6　2016 中国 500 强与世界 500 强公用设施业领先企业对比

对比指标	意大利国家电力公司（1）（意大利）	国家电网公司（2）	(2)/(1)(%)
营业收入（百万美元）	83926	329601	392.73
净利润（百万美元）	2436	10201	418.78
资产总额（百万美元）	175073	478539	273.34
股东权益（百万美元）	35167	207345	589.60
员工人数（人）	67914	207345	305.31
收入净利率（%）	2.90	3.10	106.63
资产净利率（%）	1.39	2.13	153.21
净资产收益率（%）	6.93	4.92	71.03
劳动生产率（万美元/人）	123.58	158.96	128.64
人均净利润（万美元/人）	3.59	4.92	137.17

表 7-7　2016 中国 500 强与世界 500 强电子、办公设备业领先企业对比

对比指标	三星电子公司（1）（韩国）	正威国际集团（2）	(2)/(1)(%)
营业收入（百万美元）	177440	47795	26.94
净利润（百万美元）	16532	1141	6.90
资产总额（百万美元）	206585	18559	8.98
股东权益（百万美元）	147468	9471	6.42
员工人数（人）	319000	17683	5.54
收入净利率（%）	9.32	2.39	25.61
资产净利率（%）	8.00	6.15	76.79
净资产收益率（%）	11.21	12.04	107.42
劳动生产率（万美元/人）	55.62	270.29	485.92
人均净利润（万美元/人）	5.18	6.45	124.45

表7-8 2016中国500强与世界500强矿业、石油采掘业领先企业对比

对比指标	嘉能可（GLENCORE）(1)（瑞士）	中国海洋石油总公司（2）	(2)/(1)(%)
营业收入（百万美元）	170497	67799	39.77
净利润（百万美元）	-4964	4608	——
资产总额（百万美元）	128485	179004	139.32
股东权益（百万美元）	41254	74168	179.78
员工人数（人）	102388	110200	107.63
收入净利率（%）	-2.91	6.80	——
资产净利率（%）	-3.86	2.57	——
净资产收益率（%）	-12.03	6.21	——
劳动生产率（万美元/人）	166.52	61.52	36.95
人均净利润（万美元/人）	-4.85	4.18	——

表7-9 2016中国500强与世界500强化学品业领先企业对比

对比指标	巴斯夫公司（1）（德国）	中国化工集团公司（2）	(2)/(1)(%)
营业收入（百万美元）	78147	41412	52.99
净利润（百万美元）	4423	-132	——
资产总额（百万美元）	76942	57366	74.56
股东权益（百万美元）	33581	4032	12.01
员工人数（人）	108048	129836	120.17
收入净利率（%）	5.66	-0.32	——
资产净利率（%）	5.75	-0.23	——
净资产收益率（%）	13.17	-3.27	——
劳动生产率（万美元/人）	72.33	31.90	44.10
人均净利润（万美元/人）	4.09	-0.10	——

表7-10 2016中国500强与世界500强建材、玻璃业领先企业对比

对比指标	圣戈班集团（1）（法国）	中国建筑材料集团有限公司（2）	(2)/(1)(%)
营业收入（百万美元）	46169	31706	68.67
净利润（百万美元）	1437	-142	——
资产总额（百万美元）	48723	66627	136.75

续表

对比指标	圣戈班集团（1）（法国）	中国建筑材料集团有限公司（2）	(2)/(1)(%)
股东权益（百万美元）	20590	4548	22.09
员工人数（人）	168114	171690	102.13
收入净利率（%）	3.11	-0.45	——
资产净利率（%）	2.95	-0.21	——
净资产收益率（%）	6.98	-3.12	——
劳动生产率（万美元/人）	27.46	18.47	67.24
人均净利润（万美元/人）	0.85	-0.08	——

表 7-11　2016 中国 500 强与世界 500 强炼油业领先企业对比

对比指标	荷兰皇家壳牌石油公司（1）（荷兰）	中国石油天然气集团公司（2）	(2)/(1)(%)
营业收入（百万美元）	272156	299271	109.96
净利润（百万美元）	1939	7091	365.68
资产总额（百万美元）	340157	621242	182.63
股东权益（百万美元）	162876	320222	196.61
员工人数（人）	90000	1589508	1766.12
收入净利率（%）	0.71	2.37	332.55
资产净利率（%）	0.57	1.14	200.23
净资产收益率（%）	1.19	2.21	186.00
劳动生产率（万美元/人）	302.40	18.83	6.23
人均净利润（万美元/人）	2.15	0.45	20.71

表 7-12　2016 中国 500 强与世界 500 强贸易业领先企业对比

对比指标	托克集团（1）（新加坡）	中粮集团有限公司（2）	(2)/(1)(%)
营业收入（百万美元）	97237	64516	66.35
净利润（百万美元）	1236	266	21.48
资产总额（百万美元）	39087	70682	180.83
股东权益（百万美元）	5601	10840	193.55
员工人数（人）	5248	121767	2320.26
收入净利率（%）	1.27	0.41	32.38
资产净利率（%）	3.16	0.38	11.88

续表

对比指标	托克集团（1）（新加坡）	中粮集团有限公司（2）	(2)/(1)(%)
净资产收益率（%）	22.07	2.45	11.10
劳动生产率（万美元/人）	1852.83	52.98	2.86
人均净利润（万美元/人）	23.55	0.22	0.93

表7-13 2016中国500强与世界500强汽车与零部件业领先企业对比

对比指标	大众公司（1）（德国）	上海汽车集团股份有限公司（2）	(2)/(1)(%)
营业收入（百万美元）	236600	106684	45.09
净利润（百万美元）	-1520	4741	——
资产总额（百万美元）	414858	78790	18.99
股东权益（百万美元）	95651	26969	28.20
员工人数（人）	610076	92780	15.21
收入净利率（%）	-0.64	4.44	——
资产净利率（%）	-0.37	6.02	——
净资产收益率（%）	-1.59	17.58	——
劳动生产率（万美元/人）	38.78	114.99	296.49
人均净利润（万美元/人）	-0.25	5.11	——

表7-14 2016中国500强与世界500强财产和意外保险业领先企业对比

对比指标	伯克希尔-哈撒韦公司（1）（美国）	中国人民保险集团股份有限公司（2）	(2)/(1)(%)
营业收入（百万美元）	210821	64606	30.65
净利润（百万美元）	24083	3110	12.91
资产总额（百万美元）	552257	129892	23.52
股东权益（百万美元）	255550	17879	7.00
员工人数（人）	331000	172213	52.03
收入净利率（%）	11.42	4.81	42.13
资产净利率（%）	4.36	2.39	54.90
净资产收益率（%）	9.42	17.39	184.55
劳动生产率（万美元/人）	63.69	37.52	58.90
人均净利润（万美元/人）	7.28	1.81	24.82

表 7-15　2016 中国 500 强与世界 500 强电信业领先企业对比

对比指标	美国电话电报公司（1）（美国）	中国移动通信集团公司（2）	(2)/(1)(%)
营业收入（百万美元）	146801	106761	72.72
净利润（百万美元）	13345	10144	76.01
资产总额（百万美元）	402672	251113	62.36
股东权益（百万美元）	122671	134371	109.54
员工人数（人）	281450	436651	155.14
收入净利率（%）	9.09	9.50	104.52
资产净利率（%）	3.31	4.04	121.89
净资产收益率（%）	10.88	7.55	69.40
劳动生产率（万美元/人）	52.16	24.45	46.88
人均净利润（万美元/人）	4.74	2.32	49.00

表 7-16　2016 中国 500 强与世界 500 强邮件、包裹及货物包装运输业领先企业对比

对比指标	美国邮政（1）（美国）	中国邮政集团公司（2）	(2)/(1)(%)
营业收入（百万美元）	68928	69637	101.03
净利润（百万美元）	-5060	4194	——
资产总额（百万美元）	24014	1157379	4819.60
股东权益（百万美元）	-50391	43032	——
员工人数（人）	556850	938494	168.54
收入净利率（%）	-7.34	6.02	——
资产净利率（%）	-21.071	0.36	——
净资产收益率（%）	——	9.75	——
劳动生产率（万美元/人）	12.38	7.42	59.94
人均净利润（万美元/人）	-0.91	0.45	——

表 7-17　2016 中国 500 强与世界 500 强制药业领先企业对比

对比指标	强生公司（1）（美国）	中国医药集团（2）	(2)/(1)(%)
营业收入（百万美元）	70074	44325	63.25
净利润（百万美元）	15409	443	2.88
资产总额（百万美元）	133411	35156	26.35

续表

对比指标	强生公司（1）（美国）	中国医药集团（2）	(2)/(1)(%)
股东权益（百万美元）	71150	5762	8.10
员工人数（人）	127100	104464	82.19
收入净利率（%）	21.99	1.00	4.55
资产净利率（%）	11.55	1.26	10.92
净资产收益率（%）	21.66	7.70	35.53
劳动生产率（万美元/人）	55.13	42.43	76.96
人均净利润（万美元/人）	12.12	0.42	3.50

表7-18 2016中国500强与世界500强网络通信设备业领先企业对比

对比指标	思科公司（1）（美国）	华为投资控股有限公司（2）	(2)/(1)(%)
营业收入（百万美元）	49161	62855	127.86
净利润（百万美元）	8981	5873	65.39
资产总额（百万美元）	113481	57311	50.50
股东权益（百万美元）	59698	18329	30.70
员工人数（人）	71833	170000	236.66
收入净利率（%）	18.27	9.34	51.15
资产净利率（%）	7.91	10.25	129.48
净资产收益率（%）	15.04	32.04	212.98
劳动生产率（万美元/人）	68.44	36.97	54.03
人均净利润（万美元/人）	12.50	3.45	27.63

表7-19 2016中国500强与世界500强能源业领先企业对比

对比指标	意昂集团（1）（德国）	中国华能集团公司（2）	(2)/(1)(%)
营业收入（百万美元）	129277	43224	33.44
净利润（百万美元）	-7764	775	——
资产总额（百万美元）	123493	149670	121.20
股东权益（百万美元）	17845	7718	43.25
员工人数（人）	56490	142910	252.98
收入净利率（%）	-6.01	1.79	——

续表

对比指标	意昂集团（1）（德国）	中国华能集团公司（2）	(2)/(1)(%)
资产净利率（%）	-6.29	0.52	——
净资产收益率（%）	-43.51	10.03	——
劳动生产率（万美元/人）	228.85	30.25	13.22
人均净利润（万美元/人）	-13.74	0.54	——

表 7-20　2016 中国 500 强与世界 500 强人寿和健康保险业领先企业对比

对比指标	安盛公司（1）（法国）	中国平安保险（集团）（2）	(2)/(1)(%)
营业收入（百万美元）	129250	110308	85.34
净利润（百万美元）	6231	8625	138.43
资产总额（百万美元）	963535	733824	76.16
股东权益（百万美元）	74378	51474	69.21
员工人数（人）	98279	275011	279.83
收入净利率（%）	4.82	7.82	162.20
资产净利率（%）	0.65	1.18	181.76
净资产收益率（%）	8.38	16.76	200.02
劳动生产率（万美元/人）	131.51	40.11	30.50
人均净利润（万美元/人）	6.34	3.14	49.47

表 7-21　2016 中国 500 强与世界 500 强工业机械业领先企业对比

对比指标	通用电气公司（1）（美国）	中国中车股份有限公司（2）	(2)/(1)(%)
营业收入（百万美元）	140389	37837	26.95
净利润（百万美元）	-6126	1881	——
资产总额（百万美元）	492692	48000	9.74
股东权益（百万美元）	98274	14922	15.18
员工人数（人）	333000	186963	56.15
收入净利率（%）	-4.36	4.97	——
资产净利率（%）	-1.24	3.92	——
净资产收益率（%）	-6.23	12.61	——
劳动生产率（万美元/人）	42.16	20.24	48.00
人均净利润（万美元/人）	-1.84	1.01	——

表7-22 2016中国500强与世界500强综合商业领先企业对比

对比指标	沃尔玛（1）（美国）	中国华润总公司（2）	(2)/(1)(%)
营业收入（百万美元）	482130	76574	15.88
净利润（百万美元）	14694	2489	16.94
资产总额（百万美元）	199581	153154	76.74
股东权益（百万美元）	80546	23812	29.56
员工人数（人）	2300000	447348	19.45
收入净利率（%）	3.05	3.25	106.66
资产净利率（%）	7.36	1.63	22.08
净资产收益率（%）	18.24	10.45	57.30
劳动生产率（万美元/人）	20.96	17.12	81.66
人均净利润（万美元/人）	0.64	0.56	87.10

表7-23 2016中国500强与世界500强多元化金融业领先企业对比

对比指标	EXOR集团（1）（意大利）	中国中信集团有限公司（2）	(2)/(1)(%)
营业收入（百万美元）	152591	55938	36.66
净利润（百万美元）	825	3764	456.02
资产总额（百万美元）	170419	884429	518.97
股东权益（百万美元）	11012	41355	375.55
员工人数（人）	303247	194795	64.24
收入净利率（%）	0.54	6.73	1243.95
资产净利率（%）	0.48	0.43	87.87
净资产收益率（%）	7.49	9.10	121.43
劳动生产率（万美元/人）	50.32	28.72	57.07
人均净利润（万美元/人）	0.27	1.93	709.90

表7-24 2016中国500强与世界500强批发商业领先企业对比

对比指标	全球燃料服务公司（1）（美国）	中国航空油料集团公司（2）	(2)/(1)(%)
营业收入（百万美元）	30380	22101	72.75
净利润（百万美元）	187	334	178.87
资产总额（百万美元）	4549	4875	107.15

续表

对比指标	全球燃料服务公司（1）（美国）	中国航空油料集团公司（2）	(2)/(1)(%)
股东权益（百万美元）	1911	2096	109. 64
员工人数（人）	4700	11481	244. 28
收入净利率（%）	0. 62	1. 51	245. 86
资产净利率（%）	4. 11	6. 86	166. 93
净资产收益率（%）	9. 78	15. 95	163. 14
劳动生产率（万美元/人）	646. 38	192. 50	29. 78
人均净利润（万美元/人）	3. 98	2. 91	73. 22

表 7-25　2016 中国 500 强与世界 500 强船务业领先企业对比

对比指标	马士基集团（1）（丹麦）	中国远洋海运集团（2）	(2)/(1)(%)
营业收入（百万美元）	40308	22965	56. 97
净利润（百万美元）	791	1145	144. 69
资产总额（百万美元）	62408	55642	89. 16
股东权益（百万美元）	35087	19076	54. 37
员工人数（人）	88355	82708	93. 61
收入净利率（%）	1. 96	4. 98	253. 95
资产净利率（%）	1. 27	2. 06	162. 29
净资产收益率（%）	2. 25	1. 38	61. 38
劳动生产率（万美元/人）	45. 62	27. 77	60. 86
人均净利润（万美元/人）	0. 90	1. 38	154. 57

表 7-26　2016 中国 500 强与世界 500 强航空业领先企业对比

对比指标	美国航空集团（1）（美国）	海航集团（2）	(2)/(1)(%)
营业收入（百万美元）	40990	29562	72. 12
净利润（百万美元）	7610	235	3. 09
资产总额（百万美元）	48415	95339	196. 92
股东权益（百万美元）	5635	4370	77. 55
员工人数（人）	118500	175600	148. 19
收入净利率（%）	18. 57	0. 79	4. 28

续表

对比指标	美国航空集团（1）（美国）	海航集团（2）	(2)/(1)(%)
资产净利率（%）	15.72	0.25	1.57
净资产收益率（%）	135.05	5.38	3.98
劳动生产率（万美元/人）	34.59	16.83	48.67
人均净利润（万美元/人）	6.42	0.13	2.08

表7-27 2016中国500强与世界500强网络服务和零售业领先企业对比

对比指标	亚马逊公司（1）（美国）	京东商城电子商务（2）	(2)/(1)(%)
营业收入（百万美元）	107006	28847	26.96
净利润（百万美元）	596	-1492	——
资产总额（百万美元）	65444	13115	20.04
股东权益（百万美元）	13384	4703	35.14
员工人数（人）	230800	105963	45.91
收入净利率（%）	0.56	-5.17	——
资产净利率（%）	0.91	-11.38	——
净资产收益率（%）	4.45	-31.73	——
劳动生产率（万美元/人）	46.36	27.22	58.72
人均净利润（万美元/人）	0.26	-1.41	——

第八章
2016 中国企业 500 强数据

表 8-1　2016 中国企业 500 强

上年名次	名次	企业名称	地区	营业收入（万元）	净利润（万元）	资产（万元）	所有者权益（万元）	从业人数
3	1	国家电网公司	北京	207134945	6411002	310744265	134641533	975855
2	2	中国石油天然气集团公司	北京	188073616	4456043	403409779	207939608	1589508
1	3	中国石油化工集团公司	北京	184977795	2259135	205850770	73023803	845652
4	4	中国工商银行股份有限公司	北京	107983800	27713100	2220978000	178947400	466346
5	5	中国建设银行股份有限公司	北京	92587800	22814500	1834948900	143402000	369183
6	6	中国建筑股份有限公司	北京	88057713	2606190	107490490	16797739	250953
7	7	中国农业银行股份有限公司	北京	83376600	18058200	1779139300	121009100	503082
8	8	中国银行股份有限公司	北京	76922200	17084500	1681559700	130494600	310042
20	9	中国平安保险（集团）股份有限公司	广东	69322000	5420300	476515900	33424800	275011
9	10	中国移动通信集团公司	北京	67092753	6375034	163062995	87255220	436651
10	11	上海汽车集团股份有限公司	上海	67044822	3979379	51163069	17512874	91665
15	12	中国人寿保险（集团）公司	北京	63644438	2620818	302797957	12637863	157232
11	13	中国铁路工程总公司	北京	62488857	617811	71636445	7201178	291149
13	14	中国铁道建筑总公司	北京	60111385	694942	70566258	6435528	284100
14	15	国家开发银行股份有限公司	北京	59532274	10207656	1261967489	106432436	9741
18	16	东风汽车公司	湖北	52045396	929992	36810766	7143926	191950
21	17	华润（集团）有限公司	广东	48122063	1564330	99451931	15462720	447348
19	18	中国南方电网有限责任公司	广东	46942579	1396683	64001010	24210157	299259
25	19	太平洋建设集团有限公司	江苏	45905631	2014252	27791030	11647178	351679
	20	中国兵器装备集团公司	北京	44041718	935088	39187535	5101762	238287
22	21	中国邮政集团公司	北京	43762571	2635851	751555819	27942919	914611
12	22	中国海洋石油总公司	北京	42607860	2895890	116238317	48161503	110203
28	23	中国交通建设集团有限公司	北京	42585682	1073855	91418775	9473415	160393
29	24	中国人民保险集团股份有限公司	北京	40601100	1954200	84646800	11610100	659980
52	25	中粮集团有限公司	北京	40544184	166822	45897751	5575748	121767
24	26	天津物产集团有限公司	天津	40366194	100697	22849136	2371085	17860
39	27	华为技术有限公司	广东	39500900	3690800	37215500	11902100	170000
17	28	中国第一汽车集团公司	吉林	39499035	2044068	33328582	16007205	132083
27	29	中国电信集团公司	北京	38834967	1078171	77269810	37598908	417101
23	30	中国兵器工业集团公司	北京	38725293	504694	33682043	8180646	241309
16	31	中国中化集团公司	北京	38116100	-34637	35464151	6221624	53601
26	32	中国航空工业集团公司	北京	37862420	554756	93386825	17865811	587952
31	33	交通银行股份有限公司	上海	35798543	6652774	715536158	53488522	91468

上年名次	名次	企业名称	地区	营业收入（万元）	净利润（万元）	资产（万元）	所有者权益（万元）	从业人数
30	34	中国中信集团有限公司	北京	35153783	2365121	574313011	26854554	194795
40	35	苏宁控股集团有限公司	江苏	35028812	65548	19826621	3097961	
34	36	北京汽车集团有限公司	北京	34522067	618325	42738282	6848511	120487
41	37	山东魏桥创业集团有限公司	山东	33323772	704391	17564750	6151731	140358
38	38	联想控股股份有限公司	北京	30982614	465908	30624289	4889652	75000
42	39	招商银行股份有限公司	广东	30384300	5801800	547497800	36080600	76192
45	40	正威国际集团有限公司	广东	30036385	716722	12067412	6413186	17683
51	41	兴业银行股份有限公司	福建	29188800	5020700	529888000	31364800	52016
57	42	大连万达集团股份有限公司	辽宁	29016000	1527884	90335724	11113047	128518
46	43	中国电力建设集团有限公司	北京	28661193	735518	50260637	6020889	196368
43	44	河钢集团有限公司	河北	28446842	-127655	34878568	4862804	135798
54	45	中国医药集团总公司	北京	27855600	278655	22828598	3741365	102147
37	46	中国联合网络通信集团有限公司	北京	27833943	482202	66079101	16408916	277590
36	47	中国华能集团公司	北京	26822627	486702	97189567	5011868	140274
55	48	中国民生银行股份有限公司	北京	26744100	4611100	452068800	30121800	59510
58	49	上海浦东发展银行股份有限公司	上海	26413400	5060400	504435200	31517000	48427
65	50	中国华信能源有限公司	上海	26315060	379051	9221586	2250871	23055
49	51	中国化工集团公司	北京	26025252	-82826	37251406	2618118	128917
63	52	中国太平洋保险（集团）股份有限公司	上海	24720200	1772800	92384300	13333600	91761
	53	中国中车集团公司	北京	24373283	575442	32810214	5758022	189388
44	54	中国铝业公司	北京	23877911	-534597	48684403	1309907	139272
60	55	冀中能源集团有限责任公司	河北	23765521	-143279	20566825	1474477	105075
32	56	神华集团有限责任公司	北京	23636609	873859	93141757	32017348	248352
35	57	宝钢集团有限公司	上海	23005904	250414	52933249	23785271	124310
76	58	中国船舶重工集团公司	北京	22631565	821795	44305154	11895831	164000
	59	中国远洋海运集团有限公司	上海	22426441	861289	59347360	18333648	125759
62	60	中国冶金科工集团有限公司	北京	22192950	241202	35426050	2546561	140482
70	61	陕西延长石油（集团）有限责任公司	陕西	22089657	-230840	29236793	8908001	135225
56	62	中国机械工业集团有限公司	北京	22079734	481841	26143149	5774237	120602
79	63	金川集团股份有限公司	甘肃	22041320	-641802	13740446	3321670	31986
73	64	广州汽车工业集团有限公司	广东	21643680	312931	17433626	2302745	67426
96	65	恒力集团有限公司	江苏	21207961	359464	8255648	3715737	64524
83	66	中国能源建设集团有限公司	北京	20878859	339272	27169465	3192788	158609
47	67	绿地控股集团股份有限公司	上海	20725659	688643	60043607	5307575	25621

上年名次	名次	企业名称	地区	营业收入（万元）	净利润（万元）	资产（万元）	所有者权益（万元）	从业人数
91	68	中国光大集团股份有限公司	北京	20676600	1328700	348691600	9900100	59500
53	69	江苏沙钢集团有限公司	江苏	20582346	89040	16277842	3531033	36710
68	70	新兴际华集团有限公司	北京	20466604	286354	12697421	2923355	64487
66	71	大同煤矿集团有限责任公司	山西	20067736	-104067	25804445	1996718	164365
93	72	大商集团有限公司	辽宁	20043933	34707	2647073	183557	205930
33	73	中国五矿集团公司	北京	20036679	-1055673	35385566	1246157	90653
50	74	中国建筑材料集团有限公司	北京	19925009	-89330	43264769	2953291	163793
71	75	江西铜业集团公司	江西	19830382	-35899	11165714	2072682	26565
75	76	中国电子信息产业集团有限公司	北京	19819149	110771	24778465	3163315	138271
69	77	中国华电集团公司	北京	19756174	762047	76130738	5284798	109431
48	78	山西焦煤集团有限责任公司	山西	19505866	47758	26100046	2589964	224033
87	79	国家电力投资集团公司	北京	19240381	181896	77379955	5499264	131730
95	80	中国航天科技集团公司	北京	19201631	1165237	35718453	12927976	161022
67	81	中国国电集团公司	北京	19177018	514874	78631035	4961699	124493
89	82	陕西煤业化工集团有限责任公司	陕西	19061424	-155251	43710662	4133373	126570
	83	中国船舶工业集团公司	北京	18973172	275184	26756410	5951816	71257
77	84	海尔集团公司	山东	18869388	1477657	25718164	6268076	56091
99	85	海航集团有限公司	海南	18578021	147637	61909572	2837711	175600
	86	万科企业股份有限公司	广东	18431705	1811941	61129557	10018352	42295
64	87	物产中大集团股份有限公司	浙江	18257322	138453	7296928	1879479	18218
123	88	北京京东世纪贸易有限公司	北京	18128696	-937802	8516617	3054062	105693
72	89	山西潞安矿业（集团）有限责任公司	山西	18000056	-174195	19313232	1873831	99739
88	90	阳泉煤业（集团）有限责任公司	山西	17790823	-18553	20564448	1218849	155306
100	91	中国航天科工集团公司	北京	17512976	924336	23852272	8399662	144308
92	92	中国通用技术（集团）控股有限责任公司	北京	17387349	328355	13942222	3422521	39829
80	93	山西晋城无烟煤矿业集团有限责任公司	山西	17327294	-96693	21184543	2333574	142741
85	94	开滦（集团）有限责任公司	河北	17168806	-212525	7165714	1227705	57859
82	95	中国有色矿业集团有限公司	北京	17086594	-290906	12553544	1418471	57648
98	96	中国保利集团公司	北京	16763849	527612	59387490	4890467	70437
84	97	中国大唐集团公司	北京	16616058	115337	72954670	4930079	96204
	98	中国电子科技集团公司	北京	16597360	1028687	22065885	9650641	140493
102	99	浙江吉利控股集团有限公司	浙江	16530399	180112	16129409	1651723	45720
103	100	华晨汽车集团控股有限公司	辽宁	16054589	21077	12276656	476571	50155
74	101	河南能源化工集团有限责任公司	河南	16024564	-695331	27479512	1965922	232461

上年名次	名次	企业名称	地区	营业收入（万元）	净利润（万元）	资产（万元）	所有者权益（万元）	从业人数
107	102	新华人寿保险股份有限公司	北京	15845300	860100	66056000	5783500	52474
78	103	山东能源集团有限公司	山东	15796767	-17408	26703227	4689965	207811
106	104	国美电器有限公司	北京	15368559	173063	5423574	1871057	56007
121	105	光明食品（集团）有限公司	上海	14755461	106932	23747409	4785179	115094
105	106	中国平煤神马能源化工集团有限责任公司	河南	14683995	-163022	15415802	1406118	162026
110	107	铜陵有色金属集团控股有限公司	安徽	14534744	-58321	7663915	982351	26851
113	108	海亮集团有限公司	浙江	14016131	74775	6312342	1301658	14770
61	109	中国航空油料集团公司	北京	13889299	210099	3165477	1360887	11213
108	110	美的集团股份有限公司	广东	13844123	1270673	12884194	4920185	108000
	111	万洲国际有限公司	河南	13772276	510397	9286497	3742262	105000
86	112	首钢总公司	北京	13520063	-201366	43695839	10647739	114807
129	113	恒大地产集团有限公司	广东	13313000	1554800	75703500	12674300	83372
146	114	泰康人寿保险股份有限公司	北京	13231325	1059642	56988311	3728460	48666
120	115	上海烟草集团有限责任公司	上海	13183197	2073124	18322140	14804693	13961
111	116	黑龙江北大荒农垦集团总公司	黑龙江	13133564	-52052	19283660	2723884	502888
116	117	厦门建发集团有限公司	福建	13056886	152325	12089844	2507926	17448
97	118	鞍钢集团公司	辽宁	12970755	-1167636	30452745	3969147	200780
124	119	上海建工集团股份有限公司	上海	12543070	187053	14220024	2203560	36807
101	120	天津中环电子信息集团有限公司	天津	12152383	285315	8099589	4038366	52887
112	121	百联集团有限公司	上海	11983899	-41308	8907378	1911015	72521
133	122	上海东浩兰生国际服务贸易（集团）有限公司	上海	11894329	86331	3067601	984231	5000
117	123	天津百利机械装备集团有限公司	天津	11866099	694675	7981194	3624986	72790
136	124	陕西有色金属控股集团有限责任公司	陕西	11617681	-5023	12178176	2773064	45628
114	125	万向集团公司	浙江	11535989	84685	8804252	1923215	27245
128	126	山东大王集团有限公司	山东	11269181	329525	7669417	2746867	28300
132	127	中国南方航空集团公司	广东	11220561	259136	19474054	2424112	102924
134	128	中国航空集团公司	北京	11111975	382648	22543387	4214461	88178
156	129	中国太平保险集团有限责任公司	北京	11109118	280031	41210212	2558566	53682
118	130	中国黄金集团公司	北京	11074589	-16489	9634780	1540571	50871
144	131	天津渤海化工集团有限责任公司	天津	11008975	91390	15962175	4949321	35947
160	132	三胞集团有限公司	江苏	10806963	170599	10209869	2273531	98700
153	133	上海医药集团股份有限公司	上海	10551659	287699	7434421	2993031	41173
138	134	华夏银行股份有限公司	北京	10514829	1888267	202060434	11767826	34020

上年名次	名次	企业名称	地区	营业收入（万元）	净利润（万元）	资产（万元）	所有者权益（万元）	从业人数
143	135	新疆广汇实业投资（集团）有限责任公司	新疆维吾尔自治区	10503738	105560	16494133	2659700	68280
142	136	TCL 集团股份有限公司	广东	10457948	256700	11175482	2421011	73537
125	137	国家开发投资公司	北京	10423958	414326	49552967	7098739	74058
155	138	天津渤海轻工投资集团有限公司	天津	10381541	147690	6577449	2051022	36643
140	139	红塔烟草（集团）有限责任公司	云南	10338809	697332	13266910	10888811	16837
171	140	腾讯控股有限公司	广东	10286300	2910800	15144000	12003500	30641
158	141	厦门国贸控股有限公司	福建	10261615	29919	6482291	312108	18194
156	142	太平人寿保险有限公司	上海	10224880	552800	33008946	2998828	23582
122	143	山东钢铁集团有限公司	山东	10210768	-380909	24961631	1612978	94626
104	144	武汉钢铁（集团）公司	湖北	10183092	-676904	19027441	3007180	87811
130	145	江苏悦达集团有限公司	江苏	10181297	-77167	8771599	892240	40412
152	146	四川长虹电子控股集团有限公司	四川	10149949	4617	6608875	241445	68902
126	147	兖矿集团有限公司	山东	10123468	5273	21345978	1165550	89214
188	148	阿里巴巴集团控股有限公司	浙江	10114300	7146000	36445000	21698700	34985
109	149	酒泉钢铁（集团）有限责任公司	甘肃	10085673	-616762	10646017	2282968	33647
164	150	中兴通讯股份有限公司	广东	10018639	320789	12089390	2966009	84622
137	151	中天钢铁集团有限公司	江苏	10016316	38908	4685105		13952
148	152	大冶有色金属集团控股有限公司	湖北	10012809	-48478	3506556	784512	14784
147	153	海信集团有限公司	山东	9901646	447609	10727367	3618988	57178
	154	珠海格力电器股份有限公司	广东	9774514	1253244	16169802	4752138	70838
151	155	中国东方航空集团公司	上海	9706848	312810	21482117	2178909	83846
150	156	上海电气（集团）总公司	上海	9652138	117347	20936209	3330561	44924
127	157	安徽海螺集团有限责任公司	安徽	9307035	302650	11170878	2573829	53721
159	158	红云红河烟草（集团）有限责任公司	云南	9287350	774955	9207711	6770105	12450
	159	武汉商联（集团）股份有限公司	湖北	9132400	15585	3012344	616292	55069
	160	太原钢铁（集团）有限公司	山西	9083529	-335685	12582662	2887499	42553
167	161	山东省商业集团有限公司	山东	9070000	4478	8544415	608937	53017
145	162	广厦控股集团有限公司	浙江	8971015	179036	3654151	995085	101680
169	163	北京银行	北京	8787567	1683918	184490855	11655100	13776
200	164	青山控股集团有限公司	浙江	8768949	119486	2858191	717010	14130
139	165	山西煤炭进出口集团有限公司	山西	8524164	-38059	8335518	544519	15558
199	166	广西投资集团有限公司	广西壮族自治区	8516053	305185	24228212	1895343	21921

上年名次	名次	企业名称	地区	营业收入（万元）	净利润（万元）	资产（万元）	所有者权益（万元）	从业人数
161	167	南山集团有限公司	山东	8222167	577679	10626138	4817343	46536
149	168	中国中煤能源集团有限公司	北京	8204392	-231849	29519586	5423996	109789
182	169	盛虹控股集团有限公司	江苏	8180421	63800	7718810	1070593	29601
166	170	湖北宜化集团有限责任公司	湖北	8103725	49000	7026591	957329	41737
115	171	潍柴控股集团有限公司	山东	8065115	-17405	13069174	393934	76918
185	172	浙江荣盛控股集团有限公司	浙江	8060568	37356	5626606	1217545	8890
	173	北大方正集团有限公司	北京	8051129	125335	19656046	2054162	32850
183	174	浙江省兴合集团有限责任公司	浙江	8019763	26120	3821602	349359	17823
220	175	比亚迪股份有限公司	广东	8000897	282344	11548576	3229440	196026
	176	协鑫（集团）控股有限公司	江苏	7978687	379487	13325079	2774210	30000
170	177	浙江恒逸集团有限公司	浙江	7940567	2223	3515828	569157	7886
186	178	浙江中烟工业有限责任公司	浙江	7861183	281240	4455619	3405456	3487
141	179	杭州钢铁集团公司	浙江	7769455	-212449	5976895	1167477	16949
81	180	晋能集团有限公司	山西	7702583	-48620	23387577	3998497	99732
131	181	本钢集团有限公司	辽宁	7700058	-663878	14136393	3046535	75737
179	182	陕西东岭工贸集团股份有限公司	陕西	7611371	20136	2822257	564740	10200
207	183	长城汽车股份有限公司	河北	7603314	805933	7191063	3833087	68320
	184	中国华融资产管理股份有限公司	北京	7538576	1448205	86654641	9811735	9224
181	185	三一集团有限公司	湖南	7505031	239670	10446481	2410700	19821
198	186	超威电源有限公司	浙江	7497736	37920	976639	281955	18187
201	187	广州医药集团有限公司	广东	7485668	59977	3139394	426432	35000
	188	紫金矿业集团股份有限公司	福建	7430357	165567	8391403	2753717	24875
165	189	徐州工程机械集团有限公司	江苏	7394093	3905	8074868	1442139	26322
174	190	中国中材集团有限公司	北京	7296911	37174	11761725	1036649	78449
211	191	天能电池集团有限公司	浙江	7239327	64750	1047302	305766	18127
162	192	西安迈科金属国际集团有限公司	陕西	7100414	9449	1865060	406427	320
	193	清华控股有限公司	北京	7053898	151378	20722686	1772926	68550
217	194	北京控股集团有限公司	北京	7043436	83945	21169615	2779177	77014
206	195	广西建工集团有限责任公司	广西壮族自治区	7008182	52002	4275818	561559	262611
216	196	南通三建控股有限公司	江苏	6882735	251284	2193428		106865
173	197	新希望集团有限公司	四川	6824439	237415	7549150	1667569	64625
177	198	山东黄金集团有限公司	山东	6819803	4522	7925359	1053682	25682
212	199	陕西建工集团有限公司	陕西	6810634	48627	3806804	435182	24268

上年名次	名次	企业名称	地区	营业收入（万元）	净利润（万元）	资产（万元）	所有者权益（万元）	从业人数
196	200	河北新华联合冶金控股集团有限公司	河北	6797096	152098	4710687	2272863	13033
187	201	浙江省能源集团有限公司	浙江	6795234	809073	17955286	6436291	22455
238	202	海澜集团有限公司	江苏	6718367	373547	8530882	6705741	31000
180	203	北京建龙重工集团有限公司	北京	6716959	113206	8755541	1545346	40024
175	204	湖南华菱钢铁集团有限责任公司	湖南	6679742	−267085	12276633	1223836	40108
354	205	上海均和集团有限公司	上海	6638356	7254	1228573	215199	1250
279	206	腾邦集团有限公司	广东	6594827	36015	1125871	134838	8656
239	207	厦门象屿集团有限公司	福建	6561081	38033	4834137	802979	7000
205	208	四川省宜宾五粮液集团有限公司	四川	6525087	706836	8252840	5822909	44798
208	209	河北津西钢铁集团股份有限公司	河北	6480019	−4786	3468482	901909	13325
191	210	广东省广新控股集团有限公司	广东	6425364	21599	4510973	380415	24439
202	211	湖北中烟工业有限责任公司	湖北	6405378	601589	4307922	2987489	8960
257	212	百度网络技术有限公司	北京	6403700	3366417	14785331	8025566	41467
323	213	阳光保险集团股份有限公司	北京	6394797	318176	19216872	3730204	174321
157	214	广东省广物控股集团有限公司	广东	6358918	36208	3650185	755892	10770
192	215	中国化学工程股份有限公司	北京	6353230	284179	8174640	2614010	45549
	216	中国长江三峡集团公司	北京	6351741	2217753	56337354	24598672	18960
219	217	内蒙古电力（集团）有限责任公司	内蒙古自治区	6349272	63900	8461521	3466027	36465
244	218	浪潮集团有限公司	山东	6320086	162118	2169882	747055	23864
215	219	雅戈尔集团股份有限公司	浙江	6236444	441522	7974221	2008205	46963
227	220	中天发展控股集团有限公司	浙江	6196618	152355	4476845	1138145	7146
195	221	中国诚通控股集团有限公司	北京	6190744	83151	7141172	1620851	24194
194	222	中国重型汽车集团有限公司	山东	6166359	105338	10362351	2854637	41727
203	223	上海华谊（集团）公司	上海	6139317	21039	6107968	1576780	23972
224	224	新华联集团有限公司	北京	6052763	203824	8470323	1653677	45638
221	225	无锡产业发展集团有限公司	江苏	6051933	147976	5229051	2185183	25205
233	226	内蒙古伊利实业集团股份有限公司	内蒙古自治区	6035987	463179	3963097	1998440	57971
	227	华泰集团有限公司	山东	6023778	94080	3078291	619440	10108
197	228	北京能源集团有限责任公司	北京	5976457	354474	23390151	6773750	39803
228	229	奥克斯集团有限公司	浙江	5961205	97310	3986350	1108976	20147
243	230	山东大海集团有限公司	山东	5885447	364898	2952648	1033617	6124
235	231	银亿集团有限公司	浙江	5883621	119748	6484702	921829	9686

上年名次	名次	企业名称	地区	营业收入（万元）	净利润（万元）	资产（万元）	所有者权益（万元）	从业人数
190	232	中国国际海运集装箱（集团）股份有限公司	广东	5868580	197401	10676317	2854132	60030
189	233	云天化集团有限责任公司	云南	5855820	60058	9210889	782848	25070
225	234	河北敬业企业集团有限责任公司	河北	5757368	45515	2580761	1054367	20500
218	235	杭州汽轮动力集团有限公司	浙江	5701132	1527	2867668	519595	5560
258	236	中国盐业总公司	北京	5656437	-26920	4892311	361505	29499
213	237	庞大汽贸集团股份有限公司	河北	5637498	23576	6339930	1241141	28093
254	238	湖南省建筑工程集团总公司	湖南	5569464	36380	1572058	379116	41909
247	239	万达控股集团有限公司	山东	5562545	122296	4116142	823835	13967
280	240	远大物产集团有限公司	浙江	5536429	59742	800974	147815	711
253	241	天津荣程祥泰投资控股集团有限公司	天津	5503839	18183	1306646	623355	7313
230	242	上海城建（集团）公司	上海	5503821	66390	9263379	953680	22698
229	243	河北省物流产业集团有限公司	河北	5501006	10892	1422590	242393	1810
237	244	浙江省建设投资集团有限公司	浙江	5500256	39345	4261104	277715	230045
273	245	白银有色集团股份有限公司	甘肃	5490409	11069	4509900	1122005	16590
276	246	唐山瑞丰钢铁（集团）有限公司	河北	5415448	43492	1534240	525620	16389
232	247	上海复星高科技（集团）有限公司	上海	5379286	791116	17778804	3816971	55800
281	248	中国国际技术智力合作公司	北京	5372952	25192	757393	264055	3888
250	249	江铃汽车集团公司	江西	5345286	74417	4179422	728872	35538
248	250	通威集团有限公司	四川	5321078	121688	1802457	838380	23287
234	251	山东晨鸣纸业集团股份有限公司	山东	5272957	102122	7796170	1687149	11893
	252	天津泰达投资控股有限公司	天津	5229092	69323	29831699	4341303	19277
209	253	淮北矿业（集团）有限责任公司	安徽	5224436	-141069	9348350	1067183	77203
298	254	正邦集团有限公司	江西	5203466	13562	1063882	129954	39000
204	255	中联重科股份有限公司	湖南	5194081	8347	9372302	3993660	19141
240	256	四川华西集团有限公司	四川	5171782	54341	4056026	788563	20802
251	257	盾安控股集团有限公司	浙江	5163973	64372	5369368	1114906	19000
272	258	天津一商集团有限公司	天津	5100903	10792	1060842	85893	4267
261	259	北京城建集团有限责任公司	北京	5079218	104387	11327983	1051863	20369
	260	华侨城集团公司	广东	5069295	480687	13695687	2740537	42920
282	261	中国广核集团有限公司	广东	5060433	516233	43269564	7970712	34874
241	262	重庆商社（集团）有限公司	重庆	5050052	18422	2288181	309665	98883
259	263	中南控股集团有限公司	江苏	5040637	176366	9155577	941200	50000
193	264	马钢（集团）控股有限公司	安徽	5037063	-301976	8227636	1408152	47078
268	265	红豆集团有限公司	江苏	5031064		3007093		21088

上年名次	名次	企业名称	地区	营业收入（万元）	净利润（万元）	资产（万元）	所有者权益（万元）	从业人数
291	266	山东京博控股股份有限公司	山东	5018811	110604	2662831	468424	11230
306	267	利华益集团股份有限公司	山东	5016802	120779	2918091	906662	4026
342	268	杭州锦江集团有限公司	浙江	5010179	83848	5088556	1131490	10077
310	269	九州通医药集团股份有限公司	湖北	4958925	69453	3258497	935509	12340
262	270	深圳市爱施德股份有限公司	广东	4956903	14063	1045470	446858	3030
184	271	杭州娃哈哈集团有限公司	浙江	4947540	583279	3344836	2322933	29533
242	272	深圳市大生农业集团有限公司	广东	4911064	39857	1234332	445412	3000
283	273	江阴澄星实业集团有限公司	江苏	4885450	41324	2606046	695761	5343
337	274	京东方科技集团股份有限公司	北京	4862373	163627	15259289	7748528	42837
222	275	浙江省国际贸易集团有限公司	浙江	4854702	19485	5712158	1095250	17960
289	276	冀南钢铁集团有限公司	河北	4852486	37466	2083141	749663	9408
287	277	新疆特变电工集团有限公司	新疆维吾尔自治区	4826249	230293	8875709	2728032	22782
332	278	广东温氏食品集团股份有限公司	广东	4823737	620537	3273497	2226406	44000
328	279	亨通集团有限公司	江苏	4803224	87653	3847154	733319	11951
293	280	山东海科化工集团有限公司	山东	4789504	80395	1784185	233088	3007
385	281	深圳市飞马国际供应链股份有限公司	广东	4763722	17469	2057491	239823	495
296	282	济宁如意投资有限公司	山东	4728115	146502	3249113	428613	25312
267	283	北京金隅集团有限责任公司	北京	4722959	97209	13459417	1648403	33753
318	284	安徽江淮汽车集团控股有限公司	安徽	4705129	28953	4113562	321198	35326
245	285	广东省粤电集团有限公司	广东	4674916	358390	12908303	4583723	14851
274	286	科创控股集团有限公司	四川	4674444	319937	5105778	4050290	21900
292	287	山东高速集团有限公司	山东	4656767	105409	36493037	4329899	22287
278	288	重庆建工投资控股有限责任公司	重庆	4624650	53977	6482932	393043	14462
	289	山东晨曦集团有限公司	山东	4615704	135092	4618418	1856506	6700
295	290	上海纺织（集团）有限公司	上海	4607120	53903	3219992	890150	20000
286	291	山东招金集团有限公司	山东	4548008	4936	4382247	533413	14487
308	292	华勤橡胶工业集团有限公司	山东	4505142	82420	1631842	586182	8150
297	293	上海永达控股（集团）有限公司	上海	4461424	85287	1947748	522713	10500
288	294	江苏南通二建集团有限公司	江苏	4459278	206213	2018107	964049	93967
223	295	南京钢铁集团有限公司	江苏	4457317	−174724	4209385	1035127	11715
214	296	广西柳州钢铁集团有限公司	广西壮族自治区	4446462	−189925	4028888	902437	15300
315	297	亚邦投资控股集团有限公司	江苏	4431262	129170	3285384	1160031	19005

上年名次	名次	企业名称	地区	营业收入（万元）	净利润（万元）	资产（万元）	所有者权益（万元）	从业人数
305	298	云南建工集团有限公司	云南	4423530	118935	12282665	3137221	17879
326	299	渤海银行股份有限公司	天津	4374434	568851	76423544	3555700	7020
387	300	山东科达集团有限公司	山东	4362008	134000	1319084	855595	8710
264	301	江苏三房巷集团有限公司	江苏	4357883	12388	2318904	898023	7829
357	302	稻花香集团	湖北	4355216	18368	2196500	189342	19098
319	303	德力西集团有限公司	浙江	4349427	86858	1578179	485428	21695
226	304	淮南矿业（集团）有限责任公司	安徽	4336057	-232960	15296044	1560843	99862
307	305	江苏国泰国际集团有限公司	江苏	4321837	6025	1650203	171470	11800
312	306	山东太阳控股集团有限公司	山东	4283027	32855	2808128	709857	12134
304	307	广东省广晟资产经营有限公司	广东	4263633	13218	13200409	2091222	38372
329	308	甘肃省建设投资（控股）集团总公司	甘肃	4250915	5563	3530770	512503	40518
361	309	天音通信有限公司	广东	4247523	-35632	995140	125518	5500
322	310	宁波金田投资控股有限公司	浙江	4228775	150	687982	119854	4745
314	311	江苏省苏中建设集团股份有限公司	江苏	4218852	69794	1873446	313259	83948
340	312	永辉超市股份有限公司	福建	4214483	60533	2030410	1222766	75179
349	313	云南省能源投资集团有限公司	云南	4188711	117667	7418742	2301933	8230
	314	云南锡业集团（控股）有限责任公司	云南	4187864	-249338	5257890	10030	25889
300	315	广东省丝绸纺织集团有限公司	广东	4153256	11591	1608934	186716	5163
338	316	北京外企服务集团有限责任公司	北京	4132412	15705	592195	124143	27679
334	317	广东省交通集团有限公司	广东	4131239	210705	32471797	6659623	53616
255	318	重庆龙湖企业拓展有限公司	重庆	4126402	809896	14253833	4400767	15633
309	319	广州市建筑集团有限公司	广东	4116464	21253	2381659	259137	14046
327	320	徐州矿务集团有限公司	江苏	4106704	-74281	5192430	1409421	50852
353	321	广州轻工工贸集团有限公司	广东	4105394	26658	1533982	520053	6802
345	322	宝塔石化集团有限公司	宁夏回族自治区	4093101	65143	5656968	1975291	15000
271	323	中国恒天集团有限公司	北京	4087670	22791	7408678	1155544	46920
311	324	四川宏达（集团）有限公司	四川	4055914	89614	4835761	1595824	20876
320	325	四川省川威集团有限公司	四川	4052782	-128244	4103654	267558	13664
352	326	正泰集团股份有限公司	浙江	4051877	110440	4166228	793400	30073
176	327	珠海振戎公司	北京	4032858	-33131	576902	163355	121
236	328	玖隆钢铁物流有限公司	江苏	4018247	8919	381437	146600	308
299	329	吉林亚泰（集团）股份有限公司	吉林	3999845	-18959	5379010	1150157	26764
	330	深圳市怡亚通供应链股份有限公司	广东	3993867	49243	3281347	504435	14753

上年名次	名次	企业名称	地区	营业收入（万元）	净利润（万元）	资产（万元）	所有者权益（万元）	从业人数
333	331	合肥百货大楼集团股份有限公司	安徽	3922800	26234	829493	337734	8280
339	332	四川科伦实业集团有限公司	四川	3920979	71982	2615589	1163654	24056
344	333	广东圣丰集团有限公司	广东	3917185	255300	2595076	1499276	18036
	334	江苏汇鸿国际集团股份有限公司	江苏	3914010	76258	3144872	750847	3625
	335	中华联合保险控股股份有限公司	北京	3887622	222652	5493765	1295826	38548
265	336	江苏华西集团公司	江苏	3887596	128751	5419262	1473914	20445
391	337	天津纺织集团（控股）有限公司	天津	3881846	8119	2061337	445236	8626
335	338	双胞胎（集团）股份有限公司	江西	3861761	12560	813105	125600	7200
331	339	北京首都旅游集团有限责任公司	北京	3851700	-43428	5268131	1110656	59735
367	340	中基宁波集团股份有限公司	浙江	3842756	11377	811737	59747	1558
386	341	山东天信集团有限公司	山东	3832286	167343	1079775	552897	4518
394	342	郑州宇通集团有限公司	河南	3819932	330025	4619144	989831	20394
	343	天津宝迪农业科技股份有限公司	天津	3814061	99034	1868225	806661	6053
	344	海通证券股份有限公司	上海	3808627	1583885	57644889	10769454	9024
263	345	浙江桐昆控股集团有限公司	浙江	3797275	16528	1800939	441302	16704
	346	嘉晨集团有限公司	辽宁	3786000	88418	3060317	1978603	11050
346	347	浙江中成控股集团有限公司	浙江	3763391	73386	1498582	601149	52010
324	348	天津市医药集团有限公司	天津	3734912		6706758		20391
375	349	宁夏天元锰业有限公司	宁夏回族自治区	3727961	597	4599071	993095	20062
277	350	安阳钢铁集团有限责任公司	河南	3714061	-115425	4438236	300733	25548
	351	重庆农村商业银行股份有限公司	重庆	3700225	722330	71680522	4676274	16182
359	352	安徽建工集团有限公司	安徽	3698666	27878	3962214	200090	14485
350	353	贵州中烟工业有限责任公司	贵州	3675164	273361	2459487	1722059	8950
372	354	重庆市金科投资控股（集团）有限责任公司	重庆	3654399	69625	10510808	311808	10428
	355	南通四建集团有限公司	江苏	3643345	248227	784739	272398	41337
351	356	中国贵州茅台酒厂（集团）有限责任公司	贵州	3635788	1116707	10931358	6235729	24397
260	357	广西北部湾国际港务集团有限公司	广西壮族自治区	3633746	-27651	6763883	1552081	10799
408	358	隆鑫控股有限公司	重庆	3623555	58794	5530412	1049116	14830
378	359	长春欧亚集团股份有限公司	吉林	3617802	32436	1569768	186872	7930
384	360	杉杉控股有限公司	浙江	3602365	47216	3188500	526605	7275
358	361	重庆市能源投资集团有限公司	重庆	3600784	-20728	9991937	2122630	58528
399	362	江西省建工集团有限责任公司	江西	3598741	44298	2555176	174225	3151

上年名次	名次	企业名称	地区	营业收入（万元）	净利润（万元）	资产（万元）	所有者权益（万元）	从业人数
341	363	重庆化医控股（集团）公司	重庆	3591804	-39397	7360688	1085018	33226
355	364	江苏阳光集团有限公司	江苏	3574009	193267	2114528	1062499	17541
371	365	老凤祥股份有限公司	上海	3571237	111735	1156012	454240	2629
301	366	昆明钢铁控股有限公司	云南	3568263	-303456	5667462	1172594	18566
369	367	浙江省交通投资集团有限公司	浙江	3520031	93713	19101455	3133201	22973
290	368	天津港（集团）有限公司	天津	3507588	-8601	13600790	2567273	16340
370	369	山东金岭集团有限公司	山东	3480577	159907	1081831	675071	3960
381	370	人民电器集团有限公司	浙江	3480507	130028	921398	575677	23800
374	371	山东胜通集团股份有限公司	山东	3461245	394230	2178221	1103387	7500
376	372	山东时风（集团）有限责任公司	山东	3419957	116812	972219	768491	20802
364	373	山西建筑工程（集团）总公司	山西	3407099	14753	3603357	87902	24080
395	374	重庆力帆控股有限公司	重庆	3398824	63812	5037130	1189539	15100
316	375	广西玉柴机器集团有限公司	广西	3392300	46652	3271976	1121377	21591
246	376	中国港中旅集团公司	北京	3386730	49787	10064492	1062203	31503
	377	四川蓝润实业集团有限公司	四川	3381460	275496	3773738	2131152	3200
303	378	江苏新长江实业集团有限公司	江苏	3381335		2795182		9343
481	379	广州越秀集团有限公司	广东	3376435	191299	34207525	2059567	13172
365	380	北京建工集团有限责任公司	北京	3369624	42111	5611232	673120	20304
490	381	浙江前程投资股份有限公司	浙江	3367880	236	666021	88433	632
433	382	世纪金源投资集团有限公司	北京	3367531	332023	10765865	2999031	20360
396	383	山东金诚石化集团有限公司	山东	3365179	80638	528462	439326	2000
422	384	大汉控股集团有限公司	湖南	3363883	54760	1218165	399834	2653
	385	广发证券股份有限公司	广东	3344664	1320101	41009701	7751927	9789
402	386	创维集团有限公司	广东	3342900	109299	3348833	689563	29000
380	387	天狮集团有限公司	天津	3320985	339736	1237939	980157	8313
413	388	西部矿业集团有限公司	青海	3307123	-79306	4471330	258472	9427
432	389	山东玉皇化工有限公司	山东	3291689	84703	2161468	682827	5706
434	390	太极集团有限公司	重庆	3290472	50805	1211079	215105	12188
382	391	四川德胜集团钒钛有限公司	四川	3288253		2760842		13630
383	392	石家庄北国人百集团有限责任公司	河北	3280115	39716	1063619	273134	48124
393	393	申能（集团）有限公司	上海	3278680	294244	14579503	7887194	10433
403	394	河北建设集团有限公司	河北	3266530	53782	1807682	239252	6098
445	395	三河汇福粮油集团有限公司	河北	3244800	52023	1423879	296823	3000

上年名次	名次	企业名称	地区	营业收入（万元）	净利润（万元）	资产（万元）	所有者权益（万元）	从业人数
343	396	内蒙古伊泰集团有限公司	内蒙古自治区	3243615	6698	10526071	1765843	7329
321	397	包头钢铁（集团）有限责任公司	内蒙古自治区	3229003	-1028794	16152167	417597	59996
424	398	新奥能源控股有限公司	河北	3206300	203600	4701900	1346800	28317
388	399	江苏金辉铜业集团有限公司	江苏	3169800	22018	574589	373114	650
347	400	天瑞集团股份有限公司	河南	3153583	105157	6303001	2611106	16845
313	401	日照钢铁控股集团有限公司	山东	3147573	11450	7863540	1397296	14243
444	402	卓尔控股有限公司	湖北	3139470	242740	4763182	3388726	3010
450	403	福建省能源集团有限责任公司	福建	3138533	167134	5521307	1265814	31760
392	404	西王集团有限公司	山东	3123063	30538	3816229	1190985	16000
410	405	沂州集团有限公司	山东	3108066	23116	1118344	348318	5090
409	406	浙江昆仑控股集团有限公司	浙江	3106717	63359	1571505	472984	34012
	407	步步高投资集团股份有限公司	湖南	3101749	27561	1220770	492371	17017
496	408	北京首都创业集团有限公司	北京	3099452	29476	22317734	1161607	24475
436	409	弘阳集团有限公司	江苏	3077826	149223	3550573	1167663	3004
459	410	四川公路桥梁建设集团有限公司	四川	3062241	108007	5298170	730726	11794
	411	晶科能源有限公司	江西	3056129	301891	1694541	701383	19432
401	412	湖南博长控股集团有限公司	湖南	3051172	4379	986826	154600	7528
416	413	山河建设集团有限公司	湖北	3048533	104496	709361	381137	61367
	414	深圳市信利康供应链管理有限公司	广东	3044691	6337	1586325	70871	539
	415	金浦投资控股集团有限公司	江苏	3039305	25285	1981887	338555	9300
452	416	山东渤海实业股份有限公司	山东	3033890	9479	1368837	248197	3665
453	417	维维集团股份有限公司	江苏	3031828	161971	1977905	1254548	20615
435	418	宁波富邦控股集团有限公司	浙江	3030961	48879	3899461	469944	9048
368	419	北京市政路桥集团有限公司	北京	3011711	41014	3893531	432572	16780
	420	新疆金风科技股份有限公司	新疆维吾尔自治区	3006210	284950	5257240	1676145	6581
463	421	北京住总集团有限责任公司	北京	3005104	28552	5127189	457708	11350
317	422	陕西汽车控股集团有限公司	陕西	3001938	-2888	3652066	341987	28225
417	423	东营方圆有色金属有限公司	山东	3000268	94227	1674273	789112	967
414	424	双良集团有限公司	江苏	2993807	51083	2732478	724040	5022
443	425	浙江宝业建设集团有限公司	浙江	2983568	34553	570697	229266	3850
418	426	河北普阳钢铁有限公司	河北	2982913	69256	1308132	790699	7236

上年名次	名次	企业名称	地区	营业收入（万元）	净利润（万元）	资产（万元）	所有者权益（万元）	从业人数
429	427	河北新金钢铁有限公司	河北	2975961	58591	1057405	457911	5348
438	428	东营鲁方金属材料有限公司	山东	2972611	97437	1119261	419076	1610
447	429	广东省建筑工程集团有限公司	广东	2969028	31124	2226178	562145	25334
421	430	武安市裕华钢铁有限公司	河北	2965833	57478	1810367	854999	10856
474	431	远东控股集团有限公司	江苏	2951208	19023	2321197	323083	10467
431	432	上海国际港务（集团）股份有限公司	上海	2951083	656245	9851492	5960820	18338
356	433	山西省国新能源发展集团有限公司	山西	2916979	769	3275931	199208	15455
451	434	金东纸业（江苏）股份有限公司	江苏	2916853	99327	6345994	1779144	10628
419	435	安徽国贸集团控股有限公司	安徽	2915157	9852	3425625	299100	6709
404	436	波司登股份有限公司	江苏	2908523	206706	2526108	1572578	24693
456	437	法尔胜泓昇集团有限公司	江苏	2900390	53103	1678079	505040	9074
440	438	辽宁日林实业集团有限公司	辽宁	2898917	110502	6994590	1000444	24511
430	439	青岛钢铁控股集团有限责任公司	山东	2886532	665	1859159	273507	7750
462	440	晶龙实业集团有限公司	河北	2882240	127090	3326359	1707599	25700
473	441	广州农村商业银行股份有限公司	广东	2872255	500102	58280720	3377795	8010
427	442	福建中烟工业有限责任公司	福建	2869133	167956	2861154	1972472	8542
455	443	华芳集团有限公司	江苏	2864746	18906	997717	484136	14438
461	444	洪业化工集团股份有限公司	山东	2858644	168026	2272697	876248	9300
487	445	威高集团有限公司	山东	2851131	281272	2854866	1832752	19564
497	446	宜昌兴发集团有限责任公司	湖北	2850201	7091	2867867	377908	9564
478	447	杭州华东医药集团有限公司	浙江	2839662	187608	1906062	701574	10184
437	448	广州万宝集团有限公司	广东	2834469	25212	1715273	256920	15723
	449	武安市文安钢铁有限公司	河北	2823973	49762	686342	515620	5127
411	450	奇瑞汽车股份有限公司	安徽	2805540	17264	6849253	1722763	14143
471	451	武安市明芳钢铁有限公司	河北	2797137	56672	537234	380680	8000
366	452	唐山港陆钢铁有限公司	河北	2794399	7101	1622941	584259	8615
466	453	哈尔滨电气集团公司	黑龙江	2794148	14325	6976806	1169069	28781
470	454	天津银行股份有限公司	天津	2791035	491644	56566773	3302365	6092
397	455	重庆机电控股（集团）公司	重庆	2779228	72237	3828179	958147	30259
449	456	河南豫光金铅集团有限责任公司	河南	2771640	-2025	1403368	65208	6305
446	457	龙信建设集团有限公司	江苏	2770016		700119		32032
373	458	江苏扬子江船业集团公司	江苏	2768840	276501	7852839	3224726	18986
439	459	泸州老窖集团有限责任公司	四川	2767740	108009	13623614	671137	23245
460	460	天元建设集团有限公司	山东	2766325	52775	2144332	478990	8828

上年名次	名次	企业名称	地区	营业收入（万元）	净利润（万元）	资产（万元）	所有者权益（万元）	从业人数
425	461	青岛啤酒股份有限公司	山东	2763469	171313	2850059	1645806	43066
412	462	河北建工集团有限责任公司	河北	2760579	2257	1118635	108238	6514
	463	卧龙控股集团有限公司	浙江	2735584	100086	2436657	586364	16208
488	464	天津房地产集团有限公司	天津	2734726	17099	17853241	494863	3319
465	465	澳洋集团有限公司	江苏	2730149	43258	1385632	276385	11097
484	466	苏州创元投资发展（集团）有限公司	江苏	2727950	99417	2403368	824041	18574
407	467	浙江龙盛控股有限公司	浙江	2724673	255135	2820322	1422483	8682
467	468	新疆生产建设兵团建设工程（集团）有限责任公司	新疆维吾尔自治区	2713168	48471	2958753	605489	16950
494	469	精功集团有限公司	浙江	2709184	55111	3521746	613737	15174
336	470	浙江省商业集团有限公司	浙江	2708020	-97986	6997776	207757	13222
	471	安徽省交通控股集团有限公司	安徽	2702205	170541	20757318	5830981	27841
	472	山东九羊集团有限公司	山东	2702077	297	1404975	754819	10126
	473	淄博矿业集团有限责任公司	山东	2689922	70917	4393563	1446342	25166
398	474	安徽省皖北煤电集团有限责任公司	安徽	2687318	-108491	5289217	35648	44708
	475	厦门金龙汽车集团股份有限公司	福建	2683490	53520	2538152	387909	17474
454	476	凌源钢铁集团有限责任公司	辽宁	2678583	-75036	3173829	494988	11713
360	477	新余钢铁集团有限公司	江西	2666030	-124718	3103806	541828	24152
480	478	重庆轻纺控股（集团）公司	重庆	2656582	25408	2823672	578526	22142
377	479	山东泰山钢铁集团有限公司	山东	2652281	20242	1357544	243406	8658
426	480	福佳集团有限公司	辽宁	2638921	86967	5128548	2506096	3326
	481	中国银河证券股份有限公司	北京	2625995	983551	30065555	5691357	10091
498	482	北京二商集团有限责任公司	北京	2617743	25973	1547757	444721	14526
400	483	天津友发钢管集团股份有限公司	天津	2616643		551592		8249
	484	珠海华发集团有限公司	广东	2613290	40166	15750509	1878332	11270
428	485	广东格兰仕集团有限公司	广东	2607792	-9507	1856911	470172	29069
	486	广西盛隆冶金有限公司	广西壮族自治区	2572506	14890	1385542	637841	7500
	487	五得利面粉集团有限公司	河北	2568657	81499	486905	463923	5000
	488	广东海大集团股份有限公司	广东	2556740	77998	818467	500061	12052
	489	中科电力装备集团有限公司	安徽	2552260	8890	820255	83327	2459
	490	登封电厂集团有限公司	河南	2549501	17920	2357281	565755	13906
420	491	成都建筑工程集团总公司	四川	2530047	19704	4288006	687492	110151
475	492	旭阳控股有限公司	北京	2525870	12873	2967758	430241	5915

上年名次	名次	企业名称	地区	营业收入（万元）	净利润（万元）	资产（万元）	所有者权益（万元）	从业人数
	493	研祥高科技控股集团有限公司	广东	2503735	263362	2286301	1383532	5300
	494	广州国资发展控股有限公司	广东	2498994	94126	5135151	1768561	12148
	495	安徽新华发行（集团）控股有限公司	安徽	2498904	64323	2261638	548403	5008
	496	富海集团有限公司	山东	2496233	118377	1559410	688210	3569
485	497	万基控股集团有限公司	河南	2493071	-64045	2639593	91394	12833
483	498	山东汇丰石化集团有限公司	山东	2474562	26513	747105	234822	2070
405	499	福建省三钢（集团）有限责任公司	福建	2460672	-108185	2258008	520717	17727
	500	北京粮食集团有限责任公司	北京	2434592	15140	1845497	444000	6548
		合计		5946230651	274023638	22327216072	2854358650	31578736

说　明

1. 2016 中国企业 500 强是中国企业联合会、中国企业家协会参照国际惯例，组织企业自愿申报，并经专家审定确认后产生的。申报企业包括在中国境内注册、2015 年实现营业收入达到 200 亿元的企业（不包括行政性公司和资产经营公司，不包括在华外资、港澳台独资、控股企业，也不包括行政性公司、政企合一的单位以及各类资产经营公司，但包括在境外注册、投资主体为中国自然人或法人、主要业务在境内，属于我国银监会、保监会和各级国资委监管的企业），都有资格申报参加排序。属于集团公司的控股子公司或相对控股子公司，由于其财务报表最后能被合并到集团母公司的财务会计报表中去，因此只允许其母公司申报。

2. 表中所列数据由企业自愿申报或属于上市公司公开数据，并经会计师事务所或审计师事务所等单位认可。

3. 营业收入是 2015 年不含增值税的收入，包括企业的所有收入，即主营业务和非主营业务、境内和境外的收入。商业银行的营业收入为 2015 年利息收入和非利息营业收入之和（不减掉对应的支出）。保险公司的营业收入是 2015 年保险费和年金收入扣除储蓄的资本收益或损失。净利润是 2015 年上交所得税的净利润扣除少数股东权益后的所有者的净利润。资产是 2015 年年度末的资产总额。所有者权益是 2015 年年末所有者权益总额扣除少数股东权益后的母公司所有者权益。研究开发费用是 2015 年企业投入研究开发的所有费用。从业人数是 2015 年度的平均人数（含所有被合并报表企业的人数）。

4. 行业分类参照了国家统计局的分类方法，依据其主营业务收入所在行业来划分；地区分类是按企业总部所在地划分。

表 8-2　2016 中国企业 500 强新上榜企业名单

名次	企业名称	地区	营业收入（万元）	净利润（万元）	资产（万元）	所有者权益（万元）	从业人数
20	中国兵器装备集团公司	北京	44041718	935088	39187535	5101762	238287
53	中国中车集团公司	北京	24373283	575442	32810214	5758022	189388
59	中国远洋海运集团有限公司	上海	22426441	861289	59347360	18333648	125759
83	中国船舶工业集团公司	北京	18973172	275184	26756410	5951816	71257
86	万科企业股份有限公司	广东	18431705	1811941	61129557	10018352	42295
98	中国电子科技集团公司	北京	16597360	1028687	22065885	9650641	140493
111	万洲国际有限公司	河南	13772276	510397	9286497	3742262	105000
154	珠海格力电器股份有限公司	广东	9774514	1253244	16169802	4752138	70838
159	武汉商联（集团）股份有限公司	湖北	9132400	15585	3012344	616292	55069
160	太原钢铁（集团）有限公司	山西	9083529	-335685	12582662	2887499	42553
173	北大方正集团有限公司	北京	8051129	125335	19656046	2054162	32850
176	协鑫（集团）控股有限公司	江苏	7978687	379487	13325079	2774210	30000
184	中国华融资产管理股份有限公司	北京	7538576	1448205	86654641	9811735	9224
188	紫金矿业集团股份有限公司	福建	7430357	165567	8391403	2753717	24875
193	清华控股有限公司	北京	7053898	151378	20722686	1772926	68550
216	中国长江三峡集团公司	北京	6351741	2217753	56337354	24598672	18960
227	华泰集团有限公司	山东	6023778	94080	3078291	619440	10108
252	天津泰达投资控股有限公司	天津	5229092	69323	29831699	4341303	19277
260	华侨城集团公司	广东	5069295	480687	13695687	2740537	42920
289	山东晨曦集团有限公司	山东	4615704	135092	4618418	1856506	6700
314	云南锡业集团（控股）有限责任公司	云南	4187864	-249338	5257890	10030	25889
330	深圳市怡亚通供应链股份有限公司	广东	3993867	49243	3281347	504435	14753
334	江苏汇鸿国际集团股份有限公司	江苏	3914010	76258	3144872	750847	3625
335	中华联合保险控股股份有限公司	北京	3887622	222652	5493765	1295826	38548
343	天津宝迪农业科技股份有限公司	天津	3814061	99034	1868225	806661	6053
344	海通证券股份有限公司	上海	3808627	1583885	57644889	10769454	9024
346	嘉晨集团有限公司	辽宁	3786000	88418	3060317	1978603	11050
351	重庆农村商业银行股份有限公司	重庆	3700225	722330	71680522	4676274	16182
355	南通四建集团有限公司	江苏	3643345	248227	784739	272398	41337
377	四川蓝润实业集团有限公司	四川	3381460	275496	3773738	2131152	3200
385	广发证券股份有限公司	广东	3344664	1320101	41009701	7751927	9789
407	步步高投资集团股份有限公司	湖南	3101749	27561	1220770	492371	17017
411	晶科能源有限公司	江西	3056129	301891	1694541	701383	19432

名次	企业名称	地区	营业收入（万元）	净利润（万元）	资产（万元）	所有者权益（万元）	从业人数
414	深圳市信利康供应链管理有限公司	广东	3044691	6337	1586325	70871	539
415	金浦投资控股集团有限公司	江苏	3039305	25285	1981887	338555	9300
420	新疆金风科技股份有限公司	新疆维吾尔自治区	3006210	284950	5257240	1676145	6581
449	武安市文安钢铁有限公司	河北	2823973	49762	686342	515620	5127
463	卧龙控股集团有限公司	浙江	2735584	100086	2436657	586364	16208
471	安徽省交通控股集团有限公司	安徽	2702205	170541	20757318	5830981	27841
472	山东九羊集团有限公司	山东	2702077	297	1404975	754819	10126
473	淄博矿业集团有限责任公司	山东	2689922	70917	4393563	1446342	25166
475	厦门金龙汽车集团股份有限公司	福建	2683490	53520	2538152	387909	17474
481	中国银河证券股份有限公司	北京	2625995	983551	30065555	5691357	10091
484	珠海华发集团有限公司	广东	2613290	40166	15750509	1878332	11270
486	广西盛隆冶金有限公司	广西壮族自治区	2572506	14890	1385542	637841	7500
487	五得利面粉集团有限公司	河北	2568657	81499	486905	463923	5000
488	广东海大集团股份有限公司	广东	2556740	77998	818467	500061	12052
489	中科电力装备集团有限公司	安徽	2552260	8890	820255	83327	2459
490	登封电厂集团有限公司	河南	2549501	17920	2357281	565755	13906
493	研祥高科技控股集团有限公司	广东	2503735	263362	2286301	1383532	5300
494	广州国资发展控股有限公司	广东	2498994	94126	5135151	1768561	12148
495	安徽新华发行（集团）控股有限公司	安徽	2498904	64323	2261638	548403	5008
496	富海集团有限公司	山东	2496233	118377	1559410	688210	3569
500	北京粮食集团有限责任公司	北京	2434592	15140	1845497	444000	6548

表 8-3　2016 中国企业 500 强各行业企业分布

排名	企业名称	总排名	营业收入（万元）
农业、渔业、畜牧业及林业			
1	黑龙江北大荒农垦集团总公司	116	13133564
	合计		13133564
煤炭采掘及采选业			
1	冀中能源集团有限责任公司	55	23765521
2	神华集团有限责任公司	56	23636609
3	大同煤矿集团有限责任公司	71	20067736
4	山西焦煤集团有限责任公司	78	19505866
5	陕西煤业化工集团有限责任公司	82	19061424
6	山西潞安矿业（集团）有限责任公司	89	18000056
7	阳泉煤业（集团）有限责任公司	90	17790823
8	山西晋城无烟煤矿业集团有限责任公司	93	17327294
9	开滦（集团）有限责任公司	94	17168806
10	河南能源化工集团有限责任公司	101	16024564
11	山东能源集团有限公司	103	15796767
12	中国平煤神马能源化工集团有限责任公司	106	14683995
13	兖矿集团有限公司	147	10123468
14	中国中煤能源集团有限公司	168	8204392
15	淮北矿业（集团）有限责任公司	253	5224436
16	淮南矿业（集团）有限责任公司	304	4336057
17	徐州矿务集团有限公司	320	4106704
18	四川宏达（集团）有限公司	324	4055914
19	内蒙古伊泰集团有限公司	396	3243615
20	淄博矿业集团有限责任公司	473	2689922
21	安徽省皖北煤电集团有限责任公司	474	2687318
	合计		267501287
石油、天然气开采及生产业			
1	中国石油天然气集团公司	2	188073616
2	中国海洋石油总公司	22	42607860
3	陕西延长石油（集团）有限责任公司	61	22089657
	合计		252771133
建筑业			
1	中国建筑股份有限公司	6	88057713
2	中国铁路工程总公司	13	62488857
3	中国铁道建筑总公司	14	60111385
4	太平洋建设集团有限公司	19	45905631
5	中国交通建设集团有限公司	23	42585682
6	中国电力建设集团有限公司	43	28661193
7	中国冶金科工集团有限公司	60	22192950
8	中国能源建设集团有限公司	66	20878859
9	上海建工集团股份有限公司	119	12543070
10	广厦控股集团有限公司	162	8971015
11	广西建工集团有限责任公司	195	7008182
12	南通三建控股有限公司	196	6882735
13	陕西建工集团有限公司	199	6810634
14	中国化学工程股份有限公司	215	6353230
15	中国长江三峡集团公司	216	6351741
16	中天发展控股集团有限公司	220	6196618
17	湖南省建筑工程集团总公司	238	5569464
18	上海城建（集团）公司	242	5503821
19	浙江省建设投资集团有限公司	244	5500256
20	四川华西集团有限公司	256	5171782
21	北京城建集团有限责任公司	259	5079218
22	中南控股集团有限公司	263	5040637
23	重庆建工投资控股有限责任公司	288	4624650
24	江苏南通二建集团有限公司	294	4459278
25	云南建工集团有限公司	298	4423530
26	山东科达集团有限公司	300	4362008
27	甘肃省建设投资（控股）集团总公司	308	4250915
28	江苏省苏中建设集团股份有限公司	311	4218852
29	广州市建筑集团有限公司	319	4116464
30	浙江中成控股集团有限公司	347	3763391
31	安徽建工集团有限公司	352	3698666
32	南通四建集团有限公司	355	3643345
33	江西省建工集团有限责任公司	362	3598741
34	山西建筑工程（集团）总公司	373	3407099
35	北京建工集团有限责任公司	380	3369624
36	河北建设集团有限公司	394	3266530
37	浙江昆仑控股集团有限公司	406	3106717
38	四川公路桥梁建设集团有限公司	410	3062241
39	山河建设集团有限公司	413	3048533
40	北京市政路桥集团有限公司	419	3011711
41	北京住总集团有限责任公司	421	3005104
42	浙江宝业建设集团有限公司	425	2983568
43	广东省建筑工程集团有限公司	429	2969028
44	龙信建设集团有限公司	457	2770016
45	天元建设集团有限公司	460	2766325
46	河北建工集团有限责任公司	462	2760579
47	新疆生产建设兵团建设工程（集团）有限责任公司	468	2713168
48	成都建筑工程集团总公司	491	2530047
	合计		553794803

排名	企业名称	总排名	营业收入（万元）
电力生产业			
1	中国华能集团公司	47	26822627
2	中国华电集团公司	77	19756174
3	国家电力投资集团公司	79	19240381
4	中国国电集团公司	81	19177018
5	中国大唐集团公司	97	16616058
6	内蒙古电力（集团）有限责任公司	217	6349272
7	中国广核集团有限公司	261	5060433
8	广东省粤电集团有限公司	285	4674916
9	登封电厂集团有限公司	490	2549501
	合计		120246380
农副食品及农产品加工业			
1	新希望集团有限公司	197	6824439
2	通威集团有限公司	250	5321078
3	正邦集团有限公司	254	5203466
4	广东温氏食品集团股份有限公司	278	4823737
5	双胞胎（集团）股份有限公司	338	3861761
6	天津宝迪农业科技股份有限公司	343	3814061
7	三河汇福粮油集团有限公司	395	3244800
8	西王集团有限公司	404	3123063
9	山东渤海实业股份有限公司	416	3033890
10	五得利面粉集团有限公司	487	2568657
11	广东海大集团股份有限公司	488	2556740
	合计		44375692
食品加工制造业			
1	光明食品（集团）有限公司	105	14755461
2	中国盐业总公司	236	5656437
3	天狮集团有限公司	387	3320985
4	北京二商集团有限责任公司	482	2617743
	合计		26350626
乳制品加工业			
1	内蒙古伊利实业集团股份有限公司	226	6035987
	合计		6035987
饮料加工业			
1	杭州娃哈哈集团有限公司	271	4947540
2	维维集团股份有限公司	417	3031828
	合计		7979368
酿酒制造业			
1	四川省宜宾五粮液集团有限公司	208	6525087
2	稻花香集团	302	4355216
3	中国贵州茅台酒厂（集团）有限责任公司	356	3635788
4	泸州老窖集团有限责任公司	459	2767740
5	青岛啤酒股份有限公司	461	2763469
	合计		20047300
烟草加工业			
1	上海烟草集团有限责任公司	115	13183197
2	红塔烟草（集团）有限责任公司	139	10338809
3	红云红河烟草（集团）有限责任公司	158	9287350
4	浙江中烟工业有限责任公司	178	7861183
5	湖北中烟工业有限责任公司	211	6405378
6	贵州中烟工业有限责任公司	353	3675164
7	福建中烟工业有限责任公司	442	2869133
	合计		53620214
纺织、印染业			
1	山东魏桥创业集团有限公司	37	33323772
2	山东大海集团有限公司	230	5885447
3	济宁如意投资有限公司	282	4728115
4	天津纺织集团（控股）有限公司	337	3881846
5	江苏阳光集团有限公司	364	3574009
6	华芳集团有限公司	443	2864746
7	澳洋集团有限公司	465	2730149
	合计		56988084
纺织品、服装、鞋帽、服饰加工			
1	海澜集团有限公司	202	6718367
2	雅戈尔集团股份有限公司	219	6236444
3	红豆集团有限公司	265	5031064
4	杉杉控股有限公司	360	3602365
5	波司登股份有限公司	436	2908523
	合计		24496763
肉食品加工业			
1	万洲国际有限公司	111	13772276
	合计		13772276
造纸及纸制品加工业			
1	山东大王集团有限公司	126	11269181
2	华泰集团有限公司	227	6023778
3	山东晨鸣纸业集团股份有限公司	251	5272957
4	山东太阳控股集团有限公司	306	4283027
5	金东纸业（江苏）股份有限公司	434	2916853
	合计		29765796

排名	企业名称	总排名	营业收入（万元）
生活用品加工业			
1	天津渤海轻工投资集团有限公司	138	10381541
2	老凤祥股份有限公司	365	3571237
	合计		13952778

排名	企业名称	总排名	营业收入（万元）
石化产品、炼焦及其他燃料生产加工业			
1	中国石油化工集团公司	3	184977795
2	山东京博控股股份有限公司	266	5018811
3	利华益集团股份有限公司	267	5016802
4	山东海科化工集团有限公司	280	4789504
5	山东晨曦集团有限公司	289	4615704
6	宝塔石化集团有限公司	322	4093101
7	嘉晨集团有限公司	346	3786000
8	山东金诚石化集团有限公司	383	3365179
9	旭阳控股有限公司	492	2525870
10	富海集团有限公司	496	2496233
11	山东汇丰石化集团有限公司	498	2474562
	合计		223159561

排名	企业名称	总排名	营业收入（万元）
化学原料及化学制品制造业			
1	中国化工集团公司	51	26025252
2	天津渤海化工集团有限责任公司	131	11008975
3	湖北宜化集团有限责任公司	170	8103725
4	上海华谊（集团）公司	223	6139317
5	云天化集团有限责任公司	233	5855820
6	江阴澄星实业集团有限公司	273	4885450
7	亚邦投资控股集团有限公司	297	4431262
8	山东金岭集团有限公司	369	3480577
9	金浦投资控股集团有限公司	415	3039305
10	洪业化工集团股份有限公司	444	2858644
11	宜昌兴发集团有限责任公司	446	2850201
12	浙江龙盛控股有限公司	467	2724673
	合计		81403201

排名	企业名称	总排名	营业收入（万元）
医药、医疗设备制造业			
1	上海医药集团股份有限公司	133	10551659
2	广州医药集团有限公司	187	7485668
3	科创控股集团有限公司	286	4674444
4	四川科伦实业集团有限公司	332	3920979
5	天津市医药集团有限公司	348	3734912
6	太极集团有限公司	390	3290472
7	威高集团有限公司	445	2851131
8	杭州华东医药集团有限公司	447	2839662
	合计		39348927

排名	企业名称	总排名	营业收入（万元）
化学纤维制造业			
1	恒力集团有限公司	65	21207961
2	盛虹控股集团有限公司	169	8180421
3	浙江荣盛控股集团有限公司	172	8060568
4	浙江恒逸集团有限公司	177	7940567
5	江苏三房巷集团有限公司	301	4357883
6	浙江桐昆控股集团有限公司	345	3797275
	合计		53544675

排名	企业名称	总排名	营业收入（万元）
橡胶制品业			
1	华勤橡胶工业集团有限公司	292	4505142
2	山东胜通集团股份有限公司	371	3461245
3	山东玉皇化工有限公司	389	3291689
4	重庆轻纺控股（集团）公司	478	2656582
	合计		13914658

排名	企业名称	总排名	营业收入（万元）
建筑材料及玻璃等制造业			
1	中国建筑材料集团有限公司	74	19925009
2	安徽海螺集团有限责任公司	157	9307035
3	中国中材集团有限公司	190	7296911
4	北京金隅集团有限责任公司	283	4722959
5	吉林亚泰（集团）股份有限公司	329	3999845
6	天瑞集团股份有限公司	400	3153583
7	沂州集团有限公司	405	3108066
	合计		51513408

排名	企业名称	总排名	营业收入（万元）
黑色冶金及压延加工业			
1	河钢集团有限公司	44	28446842
2	宝钢集团有限公司	57	23005904
3	江苏沙钢集团有限公司	69	20582346
4	新兴际华集团有限公司	70	20466604
5	首钢总公司	112	13520063
6	鞍钢集团公司	118	12970755
7	山东钢铁集团有限公司	143	10210768
8	武汉钢铁（集团）公司	144	10183092
9	酒泉钢铁（集团）有限责任公司	149	10085673
10	中天钢铁集团有限公司	151	10016316
11	太原钢铁（集团）有限公司	160	9083529
12	青山控股集团有限公司	164	8768949
13	杭州钢铁集团公司	179	7769455
14	本钢集团有限公司	181	7700058
15	陕西东岭工贸集团股份有限公司	182	7611371
16	河北新华联合冶金控股集团有限公司	200	6797096
17	北京建龙重工集团有限公司	203	6716959
18	湖南华菱钢铁集团有限责任公司	204	6679742

排名	企业名称	总排名	营业收入（万元）
19	河北津西钢铁集团股份有限公司	209	6480019
20	河北敬业企业集团有限责任公司	234	5757368
21	天津荣程祥泰投资控股集团有限公司	241	5503839
22	唐山瑞丰钢铁（集团）有限公司	246	5415448
23	马钢（集团）控股有限公司	264	5057063
24	冀南钢铁集团有限公司	276	4852486
25	南京钢铁集团有限公司	295	4457317
26	广西柳州钢铁集团有限公司	296	4446462
27	四川省川威集团有限公司	325	4052782
28	安阳钢铁集团有限责任公司	350	3714061
29	昆明钢铁控股有限公司	366	3568263
30	江苏新长江实业集团有限公司	378	3381335
31	四川德胜集团钒钛有限公司	391	3288253
32	包头钢铁（集团）有限责任公司	397	3229003
33	日照钢铁控股集团有限公司	401	3147573
34	湖南博长控股集团有限公司	412	3051172
35	河北普阳钢铁有限公司	426	2982913
36	河北新金钢铁有限公司	427	2975961
37	武安市裕华钢铁有限公司	430	2965833
38	青岛钢铁控股集团有限责任公司	439	2886532
39	武安市文安钢铁有限公司	449	2823973
40	武安市明芳钢铁有限公司	451	2797137
41	唐山港陆钢铁有限公司	452	2794399
42	山东九羊集团有限公司	472	2702077
43	凌源钢铁集团有限责任公司	476	2678583
44	新余钢铁集团有限公司	477	2666030
45	山东泰山钢铁集团有限公司	479	2652281
46	天津友发钢管集团股份有限公司	483	2616643
47	广西盛隆冶金有限公司	486	2572506
48	福建省三钢（集团）有限责任公司	499	2460672
	合计		328573506

一般有色冶金及压延加工业

排名	企业名称	总排名	营业收入（万元）
1	正威国际集团有限公司	40	30036385
2	中国铝业公司	54	23877911
3	金川集团股份有限公司	63	22041320
4	江西铜业集团公司	75	19830382
5	中国有色矿业集团有限公司	95	17086594
6	铜陵有色金属集团控股有限公司	107	14534744
7	海亮集团有限公司	108	14016131
8	陕西有色金属控股集团有限责任公司	124	11617681
9	大冶有色金属集团控股有限公司	152	10012809
10	南山集团有限公司	167	8222167
11	白银有色集团股份有限公司	245	5490409
12	宁波金田投资控股有限公司	310	4228775
13	云南锡业集团（控股）有限责任公司	314	4187864
14	山东天信集团有限公司	341	3832286
15	宁夏天元锰业有限公司	349	3727961
16	西部矿业集团有限公司	388	3307123
17	东营方圆有色金属有限公司	423	3000268
18	东营鲁方金属材料有限公司	428	2972611
19	河南豫光金铅集团有限责任公司	456	2771640
20	万基控股集团有限公司	497	2493071
	合计		207288132

金属制品、加工工具、工业辅助产品加工业

排名	企业名称	总排名	营业收入（万元）
1	法尔胜泓昇集团有限公司	437	2900390
2	精功集团有限公司	469	2709184
	合计		5609574

工程机械、设备及零配件制造业

排名	企业名称	总排名	营业收入（万元）
1	三一集团有限公司	185	7505031
2	徐州工程机械集团有限公司	189	7394093
3	中联重科股份有限公司	255	5194081
	合计		20093205

工业机械、设备及零配件制造业

排名	企业名称	总排名	营业收入（万元）
1	盾安控股集团有限公司	257	5163973
2	中国恒天集团有限公司	323	4087670
	合计		9251643

农林机械、设备及零配件制造业

排名	企业名称	总排名	营业收入（万元）
1	山东时风（集团）有限责任公司	372	3419957
	合计		3419957

电力、电气等设备、机械、元器件及光伏、电池、线缆制造业

排名	企业名称	总排名	营业收入（万元）
1	天津百利机械装备集团有限公司	123	11866099
2	超威电源有限公司	186	7497736
3	天能电池集团有限公司	191	7239327
4	新疆特变电工集团有限公司	277	4826249
5	亨通集团有限公司	279	4803224
6	德力西集团有限公司	303	4349427
7	正泰集团股份有限公司	326	4051877
8	人民电器集团有限公司	370	3480507
9	江苏金辉铜业集团有限公司	399	3169800
10	晶科能源有限公司	411	3056129
11	宁波富邦控股集团有限公司	418	3030961
12	远东控股集团有限公司	431	2951208
13	中科电力装备集团有限公司	489	2552260
	合计		62874804

排名	企业名称	总排名	营业收入（万元）
	电梯及运输、仓储设备与设施制造业		
1	中国国际海运集装箱（集团）股份有限公司	232	5868580
	合计		5868580
	轨道交通设备及零部件制造业		
1	中国中车集团公司	53	24373283
	合计		24373283
	家用电器及零配件制造业		
1	海尔集团公司	84	18869388
2	美的集团股份有限公司	110	13844123
3	TCL 集团股份有限公司	136	10457948
4	四川长虹电子控股集团有限公司	146	10149949
5	海信集团有限公司	153	9901646
6	珠海格力电器股份有限公司	154	9774514
7	奥克斯集团有限公司	229	5961205
8	创维集团有限公司	386	3342900
9	双良集团有限公司	424	2993807
10	广州万宝集团有限公司	448	2834469
11	广东格兰仕集团有限公司	485	2607792
	合计		90737741
	黄金冶炼及压延加工业		
1	中国黄金集团公司	130	11074589
2	紫金矿业集团股份有限公司	188	7430357
3	山东黄金集团有限公司	198	6819803
4	山东招金集团有限公司	291	4548008
	合计		29872757
	电子元器件与仪器仪表、自动化控制设备制造业		
1	中国电子信息产业集团有限公司	76	19819149
2	中国电子科技集团公司	98	16597360
3	新疆金风科技股份有限公司	420	3006210
4	晶龙实业集团有限公司	440	2882240
	合计		42304959
	计算机及零部件制造业		
1	联想控股股份有限公司	38	30982614
2	北大方正集团有限公司	173	8051129
3	清华控股有限公司	193	7053898
4	京东方科技集团股份有限公司	274	4862373
	合计		50950014
	通讯器材及设备、元器件制造业		
1	华为技术有限公司	27	39500900
2	天津中环电子信息集团有限公司	120	12152383
3	中兴通讯股份有限公司	150	10018639
	合计		61671922
	办公、影像等电子设备、元器件制造业		
1	研祥高科技控股集团有限公司	493	2503735
	合计		2503735
	汽车及零配件制造业		
1	上海汽车集团股份有限公司	11	67044822
2	东风汽车公司	16	52045396
3	中国第一汽车集团公司	28	39499035
4	北京汽车集团有限公司	36	34522067
5	广州汽车工业集团有限公司	64	21643680
6	浙江吉利控股集团有限公司	99	16530399
7	华晨汽车集团控股有限公司	100	16054589
8	万向集团公司	125	11535989
9	江苏悦达集团有限公司	145	10181297
10	长城汽车股份有限公司	183	7603314
11	中国重型汽车集团有限公司	222	6166359
12	江铃汽车集团公司	249	5345286
13	安徽江淮汽车集团控股有限公司	284	4705129
14	郑州宇通集团有限公司	342	3819932
15	陕西汽车控股集团有限公司	422	3001938
16	奇瑞汽车股份有限公司	450	2805540
17	厦门金龙汽车集团股份有限公司	475	2683490
	合计		305188262
	摩托车及零配件制造业		
1	隆鑫控股有限公司	358	3623555
2	重庆力帆控股有限公司	374	3398824
	合计		7022379
	航空航天及国防军工业		
1	中国兵器装备集团公司	20	44041718
2	中国兵器工业集团公司	30	38725293
3	中国航空工业集团公司	32	37862420
4	中国航天科技集团公司	80	19201631
5	中国航天科工集团公司	91	17512976
	合计		157344038
	船舶工业		
1	中国船舶重工集团公司	58	22631565
2	中国船舶工业集团公司	83	18973172

排名	企业名称	总排名	营业收入（万元）
3	江苏扬子江船业集团公司	458	2763840
	合计		44373577

排名	企业名称	总排名	营业收入（万元）
动力、电力生产等装备、设备制造业			
1	上海电气（集团）总公司	156	9652138
2	潍柴控股集团有限公司	171	8065115
3	杭州汽轮动力集团有限公司	235	5701132
4	广西玉柴机器集团有限公司	375	3392300
5	哈尔滨电气集团公司	453	2794148
6	卧龙控股集团有限公司	463	2735584
	合计		32340417

排名	企业名称	总排名	营业收入（万元）
综合制造业（以制造业为主，含有服务业）			
1	中国五矿集团公司	73	20036679
2	比亚迪股份有限公司	175	8000897
3	协鑫（集团）控股有限公司	176	7978687
4	新华联集团有限公司	224	6052763
5	无锡产业发展集团有限公司	225	6051933
6	万达控股集团有限公司	239	5562545
7	上海复星高科技（集团）有限公司	247	5379286
8	杭州锦江集团有限公司	268	5010179
9	江苏华西集团公司	336	3887596
10	重庆化医控股（集团）公司	363	3591804
11	重庆机电控股（集团）公司	455	2779228
12	苏州创元投资发展（集团）有限公司	466	2727950
	合计		77059547

排名	企业名称	总排名	营业收入（万元）
能源（电、热、燃气等能）供应、开发、减排及再循环服务业			
1	国家电网公司	1	207134945
2	中国南方电网有限责任公司	18	46942579
3	浙江省能源集团有限公司	201	6795234
4	北京能源集团有限责任公司	228	5976457
5	申能（集团）有限公司	393	3278680
6	新奥能源控股有限公司	398	3206300
7	福建省能源集团有限责任公司	403	3138533
8	山西省国新能源发展集团有限公司	433	2916979
	合计		279389707

排名	企业名称	总排名	营业收入（万元）
陆路运输、城市公交、道路及交通辅助等服务业			
1	山东高速集团有限公司	287	4656767
2	广东省交通集团有限公司	317	4131239
3	浙江省交通投资集团有限公司	367	3520031
4	安徽省交通控股集团有限公司	471	2702205
	合计		15010242

排名	企业名称	总排名	营业收入（万元）
水上运输业			
1	中国远洋海运集团有限公司	59	22426441
	合计		22426441

排名	企业名称	总排名	营业收入（万元）
港口服务业			
1	广西北部湾国际港务集团有限公司	357	3633746
2	天津港（集团）有限公司	368	3507588
3	上海国际港务（集团）股份有限公司	432	2951083
	合计		10092417

排名	企业名称	总排名	营业收入（万元）
航空运输及相关服务业			
1	海航集团有限公司	85	18578021
2	中国南方航空集团公司	127	11220561
3	中国航空集团公司	128	11111975
4	中国东方航空集团公司	155	9706848
	合计		50617405

排名	企业名称	总排名	营业收入（万元）
电信、邮寄、速递等服务业			
1	中国移动通信集团公司	10	67092753
2	中国邮政集团公司	21	43762571
3	中国电信集团公司	29	38834967
4	中国联合网络通信集团有限公司	46	27833943
	合计		177524234

排名	企业名称	总排名	营业收入（万元）
软件、程序、计算机应用、网络工程等计算机、微电子服务业			
1	三胞集团有限公司	132	10806963
2	浪潮集团有限公司	218	6320086
	合计		17127049

排名	企业名称	总排名	营业收入（万元）
物流、仓储、运输、配送服务业			
1	厦门建发集团有限公司	117	13056886
2	腾邦集团有限公司	206	6594827
3	厦门象屿集团有限公司	207	6561081
4	中国诚通控股集团有限公司	221	6190744
5	河北省物流产业集团有限公司	243	5501006
6	深圳市飞马国际供应链股份有限公司	281	4763722
7	玖隆钢铁物流有限公司	328	4018247
8	深圳市怡亚通供应链股份有限公司	330	3993867
9	深圳市信利康供应链管理有限公司	414	3044691
	合计		53725071

排名	企业名称	总排名	营业收入（万元）
矿产、能源内外商贸批发业			
1	中国华信能源有限公司	50	26315060
2	中国航空油料集团公司	109	13889299
3	山西煤炭进出口集团有限公司	165	8524164

排名	企业名称	总排名	营业收入（万元）
4	晋能集团有限公司	180	7702583
5	珠海振戎公司	327	4032858
6	广州国资发展控股有限公司	494	2498994
	合计		62962958
	化工产品及医药内外商贸批发业		
1	中国中化集团公司	31	38116100
	合计		38116100
	机电、电子产品内外商贸及批发业		
1	中国通用技术（集团）控股有限责任公司	92	17387349
2	广东省广新控股集团有限公司	210	6425364
	合计		23812713
	生活消费品内外批发及商贸业		
1	浙江省国际贸易集团有限公司	275	4854702
2	江苏国泰国际集团有限公司	305	4321837
3	广东省丝绸纺织集团有限公司	315	4153256
4	广州轻工工贸集团有限公司	321	4105394
5	江苏汇鸿国际集团股份有限公司	334	3914010
6	安徽国贸集团控股有限公司	435	2915157
	合计		24264356
	粮油食品及农林、土畜、果蔬、水产品等内外商贸批发、零售业		
1	中粮集团有限公司	25	40544184
2	深圳市大生农业集团有限公司	272	4911064
3	北京粮食集团有限责任公司	500	2434592
	合计		47889840
	生产资料内外贸易批发、零售业		
1	天津物产集团有限公司	26	40366194
2	物产中大集团股份有限公司	87	18257322
3	广东省广物控股集团有限公司	214	6358918
	合计		64982434
	金属内外贸易及加工、配送、批发零售业		
1	西安迈科金属国际集团有限公司	192	7100414
2	上海均和集团有限公司	205	6638356
3	大汉控股集团有限公司	384	3363883
	合计		17102653
	综合性内外商贸及批发、零售业		
1	厦门国贸控股有限公司	141	10261615
2	浙江省兴合集团有限责任公司	174	8019763
3	远大物产集团有限公司	240	5536429

排名	企业名称	总排名	营业收入（万元）
4	上海纺织（集团）有限公司	290	4607120
5	中基宁波集团股份有限公司	340	3842756
	合计		32267683
	汽车和摩托车商贸、维修保养及租赁业		
1	庞大汽贸集团股份有限公司	237	5637498
2	上海永达控股（集团）有限公司	293	4461424
	合计		10098922
	电器商贸批发、零售业		
1	苏宁控股集团有限公司	35	35028812
2	国美电器有限公司	104	15368559
3	深圳市爱施德股份有限公司	270	4956903
4	天音通信有限公司	309	4247523
	合计		59601797
	医药专营批发、零售业		
1	中国医药集团总公司	45	27855600
2	九州通医药集团股份有限公司	269	4958925
	合计		32814525
	商业零售业及连锁超市		
1	大商集团有限公司	72	20043933
2	百联集团有限公司	121	11983899
3	武汉商联（集团）股份有限公司	159	9132400
4	山东省商业集团有限公司	161	9070000
5	天津一商集团有限公司	258	5100903
6	重庆商社（集团）有限公司	262	5050052
7	永辉超市股份有限公司	312	4214483
8	合肥百货大楼集团股份有限公司	331	3922800
9	长春欧亚集团股份有限公司	359	3617802
10	石家庄北国人百集团有限责任公司	392	3280115
11	步步高投资集团股份有限公司	407	3101749
12	浙江省商业集团有限公司	470	2708020
	合计		81226156
	银行业		
1	中国工商银行股份有限公司	4	107983800
2	中国建设银行股份有限公司	5	92587800
3	中国农业银行股份有限公司	7	83376600
4	中国银行股份有限公司	8	76922200
5	国家开发银行股份有限公司	15	59532274
6	交通银行股份有限公司	33	35798543
7	招商银行股份有限公司	39	30384300
8	兴业银行股份有限公司	41	29188800

排名	企业名称	总排名	营业收入（万元）
9	中国民生银行股份有限公司	48	26744100
10	上海浦东发展银行股份有限公司	49	26413400
11	中国光大集团股份有限公司	68	20676600
12	华夏银行股份有限公司	134	10514829
13	北京银行	163	8787567
14	渤海银行股份有限公司	299	4374434
15	重庆农村商业银行股份有限公司	351	3700225
16	广州农村商业银行股份有限公司	441	2872255
17	天津银行股份有限公司	454	2791035
	合计		622648762

人寿保险业			
1	中国人寿保险（集团）公司	12	63644438
2	新华人寿保险股份有限公司	102	15845300
3	泰康人寿保险股份有限公司	114	13231325
4	太平人寿保险有限公司	142	10224880
5	阳光保险集团股份有限公司	213	6394797
6	中华联合保险控股股份有限公司	335	3887622
	合计		113228362

财产保险业			
1	中国人民保险集团股份有限公司	24	40601100
	合计		40601100

综合保险业			
1	中国平安保险（集团）股份有限公司	9	69322000
2	中国太平洋保险（集团）股份有限公司	52	24720200
3	中国太平保险集团有限责任公司	129	11109118
	合计		105151318

证券业			
1	海通证券股份有限公司	344	3808627
2	广发证券股份有限公司	385	3344664
3	中国银河证券股份有限公司	481	2625995
	合计		9779286

其他金融服务业			
1	广西投资集团有限公司	166	8516053
	合计		8516053

多元化投资控股、商务服务业			
1	华润（集团）有限公司	17	48122063
2	中国中信集团有限公司	34	35153783
3	国家开发投资公司	137	10423958
4	中国华融资产管理股份有限公司	184	7538576
5	广东省广晟资产经营有限公司	307	4263633
6	云南省能源投资集团有限公司	313	4188711
7	重庆市金科投资控股(集团)有限责任公司	354	3654399
8	重庆市能源投资集团有限公司	361	3600784
9	浙江前程投资股份有限公司	381	3367880
	合计		120313787

房地产开发与经营、物业及房屋装饰、修缮、管理等服务业			
1	大连万达集团股份有限公司	42	29016000
2	绿地控股集团股份有限公司	67	20725659
3	万科企业股份有限公司	86	18431705
4	恒大地产集团有限公司	113	13313000
5	银亿集团有限公司	231	5883621
6	天津泰达投资控股有限公司	252	5229092
7	华侨城集团公司	260	5069295
8	重庆龙湖企业拓展有限公司	318	4126402
9	广东圣丰集团有限公司	333	3917185
10	四川蓝润实业集团有限公司	377	3381460
11	广州越秀集团有限公司	379	3376435
12	世纪金源投资集团有限公司	382	3367531
13	卓尔控股有限公司	402	3139470
14	弘阳集团有限公司	409	3077826
15	天津房地产集团有限公司	464	2734726
16	福佳集团有限公司	480	2638921
17	珠海华发集团有限公司	484	2613290
	合计		130041618

旅游、旅馆及娱乐服务业			
1	北京首都旅游集团有限责任公司	339	3851700
2	中国港中旅集团公司	376	3386730
	合计		7238430

公用事业、市政、水务、航道等公共设施投资、经营与管理业			
1	北京控股集团有限公司	194	7043436
2	北京首都创业集团有限公司	408	3099452
3	辽宁日林实业集团有限公司	438	2898917
	合计		13041805

人力资源、会展博览、国内外经合作等社会综合服务业			
1	中国国际技术智力合作公司	248	5372952
2	北京外企服务集团有限责任公司	316	4132412
	合计		9505364

文化产业			
1	安徽新华发行（集团）控股有限公司	495	2498904

排名	企业名称	总排名	营业收入（万元）	排名	企业名称	总排名	营业收入（万元）
	合计		2498904				
				综合服务业（以服务业为主，含有制造业）			
信息、传媒、电子商务、网购、娱乐等互联网服务业				1	中国机械工业集团有限公司	62	22079734
1	北京京东世纪贸易有限公司	88	18128696	2	中国保利集团公司	96	16763849
2	腾讯控股有限公司	140	10286300	3	上海东浩兰生国际服务贸易(集团)有限公司	122	11894329
3	阿里巴巴集团控股有限公司	148	10114300	4	新疆广汇实业投资（集团）有限责任公司	135	10503738
4	百度网络技术有限公司	212	6403700		合计		61241650
	合计		44932996				

表 8-4 2016 中国企业 500 强各地区分布

排名	企业名称	营业收入（万元）	排名	企业名称	营业收入（万元）
北京			43	中国建筑材料集团有限公司	19925009
1	国家电网公司	207134945	44	中国电子信息产业集团有限公司	19819149
2	中国石油天然气集团公司	188073616	45	中国华电集团公司	19756174
3	中国石油化工集团公司	184977795	46	国家电力投资集团公司	19240381
4	中国工商银行股份有限公司	107983800	47	中国航天科技集团公司	19201631
5	中国建设银行股份有限公司	92587800	48	中国国电集团公司	19177018
6	中国建筑股份有限公司	88057713	49	中国船舶工业集团公司	18973172
7	中国农业银行股份有限公司	83376600	50	北京京东世纪贸易有限公司	18128696
8	中国银行股份有限公司	76922200	51	中国航天科工集团公司	17512976
9	中国移动通信集团公司	67092753	52	中国通用技术（集团）控股有限责任公司	17387349
10	中国人寿保险（集团）公司	63644438	53	中国有色矿业集团有限公司	17086594
11	中国铁路工程总公司	62488857	54	中国保利集团公司	16763849
12	中国铁道建筑总公司	60111385	55	中国大唐集团公司	16616058
13	国家开发银行股份有限公司	59532274	56	中国电子科技集团公司	16597360
14	中国兵器装备集团公司	44041718	57	新华人寿保险股份有限公司	15845300
15	中国邮政集团公司	43762571	58	国美电器有限公司	15368559
16	中国海洋石油总公司	42607860	59	中国航空油料集团公司	13889299
17	中国交通建设集团有限公司	42585682	60	首钢总公司	13520063
18	中国人民保险集团股份有限公司	40601100	61	泰康人寿保险股份有限公司	13231325
19	中粮集团有限公司	40544184	62	中国航空集团公司	11111975
20	中国电信集团公司	38834967	63	中国太平保险集团有限责任公司	11109118
21	中国兵器工业集团公司	38725293	64	中国黄金集团公司	11074589
22	中国中化集团公司	38116100	65	华夏银行股份有限公司	10514829
23	中国航空工业集团公司	37862420	66	国家开发投资公司	10423958
24	中国中信集团有限公司	35153783	67	北京银行	8787567
25	北京汽车集团有限公司	34522067	68	中国中煤能源集团有限公司	8204392
26	联想控股股份有限公司	30982614	69	北大方正集团有限公司	8051129
27	中国电力建设集团有限公司	28661193	70	中国华融资产管理股份有限公司	7538576
28	中国医药集团总公司	27855600	71	中国中材集团有限公司	7296911
29	中国联合网络通信集团有限公司	27833943	72	清华控股有限公司	7053898
30	中国华能集团公司	26822627	73	北京控股集团有限公司	7043436
31	中国民生银行股份有限公司	26744100	74	北京建龙重工集团有限公司	6716959
32	中国化工集团公司	26025252	75	百度网络技术有限公司	6403700
33	中国中车集团公司	24373283	76	阳光保险集团股份有限公司	6394797
34	中国铝业公司	23877911	77	中国化学工程股份有限公司	6353230
35	神华集团有限责任公司	23636609	78	中国长江三峡集团公司	6351741
36	中国船舶重工集团公司	22631565	79	中国诚通控股集团有限公司	6190744
37	中国冶金科工集团有限公司	22192950	80	新华联集团有限公司	6052763
38	中国机械工业集团有限公司	22079734	81	北京能源集团有限责任公司	5976457
39	中国能源建设集团有限公司	20878859	82	中国盐业总公司	5656437
40	中国光大集团股份有限公司	20676600	83	中国国际技术智力合作公司	5372952
41	新兴际华集团有限公司	20466604	84	北京城建集团有限责任公司	5079218
42	中国五矿集团公司	20036679	85	京东方科技集团股份有限公司	4862373

排名	企业名称	营业收入（万元）
86	北京金隅集团有限责任公司	4722959
87	北京外企服务集团有限责任公司	4132412
88	中国恒天集团有限公司	4087670
89	珠海振戎公司	4032858
90	中华联合保险控股股份有限公司	3887622
91	北京首都旅游集团有限责任公司	3851700
92	中国港中旅集团公司	3386730
93	北京建工集团有限责任公司	3369624
94	世纪金源投资集团有限公司	3367531
95	北京首都创业集团有限公司	3099452
96	北京市政路桥集团有限公司	3011711
97	北京住总集团有限责任公司	3005104
98	中国银河证券股份有限公司	2625995
99	北京二商集团有限责任公司	2617743
100	旭阳控股有限公司	2525870
101	北京粮食集团有限责任公司	2434592
	合计	2796939328
上海		
1	上海汽车集团股份有限公司	67044822
2	交通银行股份有限公司	35798543
3	上海浦东发展银行股份有限公司	26413400
4	中国华信能源有限公司	26315060
5	中国太平洋保险（集团）股份有限公司	24720200
6	宝钢集团有限公司	23005904
7	中国远洋海运集团有限公司	22426441
8	绿地控股集团股份有限公司	20725659
9	光明食品（集团）有限公司	14755461
10	上海烟草集团有限责任公司	13183197
11	上海建工集团股份有限公司	12543070
12	百联集团有限公司	11983899
13	上海东浩兰生国际服务贸易（集团）有限公司	11894329
14	上海医药集团股份有限公司	10551659
15	太平人寿保险有限公司	10224880
16	中国东方航空集团公司	9706848
17	上海电气（集团）总公司	9652138
18	上海均和集团有限公司	6638356
19	上海华谊（集团）公司	6139317
20	上海城建（集团）公司	5503821
21	上海复星高科技（集团）有限公司	5379286
22	上海纺织（集团）有限公司	4607120
23	上海永达控股（集团）有限公司	4461424
24	海通证券股份有限公司	3808627
25	老凤祥股份有限公司	3571237
26	申能（集团）有限公司	3278680
27	上海国际港务（集团）股份有限公司	2951083
	合计	397284461
天津		
1	天津物产集团有限公司	40366194
2	天津中环电子信息集团有限公司	12152383
3	天津百利机械装备集团有限公司	11866099
4	天津渤海化工集团有限责任公司	11008975
5	天津渤海轻工投资集团有限公司	10381541
6	天津荣程祥泰投资控股集团有限公司	5503839
7	天津泰达投资控股有限公司	5229092
8	天津一商集团有限公司	5100903
9	渤海银行股份有限公司	4374434
10	天津纺织集团（控股）有限公司	3881846
11	天津宝迪农业科技股份有限公司	3814061
12	天津市医药集团有限公司	3734912
13	天津港（集团）有限公司	3507588
14	天狮集团有限公司	3320985
15	天津银行股份有限公司	2791035
16	天津房地产集团有限公司	2734726
17	天津友发钢管集团股份有限公司	2616643
	合计	132385256
重庆		
1	重庆商社（集团）有限公司	5050052
2	重庆建工投资控股有限责任公司	4624650
3	重庆龙湖企业拓展有限公司	4126402
4	重庆农村商业银行股份有限公司	3700225
5	重庆市金科投资控股（集团）有限责任公司	3654399
6	隆鑫控股有限公司	3623555
7	重庆市能源投资集团有限公司	3600784
8	重庆化医控股（集团）公司	3591804
9	重庆力帆控股有限公司	3398824
10	太极集团有限公司	3290472
11	重庆机电控股（集团）公司	2779228
12	重庆轻纺控股（集团）公司	2656582
	合计	44096977
黑龙江		
1	黑龙江北大荒农垦集团总公司	13133564
2	哈尔滨电气集团公司	2794148
	合计	15927712
吉林		
1	中国第一汽车集团公司	39499035

排名	企业名称	营业收入（万元）
2	吉林亚泰（集团）股份有限公司	3999845
3	长春欧亚集团股份有限公司	3617802
	合计	47116682
辽宁		
1	大连万达集团股份有限公司	29016000
2	大商集团有限公司	20043933
3	华晨汽车集团控股有限公司	16054589
4	鞍钢集团公司	12970755
5	本钢集团有限公司	7700058
6	嘉晨集团有限公司	3786000
7	辽宁日林实业集团有限公司	2898917
8	凌源钢铁集团有限责任公司	2678583
9	福佳集团有限公司	2638921
	合计	97787756
河北		
1	河钢集团有限公司	28446842
2	冀中能源集团有限责任公司	23765521
3	开滦（集团）有限责任公司	17168806
4	长城汽车股份有限公司	7603314
5	河北新华联合冶金控股集团有限公司	6797096
6	河北津西钢铁集团股份有限公司	6480019
7	河北敬业企业集团有限责任公司	5757368
8	庞大汽贸集团股份有限公司	5637498
9	河北省物流产业集团有限公司	5501006
10	唐山瑞丰钢铁（集团）有限公司	5415448
11	冀南钢铁集团有限公司	4852486
12	石家庄北国人百集团有限责任公司	3280115
13	河北建设集团有限公司	3266530
14	三河汇福粮油集团有限公司	3244800
15	新奥能源控股有限公司	3206300
16	河北普阳钢铁有限公司	2982913
17	河北新金钢铁有限公司	2975961
18	武安市裕华钢铁有限公司	2965833
19	晶龙实业集团有限公司	2882240
20	武安市文安钢铁有限公司	2823973
21	武安市明芳钢铁有限公司	2797137
22	唐山港陆钢铁有限公司	2794399
23	河北建工集团有限责任公司	2760579
24	五得利面粉集团有限公司	2568657
	合计	155974841
河南		
1	河南能源化工集团有限责任公司	16024564
2	中国平煤神马能源化工集团有限责任公司	14683995
3	万洲国际有限公司	13772276
4	郑州宇通集团有限公司	3819932
5	安阳钢铁集团有限责任公司	3714061
6	天瑞集团股份有限公司	3153583
7	河南豫光金铅集团有限责任公司	2771640
8	登封电厂集团有限公司	2549501
9	万基控股集团有限公司	2493071
	合计	62982623
山东		
1	山东魏桥创业集团有限公司	33323772
2	海尔集团公司	18869388
3	山东能源集团有限公司	15796767
4	山东大王集团有限公司	11269181
5	山东钢铁集团有限公司	10210768
6	兖矿集团有限公司	10123468
7	海信集团有限公司	9901646
8	山东省商业集团有限公司	9070000
9	南山集团有限公司	8222167
10	潍柴控股集团有限公司	8065115
11	山东黄金集团有限公司	6819803
12	浪潮集团有限公司	6320086
13	中国重型汽车集团有限公司	6166359
14	华泰集团有限公司	6023778
15	山东大海集团有限公司	5885447
16	万达控股集团有限公司	5562545
17	山东晨鸣纸业集团股份有限公司	5272957
18	山东京博控股股份有限公司	5018811
19	利华益集团股份有限公司	5016802
20	山东海科化工集团有限公司	4789504
21	济宁如意投资有限公司	4728115
22	山东高速集团有限公司	4656767
23	山东晨曦集团有限公司	4615704
24	山东招金集团有限公司	4548008
25	华勤橡胶工业集团有限公司	4505142
26	山东科达集团有限公司	4362008
27	山东太阳控股集团有限公司	4283027
28	山东天信集团有限公司	3832286
29	山东金岭集团有限公司	3480577
30	山东胜通集团股份有限公司	3461245
31	山东时风（集团）有限责任公司	3419957
32	山东金诚石化集团有限公司	3365179
33	山东玉皇化工有限公司	3291689
34	日照钢铁控股集团有限公司	3147573

排名	企业名称	营业收入（万元）
35	西王集团有限公司	3123063
36	沂州集团有限公司	3108066
37	山东渤海实业股份有限公司	3033890
38	东营方圆有色金属有限公司	3000258
39	东营鲁方金属材料有限公司	2972611
40	青岛钢铁控股集团有限责任公司	2886532
41	洪业化工集团股份有限公司	2858644
42	威高集团有限公司	2851131
43	天元建设集团有限公司	2766325
44	青岛啤酒股份有限公司	2763469
45	山东九羊集团有限公司	2702077
46	淄博矿业集团有限责任公司	2689922
47	山东泰山钢铁集团有限公司	2652281
48	富海集团有限公司	2496233
49	山东汇丰石化集团有限公司	2474562
	合计	289804715
山西		
1	大同煤矿集团有限责任公司	20067736
2	山西焦煤集团有限责任公司	19505866
3	山西潞安矿业（集团）有限责任公司	18000056
4	阳泉煤业（集团）有限责任公司	17790823
5	山西晋城无烟煤矿业集团有限责任公司	17327294
6	太原钢铁（集团）有限公司	9083529
7	山西煤炭进出口集团有限公司	8524164
8	晋能集团有限公司	7702583
9	山西建筑工程（集团）总公司	3407099
10	山西省国新能源发展集团有限公司	2916979
	合计	124326129
陕西		
1	陕西延长石油（集团）有限责任公司	22089657
2	陕西煤业化工集团有限责任公司	19061424
3	陕西有色金属控股集团有限责任公司	11617681
4	陕西东岭工贸集团股份有限公司	7611371
5	西安迈科金属国际集团有限公司	7100414
6	陕西建工集团有限公司	6810634
7	陕西汽车控股集团有限公司	3001938
	合计	77293119
安徽		
1	铜陵有色金属集团控股有限公司	14534744
2	安徽海螺集团有限责任公司	9307035
3	淮北矿业（集团）有限责任公司	5224436
4	马钢（集团）控股有限公司	5037063
5	安徽江淮汽车集团控股有限公司	4705129
6	淮南矿业（集团）有限责任公司	4336057
7	合肥百货大楼集团股份有限公司	3922800
8	安徽建工集团有限公司	3698666
9	安徽国贸集团控股有限公司	2915157
10	奇瑞汽车股份有限公司	2805540
11	安徽省交通控股集团有限公司	2702205
12	安徽省皖北煤电集团有限责任公司	2687318
13	中科电力装备集团有限公司	2552260
14	安徽新华发行（集团）控股有限公司	2498904
	合计	66927314
江苏		
1	太平洋建设集团有限公司	45905631
2	苏宁控股集团有限公司	35028812
3	恒力集团有限公司	21207961
4	江苏沙钢集团有限公司	20582346
5	三胞集团有限公司	10806963
6	江苏悦达集团有限公司	10181297
7	中天钢铁集团有限公司	10016316
8	盛虹控股集团有限公司	8180421
9	协鑫（集团）控股有限公司	7978687
10	徐州工程机械集团有限公司	7394093
11	南通三建控股有限公司	6882735
12	海澜集团有限公司	6718367
13	无锡产业发展集团有限公司	6051933
14	中南控股集团有限公司	5040637
15	红豆集团有限公司	5031064
16	江阴澄星实业集团有限公司	4885450
17	亨通集团有限公司	4803224
18	江苏南通二建集团有限公司	4459278
19	南京钢铁集团有限公司	4457317
20	亚邦投资控股集团有限公司	4431262
21	江苏三房巷集团有限公司	4357883
22	江苏国泰国际集团有限公司	4321837
23	江苏省苏中建设集团股份有限公司	4218852
24	徐州矿务集团有限公司	4106704
25	玖隆钢铁物流有限公司	4018247
26	江苏汇鸿国际集团股份有限公司	3914010
27	江苏华西集团公司	3887596
28	南通四建集团有限公司	3643345
29	江苏阳光集团有限公司	3574009
30	江苏新长江实业集团有限公司	3381335
31	江苏金辉铜业集团有限公司	3169800
32	弘阳集团有限公司	3077826

排名	企业名称	营业收入（万元）
33	金浦投资控股集团有限公司	3039505
34	维维集团股份有限公司	3031828
35	双良集团有限公司	2993807
36	远东控股集团有限公司	2951208
37	金东纸业（江苏）股份有限公司	2916353
38	波司登股份有限公司	2908523
39	法尔胜泓昇集团有限公司	2900390
40	华芳集团有限公司	2864746
41	龙信建设集团有限公司	2770016
42	江苏扬子江船业集团公司	2768840
43	澳洋集团有限公司	2730149
44	苏州创元投资发展（集团）有限公司	2727950
	合计	310313853
湖南		
1	三一集团有限公司	7505031
2	湖南华菱钢铁集团有限责任公司	6679742
3	湖南省建筑工程集团总公司	5569464
4	中联重科股份有限公司	5194081
5	大汉控股集团有限公司	3363883
6	步步高投资集团股份有限公司	3101749
7	湖南博长控股集团有限公司	3051172
	合计	34465122
湖北		
1	东风汽车公司	52045396
2	武汉钢铁（集团）公司	10183092
3	大冶有色金属集团控股有限公司	10012809
4	武汉商联（集团）股份有限公司	9132400
5	湖北宜化集团有限责任公司	8103725
6	湖北中烟工业有限责任公司	6405378
7	九州通医药集团股份有限公司	4958925
8	稻花香集团	4355216
9	卓尔控股有限公司	3139470
10	山河建设集团有限公司	3048533
11	宜昌兴发集团有限责任公司	2850201
	合计	114235145
江西		
1	江西铜业集团公司	19830382
2	江铃汽车集团公司	5345286
3	正邦集团有限公司	5203466
4	双胞胎（集团）股份有限公司	3861761
5	江西省建工集团有限责任公司	3598741
6	晶科能源有限公司	3056129

排名	企业名称	营业收入（万元）
7	新余钢铁集团有限公司	2666030
	合计	43561795
浙江		
1	物产中大集团股份有限公司	18257322
2	浙江吉利控股集团有限公司	16530399
3	海亮集团有限公司	14016131
4	万向集团公司	11535989
5	阿里巴巴集团控股有限公司	10114300
6	广厦控股集团有限公司	8971015
7	青山控股集团有限公司	8768949
8	浙江荣盛控股集团有限公司	8060568
9	浙江省兴合集团有限责任公司	8019763
10	浙江恒逸集团有限公司	7940567
11	浙江中烟工业有限责任公司	7861183
12	杭州钢铁集团公司	7769455
13	超威电源有限公司	7497736
14	天能电池集团有限公司	7239327
15	浙江省能源集团有限公司	6795234
16	雅戈尔集团股份有限公司	6236444
17	中天发展控股集团有限公司	6196618
18	奥克斯集团有限公司	5961205
19	银亿集团有限公司	5883621
20	杭州汽轮动力集团有限公司	5701132
21	远大物产集团有限公司	5536429
22	浙江省建设投资集团有限公司	5500256
23	盾安控股集团有限公司	5163973
24	杭州锦江集团有限公司	5010179
25	杭州娃哈哈集团有限公司	4947540
26	浙江省国际贸易集团有限公司	4854702
27	德力西集团有限公司	4349427
28	宁波金田投资控股有限公司	4228775
29	正泰集团股份有限公司	4051877
30	中基宁波集团股份有限公司	3842756
31	浙江桐昆控股集团有限公司	3797275
32	浙江中成控股集团有限公司	3763391
33	杉杉控股有限公司	3602365
34	浙江省交通投资集团有限公司	3520031
35	人民电器集团有限公司	3480507
36	浙江前程投资股份有限公司	3367880
37	浙江昆仑控股集团有限公司	3106717
38	宁波富邦控股集团有限公司	3030961
39	浙江宝业建设集团有限公司	2983568
40	杭州华东医药集团有限公司	2839662
41	卧龙控股集团有限公司	2735584

排名	企业名称	营业收入（万元）
42	浙江龙盛控股有限公司	2724673
43	精功集团有限公司	2709184
44	浙江省商业集团有限公司	2708020
	合计	271212690
广东		
1	中国平安保险（集团）股份有限公司	69322000
2	华润（集团）有限公司	48122063
3	中国南方电网有限责任公司	46942579
4	华为技术有限公司	39500900
5	招商银行股份有限公司	30384300
6	正威国际集团有限公司	30036385
7	广州汽车工业集团有限公司	21643680
8	万科企业股份有限公司	18431705
9	美的集团股份有限公司	13844123
10	恒大地产集团有限公司	13313000
11	中国南方航空集团公司	11220561
12	TCL 集团股份有限公司	10457948
13	腾讯控股有限公司	10286300
14	中兴通讯股份有限公司	10018639
15	珠海格力电器股份有限公司	9774514
16	比亚迪股份有限公司	8000897
17	广州医药集团有限公司	7485668
18	腾邦集团有限公司	6594827
19	广东省广新控股集团有限公司	6425364
20	广东省广物控股集团有限公司	6358918
21	中国国际海运集装箱（集团）股份有限公司	5868580
22	华侨城集团公司	5069295
23	中国广核集团有限公司	5060433
24	深圳市爱施德股份有限公司	4956903
25	深圳市大生农业集团有限公司	4911064
26	广东温氏食品集团股份有限公司	4823737
27	深圳市飞马国际供应链股份有限公司	4763722
28	广东省粤电集团有限公司	4674916
29	广东省广晟资产经营有限公司	4263633
30	天音通信有限公司	4247523
31	广东省丝绸纺织集团有限公司	4153256
32	广东省交通集团有限公司	4131239
33	广州市建筑集团有限公司	4116464
34	广州轻工工贸集团有限公司	4105394
35	深圳市怡亚通供应链股份有限公司	3993867
36	广东圣丰集团有限公司	3917185
37	广州越秀集团有限公司	3376435
38	广发证券股份有限公司	3344664
39	创维集团有限公司	3342900
40	深圳市信利康供应链管理有限公司	3044691
41	广东省建筑工程集团有限公司	2969028
42	广州农村商业银行股份有限公司	2872255
43	广州万宝集团有限公司	2834469
44	珠海华发集团有限公司	2613290
45	广东格兰仕集团有限公司	2607792
46	广东海大集团股份有限公司	2556740
47	研祥高科技控股集团有限公司	2503735
48	广州国资发展控股有限公司	2498994
	合计	525786575
四川		
1	四川长虹电子控股集团有限公司	10149949
2	新希望集团有限公司	6824439
3	四川省宜宾五粮液集团有限公司	6525087
4	通威集团有限公司	5321078
5	四川华西集团有限公司	5171782
6	科创控股集团有限公司	4674444
7	四川宏达（集团）有限公司	4055914
8	四川省川威集团有限公司	4052782
9	四川科伦实业集团有限公司	3920979
10	四川蓝润实业集团有限公司	3381460
11	四川德胜集团钒钛有限公司	3288253
12	四川公路桥梁建设集团有限公司	3062241
13	泸州老窖集团有限责任公司	2767740
14	成都建筑工程集团总公司	2530047
	合计	65726195
福建		
1	兴业银行股份有限公司	29188800
2	厦门建发集团有限公司	13056886
3	厦门国贸控股有限公司	10261615
4	紫金矿业集团股份有限公司	7430357
5	厦门象屿集团有限公司	6561081
6	永辉超市股份有限公司	4214483
7	福建省能源集团有限责任公司	3138533
8	福建中烟工业有限责任公司	2869133
9	厦门金龙汽车集团股份有限公司	2683490
10	福建省三钢（集团）有限责任公司	2460672
	合计	81865050
广西壮族自治区		
1	广西投资集团有限公司	8516053
2	广西建工集团有限责任公司	7008182
3	广西柳州钢铁集团有限公司	4446462

排名	企业名称	营业收入（万元）
4	广西北部湾国际港务集团有限公司	3633746
5	广西玉柴机器集团有限公司	3392300
6	广西盛隆冶金有限公司	2572506
	合计	29569249
贵州		
1	贵州中烟工业有限责任公司	3675164
2	中国贵州茅台酒厂（集团）有限责任公司	3635788
	合计	7310952
云南		
1	红塔烟草（集团）有限责任公司	10338809
2	红云红河烟草（集团）有限责任公司	9287350
3	云天化集团有限责任公司	5855820
4	云南建工集团有限公司	4423530
5	云南省能源投资集团有限公司	4188711
6	云南锡业集团（控股）有限责任公司	4187864
7	昆明钢铁控股有限公司	3568263
	合计	41850347
甘肃		
1	金川集团股份有限公司	22041320
2	酒泉钢铁（集团）有限责任公司	10085673
3	白银有色集团股份有限公司	5490409
4	甘肃省建设投资（控股）集团总公司	4250915
	合计	41868317
青海		
1	西部矿业集团有限公司	3307123
	合计	3307123
宁夏回族自治区		
1	宝塔石化集团有限公司	4093101
2	宁夏天元锰业有限公司	3727961
	合计	7821062
新疆维吾尔自治区		
1	新疆广汇实业投资（集团）有限责任公司	10503738
2	新疆特变电工集团有限公司	4826249
3	新疆金风科技股份有限公司	3006210
4	新疆生产建设兵团建设工程(集团)有限责任公司	2713168
	合计	21049365
内蒙古自治区		
1	内蒙古电力（集团）有限责任公司	6349272
2	内蒙古伊利实业集团股份有限公司	6035987
3	内蒙古伊泰集团有限公司	3243615
4	包头钢铁（集团）有限责任公司	3229003
	合计	18857877
海南		
1	海航集团有限公司	18578021
	合计	18578021

表 8-5 2016 中国企业 500 强净利润排序前 100 名企业

排名	公司名称	净利润（万元）	排名	公司名称	净利润（万元）
1	中国工商银行股份有限公司	27713100	51	中国电子科技集团公司	1028687
2	中国建设银行股份有限公司	22814500	52	中国银河证券股份有限公司	983551
3	中国农业银行股份有限公司	18058200	53	中国兵器装备集团公司	935088
4	中国银行股份有限公司	17084500	54	东风汽车公司	929992
5	国家开发银行股份有限公司	10207656	55	中国航天科工集团公司	924336
6	阿里巴巴集团控股有限公司	7146000	56	神华集团有限责任公司	873859
7	交通银行股份有限公司	6652774	57	中国远洋海运集团有限公司	861289
8	国家电网公司	6411002	58	新华人寿保险股份有限公司	860100
9	中国移动通信集团公司	6375034	59	中国船舶重工集团公司	821795
10	招商银行股份有限公司	5801800	60	重庆龙湖企业拓展有限公司	809896
11	中国平安保险（集团）股份有限公司	5420300	61	浙江省能源集团有限公司	809073
12	上海浦东发展银行股份有限公司	5060400	62	长城汽车股份有限公司	805933
13	兴业银行股份有限公司	5020700	63	上海复星高科技（集团）有限公司	791116
14	中国民生银行股份有限公司	4611100	64	红云红河烟草（集团）有限责任公司	774955
15	中国石油天然气集团公司	4456043	65	中国华电集团公司	762047
16	上海汽车集团股份有限公司	3979379	66	中国电力建设集团有限公司	735518
17	华为技术有限公司	3690800	67	重庆农村商业银行股份有限公司	722330
18	百度网络技术有限公司	3366417	68	正威国际集团有限公司	716722
19	腾讯控股有限公司	2910800	69	四川省宜宾五粮液集团有限公司	706836
20	中国海洋石油总公司	2895890	70	山东魏桥创业集团有限公司	704391
21	中国邮政集团公司	2635851	71	红塔烟草（集团）有限责任公司	697332
22	中国人寿保险（集团）公司	2620818	72	中国铁道建筑总公司	694942
23	中国建筑股份有限公司	2606190	73	天津百利机械装备集团有限公司	694675
24	中国中信集团有限公司	2365121	74	绿地控股集团股份有限公司	688643
25	中国石油化工集团公司	2259135	75	上海国际港务（集团）股份有限公司	656245
26	中国长江三峡集团公司	2217753	76	广东温氏食品集团股份有限公司	620537
27	上海烟草集团有限责任公司	2073124	77	北京汽车集团有限公司	618325
28	中国第一汽车集团公司	2044068	78	中国铁路工程总公司	617811
29	太平洋建设集团有限公司	2014252	79	湖北中烟工业有限责任公司	601589
30	中国人民保险集团股份有限公司	1954200	80	杭州娃哈哈集团有限公司	583279
31	华夏银行股份有限公司	1888267	81	南山集团有限公司	577679
32	万科企业股份有限公司	1811941	82	中国中车集团公司	575442
33	中国太平洋保险（集团）股份有限公司	1772800	83	渤海银行股份有限公司	568851
34	北京银行	1683918	84	中国航空工业集团公司	554756
35	海通证券股份有限公司	1583885	85	太平人寿保险有限公司	552800
36	华润（集团）有限公司	1564330	86	中国保利集团公司	527612
37	恒大地产集团有限公司	1554800	87	中国广核集团有限公司	516233
38	大连万达集团股份有限公司	1527884	88	中国国电集团公司	514874
39	海尔集团公司	1477657	89	万洲国际有限公司	510397
40	中国华融资产管理股份有限公司	1448205	90	中国兵器工业集团公司	504694
41	中国南方电网有限责任公司	1396683	91	广州农村商业银行股份有限公司	500102
42	中国光大集团股份有限公司	1328700	92	天津银行股份有限公司	491644
43	广发证券股份有限公司	1320101	93	中国华能集团公司	486702
44	美的集团股份有限公司	1270673	94	中国联合网络通信集团有限公司	482202
45	珠海格力电器股份有限公司	1253244	95	中国机械工业集团有限公司	481841
46	中国航天科技集团公司	1165237	96	华侨城集团公司	480687
47	中国贵州茅台酒厂（集团）有限责任公司	1116707	97	联想控股股份有限公司	465908
48	中国电信集团公司	1078171	98	内蒙古伊利实业集团股份有限公司	463179
49	中国交通建设集团有限公司	1073855	99	海信集团有限公司	447609
50	泰康人寿保险股份有限公司	1059642	100	雅戈尔集团股份有限公司	441522
				中国企业 500 强平均数	557117

表 8-6 2016 中国企业 500 强资产排序前 100 名企业

排名	公司名称	资产（万元）	排名	公司名称	资产（万元）
1	中国工商银行股份有限公司	2220978000	51	广州农村商业银行股份有限公司	58280720
2	中国建设银行股份有限公司	1834948900	52	海通证券股份有限公司	57644889
3	中国农业银行股份有限公司	1779139300	53	泰康人寿保险股份有限公司	56988311
4	中国银行股份有限公司	1681559700	54	天津银行股份有限公司	56566773
5	国家开发银行股份有限公司	1261967489	55	中国长江三峡集团公司	56337354
6	中国邮政集团公司	751555819	56	宝钢集团有限公司	52933249
7	交通银行股份有限公司	715536158	57	上海汽车集团股份有限公司	51163069
8	中国中信集团有限公司	574313011	58	中国电力建设集团有限公司	50260637
9	招商银行股份有限公司	547497800	59	国家开发投资公司	49552967
10	兴业银行股份有限公司	529888000	60	中国铝业公司	48684403
11	上海浦东发展银行股份有限公司	504435200	61	中粮集团有限公司	45897751
12	中国平安保险（集团）股份有限公司	476515900	62	中国船舶重工集团公司	44305154
13	中国民生银行股份有限公司	452068800	63	陕西煤业化工集团有限责任公司	43710662
14	中国石油天然气集团公司	403409779	64	首钢总公司	43695839
15	中国光大集团股份有限公司	348691600	65	中国广核集团有限公司	43269564
16	国家电网公司	310744265	66	中国建筑材料集团有限公司	43264769
17	中国人寿保险（集团）公司	302797957	67	北京汽车集团有限公司	42738282
18	中国石油化工集团公司	205850770	68	中国太平保险集团有限责任公司	41210212
19	华夏银行股份有限公司	202060434	69	广发证券股份有限公司	41009701
20	北京银行	184490855	70	中国兵器装备集团公司	39187535
21	中国移动通信集团公司	163062995	71	中国化工集团公司	37251406
22	中国海洋石油总公司	116238317	72	华为技术有限公司	37215500
23	中国建筑股份有限公司	107490490	73	东风汽车公司	36810766
24	华润（集团）有限公司	99451931	74	山东高速集团有限公司	36493037
25	中国华能集团公司	97189567	75	阿里巴巴集团控股有限公司	36445000
26	中国航空工业集团公司	93386825	76	中国航天科技集团公司	35718453
27	神华集团有限责任公司	93141757	77	中国中化集团公司	35464151
28	中国太平洋保险（集团）股份有限公司	92384300	78	中国冶金科工集团有限公司	35426050
29	中国交通建设集团有限公司	91418775	79	中国五矿集团公司	35385566
30	大连万达集团股份有限公司	90335724	80	河钢集团有限公司	34878568
31	中国华融资产管理股份有限公司	86654641	81	广州越秀集团有限公司	34207525
32	中国人民保险集团股份有限公司	84646800	82	中国兵器工业集团公司	33682043
33	中国国电集团公司	78631035	83	中国第一汽车集团公司	33328582
34	国家电力投资集团公司	77379955	84	太平人寿保险有限公司	33008946
35	中国电信集团公司	77269810	85	中国中车集团公司	32810214
36	渤海银行股份有限公司	76423544	86	广东省交通集团有限公司	32471797
37	中国华电集团公司	76130738	87	联想控股股份有限公司	30624289
38	恒大地产集团有限公司	75703500	88	鞍钢集团公司	30452745
39	中国大唐集团公司	72954670	89	中国银河证券股份有限公司	30065555
40	重庆农村商业银行股份有限公司	71680522	90	天津泰达投资控股有限公司	29831699
41	中国铁路工程总公司	71636445	91	中国中煤能源集团有限公司	29519586
42	中国铁道建筑总公司	70566258	92	陕西延长石油（集团）有限责任公司	29236793
43	中国联合网络通信集团有限公司	66079101	93	太平洋建设集团有限公司	27791030
44	新华人寿保险股份有限公司	66056000	94	河南能源化工集团有限责任公司	27479512
45	中国南方电网有限责任公司	64001010	95	中国能源建设集团有限公司	27169465
46	海航集团有限公司	61909572	96	中国船舶工业集团公司	26756410
47	万科企业股份有限公司	61129557	97	山东能源集团有限公司	26703227
48	绿地控股集团股份有限公司	60043607	98	中国机械工业集团有限公司	26143149
49	中国保利集团公司	59387490	99	山西焦煤集团有限责任公司	26100046
50	中国远洋海运集团有限公司	59347360	100	大同煤矿集团有限责任公司	25804445
				中国企业 500 强平均数	44739524

表 8-7 2016 中国企业 500 强从业人数排序前 100 名企业

排名	公司名称	从业人数	排名	公司名称	从业人数
1	中国石油天然气集团公司	1589508	51	中国电子科技集团公司	140493
2	国家电网公司	975855	52	中国冶金科工集团有限公司	140482
3	中国邮政集团公司	914611	53	山东魏桥创业集团有限公司	140358
4	中国石油化工集团公司	845652	54	中国华能集团公司	140274
5	中国人民保险集团股份有限公司	659980	55	中国铝业公司	139272
6	中国航空工业集团公司	587952	56	中国电子信息产业集团有限公司	138271
7	中国农业银行股份有限公司	503082	57	河钢集团有限公司	135798
8	黑龙江北大荒农垦集团总公司	502888	58	陕西延长石油（集团）有限责任公司	135225
9	中国工商银行股份有限公司	466346	59	中国第一汽车集团公司	132083
10	华润（集团）有限公司	447348	60	国家电力投资集团公司	131730
11	中国移动通信集团公司	436651	61	中国化工集团公司	128917
12	中国电信集团公司	417101	62	大连万达集团股份有限公司	128518
13	中国建设银行股份有限公司	369183	63	陕西煤业化工集团有限责任公司	126570
14	太平洋建设集团有限公司	351679	64	中国远洋海运集团有限公司	125759
15	中国银行股份有限公司	310042	65	中国国电集团公司	124493
16	中国南方电网有限责任公司	299259	66	宝钢集团有限公司	124310
17	中国铁路工程总公司	291149	67	中粮集团有限公司	121767
18	中国铁道建筑总公司	284100	68	中国机械工业集团有限公司	120602
19	中国联合网络通信集团有限公司	277590	69	北京汽车集团有限公司	120487
20	中国平安保险（集团）股份有限公司	275011	70	光明食品（集团）有限公司	115094
21	广西建工集团有限责任公司	262611	71	首钢总公司	114807
22	中国建筑股份有限公司	250953	72	中国海洋石油总公司	110203
23	神华集团有限责任公司	248352	73	成都建筑工程集团总公司	110151
24	中国兵器工业集团公司	241309	74	中国中煤能源集团有限公司	109789
25	中国兵器装备集团公司	238287	75	中国华电集团公司	109431
26	河南能源化工集团有限责任公司	232461	76	美的集团股份有限公司	108000
27	浙江省建设投资集团有限公司	230045	77	南通三建控股有限公司	106865
28	山西焦煤集团有限责任公司	224033	78	北京京东世纪贸易有限公司	105693
29	山东能源集团有限公司	207811	79	冀中能源集团有限责任公司	105075
30	大商集团有限公司	205930	80	万洲国际有限公司	105000
31	鞍钢集团公司	200780	81	中国南方航空集团公司	102924
32	中国电力建设集团有限公司	196368	82	中国医药集团总公司	102147
33	比亚迪股份有限公司	196026	83	广厦控股集团有限公司	101680
34	中国中信集团有限公司	194795	84	淮南矿业（集团）有限责任公司	99862
35	东风汽车公司	191950	85	山西潞安矿业（集团）有限责任公司	99739
36	中国中车集团公司	189388	86	晋能集团有限公司	99732
37	海航集团有限公司	175600	87	重庆商社（集团）有限公司	98883
38	阳光保险集团股份有限公司	174321	88	三胞集团有限公司	98700
39	华为技术有限公司	170000	89	中国大唐集团公司	96204
40	大同煤矿集团有限责任公司	164365	90	山东钢铁集团有限公司	94626
41	中国船舶重工集团公司	164000	91	江苏南通二建集团有限公司	93967
42	中国建筑材料集团有限公司	163793	92	中国太平洋保险（集团）股份有限公司	91761
43	中国平煤神马能源化工集团有限责任公司	162026	93	上海汽车集团股份有限公司	91665
44	中国航天科技集团公司	161022	94	交通银行股份有限公司	91468
45	中国交通建设集团有限公司	160393	95	中国五矿集团公司	90653
46	中国能源建设集团有限公司	158609	96	兖矿集团有限公司	89214
47	中国人寿保险（集团）公司	157232	97	中国航空集团公司	88178
48	阳泉煤业（集团）有限责任公司	155306	98	武汉钢铁（集团）公司	87811
49	中国航天科工集团公司	144308	99	中兴通讯股份有限公司	84622
50	山西晋城无烟煤矿业集团有限责任公司	142741	100	江苏省苏中建设集团股份有限公司	83948
				中国企业 500 强平均数	63644

表 8-8 2016 中国企业 500 强研发费用排序前 100 名企业

排名	公司名称	研发费用（万元）	排名	公司名称	研发费用（万元）
1	华为技术有限公司	5960700	51	武汉钢铁（集团）公司	323090
2	中国航空工业集团公司	2762745	52	中国海洋石油总公司	320850
3	中国石油天然气集团公司	2623149	53	中国机械工业集团有限公司	313540
4	中国航天科工集团公司	2088167	54	上海电气（集团）总公司	311674
5	中国移动通信集团公司	2027226	55	京东方科技集团股份有限公司	293796
6	中国兵器装备集团公司	1585979	56	中国华电集团公司	292627
7	中国船舶重工集团公司	1309978	57	中国船舶工业集团公司	288617
8	浙江吉利控股集团有限公司	1284648	58	长城汽车股份有限公司	276061
9	中兴通讯股份有限公司	1220054	59	潍柴控股集团有限公司	272049
10	山东魏桥创业集团有限公司	1219650	60	四川长虹电子控股集团有限公司	267509
11	中国电信集团公司	1163032	61	江铃汽车集团公司	267023
12	东风汽车公司	1095578	62	中国铝业公司	265978
13	阿里巴巴集团控股有限公司	1065800	63	山西潞安矿业（集团）有限责任公司	259707
14	中国铁路工程总公司	1028095	64	中国有色矿业集团有限公司	257106
15	百度网络技术有限公司	1017576	65	利华益集团股份有限公司	253282
16	中国兵器工业集团公司	1009666	66	华晨汽车集团控股有限公司	252216
17	中国中车集团公司	1004404	67	广州汽车工业集团有限公司	249235
18	海尔集团公司	943469	68	神华集团有限责任公司	239751
19	中国第一汽车集团公司	901575	69	兖矿集团有限公司	239622
20	中国铁道建筑总公司	875942	70	南山集团有限公司	235162
21	中国石油化工集团公司	845652	71	江西铜业集团公司	234661
22	上海汽车集团股份有限公司	837554	72	江苏沙钢集团有限公司	234448
23	中国交通建设集团有限公司	779882	73	中国能源建设集团有限公司	229233
24	中国电力建设集团有限公司	774963	74	中国中信集团有限公司	226903
25	国家电网公司	737586	75	河南能源化工集团有限责任公司	220184
26	陕西延长石油（集团）有限责任公司	720111	76	河钢集团有限公司	213222
27	北京汽车集团有限公司	679141	77	新希望集团有限公司	211360
28	中国电子信息产业集团有限公司	640496	78	比亚迪股份有限公司	199850
29	清华控股有限公司	630595	79	天津渤海轻工投资集团有限公司	198850
30	中国工商银行股份有限公司	600408	80	天津百利机械装备集团有限公司	191764
31	中国平煤神马能源化工集团有限责任公司	587000	81	太原钢铁（集团）有限公司	188168
32	陕西煤业化工集团有限责任公司	544300	82	山东天信集团有限公司	183949
33	美的集团股份有限公司	525260	83	华泰集团有限公司	181017
34	中国建筑材料集团有限公司	505977	84	万向集团公司	178828
35	宝钢集团有限公司	484393	85	安徽江淮汽车集团控股有限公司	177366
36	中国电子科技集团公司	441893	86	中国中煤能源集团有限公司	175745
37	中国化工集团公司	431885	87	山东胜通集团股份有限公司	173062
38	山西晋城无烟煤矿业集团有限责任公司	431852	88	大冶有色金属集团控股有限公司	166192
39	中国冶金科工集团有限公司	413570	89	中联重科股份有限公司	162964
40	海信集团有限公司	400027	90	中国医药集团总公司	161875
41	浪潮集团有限公司	398165	91	中国重型汽车集团有限公司	160598
42	TCL 集团股份有限公司	376584	92	大同煤矿集团有限责任公司	159358
43	首钢总公司	374109	93	新疆金风科技股份有限公司	156159
44	中国航天科技集团公司	373069	94	中国中材集团有限公司	155570
45	上海建工集团股份有限公司	371776	95	哈尔滨电气集团公司	153481
46	鞍钢集团公司	363453	96	新疆特变电工集团有限公司	153262
47	珠海格力电器股份有限公司	345700	97	湖北宜化集团有限责任公司	149483
48	北京京东世纪贸易有限公司	345380	98	徐州工程机械集团有限公司	147268
49	阳泉煤业（集团）有限责任公司	327105	99	酒泉钢铁（集团）有限责任公司	146400
50	恒力集团有限公司	325124	100	亨通集团有限公司	143255
				中国企业 500 强平均数	164195

表 8-9 2016 中国企业 500 强研发费用所占比例排序前 100 名企业

排名	公司名称	研发费所占比例（%）	排名	公司名称	研发费所占比例（%）
1	百度网络技术有限公司	15.89	51	华泰集团有限公司	3.01
2	华为技术有限公司	15.09	52	正泰集团股份有限公司	3.00
3	中兴通讯股份有限公司	12.18	53	济宁如意投资有限公司	3.00
4	中国航天科工集团公司	11.92	54	华勤橡胶工业集团有限公司	3.00
5	阿里巴巴集团控股有限公司	10.54	55	东营鲁方金属材料有限公司	3.00
6	清华控股有限公司	8.94	56	创维集团有限公司	2.99
7	浙江吉利控股集团有限公司	7.77	57	中国电信集团公司	2.99
8	中国航空工业集团公司	7.30	58	亨通集团有限公司	2.98
9	浪潮集团有限公司	6.30	59	上海建工集团股份有限公司	2.96
10	京东方科技集团股份有限公司	6.04	60	广西盛隆冶金有限公司	2.92
11	中国船舶重工集团公司	5.79	61	维维集团股份有限公司	2.89
12	哈尔滨电气集团公司	5.49	62	陕西煤业化工集团有限责任公司	2.86
13	新疆金风科技股份有限公司	5.19	63	南山集团有限公司	2.86
14	利华益集团股份有限公司	5.05	64	卧龙控股集团有限公司	2.84
15	山东胜通集团股份有限公司	5.00	65	陕西汽车控股集团有限公司	2.84
16	海尔集团公司	5.00	66	山东金岭集团有限公司	2.83
17	江铃汽车集团公司	5.00	67	鞍钢集团公司	2.80
18	山东天信集团有限公司	4.80	68	首钢总公司	2.77
19	奇瑞汽车股份有限公司	4.13	69	双良集团有限公司	2.77
20	中国中车集团公司	4.12	70	中国贵州茅台酒厂（集团）有限责任公司	2.70
21	海信集团有限公司	4.04	71	中国电力建设集团有限公司	2.70
22	重庆力帆控股有限公司	4.00	72	中国电子科技集团公司	2.66
23	中国平煤神马能源化工集团有限责任公司	4.00	73	四川长虹电子控股集团有限公司	2.64
24	美的集团股份有限公司	3.80	74	中国兵器工业集团公司	2.61
25	日照钢铁控股集团有限公司	3.80	75	中国广核集团有限公司	2.61
26	安徽江淮汽车集团控股有限公司	3.77	76	中国重型汽车集团有限公司	2.60
27	晶龙实业集团有限公司	3.72	77	精功集团有限公司	2.55
28	山东魏桥创业集团有限公司	3.66	78	中国建筑材料集团有限公司	2.54
29	长城汽车股份有限公司	3.63	79	广东圣丰集团有限公司	2.54
30	TCL 集团股份有限公司	3.60	80	珠海华发集团有限公司	2.54
31	中国兵器装备集团公司	3.60	81	比亚迪股份有限公司	2.50
32	珠海格力电器股份有限公司	3.54	82	凌源钢铁集团有限责任公司	2.50
33	东营方圆有色金属有限公司	3.50	83	山西晋城无烟煤矿业集团有限责任公司	2.49
34	中科电力装备集团有限公司	3.44	84	兖矿集团有限公司	2.37
35	郑州宇通集团有限公司	3.42	85	苏州创元投资发展（集团）有限公司	2.32
36	潍柴控股集团有限公司	3.37	86	厦门金龙汽车集团股份有限公司	2.32
37	陕西延长石油（集团）有限责任公司	3.26	87	福建省三钢（集团）有限责任公司	2.30
38	上海电气（集团）总公司	3.23	88	山东科达集团有限公司	2.30
39	中国电子信息产业集团有限公司	3.23	89	中国第一汽车集团公司	2.28
40	人民电器集团有限公司	3.20	90	四川科伦实业集团有限公司	2.26
41	新疆特变电工集团有限公司	3.18	91	法尔胜泓昇集团有限公司	2.22
42	武汉钢铁（集团）公司	3.17	92	四川省川威集团有限公司	2.15
43	青岛啤酒股份有限公司	3.14	93	中国中煤能源集团有限公司	2.14
44	中联重科股份有限公司	3.14	94	中国中材集团有限公司	2.13
45	新希望集团有限公司	3.10	95	广西玉柴机器集团有限公司	2.13
46	波司登股份有限公司	3.09	96	浙江龙盛控股有限公司	2.12
47	包头钢铁（集团）有限责任公司	3.08	97	盾安控股集团有限公司	2.12
48	德力西集团有限公司	3.05	98	东风汽车公司	2.11
49	山东渤海实业股份有限公司	3.03	99	宝钢集团有限公司	2.11
50	中国移动通信集团公司	3.02	100	河北敬业企业集团有限责任公司	2.10
				中国企业 500 强平均数	1.48

表8-10 2016中国企业500强净资产利润率排序前100名企业

排名	公司名称	净资产利润率（%）	排名	公司名称	净资产利润率（%）
1	南通四建集团有限公司	91.13	51	重庆龙湖企业拓展有限公司	18.4
2	晶科能源有限公司	43.04	52	山东金诚石化集团有限公司	18.35
3	百度网络技术有限公司	41.95	53	中国兵器装备集团公司	18.33
4	远大物产集团有限公司	40.42	54	江苏阳光集团有限公司	18.19
5	山东胜通集团股份有限公司	35.73	55	万科企业股份有限公司	18.09
6	山东大海集团有限公司	35.3	56	广厦控股集团有限公司	17.99
7	天狮集团有限公司	34.66	57	浙江龙盛控股有限公司	17.94
8	山东海科化工集团有限公司	34.49	58	中国贵州茅台酒厂（集团）有限责任公司	17.91
9	济宁如意投资有限公司	34.18	59	德力西集团有限公司	17.89
10	郑州宇通集团有限公司	33.34	60	五得利面粉集团有限公司	17.57
11	阿里巴巴集团控股有限公司	32.93	61	华侨城集团公司	17.54
12	华为技术有限公司	31.01	62	三河汇福粮油集团有限公司	17.53
13	山东天信集团有限公司	30.27	63	长春欧亚集团股份有限公司	17.36
14	泰康人寿保险股份有限公司	28.42	64	太平洋建设集团有限公司	17.29
15	广东温氏食品集团股份有限公司	27.87	65	中国银河证券股份有限公司	17.28
16	山河建设集团有限公司	27.42	66	富海集团有限公司	17.2
17	杭州华东医药集团有限公司	26.74	67	中华联合保险控股股份有限公司	17.18
18	腾邦集团有限公司	26.71	68	卧龙控股集团有限公司	17.07
19	珠海格力电器股份有限公司	26.37	69	广东圣丰集团有限公司	17.03
20	美的集团股份有限公司	25.83	70	广发证券股份有限公司	17.03
21	江西省建工集团有限责任公司	25.43	71	新疆金风科技股份有限公司	17
22	杭州娃哈哈集团有限公司	25.11	72	中国华信能源有限公司	16.84
23	老凤祥股份有限公司	24.6	73	中国人民保险集团股份有限公司	16.83
24	腾讯控股有限公司	24.25	74	山西建筑工程（集团）总公司	16.78
25	山东金岭集团有限公司	23.69	75	青山控股集团有限公司	16.66
26	太极集团有限公司	23.62	76	上海永达控股（集团）有限公司	16.32
27	山东京博控股股份有限公司	23.61	77	中国平安保险（集团）股份有限公司	16.22
28	海尔集团公司	23.57	78	广西投资集团有限公司	16.1
29	东营鲁方金属材料有限公司	23.25	79	泸州老窖集团有限责任公司	16.09
30	内蒙古伊利实业集团股份有限公司	23.18	80	招商银行股份有限公司	16.08
31	上海汽车集团股份有限公司	22.72	81	上海浦东发展银行股份有限公司	16.06
32	人民电器集团有限公司	22.59	82	华夏银行股份有限公司	16.05
33	河北建设集团有限公司	22.48	83	兴业银行股份有限公司	16.01
34	重庆市金科投资控股（集团）有限责任公司	22.33	84	渤海银行股份有限公司	16
35	江苏省苏中建设集团股份有限公司	22.28	85	中国建设银行股份有限公司	15.91
36	雅戈尔集团股份有限公司	21.99	86	贵州中烟工业有限责任公司	15.87
37	浪潮集团有限公司	21.7	87	创维集团有限公司	15.85
38	江苏南通二建集团有限公司	21.39	88	山东科达集团有限公司	15.66
39	天能电池集团有限公司	21.18	89	澳洋集团有限公司	15.65
40	长城汽车股份有限公司	21.03	90	广东海大集团股份有限公司	15.6
41	中国人寿保险（集团）公司	20.74	91	中国建筑股份有限公司	15.52
42	上海复星高科技（集团）有限公司	20.73	92	中国工商银行股份有限公司	15.49
43	湖北中烟工业有限责任公司	20.14	93	重庆农村商业银行股份有限公司	15.45
44	洪业化工集团股份有限公司	19.18	94	中国航空油料集团公司	15.44
45	天津百利机械装备集团有限公司	19.16	95	威高集团有限公司	15.35
46	中基宁波集团股份有限公司	19.04	96	中国民生银行股份有限公司	15.31
47	研祥高科技控股集团有限公司	19.04	97	山东时风（集团）有限责任公司	15.2
48	大商集团有限公司	18.91	98	华泰集团有限公司	15.19
49	中南控股集团有限公司	18.74	99	新奥能源控股有限公司	15.12
50	太平人寿保险有限公司	18.43	100	浙江宝业建设集团有限公司	15.07
				中国企业500强平均数	9.59

表 8-11　2016 中国企业 500 强资产利润率排序前 100 名企业

排名	公司名称	资产利润率（%）	排名	公司名称	资产利润率（%）
1	南通四建集团有限公司	31.63	51	武安市文安钢铁有限公司	7.25
2	天狮集团有限公司	27.44	52	太平洋建设集团有限公司	7.25
3	百度网络技术有限公司	22.77	53	郑州宇通集团有限公司	7.14
4	阿里巴巴集团控股有限公司	19.61	54	通威集团有限公司	6.75
5	腾讯控股有限公司	19.22	55	上海国际港务（集团）股份有限公司	6.66
6	广东温氏食品集团股份有限公司	18.96	56	中国航空油料集团公司	6.64
7	山东胜通集团股份有限公司	18.10	57	浙江中烟工业有限责任公司	6.31
8	晶科能源有限公司	17.82	58	科创控股集团有限公司	6.27
9	杭州娃哈哈集团有限公司	17.44	59	天能电池集团有限公司	6.18
10	五得利面粉集团有限公司	16.74	60	中国第一汽车集团公司	6.13
11	山东天信集团有限公司	15.50	61	浙江宝业建设集团有限公司	6.05
12	山东金诚石化集团有限公司	15.26	62	青岛啤酒股份有限公司	6.01
13	山东金岭集团有限公司	14.78	63	正威国际集团有限公司	5.94
14	山河建设集团有限公司	14.73	64	福建中烟工业有限责任公司	5.87
15	人民电器集团有限公司	14.11	65	海尔集团公司	5.75
16	湖北中烟工业有限责任公司	13.96	66	重庆龙湖企业拓展有限公司	5.68
17	山东大海集团有限公司	12.36	67	东营方圆有色金属有限公司	5.63
18	山东时风（集团）有限责任公司	12.01	68	雅戈尔集团股份有限公司	5.54
19	内蒙古伊利实业集团股份有限公司	11.69	69	河北新金钢铁有限公司	5.54
20	研祥高科技控股集团有限公司	11.52	70	德力西集团有限公司	5.50
21	南通三建控股有限公司	11.46	71	万洲国际有限公司	5.50
22	上海烟草集团有限责任公司	11.31	72	南山集团有限公司	5.44
23	长城汽车股份有限公司	11.21	73	新疆金风科技股份有限公司	5.42
24	贵州中烟工业有限责任公司	11.11	74	天津宝迪农业科技股份有限公司	5.30
25	武安市明芳钢铁有限公司	10.55	75	河北普阳钢铁有限公司	5.29
26	中国贵州茅台酒厂（集团）有限责任公司	10.22	76	红塔烟草（集团）有限责任公司	5.26
27	江苏南通二建集团有限公司	10.22	77	卓尔控股有限公司	5.10
28	山东科达集团有限公司	10.16	78	华勤橡胶工业集团有限公司	5.05
29	华为技术有限公司	9.92	79	广厦控股集团有限公司	4.90
30	美的集团股份有限公司	9.86	80	浙江中成控股集团有限公司	4.90
31	威高集团有限公司	9.85	81	中国电子科技集团公司	4.66
32	广东圣丰集团有限公司	9.84	82	山东海科化工集团有限公司	4.51
33	杭州华东医药集团有限公司	9.84	83	浙江省能源集团有限公司	4.51
34	老凤祥股份有限公司	9.67	84	济宁如意投资有限公司	4.51
35	广东海大集团股份有限公司	9.53	85	大汉控股集团有限公司	4.50
36	江苏阳光集团有限公司	9.14	86	上海复星高科技（集团）有限公司	4.45
37	浙江龙盛控股有限公司	9.05	87	海澜集团有限公司	4.38
38	东营鲁方金属材料有限公司	8.71	88	上海永达控股（集团）有限公司	4.38
39	天津百利机械装备集团有限公司	8.70	89	恒力集团有限公司	4.35
40	四川省宜宾五粮液集团有限公司	8.56	90	新奥能源控股有限公司	4.33
41	红云红河烟草（集团）有限责任公司	8.42	91	山东大王集团有限公司	4.30
42	维维集团股份有限公司	8.19	92	弘阳集团有限公司	4.20
43	波司登股份有限公司	8.18	93	太极集团有限公司	4.20
44	上海汽车集团股份有限公司	7.78	94	青山控股集团有限公司	4.18
45	珠海格力电器股份有限公司	7.75	95	海信集团有限公司	4.17
46	富海集团有限公司	7.59	96	山东京博控股股份有限公司	4.15
47	浪潮集团有限公司	7.47	97	苏州创元投资发展（集团）有限公司	4.14
48	远大物产集团有限公司	7.46	98	利华益集团股份有限公司	4.14
49	洪业化工集团股份有限公司	7.39	99	中国华信能源有限公司	4.11
50	四川蓝润实业集团有限公司	7.30	100	卧龙控股集团有限公司	4.11
				中国企业 500 强平均数	1.23

表8-12 2016中国企业500强收入利润率排序前100名企业

排名	公司名称	收入利润率（%）	排名	公司名称	收入利润率（%）
1	阿里巴巴集团控股有限公司	70.65	51	华为技术有限公司	9.34
2	百度网络技术有限公司	52.57	52	美的集团股份有限公司	9.18
3	海通证券股份有限公司	41.59	53	申能（集团）有限公司	8.97
4	广发证券股份有限公司	39.47	54	郑州宇通集团有限公司	8.64
5	中国银河证券股份有限公司	37.45	55	红云红河烟草（集团）有限责任公司	8.34
6	中国长江三峡集团公司	34.92	56	四川蓝润实业集团有限公司	8.15
7	中国贵州茅台酒厂（集团）有限责任公司	30.71	57	泰康人寿保险股份有限公司	8.01
8	腾讯控股有限公司	28.30	58	海尔集团公司	7.83
9	中国工商银行股份有限公司	25.66	59	中国平安保险（集团）股份有限公司	7.82
10	中国建设银行股份有限公司	24.64	60	卓尔控股有限公司	7.73
11	上海国际港务（集团）股份有限公司	22.24	61	广东省粤电集团有限公司	7.67
12	中国银行股份有限公司	22.21	62	内蒙古伊利实业集团股份有限公司	7.67
13	中国农业银行股份有限公司	21.66	63	贵州中烟工业有限责任公司	7.44
14	重庆龙湖企业拓展有限公司	19.63	64	中国太平洋保险（集团）股份有限公司	7.17
15	重庆农村商业银行股份有限公司	19.52	65	波司登股份有限公司	7.11
16	中国华融资产管理股份有限公司	19.21	66	雅戈尔集团股份有限公司	7.08
17	北京银行	19.16	67	南山集团有限公司	7.03
18	上海浦东发展银行股份有限公司	19.16	68	科创控股集团有限公司	6.84
19	招商银行股份有限公司	19.09	69	南通四建集团有限公司	6.81
20	交通银行股份有限公司	18.58	70	中国海洋石油总公司	6.80
21	华夏银行股份有限公司	17.96	71	红塔烟草（集团）有限责任公司	6.74
22	天津银行股份有限公司	17.62	72	中国中信集团有限公司	6.73
23	广州农村商业银行股份有限公司	17.41	73	杭州华东医药集团有限公司	6.61
24	中国民生银行股份有限公司	17.24	74	广东圣丰集团有限公司	6.52
25	兴业银行股份有限公司	17.20	75	中国光大集团股份有限公司	6.43
26	国家开发银行股份有限公司	17.15	76	新奥能源控股有限公司	6.35
27	上海烟草集团有限责任公司	15.73	77	安徽省交通控股集团有限公司	6.31
28	上海复星高科技（集团）有限公司	14.71	78	山东大海集团有限公司	6.20
29	渤海银行股份有限公司	13.00	79	中国电子科技集团公司	6.20
30	广东温氏食品集团股份有限公司	12.86	80	青岛啤酒股份有限公司	6.20
31	珠海格力电器股份有限公司	12.82	81	中国航天科技集团公司	6.07
32	浙江省能源集团有限公司	11.91	82	中国邮政集团公司	6.02
33	杭州娃哈哈集团有限公司	11.79	83	上海汽车集团股份有限公司	5.94
34	恒大地产集团有限公司	11.68	84	北京能源集团有限责任公司	5.93
35	山东胜通集团股份有限公司	11.39	85	洪业化工集团股份有限公司	5.88
36	四川省宜宾五粮液集团有限公司	10.83	86	福建中烟工业有限责任公司	5.85
37	长城汽车股份有限公司	10.60	87	天津百利机械装备集团有限公司	5.85
38	研祥高科技控股集团有限公司	10.52	88	中华联合保险控股股份有限公司	5.73
39	天狮集团有限公司	10.23	89	广州越秀集团有限公司	5.67
40	中国广核集团有限公司	10.20	90	海澜集团有限公司	5.56
41	江苏扬子江船业集团公司	9.99	91	新华人寿保险股份有限公司	5.43
42	晶科能源有限公司	9.88	92	江苏阳光集团有限公司	5.41
43	威高集团有限公司	9.87	93	太平人寿保险有限公司	5.41
44	世纪金源投资集团有限公司	9.86	94	维维集团股份有限公司	5.34
45	万科企业股份有限公司	9.83	95	福建省能源集团有限责任公司	5.33
46	中国移动通信集团公司	9.50	96	中国航天科工集团公司	5.28
47	华侨城集团公司	9.48	97	大连万达集团股份有限公司	5.27
48	新疆金风科技股份有限公司	9.48	98	中国第一汽车集团公司	5.17
49	湖北中烟工业有限责任公司	9.39	99	广东省交通集团有限公司	5.10
50	浙江龙盛控股有限公司	9.36	100	阳光保险集团股份有限公司	4.98
				中国企业500强平均数	4.62

表 8-13 2016 中国企业 500 强人均营业收入排序前 100 名企业

排名	公司名称	人均收入（万元）	排名	公司名称	人均收入（万元）
1	珠海振戎公司	33329.40	51	山东渤海实业股份有限公司	827.80
2	西安迈科金属国际集团有限公司	22188.79	52	天津房地产集团有限公司	823.96
3	玖隆钢铁物流有限公司	13046.26	53	中国华融资产管理股份有限公司	817.28
4	深圳市飞马国际供应链股份有限公司	9623.68	54	绿地控股集团股份有限公司	808.93
5	远大物产集团有限公司	7786.82	55	广东省丝绸纺织集团有限公司	804.43
6	国家开发银行股份有限公司	6111.52	56	福佳集团有限公司	793.42
7	深圳市信利康供应链管理有限公司	5648.78	57	浙江宝业建设集团有限公司	774.95
8	浙江前程投资股份有限公司	5328.92	58	天音通信有限公司	772.28
9	上海均和集团有限公司	5310.68	59	腾邦集团有限公司	761.88
10	江苏金辉铜业集团有限公司	4876.62	60	天津荣程祥泰投资控股集团有限公司	752.61
11	东营方圆有色金属有限公司	3102.66	61	厦门建发集团有限公司	748.33
12	河北省物流产业集团有限公司	3039.23	62	江西铜业集团公司	746.49
13	中基宁波集团股份有限公司	2466.47	63	陕西东岭工贸集团股份有限公司	746.21
14	上海东浩兰生国际服务贸易（集团）有限公司	2378.87	64	红云红河烟草（集团）有限责任公司	745.97
15	天津物产集团有限公司	2260.15	65	上海汽车集团股份有限公司	731.41
16	浙江中烟工业有限责任公司	2254.43	66	中天钢铁集团有限公司	717.91
17	东营鲁方金属材料有限公司	1846.34	67	湖北中烟工业有限责任公司	714.89
18	正威国际集团有限公司	1698.60	68	中国中化集团公司	711.11
19	山东金诚石化集团有限公司	1682.59	69	富海集团有限公司	699.42
20	深圳市大生农业集团有限公司	1637.02	70	金川集团股份有限公司	689.09
21	深圳市爱施德股份有限公司	1635.94	71	山东晨曦集团有限公司	688.91
22	山东海科化工集团有限公司	1592.78	72	大冶有色金属集团控股有限公司	677.27
23	中国国际技术智力合作公司	1381.93	73	北京银行	637.89
24	老凤祥股份有限公司	1358.40	74	天津宝迪农业科技股份有限公司	630.11
25	大汉控股集团有限公司	1267.95	75	渤海银行股份有限公司	623.14
26	利华益集团股份有限公司	1246.10	76	青山控股集团有限公司	620.59
27	中国航空油料集团公司	1238.68	77	红塔烟草（集团）有限责任公司	614.05
28	山东汇丰石化集团有限公司	1195.44	78	沂州集团有限公司	610.62
29	天津一商集团有限公司	1195.43	79	银亿集团有限公司	607.44
30	江西省建工集团有限责任公司	1142.09	80	广州轻工工贸集团有限公司	603.56
31	中国华信能源有限公司	1141.40	81	双良集团有限公司	596.14
32	三河汇福粮油集团有限公司	1081.60	82	华泰集团有限公司	595.94
33	江苏汇鸿国际集团股份有限公司	1079.73	83	广东省广物控股集团有限公司	590.43
34	四川蓝润实业集团有限公司	1056.71	84	山东玉皇化工有限公司	576.88
35	卓尔控股有限公司	1043.01	85	厦门国贸控股有限公司	564.01
36	中科电力装备集团有限公司	1037.93	86	兴业银行股份有限公司	561.15
37	杭州汽轮动力集团有限公司	1025.38	87	江苏沙钢集团有限公司	560.67
38	弘阳集团有限公司	1024.58	88	江苏三房巷集团有限公司	556.63
39	浙江恒逸集团有限公司	1006.92	89	河北新金钢铁有限公司	556.46
40	物产中大集团股份有限公司	1002.16	90	华勤橡胶工业集团有限公司	552.78
41	山东大海集团有限公司	961.05	91	武安市文安钢铁有限公司	550.80
42	海亮集团有限公司	948.96	92	山西煤炭进出口集团有限公司	547.90
43	上海烟草集团有限责任公司	944.29	93	上海浦东发展银行股份有限公司	545.43
44	厦门象屿集团有限公司	937.30	94	铜陵有色金属集团控股有限公司	541.31
45	江阴澄星实业集团有限公司	914.36	95	双胞胎（集团）股份有限公司	536.36
46	浙江荣盛控股集团有限公司	906.70	96	河北建设集团有限公司	535.67
47	宁波金田投资控股有限公司	891.21	97	河北新华联合冶金控股集团有限公司	521.53
48	山东金岭集团有限公司	878.93	98	冀南钢铁集团有限公司	515.78
49	中天发展控股集团有限公司	867.14	99	五得利面粉集团有限公司	513.73
50	山东天信集团有限公司	848.23	100	云南省能源投资集团有限公司	508.96
				中国企业 500 强平均数	186.13

表8-14 2016中国企业500强人均净利润排序前100名企业

排名	公司名称	人均净利润（万元）	排名	公司名称	人均净利润（万元）
1	国家开发银行股份有限公司	1047.91	51	上海国际港务（集团）股份有限公司	35.79
2	阿里巴巴集团控股有限公司	204.26	52	深圳市飞马国际供应链股份有限公司	35.29
3	海通证券股份有限公司	175.52	53	江苏金辉铜业集团有限公司	33.87
4	中国华融资产管理股份有限公司	157.00	54	富海集团有限公司	33.17
5	上海烟草集团有限责任公司	148.49	55	贵州中烟工业有限责任公司	30.54
6	广发证券股份有限公司	134.86	56	利华益集团股份有限公司	30.00
7	北京银行	122.24	57	西安迈科金属国际集团有限公司	29.53
8	中国长江三峡集团公司	116.97	58	浙江龙盛控股有限公司	29.39
9	上海浦东发展银行股份有限公司	104.50	59	玖隆钢铁物流有限公司	28.96
10	中国银河证券股份有限公司	97.47	60	申能（集团）有限公司	28.20
11	东营方圆有色金属有限公司	97.44	61	绿地控股集团股份有限公司	26.88
12	兴业银行股份有限公司	96.52	62	山东海科化工集团有限公司	26.74
13	腾讯控股有限公司	95.00	63	海尔集团公司	26.34
14	四川蓝润实业集团有限公司	86.09	64	中国海洋石油总公司	26.28
15	远大物产集团有限公司	84.03	65	福佳集团有限公司	26.15
16	百度网络技术有限公司	81.18	66	广东省粤电集团有限公司	24.13
17	渤海银行股份有限公司	81.03	67	太平人寿保险有限公司	23.44
18	天津银行股份有限公司	80.70	68	中国光大集团股份有限公司	22.33
19	浙江中烟工业有限责任公司	80.65	69	泰康人寿保险股份有限公司	21.77
20	卓尔控股有限公司	80.64	70	华为技术有限公司	21.71
21	中国民生银行股份有限公司	77.48	71	中天发展控股集团有限公司	21.32
22	招商银行股份有限公司	76.15	72	江苏汇鸿国际集团股份有限公司	21.04
23	交通银行股份有限公司	72.73	73	大汉控股集团有限公司	20.64
24	湖北中烟工业有限责任公司	67.14	74	山东晨曦集团有限公司	20.16
25	广州农村商业银行股份有限公司	62.43	75	杭州娃哈哈集团有限公司	19.75
26	红云红河烟草（集团）有限责任公司	62.25	76	中国平安保险（集团）股份有限公司	19.71
27	中国建设银行股份有限公司	61.80	77	福建中烟工业有限责任公司	19.66
28	东营鲁方金属材料有限公司	60.52	78	中国太平洋保险（集团）股份有限公司	19.32
29	山东大海集团有限公司	59.58	79	中国航空油料集团公司	18.74
30	中国工商银行股份有限公司	59.43	80	恒大地产集团有限公司	18.65
31	华夏银行股份有限公司	55.50	81	杭州华东医药集团有限公司	18.42
32	中国银行股份有限公司	55.10	82	洪业化工集团股份有限公司	18.07
33	山东胜通集团股份有限公司	52.56	83	珠海格力电器股份有限公司	17.69
34	重庆龙湖企业拓展有限公司	51.81	84	三河汇福粮油集团有限公司	17.34
35	研祥高科技控股集团有限公司	49.69	85	上海东浩兰生国际服务贸易（集团）有限公司	17.27
36	弘阳集团有限公司	49.67	86	中国人寿保险（集团）公司	16.67
37	中国贵州茅台酒厂（集团）有限责任公司	45.77	87	中国华信能源有限公司	16.44
38	重庆农村商业银行股份有限公司	44.64	88	新华人寿保险股份有限公司	16.39
39	上海汽车集团股份有限公司	43.41	89	天津宝迪农业科技股份有限公司	16.36
40	新疆金风科技股份有限公司	43.30	90	世纪金源投资集团有限公司	16.31
41	万科企业股份有限公司	42.84	91	五得利面粉集团有限公司	16.30
42	老凤祥股份有限公司	42.50	92	郑州宇通集团有限公司	16.18
43	红塔烟草（集团）有限责任公司	41.42	93	四川省宜宾五粮液集团有限公司	15.78
44	天狮集团有限公司	40.87	94	晶科能源有限公司	15.54
45	正威国际集团有限公司	40.53	95	中国第一汽车集团公司	15.48
46	山东金岭集团有限公司	40.38	96	山东科达集团有限公司	15.38
47	山东金诚石化集团有限公司	40.32	97	山东玉皇化工有限公司	14.84
48	山东天信集团有限公司	37.04	98	中国广核集团有限公司	14.80
49	浙江省能源集团有限公司	36.03	99	科创控股集团有限公司	14.61
50	中国农业银行股份有限公司	35.90	100	中国移动通信集团公司	14.60
				中国企业500强平均数	8.70

表 8-15　2016 中国企业 500 强人均资产排序前 100 名企业

排名	公司名称	人均资产（万元）	排名	公司名称	人均资产（万元）
1	国家开发银行股份有限公司	129552.15	51	泰康人寿保险股份有限公司	1171.01
2	北京银行	13392.19	52	远大物产集团有限公司	1126.55
3	渤海银行股份有限公司	10886.54	53	广西投资集团有限公司	1105.25
4	上海浦东发展银行股份有限公司	10416.40	54	中国海洋石油总公司	1054.77
5	兴业银行股份有限公司	10187.02	55	浙江前程投资股份有限公司	1053.83
6	中国华融资产管理股份有限公司	9394.48	56	阿里巴巴集团控股有限公司	1041.73
7	天津银行股份有限公司	9285.42	57	重庆市金科投资控股（集团）有限责任公司	1007.94
8	交通银行股份有限公司	7822.80	58	中国太平洋保险（集团）股份有限公司	1006.79
9	中国民生银行股份有限公司	7596.52	59	上海均和集团有限公司	982.86
10	广州农村商业银行股份有限公司	7276.00	60	北京首都创业集团有限公司	911.86
11	招商银行股份有限公司	7185.76	61	重庆龙湖企业拓展有限公司	911.78
12	海通证券股份有限公司	6387.95	62	恒大地产集团有限公司	908.02
13	华夏银行股份有限公司	5939.46	63	云南省能源投资集团有限公司	901.43
14	中国光大集团股份有限公司	5860.36	64	江苏金辉铜业集团有限公司	883.98
15	西安迈科金属国际集团有限公司	5828.31	65	广东省粤电集团有限公司	869.19
16	中国银行股份有限公司	5423.65	66	江苏汇鸿国际集团股份有限公司	867.55
17	天津房地产集团有限公司	5379.10	67	中国保利集团公司	843.13
18	中国建设银行股份有限公司	4970.30	68	天津港（集团）有限公司	832.36
19	珠海振戎公司	4767.79	69	浙江省交通投资集团有限公司	831.47
20	中国工商银行股份有限公司	4762.51	70	中国邮政集团公司	821.72
21	重庆农村商业银行股份有限公司	4429.65	71	江西省建工集团有限责任公司	810.91
22	广发证券股份有限公司	4189.37	72	浙江省能源集团有限公司	799.61
23	深圳市飞马国际供应链股份有限公司	4156.55	73	新疆金风科技股份有限公司	798.85
24	中国农业银行股份有限公司	3536.48	74	红塔烟草（集团）有限责任公司	787.96
25	中国银河证券股份有限公司	2979.44	75	河北省物流产业集团有限公司	785.96
26	中国长江三峡集团公司	2971.38	76	中国太平保险集团有限责任公司	767.67
27	中国中信集团有限公司	2948.29	77	中国大唐集团公司	758.33
28	深圳市信利康供应链管理有限公司	2943.09	78	安徽省交通控股集团有限公司	745.57
29	广州越秀集团有限公司	2596.99	79	红云红河烟草（集团）有限责任公司	739.58
30	绿地控股集团股份有限公司	2343.53	80	利华益集团股份有限公司	724.81
31	中国人寿保险（集团）公司	1925.80	81	大连万达集团股份有限公司	702.90
32	中国平安保险（集团）股份有限公司	1732.72	82	中国华电集团公司	695.70
33	东营方圆有色金属有限公司	1731.41	83	东营鲁方金属材料有限公司	695.19
34	山东高速集团有限公司	1637.41	84	厦门建发集团有限公司	692.91
35	卓尔控股有限公司	1582.45	85	中国华能集团公司	692.86
36	天津泰达投资控股有限公司	1547.53	86	厦门象屿集团有限公司	690.59
37	福佳集团有限公司	1541.96	87	山东晨曦集团有限公司	689.32
38	万科企业股份有限公司	1445.31	88	云南建工集团有限公司	686.99
39	内蒙古伊泰集团有限公司	1436.22	89	正威国际集团有限公司	682.43
40	太平人寿保险有限公司	1399.75	90	银亿集团有限公司	669.49
41	珠海华发集团有限公司	1397.56	91	国家开发投资公司	669.11
42	申能（集团）有限公司	1397.44	92	中国中化集团公司	661.63
43	上海烟草集团有限责任公司	1312.38	93	山东晨鸣纸业集团股份有限公司	655.53
44	天津物产集团有限公司	1279.35	94	浙江荣盛控股集团有限公司	632.91
45	浙江中烟工业有限责任公司	1277.78	95	中国国电集团公司	631.61
46	新华人寿保险股份有限公司	1258.83	96	中天发展控股集团有限公司	626.48
47	中国广核集团有限公司	1240.74	97	广西北部湾国际港务集团有限公司	626.34
48	玖隆钢铁物流有限公司	1238.43	98	上海东浩兰生国际服务贸易（集团）有限公司	613.52
49	弘阳集团有限公司	1181.95	99	广东省交通集团有限公司	605.64
50	四川蓝润实业集团有限公司	1179.29	100	北大方正集团有限公司	598.36
				中国企业 500 强平均数	704.20

表 8-16 2016 中国企业 500 强收入增长率排序前 100 名企业

排名	公司名称	收入增长率（%）	排名	公司名称	收入增长率（%）
1	四川蓝润实业集团有限公司	177.89	51	苏宁控股集团有限公司	23.80
2	广发证券股份有限公司	149.70	52	中兴通讯股份有限公司	22.97
3	中国银河证券股份有限公司	130.10	53	中国华信能源有限公司	22.97
4	海通证券股份有限公司	111.84	54	天津纺织集团（控股）有限公司	22.61
5	上海均和集团有限公司	90.53	55	光明食品（集团）有限公司	22.05
6	新疆金风科技股份有限公司	69.80	56	晶科能源有限公司	21.95
7	阳光保险集团股份有限公司	63.21	57	长城汽车股份有限公司	21.46
8	中粮集团有限公司	62.38	58	远大物产集团有限公司	21.31
9	北京京东世纪贸易有限公司	57.64	59	广东海大集团股份有限公司	21.23
10	太平人寿保险有限公司	56.95	60	正邦集团有限公司	20.90
11	珠海华发集团有限公司	51.56	61	九州通医药集团股份有限公司	20.75
12	深圳市飞马国际供应链股份有限公司	48.31	62	隆鑫控股有限公司	20.27
13	中国华融资产管理股份有限公司	47.64	63	北京控股集团有限公司	20.25
14	腾邦集团有限公司	44.04	64	宜昌兴发集团有限责任公司	20.22
15	武安市文安钢铁有限公司	41.06	65	大连万达集团股份有限公司	19.66
16	比亚迪股份有限公司	37.48	66	恒大地产集团有限公司	19.51
17	中国船舶工业集团公司	37.09	67	天能电池集团有限公司	19.50
18	华为技术有限公司	37.06	68	利华益集团股份有限公司	19.39
19	广州越秀集团有限公司	36.82	69	山东天信集团有限公司	19.33
20	协鑫（集团）控股有限公司	36.66	70	深圳市信利康供应链管理有限公司	19.32
21	杭州锦江集团有限公司	36.60	71	中国光大集团股份有限公司	19.19
22	山东科达集团有限公司	35.95	72	白银有色集团股份有限公司	18.66
23	安徽新华发行（集团）控股有限公司	35.54	73	安徽江淮汽车集团控股有限公司	18.64
24	青山控股集团有限公司	34.84	74	威高集团有限公司	18.58
25	泰康人寿保险股份有限公司	34.47	75	云南省能源投资集团有限公司	18.42
26	阿里巴巴集团控股有限公司	32.73	76	江西省建工集团有限责任公司	18.41
27	京东方科技集团股份有限公司	32.67	77	中国人寿保险（集团）公司	18.39
28	百度网络技术有限公司	32.05	78	卧龙控股集团有限公司	18.29
29	中国平安保险（集团）股份有限公司	30.79	79	山东魏桥创业集团有限公司	18.20
30	广西投资集团有限公司	30.37	80	深圳市怡亚通供应链股份有限公司	18.14
31	北京首都创业集团有限公司	30.32	81	中国国际技术智力合作公司	18.02
32	腾讯控股有限公司	30.32	82	厦门国贸控股有限公司	17.86
33	恒力集团有限公司	29.59	83	大商集团有限公司	17.74
34	研祥高科技控股集团有限公司	29.42	84	海航集团有限公司	17.57
35	海澜集团有限公司	28.44	85	太平洋建设集团有限公司	17.57
36	中国电子科技集团公司	28.30	86	唐山瑞丰钢铁（集团）有限公司	17.50
37	中国港中旅集团公司	27.79	87	世纪金源投资集团有限公司	17.46
38	中华联合保险控股股份有限公司	27.43	88	广西盛隆冶金有限公司	17.36
39	三胞集团有限公司	27.04	89	广州轻工工贸集团有限公司	17.22
40	紫金矿业集团股份有限公司	26.45	90	清华控股有限公司	16.77
41	稻花香集团	26.44	91	兴业银行股份有限公司	16.70
42	万科企业股份有限公司	25.91	92	五得利面粉集团有限公司	16.58
43	厦门象屿集团有限公司	25.76	93	中基宁波集团股份有限公司	16.08
44	中国太平保险集团有限责任公司	25.34	94	远东控股集团有限公司	16.07
45	亨通集团有限公司	25.29	95	三河汇福粮油集团有限公司	16.00
46	厦门金龙汽车集团股份有限公司	25.22	96	广州医药集团有限公司	15.84
47	天音通信有限公司	24.92	97	华泰集团有限公司	15.71
48	广东温氏食品集团股份有限公司	24.57	98	中国人民保险集团股份有限公司	15.51
49	郑州宇通集团有限公司	24.35	99	中国盐业总公司	15.44
50	浪潮集团有限公司	23.84	100	正泰集团股份有限公司	15.38
				中国企业 500 强平均数	-1.10

表 8-17　2016 中国企业 500 强净利润增长率排序前 100 名企业

排名	公司名称	净利润增长率（%）	排名	公司名称	净利润增长率（%）
1	中国大唐集团公司	1499.90	51	中国船舶工业集团公司	96.09
2	太极集团有限公司	995.17	52	河北新金钢铁有限公司	92.96
3	北大方正集团有限公司	817.80	53	山西建筑工程（集团）总公司	83.04
4	山东高速集团有限公司	642.79	54	亚邦投资控股集团有限公司	80.96
5	山东金诚石化集团有限公司	578.60	55	广州汽车工业集团有限公司	78.72
6	比亚迪股份有限公司	551.27	56	北京外企服务集团有限责任公司	78.20
7	广西投资集团有限公司	499.19	57	世纪金源投资集团有限公司	77.98
8	山东汇丰石化集团有限公司	418.24	58	三一集团有限公司	77.14
9	深圳市爱施德股份有限公司	382.60	59	中国航空集团公司	76.32
10	河北省物流产业集团有限公司	297.08	60	中国华能集团公司	76.26
11	天能电池集团有限公司	293.35	61	广厦控股集团有限公司	75.00
12	天津渤海化工集团有限责任公司	271.47	62	中国国电集团公司	72.73
13	中国航空油料集团公司	262.05	63	广东省广新控股集团有限公司	72.23
14	广东省广物控股集团有限公司	249.73	64	中国东方航空集团公司	71.00
15	阳光保险集团股份有限公司	247.37	65	超威电源有限公司	70.18
16	重庆建工投资控股有限责任公司	239.09	66	武安市文安钢铁有限公司	66.91
17	上海复星高科技（集团）有限公司	236.96	67	庞大汽贸集团股份有限公司	66.60
18	协鑫（集团）控股有限公司	226.47	68	中科电力装备集团有限公司	61.17
19	阿里巴巴集团控股有限公司	195.91	69	新疆特变电工集团有限公司	60.99
20	浙江荣盛控股集团有限公司	174.21	70	中国太平洋保险（集团）股份有限公司	60.45
21	江苏华西集团公司	170.71	71	中国南方航空集团公司	59.98
22	双良集团有限公司	167.63	72	厦门国贸控股有限公司	57.93
23	广发证券股份有限公司	162.83	73	杭州锦江集团有限公司	57.80
24	中国银河证券股份有限公司	160.84	74	深圳市怡亚通供应链股份有限公司	57.69
25	百度网络技术有限公司	155.09	75	山东大海集团有限公司	55.75
26	中国人寿保险（集团）公司	152.06	76	新疆金风科技股份有限公司	55.74
27	甘肃省建设投资（控股）集团总公司	150.59	77	安徽江淮汽车集团控股有限公司	55.73
28	山东京博控股股份有限公司	149.72	78	华侨城集团公司	55.46
29	广东省交通集团有限公司	141.34	79	泰康人寿保险股份有限公司	54.31
30	中国港中旅集团公司	136.77	80	重庆商社（集团）有限公司	51.10
31	浙江桐昆控股集团有限公司	131.84	81	天津纺织集团（控股）有限公司	50.97
32	广东温氏食品集团股份有限公司	130.77	82	五得利面粉集团有限公司	50.50
33	北京建龙重工集团有限公司	121.11	83	中国人民保险集团股份有限公司	49.07
34	山东黄金集团有限公司	118.88	84	山东泰山钢铁集团有限公司	48.70
35	中粮集团有限公司	118.86	85	浪潮集团有限公司	48.19
36	泸州老窖集团有限责任公司	116.90	86	安徽建工集团有限公司	47.85
37	厦门金龙汽车集团股份有限公司	115.34	87	中国光大集团股份有限公司	46.19
38	深圳市大生农业集团有限公司	115.00	88	创维集团有限公司	45.21
39	中国诚通控股集团有限公司	111.60	89	雅戈尔集团股份有限公司	44.96
40	上海均和集团有限公司	110.99	90	广东海大集团股份有限公司	44.85
41	亨通集团有限公司	106.50	91	上海汽车集团股份有限公司	42.26
42	海通证券股份有限公司	105.42	92	天津百利机械装备集团有限公司	41.77
43	四川蓝润实业集团有限公司	103.44	93	中国能源建设集团有限公司	41.54
44	太平人寿保险有限公司	102.43	94	玖隆钢铁物流有限公司	40.46
45	山东晨鸣纸业集团股份有限公司	102.14	95	淄博矿业集团有限责任公司	40.16
46	中国远洋海运集团有限公司	101.87	96	广州万宝集团有限公司	39.89
47	山东渤海实业股份有限公司	101.25	97	万向集团公司	39.71
48	中基宁波集团股份有限公司	100.30	98	中国冶金科工集团有限公司	39.53
49	福建省能源集团有限责任公司	97.69	99	北京城建集团有限责任公司	38.17
50	天津泰达投资控股有限公司	96.82	100	中国平安保险（集团）股份有限公司	37.99
				中国企业 500 强平均数	3.29

表 8-18 2016 中国企业 500 强资产增长率排序前 100 名企业

排名	公司名称	资产增长率（%）	排名	公司名称	资产增长率（%）
1	山东大海集团有限公司	219.30	51	云南省能源投资集团有限公司	31.47
2	广西投资集团有限公司	163.79	52	永辉超市股份有限公司	31.17
3	深圳市大生农业集团有限公司	124.53	53	江苏扬子江船业集团公司	30.73
4	海澜集团有限公司	111.75	54	中国贵州茅台酒厂（集团）有限责任公司	29.77
5	上海均和集团有限公司	83.76	55	上海纺织（集团）有限公司	29.75
6	中国华信能源有限公司	77.11	56	北大方正集团有限公司	29.24
7	江西省建工集团有限责任公司	70.97	57	广西建工集团有限责任公司	28.79
8	广发证券股份有限公司	70.80	58	珠海华发集团有限公司	28.37
9	中国银河证券股份有限公司	67.01	59	北京京东世纪贸易有限公司	28.08
10	海通证券股份有限公司	63.47	60	西安迈科金属国际集团有限公司	27.70
11	天元建设集团有限公司	61.74	61	亨通集团有限公司	27.62
12	北京汽车集团有限公司	60.56	62	三胞集团有限公司	27.61
13	恒大地产集团有限公司	59.56	63	洪业化工集团股份有限公司	27.26
14	腾讯控股有限公司	58.01	64	山西建筑工程（集团）总公司	26.76
15	安徽新华发行（集团）控股有限公司	56.97	65	山东京博控股股份有限公司	26.69
16	晶科能源有限公司	55.82	66	龙信建设集团有限公司	26.49
17	深圳市怡亚通供应链股份有限公司	50.16	67	无锡产业发展集团有限公司	26.47
18	协鑫（集团）控股有限公司	49.68	68	陕西建工集团有限公司	26.47
19	阳光保险集团股份有限公司	49.06	69	北京首都创业集团有限公司	25.37
20	云南建工集团有限公司	48.78	70	海航集团有限公司	24.90
21	百度网络技术有限公司	48.36	71	广州农村商业银行股份有限公司	24.90
22	河北建设集团有限公司	47.08	72	山东海科化工集团有限公司	24.83
23	清华控股有限公司	45.47	73	中华联合保险控股股份有限公司	24.78
24	山东天信集团有限公司	44.87	74	山东钢铁集团有限公司	24.75
25	中国华融资产管理股份有限公司	44.30	75	浙江吉利控股集团有限公司	23.95
26	富海集团有限公司	42.96	76	中国恒天集团有限公司	23.82
27	阿里巴巴集团控股有限公司	42.68	77	新华联集团有限公司	23.74
28	步步高投资集团股份有限公司	39.90	78	河北建工集团有限责任公司	23.48
29	天津房地产集团有限公司	38.80	79	大连万达集团股份有限公司	23.40
30	浪潮集团有限公司	38.80	80	正邦集团有限公司	23.37
31	中国交通建设集团有限公司	38.11	81	上海汽车集团股份有限公司	23.32
32	厦门金龙汽车集团股份有限公司	37.72	82	广州越秀集团有限公司	23.21
33	重庆力帆控股有限公司	37.57	83	天津渤海轻工投资集团有限公司	22.88
34	山东晨鸣纸业集团股份有限公司	37.20	84	比亚迪股份有限公司	22.85
35	上海烟草集团有限责任公司	37.11	85	创维集团有限公司	22.41
36	中国化工集团公司	36.92	86	太平洋建设集团有限公司	22.38
37	宁夏天元锰业有限公司	36.86	87	国家开发银行股份有限公司	22.32
38	山东胜通集团股份有限公司	35.75	88	济宁如意投资有限公司	22.27
39	光明食品（集团）有限公司	35.45	89	广东圣丰集团有限公司	21.73
40	雅戈尔集团股份有限公司	35.36	90	甘肃省建设投资（控股）集团总公司	21.64
41	山西省国新能源发展集团有限公司	35.18	91	中国国际海运集装箱（集团）股份有限公司	21.63
42	天津物产集团有限公司	35.10	92	天能电池集团有限公司	21.42
43	九州通医药集团股份有限公司	35.07	93	山东金诚石化集团有限公司	21.35
44	中国港中旅集团公司	34.13	94	中国中信集团有限公司	21.34
45	弘阳集团有限公司	33.99	95	中国电力建设集团有限公司	21.25
46	四川宏达（集团）有限公司	33.86	96	中科电力装备集团有限公司	21.19
47	白银有色集团股份有限公司	32.52	97	北京银行	21.02
48	精功集团有限公司	32.51	98	山东魏桥创业集团有限公司	20.99
49	腾邦集团有限公司	31.30	99	厦门国贸控股有限公司	20.93
50	广东省广晟资产经营有限公司	31.55	100	安徽建工集团有限公司	20.68
				中国企业 500 强平均数	12.61

表 8-19　2016 中国企业 500 强研发费用增长率排序前 100 名企业

排名	公司名称	研发费增长率（%）	排名	公司名称	研发费增长率（%）
1	武安市文安钢铁有限公司	3233.33	51	浙江吉利控股集团有限公司	39.12
2	中国港中旅集团公司	2554.55	52	申能（集团）有限公司	38.30
3	中南控股集团有限公司	1046.96	53	中国联合网络通信集团有限公司	37.39
4	国家电力投资集团公司	797.65	54	中国电力建设集团有限公司	37.27
5	凌源钢铁集团有限责任公司	446.39	55	晶科能源有限公司	37.07
6	紫金矿业集团股份有限公司	272.49	56	北京汽车集团有限公司	36.78
7	四川公路桥梁建设集团有限公司	183.91	57	新疆金风科技股份有限公司	36.54
8	山东大海集团有限公司	182.35	58	山东大王集团有限公司	36.31
9	江阴澄星实业集团有限公司	179.35	59	贵州中烟工业有限责任公司	36.05
10	浪潮集团有限公司	143.66	60	中兴通讯股份有限公司	35.43
11	北京首都创业集团有限公司	143.01	61	广州汽车工业集团有限公司	35.36
12	河北普阳钢铁有限公司	137.53	62	晶龙实业集团有限公司	34.08
13	天津房地产集团有限公司	136.63	63	陕西煤业化工集团有限责任公司	33.60
14	重庆建工投资控股有限责任公司	130.51	64	广州轻工工贸集团有限公司	33.30
15	九州通医药集团股份有限公司	130.22	65	杉杉控股有限公司	32.92
16	广发证券股份有限公司	121.35	66	上海东浩兰生国际服务贸易(集团)有限公司	31.32
17	老凤祥股份有限公司	105.39	67	海航集团有限公司	31.04
18	北京住总集团有限责任公司	97.99	68	浙江省交通投资集团有限公司	31.04
19	中国化工集团公司	96.49	69	江铃汽车集团公司	30.82
20	新疆广汇实业投资（集团）有限责任公司	89.51	70	山东京博控股股份有限公司	30.43
21	北京京东世纪贸易有限公司	88.12	71	新华联集团有限公司	29.83
22	天津银行股份有限公司	85.15	72	泰康人寿保险股份有限公司	29.74
23	天元建设集团有限公司	78.70	73	中国建筑股份有限公司	29.69
24	中国交通建设集团有限公司	73.21	74	深圳市怡亚通供应链股份有限公司	29.31
25	中国铁道建筑总公司	72.32	75	东风汽车公司	29.21
26	阳光保险集团股份有限公司	70.83	76	广州万宝集团有限公司	29.02
27	海通证券股份有限公司	70.62	77	广东圣丰集团有限公司	28.95
28	江苏汇鸿国际集团股份有限公司	65.65	78	吉林亚泰（集团）股份有限公司	28.92
29	厦门金龙汽车集团股份有限公司	65.02	79	江苏悦达集团有限公司	28.76
30	宜昌兴发集团有限责任公司	60.72	80	广东温氏食品集团股份有限公司	28.49
31	宝塔石化集团有限公司	57.69	81	浙江省能源集团有限公司	28.05
32	山东海科化工集团有限公司	57.39	82	山东天信集团有限公司	27.15
33	北京建工集团有限责任公司	56.01	83	山东太阳控股集团有限公司	27.12
34	浙江省国际贸易集团有限公司	55.63	84	重庆市能源投资集团有限公司	27.09
35	杭州锦江集团有限公司	55.03	85	研祥高科技控股集团有限公司	26.69
36	清华控股有限公司	54.93	86	天能电池集团有限公司	25.41
37	北京银行	54.84	87	天津友发钢管集团股份有限公司	25.13
38	无锡产业发展集团有限公司	53.19	88	万向集团公司	25.02
39	安徽省交通控股集团有限公司	52.11	89	海澜集团有限公司	25.00
40	四川省川威集团有限公司	50.55	90	浙江中烟工业有限责任公司	24.94
41	中国中信集团有限公司	50.03	91	隆鑫控股有限公司	24.25
42	江苏华西集团公司	46.09	92	陕西有色金属控股集团有限责任公司	23.17
43	华为技术有限公司	45.93	93	亨通集团有限公司	22.72
44	百度网络技术有限公司	45.76	94	TCL 集团股份有限公司	22.65
45	北京建龙重工集团有限公司	44.95	95	京东方科技集团股份有限公司	22.48
46	广州越秀集团有限公司	41.76	96	中国电子科技集团公司	22.08
47	国家开发投资公司	41.60	97	泸州老窖集团有限责任公司	22.07
48	湖南省建筑工程集团总公司	40.63	98	江苏省苏中建设集团股份有限公司	22.05
49	深圳市信利康供应链管理有限公司	40.55	99	富海集团有限公司	22.04
50	中国铝业公司	39.33	100	上海汽车集团股份有限公司	22.01
				中国企业 500 强平均数	7.35

第九章
2016 中国制造业企业 500 强数据

表 9-1　2016 中国制造业企业 500 强

名次	企业名称	地区	营业收入（万元）	净利润（万元）	资产（万元）	所有者权益（万元）	从业人数（人）
1	中国石油化工集团公司	北京	184977795	2259135	205850770	73023803	845652
2	上海汽车集团股份有限公司	上海	67044822	3979379	51163069	17512874	91665
3	东风汽车公司	湖北	52045396	929992	36810766	7143926	191950
4	中国兵器装备集团公司	北京	44041718	935088	39187535	5101762	238287
5	华为技术有限公司	广东	39500900	3690800	37215500	11902100	170000
6	中国第一汽车集团公司	吉林	39499035	2044068	33328582	16007205	132083
7	中国兵器工业集团公司	北京	38725293	504694	33682043	8180646	241309
8	中国航空工业集团公司	北京	37862420	554756	93386825	17865811	587952
9	北京汽车集团有限公司	北京	34522067	618325	42738282	6848511	120487
10	山东魏桥创业集团有限公司	山东	33323772	704391	17564750	6151731	140358
11	联想控股股份有限公司	北京	30982614	465908	30624289	4889652	75000
12	正威国际集团有限公司	广东	30036385	716722	12067412	6413186	17683
13	河钢集团有限公司	河北	28446842	-127655	34878568	4862804	135798
14	中国化工集团公司	北京	26025252	-82826	37251406	2618118	128917
15	中国中车集团公司	北京	24373283	575442	32810214	5758022	189388
16	中国铝业公司	北京	23877911	-534597	48684403	1309907	139272
17	宝钢集团有限公司	上海	23005904	250414	52933249	23785271	124310
18	中国船舶重工集团公司	北京	22631565	821795	44305154	11895831	164000
19	金川集团股份有限公司	甘肃	22041320	-641802	13740446	3321670	31986
20	广州汽车工业集团有限公司	广东	21643680	312931	17433626	2302745	67426
21	恒力集团有限公司	江苏	21207961	359464	8255648	3715737	64524
22	江苏沙钢集团有限公司	江苏	20582346	89040	16277842	3531033	36710
23	新兴际华集团有限公司	北京	20466604	286354	12697421	2923355	64487
24	中国五矿集团公司	北京	20036679	-1055673	35385566	1246157	90653
25	中国建筑材料集团有限公司	北京	19925009	-89330	43264769	2953291	163793
26	江西铜业集团公司	江西	19830382	-35899	11165714	2072682	26565
27	中国电子信息产业集团有限公司	北京	19819149	110771	24778465	3163315	138271
28	中国航天科技集团公司	北京	19201631	1165237	35718453	12927976	161022
29	中国船舶工业集团公司	北京	18973172	275184	26756410	5951816	71257
30	海尔集团公司	山东	18869388	1477657	25718164	6268076	56091
31	中国航天科工集团公司	北京	17512976	924336	23852272	8399662	144308
32	中国有色矿业集团有限公司	北京	17086594	-290906	12553544	1418471	57648
33	中国电子科技集团公司	北京	16597360	1028687	22065885	9650641	140493
34	浙江吉利控股集团有限公司	浙江	16530399	180112	16129409	1651723	45720

名次	企业名称	地区	营业收入（万元）	净利润（万元）	资产（万元）	所有者权益（万元）	从业人数（人）
35	华晨汽车集团控股有限公司	辽宁	16054589	21077	12276656	476571	50155
36	光明食品（集团）有限公司	上海	14755461	106932	23747409	4785179	115094
37	铜陵有色金属集团控股有限公司	安徽	14534744	-58321	7663915	982351	26851
38	海亮集团有限公司	浙江	14016131	74775	6312342	1301658	14770
39	美的集团股份有限公司	广东	13844123	1270673	12884194	4920185	108000
40	万洲国际有限公司	河南	13772276	510397	9286497	3742262	105000
41	首钢总公司	北京	13520063	-201366	43695839	10647739	114807
42	上海烟草集团有限责任公司	上海	13183197	2073124	18322140	14804693	13961
43	鞍钢集团公司	辽宁	12970755	-1167636	30452745	3969147	200780
44	天津中环电子信息集团有限公司	天津	12152383	285315	8099589	4038366	52887
45	天津百利机械装备集团有限公司	天津	11866099	694675	7981194	3624986	72790
46	陕西有色金属控股集团有限责任公司	陕西	11617681	-5023	12178176	2773064	45628
47	万向集团公司	浙江	11535989	84685	8804252	1923215	27245
48	山东大王集团有限公司	山东	11269181	329525	7669417	2746867	28300
49	中国黄金集团公司	北京	11074589	-16489	9634780	1540571	50871
50	天津渤海化工集团有限责任公司	天津	11008975	91390	15962175	4949321	35947
51	上海医药集团股份有限公司	上海	10551659	287699	7434421	2993031	41173
52	TCL集团股份有限公司	广东	10457948	256700	11175482	2421011	73537
53	天津渤海轻工投资集团有限公司	天津	10381541	147690	6577449	2051022	36643
54	红塔烟草（集团）有限责任公司	云南	10338809	697332	13266910	10888811	16837
55	山东钢铁集团有限公司	山东	10210768	-380909	24961631	1612978	94626
56	武汉钢铁（集团）公司	湖北	10183092	-676904	19027441	3007180	87811
57	江苏悦达集团有限公司	江苏	10181297	-77167	8771599	892240	40412
58	四川长虹电子控股集团有限公司	四川	10149949	4617	6608875	241445	68902
59	酒泉钢铁（集团）有限责任公司	甘肃	10085673	-616762	10646017	2282968	33647
60	中兴通讯股份有限公司	广东	10018639	320789	12089390	2966009	84622
61	中天钢铁集团有限公司	江苏	10016316	38908	4685105		13952
62	大冶有色金属集团控股有限公司	湖北	10012809	-48478	3506556	784512	14784
63	海信集团有限公司	山东	9901646	447609	10727367	3618988	57178
64	珠海格力电器股份有限公司	广东	9774514	1253244	16169802	4752138	70838
65	上海电气（集团）总公司	上海	9652138	117347	20936209	3330561	44924
66	安徽海螺集团有限责任公司	安徽	9307035	302650	11170878	2573829	53721
67	红云红河烟草（集团）有限责任公司	云南	9287350	774955	9207711	6770105	12450
68	太原钢铁（集团）有限公司	山西	9083529	-335685	12582662	2887499	42553
69	青山控股集团有限公司	浙江	8768949	119486	2858191	717010	14130

名次	企业名称	地区	营业收入（万元）	净利润（万元）	资产（万元）	所有者权益（万元）	从业人数（人）
70	南山集团有限公司	山东	8222167	577679	10626138	4817343	46536
71	盛虹控股集团有限公司	江苏	8180421	63800	7718810	1070593	29601
72	湖北宜化集团有限责任公司	湖北	8103725	49000	7026591	957329	41737
73	潍柴控股集团有限公司	山东	8065115	-17405	13069174	393934	76918
74	浙江荣盛控股集团有限公司	浙江	8060568	37356	5626606	1217545	8890
75	北大方正集团有限公司	北京	8051129	125335	19656046	2054162	32850
76	比亚迪股份有限公司	广东	8000897	282344	11548576	3229440	196026
77	协鑫（集团）控股有限公司	江苏	7978687	379487	13325079	2774210	30000
78	浙江恒逸集团有限公司	浙江	7940567	2223	3515828	569157	7886
79	浙江中烟工业有限责任公司	浙江	7861183	281240	4455619	3405456	3487
80	杭州钢铁集团公司	浙江	7769455	-212449	5976895	1167477	16949
81	本钢集团有限公司	辽宁	7700058	-663878	14136393	3046535	75737
82	陕西东岭工贸集团股份有限公司	陕西	7611371	20136	2822257	564740	10200
83	长城汽车股份有限公司	河北	7603314	805933	7191063	3833087	68320
84	三一集团有限公司	湖南	7505031	239670	10446481	2410700	19821
85	超威电源有限公司	浙江	7497736	37920	976639	281955	18187
86	广州医药集团有限公司	广东	7485668	59977	3139394	426432	35000
87	紫金矿业集团股份有限公司	福建	7430357	165567	8391403	2753717	24875
88	徐州工程机械集团有限公司	江苏	7394093	3905	8074868	1442139	26322
89	中国中材集团有限公司	北京	7296911	37174	11761725	1036649	78449
90	天能电池集团有限公司	浙江	7239327	64750	1047302	305766	18127
91	清华控股有限公司	北京	7053898	151378	20722686	1772926	68550
92	新希望集团有限公司	四川	6824439	237415	7549150	1667569	64625
93	山东黄金集团有限公司	山东	6819803	4522	7925359	1053682	25682
94	河北新华联合冶金控股集团有限公司	河北	6797096	152098	4710687	2272863	13033
95	海澜集团有限公司	江苏	6718367	373547	8530882	6705741	31000
96	北京建龙重工集团有限公司	北京	6716959	113206	8755541	1545346	40024
97	湖南华菱钢铁集团有限责任公司	湖南	6679742	-267085	12276633	1223836	40108
98	四川省宜宾五粮液集团有限公司	四川	6525087	706836	8252840	5822909	44798
99	河北津西钢铁集团股份有限公司	河北	6480019	-4786	3468482	901909	13325
100	湖北中烟工业有限责任公司	湖北	6405378	601589	4307922	2987489	8960
101	雅戈尔集团股份有限公司	浙江	6236444	441522	7974221	2008205	46963
102	中国重型汽车集团有限公司	山东	6166359	105338	10362351	2854637	41727
103	上海华谊（集团）公司	上海	6139317	21039	6107968	1576780	23972
104	新华联集团有限公司	北京	6052763	203824	8470323	1653677	45638

名次	企业名称	地区	营业收入（万元）	净利润（万元）	资产（万元）	所有者权益（万元）	从业人数（人）
105	无锡产业发展集团有限公司	江苏	6051933	147976	5229051	2185183	25205
106	内蒙古伊利实业集团股份有限公司	内蒙古自治区	6035987	463179	3963097	1998440	57971
107	华泰集团有限公司	山东	6023778	94080	3078291	619440	10108
108	奥克斯集团有限公司	浙江	5961205	97310	3986350	1108976	20147
109	山东大海集团有限公司	山东	5885447	364898	2952648	1033617	6124
110	中国国际海运集装箱（集团）股份有限公司	广东	5868580	197401	10676317	2854132	60030
111	云天化集团有限责任公司	云南	5855820	60058	9210889	782848	25070
112	河北敬业企业集团有限责任公司	河北	5757368	45515	2580761	1054367	20500
113	杭州汽轮动力集团有限公司	浙江	5701132	1527	2867668	519595	5560
114	中国盐业总公司	北京	5656437	−26920	4892311	361505	29499
115	万达控股集团有限公司	山东	5562545	122296	4116142	823835	13967
116	天津荣程祥泰投资控股集团有限公司	天津	5503839	18183	1306646	623355	7313
117	白银有色集团股份有限公司	甘肃	5490409	11069	4509900	1122005	16590
118	唐山瑞丰钢铁（集团）有限公司	河北	5415448	43492	1534240	525620	16389
119	上海复星高科技（集团）有限公司	上海	5379286	791116	17778804	3816971	55800
120	江铃汽车集团公司	江西	5345286	74417	4179422	728872	35538
121	通威集团有限公司	四川	5321078	121688	1802457	838380	23287
122	山东晨鸣纸业集团股份有限公司	山东	5272957	102122	7796170	1687149	11893
123	正邦集团有限公司	江西	5203466	13562	1063882	129954	39000
124	中联重科股份有限公司	湖南	5194081	8347	9372302	3993660	19141
125	盾安控股集团有限公司	浙江	5163973	64372	5369368	1114906	19000
126	马钢（集团）控股有限公司	安徽	5037063	−301976	8227636	1408152	47078
127	红豆集团有限公司	江苏	5031064		3007093		21088
128	山东京博控股股份有限公司	山东	5018811	110604	2662831	468424	11230
129	利华益集团股份有限公司	山东	5016802	120779	2918091	906662	4026
130	杭州锦江集团有限公司	浙江	5010179	83848	5088556	1131490	10077
131	杭州娃哈哈集团有限公司	浙江	4947540	583279	3344836	2322933	29533
132	江阴澄星实业集团有限公司	江苏	4885450	41324	2606046	695761	5343
133	京东方科技集团股份有限公司	北京	4862373	163627	15259289	7748528	42837
134	冀南钢铁集团有限公司	河北	4852486	37466	2083141	749663	9408
135	新疆特变电工集团有限公司	新疆维吾尔自治区	4826249	230293	8875709	2728032	22782
136	广东温氏食品集团股份有限公司	广东	4823737	620537	3273497	2226406	44000

名次	企业名称	地区	营业收入（万元）	净利润（万元）	资产（万元）	所有者权益（万元）	从业人数（人）
137	亨通集团有限公司	江苏	4803224	87653	3847154	733319	11951
138	山东海科化工集团有限公司	山东	4789504	80395	1784185	233088	3007
139	济宁如意投资有限公司	山东	4728115	146502	3249113	428613	25312
140	北京金隅集团有限责任公司	北京	4722959	97209	13459417	1648403	33753
141	安徽江淮汽车集团控股有限公司	安徽	4705129	28953	4113562	321198	35326
142	科创控股集团有限公司	四川	4674444	319937	5105778	4050290	21900
143	山东晨曦集团有限公司	山东	4615704	135092	4618418	1856506	6700
144	山东招金集团有限公司	山东	4548008	4936	4382247	533413	14487
145	华勤橡胶工业集团有限公司	山东	4505142	82420	1631842	586182	8150
146	南京钢铁集团有限公司	江苏	4457317	−174724	4209385	1035127	11715
147	广西柳州钢铁集团有限公司	广西壮族自治区	4446462	−189925	4028888	902437	15300
148	亚邦投资控股集团有限公司	江苏	4431262	129170	3285384	1160031	19005
149	江苏三房巷集团有限公司	江苏	4357883	12388	2318904	898023	7829
150	稻花香集团	湖北	4355216	18368	2196500	189342	19098
151	德力西集团有限公司	浙江	4349427	86858	1578179	485428	21695
152	山东太阳控股集团有限公司	山东	4283027	32855	2808128	709857	12134
153	宁波金田投资控股有限公司	浙江	4228775	150	687982	119854	4745
154	云南锡业集团（控股）有限责任公司	云南	4187864	−249338	5257890	10030	25889
155	宝塔石化集团有限公司	宁夏回族自治区	4093101	65143	5656968	1975291	15000
156	中国恒天集团有限公司	北京	4087670	22791	7408678	1155544	46920
157	四川省川威集团有限公司	四川	4052782	−128244	4103654	267558	13664
158	正泰集团股份有限公司	浙江	4051877	110440	4166228	793400	30073
159	吉林亚泰（集团）股份有限公司	吉林	3999845	−18959	5379010	1150157	26764
160	四川科伦实业集团有限公司	四川	3920979	71982	2615589	1163654	24056
161	江苏华西集团公司	江苏	3887596	128751	5419262	1473914	20445
162	天津纺织集团（控股）有限公司	天津	3881846	8119	2061337	445236	8626
163	双胞胎（集团）股份有限公司	江西	3861761	12560	813105	125600	7200
164	山东天信集团有限公司	山东	3832286	167343	1079775	552897	4518
165	郑州宇通集团有限公司	河南	3819932	330025	4619144	989831	20394
166	天津宝迪农业科技股份有限公司	天津	3814061	99034	1868225	806661	6053
167	浙江桐昆控股集团有限公司	浙江	3797275	16528	1800939	441302	16704
168	嘉晨集团有限公司	辽宁	3786000	88418	3060317	1978603	11050

名次	企业名称	地区	营业收入（万元）	净利润（万元）	资产（万元）	所有者权益（万元）	从业人数（人）
169	天津市医药集团有限公司	天津	3734912		6706758		20391
170	宁夏天元锰业有限公司	宁夏回族自治区	3727961	597	4599071	993095	20062
171	安阳钢铁集团有限责任公司	河南	3714061	−115425	4438236	300733	25548
172	贵州中烟工业有限责任公司	贵州	3675164	273361	2459487	1722059	8950
173	中国贵州茅台酒厂（集团）有限责任公司	贵州	3635788	1116707	10931358	6235729	24397
174	隆鑫控股有限公司	重庆	3623555	58794	5530412	1049116	14830
175	杉杉控股有限公司	浙江	3602365	47216	3188500	526605	7275
176	重庆化医控股（集团）公司	重庆	3591804	−39397	7360688	1085018	33226
177	江苏阳光集团有限公司	江苏	3574009	193267	2114528	1062499	17541
178	老凤祥股份有限公司	上海	3571237	111735	1156012	454240	2629
179	昆明钢铁控股有限公司	云南	3568263	−303456	5667462	1172594	18566
180	山东金岭集团有限公司	山东	3480577	159907	1081831	675071	3960
181	人民电器集团有限公司	浙江	3480507	130028	921398	575677	23800
182	山东胜通集团股份有限公司	山东	3461245	394230	2178221	1103387	7500
183	山东时风（集团）有限责任公司	山东	3419957	116812	972219	768491	20802
184	重庆力帆控股有限公司	重庆	3398824	63812	5037130	1189539	15100
185	广西玉柴机器集团有限公司	广西壮族自治区	3392300	46652	3271976	1121377	21591
186	江苏新长江实业集团有限公司	江苏	3381335		2795182		9343
187	山东金诚石化集团有限公司	山东	3365179	80638	528462	439326	2000
188	创维集团有限公司	广东	3342900	109299	3348833	689563	29000
189	天狮集团有限公司	天津	3320985	339736	1237939	980157	8313
190	西部矿业集团有限公司	青海	3307123	−79306	4471330	258472	9427
191	山东玉皇化工有限公司	山东	3291689	84703	2161468	682827	5706
192	太极集团有限公司	重庆	3290472	50805	1211079	215105	12188
193	四川德胜集团钒钛有限公司	四川	3288253		2760842		13630
194	三河汇福粮油集团有限公司	河北	3244800	52023	1423879	296823	3000
195	包头钢铁（集团）有限责任公司	内蒙古自治区	3229003	−1028794	16152167	417597	59996
196	江苏金辉铜业集团有限公司	江苏	3169800	22018	574589	373114	650
197	天瑞集团股份有限公司	河南	3153583	105157	6303001	2611106	16845
198	日照钢铁控股集团有限公司	山东	3147573	11450	7863540	1397296	14243
199	西王集团有限公司	山东	3123063	30538	3816229	1190985	16000

名次	企业名称	地区	营业收入（万元）	净利润（万元）	资产（万元）	所有者权益（万元）	从业人数（人）
200	沂州集团有限公司	山东	3108066	23116	1118344	348318	5090
201	晶科能源有限公司	江西	3056129	301891	1694541	701383	19432
202	湖南博长控股集团有限公司	湖南	3051172	4379	986826	154600	7528
203	金浦投资控股集团有限公司	江苏	3039305	25285	1981887	338555	9300
204	山东渤海实业股份有限公司	山东	3033890	9479	1368837	248197	3665
205	维维集团股份有限公司	江苏	3031828	161971	1977905	1254548	20615
206	宁波富邦控股集团有限公司	浙江	3030961	48879	3899461	469944	9048
207	新疆金风科技股份有限公司	新疆维吾尔自治区	3006210	284950	5257240	1676145	6581
208	陕西汽车控股集团有限公司	陕西	3001938	−2888	3652066	341987	28225
209	东营方圆有色金属有限公司	山东	3000268	94227	1674273	789112	967
210	双良集团有限公司	江苏	2993807	51083	2732478	724040	5022
211	河北普阳钢铁有限公司	河北	2982913	69256	1308132	790699	7236
212	河北新金钢铁有限公司	河北	2975961	58591	1057405	457911	5348
213	东营鲁方金属材料有限公司	山东	2972611	97437	1119261	419076	1610
214	武安市裕华钢铁有限公司	河北	2965833	57478	1810367	854999	10856
215	远东控股集团有限公司	江苏	2951208	19023	2321197	323083	10467
216	金东纸业（江苏）股份有限公司	江苏	2916853	99327	6345994	1779144	10628
217	波司登股份有限公司	江苏	2908523	206706	2526108	1572578	24693
218	法尔胜泓昇集团有限公司	江苏	2900390	53103	1678079	505040	9074
219	青岛钢铁控股集团有限责任公司	山东	2886532	665	1859159	273507	7750
220	晶龙实业集团有限公司	河北	2882240	127090	3326359	1707599	25700
221	福建中烟工业有限责任公司	福建	2869133	167956	2861154	1972472	8542
222	华芳集团有限公司	江苏	2864746	18906	997717	484136	14438
223	洪业化工集团股份有限公司	山东	2858644	168026	2272697	876248	9300
224	威高集团有限公司	山东	2851131	281272	2854866	1832752	19564
225	宜昌兴发集团有限责任公司	湖北	2850201	7091	2867867	377908	9564
226	杭州华东医药集团有限公司	浙江	2839662	187608	1906062	701574	10184
227	广州万宝集团有限公司	广东	2834469	25212	1715273	256920	15723
228	武安市文安钢铁有限公司	河北	2823973	49762	686342	515620	5127
229	奇瑞汽车股份有限公司	安徽	2805540	17264	6849253	1722763	14143
230	武安市明芳钢铁有限公司	河北	2797137	56672	537234	380680	8000
231	唐山港陆钢铁有限公司	河北	2794399	7101	1622941	584259	8615
232	哈尔滨电气集团公司	黑龙江	2794148	14325	6976806	1169069	28781

名次	企业名称	地区	营业收入（万元）	净利润（万元）	资产（万元）	所有者权益（万元）	从业人数（人）
233	重庆机电控股（集团）公司	重庆	2779228	72237	3828179	958147	30259
234	河南豫光金铅集团有限责任公司	河南	2771640	-2025	1403368	65208	6305
235	江苏扬子江船业集团公司	江苏	2768840	276501	7852839	3224726	18986
236	泸州老窖集团有限责任公司	四川	2767740	108009	13623614	671137	23245
237	青岛啤酒股份有限公司	山东	2763469	171313	2850059	1645806	43066
238	卧龙控股集团有限公司	浙江	2735584	100086	2436657	586364	16208
239	澳洋集团有限公司	江苏	2730149	43258	1385632	276385	11097
240	苏州创元投资发展（集团）有限公司	江苏	2727950	99417	2403368	824041	18574
241	浙江龙盛控股有限公司	浙江	2724673	255135	2820322	1422483	8682
242	精功集团有限公司	浙江	2709184	55111	3521746	613737	15174
243	山东九羊集团有限公司	山东	2702077	297	1404975	754819	10126
244	厦门金龙汽车集团股份有限公司	福建	2683490	53520	2538152	387909	17474
245	凌源钢铁集团有限责任公司	辽宁	2678583	-75036	3173829	494988	11713
246	新余钢铁集团有限公司	江西	2666030	-124718	3103806	541828	24152
247	重庆轻纺控股（集团）公司	重庆	2656582	25408	2823672	578526	22142
248	山东泰山钢铁集团有限公司	山东	2652281	20242	1357544	243406	8658
249	北京二商集团有限责任公司	北京	2617743	25973	1547757	444721	14526
250	天津友发钢管集团股份有限公司	天津	2616643		551592		8249
251	广东格兰仕集团有限公司	广东	2607792	-9507	1856911	470172	29069
252	广西盛隆冶金有限公司	广西壮族自治区	2572506	14890	1385542	637841	7500
253	五得利面粉集团有限公司	河北	2568657	81499	486905	463923	5000
254	广东海大集团股份有限公司	广东	2556740	77998	818467	500061	12052
255	中科电力装备集团有限公司	安徽	2552260	8890	820255	83327	2459
256	旭阳控股有限公司	北京	2525870	12873	2967758	430241	5915
257	研祥高科技控股集团有限公司	广东	2503735	263362	2286301	1383532	5300
258	富海集团有限公司	山东	2496233	118377	1559410	688210	3569
259	万基控股集团有限公司	河南	2493071	-64045	2639593	91394	12833
260	山东汇丰石化集团有限公司	山东	2474562	26513	747105	234822	2070
261	福建省三钢（集团）有限责任公司	福建	2460672	-108185	2258008	520717	17727
262	巨化集团公司	浙江	2434504	24223	2411796	454495	16932
263	东辰控股集团有限公司	山东	2423357	185514	1350825	807782	1852
264	天士力控股集团有限公司	天津	2411444	137227	4150701	1513405	18417
265	江苏三木集团有限公司	江苏	2409451	86949	1443247	655353	6237

名次	企业名称	地区	营业收入（万元）	净利润（万元）	资产（万元）	所有者权益（万元）	从业人数（人）
266	武汉邮电科学研究院	湖北	2408951	7694	3438445	574899	21254
267	富通集团有限公司	浙江	2383588	99980	2009933	980728	5947
268	新疆天业（集团）有限公司	新疆维吾尔自治区	2362840	-7931	3918590	583647	19005
269	西子联合控股有限公司	浙江	2360427	72533	3498827	880975	11611
270	传化集团有限公司	浙江	2360208	83785	3331461	831052	12503
271	万丰奥特控股集团有限公司	浙江	2318110	169895	1569945	587961	10028
272	广州钢铁企业集团有限公司	广东	2291521	133171	2362640	205724	1958
273	天津塑力线缆集团有限公司	天津	2267043	164174	1966118	1158801	4000
274	江苏华宏实业集团有限公司	江苏	2258830	13584	929086	406384	3950
275	广西中烟工业有限责任公司	广西壮族自治区	2255847	248490	1893620	1389329	3051
276	山东博汇集团有限公司	山东	2242230	44964	2319491	478262	
277	香驰控股有限公司	山东	2238194	42463	885734	215763	3031
278	广西农垦集团有限责任公司	广西壮族自治区	2231563	39807	4494223	1154216	59919
279	滨化集团公司	山东	2229340	64934	1456982	710870	4874
280	永锋集团有限公司	山东	2225806	109362	1903565	371676	6315
281	红狮控股集团有限公司	浙江	2204165	200634	2595677	970122	11516
282	浙江富冶集团有限公司	浙江	2170590	15849	666753	235852	2140
283	迁安市九江线材有限责任公司	河北	2152367	21354	1935607		11552
284	森马集团有限公司	浙江	2151065	94606	1831029	477543	3396
285	山东垦利石化集团有限公司	山东	2147491	13104	1572802	174115	3114
286	石药控股集团有限公司	河北	2123923	165984	2439373	1173472	18345
287	河南神火集团有限公司	河南	2108470	-76840	5708065	69886	32219
288	云南白药集团股份有限公司	云南	2073813	277084	1929094	1343301	8151
289	华仪集团有限公司	浙江	2057746	56746	1828552	357020	9652
290	四川九洲电器集团有限责任公司	四川	2050358	47037	2078904	546794	14910
291	山东清源集团有限公司	山东	2030380	23207	1448527	436874	5000
292	东北特殊钢集团有限责任公司	辽宁	2019628	344	5361148	648578	24504
293	正和集团股份有限公司	山东	2004611	26779	635126	270605	2011
294	天津食品集团有限公司	天津	2000853	37928	3358121	951680	12500
295	恒安国际集团有限公司	福建	1968263	326095	3278876	1459842	29700
296	中策橡胶集团有限公司	浙江	1967958	80123	2247477	692560	22513

名次	企业名称	地区	营业收入（万元）	净利润（万元）	资产（万元）	所有者权益（万元）	从业人数（人）
297	宜华企业（集团）有限公司	广东	1950210	75772	4188649	1383474	35000
298	江西萍钢实业股份有限公司	江西	1941017	18601	2744034	841000	15641
299	山东寿光鲁清石化有限公司	山东	1938624	79257	950612	407108	1700
300	纳爱斯集团有限公司	浙江	1928936	121882	1548035	1331585	14280
301	河北诚信有限责任公司	河北	1900138	108576	810144	614175	7044
302	宗申产业集团有限公司	重庆	1867429	29064	1686803	281162	16258
303	四川省宜宾普什集团有限公司	四川	1827874	37447	1869145	771773	10616
304	山东鲁花集团有限公司	山东	1823368	142598	1144409	481104	15651
305	升华集团控股有限公司	浙江	1815954	121351	1219852	314104	5245
306	三环集团有限公司	湖北	1814593	14731	1994302	550464	21060
307	江苏大明金属制品有限公司	江苏	1807780	-19626	577957	129352	1510
308	康美药业股份有限公司	广东	1806683	275673	38310523	1876513	8880
309	三花控股集团有限公司	浙江	1804273	66855	1442174	620580	8046
310	浙江大东南集团有限公司	浙江	1800211	90183	521496	309472	2612
311	江西中烟工业有限责任公司	江西	1791258	111487	1543651	1115289	4630
312	广州立白企业集团有限公司	广东	1790757	120845	1137053	890187	11100
313	华峰集团有限公司	浙江	1790300	69260	2411943	515531	9638
314	冀东发展集团有限责任公司	河北	1775846	-116760	6232651	505500	27200
315	唐山三友集团有限公司	河北	1768265	17059	2231240	332965	17472
316	福星集团控股有限公司	湖北	1756352	10526	4202489	407064	7656
317	山东金茂纺织化工集团有限公司	山东	1752694	134801	1566558	571563	1600
318	江苏新华发集团有限公司	江苏	1728475		975693		1000
319	奥康集团有限公司	浙江	1727009		659333		15890
320	蓝思科技股份有限公司	湖南	1722738	154275	2049184	1042583	69581
321	深圳市中金岭南有色金属股份有限公司	广东	1696571	20095	1588284	734464	10470
322	四川省达州钢铁集团有限责任公司	四川	1696518	-71749	961289	249160	6537
323	新疆中泰（集团）有限责任公司	新疆维吾尔自治区	1659854	-11487	4044886	160777	18088
324	浙江元立金属制品集团有限公司	浙江	1654482	-10367	1086494	149176	16000
325	齐星集团有限公司	山东	1653741	29546	2025273	233635	7247
326	广西汽车集团有限公司	广西壮族自治区	1652140	37060	1729819	457944	10771
327	攀枝花钢城集团有限公司	四川	1650934	-30971	1361272	90209	10826
328	唐山国丰钢铁有限公司	河北	1629456	-195839	1746963	555316	14108

名次	企业名称	地区	营业收入（万元）	净利润（万元）	资产（万元）	所有者权益（万元）	从业人数（人）
329	兴乐集团有限公司	浙江	1615432	28187	332661	207504	3103
330	哈药集团有限公司	黑龙江	1613534	28905	1650637	521319	19760
331	鲁丽集团有限公司	山东	1610397	61238	896188	379686	5000
332	大连机床集团有限责任公司	辽宁	1609799	63513	2362023	517329	5775
333	上海胜华电缆（集团）有限公司	上海	1597600	11200	540200	149100	4640
334	兴达投资集团有限公司	江苏	1596614	51199	686148	401191	932
335	华立集团股份有限公司	浙江	1593805	20435	1683660	240495	7869
336	华鲁控股集团有限公司	山东	1587326	23681	2435153	403168	16679
337	三角集团有限公司	山东	1580676	57586	1045664	330897	9599
338	中国西电集团公司	陕西	1578475	81472	3760253	1264083	21916
339	山东淄博傅山企业集团有限公司	山东	1576268	18055	641149	295473	7513
340	重庆小康控股有限公司	重庆	1571484	14452	1710980	208055	11359
341	河北冠丰冶金工业有限公司	河北	1567601	26837	863329	437903	5986
342	巨星控股集团有限公司	浙江	1563792	30475	984585	285464	4109
343	维科控股集团股份有限公司	浙江	1561437	22436	1606965	78957	7856
344	诸城外贸有限责任公司	山东	1553336	56862	1909299	671685	6972
345	花园集团有限公司	浙江	1543197	44596	1394845	54796	13717
346	金猴集团有限公司	山东	1538448	33077	463303	195774	4030
347	山东创新金属科技股份有限公司	山东	1525236	20650	898956	83322	2300
348	沈阳机床（集团）有限责任公司	辽宁	1525080	-44110	3541726	234264	18284
349	大亚科技集团有限公司	江苏	1516226	9252	1014950	103636	11530
350	美锦能源集团有限公司	山西	1514713	59668	5266484	2741734	14527
351	兴惠化纤集团有限公司	浙江	1493600	16805	637815	253647	2637
352	山东科瑞控股集团有限公司	山东	1474785	204775	2277967	1153957	8000
353	铭源控股集团有限公司	辽宁	1470000	74000	660000	207800	732
354	新凤鸣集团股份有限公司	浙江	1464008	30448	868778	238693	7522
355	利时集团股份有限公司	浙江	1461771	44868	1105054	492892	5991
356	浙江富春江通信集团有限公司	浙江	1425103	23643	1096535	315165	3585
357	重庆市博赛矿业（集团）有限公司	重庆	1420511	9735	681886	383395	6520
358	宁波博洋控股集团有限公司	浙江	1390152	21489	448026	64925	5211
359	红太阳集团有限公司	江苏	1383777	4512	1895058	281624	6660
360	山东中海化工集团有限公司	山东	1383478	-6440	498296	39801	1574
361	浙江东南网架集团有限公司	浙江	1381010	22555	1870401	587370	10198

名次	企业名称	地区	营业收入（万元）	净利润（万元）	资产（万元）	所有者权益（万元）	从业人数（人）
362	浙江协和集团有限公司	浙江	1380109	19740	612548	73505	1255
363	人本集团有限公司	浙江	1377484	20845	937214	252371	20256
364	山东联盟化工集团有限公司	山东	1367950	33421	875653	397892	6964
365	山东恒源石油化工股份有限公司	山东	1359898		404682		1756
366	天洁集团有限公司	浙江	1350968		900221		1386
367	骆驼集团股份有限公司	湖北	1337419	61604	655373	454460	5843
368	天津市建筑材料集团（控股）有限公司	天津	1328549	6928	1574035	240208	5601
369	鲁西集团有限公司	山东	1328542	21811	2585648	359046	13256
370	华新水泥股份有限公司	湖北	1327132	10276	2548667	960567	14075
371	春风实业集团有限责任公司	河北	1321623	5567	258979	80798	13600
372	天津华北集团有限公司	天津	1312469	493310	829798	493310	720
373	江西济民可信集团有限公司	江西	1308298	56795	453914	285036	8850
374	河南龙成集团有限公司	河南	1301818	72946	1583892	431857	7936
375	齐鲁制药有限公司	山东	1291763	271945	1612783	1244951	8890
376	山东亨圆铜业有限公司	山东	1279887	45623	182509	124556	302
377	宁波申洲针织有限公司	浙江	1263933	235466	1836161	1307412	67390
378	东凌控股有限公司	广东	1263166	27788	1606631	285313	3181
379	湖南金龙国际铜业有限公司	湖南	1248300	6800	117600	78981	535
380	精工控股集团有限公司	浙江	1234126	8595	2452303	303002	10762
381	上海斐讯数据通信技术有限公司	上海	1225724	82511	1569726	719450	4023
382	桂林力源粮油食品集团有限公司	广西壮族自治区	1218471	33279	292334	103317	3800
383	胜达集团有限公司	浙江	1218258	65517	839853	459127	4081
384	万华化学（宁波）有限公司	浙江	1210258	188256	1481411	883405	1136
385	北汽银翔汽车有限公司	重庆	1207756	319084	1206646	114684	10808
386	安徽淮海实业发展集团有限公司	安徽	1205189	1589	858503	268586	10281
387	邯郸市正大制管有限公司	河北	1204200	64037	208717	111330	2630
388	瑞星集团股份有限公司	山东	1201855	45287	1765523	574494	3765
389	济源市万洋冶炼（集团）有限公司	河南	1200651		459210		2900
390	武安市广耀铸业有限公司	河北	1193649	11009	219434	172889	3923
391	得力集团有限公司	浙江	1191273		1030208		7500
392	河南金利金铅集团有限公司	河南	1180253	10125	53879	114868	2291
393	重庆钢铁（集团）有限责任公司	重庆	1168621	-285292	6062556	859925	19669
394	华盛江泉集团有限公司	山东	1166962				

名次	企业名称	地区	营业收入（万元）	净利润（万元）	资产（万元）	所有者权益（万元）	从业人数（人）
395	河北安丰钢铁有限公司	河北	1165418	13805	598993	244801	10066
396	浙江翔盛集团有限公司	浙江	1161565	19878	914833	239100	4137
397	浙江栋梁新材股份有限公司	浙江	1157220	6302	161727	133686	1116
398	安徽中鼎控股（集团）股份有限公司	安徽	1156148	45312	1050802	396137	13446
399	海天塑机集团有限公司	浙江	1155947	156464	1907949	986068	7697
400	湘电集团有限公司	湖南	1152477	-47203	3109278	62762	11607
401	北京纺织控股有限责任公司	北京	1148868	24864	1669954	663073	7972
402	庆铃汽车（集团）有限公司	重庆	1136238	26623	1371657	594333	4321
403	北方重工集团有限公司	辽宁	1131866	5439	1891091	308086	8000
404	安徽蓝德集团股份有限公司	安徽	1112858	6515	614941	190510	1520
405	华翔集团股份有限公司	浙江	1111136	-9777	1370059	82623	12800
406	天津市恒兴钢业有限公司	天津	1106514	38602	681339	425300	700
407	广州电气装备集团有限公司	广东	1099683		825222		12548
408	农夫山泉股份有限公司	浙江	1091104	151593	1100708	596738	9368
409	江苏上上电缆集团有限公司	江苏	1090815	32303	423498	330756	3164
410	江苏新潮科技集团有限公司	江苏	1089388	17892	2660741	46804	17995
411	青海盐湖工业股份有限公司	青海	1088222	55897	8071321	2291090	18791
412	大连冰山集团有限公司	辽宁	1082303	45821	1096552	541461	12019
413	奥盛集团有限公司	上海	1081524	25118	638967	404906	1395
414	河北立中有色金属集团	河北	1080344	23494	741773	233739	8023
415	浙江天圣控股集团有限公司	浙江	1075259	69697	392990	87637	2225
416	舜宇集团有限公司	浙江	1070436	88693	762065	400150	16395
417	河北养元智汇饮品股份有限公司	河北	1067262	265436	938411	569557	2200
418	沈阳远大企业集团	辽宁	1056499	505	2088148	694827	12281
419	河南济源钢铁（集团）有限公司	河南	1052356	-4683	929089	268463	6742
420	浙江古纤道新材料股份有限公司	浙江	1048481	29852	918610	314457	2210
421	湖北东圣化工集团有限公司	湖北	1047949	40823	299154	132468	1869
422	山东荣信煤化有限责任公司	山东	1045999	14725	298004	146411	1995
423	河北天柱钢铁集团有限公司	河北	1037116	4005	559189	175364	5267
424	石家庄常山纺织集团有限责任公司	河北	1031668	3537	1346936	218558	5265
425	即发集团有限公司	山东	1028530		622807		21297
426	振石控股集团有限公司	浙江	1023204	19706	1392131	384809	3760
427	致达控股集团有限公司	上海	1020068		1410763	221578	4828

名次	企业名称	地区	营业收入（万元）	净利润（万元）	资产（万元）	所有者权益（万元）	从业人数（人）
428	杭州诺贝尔集团有限公司	浙江	1019511		1639709		7000
429	潍坊特钢集团有限公司	山东	1017497	14871	726269	308783	5862
430	广西洋浦南华糖业集团股份有限公司	广西壮族自治区	1009020	31842	1557243	504162	17526
431	浙江大华技术股份有限公司	浙江	1007783	137230	1150347	649248	8069
432	人福医药集团股份有限公司	湖北	1005398	65382	1815181	788087	12344
433	无锡凌峰材料科技有限公司	江苏	994189	8789	405985	47959	180
434	星星集团有限公司	浙江	993586	3122	2138744	231680	12876
435	河北白沙烟草有限责任公司	河北	982872	70049	815307	683272	3946
436	辽宁禾丰牧业股份有限公司	辽宁	969631	31418	411236	266229	3889
437	广西柳工集团有限公司	广西壮族自治区	968546	-2609	2872146	364455	15358
438	厦门银鹭集团有限公司	福建	964709	28522	869883	276453	11591
439	湖北新洋丰肥业股份有限公司	湖北	961908	74637	697049	468596	6523
440	富丽达集团控股有限公司	浙江	950332	12185	2039656	210520	6361
441	铜陵化学工业集团有限公司	安徽	948129	-8394	1283876	61950	7236
442	唐人神集团股份有限公司	湖南	941457	12230	403116	125191	5048
443	杭州金鱼电器集团有限公司	浙江	934286	8812	580548	46973	7585
444	浙江富陵控股集团有限公司	浙江	929756	22998	894143	214657	1006
445	卫华集团有限公司	河南	917601	23710	672568	209616	5636
446	江南集团有限公司	江苏	916727	70326	1211926	489592	3623
447	河北前进钢铁集团有限公司	河北	913003	3785	588293	228333	4788
448	景德镇市焦化工业集团有限责任公司	江西	903708	-22015	1635187	233213	10567
449	浙江海正药业股份有限公司	浙江	876743	1356	1917443	691958	9293
450	黑龙江烟草工业有限责任公司	黑龙江	874540		830198		4529
451	河北鑫海化工集团有限公司	河北	872702	2838	479193	79457	973
452	澳柯玛股份有限公司	山东	871245	1922	556691	101027	6688
453	中国四联仪器仪表集团有限公司	重庆	855298	12758	1664718	119036	10808
454	合肥晶澳太阳能科技有限公司	安徽	852398	31777	706123	197981	1822
455	北京君诚实业投资集团有限公司	北京	848455	899	193320	24033	1458
456	江苏隆力奇集团有限公司	江苏	846981		531570		4997
457	江西博能实业集团有限公司	江西	839181	16910	1007258	402017	2670
458	上海紫江企业集团股份有限公司	上海	838975	10715	1079590	407790	7791
459	崇利制钢有限公司	河北	837280	1383	772679	259002	2908

名次	企业名称	地区	营业收入（万元）	净利润（万元）	资产（万元）	所有者权益（万元）	从业人数（人）
460	兰溪自立铜业有限公司	浙江	836512		437091		2001
461	泰豪集团有限公司	江西	832939	14224	1464799	498822	6852
462	江苏海达科技集团有限公司	江苏	829961		805744		4053
463	大化集团有限责任公司	辽宁	827761	-26509	1608498	161671	4837
464	浙江航民实业集团有限公司	浙江	824670	14282	662499	118599	9145
465	方大特钢科技股份有限公司	江西	814829	10592	830573	201616	7700
466	杭州东华链条集团有限公司	浙江	813268	25702	587812	199459	8184
467	龙大食品集团有限公司	山东	810104	13955	455416	162606	6678
468	宁波均胜电子股份有限公司	浙江	808253	39986	1140939	379423	9127
469	安徽楚江投资集团有限公司	安徽	801346	10919	391690	68923	4478
470	劲牌有限公司	湖北	799801		2035512		5883
471	青岛九联集团股份有限公司	山东	799055	890	322121	124867	13300
472	湖南安石企业（集团）有限公司	湖南	798688	12496	521358	217398	2318
473	罗蒙集团股份有限公司	浙江	798660	49730	646271	352035	5100
474	张家口卷烟厂有限责任公司	河北	794179	9674	408334	216292	2502
475	厦门钨业股份有限公司	福建	775484	-66248	1598714	663562	11407
476	铜陵精达铜材（集团）有限责任公司	安徽	774196	18480	513463	51180	2857
477	宁波宝新不锈钢有限公司	浙江	773233	1043	437070	329232	899
478	杭州制氧机集团有限公司	浙江	756984	16336	1157112	338945	5237
479	新和成控股集团有限公司	浙江	756725	73937	1756475	558209	10573
480	广东新明珠陶瓷集团有限公司	广东	755525	24632	1003992	142460	15876
481	浙江中财管道科技股份有限公司	浙江	751655		467662		4688
482	侨兴集团有限公司	广东	746974	73063	2411340	1294945	5498
483	沈阳鼓风机集团股份有限公司	辽宁	742821	-14065	1738077	340764	6933
484	辛集市澳森钢铁有限公司	河北	736786	18701	634397	427684	5913
485	浙江新安化工集团股份有限公司	浙江	734692	-26682	783919	396647	6027
486	山西建邦集团有限公司	山西	732509	17726	927449	345123	3078
487	河北中捷石化集团有限公司	河北	721746	11333	452454	145353	1680
488	波鸿集团有限公司	四川	721146	18497	1101541	143510	6034
489	云南南磷集团股份有限公司	云南	715189	7657	627680	256061	3027
490	大连重工·起重集团有限公司	辽宁	714661	-83425	1885479	472035	5739
491	中国华录集团有限公司	辽宁	706712	25378	1639661	483690	6650
492	宏胜饮料集团有限公司	浙江	702617	141331	623628	559734	3672

名次	企业名称	地区	营业收入（万元）	净利润（万元）	资产（万元）	所有者权益（万元）	从业人数（人）
493	恒威集团有限公司	浙江	691745	23768	598892	143405	1600
494	安徽天康（集团）股份有限公司	安徽	690277	40125	349198	244623	5580
495	安徽古井集团有限责任公司	安徽	676666	36022	1226524	322254	8684
496	长飞光纤光缆有限公司	湖北	673784	57072	758281	357486	2300
497	云南祥丰化肥股份有限公司	云南	671300	21180	452909	203381	2798
498	邢台钢铁有限责任公司	河北	669729	6773	1048025	260352	6000
499	宁波方太厨具有限公司	浙江	654787	88551	493279	239036	9000
500	博威集团有限公司	浙江	653712	12453	506047	139687	5970
	合计		2651873804	56910277	2913526328	749465375	13110429

说　明

1. 2016中国制造业企业500强是中国企业联合会、中国企业家协会参照国际惯例，组织企业自愿申报，并经专家审定确认后产生的。申报企业包括在中国境内注册、2015年完成营业收入达到50亿元的企业（不包括行政性公司和资产经营公司，不包括在华外资、港澳台独资、控股企业；但包括在境外注册、投资主体为中国自然人或法人、主要业务在境内的企业，属于我国银监会、保监会和各级国资委监管的企业）。为了避免重复，属于集团公司控股的企业，如果其财务报表最后能被合并到母公司的财务会计报表中去，则只允许其母公司申报。

2. 表中所列数据由企业自愿申报或属于上市公司公开数据，并经会计师事务所或审计师事务所等单位认可。

3. 营业收入是2015年不含增值税的收入，包括企业的所有收入，即主营业务和非主营业务、境内和境外的收入。净利润是2015年上交所得税后的净利润扣除少数股权收益后归属母公司所有者的净利润。资产是2015年年度末的资产总额。所有者权益是2015年年末所有者权益总额扣除少数股东权益后的母公司所有者权益。研究开发费用是2015年企业投入研究开发的所有费用。从业人数是2015年年度的平均人数（含所有被合并报表企业的人数）。

4. 行业分类参照了国家统计局的分类方法，依据其主营业务收入所在行业来划分；地区分类是按企业总部所在地划分。

表 9-2　2016 中国制造业企业 500 强各行业企业分布

农副食品及农产品加工业

排名	企业名称	营业收入（万元）
1	新希望集团有限公司	6824439
2	通威集团有限公司	5321078
3	正邦集团有限公司	5203466
4	广东温氏食品集团股份有限公司	4823737
5	双胞胎（集团）股份有限公司	3861761
6	天津宝迪农业科技股份有限公司	3814061
7	三河汇福粮油集团有限公司	3244800
8	西王集团有限公司	3123063
9	山东渤海实业股份有限公司	3033890
10	五得利面粉集团有限公司	2568657
11	广东海大集团股份有限公司	2556740
12	广西农垦集团有限责任公司	2231563
13	山东鲁花集团有限公司	1823368
14	桂林力源粮油食品集团有限公司	1218471
15	辽宁禾丰牧业股份有限公司	969631
16	青岛九联集团股份有限公司	799055
	合计	51417780

食品加工制造业

排名	企业名称	营业收入（万元）
1	光明食品（集团）有限公司	14755461
2	中国盐业总公司	5656437
3	天狮集团有限公司	3320985
4	北京二商集团有限责任公司	2617743
5	香驰控股有限公司	2238194
6	天津食品集团有限公司	2000853
7	广西洋浦南华糖业集团股份有限公司	1009020
8	厦门银鹭集团有限公司	964709
9	龙大食品集团有限公司	810104
10	新和成控股集团有限公司	756725
	合计	34130231

乳制品加工业

排名	企业名称	营业收入（万元）
1	内蒙古伊利实业集团股份有限公司	6035987
	合计	6035987

饮料加工业

排名	企业名称	营业收入（万元）
1	杭州娃哈哈集团有限公司	4947540
2	维维集团股份有限公司	3031828
3	农夫山泉股份有限公司	1091104
4	河北养元智汇饮品股份有限公司	1067262
5	宏胜饮料集团有限公司	702617
	合计	10840351

酿酒制造业

排名	企业名称	营业收入（万元）
1	四川省宜宾五粮液集团有限公司	6525087
2	稻花香集团	4355216
3	中国贵州茅台酒厂（集团）有限责任公司	3635788
4	泸州老窖集团有限责任公司	2767740
5	青岛啤酒股份有限公司	2763469
6	劲牌有限公司	799801
7	安徽古井集团有限责任公司	676666
	合计	21523767

烟草加工业

排名	企业名称	营业收入（万元）
1	上海烟草集团有限责任公司	13183197
2	红塔烟草（集团）有限责任公司	10338809
3	红云红河烟草（集团）有限责任公司	9287350
4	浙江中烟工业有限责任公司	7861183
5	湖北中烟工业有限责任公司	6405378
6	贵州中烟工业有限责任公司	3675164
7	福建中烟工业有限责任公司	2869133
8	广西中烟工业有限责任公司	2255847
9	江西中烟工业有限责任公司	1791258
10	河北白沙烟草有限责任公司	982872
11	黑龙江烟草工业有限责任公司	874540
12	张家口卷烟厂有限责任公司	794179
	合计	60318910

纺织、印染业

排名	企业名称	营业收入（万元）
1	山东魏桥创业集团有限公司	33323772
2	山东大海集团有限公司	5885447
3	济宁如意投资有限公司	4728115
4	天津纺织集团（控股）有限公司	3881846
5	江苏阳光集团有限公司	3574009
6	华芳集团有限公司	2864746
7	澳洋集团有限公司	2730149
8	山东金茂纺织化工集团有限公司	1752694
9	兴惠化纤集团有限公司	1493600
10	北京纺织控股有限责任公司	1148868
11	浙江天圣控股集团有限公司	1075259
12	石家庄常山纺织集团有限责任公司	1031668
13	富丽达集团控股有限公司	950332
	合计	64440505

纺织品、服装、鞋帽、服饰加工业

排名	企业名称	营业收入（万元）
1	海澜集团有限公司	6718367
2	雅戈尔集团股份有限公司	6236444
3	红豆集团有限公司	5031064
4	杉杉控股有限公司	3602365
5	波司登股份有限公司	2908523
6	森马集团有限公司	2151065
7	奥康集团有限公司	1727009
8	维科控股集团股份有限公司	1561437
9	金猴集团有限公司	1538448
10	宁波博洋控股集团有限公司	1390152
11	宁波申洲针织有限公司	1263933
12	即发集团有限公司	1028530
13	罗蒙集团股份有限公司	798660
	合计	35955997

肉食品加工业

排名	企业名称	营业收入（万元）
1	万洲国际有限公司	13772276
2	诸城外贸有限责任公司	1553336
3	唐人神集团股份有限公司	941457
	合计	16267069

木材、藤、竹、家具等加工及木制品、纸制品等印刷、包装业

排名	企业名称	营业收入（万元）
1	宜华企业（集团）有限公司	1950210
2	大亚科技集团有限公司	1516226
	合计	3466436

造纸及纸制品加工业

排名	企业名称	营业收入（万元）
1	山东大王集团有限公司	11269181
2	华泰集团有限公司	6023778
3	山东晨鸣纸业集团股份有限公司	5272957
4	山东太阳控股集团有限公司	4283027
5	金东纸业（江苏）股份有限公司	2916853
6	山东博汇集团有限公司	2242230
7	胜达集团有限公司	1218258
	合计	33226284

生活用品(含文体、玩具、工艺品、珠宝)等轻工产品加工制造业

排名	企业名称	营业收入（万元）
1	天津渤海轻工投资集团有限公司	10381541
2	老凤祥股份有限公司	3571237
3	恒安国际集团有限公司	1968263
	合计	15921041

石化产品、炼焦及其他燃料生产加工业

排名	企业名称	营业收入（万元）
1	中国石油化工集团公司	184977795
2	山东京博控股股份有限公司	5018811
3	利华益集团股份有限公司	5016802
4	山东海科化工集团有限公司	4789504
5	山东晨曦集团有限公司	4615704
6	宝塔石化集团有限公司	4093101
7	嘉晨集团有限公司	3786000
8	山东金诚石化集团有限公司	3365179
9	旭阳控股有限公司	2525870
10	富海集团有限公司	2496233
11	山东汇丰石化集团有限公司	2474562
12	山东垦利石化集团有限公司	2147491
13	山东清源集团有限公司	2030380
14	正和集团股份有限公司	2004611
15	山东寿光鲁清石化有限公司	1938624
16	美锦能源集团有限公司	1514713
17	山东科瑞控股集团有限公司	1474785
18	山东恒源石油化工股份有限公司	1359898
19	山东荣信煤化有限责任公司	1045999
20	景德镇市焦化工业集团有限责任公司	903708
21	河北鑫海化工集团有限公司	872702
22	湖南安石企业（集团）有限公司	798688
23	河北中捷石化集团有限公司	721746
	合计	239972906

化学原料及化学制品制造业

排名	企业名称	营业收入（万元）
1	中国化工集团公司	26025252
2	天津渤海化工集团有限责任公司	11008975
3	湖北宜化集团有限责任公司	8103725
4	上海华谊（集团）公司	6139317
5	云天化集团有限责任公司	5855820
6	江阴澄星实业集团有限公司	4885450
7	亚邦投资控股集团有限公司	4431262
8	山东金岭集团有限公司	3480577
9	金浦投资控股集团有限公司	3039305
10	洪业化工集团股份有限公司	2858644
11	宜昌兴发集团有限责任公司	2850201
12	浙江龙盛控股有限公司	2724673
13	巨化集团公司	2434504
14	东辰控股集团有限公司	2423357
15	江苏三木集团有限公司	2409451
16	新疆天业（集团）有限公司	2362840
17	传化集团有限公司	2360208
18	滨化集团公司	2229340
19	纳爱斯集团有限公司	1928936
20	河北诚信有限责任公司	1900138
21	升华集团控股有限公司	1815954

排名	企业名称	营业收入（万元）
22	广州立白企业集团有限公司	1790757
23	唐山三友集团有限公司	1768265
24	新疆中泰（集团）有限责任公司	1659854
25	铭源控股集团有限公司	1470000
26	红太阳集团有限公司	1383777
27	山东中海化工集团有限公司	1383478
28	山东联盟化工集团有限公司	1367950
29	鲁西集团有限公司	1328542
30	东凌控股有限公司	1263166
31	万华化学（宁波）有限公司	1210258
32	瑞星集团股份有限公司	1201855
33	青海盐湖工业股份有限公司	1088222
34	湖北东圣化工集团有限公司	1047949
35	湖北新洋丰肥业股份有限公司	961908
36	铜陵化学工业集团有限公司	948129
37	江苏隆力奇集团有限公司	846981
38	上海紫江企业集团股份有限公司	838975
39	大化集团有限责任公司	827761
40	浙江新安化工集团股份有限公司	734692
41	云南南磷集团股份有限公司	715189
42	云南祥丰化肥股份有限公司	671300
	合计	125776937

医药、医疗设备制造业

排名	企业名称	营业收入（万元）
1	上海医药集团股份有限公司	10551659
2	广州医药集团有限公司	7485668
3	科创控股集团有限公司	4674444
4	四川科伦实业集团有限公司	3920979
5	天津市医药集团有限公司	3734912
6	太极集团有限公司	3290472
7	威高集团有限公司	2851131
8	杭州华东医药集团有限公司	2839662
9	天士力控股集团有限公司	2411444
10	石药控股集团有限公司	2123923
11	云南白药集团股份有限公司	2073813
12	康美药业股份有限公司	1806683
13	哈药集团有限公司	1613534
14	华鲁控股集团有限公司	1587326
15	江西济民可信集团有限公司	1308298
16	齐鲁制药有限公司	1291763
17	人福医药集团股份有限公司	1005398
18	浙江海正药业股份有限公司	876743
	合计	55447852

化学纤维制造业

排名	企业名称	营业收入（万元）
1	恒力集团有限公司	21207961
2	盛虹控股集团有限公司	8180421
3	浙江荣盛控股集团有限公司	8060568
4	浙江恒逸集团有限公司	7940567
5	江苏三房巷集团有限公司	4357883
6	浙江桐昆控股集团有限公司	3797275
7	江苏华宏实业集团有限公司	2258830
8	华峰集团有限公司	1790300
9	兴达投资集团有限公司	1596614
10	新凤鸣集团股份有限公司	1464008
11	浙江翔盛集团有限公司	1161565
12	浙江古纤道新材料股份有限公司	1048481
	合计	62864473

橡胶制品业

排名	企业名称	营业收入（万元）
1	华勤橡胶工业集团有限公司	4505142
2	山东胜通集团股份有限公司	3461245
3	山东玉皇化工有限公司	3291689
4	重庆轻纺控股（集团）公司	2656582
5	中策橡胶集团有限公司	1967958
6	三角集团有限公司	1580676
	合计	17463292

塑料制品业

排名	企业名称	营业收入（万元）
1	浙江大东南集团有限公司	1800211
2	浙江富陵控股集团有限公司	929756
3	浙江中财管道科技股份有限公司	751655
	合计	3481622

建筑材料及玻璃等制造业

排名	企业名称	营业收入（万元）
1	中国建筑材料集团有限公司	19925009
2	安徽海螺集团有限责任公司	9307035
3	中国中材集团有限公司	7296911
4	北京金隅集团有限责任公司	4722959
5	吉林亚泰（集团）股份有限公司	3999845
6	天瑞集团股份有限公司	3153583
7	沂州集团有限公司	3108066
8	红狮控股集团有限公司	2204165
9	冀东发展集团有限责任公司	1775846
10	天津市建筑材料集团（控股）有限公司	1328549
11	华新水泥股份有限公司	1327132
12	奥盛集团有限公司	1081524
13	沈阳远大企业集团	1056499
14	杭州诺贝尔集团有限公司	1019511
15	广东新明珠陶瓷集团有限公司	755525

排名	企业名称	营业收入（万元）
	合计	62062159

黑色冶金及压延加工业

排名	企业名称	营业收入（万元）
1	河钢集团有限公司	28446842
2	宝钢集团有限公司	23005904
3	江苏沙钢集团有限公司	20582346
4	新兴际华集团有限公司	20466604
5	首钢总公司	13520063
6	鞍钢集团公司	12970755
7	山东钢铁集团有限公司	10210768
8	武汉钢铁（集团）公司	10183092
9	酒泉钢铁（集团）有限责任公司	10085673
10	中天钢铁集团有限公司	10016316
11	太原钢铁（集团）有限公司	9083529
12	青山控股集团有限公司	8768949
13	杭州钢铁集团公司	7769455
14	本钢集团有限公司	7700058
15	陕西东岭工贸集团股份有限公司	7611371
16	河北新华联合冶金控股集团有限公司	6797096
17	北京建龙重工集团有限公司	6716959
18	湖南华菱钢铁集团有限责任公司	6679742
19	河北津西钢铁集团股份有限公司	6480019
20	河北敬业企业集团有限责任公司	5757368
21	天津荣程祥泰投资控股集团有限公司	5503839
22	唐山瑞丰钢铁（集团）有限公司	5415448
23	马钢（集团）控股有限公司	5037063
24	冀南钢铁集团有限公司	4852486
25	南京钢铁集团有限公司	4457317
26	广西柳州钢铁集团有限公司	4446462
27	四川省川威集团有限公司	4052782
28	安阳钢铁集团有限责任公司	3714061
29	昆明钢铁控股有限公司	3568263
30	江苏新长江实业集团有限公司	3381335
31	四川德胜集团钒钛有限公司	3288253
32	包头钢铁（集团）有限责任公司	3229003
33	日照钢铁控股集团有限公司	3147573
34	湖南博长控股集团有限公司	3051172
35	河北普阳钢铁有限公司	2982913
36	河北新金钢铁有限公司	2975961
37	武安市裕华钢铁有限公司	2965833
38	青岛钢铁控股集团有限责任公司	2886532
39	武安市文安钢铁有限公司	2823973
40	武安市明芳钢铁有限公司	2797137
41	唐山港陆钢铁有限公司	2794399
42	山东九羊集团有限公司	2702077
43	凌源钢铁集团有限责任公司	2678583
44	新余钢铁集团有限公司	2666030
45	山东泰山钢铁集团有限公司	2652281
46	天津友发钢管集团股份有限公司	2616643
47	广西盛隆冶金有限公司	2572506
48	福建省三钢（集团）有限责任公司	2460672
49	广州钢铁企业集团有限公司	2291521
50	永锋集团有限公司	2225806
51	迁安市九江线材有限责任公司	2152367
52	东北特殊钢集团有限责任公司	2019628
53	江西萍钢实业股份有限公司	1941017
54	四川省达州钢铁集团有限责任公司	1696518
55	唐山国丰钢铁有限公司	1629456
56	山东淄博傅山企业集团有限公司	1576268
57	河北冠丰冶金工业有限公司	1567601
58	浙江协和集团有限公司	1380109
59	武安市广耀铸业有限公司	1193649
60	重庆钢铁（集团）有限责任公司	1168621
61	河北安丰钢铁有限公司	1165418
62	天津市恒兴钢业有限公司	1106514
63	河南济源钢铁（集团）有限公司	1052356
64	河北天柱钢铁集团有限公司	1037116
65	振石控股集团有限公司	1023204
66	潍坊特钢集团有限公司	1017497
67	河北前进钢铁集团有限公司	913003
68	崇利制钢有限公司	837280
69	方大特钢科技股份有限公司	814829
70	宁波宝新不锈钢有限公司	773233
71	辛集市澳森钢铁有限公司	736786
72	山西建邦集团有限公司	732509
73	邢台钢铁有限责任公司	669729
	合计	361295541

一般有色冶金及压延加工业

排名	企业名称	营业收入（万元）
1	正威国际集团有限公司	30036385
2	中国铝业公司	23877911
3	金川集团股份有限公司	22041320
4	江西铜业集团公司	19830382
5	中国有色矿业集团有限公司	17086594
6	铜陵有色金属集团控股有限公司	14534744
7	海亮集团有限公司	14016131
8	陕西有色金属控股集团有限责任公司	11617681
9	大冶有色金属集团控股有限公司	10012809
10	南山集团有限公司	8222167
11	白银有色集团股份有限公司	5490409

排名	企业名称	营业收入（万元）
12	宁波金田投资控股有限公司	4228775
13	云南锡业集团（控股）有限责任公司	4187864
14	山东天信集团有限公司	3832286
15	宁夏天元锰业有限公司	3727961
16	西部矿业集团有限公司	3307123
17	东营方圆有色金属有限公司	3000268
18	东营鲁方金属材料有限公司	2972611
19	河南豫光金铅集团有限责任公司	2771640
20	万基控股集团有限公司	2493071
21	浙江富冶集团有限公司	2170590
22	河南神火集团有限公司	2108470
23	深圳市中金岭南有色金属股份有限公司	1696571
24	齐星集团有限公司	1653741
25	山东创新金属科技股份有限公司	1525236
26	天津华北集团有限公司	1312469
27	山东亨圆铜业有限公司	1279887
28	济源市万洋冶炼（集团）有限公司	1200651
29	河南金利金铅集团有限公司	1180253
30	河北立中有色金属集团	1080344
31	兰溪自立铜业有限公司	836512
32	安徽楚江投资集团有限公司	801346
33	厦门钨业股份有限公司	775484
34	博威集团有限公司	653712
	合计	225563398

金属制品、加工工具、工业辅助产品加工制造业

排名	企业名称	营业收入（万元）
1	法尔胜泓昇集团有限公司	2900390
2	精功集团有限公司	2709184
3	江苏大明金属制品有限公司	1807780
4	福星集团控股有限公司	1756352
5	江苏新华发集团有限公司	1728475
6	浙江元立金属制品集团有限公司	1654482
7	浙江东南网架集团有限公司	1381010
8	春风实业集团有限责任公司	1321623
9	河南龙成集团有限公司	1301818
10	湖南金龙国际铜业有限公司	1248300
11	精工控股集团有限公司	1234126
12	邯郸市正大制管有限公司	1204200
13	浙江栋梁新材股份有限公司	1157220
14	无锡凌峰材料科技有限公司	994189
15	北京君诚实业投资集团有限公司	848455
16	江苏海达科技集团有限公司	829961
	合计	24077565

工程机械、设备及零配件制造业

排名	企业名称	营业收入（万元）
1	三一集团有限公司	7505031
2	徐州工程机械集团有限公司	7394093
3	中联重科股份有限公司	5194081
4	四川省宜宾普什集团有限公司	1827874
5	大连机床集团有限责任公司	1609799
6	巨星控股集团有限公司	1563792
7	广西柳工集团有限公司	968546
8	卫华集团有限公司	917601
9	大连重工·起重集团有限公司	714661
	合计	27695478

工业机械、设备及零配件制造业

排名	企业名称	营业收入（万元）
1	盾安控股集团有限公司	5163973
2	中国恒天集团有限公司	4087670
3	沈阳机床（集团）有限责任公司	1525080
4	人本集团有限公司	1377484
5	天洁集团有限公司	1350968
6	海天塑机集团有限公司	1155947
7	北方重工集团有限公司	1131866
8	大连冰山集团有限公司	1082303
9	江西博能实业集团有限公司	839181
10	杭州制氧机集团有限公司	756984
11	沈阳鼓风机集团股份有限公司	742821
	合计	19214277

农林机械、设备及零配件制造业

排名	企业名称	营业收入（万元）
1	山东时风（集团）有限责任公司	3419957
2	杭州东华链条集团有限公司	813268
	合计	4233225

电力、电气等设备、机械、元器件及光伏、电池、线缆制造业

排名	企业名称	营业收入（万元）
1	天津百利机械装备集团有限公司	11866099
2	超威电源有限公司	7497736
3	天能电池集团有限公司	7239327
4	新疆特变电工集团有限公司	4826249
5	亨通集团有限公司	4803224
6	德力西集团有限公司	4349427
7	正泰集团股份有限公司	4051877
8	人民电器集团有限公司	3480507
9	江苏金辉铜业集团有限公司	3169800
10	晶科能源有限公司	3056129
11	宁波富邦控股集团有限公司	3030961
12	远东控股集团有限公司	2951208
13	中科电力装备集团有限公司	2552260
14	富通集团有限公司	2383588

排名	企业名称	营业收入（万元）
15	天津塑力线缆集团有限公司	2267043
16	华仪集团有限公司	2057746
17	兴乐集团有限公司	1615432
18	上海胜华电缆（集团）有限公司	1597600
19	中国西电集团公司	1578475
20	浙江富春江通信集团有限公司	1425103
21	湘电集团有限公司	1152477
22	安徽蓝德集团股份有限公司	1112858
23	广州电气装备集团有限公司	1099683
24	江苏上上电缆集团有限公司	1090815
25	江南集团有限公司	916727
26	合肥晶澳太阳能科技有限公司	852398
27	泰豪集团有限公司	832939
28	铜陵精达铜材（集团）有限责任公司	774196
29	安徽天康（集团）股份有限公司	690277
30	长飞光纤光缆有限公司	673784
	合计	84995945
电梯及运输、仓储设备与设施制造业		
1	中国国际海运集装箱（集团）股份有限公司	5868580
2	西子联合控股有限公司	2360427
	合计	8229007
轨道交通设备及零部件制造业		
1	中国中车集团公司	24373283
	合计	24373283
家用电器及零配件制造业		
1	海尔集团公司	18869388
2	美的集团股份有限公司	13844123
3	TCL集团股份有限公司	10457948
4	四川长虹电子控股集团有限公司	10149949
5	海信集团有限公司	9901646
6	珠海格力电器股份有限公司	9774514
7	奥克斯集团有限公司	5961205
8	创维集团有限公司	3342900
9	双良集团有限公司	2993807
10	广州万宝集团有限公司	2834469
11	广东格兰仕集团有限公司	2607792
12	星星集团有限公司	993586
13	杭州金鱼电器集团有限公司	934286
14	澳柯玛股份有限公司	871245
15	宁波方太厨具有限公司	654787
	合计	94191645

排名	企业名称	营业收入（万元）
黄金冶炼及压延加工业		
1	中国黄金集团公司	11074589
2	紫金矿业集团股份有限公司	7430357
3	山东黄金集团有限公司	6819803
4	山东招金集团有限公司	4548008
	合计	29872757
电子元器件与仪器仪表、自动化控制设备制造业		
1	中国电子信息产业集团有限公司	19819149
2	中国电子科技集团公司	16597360
3	新疆金风科技股份有限公司	3006210
4	晶龙实业集团有限公司	2882240
5	三花控股集团有限公司	1804273
6	上海斐讯数据通信技术有限公司	1225724
7	江苏新潮科技集团有限公司	1089388
8	中国四联仪器仪表集团有限公司	855298
9	中国华录集团有限公司	706712
	合计	47986354
计算机及零部件制造业		
1	联想控股股份有限公司	30982614
2	北大方正集团有限公司	8051129
3	清华控股有限公司	7053898
4	京东方科技集团股份有限公司	4862373
	合计	50950014
通讯器材及设备、元器件制造业		
1	华为技术有限公司	39500900
2	天津中环电子信息集团有限公司	12152383
3	中兴通讯股份有限公司	10018639
4	武汉邮电科学研究院	2408951
5	四川九洲电器集团有限责任公司	2050358
6	侨兴集团有限公司	746974
	合计	66878205
办公、影像等电子设备、元器件制造业		
1	研祥高科技控股集团有限公司	2503735
2	蓝思科技股份有限公司	1722738
3	得力集团有限公司	1191273
4	舜宇集团有限公司	1070436
5	浙江大华技术股份有限公司	1007783
	合计	7495965
汽车及零配件制造业		
1	上海汽车集团股份有限公司	67044822

排名	企业名称	营业收入（万元）
2	东风汽车公司	52045396
3	中国第一汽车集团公司	39499035
4	北京汽车集团有限公司	34522067
5	广州汽车工业集团有限公司	21643680
6	浙江吉利控股集团有限公司	16530399
7	华晨汽车集团控股有限公司	16054589
8	万向集团公司	11535989
9	江苏悦达集团有限公司	10181297
10	长城汽车股份有限公司	7603314
11	中国重型汽车集团有限公司	6166359
12	江铃汽车集团公司	5345286
13	安徽江淮汽车集团控股有限公司	4705129
14	郑州宇通集团有限公司	3819932
15	陕西汽车控股集团有限公司	3001938
16	奇瑞汽车股份有限公司	2805540
17	厦门金龙汽车集团股份有限公司	2683490
18	万丰奥特控股集团有限公司	2318110
19	三环集团有限公司	1814593
20	广西汽车集团有限公司	1652140
21	重庆小康控股有限公司	1571484
22	骆驼集团股份有限公司	1337419
23	北汽银翔汽车有限公司	1207756
24	安徽中鼎控股（集团）股份有限公司	1156148
25	庆铃汽车（集团）有限公司	1136238
26	华翔集团股份有限公司	1111136
27	宁波均胜电子股份有限公司	808253
28	波鸿集团有限公司	721146
29	恒威集团有限公司	691745
	合计	320714430

摩托车及零配件制造业

排名	企业名称	营业收入（万元）
1	隆鑫控股有限公司	3623555
2	重庆力帆控股有限公司	3398824
3	宗申产业集团有限公司	1867429
	合计	8889808

航空航天及国防军工业

排名	企业名称	营业收入（万元）
1	中国兵器装备集团公司	44041718
2	中国兵器工业集团公司	38725293
3	中国航空工业集团公司	37862420
4	中国航天科技集团公司	19201631
5	中国航天科工集团公司	17512976
	合计	157344038

动力、电力生产等装备、设备制造业

排名	企业名称	营业收入（万元）
1	上海电气（集团）总公司	9652138
2	潍柴控股集团有限公司	8065115
3	杭州汽轮动力集团有限公司	5701132
4	广西玉柴机器集团有限公司	3392300
5	哈尔滨电气集团公司	2794148
6	卧龙控股集团有限公司	2735584
	合计	32340417

综合制造业（以制造业为主，含有服务业）

排名	企业名称	营业收入（万元）
1	中国五矿集团公司	20036679
2	比亚迪股份有限公司	8000897
3	协鑫（集团）控股有限公司	7978687
4	新华联集团有限公司	6052763
5	无锡产业发展集团有限公司	6051933
6	万达控股集团有限公司	5562545
7	上海复星高科技（集团）有限公司	5379286
8	杭州锦江集团有限公司	5010179
9	江苏华西集团公司	3887596
10	重庆化医控股（集团）公司	3591804
11	重庆机电控股（集团）公司	2779228
12	苏州创元投资发展（集团）有限公司	2727950
13	攀枝花钢城集团有限公司	1650934
14	鲁丽集团有限公司	1610397
15	华立集团股份有限公司	1593805
16	花园集团有限公司	1543197
17	利时集团股份有限公司	1461771
18	重庆市博赛矿业（集团）有限公司	1420511
19	安徽淮海实业发展集团有限公司	1205189
20	华盛江泉集团有限公司	1166962
21	致达控股集团有限公司	1020068
22	浙江航民实业集团有限公司	824670
	合计	90557051

船舶工业

排名	企业名称	营业收入（万元）
1	中国船舶重工集团公司	22631565
2	中国船舶工业集团公司	18973172
3	江苏扬子江船业集团公司	2768840
	合计	44373577

表9-3 2016中国制造业企业500强各地区企业分布

排名	企业名称	营业收入（万元）
北京		
1	中国石油化工集团公司	184977795
2	中国兵器装备集团公司	44041718
3	中国兵器工业集团公司	38725293
4	中国航空工业集团公司	37862420
5	北京汽车集团有限公司	34522067
6	联想控股股份有限公司	30982614
7	中国化工集团公司	26025252
8	中国中车集团公司	24373283
9	中国铝业公司	23877911
10	中国船舶重工集团公司	22631565
11	新兴际华集团有限公司	20465604
12	中国五矿集团公司	20035679
13	中国建筑材料集团有限公司	19925009
14	中国电子信息产业集团有限公司	19819149
15	中国航天科技集团公司	19201631
16	中国船舶工业集团公司	18973172
17	中国航天科工集团公司	17512976
18	中国有色矿业集团有限公司	17086594
19	中国电子科技集团公司	16597360
20	首钢总公司	13520063
21	中国黄金集团公司	11074589
22	北大方正集团有限公司	8051129
23	中国中材集团有限公司	7296911
24	清华控股有限公司	7053898
25	北京建龙重工集团有限公司	6716959
26	新华联集团有限公司	6052763
27	中国盐业总公司	5656437
28	京东方科技集团股份有限公司	4862373
29	北京金隅集团有限责任公司	4722959
30	中国恒天集团有限公司	4087670
31	北京二商集团有限责任公司	2617743
32	旭阳控股有限公司	2525870
33	北京纺织控股有限责任公司	1148868
34	北京君诚实业投资集团有限公司	848455
	合计	723375779

排名	企业名称	营业收入（万元）
上海		
1	上海汽车集团股份有限公司	67044822
2	宝钢集团有限公司	23005904
3	光明食品（集团）有限公司	14755461
4	上海烟草集团有限责任公司	13183197
5	上海医药集团股份有限公司	10551659
6	上海电气（集团）总公司	9652138
7	上海华谊（集团）公司	6139317
8	上海复星高科技（集团）有限公司	5379286
9	老凤祥股份有限公司	3571237
10	上海胜华电缆（集团）有限公司	1597600
11	上海斐讯数据通信技术有限公司	1225724
12	奥盛集团有限公司	1081524
13	致达控股集团有限公司	1020068
14	上海紫江企业集团股份有限公司	838975
	合计	159046912

排名	企业名称	营业收入（万元）
天津		
1	天津中环电子信息集团有限公司	12152383
2	天津百利机械装备集团有限公司	11866099
3	天津渤海化工集团有限责任公司	11008975
4	天津渤海轻工投资集团有限公司	10381541
5	天津荣程祥泰投资控股集团有限公司	5503839
6	天津纺织集团（控股）有限公司	3881846
7	天津宝迪农业科技股份有限公司	3814061
8	天津市医药集团有限公司	3734912
9	天狮集团有限公司	3320985
10	天津友发钢管集团股份有限公司	2616643
11	天士力控股集团有限公司	2411444
12	天津塑力线缆集团有限公司	2267043
13	天津食品集团有限公司	2000853
14	天津市建筑材料集团（控股）有限公司	1328549
15	天津华北集团有限公司	1312469
16	天津市恒兴钢业有限公司	1106514
	合计	78708156

排名	企业名称	营业收入（万元）
重庆		
1	隆鑫控股有限公司	3623555
2	重庆化医控股（集团）公司	3591804
3	重庆力帆控股有限公司	3398824
4	太极集团有限公司	3290472
5	重庆机电控股（集团）公司	2779228
6	重庆轻纺控股（集团）公司	2656582
7	宗申产业集团有限公司	1867429
8	重庆小康控股有限公司	1571484
9	重庆市博赛矿业（集团）有限公司	1420511
10	北汽银翔汽车有限公司	1207756
11	重庆钢铁（集团）有限责任公司	1168621
12	庆铃汽车（集团）有限公司	1136238

排名	企业名称	营业收入（万元）
13	中国四联仪器仪表集团有限公司	855298
	合计	28567802

黑龙江

排名	企业名称	营业收入（万元）
1	哈尔滨电气集团公司	2794148
2	哈药集团有限公司	1613534
3	黑龙江烟草工业有限责任公司	874540
	合计	5282222

吉林

排名	企业名称	营业收入（万元）
1	中国第一汽车集团公司	39499035
2	吉林亚泰（集团）股份有限公司	3999845
	合计	43498880

辽宁

排名	企业名称	营业收入（万元）
1	华晨汽车集团控股有限公司	16054589
2	鞍钢集团公司	12970755
3	本钢集团有限公司	7700058
4	嘉晨集团有限公司	3786000
5	凌源钢铁集团有限责任公司	2678583
6	东北特殊钢集团有限责任公司	2019628
7	大连机床集团有限责任公司	1609799
8	沈阳机床（集团）有限责任公司	1525080
9	铭源控股集团有限公司	1470000
10	北方重工集团有限公司	1131866
11	大连冰山集团有限公司	1082303
12	沈阳远大企业集团	1056499
13	辽宁禾丰牧业股份有限公司	969631
14	大化集团有限责任公司	827761
15	沈阳鼓风机集团股份有限公司	742821
16	大连重工·起重集团有限公司	714661
17	中国华录集团有限公司	706712
	合计	57046746

河北

排名	企业名称	营业收入（万元）
1	河钢集团有限公司	28446842
2	长城汽车股份有限公司	7603314
3	河北新华联合冶金控股集团有限公司	6797096
4	河北津西钢铁集团股份有限公司	6480019
5	河北敬业企业集团有限责任公司	5757368
6	唐山瑞丰钢铁（集团）有限公司	5415448
7	冀南钢铁集团有限公司	4852486
8	三河汇福粮油集团有限公司	3244800
9	河北普阳钢铁有限公司	2982913
10	河北新金钢铁有限公司	2975961
11	武安市裕华钢铁有限公司	2965833
12	晶龙实业集团有限公司	2882240
13	武安市文安钢铁有限公司	2823973
14	武安市明芳钢铁有限公司	2797137
15	唐山港陆钢铁有限公司	2794399
16	五得利面粉集团有限公司	2568657
17	迁安市九江线材有限责任公司	2152367
18	石药控股集团有限公司	2123923
19	河北诚信有限责任公司	1900138
20	冀东发展集团有限责任公司	1775846
21	唐山三友集团有限公司	1768265
22	唐山国丰钢铁有限公司	1629456
23	河北冠丰冶金工业有限公司	1567601
24	春风实业集团有限责任公司	1321623
25	邯郸市正大制管有限公司	1204200
26	武安市广耀铸业有限公司	1193649
27	河北安丰钢铁有限公司	1165418
28	河北立中有色金属集团	1080344
29	河北养元智汇饮品股份有限公司	1067262
30	河北天柱钢铁集团有限公司	1037116
31	石家庄常山纺织集团有限责任公司	1031668
32	河北白沙烟草有限责任公司	982872
33	河北前进钢铁集团有限公司	913003
34	河北鑫海化工集团有限公司	872702
35	崇利制钢有限公司	837280
36	张家口卷烟厂有限责任公司	794179
37	辛集市澳森钢铁有限公司	736786
38	河北中捷石化集团有限公司	721746
39	邢台钢铁有限责任公司	669729
	合计	119935659

河南

排名	企业名称	营业收入（万元）
1	万洲国际有限公司	13772276
2	郑州宇通集团有限公司	3819932
3	安阳钢铁集团有限责任公司	3714061
4	天瑞集团股份有限公司	3153583
5	河南豫光金铅集团有限责任公司	2771640
6	万基控股集团有限公司	2493071
7	河南神火集团有限公司	2108470
8	河南龙成集团有限公司	1301818
9	济源市万洋冶炼（集团）有限公司	1200651
10	河南金利金铅集团有限公司	1180253
11	河南济源钢铁（集团）有限公司	1052356
12	卫华集团有限公司	917601
	合计	37485712

排名	企业名称	营业收入（万元）
山东		
1	山东魏桥创业集团有限公司	33323772
2	海尔集团公司	18869388
3	山东大王集团有限公司	11269181
4	山东钢铁集团有限公司	10210768
5	海信集团有限公司	9901646
6	南山集团有限公司	8222167
7	潍柴控股集团有限公司	8065115
8	山东黄金集团有限公司	6819803
9	中国重型汽车集团有限公司	6166359
10	华泰集团有限公司	6023778
11	山东大海集团有限公司	5885447
12	万达控股集团有限公司	5562545
13	山东晨鸣纸业集团股份有限公司	5272957
14	山东京博控股股份有限公司	5018811
15	利华益集团股份有限公司	5016802
16	山东海科化工集团有限公司	4789504
17	济宁如意投资有限公司	4728115
18	山东晨曦集团有限公司	4615704
19	山东招金集团有限公司	4548008
20	华勤橡胶工业集团有限公司	4505142
21	山东太阳控股集团有限公司	4283027
22	山东天信集团有限公司	3832286
23	山东金岭集团有限公司	3480577
24	山东胜通集团股份有限公司	3461245
25	山东时风（集团）有限责任公司	3419957
26	山东金诚石化集团有限公司	3365179
27	山东玉皇化工有限公司	3291689
28	日照钢铁控股集团有限公司	3147573
29	西王集团有限公司	3123063
30	沂州集团有限公司	3108066
31	山东渤海实业股份有限公司	3033890
32	东营方圆有色金属有限公司	3000268
33	东营鲁方金属材料有限公司	2972611
34	青岛钢铁控股集团有限责任公司	2886532
35	洪业化工集团股份有限公司	2858644
36	威高集团有限公司	2851131
37	青岛啤酒股份有限公司	2763469
38	山东九羊集团有限公司	2702077
39	山东泰山钢铁集团有限公司	2652281
40	富海集团有限公司	2496233
41	山东汇丰石化集团有限公司	2474562
42	东辰控股集团有限公司	2423357
43	山东博汇集团有限公司	2242230
44	香驰控股有限公司	2238194
45	滨化集团公司	2229340
46	永锋集团有限公司	2225806
47	山东垦利石化集团有限公司	2147491
48	山东清源集团有限公司	2030380
49	正和集团股份有限公司	2004611
50	山东寿光鲁清石化有限公司	1938624
51	山东鲁花集团有限公司	1823368
52	山东金茂纺织化工集团有限公司	1752694
53	齐星集团有限公司	1653741
54	鲁丽集团有限公司	1610397
55	华鲁控股集团有限公司	1587326
56	三角集团有限公司	1580676
57	山东淄博傅山企业集团有限公司	1576268
58	诸城外贸有限责任公司	1553336
59	金猴集团有限公司	1538448
60	山东创新金属科技股份有限公司	1525236
61	山东科瑞控股集团有限公司	1474785
62	山东中海化工集团有限公司	1383478
63	山东联盟化工集团有限公司	1367950
64	山东恒源石油化工股份有限公司	1359898
65	鲁西集团有限公司	1328542
66	齐鲁制药有限公司	1291763
67	山东亨圆铜业有限公司	1279887
68	瑞星集团股份有限公司	1201855
69	华盛江泉集团有限公司	1166962
70	山东荣信煤化有限责任公司	1045999
71	即发集团有限公司	1028530
72	潍坊特钢集团有限公司	1017497
73	澳柯玛股份有限公司	871245
74	龙大食品集团有限公司	810104
75	青岛九联集团股份有限公司	799055
	合计	287128445
山西		
1	太原钢铁（集团）有限公司	9083529
2	美锦能源集团有限公司	1514713
3	山西建邦集团有限公司	732509
	合计	11330751
陕西		
1	陕西有色金属控股集团有限责任公司	11617681
2	陕西东岭工贸集团股份有限公司	7611371
3	陕西汽车控股集团有限公司	3001938
4	中国西电集团公司	1578475

排名	企业名称	营业收入（万元）
	合计	23809465
安徽		
1	铜陵有色金属集团控股有限公司	14534744
2	安徽海螺集团有限责任公司	9307035
3	马钢（集团）控股有限公司	5037063
4	安徽江淮汽车集团控股有限公司	4705129
5	奇瑞汽车股份有限公司	2805540
6	中科电力装备集团有限公司	2552260
7	安徽淮海实业发展集团有限公司	1205189
8	安徽中鼎控股（集团）股份有限公司	1156148
9	安徽蓝德集团股份有限公司	1112858
10	铜陵化学工业集团有限公司	948129
11	合肥晶澳太阳能科技有限公司	852398
12	安徽楚江投资集团有限公司	801346
13	铜陵精达铜材（集团）有限责任公司	774196
14	安徽天康（集团）股份有限公司	690277
15	安徽古井集团有限责任公司	676666
	合计	47158978
江苏		
1	恒力集团有限公司	21207961
2	江苏沙钢集团有限公司	20582346
3	江苏悦达集团有限公司	10181297
4	中天钢铁集团有限公司	10016316
5	盛虹控股集团有限公司	8180421
6	协鑫（集团）控股有限公司	7978687
7	徐州工程机械集团有限公司	7394093
8	海澜集团有限公司	6718367
9	无锡产业发展集团有限公司	6051933
10	红豆集团有限公司	5031064
11	江阴澄星实业集团有限公司	4885450
12	亨通集团有限公司	4803224
13	南京钢铁集团有限公司	4457317
14	亚邦投资控股集团有限公司	4431262
15	江苏三房巷集团有限公司	4357883
16	江苏华西集团公司	3887596
17	江苏阳光集团有限公司	3574009
18	江苏新长江实业集团有限公司	3381335
19	江苏金辉铜业集团有限公司	3169800
20	金浦投资控股集团有限公司	3039305
21	维维集团股份有限公司	3031828
22	双良集团有限公司	2993807
23	远东控股集团有限公司	2951208
24	金东纸业（江苏）股份有限公司	2916853
25	波司登股份有限公司	2908523
26	法尔胜泓昇集团有限公司	2900390
27	华芳集团有限公司	2864746
28	江苏扬子江船业集团公司	2768840
29	澳洋集团有限公司	2730149
30	苏州创元投资发展（集团）有限公司	2727950
31	江苏三木集团有限公司	2409451
32	江苏华宏实业集团有限公司	2258830
33	江苏大明金属制品有限公司	1807780
34	江苏新华发集团有限公司	1728475
35	兴达投资集团有限公司	1596614
36	大亚科技集团有限公司	1516226
37	红太阳集团有限公司	1383777
38	江苏上上电缆集团有限公司	1090815
39	江苏新潮科技集团有限公司	1089388
40	无锡凌峰材料科技有限公司	994189
41	江南集团有限公司	916727
42	江苏隆力奇集团有限公司	846981
43	江苏海达科技集团有限公司	829961
	合计	190593174
湖南		
1	三一集团有限公司	7505031
2	湖南华菱钢铁集团有限责任公司	6679742
3	中联重科股份有限公司	5194081
4	湖南博长控股集团有限公司	3051172
5	蓝思科技股份有限公司	1722738
6	湖南金龙国际铜业有限公司	1248300
7	湘电集团有限公司	1152477
8	唐人神集团股份有限公司	941457
9	湖南安石企业（集团）有限公司	798688
	合计	28293686
湖北		
1	东风汽车公司	52045396
2	武汉钢铁（集团）公司	10183092
3	大冶有色金属集团控股有限公司	10012809
4	湖北宜化集团有限责任公司	8103725
5	湖北中烟工业有限责任公司	6405378
6	稻花香集团	4355216
7	宜昌兴发集团有限责任公司	2850201
8	武汉邮电科学研究院	2408951
9	三环集团有限公司	1814593
10	福星集团控股有限公司	1756352
11	骆驼集团股份有限公司	1337419

排名	企业名称	营业收入（万元）
12	华新水泥股份有限公司	1327132
13	湖北东圣化工集团有限公司	1047949
14	人福医药集团股份有限公司	1005398
15	湖北新洋丰肥业股份有限公司	961908
16	劲牌有限公司	799801
17	长飞光纤光缆有限公司	673784
	合计	107089104
江西		
1	江西铜业集团公司	19830382
2	江铃汽车集团公司	5345286
3	正邦集团有限公司	5203466
4	双胞胎（集团）股份有限公司	3861761
5	晶科能源有限公司	3056129
6	新余钢铁集团有限公司	2666030
7	江西萍钢实业股份有限公司	1941017
8	江西中烟工业有限责任公司	1791258
9	江西济民可信集团有限公司	1308298
10	景德镇市焦化工业集团有限责任公司	903708
11	江西博能实业集团有限公司	839181
12	泰豪集团有限公司	832939
13	方大特钢科技股份有限公司	814829
	合计	48394284
浙江		
1	浙江吉利控股集团有限公司	16530399
2	海亮集团有限公司	14016131
3	万向集团公司	11535989
4	青山控股集团有限公司	8768949
5	浙江荣盛控股集团有限公司	8060568
6	浙江恒逸集团有限公司	7940567
7	浙江中烟工业有限责任公司	7861183
8	杭州钢铁集团公司	7769455
9	超威电源有限公司	7497736
10	天能电池集团有限公司	7239327
11	雅戈尔集团股份有限公司	6236444
12	奥克斯集团有限公司	5961205
13	杭州汽轮动力集团有限公司	5701132
14	盾安控股集团有限公司	5163973
15	杭州锦江集团有限公司	5010179
16	杭州娃哈哈集团有限公司	4947540
17	德力西集团有限公司	4349427
18	宁波金田投资控股有限公司	4228775
19	正泰集团股份有限公司	4051877
20	浙江桐昆控股集团有限公司	3797275

排名	企业名称	营业收入（万元）
21	杉杉控股有限公司	3602365
22	人民电器集团有限公司	3480507
23	宁波富邦控股集团有限公司	3030961
24	杭州华东医药集团有限公司	2839662
25	卧龙控股集团有限公司	2735584
26	浙江龙盛控股有限公司	2724673
27	精功集团有限公司	2709184
28	巨化集团公司	2434504
29	富通集团有限公司	2383588
30	西子联合控股有限公司	2360427
31	传化集团有限公司	2360208
32	万丰奥特控股集团有限公司	2318110
33	红狮控股集团有限公司	2204165
34	浙江富冶集团有限公司	2170590
35	森马集团有限公司	2151065
36	华仪集团有限公司	2057746
37	中策橡胶集团有限公司	1967958
38	纳爱斯集团有限公司	1928936
39	升华集团控股有限公司	1815954
40	三花控股集团有限公司	1804273
41	浙江大东南集团有限公司	1800211
42	华峰集团有限公司	1790300
43	奥康集团有限公司	1727009
44	浙江元立金属制品集团有限公司	1654482
45	兴乐集团有限公司	1615432
46	华立集团股份有限公司	1593805
47	巨星控股集团有限公司	1563792
48	维科控股集团股份有限公司	1561437
49	花园集团有限公司	1543197
50	兴惠化纤集团有限公司	1493600
51	新凤鸣集团股份有限公司	1464008
52	利时集团股份有限公司	1461771
53	浙江富春江通信集团有限公司	1425103
54	宁波博洋控股集团有限公司	1390152
55	浙江东南网架集团有限公司	1381010
56	浙江协和集团有限公司	1380109
57	人本集团有限公司	1377484
58	天洁集团有限公司	1350968
59	宁波申洲针织有限公司	1263933
60	精工控股集团有限公司	1234126
61	胜达集团有限公司	1218258
62	万华化学（宁波）有限公司	1210258
63	得力集团有限公司	1191273
64	浙江翔盛集团有限公司	1161565
65	浙江栋梁新材股份有限公司	1157220

排名	企业名称	营业收入（万元）
66	海天塑机集团有限公司	1155947
67	华翔集团股份有限公司	1111136
68	农夫山泉股份有限公司	1091104
69	浙江天圣控股集团有限公司	1075259
70	舜宇集团有限公司	1070436
71	浙江古纤道新材料股份有限公司	1048481
72	振石控股集团有限公司	1023204
73	杭州诺贝尔集团有限公司	1019511
74	浙江大华技术股份有限公司	1007783
75	星星集团有限公司	993586
76	富丽达集团控股有限公司	950332
77	杭州金鱼电器集团有限公司	934286
78	浙江富陵控股集团有限公司	929756
79	浙江海正药业股份有限公司	876743
80	兰溪自立铜业有限公司	836512
81	浙江航民实业集团有限公司	824670
82	杭州东华链条集团有限公司	813268
83	宁波均胜电子股份有限公司	808253
84	罗蒙集团股份有限公司	798660
85	宁波宝新不锈钢有限公司	773233
86	杭州制氧机集团有限公司	756984
87	新和成控股集团有限公司	756725
88	浙江中财管道科技股份有限公司	751655
89	浙江新安化工集团股份有限公司	734692
90	宏胜饮料集团有限公司	702617
91	恒威集团有限公司	691745
92	宁波方太厨具有限公司	654787
93	博威集团有限公司	653712
	合计	256604171

广东

排名	企业名称	营业收入（万元）
1	华为技术有限公司	39500900
2	正威国际集团有限公司	30036385
3	广州汽车工业集团有限公司	21643680
4	美的集团股份有限公司	13844123
5	TCL 集团股份有限公司	10457948
6	中兴通讯股份有限公司	10018639
7	珠海格力电器股份有限公司	9774514
8	比亚迪股份有限公司	8000897
9	广州医药集团有限公司	7485668
10	中国国际海运集装箱（集团）股份有限公司	5868580
11	广东温氏食品集团股份有限公司	4823737
12	创维集团有限公司	3342900
13	广州万宝集团有限公司	2834469
14	广东格兰仕集团有限公司	2607792
15	广东海大集团股份有限公司	2556740
16	研祥高科技控股集团有限公司	2503735
17	广州钢铁企业集团有限公司	2291521
18	宜华企业（集团）有限公司	1950210
19	康美药业股份有限公司	1806683
20	广州立白企业集团有限公司	1790757
21	深圳市中金岭南有色金属股份有限公司	1696571
22	东凌控股有限公司	1263166
23	广州电气装备集团有限公司	1099683
24	广东新明珠陶瓷集团有限公司	755525
25	侨兴集团有限公司	746974
	合计	188701797

四川

排名	企业名称	营业收入（万元）
1	四川长虹电子控股集团有限公司	10149949
2	新希望集团有限公司	6824439
3	四川省宜宾五粮液集团有限公司	6525087
4	通威集团有限公司	5321078
5	科创控股集团有限公司	4674444
6	四川省川威集团有限公司	4052782
7	四川科伦实业集团有限公司	3920979
8	四川德胜集团钒钛有限公司	3288253
9	泸州老窖集团有限责任公司	2767740
10	四川九洲电器集团有限责任公司	2050358
11	四川省宜宾普什集团有限公司	1827874
12	四川省达州钢铁集团有限责任公司	1696518
13	攀枝花钢城集团有限公司	1650934
14	波鸿集团有限公司	721146
	合计	55471581

福建

排名	企业名称	营业收入（万元）
1	紫金矿业集团股份有限公司	7430357
2	福建中烟工业有限责任公司	2869133
3	厦门金龙汽车集团股份有限公司	2683490
4	福建省三钢（集团）有限责任公司	2460672
5	恒安国际集团有限公司	1968263
6	厦门银鹭集团有限公司	964709
7	厦门钨业股份有限公司	775484
	合计	19152108

广西壮族自治区

排名	企业名称	营业收入（万元）
1	广西柳州钢铁集团有限公司	4446462
2	广西玉柴机器集团有限公司	3392300
3	广西盛隆冶金有限公司	2572506
4	广西中烟工业有限责任公司	2255847

排名	企业名称	营业收入（万元）
5	广西农垦集团有限责任公司	2231563
6	广西汽车集团有限公司	1652140
7	桂林力源粮油食品集团有限公司	1218471
8	广西洋浦南华糖业集团股份有限公司	1009020
9	广西柳工集团有限公司	968546
	合计	19746855
贵州		
1	贵州中烟工业有限责任公司	3675164
2	中国贵州茅台酒厂（集团）有限责任公司	3635788
	合计	7310952
云南		
1	红塔烟草（集团）有限责任公司	10338809
2	红云红河烟草（集团）有限责任公司	9287350
3	云天化集团有限责任公司	5855820
4	云南锡业集团（控股）有限责任公司	4187864
5	昆明钢铁控股有限公司	3568263
6	云南白药集团股份有限公司	2073813
7	云南南磷集团股份有限公司	715189
8	云南祥丰化肥股份有限公司	671300
	合计	36698408
甘肃		
1	金川集团股份有限公司	22041320
2	酒泉钢铁（集团）有限责任公司	10085673
3	白银有色集团股份有限公司	5490409
	合计	37617402
青海		
1	西部矿业集团有限公司	3307123
2	青海盐湖工业股份有限公司	1088222
	合计	4395345
宁夏回族自治区		
1	宝塔石化集团有限公司	4093101
2	宁夏天元锰业有限公司	3727961
	合计	7821062
新疆维吾尔自治区		
1	新疆特变电工集团有限公司	4826249
2	新疆金风科技股份有限公司	3006210
3	新疆天业（集团）有限公司	2362840
4	新疆中泰（集团）有限责任公司	1659854
	合计	11855153
内蒙古自治区		
1	内蒙古伊利实业集团股份有限公司	6035987
2	包头钢铁（集团）有限责任公司	3229003
	合计	9264990

表 9-4 2016 中国制造业企业 500 强净利润排序前 100 名企业

排名	公司名称	净利润（万元）	排名	公司名称	净利润（万元）
1	上海汽车集团股份有限公司	3979379	51	安徽海螺集团有限责任公司	302650
2	华为技术有限公司	3690800	52	晶科能源有限公司	301891
3	中国石油化工集团公司	2259135	53	上海医药集团股份有限公司	287699
4	上海烟草集团有限责任公司	2073124	54	新兴际华集团有限公司	286354
5	中国第一汽车集团公司	2044068	55	天津中环电子信息集团有限公司	285315
6	海尔集团公司	1477657	56	新疆金风科技股份有限公司	284950
7	美的集团股份有限公司	1270673	57	比亚迪股份有限公司	282344
8	珠海格力电器股份有限公司	1253244	58	威高集团有限公司	281272
9	中国航天科技集团公司	1165237	59	浙江中烟工业有限责任公司	281240
10	中国贵州茅台酒厂（集团）有限责任公司	1116707	60	云南白药集团股份有限公司	277084
11	中国电子科技集团公司	1028687	61	江苏扬子江船业集团公司	276501
12	中国兵器装备集团公司	935088	62	康美药业股份有限公司	275673
13	东风汽车公司	929992	63	中国船舶工业集团公司	275184
14	中国航天科工集团公司	924336	64	贵州中烟工业有限责任公司	273361
15	中国船舶重工集团公司	821795	65	齐鲁制药有限公司	271945
16	长城汽车股份有限公司	805933	66	河北养元智汇饮品股份有限公司	265436
17	上海复星高科技（集团）有限公司	791116	67	研祥高科技控股集团有限公司	263362
18	红云红河烟草（集团）有限责任公司	774955	68	TCL 集团股份有限公司	256700
19	正威国际集团有限公司	716722	69	浙江龙盛控股有限公司	255135
20	四川省宜宾五粮液集团有限公司	706836	70	宝钢集团有限公司	250414
21	山东魏桥创业集团有限公司	704391	71	广西中烟工业有限责任公司	248490
22	红塔烟草（集团）有限责任公司	697332	72	三一集团有限公司	239670
23	天津百利机械装备集团有限公司	694675	73	新希望集团有限公司	237415
24	广东温氏食品集团股份有限公司	620537	74	宁波申洲针织有限公司	235466
25	北京汽车集团有限公司	618325	75	新疆特变电工集团有限公司	230293
26	湖北中烟工业有限责任公司	601589	76	波司登股份有限公司	206706
27	杭州娃哈哈集团有限公司	583279	77	山东科瑞控股集团有限公司	204775
28	南山集团有限公司	577679	78	新华联集团有限公司	203824
29	中国中车集团公司	575442	79	红狮控股集团有限公司	200634
30	中国航空工业集团公司	554756	80	中国国际海运集装箱（集团）股份有限公司	197401
31	万洲国际有限公司	510397	81	江苏阳光集团有限公司	193267
32	中国兵器工业集团公司	504694	82	万华化学（宁波）有限公司	188256
33	天津华北集团有限公司	493310	83	杭州华东医药集团有限公司	187608
34	联想控股股份有限公司	465908	84	东辰控股集团有限公司	185514
35	内蒙古伊利实业集团股份有限公司	463179	85	浙江吉利控股集团有限公司	180112
36	海信集团有限公司	447609	86	青岛啤酒股份有限公司	171313
37	雅戈尔集团股份有限公司	441522	87	万丰奥特控股集团有限公司	169895
38	山东胜通集团股份有限公司	394230	88	洪业化工集团股份有限公司	168026
39	协鑫（集团）控股有限公司	379487	89	福建中烟工业有限责任公司	167956
40	海澜集团有限公司	373547	90	山东天信集团有限公司	167343
41	山东大海集团有限公司	364898	91	石药控股集团有限公司	165984
42	恒力集团有限公司	359464	92	紫金矿业集团股份有限公司	165567
43	天狮集团有限公司	339736	93	天津塑力线缆集团有限公司	164174
44	郑州宇通集团有限公司	330025	94	京东方科技集团股份有限公司	163627
45	山东大王集团有限公司	329525	95	维维集团股份有限公司	161971
46	恒安国际集团有限公司	326095	96	山东金岭集团有限公司	159907
47	中兴通讯股份有限公司	320789	97	海天塑机集团有限公司	156464
48	科创控股集团有限公司	319937	98	蓝思科技股份有限公司	154275
49	北汽银翔汽车有限公司	319084	99	河北新华联合冶金控股集团有限公司	152098
50	广州汽车工业集团有限公司	312931	100	农夫山泉股份有限公司	151593
				中国制造业企业 500 强平均数	119059

表 9–5 2016 中国制造业企业 500 强资产排序前 100 名企业

排名	公司名称	资产（万元）	排名	公司名称	资产（万元）
1	中国石油化工集团公司	205850770	51	美的集团股份有限公司	12884194
2	中国航空工业集团公司	93386825	52	新兴际华集团有限公司	12697421
3	宝钢集团有限公司	52933249	53	太原钢铁（集团）有限公司	12582662
4	上海汽车集团股份有限公司	51163069	54	中国有色矿业集团有限公司	12553544
5	中国铝业公司	48684403	55	华晨汽车集团控股有限公司	12276656
6	中国船舶重工集团公司	44305154	56	湖南华菱钢铁集团有限责任公司	12276633
7	首钢总公司	43695839	57	陕西有色金属控股集团有限责任公司	12178176
8	中国建筑材料集团有限公司	43264769	58	中兴通讯股份有限公司	12089390
9	北京汽车集团有限公司	42738282	59	正威国际集团有限公司	12067412
10	中国兵器装备集团公司	39187535	60	中国中材集团有限公司	11761725
11	康美药业股份有限公司	38310523	61	比亚迪股份有限公司	11548576
12	中国化工集团公司	37251406	62	TCL 集团股份有限公司	11175482
13	华为技术有限公司	37215500	63	安徽海螺集团有限责任公司	11170878
14	东风汽车公司	36810766	64	江西铜业集团公司	11165714
15	中国航天科技集团公司	35718453	65	中国贵州茅台酒厂（集团）有限责任公司	10931358
16	中国五矿集团公司	35385566	66	海信集团有限公司	10727367
17	河钢集团有限公司	34878568	67	中国国际海运集装箱（集团）股份有限公司	10676317
18	中国兵器工业集团公司	33682043	68	酒泉钢铁（集团）有限责任公司	10646017
19	中国第一汽车集团公司	33328582	69	南山集团有限公司	10626138
20	中国中车集团公司	32810214	70	三一集团有限公司	10446481
21	联想控股股份有限公司	30624289	71	中国重型汽车集团有限公司	10362351
22	鞍钢集团公司	30452745	72	中国黄金集团公司	9634780
23	中国船舶工业集团公司	26756410	73	中联重科股份有限公司	9372302
24	海尔集团公司	25718164	74	万洲国际有限公司	9286497
25	山东钢铁集团有限公司	24961631	75	云天化集团有限责任公司	9210889
26	中国电子信息产业集团有限公司	24778465	76	红云红河烟草（集团）有限责任公司	9207711
27	中国航天科工集团公司	23852272	77	新疆特变电工集团有限公司	8875709
28	光明食品（集团）有限公司	23747409	78	万向集团公司	8804252
29	中国电子科技集团公司	22065885	79	江苏悦达集团有限公司	8771599
30	上海电气（集团）总公司	20936209	80	北京建龙重工集团有限公司	8755541
31	清华控股有限公司	20722686	81	海澜集团有限公司	8530882
32	北大方正集团有限公司	19655046	82	新华联集团有限公司	8470323
33	武汉钢铁（集团）公司	19027441	83	紫金矿业集团股份有限公司	8391403
34	上海烟草集团有限责任公司	18322140	84	恒力集团有限公司	8255648
35	上海复星高科技（集团）有限公司	17778804	85	四川省宜宾五粮液集团有限公司	8252840
36	山东魏桥创业集团有限公司	17564750	86	马钢（集团）控股有限公司	8227636
37	广州汽车工业集团有限公司	17423626	87	天津中环电子信息集团有限公司	8099589
38	江苏沙钢集团有限公司	16277842	88	徐州工程机械集团有限公司	8074868
39	珠海格力电器股份有限公司	16169802	89	青海盐湖工业股份有限公司	8071321
40	包头钢铁（集团）有限责任公司	16152167	90	天津百利机械装备集团有限公司	7981194
41	浙江吉利控股集团有限公司	16129409	91	雅戈尔集团股份有限公司	7974221
42	天津渤海化工集团有限责任公司	15962175	92	山东黄金集团有限公司	7925359
43	京东方科技集团股份有限公司	15259289	93	日照钢铁控股集团有限公司	7863540
44	本钢集团有限公司	14136393	94	江苏扬子江船业集团公司	7852839
45	金川集团股份有限公司	13740446	95	山东晨鸣纸业集团股份有限公司	7796170
46	泸州老窖集团有限责任公司	13623614	96	盛虹控股集团有限公司	7718810
47	北京金隅集团有限责任公司	13459417	97	山东大王集团有限公司	7669417
48	协鑫（集团）控股有限公司	13325079	98	铜陵有色金属集团控股有限公司	7663915
49	红塔烟草（集团）有限责任公司	13266910	99	新希望集团有限公司	7549150
50	潍柴控股集团有限公司	13069174	100	上海医药集团股份有限公司	7434421
				中国制造业企业 500 强平均数	5838730

表 9-6　2016 中国制造业企业 500 强从业人数排序前 100 名企业

排名	公司名称	从业人数	排名	公司名称	从业人数
1	中国石油化工集团公司	845652	51	广西农垦集团有限责任公司	59919
2	中国航空工业集团公司	587952	52	内蒙古伊利实业集团股份有限公司	57971
3	中国兵器工业集团公司	241309	53	中国有色矿业集团有限公司	57648
4	中国兵器装备集团公司	238287	54	海信集团有限公司	57178
5	鞍钢集团公司	200780	55	海尔集团公司	56091
6	比亚迪股份有限公司	196026	56	上海复星高科技（集团）有限公司	55800
7	东风汽车公司	191950	57	安徽海螺集团有限责任公司	53721
8	中国中车集团公司	189388	58	天津中环电子信息集团有限公司	52887
9	华为技术有限公司	170000	59	中国黄金集团公司	50871
10	中国船舶重工集团公司	164000	60	华晨汽车集团控股有限公司	50155
11	中国建筑材料集团有限公司	163793	61	马钢（集团）控股有限公司	47078
12	中国航天科技集团公司	161022	62	雅戈尔集团股份有限公司	46963
13	中国航天科工集团公司	144308	63	中国恒天集团有限公司	46920
14	中国电子科技集团公司	140493	64	南山集团有限公司	46536
15	山东魏桥创业集团有限公司	140358	65	浙江吉利控股集团有限公司	45720
16	中国铝业公司	139272	66	新华联集团有限公司	45638
17	中国电子信息产业集团有限公司	138271	67	陕西有色金属控股集团有限责任公司	45628
18	河钢集团有限公司	135798	68	上海电气（集团）总公司	44924
19	中国第一汽车集团公司	132083	69	四川省宜宾五粮液集团有限公司	44798
20	中国化工集团公司	128917	70	广东温氏食品集团股份有限公司	44000
21	宝钢集团有限公司	124310	71	青岛啤酒股份有限公司	43066
22	北京汽车集团有限公司	120487	72	京东方科技集团股份有限公司	42837
23	光明食品（集团）有限公司	115094	73	太原钢铁（集团）有限公司	42553
24	首钢总公司	114807	74	湖北宜化集团有限责任公司	41737
25	美的集团股份有限公司	108000	75	中国重型汽车集团有限公司	41727
26	万洲国际有限公司	105000	76	上海医药集团股份有限公司	41173
27	山东钢铁集团有限公司	94626	77	江苏悦达集团有限公司	40412
28	上海汽车集团股份有限公司	91665	78	湖南华菱钢铁集团有限责任公司	40108
29	中国五矿集团公司	90653	79	北京建龙重工集团有限公司	40024
30	武汉钢铁（集团）公司	87811	80	正邦集团有限公司	39000
31	中兴通讯股份有限公司	84622	81	江苏沙钢集团有限公司	36710
32	中国中材集团有限公司	78449	82	天津渤海轻工投资集团有限公司	36643
33	潍柴控股集团有限公司	76918	83	天津渤海化工集团有限责任公司	35947
34	本钢集团有限公司	75737	84	江铃汽车集团公司	35538
35	联想控股股份有限公司	75000	85	安徽江淮汽车集团控股有限公司	35326
36	TCL 集团股份有限公司	73537	86	广州医药集团有限公司	35000
37	天津百利机械装备集团有限公司	72790	87	宜华企业（集团）有限公司	35000
38	中国船舶工业集团公司	71257	88	北京金隅集团有限责任公司	33753
39	珠海格力电器股份有限公司	70838	89	酒泉钢铁（集团）有限责任公司	33647
40	蓝思科技股份有限公司	69581	90	重庆化医控股（集团）公司	33226
41	四川长虹电子控股集团有限公司	68902	91	北大方正集团有限公司	32850
42	清华控股有限公司	68550	92	河南神火集团有限公司	32219
43	长城汽车股份有限公司	68320	93	金川集团股份有限公司	31986
44	广州汽车工业集团有限公司	67426	94	海澜集团有限公司	31000
45	宁波申洲针织有限公司	67390	95	重庆机电控股（集团）公司	30259
46	新希望集团有限公司	64625	96	正泰集团股份有限公司	30073
47	恒力集团有限公司	64524	97	协鑫（集团）控股有限公司	30000
48	新兴际华集团有限公司	64487	98	恒安国际集团有限公司	29700
49	中国国际海运集装箱（集团）股份有限公司	60030	99	盛虹控股集团有限公司	29601
50	包头钢铁（集团）有限责任公司	59996	100	杭州娃哈哈集团有限公司	29533
				中国制造业企业 500 强平均数	26326

表 9-7 2016 中国制造业企业 500 强研发费用排序前 100 名企业

排名	公司名称	研发费用（万元）	排名	公司名称	研发费用（万元）
1	华为技术有限公司	5960700	51	比亚迪股份有限公司	199850
2	中国航空工业集团公司	2762745	52	天津渤海轻工投资集团有限公司	198850
3	中国航天科工集团公司	2088167	53	天津百利机械装备集团有限公司	191764
4	中国兵器装备集团公司	1585979	54	太原钢铁（集团）有限公司	188168
5	中国船舶重工集团公司	1309978	55	山东天信集团有限公司	183949
6	浙江吉利控股集团有限公司	1284648	56	华泰集团有限公司	181017
7	中兴通讯股份有限公司	1220054	57	万向集团公司	178828
8	山东魏桥创业集团有限公司	1219650	58	安徽江淮汽车集团控股有限公司	177366
9	东风汽车公司	1095578	59	山东胜通集团股份有限公司	173062
10	中国兵器工业集团公司	1009666	60	大冶有色金属集团控股有限公司	166192
11	中国中车集团公司	1004404	61	中联重科股份有限公司	162964
12	海尔集团公司	943469	62	中国重型汽车集团有限公司	160598
13	中国第一汽车集团公司	901575	63	新疆金风科技股份有限公司	156159
14	中国石油化工集团公司	845652	64	中国中材集团有限公司	155570
15	上海汽车集团股份有限公司	837554	65	哈尔滨电气集团公司	153481
16	北京汽车集团有限公司	679141	66	新疆特变电工集团有限公司	153262
17	中国电子信息产业集团有限公司	640496	67	湖北宜化集团有限责任公司	149483
18	清华控股有限公司	630595	68	徐州工程机械集团有限公司	147268
19	美的集团股份有限公司	526260	69	酒泉钢铁（集团）有限责任公司	146400
20	中国建筑材料集团有限公司	505977	70	亨通集团有限公司	143255
21	宝钢集团有限公司	484393	71	济宁如意投资有限公司	141843
22	中国电子科技集团公司	441893	72	重庆力帆控股有限公司	135952
23	中国化工集团公司	431885	73	华勤橡胶工业集团有限公司	135154
24	大连机床集团有限责任公司	402500	74	德力西集团有限公司	132866
25	海信集团有限公司	400027	75	东辰控股集团有限公司	132652
26	TCL 集团股份有限公司	376584	76	协鑫（集团）控股有限公司	132477
27	首钢总公司	374109	77	郑州宇通集团有限公司	130762
28	中国航天科技集团公司	373069	78	石药控股集团有限公司	124503
29	鞍钢集团公司	363453	79	天津渤海化工集团有限责任公司	124106
30	珠海格力电器股份有限公司	345700	80	正泰集团股份有限公司	121556
31	恒力集团有限公司	325124	81	河北敬业企业集团有限责任公司	121000
32	武汉钢铁（集团）公司	323090	82	日照钢铁控股集团有限公司	119607
33	上海电气（集团）总公司	311674	83	奇瑞汽车股份有限公司	115987
34	京东方科技集团股份有限公司	293796	84	蓝思科技股份有限公司	114431
35	中国船舶工业集团公司	288617	85	人民电器集团有限公司	111257
36	长城汽车股份有限公司	276061	86	河北津西钢铁集团股份有限公司	110616
37	潍柴控股集团有限公司	272049	87	盾安控股集团有限公司	109669
38	四川长虹电子控股集团有限公司	267509	88	晶龙实业集团有限公司	107219
39	江铃汽车集团公司	267023	89	新兴际华集团有限公司	106187
40	中国铝业公司	265978	90	东营方圆有色金属有限公司	105009
41	中国有色矿业集团有限公司	257106	91	四川九洲电器集团有限责任公司	103559
42	利华益集团股份有限公司	253282	92	铜陵有色金属集团控股有限公司	102900
43	华晨汽车集团控股有限公司	252216	93	杭州锦江集团有限公司	102357
44	广州汽车工业集团有限公司	249235	94	创维集团有限公司	100018
45	南山集团有限公司	235162	95	包头钢铁（集团）有限责任公司	99510
46	江西铜业集团公司	234661	96	山东金岭集团有限公司	98639
47	江苏沙钢集团有限公司	234448	97	四川省宜宾五粮液集团有限公司	98633
48	武汉邮电科学研究院	219259	98	中国贵州茅台酒厂（集团）有限责任公司	98239
49	河钢集团有限公司	213222	99	浙江大华技术股份有限公司	95506
50	新希望集团有限公司	211360	100	三一集团有限公司	92607
				中国制造业企业 500 强平均数	112415

表 9-8 2016 中国制造业企业 500 强研发费所占比例前 100 名企业

排名	公司名称	研发费所占比例（%）	排名	公司名称	研发费所占比例（%）
1	大连机床集团有限责任公司	25.00	51	晶龙实业集团有限公司	3.72
2	华为技术有限公司	15.09	52	山东魏桥创业集团有限公司	3.66
3	中兴通讯股份有限公司	12.18	53	长城汽车股份有限公司	3.63
4	中国航天科工集团公司	11.92	54	中策橡胶集团有限公司	3.62
5	浙江大华技术股份有限公司	9.48	55	新和成控股集团有限公司	3.61
6	武汉邮电科学研究院	9.10	56	TCL 集团股份有限公司	3.60
7	清华控股有限公司	8.94	57	中国兵器装备集团公司	3.60
8	浙江吉利控股集团有限公司	7.77	58	即发集团有限公司	3.60
9	中国航空工业集团公司	7.30	59	珠海格力电器股份有限公司	3.54
10	蓝思科技股份有限公司	6.64	60	东营方圆有色金属有限公司	3.50
11	京东方科技集团股份有限公司	6.04	61	浙江中财管道科技股份有限公司	3.50
12	石药控股集团有限公司	5.86	62	三环集团有限公司	3.48
13	中国船舶重工集团公司	5.79	63	沈阳机床（集团）有限责任公司	3.44
14	邢台钢铁有限责任公司	5.73	64	中科电力装备集团有限公司	3.44
15	哈尔滨电气集团公司	5.49	65	郑州宇通集团有限公司	3.42
16	东辰控股集团有限公司	5.47	66	沈阳鼓风机集团股份有限公司	3.40
17	江苏新潮科技集团有限公司	5.45	67	华翔集团股份有限公司	3.40
18	新疆金风科技股份有限公司	5.19	68	上海斐讯数据通信技术有限公司	3.39
19	中国华录集团有限公司	5.17	69	潍柴控股集团有限公司	3.37
20	澳柯玛股份有限公司	5.09	70	唐山三友集团有限公司	3.37
21	浙江海正药业股份有限公司	5.08	71	沈阳远大企业集团	3.35
22	利华益集团股份有限公司	5.05	72	江南集团有限公司	3.35
23	四川九洲电器集团有限责任公司	5.05	73	新凤鸣集团股份有限公司	3.29
24	齐鲁制药有限公司	5.03	74	海天塑机集团有限公司	3.29
25	山东胜通集团股份有限公司	5.00	75	星星集团有限公司	3.26
26	江铃汽车集团公司	5.00	76	厦门钨业股份有限公司	3.26
27	海尔集团公司	5.00	77	中国电子信息产业集团有限公司	3.23
28	山东天信集团有限公司	4.80	78	上海电气（集团）总公司	3.23
29	湘电集团有限公司	4.68	79	人民电器集团有限公司	3.20
30	泰豪集团有限公司	4.60	80	山东寿光鲁清石化有限公司	3.20
31	春风实业集团有限责任公司	4.47	81	新疆特变电工集团有限公司	3.18
32	舜宇集团有限公司	4.46	82	中国西电集团公司	3.17
33	宁波均胜电子股份有限公司	4.42	83	武汉钢铁（集团）公司	3.17
34	大亚科技集团有限公司	4.38	84	厦门银鹭集团有限公司	3.16
35	方大特钢科技股份有限公司	4.21	85	博威集团有限公司	3.15
36	奇瑞汽车股份有限公司	4.13	86	中联重科股份有限公司	3.14
37	中国中车集团公司	4.12	87	青岛啤酒股份有限公司	3.14
38	广西柳工集团有限公司	4.12	88	安徽中鼎控股（集团）股份有限公司	3.13
39	大连重工·起重集团有限公司	4.08	89	致达控股集团有限公司	3.12
40	海信集团有限公司	4.04	90	新希望集团有限公司	3.10
41	人福医药集团股份有限公司	4.02	91	波司登股份有限公司	3.09
42	重庆力帆控股有限公司	4.00	92	包头钢铁（集团）有限责任公司	3.08
43	万丰奥特控股集团有限公司	3.91	93	北方重工集团有限公司	3.08
44	卫华集团有限公司	3.87	94	德力西集团有限公司	3.05
45	合肥晶澳太阳能科技有限公司	3.84	95	北汽银翔汽车有限公司	3.05
46	山东科瑞控股集团有限公司	3.80	96	山东渤海实业股份有限公司	3.03
47	美的集团股份有限公司	3.80	97	河北立中有色金属集团	3.02
48	诸城外贸有限责任公司	3.80	98	四川省达州钢铁集团有限责任公司	3.02
49	日照钢铁控股集团有限公司	3.80	99	华泰集团有限公司	3.01
50	安徽江淮汽车集团控股有限公司	3.77	100	浙江大东南集团有限公司	3.00
				中国制造业企业 500 强平均数	2.10

表 9-9 2016 中国制造业企业 500 强净资产利润率排序前 100 名企业

排名	公司名称	净资产利润率（%）	排名	公司名称	净资产利润率（%）
1	北汽银翔汽车有限公司	278.23	51	恒安国际集团有限公司	22.34
2	天津华北集团有限公司	100.00	52	舜宇集团有限公司	22.16
3	花园集团有限公司	81.39	53	雅戈尔集团股份有限公司	21.99
4	浙江天圣控股集团有限公司	79.53	54	齐鲁制药有限公司	21.84
5	广州钢铁企业集团有限公司	64.73	55	万华化学（宁波）有限公司	21.31
6	邯郸市正大制管有限公司	57.52	56	天能电池集团有限公司	21.18
7	河北养元智汇饮品股份有限公司	46.60	57	浙江大华技术股份有限公司	21.14
8	晶科能源有限公司	43.04	58	长城汽车股份有限公司	21.03
9	升华集团控股有限公司	38.63	59	上海复星高科技（集团）有限公司	20.73
10	江苏新潮科技集团有限公司	38.23	60	红狮控股集团有限公司	20.68
11	宁波方太厨具有限公司	37.05	61	云南白药集团股份有限公司	20.63
12	山东亨圆铜业有限公司	36.63	62	湖北中烟工业有限责任公司	20.14
13	铜陵精达铜材（集团）有限责任公司	36.11	63	江西济民可信集团有限公司	19.93
14	山东胜通集团股份有限公司	35.73	64	森马集团有限公司	19.81
15	铭源控股集团有限公司	35.61	65	香驰控股有限公司	19.68
16	山东大海集团有限公司	35.30	66	山东寿光鲁清石化有限公司	19.47
17	天狮集团有限公司	34.56	67	洪业化工集团股份有限公司	19.18
18	山东海科化工集团有限公司	34.49	68	天津百利机械装备集团有限公司	19.16
19	济宁如意投资有限公司	34.18	69	研祥高科技控股集团有限公司	19.04
20	郑州宇通集团有限公司	33.34	70	杭州金鱼电器集团有限公司	18.76
21	宁波博洋控股集团有限公司	33.10	71	山东金诚石化集团有限公司	18.35
22	桂林力源粮油食品集团有限公司	32.21	72	中国兵器装备集团公司	18.33
23	华为技术有限公司	31.01	73	无锡凌峰材料科技有限公司	18.33
24	湖北东圣化工集团有限公司	30.82	74	江苏阳光集团有限公司	18.19
25	山东天信集团有限公司	30.27	75	宁波申洲针织有限公司	18.01
26	山东鲁花集团有限公司	29.64	76	浙江龙盛控股有限公司	17.94
27	永锋集团有限公司	29.42	77	中国贵州茅台酒厂（集团）有限责任公司	17.91
28	浙江大东南集团有限公司	29.14	78	广西中烟工业有限责任公司	17.89
29	万丰奥特控股集团有限公司	28.90	79	德力西集团有限公司	17.89
30	维科控股集团股份有限公司	28.42	80	山东科瑞控股集团有限公司	17.75
31	广东温氏食品集团股份有限公司	27.87	81	河北诚信有限责任公司	17.68
32	浙江协和集团有限公司	26.86	82	五得利面粉集团有限公司	17.57
33	杭州华东医药集团有限公司	26.74	83	三河汇福粮油集团有限公司	17.53
34	珠海格力电器股份有限公司	26.37	84	三角集团有限公司	17.40
35	美的集团股份有限公司	25.83	85	广东新明珠陶瓷集团有限公司	17.29
36	农夫山泉股份有限公司	25.40	86	富海集团有限公司	17.20
37	宏胜饮料集团有限公司	25.25	87	卧龙控股集团有限公司	17.07
38	杭州娃哈哈集团有限公司	25.11	88	新疆金风科技股份有限公司	17.00
39	山东创新金属科技股份有限公司	24.78	89	金猴集团有限公司	16.90
40	老凤祥股份有限公司	24.60	90	河南龙成集团有限公司	16.89
41	山东金岭集团有限公司	23.69	91	青山控股集团有限公司	16.66
42	太极集团有限公司	23.62	92	恒威集团有限公司	16.57
43	山东京博控股股份有限公司	23.61	93	安徽天康（集团）股份有限公司	16.40
44	山东金茂纺织化工集团有限公司	23.58	94	鲁丽集团有限公司	16.13
45	海尔集团公司	23.57	95	泸州老窖集团有限责任公司	16.09
46	东营鲁方金属材料有限公司	23.25	96	合肥晶澳太阳能科技有限公司	16.05
47	内蒙古伊利实业集团股份有限公司	23.18	97	长飞光纤光缆有限公司	15.96
48	东辰控股集团有限公司	22.97	98	湖北新洋丰肥业股份有限公司	15.93
49	上海汽车集团股份有限公司	22.72	99	华仪集团有限公司	15.89
50	人民电器集团有限公司	22.59	100	贵州中烟工业有限责任公司	15.87
				中国制造业企业 500 强平均数	7.59

表 9-10　2016 中国制造业企业 500 强资产利润率排序前 100 名企业

排名	公司名称	资产利润率（%）	排名	公司名称	资产利润率（%）
1	天津华北集团有限公司	59.45	51	恒安国际集团有限公司	9.95
2	邯郸市正大制管有限公司	30.68	52	华为技术有限公司	9.92
3	河北养元智汇饮品股份有限公司	28.29	53	美的集团股份有限公司	9.86
4	天狮集团有限公司	27.44	54	威高集团有限公司	9.85
5	北汽银翔汽车有限公司	26.44	55	杭州华东医药集团有限公司	9.84
6	山东亨圆铜业有限公司	25.00	56	老凤祥股份有限公司	9.67
7	宏胜饮料集团有限公司	22.66	57	广东海大集团股份有限公司	9.53
8	广东温氏食品集团股份有限公司	18.96	58	骆驼集团股份有限公司	9.40
9	河南金利金铅集团有限公司	18.79	59	江苏阳光集团有限公司	9.14
10	山东胜通集团股份有限公司	18.10	60	浙江龙盛控股有限公司	9.05
11	宁波方太厨具有限公司	17.95	61	山东科瑞控股集团有限公司	8.99
12	晶科能源有限公司	17.82	62	东营鲁方金属材料有限公司	8.71
13	浙江天圣控股集团有限公司	17.74	63	天津百利机械装备集团有限公司	8.70
14	杭州娃哈哈集团有限公司	17.44	64	山东金茂纺织化工集团有限公司	8.60
15	浙江大东南集团有限公司	17.29	65	河北白沙烟草有限责任公司	8.59
16	齐鲁制药有限公司	16.86	66	四川省宜宾五粮液集团有限公司	8.56
17	五得利面粉集团有限公司	16.74	67	兴乐集团有限公司	8.47
18	山东天信集团有限公司	15.50	68	红云红河烟草（集团）有限责任公司	8.42
19	山东金诚石化集团有限公司	15.26	69	天津塑力线缆集团有限公司	8.35
20	山东金岭集团有限公司	14.78	70	山东寿光鲁清石化有限公司	8.34
21	云南白药集团股份有限公司	14.36	71	海天塑机集团有限公司	8.20
22	人民电器集团有限公司	14.11	72	维维集团股份有限公司	8.19
23	湖北中烟工业有限责任公司	13.96	73	波司登股份有限公司	8.18
24	农夫山泉股份有限公司	13.77	74	纳爱斯集团有限公司	7.87
25	东辰控股集团有限公司	13.73	75	胜达集团有限公司	7.80
26	湖北东圣化工集团有限公司	13.65	76	上海汽车集团股份有限公司	7.78
27	河北诚信有限责任公司	13.40	77	珠海格力电器股份有限公司	7.75
28	广西中烟工业有限责任公司	13.12	78	红狮控股集团有限公司	7.73
29	宁波申洲针织有限公司	12.82	79	罗蒙集团股份有限公司	7.69
30	万华化学（宁波）有限公司	12.71	80	辽宁禾丰牧业股份有限公司	7.64
31	江西济民可信集团有限公司	12.51	81	江苏上上电缆集团有限公司	7.63
32	山东鲁花集团有限公司	12.46	82	富海集团有限公司	7.59
33	山东大海集团有限公司	12.36	83	长飞光纤光缆有限公司	7.53
34	山东时风（集团）有限责任公司	12.01	84	蓝思科技股份有限公司	7.53
35	浙江大华技术股份有限公司	11.93	85	兴达投资集团有限公司	7.46
36	内蒙古伊利实业集团股份有限公司	11.69	86	洪业化工集团股份有限公司	7.39
37	舜宇集团有限公司	11.64	87	武安市文安钢铁有限公司	7.25
38	研祥高科技控股集团有限公司	11.52	88	江西中烟工业有限责任公司	7.22
39	安徽天康（集团）股份有限公司	11.49	89	郑州宇通集团有限公司	7.14
40	桂林力源粮油食品集团有限公司	11.38	90	金猴集团有限公司	7.14
41	上海烟草集团有限责任公司	11.31	91	鲁丽集团有限公司	6.83
42	铭源控股集团有限公司	11.21	92	石药控股集团有限公司	6.80
43	长城汽车股份有限公司	11.21	93	通威集团有限公司	6.75
44	贵州中烟工业有限责任公司	11.11	94	浙江中烟工业有限责任公司	6.31
45	万丰奥特控股集团有限公司	10.82	95	科创控股集团有限公司	6.27
46	湖北新洋丰肥业股份有限公司	10.71	96	天能电池集团有限公司	6.18
47	广州立白企业集团有限公司	10.63	97	中国第一汽车集团公司	6.13
48	武安市明芳钢铁有限公司	10.55	98	江苏三木集团有限公司	6.02
49	中国贵州茅台酒厂（集团）有限责任公司	10.22	99	青岛啤酒股份有限公司	6.01
50	升华集团控股有限公司	9.95	100	正威国际集团有限公司	5.94
				中国制造业企业 500 强平均数	1.97

表 9-11 2016 中国制造业企业 500 强收入利润率排序前 100 名企业

排名	公司名称	收入利润率（%）	排名	公司名称	收入利润率（%）
1	天津华北集团有限公司	37.59	51	东辰控股集团有限公司	7.66
2	中国贵州茅台酒厂（集团）有限责任公司	30.71	52	贵州中烟工业有限责任公司	7.44
3	北汽银翔汽车有限公司	26.42	53	万丰奥特控股集团有限公司	7.33
4	河北养元智汇饮品股份有限公司	24.87	54	天津塑力线缆集团有限公司	7.24
5	齐鲁制药有限公司	21.05	55	河北白沙烟草有限责任公司	7.13
6	宏胜饮料集团有限公司	20.11	56	波司登股份有限公司	7.11
7	宁波申洲针织有限公司	18.63	57	雅戈尔集团股份有限公司	7.08
8	恒安国际集团有限公司	16.57	58	南山集团有限公司	7.03
9	上海烟草集团有限责任公司	15.73	59	科创控股集团有限公司	6.84
10	万华化学（宁波）有限公司	15.56	60	广州立白企业集团有限公司	6.75
11	康美药业股份有限公司	15.26	61	红塔烟草（集团）有限责任公司	6.74
12	上海复星高科技（集团）有限公司	14.71	62	上海斐讯数据通信技术有限公司	6.73
13	农夫山泉股份有限公司	13.89	63	升华集团控股有限公司	6.68
14	山东科瑞控股集团有限公司	13.89	64	杭州华东医药集团有限公司	6.61
15	浙江大华技术股份有限公司	13.62	65	人福医药集团股份有限公司	6.50
16	海天塑机集团有限公司	13.54	66	浙江天圣控股集团有限公司	6.48
17	宁波方太厨具有限公司	13.52	67	纳爱斯集团有限公司	6.32
18	云南白药集团股份有限公司	13.36	68	罗蒙集团股份有限公司	6.23
19	广东温氏食品集团股份有限公司	12.86	69	江西中烟工业有限责任公司	6.22
20	珠海格力电器股份有限公司	12.82	70	青岛啤酒股份有限公司	6.20
21	杭州娃哈哈集团有限公司	11.79	71	山东大海集团有限公司	6.20
22	山东胜通集团股份有限公司	11.39	72	中国电子科技集团公司	6.20
23	广西中烟工业有限责任公司	11.02	73	中国航天科技集团公司	6.07
24	四川省宜宾五粮液集团有限公司	10.83	74	上海汽车集团股份有限公司	5.94
25	长城汽车股份有限公司	10.60	75	洪业化工集团股份有限公司	5.88
26	研祥高科技控股集团有限公司	10.52	76	福建中烟工业有限责任公司	5.85
27	天狮集团有限公司	10.23	77	天津百利机械装备集团有限公司	5.85
28	江苏扬子江船业集团公司	9.99	78	安徽天康（集团）股份有限公司	5.81
29	晶科能源有限公司	9.88	79	广州钢铁企业集团有限公司	5.81
30	威高集团有限公司	9.87	80	河北诚信有限责任公司	5.71
31	侨兴集团有限公司	9.78	81	天士力控股集团有限公司	5.69
32	新和成控股集团有限公司	9.77	82	河南龙成集团有限公司	5.60
33	新疆金风科技股份有限公司	9.48	83	海澜集团有限公司	5.56
34	湖北中烟工业有限责任公司	9.39	84	江苏阳光集团有限公司	5.41
35	浙江龙盛控股有限公司	9.36	85	胜达集团有限公司	5.38
36	华为技术有限公司	9.34	86	维维集团股份有限公司	5.34
37	美的集团股份有限公司	9.18	87	邯郸市正大制管有限公司	5.32
38	红狮控股集团有限公司	9.10	88	安徽古井集团有限责任公司	5.32
39	蓝思科技股份有限公司	8.96	89	中国航天科工集团公司	5.28
40	郑州宇通集团有限公司	8.64	90	中国第一汽车集团公司	5.17
41	长飞光纤光缆有限公司	8.47	91	中国西电集团公司	5.16
42	红云红河烟草（集团）有限责任公司	8.34	92	青海盐湖工业股份有限公司	5.14
43	舜宇集团有限公司	8.29	93	铭源控股集团有限公司	5.03
44	海尔集团公司	7.83	94	浙江大东南集团有限公司	5.01
45	山东鲁花集团有限公司	7.82	95	宁波均胜电子股份有限公司	4.95
46	石药控股集团有限公司	7.81	96	永锋集团有限公司	4.91
47	湖北新洋丰肥业股份有限公司	7.75	97	新疆特变电工集团有限公司	4.77
48	山东金茂纺织化工集团有限公司	7.69	98	协鑫（集团）控股有限公司	4.76
49	江南集团有限公司	7.67	99	富海集团有限公司	4.74
50	内蒙古伊利实业集团股份有限公司	7.67	100	骆驼集团股份有限公司	4.61
				中国制造业企业 500 强平均数	2.18

表 9-12 2016 中国制造业企业 500 强人均营业收入排序前 100 名企业

排名	公司名称	人均营业收入（万元）	排名	公司名称	人均营业收入（万元）
1	无锡凌峰材料科技有限公司	5523	51	陕西东岭工贸集团股份有限公司	746
2	江苏金辉铜业集团有限公司	4877	52	红云红河烟草（集团）有限责任公司	746
3	山东亨圆铜业有限公司	4238	53	广西中烟工业有限责任公司	739
4	东营方圆有色金属有限公司	3103	54	香驰控股有限公司	738
5	湖南金龙国际铜业有限公司	2333	55	安徽蓝德集团股份有限公司	732
6	浙江中烟工业有限责任公司	2254	56	上海汽车集团股份有限公司	731
7	铭源控股集团有限公司	2008	57	中天钢铁集团有限公司	718
8	东营鲁方金属材料有限公司	1846	58	湖北中烟工业有限责任公司	715
9	天津华北集团有限公司	1823	59	富海集团有限公司	699
10	江苏新华发集团有限公司	1728	60	山东垦利石化集团有限公司	690
11	兴达投资集团有限公司	1713	61	浙江大东南集团有限公司	689
12	正威国际集团有限公司	1699	62	金川集团股份有限公司	689
13	山东金诚石化集团有限公司	1683	63	山东晨曦集团有限公司	689
14	山东海科化工集团有限公司	1593	64	大冶有色金属集团控股有限公司	677
15	天津市恒兴钢业有限公司	1581	65	山东创新金属科技股份有限公司	663
16	老凤祥股份有限公司	1358	66	森马集团有限公司	633
17	东辰控股集团有限公司	1309	67	天津宝迪农业科技股份有限公司	630
18	利华益集团股份有限公司	1246	68	青山控股集团有限公司	621
19	江苏大明金属制品有限公司	1197	69	红塔烟草（集团）有限责任公司	614
20	山东汇丰石化集团有限公司	1195	70	沂州集团有限公司	611
21	广州钢铁企业集团有限公司	1170	71	双良集团有限公司	596
22	山东寿光鲁清石化有限公司	1140	72	华泰集团有限公司	596
23	浙江协和集团有限公司	1100	73	北京君诚实业投资集团有限公司	582
24	山东金茂纺织化工集团有限公司	1095	74	山东玉皇化工有限公司	577
25	三河汇福粮油集团有限公司	1082	75	江苏华宏实业集团有限公司	572
26	万华化学（宁波）有限公司	1065	76	天津塑力线缆集团有限公司	567
27	中科电力装备集团有限公司	1038	77	兴惠化纤集团有限公司	566
28	浙江栋梁新材股份有限公司	1037	78	湖北东圣化工集团有限公司	561
29	杭州汽轮动力集团有限公司	1025	79	江苏沙钢集团有限公司	561
30	浙江富冶集团有限公司	1014	80	江苏三房巷集团有限公司	557
31	浙江恒逸集团有限公司	1007	81	河北新金钢铁有限公司	556
32	正和集团股份有限公司	997	82	华勤橡胶工业集团有限公司	553
33	天洁集团有限公司	975	83	武安市文安钢铁有限公司	551
34	山东大海集团有限公司	961	84	铜陵有色金属集团控股有限公司	541
35	海亮集团有限公司	949	85	双胞胎（集团）股份有限公司	536
36	上海烟草集团有限责任公司	944	86	山东荣信煤化有限责任公司	524
37	浙江富陵控股集团有限公司	924	87	河北新华联合冶金控股集团有限公司	522
38	江阴澄星实业集团有限公司	914	88	兴乐集团有限公司	521
39	浙江荣盛控股集团有限公司	907	89	冀南钢铁集团有限公司	516
40	河北鑫海化工集团有限公司	897	90	河南金利金铅集团有限公司	515
41	宁波金田投资控股有限公司	891	91	五得利面粉集团有限公司	514
42	山东中海化工集团有限公司	879	92	杭州锦江集团有限公司	497
43	山东金岭集团有限公司	879	93	杉杉控股有限公司	495
44	宁波宝新不锈钢有限公司	860	94	河北津西钢铁集团股份有限公司	486
45	山东天信集团有限公司	848	95	河北养元智汇饮品股份有限公司	485
46	山东渤海实业股份有限公司	828	96	浙江天圣控股集团有限公司	483
47	奥盛集团有限公司	775	97	浙江古纤道新材料股份有限公司	474
48	山东恒源石油化工股份有限公司	774	98	研祥高科技控股集团有限公司	472
49	天津荣程祥泰投资控股集团有限公司	753	99	合肥晶澳太阳能科技有限公司	468
50	江西铜业集团公司	746	100	山东胜通集团股份有限公司	462
				中国制造业企业 500 强平均数	202

表9-13 2016中国制造业企业500强人均净利润排序前100名企业

排名	公司名称	人均净利润（万元）	排名	公司名称	人均净利润（万元）
1	天津华北集团有限公司	685.15	51	邯郸市正大制管有限公司	24.35
2	万华化学（宁波）有限公司	165.72	52	江西中烟工业有限责任公司	24.08
3	山东亨圆铜业有限公司	151.07	53	升华集团控股有限公司	23.14
4	上海烟草集团有限责任公司	148.49	54	浙江富陵控股集团有限公司	22.86
5	河北养元智汇饮品股份有限公司	120.65	55	湖北东圣化工集团有限公司	21.84
6	铭源控股集团有限公司	101.09	56	华为技术有限公司	21.71
7	东辰控股集团有限公司	100.17	57	上海斐讯数据通信技术有限公司	20.51
8	东营方圆有色金属有限公司	97.44	58	海天塑机集团有限公司	20.33
9	山东金茂纺织化工集团有限公司	84.25	59	山东晨曦集团有限公司	20.16
10	广西中烟工业有限责任公司	81.45	60	杭州娃哈哈集团有限公司	19.75
11	浙江中烟工业有限责任公司	80.65	61	福建中烟工业有限责任公司	19.66
12	广州钢铁企业集团有限公司	68.01	62	江南集团有限公司	19.41
13	湖北中烟工业有限责任公司	67.14	63	杭州华东医药集团有限公司	18.42
14	红云红河烟草（集团）有限责任公司	62.25	64	洪业化工集团股份有限公司	18.07
15	东营鲁方金属材料有限公司	60.52	65	奥盛集团有限公司	18.01
16	山东大海集团有限公司	59.58	66	河北白沙烟草有限责任公司	17.75
17	天津市恒兴钢业有限公司	55.15	67	珠海格力电器股份有限公司	17.69
18	兴达投资集团有限公司	54.93	68	合肥晶澳太阳能科技有限公司	17.44
19	山东胜通集团股份有限公司	52.56	69	红狮控股集团有限公司	17.42
20	研祥高科技控股集团有限公司	49.69	70	三河汇福粮油集团有限公司	17.34
21	无锡凌峰材料科技有限公司	48.83	71	永锋集团有限公司	17.32
22	山东寿光鲁清石化有限公司	46.62	72	浙江大华技术股份有限公司	17.01
23	中国贵州茅台酒厂（集团）有限责任公司	45.77	73	万丰奥特控股集团有限公司	16.94
24	上海汽车集团股份有限公司	43.41	74	富通集团有限公司	16.81
25	新疆金风科技股份有限公司	43.30	75	天津宝迪农业科技股份有限公司	16.36
26	老凤祥股份有限公司	42.50	76	五得利面粉集团有限公司	16.30
27	红塔烟草（集团）有限责任公司	41.42	77	农夫山泉股份有限公司	16.18
28	天津塑力线缆集团有限公司	41.04	78	郑州宇通集团有限公司	16.18
29	天狮集团有限公司	40.87	79	胜达集团有限公司	16.05
30	正威国际集团有限公司	40.53	80	四川省宜宾五粮液集团有限公司	15.78
31	山东金岭集团有限公司	40.38	81	浙江协和集团有限公司	15.73
32	山东金诚石化集团有限公司	40.32	82	晶科能源有限公司	15.54
33	宏胜饮料集团有限公司	38.49	83	中国第一汽车集团公司	15.48
34	山东天信集团有限公司	37.04	84	河北诚信有限责任公司	15.41
35	浙江大东南集团有限公司	34.53	85	恒威集团有限公司	14.86
36	云南白药集团股份有限公司	33.99	86	山东玉皇化工有限公司	14.84
37	江苏金辉铜业集团有限公司	33.87	87	科创控股集团有限公司	14.61
38	富海集团有限公司	33.17	88	江苏扬子江船业集团公司	14.56
39	浙江天圣控股集团有限公司	31.32	89	威高集团有限公司	14.38
40	康美药业股份有限公司	31.04	90	上海复星高科技（集团）有限公司	14.18
41	齐鲁制药有限公司	30.59	91	广东温氏食品集团股份有限公司	14.10
42	贵州中烟工业有限责任公司	30.54	92	香驰控股有限公司	14.01
43	利华益集团股份有限公司	30.00	93	江苏三木集团有限公司	13.94
44	北汽银翔汽车有限公司	29.52	94	浙江古纤道新材料股份有限公司	13.51
45	浙江龙盛控股有限公司	29.39	95	滨化集团公司	13.32
46	森马集团有限公司	27.86	96	正和集团股份有限公司	13.32
47	山东海科化工集团有限公司	26.74	97	侨兴集团有限公司	13.29
48	海尔集团公司	26.34	98	山东汇丰石化集团有限公司	12.81
49	山东科瑞控股集团有限公司	25.60	99	湖南金龙国际铜业有限公司	12.71
50	长飞光纤光缆有限公司	24.81	100	协鑫（集团）控股有限公司	12.65
				中国制造业企业500强平均数	4.40

表 9-14 2016 中国制造业企业 500 强人均资产排序前 100 名企业

排名	公司名称	人均资产（万元）	排名	公司名称	人均资产（万元）
1	康美药业股份有限公司	4314.25	51	湖北中烟工业有限责任公司	480.79
2	无锡凌峰材料科技有限公司	2255.47	52	三河汇福粮油集团有限公司	474.63
3	东营方圆有色金属有限公司	1731.41	53	西部矿业集团有限公司	474.31
4	上海烟草集团有限责任公司	1312.38	54	瑞星集团股份有限公司	468.93
5	万华化学（宁波）有限公司	1304.06	55	上海电气（集团）总公司	466.04
6	浙江中烟工业有限责任公司	1277.78	56	海尔集团公司	458.51
7	广州钢铁企业集团有限公司	1206.66	57	奥盛集团有限公司	458.04
8	天津华北集团有限公司	1152.50	58	中国贵州茅台酒厂（集团）有限责任公司	448.06
9	山东金茂纺织化工集团有限公司	979.10	59	浙江恒逸集团有限公司	445.83
10	天津市恒兴钢业有限公司	973.34	60	协鑫（集团）控股有限公司	444.17
11	铭源控股集团有限公司	901.64	61	天津渤海化工集团有限责任公司	444.05
12	浙江富陵控股集团有限公司	888.81	62	江苏沙钢集团有限公司	443.42
13	江苏金辉铜业集团有限公司	883.98	63	老凤祥股份有限公司	439.72
14	新疆金风科技股份有限公司	798.85	64	侨兴集团有限公司	438.58
15	红塔烟草（集团）有限责任公司	787.96	65	杉杉控股有限公司	438.28
16	红云红河烟草（集团）有限责任公司	739.58	66	富海集团有限公司	436.93
17	兴达投资集团有限公司	736.21	67	研祥高科技控股集团有限公司	431.38
18	东辰控股集团有限公司	729.39	68	宁波富邦控股集团有限公司	430.97
19	利华益集团股份有限公司	724.81	69	金川集团股份有限公司	429.58
20	东营鲁方金属材料有限公司	695.19	70	青海盐湖工业股份有限公司	429.53
21	山东晨曦集团有限公司	689.32	71	海亮集团有限公司	427.38
22	正威国际集团有限公司	682.43	72	河北养元智汇饮品股份有限公司	426.55
23	山东晨鸣纸业集团股份有限公司	655.53	73	宝钢集团有限公司	425.82
24	浙江荣盛控股集团有限公司	632.91	74	江西铜业集团公司	420.32
25	广西中烟工业有限责任公司	620.66	75	浙江古纤道新材料股份有限公司	415.66
26	山东亨圆铜业有限公司	604.33	76	江苏扬子江船业集团公司	413.61
27	北大方正集团有限公司	598.36	77	大连机床集团有限责任公司	409.01
28	金东纸业（江苏）股份有限公司	597.10	78	联想控股股份有限公司	408.32
29	山东海科化工集团有限公司	593.34	79	安徽蓝德集团股份有限公司	404.57
30	泸州老窖集团有限责任公司	586.09	80	北京金隅集团有限责任公司	398.76
31	山东寿光鲁清石化有限公司	559.18	81	山东创新金属科技股份有限公司	390.85
32	上海汽车集团股份有限公司	558.15	82	中国五矿集团公司	390.34
33	日照钢铁控股集团有限公司	552.10	83	上海斐讯数据通信技术有限公司	390.19
34	福星集团控股有限公司	548.91	84	新疆特变电工集团有限公司	389.59
35	双良集团有限公司	544.10	85	合肥晶澳太阳能科技有限公司	387.55
36	森马集团有限公司	539.17	86	江苏大明金属制品有限公司	382.75
37	三一集团有限公司	527.04	87	首钢总公司	380.60
38	杭州汽轮动力集团有限公司	515.77	88	山东玉皇化工有限公司	378.81
39	东凌控股有限公司	505.07	89	江西博能实业集团有限公司	377.25
40	山东垦利石化集团有限公司	505.07	90	宝塔石化集团有限公司	377.13
41	杭州锦江集团有限公司	504.97	91	中国船舶工业集团公司	375.49
42	旭阳控股有限公司	501.73	92	恒威集团有限公司	374.31
43	河北鑫海化工集团有限公司	492.49	93	天瑞集团股份有限公司	374.18
44	天津塑力线缆集团有限公司	491.53	94	山东渤海实业股份有限公司	373.49
45	中联重科股份有限公司	489.65	95	隆鑫控股有限公司	372.92
46	浙江协和集团有限公司	488.09	96	振石控股集团有限公司	370.25
47	江阴澄星实业集团有限公司	487.75	97	云天化集团有限责任公司	367.41
48	宁波宝新不锈钢有限公司	486.17	98	美锦能源集团有限公司	362.53
49	奇瑞汽车股份有限公司	484.29	99	河北新华联合冶金控股集团有限公司	361.44
50	山东大海集团有限公司	482.14	100	山东汇丰石化集团有限公司	360.92
				中国制造业企业 500 强平均数	222.75

表 9-15 2016 中国制造业企业 500 强收入增长率排序前 100 名

排名	公司名称	收入增长率（%）	排名	公司名称	收入增长率（%）
1	铭源控股集团有限公司	145.00	51	天津食品集团有限公司	20.57
2	星星集团有限公司	82.58	52	河北前进钢铁集团有限公司	20.49
3	新疆金风科技股份有限公司	69.80	53	华仪集团有限公司	20.47
4	北汽银翔汽车有限公司	67.64	54	山东鲁花集团有限公司	20.46
5	江苏新潮科技集团有限公司	67.03	55	隆鑫控股有限公司	20.27
6	江苏华宏实业集团有限公司	61.56	56	宜昌兴发集团有限责任公司	20.22
7	合肥晶澳太阳能科技有限公司	52.65	57	云南祥丰化肥股份有限公司	20.09
8	安徽蓝德集团股份有限公司	49.35	58	武汉邮电科学研究院	19.84
9	人福医药集团股份有限公司	42.58	59	湖南金龙国际铜业有限公司	19.63
10	武安市文安钢铁有限公司	41.06	60	天能电池集团有限公司	19.50
11	比亚迪股份有限公司	37.48	61	山东寿光鲁清石化有限公司	19.47
12	浙江大华技术股份有限公司	37.45	62	利华益集团股份有限公司	19.39
13	中国船舶工业集团公司	37.09	63	山东天信集团有限公司	19.33
14	华为技术有限公司	37.06	64	森马集团有限公司	19.27
15	协鑫（集团）控股有限公司	36.66	65	蓝思科技股份有限公司	18.83
16	杭州锦江集团有限公司	36.60	66	宁波博洋控股集团有限公司	18.81
17	新疆中泰（集团）有限责任公司	36.54	67	白银有色集团股份有限公司	18.66
18	上海斐讯数据通信技术有限公司	35.22	68	安徽江淮汽车集团控股有限公司	18.64
19	青山控股集团有限公司	34.84	69	威高集团有限公司	18.58
20	中国华录集团有限公司	34.63	70	长飞光纤光缆有限公司	18.54
21	江西济民可信集团有限公司	34.43	71	卧龙控股集团有限公司	18.29
22	波鸿集团有限公司	33.54	72	山东魏桥创业集团有限公司	18.20
23	新和成控股集团有限公司	32.83	73	花园集团有限公司	17.84
24	京东方科技集团股份有限公司	32.07	74	唐山瑞丰钢铁（集团）有限公司	17.50
25	石家庄常山纺织集团有限责任公司	30.47	75	广西盛隆冶金有限公司	17.36
26	恒力集团有限公司	29.69	76	重庆小康控股有限公司	17.12
27	研祥高科技控股集团有限公司	29.42	77	劲牌有限公司	16.85
28	海澜集团有限公司	28.44	78	清华控股有限公司	16.77
29	中国电子科技集团公司	28.30	79	五得利面粉集团有限公司	16.58
30	舜宇集团有限公司	26.92	80	济源市万洋冶炼（集团）有限公司	16.56
31	紫金矿业集团股份有限公司	26.45	81	三花控股集团有限公司	16.23
32	稻花香集团	26.44	82	香驰控股有限公司	16.15
33	宁波方太厨具有限公司	26.13	83	远东控股集团有限公司	16.07
34	北京纺织控股有限责任公司	25.45	84	三河汇福粮油集团有限公司	16.00
35	亨通集团有限公司	25.29	85	山东金茂纺织化工集团有限公司	15.96
36	厦门金龙汽车集团股份有限公司	25.22	86	河南金利金铅集团有限公司	15.89
37	广东温氏食品集团股份有限公司	24.57	87	广州医药集团有限公司	15.84
38	郑州宇通集团有限公司	24.35	88	华泰集团有限公司	15.71
39	山东亨圆铜业有限公司	24.24	89	中国盐业总公司	15.44
40	中兴通讯股份有限公司	22.97	90	正泰集团股份有限公司	15.38
41	博威集团有限公司	22.79	91	富通集团有限公司	15.36
42	天津纺织集团（控股）有限公司	22.61	92	浙江协和集团有限公司	15.22
43	河北诚信有限责任公司	22.07	93	湖北新洋丰肥业股份有限公司	15.17
44	光明食品（集团）有限公司	22.05	94	山东京博控股股份有限公司	15.02
45	晶科能源有限公司	21.95	95	太极集团有限公司	15.00
46	长城汽车股份有限公司	21.46	96	山东大海集团有限公司	14.99
47	广东海大集团股份有限公司	21.23	97	纳爱斯集团有限公司	14.90
48	金猴集团有限公司	21.05	98	天津渤海轻工投资集团有限公司	14.88
49	正邦集团有限公司	20.90	99	万丰奥特控股集团有限公司	14.81
50	宜华企业（集团）有限公司	20.61	100	泰豪集团有限公司	14.72
				中国制造业企业 500 强平均数	-3.61

表9-16　2016中国制造业企业500强净利润增长率排序前100名企业

排名	公司名称	净利润增长率（%）	排名	公司名称	净利润增长率（%）
1	唐山三友集团有限公司	2220.95	51	超威电源有限公司	70.18
2	北汽银翔汽车有限公司	1273.70	52	云南祥丰化肥股份有限公司	67.25
3	太极集团有限公司	995.17	53	武安市文安钢铁有限公司	66.91
4	北大方正集团有限公司	817.80	54	传化集团有限公司	65.11
5	江苏新潮科技集团有限公司	783.99	55	天津食品集团有限公司	64.38
6	升华集团控股有限公司	671.12	56	中科电力装备集团有限公司	61.17
7	山东金诚石化集团有限公司	578.60	57	新疆特变电工集团有限公司	60.99
8	比亚迪股份有限公司	551.27	58	重庆小康控股有限公司	60.33
9	山东汇丰石化集团有限公司	418.24	59	杭州锦江集团有限公司	57.80
10	河南金利金铅集团有限公司	320.12	60	新和成控股集团有限公司	56.87
11	天能电池集团有限公司	293.35	61	石药控股集团有限公司	56.35
12	天津渤海化工集团有限责任公司	271.47	62	山东大海集团有限公司	55.75
13	上海复星高科技（集团）有限公司	236.96	63	新疆金风科技股份有限公司	55.74
14	协鑫（集团）控股有限公司	226.47	64	安徽江淮汽车集团控股有限公司	55.73
15	广西洋浦南华糖业集团股份有限公司	218.36	65	山东亨圆铜业有限公司	54.94
16	河北鑫海化工集团有限公司	203.53	66	舜宇集团有限公司	54.19
17	精工控股集团有限公司	200.21	67	滨化集团公司	53.25
18	石家庄常山纺织集团有限责任公司	196.98	68	宁波方太厨具有限公司	52.49
19	天津市建筑材料集团（控股）有限公司	196.58	69	天津纺织集团（控股）有限公司	50.97
20	永锋集团有限公司	183.81	70	五得利面粉集团有限公司	50.50
21	浙江荣盛控股集团有限公司	174.21	71	山东泰山钢铁集团有限公司	48.70
22	江苏华西集团公司	170.71	72	天津塑力线缆集团有限公司	48.56
23	双良集团有限公司	167.63	73	万丰奥特控股集团有限公司	46.44
24	山东京博控股股份有限公司	149.72	74	铜陵精达铜材（集团）有限责任公司	45.67
25	浙江桐昆控股集团有限公司	131.84	75	创维集团有限公司	45.21
26	广东温氏食品集团股份有限公司	130.77	76	河北养元智汇饮品股份有限公司	44.96
27	维科控股集团股份有限公司	121.96	77	雅戈尔集团股份有限公司	44.96
28	北京建龙重工集团有限公司	121.11	78	广东海大集团股份有限公司	44.85
29	山东黄金集团有限公司	118.88	79	鲁西集团有限公司	44.81
30	泸州老窖集团有限责任公司	116.90	80	人福医药集团股份有限公司	44.72
31	邯郸市正大制管有限公司	115.79	81	广州钢铁企业集团有限公司	43.29
32	中国西电集团公司	115.67	82	上海汽车集团股份有限公司	42.26
33	厦门金龙汽车集团股份有限公司	115.34	83	天津百利机械装备集团有限公司	41.77
34	哈药集团有限公司	113.62	84	广州万宝集团有限公司	39.89
35	亨通集团有限公司	106.50	85	华峰集团有限公司	39.79
36	无锡凌峰材料科技有限公司	105.69	86	万向集团公司	39.71
37	山东晨鸣纸业集团股份有限公司	102.14	87	广西汽车集团有限公司	38.63
38	山东渤海实业股份有限公司	101.25	88	重庆力帆控股有限公司	37.02
39	大亚科技集团有限公司	99.14	89	新希望集团有限公司	34.77
40	合肥晶澳太阳能科技有限公司	97.88	90	上海斐讯数据通信技术有限公司	34.55
41	安徽蓝德集团股份有限公司	96.29	91	中国华录集团有限公司	34.30
42	中国船舶工业集团公司	96.09	92	宝塔石化集团有限公司	34.14
43	河北新金钢铁有限公司	92.96	93	中国航天科技集团公司	32.84
44	山东鲁花集团有限公司	82.48	94	巨化集团公司	32.78
45	亚邦投资控股集团有限公司	80.96	95	华为技术有限公司	32.52
46	广州汽车工业集团有限公司	78.72	96	鲁丽集团有限公司	32.32
47	安徽楚江投资集团有限公司	78.07	97	稻花香集团	32.32
48	三一集团有限公司	77.14	98	陕西东岭工贸集团股份有限公司	32.08
49	山东创新金属科技股份有限公司	75.98	99	精功集团有限公司	31.75
50	铭源控股集团有限公司	71.30	100	蓝思科技股份有限公司	31.09
				中国制造业企业500强平均数	-3.98

表 9-17　2016 中国制造业企业 500 强资产增长率排序前 100 名企业

排名	公司名称	资产增长率（%）	排名	公司名称	资产增长率（%）
1	康美药业股份有限公司	1274.16	51	山东清源集团有限公司	28.51
2	山东大海集团有限公司	219.30	52	香驰控股有限公司	27.95
3	江苏新潮科技集团有限公司	127.95	53	森马集团有限公司	27.81
4	海澜集团有限公司	111.75	54	山西建邦集团有限公司	27.73
5	河北鑫海化工集团有限公司	94.16	55	亨通集团有限公司	27.62
6	石家庄常山纺织集团有限责任公司	84.02	56	洪业化工集团股份有限公司	27.26
7	宁波均胜电子股份有限公司	82.28	57	江苏华宏实业集团有限公司	26.83
8	上海斐讯数据通信技术有限公司	66.38	58	山东京博控股股份有限公司	26.69
9	天洁集团有限公司	62.07	59	无锡产业发展集团有限公司	26.47
10	北京汽车集团有限公司	60.56	60	侨兴集团有限公司	26.25
11	晶科能源有限公司	55.82	61	湖南安石企业（集团）有限公司	25.82
12	北汽银翔汽车有限公司	54.81	62	合肥晶澳太阳能科技有限公司	25.42
13	星星集团有限公司	51.54	63	武汉邮电科学研究院	25.33
14	协鑫（集团）控股有限公司	49.68	64	山东海科化工集团有限公司	24.83
15	人福医药集团股份有限公司	49.19	65	劲牌有限公司	24.81
16	泰豪集团有限公司	46.54	66	山东钢铁集团有限公司	24.75
17	清华控股有限公司	45.47	67	河北养元智汇饮品股份有限公司	24.07
18	山东天信集团有限公司	44.87	68	富丽达集团控股有限公司	23.96
19	浙江大华技术股份有限公司	43.97	69	浙江吉利控股集团有限公司	23.95
20	富海集团有限公司	42.96	70	中国恒天集团有限公司	23.82
21	传化集团有限公司	41.20	71	新华联集团有限公司	23.74
22	巨化集团公司	39.40	72	正邦集团有限公司	23.37
23	江南集团有限公司	39.02	73	上海汽车集团股份有限公司	23.32
24	厦门金龙汽车集团股份有限公司	37.72	74	天津渤海轻工投资集团有限公司	22.88
25	重庆力帆控股有限公司	37.57	75	比亚迪股份有限公司	22.85
26	山东晨鸣纸业集团股份有限公司	37.20	76	河北中捷石化集团有限公司	22.77
27	上海烟草集团有限责任公司	37.11	77	创维集团有限公司	22.41
28	中国化工集团公司	36.92	78	石药控股集团有限公司	22.38
29	宁夏天元锰业有限公司	36.86	79	济宁如意投资有限公司	22.27
30	舜宇集团有限公司	36.66	80	新凤鸣集团股份有限公司	21.92
31	宁波方太厨具有限公司	36.32	81	鲁西集团有限公司	21.78
32	山东胜通集团股份有限公司	35.75	82	中国国际海运集装箱（集团）股份有限公司	21.63
33	天津食品集团有限公司	35.60	83	铭源控股集团有限公司	21.61
34	光明食品（集团）有限公司	35.45	84	天能电池集团有限公司	21.42
35	雅戈尔集团股份有限公司	35.36	85	花园集团有限公司	21.41
36	天津塑力线缆集团有限公司	35.22	86	山东金诚石化集团有限公司	21.35
37	湖北新洋丰肥业股份有限公司	34.41	87	山东亨圆铜业有限公司	21.31
38	安徽楚江投资集团有限公司	33.91	88	中科电力装备集团有限公司	21.19
39	安徽蓝德集团股份有限公司	33.68	89	山东魏桥创业集团有限公司	20.99
40	浙江协和集团有限公司	33.52	90	中国华录集团有限公司	20.98
41	山东科瑞控股集团有限公司	32.70	91	天士力控股集团有限公司	20.81
42	白银有色集团股份有限公司	32.52	92	重庆小康控股有限公司	20.68
43	精功集团有限公司	32.51	93	江西中烟工业有限责任公司	20.40
44	山东创新金属科技股份有限公司	32.46	94	TCL 集团股份有限公司	20.33
45	江苏扬子江船业集团公司	30.73	95	广州万宝集团有限公司	20.17
46	华仪集团有限公司	30.08	96	卧龙控股集团有限公司	20.14
47	中国贵州茅台酒厂（集团）有限责任公司	29.77	97	华为技术有限公司	20.14
48	卫华集团有限公司	29.74	98	广西中烟工业有限责任公司	20.13
49	中国四联仪器仪表集团有限公司	29.30	99	中国航天科工集团公司	19.98
50	北大方正集团有限公司	29.24	100	宜华企业（集团）有限公司	19.63
				中国制造业企业 500 强平均数	10.22

表 9-18　2016 中国制造业企业 500 强研发费增长率前 100 名企业

排名	公司名称	研发费增长率（%）	排名	公司名称	研发费增长率（%）
1	合肥晶澳太阳能科技有限公司	27408.40	51	宁波方太厨具有限公司	36.34
2	武安市文安钢铁有限公司	3233.33	52	山东大王集团有限公司	36.31
3	大连机床集团有限责任公司	864.14	53	贵州中烟工业有限责任公司	36.05
4	凌源钢铁集团有限责任公司	446.39	54	中兴通讯股份有限公司	35.43
5	龙大食品集团有限公司	423.91	55	广州汽车工业集团有限公司	35.36
6	紫金矿业集团股份有限公司	272.49	56	云南祥丰化肥股份有限公司	34.17
7	山东金茂纺织化工集团有限公司	258.97	57	鲁丽集团有限公司	34.15
8	山东淄博傅山企业集团有限公司	187.32	58	晶龙实业集团有限公司	34.08
9	山东大海集团有限公司	182.35	59	安徽天康（集团）股份有限公司	33.36
10	江阴澄星实业集团有限公司	179.35	60	杉杉控股有限公司	32.92
11	河北普阳钢铁有限公司	137.53	61	浙江中财管道科技股份有限公司	32.52
12	湖南金龙国际铜业有限公司	122.25	62	浙江大东南集团有限公司	31.70
13	华鲁控股集团有限公司	117.63	63	香驰控股有限公司	31.12
14	老凤祥股份有限公司	105.39	64	江铃汽车集团公司	30.82
15	中国化工集团公司	96.49	65	江南集团有限公司	30.64
16	江西博能实业集团有限公司	87.36	66	山东京博控股股份有限公司	30.43
17	星星集团有限公司	85.67	67	天洁集团有限公司	30.20
18	江西济民可信集团有限公司	78.06	68	新华联集团有限公司	29.83
19	辛集市澳森钢铁有限公司	77.00	69	博威集团有限公司	29.68
20	新疆中泰（集团）有限责任公司	65.46	70	东风汽车公司	29.21
21	厦门金龙汽车集团股份有限公司	65.02	71	广州万宝集团有限公司	29.02
22	宜昌兴发集团有限责任公司	60.72	72	吉林亚泰（集团）股份有限公司	28.92
23	广州钢铁企业集团有限公司	60.05	73	江苏悦达集团有限公司	28.76
24	宝塔石化集团有限公司	57.69	74	广东温氏食品集团股份有限公司	28.49
25	山东海科化工集团有限公司	57.39	75	青岛九联集团股份有限公司	28.43
26	杭州锦江集团有限公司	55.03	76	蓝思科技股份有限公司	27.60
27	清华控股有限公司	54.93	77	山东天信集团有限公司	27.15
28	无锡产业发展集团有限公司	53.19	78	山东太阳控股集团有限公司	27.12
29	上海斐讯数据通信技术有限公司	51.45	79	研祥高科技控股集团有限公司	26.69
30	四川省川威集团有限公司	50.55	80	山东寿光鲁清石化有限公司	26.65
31	安徽蓝德集团股份有限公司	49.32	81	天津市建筑材料集团（控股）有限公司	25.75
32	江苏华西集团公司	46.09	82	天能电池集团有限公司	25.41
33	华为技术有限公司	45.93	83	天津友发钢管集团股份有限公司	25.13
34	山东清源集团有限公司	45.72	84	万向集团公司	25.02
35	邯郸市正大制管有限公司	45.72	85	海澜集团有限公司	25.00
36	北京建龙重工集团有限公司	44.95	86	浙江中烟工业有限责任公司	24.94
37	攀枝花钢城集团有限公司	43.77	87	劲牌有限公司	24.59
38	华立集团股份有限公司	42.63	88	湖北新洋丰肥业股份有限公司	24.55
39	兰溪自立铜业有限公司	41.59	89	隆鑫控股有限公司	24.25
40	巨化集团公司	40.23	90	江苏隆力奇集团有限公司	23.45
41	河北白沙烟草有限责任公司	39.78	91	陕西有色金属控股集团有限责任公司	23.17
42	中国铝业公司	39.33	92	武汉邮电科学研究院	22.92
43	浙江吉利控股集团有限公司	39.12	93	亨通集团有限公司	22.72
44	宜华企业（集团）有限公司	38.33	94	舜宇集团有限公司	22.67
45	广西汽车集团有限公司	38.14	95	TCL 集团股份有限公司	22.65
46	广西中烟工业有限责任公司	37.23	96	京东方科技集团股份有限公司	22.48
47	晶科能源有限公司	37.07	97	重庆小康控股有限公司	22.41
48	北京汽车集团有限公司	36.78	98	浙江大华技术股份有限公司	22.37
49	江西萍钢实业股份有限公司	36.57	99	中国电子科技集团公司	22.08
50	新疆金风科技股份有限公司	36.54	100	泸州老窖集团有限责任公司	22.07
				中国制造业企业 500 强平均数	8.30

表9-19 2016中国制造业企业500强行业平均净利润

排名	公司名称	平均净利润（万元）	排名	公司名称	平均净利润（万元）
1	航空航天及国防军工业	816822.20	22	一般有色冶金及压延加工业	127477.00
2	通讯器材及设备、元器件制造业	737449.67	23	橡胶制品业	120745.00
3	轨道交通设备及零部件制造业	575442.00	24	造纸及纸制品加工业	109770.00
4	烟草加工业	482659.73	25	农副食品及农产品加工业	100270.31
5	乳制品加工业	463179.00	26	电力、电气等设备、机械、元器件及光伏、电池、线缆制造业	92126.50
6	船舶工业	457826.67			
7	汽车及零配件制造业	398347.35	27	食品加工制造业	77920.89
8	家用电器及零配件制造业	363986.50	28	建筑材料及玻璃等制造业	75763.55
9	酿酒制造业	359542.50	29	化学原料及化学制品制造业	74956.68
10	饮料加工业	260722.00	30	农林机械、设备及零配件制造业	71257.00
11	计算机及零部件制造业	226562.00	31	化学纤维制造业	58831.67
12	电子元器件与仪器仪表、自动化控制设备制造业	195210.22	32	黄金冶炼及压延加工业	58341.67
			33	工程机械、设备及零配件制造业	58152.43
13	生活用品（含文体、玩具、工艺品、珠宝）等轻工产品加工制造业	195173.33	34	塑料制品业	56590.50
			35	动力、电力生产等装备、设备制造业	55987.40
14	肉食品加工业	193163.00	36	摩托车及零配件制造业	50556.67
15	石化产品、炼焦及其他燃料生产加工业	168864.24	37	黑色冶金及压延加工业	46101.02
16	办公、影像等电子设备、元器件制造业	160890.00	38	工业机械、设备及零配件制造业	43622.25
17	纺织品、服装、鞋帽、服饰加工业	152579.50	39	木材、藤、竹、家具等加工及木制品、纸制品等印刷、包装业	42512.00
18	医药、医疗设备制造业	150783.06			
19	综合制造业（以制造业为主，含有服务业）	147531.71	40	金属制品、加工工具、工业辅助产品加工制造业	26269.17
20	电梯及运输、仓储设备与设施制造业	134967.00			
21	纺织、印染业	133940.77			

表9-20 2016中国制造业企业500强行业平均营业收入

排名	公司名称	平均营业收入（万元）	排名	公司名称	平均营业收入（万元）
1	航空航天及国防军工业	31468807.60	22	综合制造业（以制造业为主，含有服务业）	4116229.59
2	轨道交通设备及零部件制造业	24373283.00	23	电梯及运输、仓储设备与设施制造业	4114503.50
3	船舶工业	14791192.33	24	食品加工制造业	3413023.10
4	计算机及零部件制造业	12737503.50	25	农副食品及农产品加工业	3213611.25
5	通讯器材及设备、元器件制造业	11146367.50	26	医药、医疗设备制造业	3080436.22
6	汽车及零配件制造业	11059118.28	27	工程机械、设备及零配件制造业	3077275.33
7	石化产品、炼焦及其他燃料生产加工业	10433604.61	28	酿酒制造业	3074823.86
8	黄金冶炼及压延加工业	7468189.25	29	化学原料及化学制品制造业	2994688.98
9	一般有色冶金及压延加工业	6634217.59	30	摩托车及零配件制造业	2963269.33
10	家用电器及零配件制造业	6279443.00	31	橡胶制品业	2910548.67
11	乳制品加工业	6035987.00	32	电力、电气等设备、机械、元器件及光伏、电池、线缆制造业	2833198.17
12	肉食品加工业	5422356.33			
13	动力、电力生产等装备、设备制造业	5390069.50	33	纺织品、服装、鞋帽、服饰加工业	2765845.92
14	电子元器件与仪器仪表、自动化控制设备制造业	5331817.11	34	饮料加工业	2168070.20
			35	农林机械、设备及零配件制造业	2116612.50
15	生活用品（含文体、玩具、工艺品、珠宝）等轻工产品加工制造业	5307013.67	36	工业机械、设备及零配件制造业	1746752.45
16	化学纤维制造业	5238706.08	37	木材、藤、竹、家具等加工及木制品、纸制品等印刷、包装业	1733218.00
17	烟草加工业	5026575.83	38	金属制品、加工工具、工业辅助产品加工制造业	1504847.81
18	纺织、印染业	4956961.92			
19	黑色冶金及压延加工业	4949253.99	39	办公、影像等电子设备、元器件制造业	1499193.00
20	造纸及纸制品加工业	4746612.00	40	塑料制品业	1160540.67
21	建筑材料及玻璃等制造业	4137477.27			

表 9-21 2016 中国制造业企业 500 强行业平均资产

排名	公司名称	平均资产（万元）	排名	公司名称	平均资产（万元）
1	航空航天及国防军工业	45165425.60	23	食品加工制造业	4030828.80
2	轨道交通设备及零部件制造业	32810214.00	24	乳制品加工业	3963097.00
3	船舶工业	26304801.00	25	肉食品加工业	3866304.00
4	计算机及零部件制造业	21565577.50	26	生活用品（含文体、玩具、工艺品、珠宝）等轻工产品加工制造业	3670779.00
5	通讯器材及设备、元器件制造业	10888861.33			
6	石化产品、炼焦及其他燃料生产加工业	10795509.17	27	化学原料及化学制品制造业	3432927.62
7	汽车及零配件制造业	9878007.21	28	化学纤维制造业	2997177.75
8	动力、电力生产等装备、设备制造业	8259748.33	29	纺织、印染业	2921510.31
9	黄金冶炼及压延加工业	7583447.25	30	木材、藤、竹、家具等加工及木制品、纸制品等印刷、包装业	2601799.50
10	建筑材料及玻璃等制造业	7385266.00			
11	电子元器件与仪器仪表、自动化控制设备制造业	7156107.67	31	纺织品、服装、鞋帽、服饰加工业	2564669.15
			32	工业机械、设备及零配件制造业	2450476.91
12	电梯及运输、仓储设备与设施制造业	7087572.00	33	橡胶制品业	2014724.00
13	家用电器及零配件制造业	6712866.07	34	电力、电气等设备、机械、元器件及光伏、电池、线缆制造业	2007160.90
14	综合制造业（以制造业为主，含有服务业）	6190869.71			
15	黑色冶金及压延加工业	6085463.55	35	农副食品及农产品加工业	1934309.75
16	酿酒制造业	5873772.43	36	饮料加工业	1597097.60
17	一般有色冶金及压延加工业	5353797.97	37	办公、影像等电子设备、元器件制造业	1455621.00
18	烟草加工业	5031004.42	38	金属制品、加工工具、工业辅助产品加工制造业	1256320.38
19	医药、医疗设备制造业	4871597.17			
20	造纸及纸制品加工业	4408192.00	39	农林机械、设备及零配件制造业	780015.50
21	工程机械、设备及零配件制造业	4282177.44	40	塑料制品业	627767.00
22	摩托车及零配件制造业	4084781.67			

表 9-22　2016 中国制造业企业 500 强行业平均纳税总额

排名	公司名称	平均纳税总额（万元）	排名	公司名称	平均纳税总额（万元）
1	烟草加工业	3179123.08	22	医药、医疗设备制造业	138753.72
2	石化产品、炼焦及其他燃料生产加工业	1608621.87	23	黑色冶金及压延加工业	128999.82
3	轨道交通设备及零部件制造业	1545399.00	24	纺织、印染业	117156.38
4	航空航天及国防军工业	1434631.60	25	一般有色冶金及压延加工业	106873.97
5	汽车及零配件制造业	1077888.72	26	纺织品、服装、鞋帽、服饰加工业	103912.54
6	酿酒制造业	531019.57	27	橡胶制品业	99353.67
7	饮料加工业	499369.80	28	化学原料及化学制品制造业	97610.69
8	家用电器及零配件制造业	422274.87	29	化学纤维制造业	96876.58
9	计算机及零部件制造业	403240.00	30	电力、电气等设备、机械、元器件及光伏、电池、线缆制造业	88305.27
10	通讯器材及设备、元器件制造业	390161.33			
11	船舶工业	387652.67	31	肉食品加工业	87527.00
12	乳制品加工业	350388.00	32	木材、藤、竹、家具等加工及木制品、纸制品等印刷、包装业	83879.50
13	建筑材料及玻璃等制造业	264506.60			
14	黄金冶炼及压延加工业	217062.75	33	工业机械、设备及零配件制造业	65196.09
15	造纸及纸制品加工业	189146.57	34	办公、影像等电子设备、元器件制造业	61766.80
16	生活用品（含文体、玩具、工艺品、珠宝）等轻工产品加工制造业	184111.33	35	农副食品及农产品加工业	61151.56
			36	工程机械、设备及零配件制造业	60533.44
17	电子元器件与仪器仪表、自动化控制设备制造业	179737.22	37	摩托车及零配件制造业	59350.67
18	综合制造业（以制造业为主，含有服务业）	165336.29	38	金属制品、加工工具、工业辅助产品加工制造业	28871.88
19	食品加工制造业	164391.70	39	农林机械、设备及零配件制造业	23882.50
20	动力、电力生产等装备、设备制造业	157654.40	40	塑料制品业	18999.33
21	电梯及运输、仓储设备与设施制造业	155744.50			

表 9-23 2016 中国制造业企业 500 强行业平均研发费用

排名	公司名称	平均研发费用（万元）	排名	公司名称	平均研发费用（万元）
1	航空航天及国防军工业	1563925.20	22	电力、电气等设备、机械、元器件及光伏、电池、线缆制造业	54831.87
2	通讯器材及设备、元器件制造业	1263037.00			
3	轨道交通设备及零部件制造业	1004404.00	23	综合制造业（以制造业为主，含有服务业）	50366.33
4	船舶工业	546223.67	24	酿酒制造业	49367.00
5	计算机及零部件制造业	318325.00	25	医药、医疗设备制造业	44053.61
6	汽车及零配件制造业	251171.38	26	化学原料及化学制品制造业	43770.80
7	家用电器及零配件制造业	218688.40	27	肉食品加工业	43635.00
8	电子元器件与仪器仪表、自动化控制设备制造业	169836.67	28	电梯及运输、仓储设备与设施制造业	42939.00
			29	木材、藤、竹、家具等加工及木制品、纸制品等印刷、包装业	37366.50
9	动力、电力生产等装备、设备制造业	151434.50			
10	纺织、印染业	115250.62	30	农林机械、设备及零配件制造业	36790.00
11	工程机械、设备及零配件制造业	103031.44	31	农副食品及农产品加工业	35792.62
12	生活用品（含文体、玩具、工艺品、珠宝）等轻工产品加工制造业	80241.67	32	工业机械、设备及零配件制造业	34095.73
			33	食品加工制造业	28830.33
13	橡胶制品业	76438.00	34	黄金冶炼及压延加工业	28506.00
14	建筑材料及玻璃等制造业	71387.71	35	纺织品、服装、鞋帽、服饰加工业	27798.62
15	石化产品、炼焦及其他燃料生产加工业	70047.00	36	塑料制品业	27546.67
16	一般有色冶金及压延加工业	66987.39	37	饮料加工业	25811.80
17	黑色冶金及压延加工业	65392.71	38	金属制品、加工工具、工业辅助产品加工制造业	21477.40
18	办公、影像等电子设备、元器件制造业	65167.40			
19	摩托车及零配件制造业	60216.33	39	烟草加工业	13013.25
20	造纸及纸制品加工业	58255.86	40	乳制品加工业	8026.00
21	化学纤维制造业	55713.83			

表 9-24　2016 中国制造业企业 500 强行业人均净利润

排名	公司名称	人均净利润（万元）	排名	公司名称	人均净利润（万元）
1	烟草加工业	60.81	22	肉食品加工业	4.95
2	塑料制品业	31.28	23	农林机械、设备及零配件制造业	4.92
3	饮料加工业	19.94	24	电子元器件与仪器仪表、自动化控制设备制造业	4.90
4	一般有色冶金及压延加工业	14.13			
5	酿酒制造业	13.21	25	工程机械、设备及零配件制造业	4.45
6	通讯器材及设备、元器件制造业	12.67	26	化学纤维制造业	4.31
7	汽车及零配件制造业	9.73	27	计算机及零部件制造业	4.13
8	橡胶制品业	9.58	28	金属制品、加工工具、工业辅助产品加工制造业	3.92
9	家用电器及零配件制造业	9.43			
10	造纸及纸制品加工业	9.38	29	电梯及运输、仓储设备与设施制造业	3.77
11	医药、医疗设备制造业	8.73	30	石化产品、炼焦及其他燃料生产加工业	3.73
12	生活用品（含文体、玩具、工艺品、珠宝）等轻工产品加工制造业	8.49	31	食品加工制造业	3.51
			32	黑色冶金及压延加工业	3.42
13	乳制品加工业	7.99	33	建筑材料及玻璃等制造业	3.35
14	电力、电气等设备、机械、元器件及光伏、电池、线缆制造业	7.54	34	摩托车及零配件制造业	3.28
			35	轨道交通设备及零部件制造业	3.04
15	纺织品、服装、鞋帽、服饰加工业	7.52	36	航空航天及国防军工业	2.97
16	纺织、印染业	6.98	37	工业机械、设备及零配件制造业	2.87
17	化学原料及化学制品制造业	6.96	38	黄金冶炼及压延加工业	2.69
18	办公、影像等电子设备、元器件制造业	6.48	39	动力、电力生产等装备、设备制造业	2.39
19	船舶工业	5.40	40	木材、藤、竹、家具等加工及木制品、纸制品等印刷、包装业	1.83
20	农副食品及农产品加工业	5.01			
21	综合制造业（以制造业为主，含有服务业）	4.97			

表9-25 2016中国制造业企业500强行业人均营业收入

排名	公司名称	人均营业收入（万元）	排名	公司名称	人均营业收入（万元）
1	烟草加工业	656.75	21	船舶工业	174.53
2	塑料制品业	419.17	22	动力、电力生产等装备、设备制造业	166.72
3	造纸及纸制品加工业	401.64	23	饮料加工业	165.79
4	化学纤维制造业	383.73	24	家用电器及零配件制造业	165.35
5	一般有色冶金及压延加工业	365.50	25	农副食品及农产品加工业	160.46
6	汽车及零配件制造业	279.98	26	食品加工制造业	148.83
7	纺织、印染业	258.22	27	农林机械、设备及零配件制造业	146.04
8	黄金冶炼及压延加工业	257.71	28	肉食品加工业	139.01
9	石化产品、炼焦及其他燃料生产加工业	248.97	29	综合制造业（以制造业为主，含有服务业）	138.79
10	工程机械、设备及零配件制造业	246.14	30	纺织品、服装、鞋帽、服饰加工业	137.66
11	金属制品、加工工具、工业辅助产品加工制造业	234.03	31	电子元器件与仪器仪表、自动化控制设备制造业	133.83
12	计算机及零部件制造业	232.40	32	建筑材料及玻璃等制造业	131.11
13	电力、电气等设备、机械、元器件及光伏、电池、线缆制造业	232.12	33	工业机械、设备及零配件制造业	129.47
14	橡胶制品业	230.97	34	轨道交通设备及零部件制造业	128.69
15	生活用品（含文体、玩具、工艺品、珠宝）等轻工产品加工制造业	230.83	35	酿酒制造业	127.23
16	化学原料及化学制品制造业	225.98	36	电梯及运输、仓储设备与设施制造业	114.86
17	黑色冶金及压延加工业	202.19	37	航空航天及国防军工业	114.61
18	摩托车及零配件制造业	192.47	38	乳制品加工业	104.12
19	通讯器材及设备、元器件制造业	191.53	39	木材、藤、竹、家具等加工及木制品、纸制品等印刷、包装业	74.50
20	医药、医疗设备制造业	175.55	40	办公、影像等电子设备、元器件制造业	70.16

表 9-26　2016 中国制造业企业 500 强行业人均资产

排名	公司名称	人均资产（万元）
1	烟草加工业	657.33
2	计算机及零部件制造业	393.47
3	造纸及纸制品加工业	369.93
4	工程机械、设备及零配件制造业	342.52
5	船舶工业	310.39
6	一般有色冶金及压延加工业	294.96
7	医药、医疗设备制造业	279.21
8	摩托车及零配件制造业	265.31
9	黄金冶炼及压延加工业	261.69
10	化学原料及化学制品制造业	259.05
11	石化产品、炼焦及其他燃料生产加工业	257.61
12	动力、电力生产等装备、设备制造业	255.48
13	汽车及零配件制造业	250.08
14	黑色冶金及压延加工业	248.61
15	酿酒制造业	243.05
16	建筑材料及玻璃等制造业	234.03
17	塑料制品业	226.74
18	化学纤维制造业	219.54
19	综合制造业（以制造业为主，含有服务业）	201.86
20	电梯及运输、仓储设备与设施制造业	197.86
21	金属制品、加工工具、工业辅助产品加工制造业	195.38
22	通讯器材及设备、元器件制造业	187.11
23	工业机械、设备及零配件制造业	181.64
24	电子元器件与仪器仪表、自动化控制设备制造业	179.62
25	家用电器及零配件制造业	176.76
26	食品加工制造业	175.76
27	轨道交通设备及零部件制造业	173.24
28	航空航天及国防军工业	164.49
29	电力、电气等设备、机械、元器件及光伏、电池、线缆制造业	164.44
30	橡胶制品业	159.88
31	生活用品（含文体、玩具、工艺品、珠宝）等轻工产品加工制造业	159.66
32	纺织、印染业	152.19
33	纺织品、服装、鞋帽、服饰加工业	127.65
34	饮料加工业	122.12
35	木材、藤、竹、家具等加工及木制品、纸制品等印刷、包装业	111.83
36	肉食品加工业	99.12
37	农副食品及农产品加工业	96.58
38	乳制品加工业	68.36
39	办公、影像等电子设备、元器件制造业	68.12
40	农林机械、设备及零配件制造业	53.82

表9-27 2016中国制造业企业500强行业人均纳税总额

排名	公司名称	人均纳税总额（万元）	排名	公司名称	人均纳税总额（万元）
1	烟草加工业	415.37	22	纺织、印染业	6.10
2	石化产品、炼焦及其他燃料生产加工业	38.39	23	乳制品加工业	6.04
3	饮料加工业	38.19	24	综合制造业（以制造业为主，含有服务业）	5.39
4	汽车及零配件制造业	27.29	25	动力、电力生产等装备、设备制造业	5.29
5	酿酒制造业	21.97	26	黑色冶金及压延加工业	5.27
6	造纸及纸制品加工业	16.47	27	航空航天及国防军工业	5.22
7	家用电器及零配件制造业	11.12	28	纺织品、服装、鞋帽、服饰加工业	5.17
8	计算机及零部件制造业	8.39	29	工程机械、设备及零配件制造业	4.84
9	建筑材料及玻璃等制造业	8.38	30	工业机械、设备及零配件制造业	4.83
10	轨道交通设备及零部件制造业	8.16	31	船舶工业	4.57
11	生活用品（含文体、玩具、工艺品、珠宝）等轻工产品加工制造业	8.01	32	电子元器件与仪器仪表、自动化控制设备制造业	4.51
12	医药、医疗设备制造业	7.95	33	金属制品、加工工具、工业辅助产品加工制造业	4.49
13	橡胶制品业	7.88			
14	黄金冶炼及压延加工业	7.49	34	电梯及运输、仓储设备与设施制造业	4.35
15	化学原料及化学制品制造业	7.37	35	摩托车及零配件制造业	3.85
16	电力、电气等设备、机械、元器件及光伏、电池、线缆制造业	7.23	36	木材、藤、竹、家具等加工及木制品、纸制品等印刷、包装业	3.61
17	食品加工制造业	7.17	37	农副食品及农产品加工业	3.05
18	化学纤维制造业	7.10	38	办公、影像等电子设备、元器件制造业	2.89
19	塑料制品业	6.86	39	肉食品加工业	2.24
20	通讯器材及设备、元器件制造业	6.70	40	农林机械、设备及零配件制造业	1.65
21	一般有色冶金及压延加工业	6.19			

表 9-28 2016 中国制造业企业 500 强行业人均研发费用

排名	公司名称	人均研发费用（万元）	排名	公司名称	人均研发费用（万元）
1	通讯器材及设备、元器件制造业	21.70	21	化学原料及化学制品制造业	3.21
2	塑料制品业	9.95	22	金属制品、加工工具、工业辅助产品加工制造业	3.14
3	工程机械、设备及零配件制造业	8.24			
4	肉食品加工业	7.26	23	办公、影像等电子设备、元器件制造业	3.05
5	计算机及零部件制造业	6.62	24	农林机械、设备及零配件制造业	2.54
6	船舶工业	6.45	25	工业机械、设备及零配件制造业	2.53
7	汽车及零配件制造业	6.36	26	医药、医疗设备制造业	2.52
8	橡胶制品业	6.07	27	黑色冶金及压延加工业	2.49
9	纺织、印染业	6.00	28	建筑材料及玻璃等制造业	2.16
10	家用电器及零配件制造业	5.76	29	酿酒制造业	2.04
11	航空航天及国防军工业	5.70	30	饮料加工业	1.97
12	轨道交通设备及零部件制造业	5.30	31	农副食品及农产品加工业	1.79
13	造纸及纸制品加工业	5.12	32	烟草加工业	1.70
14	动力、电力生产等装备、设备制造业	4.68	33	综合制造业（以制造业为主，含有服务业）	1.64
15	电力、电气等设备、机械、元器件及光伏、电池、线缆制造业	4.49	34	木材、藤、竹、家具等加工及木制品、纸制品等印刷、包装业	1.61
16	电子元器件与仪器仪表、自动化控制设备制造业	4.26	35	石化产品、炼焦及其他燃料生产加工业	1.53
			36	纺织品、服装、鞋帽、服饰加工业	1.38
17	化学纤维制造业	4.08	37	食品加工制造业	1.23
18	摩托车及零配件制造业	3.91	38	电梯及运输、仓储设备与设施制造业	1.20
19	一般有色冶金及压延加工业	3.59	39	黄金冶炼及压延加工业	0.98
20	生活用品（含文体、玩具、工艺品、珠宝）等轻工产品加工制造业	3.49	40	乳制品加工业	0.14

表 9-29 2016 中国制造业企业 500 强行业平均资产利润率

排名	公司名称	平均资产利润率（%）	排名	公司名称	平均资产利润率（%）
1	饮料加工业	16.32	21	化学纤维制造业	1.96
2	乳制品加工业	11.69	22	电梯及运输、仓储设备与设施制造业	1.90
3	办公、影像等电子设备、元器件制造业	10.30	23	航空航天及国防军工业	1.81
4	农林机械、设备及零配件制造业	9.14	24	轨道交通设备及零部件制造业	1.75
5	烟草加工业	8.92	25	船舶工业	1.74
6	塑料制品业	8.00	26	食品加工制造业	1.67
7	通讯器材及设备、元器件制造业	6.77	27	化学原料及化学制品制造业	1.66
8	橡胶制品业	5.99	28	木材、藤、竹、家具等加工及木制品、纸制品等印刷、包装业	1.63
9	酿酒制造业	5.52			
10	生活用品（含文体、玩具、工艺品、珠宝）等轻工产品加工制造业	5.32	29	金属制品、加工工具、工业辅助产品加工制造业	1.56
11	纺织品、服装、鞋帽、服饰加工业	5.25	30	石化产品、炼焦及其他燃料生产加工业	1.42
12	农副食品及农产品加工业	5.18	31	摩托车及零配件制造业	1.24
13	家用电器及零配件制造业	5.05	32	工业机械、设备及零配件制造业	1.12
14	肉食品加工业	5.00	33	综合制造业（以制造业为主，含有服务业）	1.07
15	纺织、印染业	4.58	34	计算机及零部件制造业	1.05
16	电力、电气等设备、机械、元器件及光伏、电池、线缆制造业	4.26	35	工程机械、设备及零配件制造业	0.83
			36	建筑材料及玻璃等制造业	0.56
17	汽车及零配件制造业	3.58	37	动力、电力生产等装备、设备制造业	0.53
18	医药、医疗设备制造业	3.17	38	黄金冶炼及压延加工业	0.52
19	电子元器件与仪器仪表、自动化控制设备制造业	2.73	39	一般有色冶金及压延加工业	0.15
			40	黑色冶金及压延加工业	-1.30
20	造纸及纸制品加工业	2.49			

第十章
2016中国服务业企业500强数据

表 10-1　2016 中国服务业企业 500 强

名次	企业名称	地区	营业收入（万元）	净利润（万元）	资产（万元）	所有者权益（万元）	从业人数
1	国家电网公司	北京	207134945	6411002	310744265	134641533	975855
2	中国工商银行股份有限公司	北京	107983800	27713100	2220978000	178947400	466346
3	中国建设银行股份有限公司	北京	92587800	22814500	1834948900	143402000	369183
4	中国农业银行股份有限公司	北京	83376600	18058200	1779139300	121009100	503082
5	中国银行股份有限公司	北京	76922200	17084500	1681559700	130494600	310042
6	中国平安保险（集团）股份有限公司	广东	69322000	5420300	476515900	33424800	275011
7	中国移动通信集团公司	北京	67092753	6375034	163062995	87255220	436651
8	中国人寿保险（集团）公司	北京	63644438	2620818	302797957	12637863	157232
9	国家开发银行股份有限公司	北京	59532274	10207656	1261967489	106432436	9741
10	华润（集团）有限公司	广东	48122063	1564330	99451931	15462720	447348
11	中国南方电网有限责任公司	广东	46942579	1396683	64001010	24210157	299259
12	中国邮政集团公司	北京	43762571	2635851	751555819	27942919	914611
13	中国人民保险集团股份有限公司	北京	40601100	1954200	84646800	11610100	659980
14	中粮集团有限公司	北京	40544184	166822	45897751	5575748	121767
15	天津物产集团有限公司	天津	40366194	100697	22849136	2371085	17860
16	中国电信集团公司	北京	38834967	1078171	77269810	37598908	417101
17	中国中化集团公司	北京	38116100	-34637	35464151	6221624	53601
18	交通银行股份有限公司	上海	35798543	6652774	715536158	53488522	91468
19	中国中信集团有限公司	北京	35153783	2365121	574313011	26854554	194795
20	苏宁控股集团有限公司	江苏	35028812	65548	19826621	3097961	
21	招商银行股份有限公司	广东	30384300	5801800	547497800	36080600	76192
22	兴业银行股份有限公司	福建	29188800	5020700	529888000	31364800	52016
23	大连万达集团股份有限公司	辽宁	29016000	1527884	90335724	11113047	128518
24	中国医药集团总公司	北京	27855600	278655	22828598	3741365	102147
25	中国联合网络通信集团有限公司	北京	27833943	482202	66079101	16408916	277590
26	中国民生银行股份有限公司	北京	26744100	4611100	452068800	30121800	59510
27	上海浦东发展银行股份有限公司	上海	26413400	5060400	504435200	31517000	48427
28	中国华信能源有限公司	上海	26315060	379051	9221586	2250871	23055
29	中国太平洋保险（集团）股份有限公司	上海	24720200	1772800	92384300	13333600	91761
30	中国远洋海运集团有限公司	上海	22426441	861289	59347360	18333648	125759
31	中国机械工业集团有限公司	北京	22079734	481841	26143149	5774237	120602
32	绿地控股集团股份有限公司	上海	20725659	688643	60043607	5307575	25621
33	中国光大集团股份有限公司	北京	20676600	1328700	348691600	9900100	59500
34	大商集团有限公司	辽宁	20043933	34707	2647073	183557	205930

名次	企业名称	地区	营业收入（万元）	净利润（万元）	资产（万元）	所有者权益（万元）	从业人数
35	海航集团有限公司	海南	18578021	147637	61909572	2837711	175600
36	万科企业股份有限公司	广东	18431705	1811941	61129557	10018352	42295
37	物产中大集团股份有限公司	浙江	18257322	138453	7296928	1879479	18218
38	北京京东世纪贸易有限公司	北京	18128696	-937802	8516617	3054062	105693
39	中国通用技术（集团）控股有限责任公司	北京	17387349	328355	13942222	3422521	39829
40	中国保利集团公司	北京	16763849	527612	59387490	4890467	70437
41	新华人寿保险股份有限公司	北京	15845300	860100	66056000	5783500	52474
42	国美电器有限公司	北京	15368559	173063	5423574	1871057	56007
43	中国航空油料集团公司	北京	13889299	210099	3165477	1360887	11213
44	恒大地产集团有限公司	广东	13313000	1554800	75703500	12674300	83372
45	泰康人寿保险股份有限公司	北京	13231325	1059642	56988311	3728460	48666
46	厦门建发集团有限公司	福建	13056886	152325	12089844	2507926	17448
47	百联集团有限公司	上海	11983899	-41308	8907378	1911015	72521
48	上海东浩兰生国际服务贸易（集团）有限公司	上海	11894329	86331	3067601	984231	5000
49	中国南方航空集团公司	广东	11220561	259136	19474054	2424112	102924
50	中国航空集团公司	北京	11111975	382648	22543387	4214461	88178
51	中国太平保险集团有限责任公司	北京	11109118	280031	41210212	2558566	53682
52	三胞集团有限公司	江苏	10806963	170599	10209869	2273531	98700
53	华夏银行股份有限公司	北京	10514829	1888267	202060434	11767826	34020
54	新疆广汇实业投资（集团）有限责任公司	新疆维吾尔自治区	10503738	105560	16494133	2659700	68280
55	国家开发投资公司	北京	10423958	414326	49552967	7098739	74058
56	腾讯控股有限公司	广东	10286300	2910800	15144000	12003500	30641
57	厦门国贸控股有限公司	福建	10261615	29919	6482291	312108	18194
58	太平人寿保险有限公司	上海	10224880	552800	33008946	2998828	23582
59	阿里巴巴集团控股有限公司	浙江	10114300	7146000	36445000	21698700	34985
60	中国东方航空集团公司	上海	9706848	312810	21482117	2178909	83846
61	武汉商联（集团）股份有限公司	湖北	9132400	15585	3012344	616292	55069
62	山东省商业集团有限公司	山东	9070000	4478	8544415	608937	53017
63	北京银行	北京	8787567	1683918	184490855	11655100	13776
64	山西煤炭进出口集团有限公司	山西	8524164	-38059	8335518	544519	15558
65	广西投资集团有限公司	广西壮族自治区	8516053	305185	24228212	1895343	21921
66	浙江省兴合集团有限责任公司	浙江	8019763	26120	3821602	349359	17823

名次	企业名称	地区	营业收入（万元）	净利润（万元）	资产（万元）	所有者权益（万元）	从业人数
67	晋能集团有限公司	山西	7702583	-48620	23387577	3998497	99732
68	中国华融资产管理股份有限公司	北京	7538576	1448205	86654641	9811735	9224
69	西安迈科金属国际集团有限公司	陕西	7100414	9449	1865060	406427	320
70	北京控股集团有限公司	北京	7043436	83945	21169615	2779177	77014
71	浙江省能源集团有限公司	浙江	6795234	809073	17955286	6436291	22455
72	上海均和集团有限公司	上海	6638356	7254	1228573	215199	1250
73	腾邦集团有限公司	广东	6594827	36015	1125871	134838	8656
74	厦门象屿集团有限公司	福建	6561081	38033	4834137	802979	7000
75	广东省广新控股集团有限公司	广东	6425364	21599	4510973	380415	24439
76	百度网络技术有限公司	北京	6403700	3366417	14785331	8025566	41467
77	阳光保险集团股份有限公司	北京	6394797	318176	19216872	3730204	174321
78	广东省广物控股集团有限公司	广东	6358918	36208	3650185	755892	10770
79	浪潮集团有限公司	山东	6320086	162118	2169882	747055	23864
80	中国诚通控股集团有限公司	北京	6190744	83151	7141172	1620851	24194
81	北京能源集团有限责任公司	北京	5976457	354474	23390151	6773750	39803
82	银亿集团有限公司	浙江	5883621	119748	6484702	921829	9686
83	庞大汽贸集团股份有限公司	河北	5637498	23576	6339930	1241141	28093
84	远大物产集团有限公司	浙江	5536429	59742	800974	147815	711
85	河北省物流产业集团有限公司	河北	5501006	10892	1422590	242393	1810
86	中国国际技术智力合作公司	北京	5372952	25192	757393	264055	3888
87	天津泰达投资控股有限公司	天津	5229092	69323	29831699	4341303	19277
88	天津一商集团有限公司	天津	5100903	10792	1060842	85893	4267
89	华侨城集团公司	广东	5069295	480687	13695687	2740537	42920
90	重庆商社（集团）有限公司	重庆	5050052	18422	2288181	309665	98883
91	九州通医药集团股份有限公司	湖北	4958925	69453	3258497	935509	12340
92	深圳市爱施德股份有限公司	广东	4956903	14063	1045470	446858	3030
93	深圳市大生农业集团有限公司	广东	4911064	39857	1234332	445412	3000
94	浙江省国际贸易集团有限公司	浙江	4854702	19485	5712158	1095250	17960
95	深圳市飞马国际供应链股份有限公司	广东	4763722	17469	2057491	239823	495
96	山东高速集团有限公司	山东	4656767	105409	36493037	4329899	22287
97	上海纺织（集团）有限公司	上海	4607120	53903	3219992	890150	20000
98	上海永达控股（集团）有限公司	上海	4461424	85287	1947748	522713	10500
99	渤海银行股份有限公司	天津	4374434	568851	76423544	3555700	7020
100	江苏国泰国际集团有限公司	江苏	4321837	6025	1650203	171470	11800
101	广东省广晟资产经营有限公司	广东	4263633	13218	13200409	2091222	38372

名次	企业名称	地区	营业收入（万元）	净利润（万元）	资产（万元）	所有者权益（万元）	从业人数
102	天音通信有限公司	广东	4247523	-35632	995140	125518	5500
103	永辉超市股份有限公司	福建	4214483	60533	2030410	1222766	75179
104	云南省能源投资集团有限公司	云南	4188711	117667	7418742	2301933	8230
105	广东省丝绸纺织集团有限公司	广东	4153256	11591	1608934	186716	5163
106	北京外企服务集团有限责任公司	北京	4132412	15705	592195	124143	27679
107	广东省交通集团有限公司	广东	4131239	210705	32471797	6659623	53616
108	重庆龙湖企业拓展有限公司	重庆	4126402	809896	14253833	4400767	15633
109	广州轻工工贸集团有限公司	广东	4105394	26658	1533982	520053	6802
110	珠海振戎公司	北京	4032858	-33131	576902	163355	121
111	玖隆钢铁物流有限公司	江苏	4018247	8919	381437	146600	308
112	深圳市怡亚通供应链股份有限公司	广东	3993867	49243	3281347	504435	14753
113	合肥百货大楼集团股份有限公司	安徽	3922800	26234	829493	337734	8280
114	广东圣丰集团有限公司	广东	3917185	255300	2595076	1499276	18036
115	江苏汇鸿国际集团股份有限公司	江苏	3914010	76258	3144872	750847	3625
116	中华联合保险控股股份有限公司	北京	3887622	222652	5493765	1295826	38548
117	北京首都旅游集团有限责任公司	北京	3851700	-43428	5268131	1110656	59735
118	中基宁波集团股份有限公司	浙江	3842756	11377	811737	59747	1558
119	海通证券股份有限公司	上海	3808627	1583885	57644889	10769454	9024
120	重庆农村商业银行股份有限公司	重庆	3700225	722330	71680522	4676274	16182
121	重庆市金科投资控股（集团）有限责任公司	重庆	3654399	69625	10510808	311808	10428
122	广西北部湾国际港务集团有限公司	广西壮族自治区	3633746	-27651	6763883	1552081	10799
123	长春欧亚集团股份有限公司	吉林	3617802	32436	1569768	186872	7930
124	重庆市能源投资集团有限公司	重庆	3600784	-20728	9991937	2122630	58528
125	浙江省交通投资集团有限公司	浙江	3520031	93713	19101455	3133201	22973
126	天津港（集团）有限公司	天津	3507588	-8601	13600790	2567273	16340
127	中国港中旅集团公司	北京	3386730	49787	10064492	1062203	31503
128	四川蓝润实业集团有限公司	四川	3381460	275496	3773738	2131152	3200
129	广州越秀集团有限公司	广东	3376435	191299	34207525	2059567	13172
130	浙江前程投资股份有限公司	浙江	3367880	236	666021	88433	632
131	世纪金源投资集团有限公司	北京	3367531	332023	10765865	2999031	20360
132	大汉控股集团有限公司	湖南	3363883	54760	1218165	399834	2653
133	广发证券股份有限公司	广东	3344664	1320101	41009701	7751927	9789
134	石家庄北国人百集团有限责任公司	河北	3280115	39716	1063619	273134	48124

名次	企业名称	地区	营业收入（万元）	净利润（万元）	资产（万元）	所有者权益（万元）	从业人数
135	申能（集团）有限公司	上海	3278680	294244	14579503	7887194	10433
136	新奥能源控股有限公司	河北	3206300	203600	4701900	1346800	28317
137	卓尔控股有限公司	湖北	3139470	242740	4763182	3388726	3010
138	福建省能源集团有限责任公司	福建	3138533	167134	5521307	1265814	31760
139	步步高投资集团股份有限公司	湖南	3101749	27561	1220770	492371	17017
140	北京首都创业集团有限公司	北京	3099452	29476	22317734	1161607	24475
141	弘阳集团有限公司	江苏	3077826	149223	3550573	1167663	3004
142	深圳市信利康供应链管理有限公司	广东	3044691	6337	1586325	70871	539
143	上海国际港务（集团）股份有限公司	上海	2951083	656245	9851492	5960820	18338
144	山西省国新能源发展集团有限公司	山西	2916979	769	3275931	199208	15455
145	安徽国贸集团控股有限公司	安徽	2915157	9852	3425625	299100	6709
146	辽宁日林实业集团有限公司	辽宁	2898917	110502	6994590	1000444	24511
147	广州农村商业银行股份有限公司	广东	2872255	500102	58280720	3377795	8010
148	天津银行股份有限公司	天津	2791035	491644	56566773	3302365	6092
149	天津房地产集团有限公司	天津	2734726	17099	17853241	494863	3319
150	浙江省商业集团有限公司	浙江	2708020	-97986	6997776	207757	13222
151	安徽省交通控股集团有限公司	安徽	2702205	170541	20757318	5830981	27841
152	福佳集团有限公司	辽宁	2638921	86967	5128548	2506096	3326
153	中国银河证券股份有限公司	北京	2625995	983551	30065555	5691357	10091
154	珠海华发集团有限公司	广东	2613290	40166	15750509	1878332	11270
155	广州国资发展控股有限公司	广东	2498994	94126	5135151	1768561	12148
156	安徽新华发行（集团）控股有限公司	安徽	2498904	64323	2261638	548403	5008
157	北京粮食集团有限责任公司	北京	2434592	15140	1845497	444000	6548
158	利群集团股份有限公司	山东	2424083		1779133		9348
159	天津住宅建设发展集团有限公司	天津	2412374	47814	3832744	603456	5849
160	恒丰银行股份有限公司	山东	2403855	803354	106815567	5635582	9550
161	唯品会（中国）有限公司	广东	2178187		669243		36000
162	广西物资集团有限责任公司	广西壮族自治区	2176546	10148	1054275	195775	2057
163	东方国际（集团）有限公司	上海	2167315	36176	1520963	693888	4950
164	南通化工轻工股份有限公司	江苏	2162402	8834	196254	84924	144
165	上海钢联电子商务股份有限公司	上海	2135714	-25039	187088	7723	1486
166	山西能源交通投资有限公司	山西	2125429	19810	7792708	2011618	23420
167	上海东方明珠新媒体股份有限公司	上海	2112597	290672	3527898	2500256	6171
168	四川省能源投资集团有限责任公司	四川	2111888	106432	7073132	1664472	10868

名次	企业名称	地区	营业收入（万元）	净利润（万元）	资产（万元）	所有者权益（万元）	从业人数
169	广州发展集团股份有限公司	广东	2111665	130261	3486127	1474742	5048
170	广东省广业资产经营有限公司	广东	2090042	40992	2919681	837611	20367
171	兴华财富集团有限公司	河北	2081628	50029	802560	582910	4135
172	日照港集团有限公司	山东	2023165	-50925	5464015	913407	9087
173	广西交通投资集团有限公司	广西壮族自治区	1943634	42669	19216814	5390657	12098
174	重庆医药（集团）股份有限公司	重庆	1941944	41778	1389165	387036	10101
175	苏州金螳螂企业（集团）有限公司	江苏	1919358	37709	2678525	301054	13568
176	中国万向控股有限公司	上海	1897919	80483	8760955	725103	13112
177	广州银行股份有限公司	广东	1861458	316242	41519234	1981267	3359
178	国购投资有限公司	安徽	1850042	206071	3786321	1782813	1630
179	南昌市政公用投资控股有限责任公司	江西	1830939	63842	6948857	2556330	
180	广东粤合资产经营有限公司	广东	1828357	-491	1058567	81526	2789
181	上海均瑶（集团）有限公司	上海	1825059	94668	3202400	570586	11200
182	上海红星美凯龙投资有限公司	上海	1784766	307103	11774228	3158027	16653
183	宁波君安控股有限公司	浙江	1779394	3807	209333	37526	94
184	天津俊安煤焦化工有限公司	天津	1771240	-861	2726664	35308	89
185	银泰商业（集团）有限公司	浙江	1766183	131747	2827818	1103755	6172
186	四川航空股份有限公司	四川	1759699	87412	2424153	342920	10780
187	重庆对外经贸（集团）有限公司	重庆	1738593	27902	1792862	495942	6477
188	新华锦集团	山东	1731695	6450	775369	214761	9200
189	广州无线电集团有限公司	广东	1718384	90430	4517275	795586	28489
190	四川省烟草公司成都市公司	四川	1700102	187941	785173	664464	1664
191	太平鸟集团有限公司	浙江	1690096	48152	858632	258853	9600
192	淄博商厦股份有限公司	山东	1685211	16676	572852	224771	10403
193	万友汽车投资有限公司	重庆	1675670	6900	778108	44571	6552
194	吉林银行	吉林	1672221	258630	35753363	2008331	9254
195	江苏省苏豪控股集团有限公司	江苏	1668837	58864	3017621	864739	7100
196	河北天山实业集团有限公司	河北	1659488	112781	1443312	425605	18350
197	安徽安粮控股股份有限公司	安徽	1650746	42124	2169110	170363	2540
198	安徽出版集团有限责任公司	安徽	1641701	34138	1964482	466280	4504
199	深圳市朗华供应链服务有限公司	广东	1640888	3557	1789897	23082	440
200	广州元亨能源有限公司	广东	1638376	3855	719750	86308	49
201	福建省交通运输集团有限责任公司	福建	1627904	19121	2788105	654703	28185

名次	企业名称	地区	营业收入（万元）	净利润（万元）	资产（万元）	所有者权益（万元）	从业人数
202	大连金玛商城企业集团有限公司	辽宁	1608940	218740	2039432	1059283	10812
203	安徽辉隆农资集团	安徽	1580277	17197	989557	318965	1680
204	山东远通汽车贸易集团有限公司	山东	1571777	33742	559935	245281	6364
205	中国江苏国际经济技术合作集团有限公司	江苏	1566099	21519	1889441	208812	7621
206	天津亿联投资控股集团有限公司	天津	1560600	92102	6304153	2438328	8200
207	成都银行股份有限公司	四川	1552235	281619	32144534	2021108	5509
208	浙江英特药业有限责任公司	浙江	1546639	12854	609926	133272	2450
209	华南物资集团有限公司	重庆	1529421	6283	368044	56181	660
210	深圳华强集团有限公司	广东	1506450	85978	4803393	1093810	22000
211	武汉市金马凯旋家具投资有限公司	湖北	1506240	138107	991319	750569	
212	黑龙江倍丰农业生产资料集团有限公司	黑龙江	1500906	5540	1252221	75583	528
213	广东粤海控股集团有限公司	广东	1495606	90928	7971195	2847992	11745
214	利泰集团有限公司	广东	1459020		421528		6069
215	天津恒运能源集团股份有限公司	天津	1440405	23229	293184	136448	1000
216	安徽省能源集团有限公司	安徽	1436251	190009	3780039	1422638	5455
217	天津城市基础设施建设投资集团有限公司	天津	1433050	179667	67044741	19473842	11615
218	大连港集团有限公司	辽宁	1423110	50545	9928026	2952200	8831
219	盛京银行股份有限公司	辽宁	1418416	621133	70162850	4126853	4567
220	宝利德控股集团有限公司	浙江	1415266	18594	731763	103412	2588
221	长沙银行股份有限公司	湖南	1408911	273064	28542047	1764353	4607
222	天津农村商业银行股份有限公司	天津	1407338	259800	25595945	1976876	5842
223	江西省高速公路投资集团有限责任公司	江西	1393563	22550	24707259	8697880	15603
224	广西铁路投资集团有限公司	广西壮族自治区	1392273	-14448	8825222	3000840	755
225	新疆生产建设兵团棉麻公司	新疆维吾尔自治区	1374842	5965	499008	28271	466
226	杭州联华华商集团有限公司	浙江	1358186	34394	838033	69088	15079
227	厦门海沧投资集团有限公司	福建	1354729	53549	2536416	378110	5398
228	润华集团股份有限公司	山东	1353271	54393	1223125	554864	8000
229	浙江建华集团有限公司	浙江	1351511	5305	288825	64116	3121
230	北方国际集团有限公司	天津	1349569	1482	757138	63586	1288
231	武汉金融控股（集团）有限公司	湖北	1345637	44249	5175010	874666	4927
232	湖北省交通投资集团有限公司	湖北	1311140	108229	30019515	8971252	7131

名次	企业名称	地区	营业收入（万元）	净利润（万元）	资产（万元）	所有者权益（万元）	从业人数
233	张家港保税区旭江贸易有限公司	江苏	1304543	-83134	138296	-173027	22
234	乐视网络信息技术（北京）股份有限公司	北京	1302670	57303	1698220	392766	4885
235	大华（集团）有限公司	上海	1300548	276320	4694364	1332075	1445
236	深圳市中农网股份有限公司	广东	1273121	4436	318447	57596	516
237	月星集团有限公司	上海	1256391	62870	4213434	1027806	9702
238	广州岭南国际企业集团有限公司	广东	1253326	39538	1106694	546223	13743
239	上海春秋国际旅行社（集团）有限公司	上海	1228451	76955	1751037	428757	7328
240	深圳粤通集团有限公司	广东	1220458	12551	264763	39128	883
241	厦门路桥工程物资有限公司	福建	1206273	6186	427221	104088	380
242	天津现代集团有限公司	天津	1201765	43000	1686066	579791	419
243	重庆交通运输控股（集团）有限公司	重庆	1195255	26394	1547609	599128	25625
244	河北港口集团有限公司	河北	1173751	158864	5511691	2441582	15861
245	中文天地出版传媒股份有限公司	江西	1160162	105796	1760727	975957	7022
246	广东省商贸控股集团有限公司	广东	1159214	4840	1150618	154588	4364
247	无锡市国联发展（集团）有限公司	江苏	1154836	131672	8447551	1834104	7902
248	上海机场（集团）有限公司	上海	1143068	184700	6786405	4503279	17018
249	广州珠江实业集团有限公司	广东	1141672	60094	3388408	588100	12602
250	广西北部湾投资集团有限公司	广西壮族自治区	1134122	53344	1025762	1598857	2705
251	浙江康桥汽车工贸集团股份有限公司	浙江	1127851	-5212	335129	25127	6900
252	人人乐连锁商业集团股份有限公司	广东	1121805	-46543	622885	225562	17292
253	深圳能源集团股份有限公司	广东	1112998	179038	5806743	2171136	4805
254	深圳市海王生物工程股份有限公司	广东	1111773	13574	1276226	180438	4502
255	西安高科（集团）公司	陕西	1102094	39778	5336932	521428	11289
256	武汉市城市建设投资开发集团有限公司	湖北	1099284	73264	22706916	5303816	14116
257	方正证券股份有限公司	湖南	1091499	406421	15442521	3495809	8363
258	广州百货企业集团有限公司	广东	1087276	21957	1120011	386117	5665
259	上海龙宇燃油股份有限公司	上海	1087028	-16042	284247	63009	133
260	河南交通投资集团有限公司	河南	1085971	-71411	15634392	2639620	30126
261	湖南九龙经贸集团有限公司	湖南	1080782	17071	487574	210498	3800
262	湖南省新华书店有限责任公司	湖南	1079753	114032	718059	306129	7269
263	重庆粮食集团有限责任公司	重庆	1075603	-4506	2401042	474556	4995
264	河北怀特集团股份有限公司	河北	1069650	70685	1880379	1017624	11650
265	中青旅控股股份有限公司	北京	1057702	29513	955478	465264	8574

名次	企业名称	地区	营业收入（万元）	净利润（万元）	资产（万元）	所有者权益（万元）	从业人数
266	浙江出版联合集团有限公司	浙江	1048678	99800	1711321	1007288	8024
267	亿达集团有限公司	辽宁	1033688	88314	4153490	1048634	7373
268	厦门翔业集团有限公司	福建	1028866	62577	2043918	524210	12412
269	佛山市顺德区乐从供销集团有限公司	广东	1018394		519752		3865
270	广东鸿粤汽车销售集团有限公司	广东	1008286	-9330	537673	-7970	3012
271	青岛世纪瑞丰集团有限公司	山东	1004209	9109	379354	50483	92
272	唐山百货大楼集团有限责任公司	河北	1000191		503102		16931
273	祥生实业集团有限公司	浙江	993566	40326	2080167	184469	2427
274	青岛农村商业银行股份有限公司	山东	983414	171079	16601331	1312967	5127
275	河北省国和投资集团有限公司	河北	979390	690	343920	60687	2283
276	武汉农村商业银行股份有限公司	湖北	970515	232785	17051194	1602835	4227
277	广东珠江投资股份有限公司	广东	970106	67997	10924127	2326485	2026
278	天津市交通（集团）有限公司	天津	967167	13539	526458	180832	14091
279	广东省广告集团股份有限公司	广东	962863	54764	777978	243661	2070
280	广西水利电业集团有限公司	广西壮族自治区	943217	3189	3643512	496731	25543
281	浙江省农村发展集团有限公司	浙江	941357	-1752	1422148	213842	2549
282	广州纺织工贸企业集团有限公司	广东	914572	7713	700122	29683	1436
283	联发集团有限公司	福建	909424	87743	2536358	575327	2503
284	北京当当网信息技术有限公司	北京	901229	9155	462103	86619	2917
285	上海闽路润贸易有限公司	上海	900040	2171	153387	16085	102
286	上海申通地铁集团有限公司	上海	881220	-362504	30262664	15469749	28874
287	重庆中节能实业有限责任公司	重庆	876762	-332	1532963	183092	4621
288	重庆银行股份有限公司	重庆	859258	317006	31980799	2129300	3780
289	广州港集团有限公司	广东	850933	89418	2997544	1072044	10914
290	重庆中汽西南汽车（集团）有限公司	重庆	846629	13366	328216	81972	2842
291	源山投资控股有限公司	上海	846222	1383	155451	41459	135
292	开元旅业集团有限公司	浙江	840616	16453	2518882	367673	23301
293	无锡商业大厦大东方股份有限公司	江苏	838152	17722	497876	218117	4798
294	上海展志实业集团有限责任公司	上海	835630	5044	182646	40180	725
295	上海交运集团股份有限公司	上海	821093	34185	735553	371133	7110
296	宁波滕头集团有限公司	浙江	820653	23980	357745	87279	12750
297	东营华驰新能源科技有限公司	山东	820602	110900	57330	27299	135
298	天津金元宝商厦集团有限公司	天津	815651	2461	138208	21190	1181
299	云南物流产业集团有限公司	云南	814185	-609	1044316	162714	1582

名次	企业名称	地区	营业收入（万元）	净利润（万元）	资产（万元）	所有者权益（万元）	从业人数
300	中国天津国际经济技术合作集团公司	天津	812861	2052	534626	-140	725
301	广东合诚集团有限公司	广东	812780	2276	224659	47773	3000
302	上海龙旗科技股份有限公司	上海	810529	22483	345785	65739	4460
303	广州市水务投资集团有限公司	广东	808424	23284	7732350	3190410	7888
304	银江科技集团有限公司	浙江	805469	22831	852436	56793	2146
305	天津市政建设集团有限公司	天津	805169	34626	6416864	458127	1959
306	洛阳银行股份有限公司	河南	800887	202137	16670750	1233222	2159
307	宁波轿辰集团股份有限公司	浙江	796576	1120	328549	74945	3500
308	安徽省盐业总公司	安徽	790283	20762	967984	206596	4393
309	广西西江开发投资集团有限公司	广西壮族自治区	777262	15291	2676326	900087	2731
310	东软集团股份有限公司	辽宁	775169	38636	1211272	607604	19085
311	西安曲江文化产业投资（集团）有限公司	陕西	760167	29361	4795896	660425	8226
312	桂林银行股份有限公司	广西壮族自治区	753701	76795	14363611	800012	2613
313	重庆协信控股（集团）有限公司	重庆	746718	74370	5605190	1386550	4320
314	中国成达工程有限公司	四川	743292	14461	993141	228610	1346
315	中原出版传媒投资控股集团有限公司	河南	740438	46987	1279178	628890	17147
316	银川新华百货商业集团股份有限公司	宁夏回族自治区	740400	13673	435309	185566	19962
317	江苏大经集团有限公司	江苏	739950	4348	122695	88983	210
318	海越控股集团有限公司	浙江	735200	2257	290420	134626	1011
319	良运集团有限公司	辽宁	730699	1045	670628	33369	1262
320	建安投资控股集团有限公司	安徽	728669	65660	8261620	3390828	856
321	山西美特好连锁超市股份有限公司	山西	717741	-3903	306418	34625	10653
322	上海申华控股股份有限公司	上海	715235	5298	865457	181108	1670
323	湖北能源集团股份有限公司	湖北	714421	157782	4298781	2173472	4079
324	天津远大联合汽车贸易集团有限公司	天津	710400	1715	422175	28226	426
325	浙江华瑞集团有限公司	浙江	710366	10025	896789	214814	610
326	广州中大控股有限公司	广东	706626	81521	680616	77522	2801
327	厦门恒兴集团有限公司	福建	704842	24314	1224671	515664	680
328	上海东方电视购物有限公司	上海	702572	1830	76116	5013	1606
329	重庆港务物流集团有限公司	重庆	690700	7296	2027132	539677	4972
330	山西大昌汽车集团有限公司	山西	690038	8354	262090	157855	2471

名次	企业名称	地区	营业收入（万元）	净利润（万元）	资产（万元）	所有者权益（万元）	从业人数
331	新疆农资（集团）有限责任公司	新疆维吾尔自治区	676171	1196	480167	117723	884
332	宁夏银行股份有限公司	宁夏回族自治区	673464	88130	11899782	959616	2822
333	山东全福元商业集团有限责任公司	山东	671100	10308	151478	54275	1710
334	江阴长三角钢铁集团有限公司	江苏	671016		29003		306
335	湖南友谊阿波罗控股股份有限公司	湖南	668107	26859	1303864	161962	4125
336	温州开元集团有限公司	浙江	667258	9797	347377	156570	1572
337	华数数字电视传媒集团有限公司	浙江	666823	14683	2673296	449318	15000
338	湖南兰天集团有限公司	湖南	662714	2051	234625	41873	2416
339	鹭燕（福建）药业股份有限公司	福建	662572	11348	342902	73757	2174
340	武汉商贸国有控股集团有限公司	湖北	661073	10769	1113729	144535	8113
341	南京大地建设集团有限责任公司	江苏	656114	8298	261502	88841	1484
342	现代投资股份有限公司	湖南	651614	56685	1869702	696580	2814
343	重庆华宇集团有限公司	重庆	651322	98832	3403083	1486946	5801
344	广西柳州医药股份有限公司	广西壮族自治区	650766	20838	430498	132915	1763
345	广东天禾农资股份有限公司	广东	649524	5908	259556	57084	1562
346	深圳市水务（集团）有限公司	广东	647369	36585	1640526	713519	9637
347	张家口银行股份有限公司	河北	637924	112623	12501069	737048	2560
348	日出实业集团有限公司	浙江	635387	2760	124917	21143	207
349	河北省农业生产资料有限公司	河北	626720	11929	710716	121754	579
350	厦门市嘉晟对外贸易有限公司	福建	625446	3043	621477	27867	196
351	苏州国信集团有限公司	江苏	624943	22645	615198	52249	305
352	荣安集团股份有限公司	浙江	621042	43906	1127568	56304	675
353	四川省开元集团有限公司	四川	620762	16979	379927	136696	1264
354	浙江凯喜雅国际股份有限公司	浙江	619675	4963	445024	66084	236
355	上海福然德部件加工有限公司	上海	611753	12649	216987	47956	367
356	广西云星集团有限公司	广西壮族自治区	607808	60110	1350734	430733	1280
357	重庆长安民生物流股份有限公司	重庆	607144	23796	418174	171784	9365
358	华茂集团股份有限公司	浙江	604488	28451	1319240	501410	2646
359	广州地铁集团有限公司	广东	602634	6831	19835407	10542686	22457
360	万事利集团有限公司	浙江	599590	16529	458018	123462	1923
361	重庆百事达汽车有限公司	重庆	593946	3604	118521	32829	2410
362	四川新华发行集团有限公司	四川	592465	35056	1482792	576525	9147

名次	企业名称	地区	营业收入（万元）	净利润（万元）	资产（万元）	所有者权益（万元）	从业人数
363	内蒙古高等级公路建设开发有限责任公司	内蒙古自治区	591394	-184476	10612874	1892137	10174
364	青岛利客来集团股份有限公司	山东	590403	2715	236585	49380	2315
365	广西北部湾银行股份有限公司	广西壮族自治区	585228	33555	11302772	1081444	2500
366	广州华多网络科技有限公司	广东	581806	131865	465084	337463	1407
367	万合集团股份有限公司	河北	581600	9591	351600	59287	6300
368	广西金融投资集团有限公司	广西壮族自治区	577049	68650	5131767	849294	2955
369	武汉工贸有限公司	湖北	576924	35649	336179	117505	2877
370	浙江中国小商品城集团股份有限公司	浙江	569819	68840	2962785	947313	4911
371	河南蓝天集团有限公司	河南	568740	11727	1024398	160262	2581
372	青岛维客集团股份有限公司	山东	560178		250689		1969
373	云南出版集团有限责任公司	云南	559393	40681	581488	371222	5803
374	苏州汽车客运集团有限公司	江苏	553565	49274	1104156	322794	24423
375	四川华油集团有限责任公司	四川	553350	48541	597464	259754	4030
376	浙江万丰企业集团公司	浙江	552401	4879	351376	71796	2299
377	江西赣粤高速公路股份有限公司	江西	550160	71211	3105883	1283426	3894
378	安徽天星医药集团有限公司	安徽	543984	1558	258485	55111	736
379	杭州解百集团股份有限公司	浙江	536611	22621	454010	200600	1748
380	广州佳都集团有限公司	广东	532356	30965	571769	85270	2306
381	上海临港经济发展（集团）有限公司	上海	528978	10476	5553525	948163	3268
382	浙大网新科技股份有限公司	浙江	526921	21292	427839	205303	5691
383	日照银行股份有限公司	山东	526591	79949	9198810	753925	1726
384	大参林医药集团股份有限公司	广东	526548	39543	265842	102119	15474
385	无锡农村商业银行股份有限公司	江苏	525039	83334	11549064	720839	1331
386	广州南菱汽车股份有限公司	广东	522550	-1845	228435	41884	2618
387	湖北银丰实业集团有限责任公司	湖北	519707	3946	447437	115703	1628
388	宁波鄞州农村合作银行	浙江	519557	118148	9166927	852606	2186
389	柳州银行股份有限公司	广西壮族自治区	517893	69548	8992641	795563	2458
390	汉口银行股份有限公司	湖北	515905	148777	18314207	1581569	3211
391	唐山港集团股份有限公司	河北	515737	119979	1664444	1039631	3294
392	天津市长芦盐业总公司	天津	515514	3888	519965	220607	313
393	宁波海田控股集团有限公司	浙江	515460	1338	159213	9779	195
394	万向三农集团有限公司	浙江	513911	73678	1573962	568085	2281

名次	企业名称	地区	营业收入（万元）	净利润（万元）	资产（万元）	所有者权益（万元）	从业人数
395	汉江水利水电（集团）有限责任公司	湖北	511427	19902	1366470	322551	10082
396	中国对外贸易中心（集团）	广东	511414	202531	3698384	2249523	1610
397	青海省物资产业集团总公司	青海	510674	1750	376345	89781	1389
398	湖北省农业生产资料集团有限公司	湖北	508124	6945	223405	31083	775
399	路通建设集团股份有限公司	山东	501479	53850	276722	218013	1268
400	青岛银行股份有限公司	山东	500551	181378	18723525	1661365	2970
401	安徽国祯集团股份有限公司	安徽	493532	45	930610	110234	3466
402	上海外经集团控股有限公司	上海	489244	3554	571515	45634	1244
403	宁波市绿顺集团股份有限公司	浙江	481895	4249	82942	32958	310
404	赛鼎工程有限公司	山西	480462	33656	518888	185753	1276
405	武汉地产开发投资集团有限公司	湖北	480076	24495	8658592	2223322	2462
406	江苏华地国际控股集团有限公司	江苏	479183	56533	1180974	471606	7972
407	厦门海澳集团有限公司	福建	478347	2844	131997	39419	159
408	上海强生控股股份有限公司	上海	472329	18016	690564	317847	28698
409	宁波医药股份有限公司	浙江	471906	6109	199563	53494	279
410	雄风集团有限公司	浙江	471532	4004	260641	72987	6100
411	中国海诚工程科技股份有限公司	上海	469302	22800	352512	110110	4718
412	浙江省医药工业有限公司	浙江	467935	4987	146249	49234	292
413	广东省广播电视网络股份有限公司	广东	463595	40262	1555891	1121228	8470
414	南宁威宁投资集团有限责任公司	广西壮族自治区	463107	21364	1978540	1087537	4046
415	中国河南国际合作集团有限公司	河南	462121	31376	308372	143164	896
416	深圳市恒波商业连锁股份有限公司	广东	459374	15848	167635	57134	4355
417	上海大众公用事业（集团）股份有限公司	上海	457136	46113	1449300	577423	18492
418	江苏江阴农村商业银行股份有限公司	江苏	447985	81450	9047841	723431	1313
419	武汉市燃气热力集团有限公司	湖北	447278	14569	858162	192833	4557
420	鸿荣源置业集团（深圳）有限公司	广东	446567	80977	3333135	485125	655
421	嘉兴良友进出口集团股份有限公司	浙江	444328	1141	471017	24693	534
422	新疆前海集团公司	新疆维吾尔自治区	443188	2089	633709	9850	997
423	四川安吉物流集团有限公司	四川	442639	5367	171465	119871	1384
424	厦门市明穗粮油贸易有限公司	福建	442123	-7263	126385	9974	69
425	棕榈生态城镇发展股份有限公司	广东	440051	-21146	1224506	415343	1076
426	泰德煤网股份有限公司	辽宁	438505	4403	288073	72394	153
427	深圳市润泰供应链管理有限公司	广东	437515		502720		113

名次	企业名称	地区	营业收入（万元）	净利润（万元）	资产（万元）	所有者权益（万元）	从业人数
428	上海丝绸集团股份有限公司	上海	436746	10083	167899	60066	3500
429	浙江凌达实业集团有限公司	浙江	429617	22119	162259	108433	46
430	上海金开利集团有限公司	上海	426650	92385	263478	129037	3000
431	重庆河东控股（集团）有限公司	重庆	424132	13876	214853	77704	307
432	长沙通程控股股份有限公司	湖南	422873	10241	384299	184394	18185
433	广东省航运集团有限公司	广东	421380	21050	1525023	403448	5729
434	河北保百集团有限公司	河北	414606	4980	128742	28998	6386
435	国宏电气集团股份有限公司	浙江	413660	5482	55934	27043	680
436	山西汽车运输集团有限公司	山西	411966	3065	729792	81105	14242
437	佛山市燃气集团股份有限公司	广东	409380	36918	430329	153849	2090
438	重庆市新大兴实业（集团）有限公司	重庆	402870	2824	80636	30209	3971
439	新疆维吾尔自治区棉麻公司	新疆维吾尔自治区	402001	-5712	423937	12710	3729
440	深圳市粮食集团有限公司	广东	401667	17333	366202	223221	524
441	湖南省轻工盐业集团有限公司	湖南	401073	84217	950757	364985	5921
442	桂林彰泰实业集团有限公司	广西壮族自治区	396909	36470	894831	107083	602
443	重庆三峡银行股份有限公司	重庆	395282	166350	13262974	989016	1950
444	上海浦原对外经贸公司	上海	393841	400	24106	10612	41
445	中国大连国际经济技术合作集团有限公司	辽宁	390790	-17932	865800	49456	2516
446	中锐控股集团有限公司	上海	388549	6488	1207756	90596	1320
447	江西新华发行集团有限公司	江西	386071	54693	670049	468732	2212
448	青海银行股份有限公司	青海	384279	67217	7043542	566873	1710
449	湖南新长海发展集团有限公司	湖南	381620	56674	498390	405187	2879
450	张家港百维物贸有限公司	江苏	375410	2797	109465	27312	14
451	宁波宁兴控股股份有限公司	浙江	374079	2591	246959	35248	559
452	东冠集团有限公司	浙江	372179	15118	743329	259454	1879
453	宁波联合集团股份有限公司	浙江	369840	12722	810566	187602	663
454	天津贻成集团有限公司	天津	369516	38452	2623913	827655	2360
455	重庆市盐业（集团）有限公司	重庆	369359	4671	342542	98730	2980
456	新疆生产建设兵团第一师棉麻有限责任公司	新疆维吾尔自治区	367604	1259	366182	6405	49
457	厦门嘉联恒进出口有限公司	福建	367122	228	192260	2081	72
458	江苏吴江农村商业银行股份有限公司	江苏	363441	60445	7145254	656192	1288
459	厦门住宅建设集团有限公司	福建	362580	45319	2400920	507516	242

名次	企业名称	地区	营业收入（万元）	净利润（万元）	资产（万元）	所有者权益（万元）	从业人数
460	话机世界通信集团股份有限公司	浙江	362245	3061	142846	31289	2721
461	天津市公共交通集团（控股）有限公司	天津	362083	-165166	1078132	231651	21257
462	长江勘测规划设计研究院	湖北	360453	11714	690650	122899	2948
463	广西桂东电力股份有限公司	广西壮族自治区	359060	37591	924585	267778	1986
464	厦门轨道物资有限公司	福建	353834	2531	159112	16950	99
465	九禾股份有限公司	重庆	352623	976	182805	19308	592
466	厦门经济特区房地产开发集团有限公司	福建	350628	92361	2482656	521333	9509
467	安徽省旅游集团有限责任公司	安徽	350230	4424	1082788	86048	3943
468	中铁集装箱运输有限责任公司	北京	345167	59248	1138688	1052595	834
469	心连心集团有限公司	湖南	344648	5413	151604	40171	6800
470	东华能源股份有限公司	江苏	338998	1346	658438	260938	
471	武汉市水务集团有限公司	湖北	337771	6219	1926014	483559	6050
472	创美药业股份有限公司	广东	337642	3613	210137	40654	604
473	杭州市燃气集团有限公司	浙江	336679	12393	559861	154821	1786
474	深圳市奇信建设集团股份有限公司	广东	334019	13035	344886	152635	967
475	浙江省经协集团有限公司	浙江	333896	7487	273040	42454	206
476	青岛银盛泰集团有限公司	山东	331803	68050	684294	284503	458
477	上海百润企业发展有限公司	上海	328424	1604	18872	8815	25
478	湖州市浙北大厦有限责任公司	浙江	327708	3736	594300	160636	2346
479	重庆华轻商业有限公司	重庆	327054	546	95043	27468	346
480	邢台银行股份有限公司	河北	323298	45561	4376243	297694	
481	无锡市交通产业集团有限公司	江苏	322891	92103	3482976	1549333	11643
482	广州金融控股集团有限公司	广东	322797	64986	6190954	1176126	4605
483	中宁化集团有限公司	浙江	316072	17653	191025	53407	1096
484	青岛能源集团有限公司	山东	311879	-35121	1167680	311092	4186
485	常熟市交电家电有限责任公司	江苏	309859	1454	144270	208301	349
486	宁波慈溪农村商业银行股份有限公司	浙江	309605	63868	6063281	605349	1421
487	宁波晶圆贸易有限公司	浙江	308899	397	51054	4668	101
488	广州尚品宅配家居股份有限公司	广东	308773	13953	159456	61083	8550
489	厦门育哲进出口有限公司	福建	307840		87353		16
490	浙江华联商厦有限公司	浙江	307200	1535	139534	25879	4743
491	浙江远洲控股有限公司	浙江	306040	5060	770021	161082	2937
492	张家港保税区荣德贸易有限公司	江苏	303350	4448	82775	63383	94
493	温州市亚泰进出口有限公司	浙江	299701	18	95743	2381	52

名次	企业名称	地区	营业收入（万元）	净利润（万元）	资产（万元）	所有者权益（万元）	从业人数
494	宁波明港液化气有限公司	浙江	298253	1076	17161	13574	31
495	天津滨海农村商业银行股份有限公司	天津	298138	79443	12991683	1013344	2302
496	潮州华丰集团股份有限公司	广东	297180		222803		295
497	重庆新华书店集团公司	重庆	295096	41082	557799	243275	3632
498	网宿科技股份有限公司	上海	293166	82955	350574	250309	2286
499	无锡市市政公用产业集团有限公司	江苏	290770	21635	2662844	1036849	4273
500	武汉华中通信广场有限责任公司	湖北	290249	2897	4206	2447	148
	合计		2710397710	220336251	18943892356	1967007300	13432516

说　明

1. 2016 中国服务业企业 500 强是中国企业联合会、中国企业家协会参照国际惯例，组织企业自愿申报，并经专家审定确认后产生的。申报企业包括在中国境内注册、2015 年完成营业收入达到 20 亿元以上的企业（不包括行政性公司和资产经营公司，不包括在华外资、港澳台独资、控股企业；也不包括行政性公司、政企合一的单位以及各类资产经营公司，但包括在境外注册、投资主体为中国自然人或法人、主要业务在境内，属于我国银监会、保监会和各级国资委监管的企业），都有资格申报参加排序。属于集团公司的控股子公司或相对控股子公司，由于其财务报表最后能被合并到集团母公司的财务会计报表中去，因此只允许其母公司申报。

2. 表中所列数据由企业自愿申报或属于上市公司公开数据、并经会计师事务所或审计师事务所等单位认可。

3. 营业收入是 2015 年不含增值税的收入，包括企业的所有收入，即主营业务和非主营业务、境内和境外的收入。商业银行的营业收入为 2015 年利息收入和非利息营业收入之和（不减掉对应的支出）。保险公司的营业收入是 2015 年保险费和年金收入扣除储蓄的资本收益或损失。净利润是 2015 年上交所得税的净利润扣除少数股东权益后的归属母公司所有者的净利润。资产是 2015 年年度末的资产总额。所有者权益是 2015 年年末所有者权益总额扣除少数股东权益后的母公司所有者权益。研究开发费用是 2015 年企业投入研究开发的所有费用。从业人数是 2015 年年度的平均人数（含所有被合并报表企业的人数）。

4. 行业分类参照了国家统计局的分类方法，依据其主营业务收入所在行业来划分；地区分类是按企业总部所在地划分。

表 10-2　2016 中国服务业企业 500 强各行业企业分布

排名	企业名称	营业收入（万元）
能源（电、热、燃气等能）供应、开发、减排及再循环服务业		
1	国家电网公司	207134945
2	中国南方电网有限责任公司	46942579
3	浙江省能源集团有限公司	6795234
4	北京能源集团有限责任公司	5976457
5	申能（集团）有限公司	3278680
6	新奥能源控股有限公司	3206300
7	福建省能源集团有限责任公司	3138533
8	山西省国新能源发展集团有限公司	2916979
9	四川省能源投资集团有限责任公司	2111888
10	广州发展集团股份有限公司	2111665
11	安徽省能源集团有限公司	1436251
12	无锡市国联发展（集团）有限公司	1154836
13	深圳能源集团股份有限公司	1112998
14	广西水利电业集团有限公司	943217
15	重庆中节能实业有限责任公司	876762
16	海越控股集团有限公司	735200
17	四川华油集团有限责任公司	553350
18	汉江水利水电（集团）有限责任公司	511427
19	安徽国祯集团股份有限公司	493532
20	上海大众公用事业（集团）股份有限公司	457136
21	武汉市燃气热力集团有限公司	447278
22	佛山市燃气集团股份有限公司	409380
23	广西桂东电力股份有限公司	359060
24	东华能源股份有限公司	338998
25	杭州市燃气集团有限公司	336679
26	青岛能源集团有限公司	311879
27	潮州华丰集团股份有限公司	297180
	合计	294388423
铁路运输及辅助服务业		
1	中铁集装箱运输有限责任公司	345167
	合计	345167
陆路运输、城市公交、道路及交通辅助等服务业		
1	山东高速集团有限公司	4656767
2	广东省交通集团有限公司	4131239
3	浙江省交通投资集团有限公司	3520031
4	安徽省交通控股集团有限公司	2702205
5	江西省高速公路投资集团有限责任公司	1393563
6	重庆交通运输控股（集团）有限公司	1195255
7	天津市交通（集团）有限公司	967167
8	上海申通地铁集团有限公司	881220

排名	企业名称	营业收入（万元）
9	上海交运集团股份有限公司	821093
10	现代投资股份有限公司	651614
11	广州地铁集团有限公司	602634
12	内蒙古高等级公路建设开发有限责任公司	591394
13	万合集团股份有限公司	581600
14	苏州汽车客运集团有限公司	553565
15	江西赣粤高速公路股份有限公司	550160
16	上海强生控股股份有限公司	472329
17	山西汽车运输集团有限公司	411966
18	天津市公共交通集团（控股）有限公司	362083
	合计	25045885
水上运输业		
1	中国远洋海运集团有限公司	22426441
2	广东省航运集团有限公司	421380
	合计	22847821
港口服务业		
1	广西北部湾国际港务集团有限公司	3633746
2	天津港（集团）有限公司	3507588
3	上海国际港务（集团）股份有限公司	2951083
4	日照港集团有限公司	2023165
5	大连港集团有限公司	1423110
6	河北港口集团有限公司	1173751
7	广州港集团有限公司	850933
8	唐山港集团股份有限公司	515737
	合计	16079113
航空运输及相关服务业		
1	海航集团有限公司	18578021
2	中国南方航空集团公司	11220561
3	中国航空集团公司	11111975
4	中国东方航空集团公司	9706848
5	四川航空股份有限公司	1759699
	合计	52377104
航空港及相关服务业		
1	上海机场（集团）有限公司	1143068
2	厦门翔业集团有限公司	1028866
	合计	2171934
电信、邮寄、速递等服务业		
1	中国移动通信集团公司	67092753

排名	企业名称	营业收入（万元）
2	中国邮政集团公司	43762571
3	中国电信集团公司	38834967
4	中国联合网络通信集团有限公司	27833943
	合计	177524234
软件、程序、计算机应用、网络工程等计算机、微电子服务业		
1	三胞集团有限公司	10806963
2	浪潮集团有限公司	6320086
3	广州无线电集团有限公司	1718384
4	东软集团股份有限公司	775169
5	浙大网新科技股份有限公司	526921
	合计	20147523
物流、仓储、运输、配送服务业		
1	厦门建发集团有限公司	13056886
2	腾邦集团有限公司	6594827
3	厦门象屿集团有限公司	6561081
4	中国诚通控股集团有限公司	6190744
5	河北省物流产业集团有限公司	5501006
6	深圳市飞马国际供应链股份有限公司	4763722
7	玖隆钢铁物流有限公司	4018247
8	深圳市怡亚通供应链股份有限公司	3993867
9	深圳市信利康供应链管理有限公司	3044691
10	山西能源交通投资有限公司	2125429
11	广西交通投资集团有限公司	1943634
12	福建省交通运输集团有限责任公司	1627904
13	深圳市海王生物工程股份有限公司	1111773
14	云南物流产业集团有限公司	814185
15	广东合诚集团有限公司	812780
16	浙江华瑞集团有限公司	710366
17	重庆港务物流集团有限公司	690700
18	重庆长安民生物流股份有限公司	607144
19	青海省物资产业集团总公司	510674
20	四川安吉物流集团有限公司	442639
21	深圳市润泰供应链管理有限公司	437515
22	新疆维吾尔自治区棉麻公司	402001
	合计	65961815
矿产、能源内外商贸批发业		
1	中国华信能源有限公司	26315060
2	中国航空油料集团公司	13889299
3	山西煤炭进出口集团有限公司	8524164
4	晋能集团有限公司	7702583
5	珠海振戎公司	4032858
6	广州国资发展控股有限公司	2498994

排名	企业名称	营业收入（万元）
7	天津俊安煤焦化工有限公司	1771240
8	广州元亨能源有限公司	1638376
9	天津恒运能源集团股份有限公司	1440405
10	上海龙宇燃油股份有限公司	1087028
11	东营华驰新能源科技有限公司	820602
12	厦门海澳集团有限公司	478347
13	泰德煤网股份有限公司	438505
14	宁波明港液化气有限公司	298253
	合计	70935714
化工产品及医药内外商贸批发业		
1	中国中化集团公司	38116100
2	南通化工轻工股份有限公司	2162402
3	日出实业集团有限公司	635387
4	河南蓝天集团有限公司	568740
5	湖南省轻工盐业集团有限公司	401073
6	中宁化集团有限公司	316072
7	宁波晶圆贸易有限公司	308899
	合计	42508673
机电、电子产品内外商贸及批发业		
1	中国通用技术（集团）控股有限责任公司	17387349
2	广东省广新控股集团有限公司	6425364
3	广东省商贸控股集团有限公司	1159214
4	温州开元集团有限公司	667258
5	广州佳都集团有限公司	532356
6	上海金开利集团有限公司	426650
7	国宏电气集团股份有限公司	413660
8	厦门嘉联恒进出口有限公司	367122
	合计	27378973
生活消费品(家用、文体、玩具、工艺品、珠宝等)内外批发及商贸业		
1	浙江省国际贸易集团有限公司	4854702
2	江苏国泰国际集团有限公司	4321837
3	广东省丝绸纺织集团有限公司	4153256
4	广州轻工工贸集团有限公司	4105394
5	江苏汇鸿国际集团股份有限公司	3914010
6	安徽国贸集团控股有限公司	2915157
7	上海红星美凯龙投资有限公司	1784766
8	新华锦集团	1731695
9	四川省烟草公司成都市公司	1700102
10	太平鸟集团有限公司	1690096
11	江苏省苏豪控股集团有限公司	1668837
12	武汉市金马凯旋家具投资有限公司	1506240
13	深圳粤通集团有限公司	1220458

排名	企业名称	营业收入（万元）
14	广州纺织工贸企业集团有限公司	914572
15	厦门市嘉晟对外贸易有限公司	625446
16	浙江凯喜雅国际股份有限公司	619675
17	万事利集团有限公司	599590
18	浙江中国小商品城集团股份有限公司	569819
19	湖北银丰实业集团有限责任公司	519707
20	上海丝绸集团股份有限公司	436746
21	广州尚品宅配家居股份有限公司	308773
22	武汉华中通信广场有限责任公司	290249
	合计	40451127

粮油食品及农林、土畜、果蔬、水产品等内外商贸批发、零售业

排名	企业名称	营业收入（万元）
1	中粮集团有限公司	40544184
2	深圳市大生农业集团有限公司	4911064
3	北京粮食集团有限责任公司	2434592
4	安徽安粮控股股份有限公司	1650746
5	新疆生产建设兵团棉麻公司	1374842
6	重庆粮食集团有限责任公司	1075603
7	浙江省农村发展集团有限公司	941357
8	安徽省盐业总公司	790283
9	良运集团有限公司	730699
10	天津市长芦盐业总公司	515514
11	万向三农集团有限公司	513911
12	宁波市绿顺集团股份有限公司	481895
13	新疆前海集团公司	443188
14	厦门市明穗粮油贸易有限公司	442123
15	深圳市粮食集团有限公司	401667
16	重庆市盐业（集团）有限公司	369359
17	新疆生产建设兵团第一师棉麻有限责任公司	367604
	合计	57988631

生产资料内外贸易批发、零售业

排名	企业名称	营业收入（万元）
1	天津物产集团有限公司	40366194
2	物产中大集团股份有限公司	18257322
3	广东省广物控股集团有限公司	6358918
4	重庆对外经贸（集团）有限公司	1738593
5	安徽辉隆农资集团	1580277
6	黑龙江倍丰农业生产资料集团有限公司	1500906
7	浙江建华集团有限公司	1351511
8	厦门路桥工程物资有限公司	1206273
9	佛山市顺德区乐从供销集团有限公司	1018394
10	中国天津国际经济技术合作集团公司	812861
11	厦门恒兴集团有限公司	704842
12	新疆农资（集团）有限责任公司	676171
13	广东天禾农资股份有限公司	649524
14	河北省农业生产资料有限公司	626720
15	湖北省农业生产资料集团有限公司	508124
16	浙江凌达实业集团有限公司	429617
17	张家港百维物贸有限公司	375410
18	九禾股份有限公司	352623
19	厦门育哲进出口有限公司	307840
20	温州市亚泰进出口有限公司	299701
	合计	79121821

金属内外贸易及加工、配送、批发零售业

排名	企业名称	营业收入（万元）
1	西安迈科金属国际集团有限公司	7100414
2	上海均和集团有限公司	6638356
3	大汉控股集团有限公司	3363883
4	华南物资集团有限公司	1529421
5	张家港保税区旭江贸易有限公司	1304543
6	青岛世纪瑞丰集团有限公司	1004209
7	上海闽路润贸易有限公司	900040
8	上海展志实业集团有限责任公司	835630
9	江苏大经集团有限公司	739950
10	江阴长三角钢铁集团有限公司	671016
11	上海福然德部件加工有限公司	611753
12	重庆河东控股（集团）有限公司	424132
13	厦门轨道物资有限公司	353834
14	上海百润企业发展有限公司	328424
15	张家港保税区荣德贸易有限公司	303350
	合计	26108955

综合性内外商贸及批发、零售业

排名	企业名称	营业收入（万元）
1	厦门国贸控股有限公司	10261615
2	浙江省兴合集团有限责任公司	8019763
3	远大物产集团有限公司	5536429
4	上海纺织（集团）有限公司	4607120
5	中基宁波集团股份有限公司	3842756
6	广西物资集团有限责任公司	2176546
7	东方国际（集团）有限公司	2167315
8	北方国际集团有限公司	1349569
9	浙江万丰企业集团公司	552401
10	宁波海田控股集团有限公司	515460
11	上海外经集团控股有限公司	489244
12	嘉兴良友进出口集团股份有限公司	444328
13	上海浦原对外经贸公司	393841
	合计	40356387

汽车和摩托车商贸、维修保养及租赁业

排名	企业名称	营业收入（万元）
1	庞大汽贸集团股份有限公司	5637498

排名	企业名称	营业收入（万元）
2	上海永达控股（集团）有限公司	4461424
3	万友汽车投资有限公司	1675670
4	山东远通汽车贸易集团有限公司	1571777
5	利泰集团有限公司	1459020
6	宝利德控股集团有限公司	1415266
7	润华集团股份有限公司	1353271
8	浙江康桥汽车工贸集团股份有限公司	1127851
9	广东鸿粤汽车销售集团有限公司	1008286
10	河北省国和投资集团有限公司	979390
11	重庆中汽西南汽车（集团）有限公司	846629
12	宁波轿辰集团股份有限公司	796576
13	上海申华控股股份有限公司	715235
14	天津远大联合汽车贸易集团有限公司	710400
15	山西大昌汽车集团有限公司	690038
16	湖南兰天集团有限公司	662714
17	重庆百事达汽车有限公司	593946
18	广州南菱汽车股份有限公司	522550
	合计	26227541

电器商贸批发、零售业

排名	企业名称	营业收入（万元）
1	苏宁控股集团有限公司	35028812
2	国美电器有限公司	15268559
3	深圳市爱施德股份有限公司	4956903
4	天音通信有限公司	4247523
5	武汉工贸有限公司	576924
6	话机世界通信集团股份有限公司	362245
7	常熟市交电家电有限责任公司	309859
	合计	60850825

医药专营批发、零售业

排名	企业名称	营业收入（万元）
1	中国医药集团总公司	27855600
2	九州通医药集团股份有限公司	4958925
3	重庆医药（集团）股份有限公司	1941944
4	浙江英特药业有限责任公司	1546639
5	鹭燕（福建）药业股份有限公司	662572
6	广西柳州医药股份有限公司	650766
7	安徽天星医药集团有限公司	543984
8	大参林医药集团股份有限公司	526548
9	宁波医药股份有限公司	471906
10	浙江省医药工业有限公司	467935
11	创美药业股份有限公司	337642
	合计	39964461

商业零售业及连锁超市

排名	企业名称	营业收入（万元）
1	大商集团有限公司	20043933
2	百联集团有限公司	11983899
3	武汉商联（集团）股份有限公司	9132400
4	山东省商业集团有限公司	9070000
5	天津一商集团有限公司	5100903
6	重庆商社（集团）有限公司	5050052
7	永辉超市股份有限公司	4214483
8	合肥百货大楼集团股份有限公司	3922800
9	长春欧亚集团股份有限公司	3617802
10	石家庄北国人百集团有限责任公司	3280115
11	步步高投资集团股份有限公司	3101749
12	浙江省商业集团有限公司	2708020
13	利群集团股份有限公司	2424083
14	银泰商业（集团）有限公司	1766183
15	淄博商厦股份有限公司	1685211
16	大连金玛商城企业集团有限公司	1608940
17	杭州联华华商集团有限公司	1358186
18	月星集团有限公司	1256391
19	广州百货企业集团有限公司	1087276
20	河北怀特集团股份有限公司	1069650
21	唐山百货大楼集团有限责任公司	1000191
22	无锡商业大厦大东方股份有限公司	838152
23	天津金元宝商厦集团有限公司	815651
24	银川新华百货商业集团股份有限公司	740400
25	山西美特好连锁超市股份有限公司	717741
26	山东全福元商业集团有限责任公司	671100
27	湖南友谊阿波罗控股股份有限公司	668107
28	武汉商贸国有控股集团有限公司	661073
29	青岛利客来集团股份有限公司	590403
30	青岛维客集团股份有限公司	560178
31	杭州解百集团股份有限公司	536611
32	江苏华地国际控股集团有限公司	479183
33	雄风集团有限公司	471532
34	深圳市恒波商业连锁股份有限公司	459374
35	长沙通程控股股份有限公司	422873
36	河北保百集团有限公司	414606
37	重庆市新大兴实业（集团）有限公司	402870
38	心连心集团有限公司	344648
39	湖州市浙北大厦有限责任公司	327708
40	重庆华轻商业有限公司	327054
41	浙江华联商厦有限公司	307200
	合计	105238731

家具、家居专营批发、零售业

排名	企业名称	营业收入（万元）
1	人人乐连锁商业集团股份有限公司	1121805
	合计	1121805

排名	企业名称	营业收入（万元）
银行业		
1	中国工商银行股份有限公司	107983800
2	中国建设银行股份有限公司	92587800
3	中国农业银行股份有限公司	83376600
4	中国银行股份有限公司	76922200
5	国家开发银行股份有限公司	59532274
6	交通银行股份有限公司	35798543
7	招商银行股份有限公司	30384300
8	兴业银行股份有限公司	29188800
9	中国民生银行股份有限公司	26744100
10	上海浦东发展银行股份有限公司	26413400
11	中国光大集团股份有限公司	20676600
12	华夏银行股份有限公司	10514829
13	北京银行	8787567
14	渤海银行股份有限公司	4374434
15	重庆农村商业银行股份有限公司	3700225
16	广州农村商业银行股份有限公司	2872255
17	天津银行股份有限公司	2791035
18	恒丰银行股份有限公司	2403855
19	广州银行股份有限公司	1861458
20	吉林银行	1672221
21	成都银行股份有限公司	1552235
22	盛京银行股份有限公司	1418416
23	长沙银行股份有限公司	1408911
24	天津农村商业银行股份有限公司	1407338
25	青岛农村商业银行股份有限公司	983414
26	武汉农村商业银行股份有限公司	970515
27	重庆银行股份有限公司	859258
28	洛阳银行股份有限公司	800887
29	桂林银行股份有限公司	753701
30	宁夏银行股份有限公司	673464
31	张家口银行股份有限公司	637924
32	广西北部湾银行股份有限公司	585228
33	日照银行股份有限公司	526591
34	无锡农村商业银行股份有限公司	525039
35	宁波鄞州农村合作银行	519557
36	柳州银行股份有限公司	517893
37	汉口银行股份有限公司	515905
38	青岛银行股份有限公司	500551
39	江苏江阴农村商业银行股份有限公司	447985
40	重庆三峡银行股份有限公司	395282
41	青海银行股份有限公司	384279
42	江苏吴江农村商业银行股份有限公司	363441
43	邢台银行股份有限公司	323298
44	宁波慈溪农村商业银行股份有限公司	309605
45	天津滨海农村商业银行股份有限公司	298138
	合计	646265151
人寿保险业		
1	中国人寿保险（集团）公司	63644438
2	新华人寿保险股份有限公司	15845300
3	泰康人寿保险股份有限公司	13231325
4	太平人寿保险有限公司	10224880
5	阳光保险集团股份有限公司	6394797
6	中华联合保险控股股份有限公司	3887622
	合计	113228362
证券业		
1	海通证券股份有限公司	3808627
2	广发证券股份有限公司	3344664
3	中国银河证券股份有限公司	2625995
4	方正证券股份有限公司	1091499
	合计	10870785
财产保险业		
1	中国人民保险集团股份有限公司	40601100
	合计	40601100
其他金融服务业		
1	广西投资集团有限公司	8516053
2	兴华财富集团有限公司	2081628
3	广州金融控股集团有限公司	322797
	合计	10920478
多元化投资控股、商务服务业		
1	华润（集团）有限公司	48122063
2	中国中信集团有限公司	35153783
3	国家开发投资公司	10423958
4	中国华融资产管理股份有限公司	7538576
5	广东省广晟资产经营有限公司	4263633
6	云南省能源投资集团有限公司	4188711
7	重庆市金科投资控股（集团）有限责任公司	3654399
8	重庆市能源投资集团有限公司	3600784
9	浙江前程投资股份有限公司	3367880
10	中国万向控股有限公司	1897919
11	国购投资有限公司	1850042
12	广东粤合资产经营有限公司	1828357
13	宁波君安控股有限公司	1779394
14	广东粤海控股集团有限公司	1495606

排名	企业名称	营业收入（万元）
15	广西铁路投资集团有限公司	1392273
16	厦门海沧投资集团有限公司	1354729
17	武汉金融控股（集团）有限公司	1345637
18	河南交通投资集团有限公司	1085971
19	源山投资控股有限公司	846222
20	广西西江开发投资集团有限公司	777262
21	湖北能源集团股份有限公司	714421
22	广州中大控股有限公司	706626
23	四川省开元集团有限公司	620762
24	广西金融投资集团有限公司	577049
25	南宁威宁投资集团有限责任公司	463107
26	无锡市交通产业集团有限公司	322891
	合计	139372055

房地产开发与经营、物业及房屋装饰、修缮、管理等服务业

排名	企业名称	营业收入（万元）
1	大连万达集团股份有限公司	29016000
2	绿地控股集团股份有限公司	20725659
3	万科企业股份有限公司	18431705
4	恒大地产集团有限公司	13313000
5	银亿集团有限公司	5883621
6	天津泰达投资控股有限公司	5229092
7	华侨城集团公司	5069295
8	重庆龙湖企业拓展有限公司	4126402
9	广东圣丰集团有限公司	3917185
10	四川蓝润实业集团有限公司	3381460
11	广州越秀集团有限公司	3376435
12	世纪金源投资集团有限公司	3367531
13	卓尔控股有限公司	3139470
14	弘阳集团有限公司	3077826
15	天津房地产集团有限公司	2734726
16	福佳集团有限公司	2638921
17	珠海华发集团有限公司	2613290
18	天津住宅建设发展集团有限公司	2412374
19	苏州金螳螂企业（集团）有限公司	1919358
20	河北天山实业集团有限公司	1659488
21	天津亿联投资控股集团有限公司	1560600
22	大华（集团）有限公司	1300548
23	天津现代集团有限公司	1201765
24	广州珠江实业集团有限公司	1141672
25	西安高科（集团）公司	1102094
26	亿达集团有限公司	1033688
27	祥生实业集团有限公司	993566
28	广东珠江投资股份有限公司	970106
29	联发集团有限公司	909424
30	重庆协信控股（集团）有限公司	746718
31	重庆华宇集团有限公司	651322
32	荣安集团股份有限公司	621042
33	广西云星集团有限公司	607808
34	武汉地产开发投资集团有限公司	480076
35	鸿荣源置业集团（深圳）有限公司	446567
36	桂林彰泰实业集团有限公司	396909
37	中锐控股集团有限公司	388549
38	宁波宁兴控股股份有限公司	374079
39	东冠集团有限公司	372179
40	宁波联合集团股份有限公司	369840
41	天津贻成集团有限公司	369516
42	厦门住宅建设集团有限公司	362580
43	厦门经济特区房地产开发集团有限公司	350628
44	深圳市奇信建设集团股份有限公司	334019
45	浙江省经协集团有限公司	333896
46	青岛银盛泰集团有限公司	331803
	合计	153783832

旅游、旅馆及娱乐服务业

排名	企业名称	营业收入（万元）
1	北京首都旅游集团有限责任公司	3851700
2	中国港中旅集团公司	3386730
3	上海春秋国际旅行社（集团）有限公司	1228451
4	中青旅控股股份有限公司	1057702
5	开元旅业集团有限公司	840616
6	安徽省旅游集团有限责任公司	350230
7	浙江远洲控股有限公司	306040
	合计	11021469

公用事业、市政、水务、航道等公共设施投资、经营与管理业

排名	企业名称	营业收入（万元）
1	北京控股集团有限公司	7043436
2	北京首都创业集团有限公司	3099452
3	辽宁日林实业集团有限公司	2898917
4	南昌市政公用投资控股有限责任公司	1830939
5	天津城市基础设施建设投资集团有限公司	1433050
6	湖北省交通投资集团有限公司	1311140
7	广西北部湾投资集团有限公司	1134122
8	武汉市城市建设投资开发集团有限公司	1099284
9	广东省广告集团股份有限公司	962863
10	广州市水务投资集团有限公司	808424
11	天津市政建设集团有限公司	805169
12	建安投资控股集团有限公司	728669
13	南京大地建设集团有限责任公司	656114
14	深圳市水务（集团）有限公司	647369
15	上海临港经济发展（集团）有限公司	528978
16	路通建设集团股份有限公司	501479

排名	企业名称	营业收入（万元）
17	棕榈生态城镇发展股份有限公司	440051
18	武汉市水务集团有限公司	337771
19	无锡市市政公用产业集团有限公司	290770
	合计	26557997

人力资源、会展博览、国内外经合作等社会综合服务业

排名	企业名称	营业收入（万元）
1	中国国际技术智力合作公司	5372952
2	北京外企服务集团有限责任公司	4132412
3	中国江苏国际经济技术合作集团有限公司	1566099
4	中国对外贸易中心（集团）	511414
5	中国大连国际经济技术合作集团有限公司	390790
	合计	11973667

科技研发、推广及地勘、规划、设计、评估、咨询、认证等承包服务业

排名	企业名称	营业收入（万元）
1	上海龙旗科技股份有限公司	810529
2	银江科技集团有限公司	805469
3	中国成达工程有限公司	743292
4	赛鼎工程有限公司	480462
5	中国海诚工程科技股份有限公司	469302
6	中国河南国际合作集团有限公司	462121
7	长江勘测规划设计研究院	360453
	合计	4131628

文化产业（书刊出版、印刷、发行与销售及影视、音像、文体、演艺等）

排名	企业名称	营业收入（万元）
1	安徽新华发行（集团）控股有限公司	2498904
2	安徽出版集团有限责任公司	1641701
3	中文天地出版传媒股份有限公司	1160162
4	湖南省新华书店有限责任公司	1079753
5	浙江出版联合集团有限公司	1048678
6	西安曲江文化产业投资（集团）有限公司	760167
7	中原出版传媒投资控股集团有限公司	740438
8	四川新华发行集团有限公司	592465
9	云南出版集团有限责任公司	559393
10	江西新华发行集团有限公司	386071
11	重庆新华书店集团公司	295096
	合计	10762828

信息、传媒、电子商务、网购、娱乐等互联网服务业

排名	企业名称	营业收入（万元）
1	北京京东世纪贸易有限公司	18128696
2	腾讯控股有限公司	10286300
3	阿里巴巴集团控股有限公司	10114300
4	百度网络技术有限公司	6403700
5	唯品会（中国）有限公司	2178187
6	上海钢联电子商务股份有限公司	2135714
7	上海东方明珠新媒体股份有限公司	2112597
8	深圳市朗华供应链服务有限公司	1640888
9	乐视网络信息技术（北京）股份有限公司	1302670
10	深圳市中农网股份有限公司	1273121
11	北京当当网信息技术有限公司	901229
12	上海东方电视购物有限公司	702572
13	华数数字电视传媒集团有限公司	666823
14	广州华多网络科技有限公司	581806
15	广东省广播电视网络股份有限公司	463595
16	湖南新长海发展集团有限公司	381620
17	网宿科技股份有限公司	293166
	合计	59566984

综合服务业（以服务业为主，含有制造业）

排名	企业名称	营业收入（万元）
1	中国机械工业集团有限公司	22079734
2	中国保利集团公司	16763849
3	上海东浩兰生国际服务贸易（集团）有限公司	11894329
4	新疆广汇实业投资（集团）有限责任公司	10503738
5	广东省广业资产经营有限公司	2090042
6	上海均瑶（集团）有限公司	1825059
7	深圳华强集团有限公司	1506450
8	广州岭南国际企业集团有限公司	1253326
9	湖南九龙经贸集团有限公司	1080782
10	宁波滕头集团有限公司	820653
11	苏州国信集团有限公司	624943
12	华茂集团股份有限公司	604488
	合计	71047393

综合保险业

排名	企业名称	营业收入（万元）
1	中国平安保险（集团）股份有限公司	69322000
2	中国太平洋保险（集团）股份有限公司	24720200
3	中国太平保险集团有限责任公司	11109118
	合计	105151318

表10-3 2016中国服务业企业500强各地区企业分布

排名	企业名称	营业收入（万元）
北京		
1	国家电网公司	207134945
2	中国工商银行股份有限公司	107983800
3	中国建设银行股份有限公司	92587800
4	中国农业银行股份有限公司	83376600
5	中国银行股份有限公司	76922200
6	中国移动通信集团公司	67092753
7	中国人寿保险（集团）公司	63644438
8	国家开发银行股份有限公司	59532274
9	中国邮政集团公司	43762571
10	中国人民保险集团股份有限公司	40601100
11	中粮集团有限公司	40544184
12	中国电信集团公司	38834967
13	中国中化集团公司	38116100
14	中国中信集团有限公司	35153783
15	中国医药集团总公司	27855600
16	中国联合网络通信集团有限公司	27833943
17	中国民生银行股份有限公司	26744100
18	中国机械工业集团有限公司	22079734
19	中国光大集团股份有限公司	20675600
20	北京京东世纪贸易有限公司	18123696
21	中国通用技术（集团）控股有限责任公司	17387349
22	中国保利集团公司	16763849
23	新华人寿保险股份有限公司	15845300
24	国美电器有限公司	15368559
25	中国航空油料集团公司	13889299
26	泰康人寿保险股份有限公司	13251325
27	中国航空集团公司	11111975
28	中国太平保险集团有限责任公司	11109118
29	华夏银行股份有限公司	10514829
30	国家开发投资公司	10423958
31	北京银行	8737567
32	中国华融资产管理股份有限公司	7538576
33	北京控股集团有限公司	7043436
34	百度网络技术有限公司	6403700
35	阳光保险集团股份有限公司	6394797
36	中国诚通控股集团有限公司	6190744
37	北京能源集团有限责任公司	5976457
38	中国国际技术智力合作公司	5372952
39	北京外企服务集团有限责任公司	4132412
40	珠海振戎公司	4032858
41	中华联合保险控股股份有限公司	3887622
42	北京首都旅游集团有限责任公司	3851700
43	中国港中旅集团公司	3386730
44	世纪金源投资集团有限公司	3367531
45	北京首都创业集团有限公司	3099452
46	中国银河证券股份有限公司	2625995
47	北京粮食集团有限责任公司	2434592
48	乐视网络信息技术（北京）股份有限公司	1302670
49	中青旅控股股份有限公司	1057702
50	北京当当网信息技术有限公司	901229
51	中铁集装箱运输有限责任公司	345167
	合计	1362385638
上海		
1	交通银行股份有限公司	35798543
2	上海浦东发展银行股份有限公司	26413400
3	中国华信能源有限公司	26315060
4	中国太平洋保险（集团）股份有限公司	24720200
5	中国远洋海运集团有限公司	22426441
6	绿地控股集团股份有限公司	20725659
7	百联集团有限公司	11983899
8	上海东浩兰生国际服务贸易（集团）有限公司	11894329
9	太平人寿保险有限公司	10224880
10	中国东方航空集团公司	9706848
11	上海均和集团有限公司	6638356
12	上海纺织（集团）有限公司	4607120
13	上海永达控股（集团）有限公司	4461424
14	海通证券股份有限公司	3808627
15	申能（集团）有限公司	3278680
16	上海国际港务（集团）股份有限公司	2951083
17	东方国际（集团）有限公司	2167315
18	上海钢联电子商务股份有限公司	2135714
19	上海东方明珠新媒体股份有限公司	2112597
20	中国万向控股有限公司	1897919
21	上海均瑶（集团）有限公司	1825059
22	上海红星美凯龙投资有限公司	1784766
23	大华（集团）有限公司	1300548
24	月星集团有限公司	1256391
25	上海春秋国际旅行社（集团）有限公司	1228451
26	上海机场（集团）有限公司	1143068
27	上海龙宇燃油股份有限公司	1087028
28	上海闽路润贸易有限公司	900040
29	上海申通地铁集团有限公司	881220

排名	企业名称	营业收入（万元）
30	源山投资控股有限公司	846222
31	上海展志实业集团有限责任公司	835630
32	上海交运集团股份有限公司	821093
33	上海龙旗科技股份有限公司	810529
34	上海申华控股股份有限公司	715235
35	上海东方电视购物有限公司	702572
36	上海福然德部件加工有限公司	611753
37	上海临港经济发展（集团）有限公司	528978
38	上海外经集团控股有限公司	489244
39	上海强生控股股份有限公司	472329
40	中国海诚工程科技股份有限公司	469302
41	上海大众公用事业（集团）股份有限公司	457136
42	上海丝绸集团股份有限公司	436746
43	上海金开利集团有限公司	426650
44	上海浦原对外经贸公司	393841
45	中锐控股集团有限公司	388549
46	上海百润企业发展有限公司	328424
47	网宿科技股份有限公司	293166
	合计	255702064
天津		
1	天津物产集团有限公司	40366194
2	天津泰达投资控股有限公司	5229092
3	天津一商集团有限公司	5100903
4	渤海银行股份有限公司	4374434
5	天津港（集团）有限公司	3507588
6	天津银行股份有限公司	2791035
7	天津房地产集团有限公司	2734726
8	天津住宅建设发展集团有限公司	2412374
9	天津俊安煤焦化工有限公司	1771240
10	天津亿联投资控股集团有限公司	1560600
11	天津恒运能源集团股份有限公司	1440405
12	天津城市基础设施建设投资集团有限公司	1433050
13	天津农村商业银行股份有限公司	1407338
14	北方国际集团有限公司	1349569
15	天津现代集团有限公司	1201765
16	天津市交通（集团）有限公司	967167
17	天津金元宝商厦集团有限公司	815651
18	中国天津国际经济技术合作集团公司	812861
19	天津市政建设集团有限公司	805169
20	天津远大联合汽车贸易集团有限公司	710400
21	天津市长芦盐业总公司	515514
22	天津贻成集团有限公司	369516
23	天津市公共交通集团（控股）有限公司	362083
24	天津滨海农村商业银行股份有限公司	298138

排名	企业名称	营业收入（万元）
	合计	82336812
重庆		
1	重庆商社（集团）有限公司	5050052
2	重庆龙湖企业拓展有限公司	4126402
3	重庆农村商业银行股份有限公司	3700225
4	重庆市金科投资控股（集团）有限责任公司	3654399
5	重庆市能源投资集团有限公司	3600784
6	重庆医药（集团）股份有限公司	1941944
7	重庆对外经贸（集团）有限公司	1738593
8	万友汽车投资有限公司	1675670
9	华南物资集团有限公司	1529421
10	重庆交通运输控股（集团）有限公司	1195255
11	重庆粮食集团有限责任公司	1075603
12	重庆中节能实业有限责任公司	876762
13	重庆银行股份有限公司	859258
14	重庆中汽西南汽车（集团）有限公司	846629
15	重庆协信控股（集团）有限公司	746718
16	重庆港务物流集团有限公司	690700
17	重庆华宇集团有限公司	651322
18	重庆长安民生物流股份有限公司	607144
19	重庆百事达汽车有限公司	593946
20	重庆河东控股（集团）有限公司	424132
21	重庆市新大兴实业（集团）有限公司	402870
22	重庆三峡银行股份有限公司	395282
23	重庆市盐业（集团）有限公司	369359
24	九禾股份有限公司	352623
25	重庆华轻商业有限公司	327054
26	重庆新华书店集团公司	295096
	合计	37727243
黑龙江		
1	黑龙江倍丰农业生产资料集团有限公司	1500906
	合计	1500906
吉林		
1	长春欧亚集团股份有限公司	3617802
2	吉林银行	1672221
	合计	5290023
辽宁		
1	大连万达集团股份有限公司	29016000
2	大商集团有限公司	20043933
3	辽宁日林实业集团有限公司	2898917
4	福佳集团有限公司	2638921

排名	企业名称	营业收入（万元）
5	大连金玛商城企业集团有限公司	1608940
6	大连港集团有限公司	1423110
7	盛京银行股份有限公司	1418416
8	亿达集团有限公司	1033688
9	东软集团股份有限公司	775169
10	良运集团有限公司	730699
11	泰德煤网股份有限公司	438505
12	中国大连国际经济技术合作集团有限公司	390790
	合计	62417088
河北		
1	庞大汽贸集团股份有限公司	5637498
2	河北省物流产业集团有限公司	5501006
3	石家庄北国人百集团有限责任公司	3280115
4	新奥能源控股有限公司	3206300
5	兴华财富集团有限公司	2081628
6	河北天山实业集团有限公司	1659488
7	河北港口集团有限公司	1173751
8	河北怀特集团股份有限公司	1069650
9	唐山百货大楼集团有限责任公司	1000191
10	河北省国和投资集团有限公司	979390
11	张家口银行股份有限公司	637924
12	河北省农业生产资料有限公司	626720
13	万合集团股份有限公司	581600
14	唐山港集团股份有限公司	515737
15	河北保百集团有限公司	414606
16	邢台银行股份有限公司	323298
	合计	28688902
河南		
1	河南交通投资集团有限公司	1085971
2	洛阳银行股份有限公司	800887
3	中原出版传媒投资控股集团有限公司	740438
4	河南蓝天集团有限公司	568740
5	中国河南国际合作集团有限公司	462121
	合计	3658157
山东		
1	山东省商业集团有限公司	9070000
2	浪潮集团有限公司	6320086
3	山东高速集团有限公司	4656767
4	利群集团股份有限公司	2424083
5	恒丰银行股份有限公司	2403855
6	日照港集团有限公司	2023165
7	新华锦集团	1731695
8	淄博商厦股份有限公司	1685211
9	山东远通汽车贸易集团有限公司	1571777
10	润华集团股份有限公司	1353271
11	青岛世纪瑞丰集团有限公司	1004209
12	青岛农村商业银行股份有限公司	983414
13	东营华驰新能源科技有限公司	820602
14	山东全福元商业集团有限责任公司	671100
15	青岛利客来集团股份有限公司	590403
16	青岛维客集团股份有限公司	560178
17	日照银行股份有限公司	526591
18	路通建设集团股份有限公司	501479
19	青岛银行股份有限公司	500551
20	青岛银盛泰集团有限公司	331803
21	青岛能源集团有限公司	311879
	合计	40042119
山西		
1	山西煤炭进出口集团有限公司	8524164
2	晋能集团有限公司	7702583
3	山西省国新能源发展集团有限公司	2916979
4	山西能源交通投资有限公司	2125429
5	山西美特好连锁超市股份有限公司	717741
6	山西大昌汽车集团有限公司	690038
7	赛鼎工程有限公司	480462
8	山西汽车运输集团有限公司	411966
	合计	23569362
陕西		
1	西安迈科金属国际集团有限公司	7100414
2	西安高科（集团）公司	1102094
3	西安曲江文化产业投资（集团）有限公司	760167
	合计	8962675
安徽		
1	合肥百货大楼集团股份有限公司	3922800
2	安徽国贸集团控股有限公司	2915157
3	安徽省交通控股集团有限公司	2702205
4	安徽新华发行（集团）控股有限公司	2498904
5	国购投资有限公司	1850042
6	安徽安粮控股股份有限公司	1650746
7	安徽出版集团有限责任公司	1641701
8	安徽辉隆农资集团	1580277
9	安徽省能源集团有限公司	1436251
10	安徽省盐业总公司	790283
11	建安投资控股集团有限公司	728669

排名	企业名称	营业收入（万元）
12	安徽天星医药集团有限公司	543984
13	安徽国祯集团股份有限公司	493532
14	安徽省旅游集团有限责任公司	350230
	合计	23104781
江苏		
1	苏宁控股集团有限公司	35028812
2	三胞集团有限公司	10806963
3	江苏国泰国际集团有限公司	4321837
4	玖隆钢铁物流有限公司	4018247
5	江苏汇鸿国际集团股份有限公司	3914010
6	弘阳集团有限公司	3077826
7	南通化工轻工股份有限公司	2162402
8	苏州金螳螂企业（集团）有限公司	1919358
9	江苏省苏豪控股集团有限公司	1668837
10	中国江苏国际经济技术合作集团有限公司	1566099
11	张家港保税区旭江贸易有限公司	1304543
12	无锡市国联发展（集团）有限公司	1154836
13	无锡商业大厦大东方股份有限公司	838152
14	江苏大经集团有限公司	739950
15	江阴长三角钢铁集团有限公司	671016
16	南京大地建设集团有限责任公司	656114
17	苏州国信集团有限公司	624943
18	苏州汽车客运集团有限公司	553565
19	无锡农村商业银行股份有限公司	525039
20	江苏华地国际控股集团有限公司	479183
21	江苏江阴农村商业银行股份有限公司	447985
22	张家港百维物贸有限公司	375410
23	江苏吴江农村商业银行股份有限公司	363441
24	东华能源股份有限公司	338998
25	无锡市交通产业集团有限公司	322891
26	常熟市交电家电有限责任公司	309859
27	张家港保税区荣德贸易有限公司	303350
28	无锡市市政公用产业集团有限公司	290770
	合计	78784436
湖南		
1	大汉控股集团有限公司	3363883
2	步步高投资集团股份有限公司	3101749
3	长沙银行股份有限公司	1408911
4	方正证券股份有限公司	1091499
5	湖南九龙经贸集团有限公司	1080782
6	湖南省新华书店有限责任公司	1079753
7	湖南友谊阿波罗控股股份有限公司	668107
8	湖南兰天集团有限公司	662714
9	现代投资股份有限公司	651614
10	长沙通程控股股份有限公司	422873
11	湖南省轻工盐业集团有限公司	401073
12	湖南新长海发展集团有限公司	381620
13	心连心集团有限公司	344648
	合计	14659226
湖北		
1	武汉商联（集团）股份有限公司	9132400
2	九州通医药集团股份有限公司	4958925
3	卓尔控股有限公司	3139470
4	武汉市金马凯旋家具投资有限公司	1506240
5	武汉金融控股（集团）有限公司	1345637
6	湖北省交通投资集团有限公司	1311140
7	武汉市城市建设投资开发集团有限公司	1099284
8	武汉农村商业银行股份有限公司	970515
9	湖北能源集团股份有限公司	714421
10	武汉商贸国有控股集团有限公司	661073
11	武汉工贸有限公司	576924
12	湖北银丰实业集团有限责任公司	519707
13	汉口银行股份有限公司	515905
14	汉江水利水电（集团）有限责任公司	511427
15	湖北省农业生产资料集团有限公司	508124
16	武汉地产开发投资集团有限公司	480076
17	武汉市燃气热力集团有限公司	447278
18	长江勘测规划设计研究院	360453
19	武汉市水务集团有限公司	337771
20	武汉华中通信广场有限责任公司	290249
	合计	29387019
江西		
1	南昌市政公用投资控股有限责任公司	1830939
2	江西省高速公路投资集团有限责任公司	1393563
3	中文天地出版传媒股份有限公司	1160162
4	江西赣粤高速公路股份有限公司	550160
5	江西新华发行集团有限公司	386071
	合计	5320895
浙江		
1	物产中大集团股份有限公司	18257322
2	阿里巴巴集团控股有限公司	10114300
3	浙江省兴合集团有限责任公司	8019763
4	浙江省能源集团有限公司	6795234
5	银亿集团有限公司	5883621
6	远大物产集团有限公司	5536429

排名	企业名称	营业收入（万元）
7	浙江省国际贸易集团有限公司	4854702
8	中基宁波集团股份有限公司	3842756
9	浙江省交通投资集团有限公司	3520031
10	浙江前程投资股份有限公司	3367880
11	浙江省商业集团有限公司	2708020
12	宁波君安控股有限公司	1779394
13	银泰商业（集团）有限公司	1766183
14	太平鸟集团有限公司	1690096
15	浙江英特药业有限责任公司	1546639
16	宝利德控股集团有限公司	1415266
17	杭州联华华商集团有限公司	1353186
18	浙江建华集团有限公司	1351511
19	浙江康桥汽车工贸集团股份有限公司	1127851
20	浙江出版联合集团有限公司	1048678
21	祥生实业集团有限公司	993566
22	浙江省农村发展集团有限公司	941357
23	开元旅业集团有限公司	840616
24	宁波滕头集团有限公司	820653
25	银江科技集团有限公司	805469
26	宁波轿辰集团股份有限公司	796576
27	海越控股集团有限公司	735200
28	浙江华瑞集团有限公司	710366
29	温州开元集团有限公司	667258
30	华数数字电视传媒集团有限公司	666823
31	日出实业集团有限公司	635387
32	荣安集团股份有限公司	621042
33	浙江凯喜雅国际股份有限公司	619675
34	华茂集团股份有限公司	604488
35	万事利集团有限公司	599590
36	浙江中国小商品城集团股份有限公司	569819
37	浙江万丰企业集团公司	552401
38	杭州解百集团股份有限公司	536611
39	浙大网新科技股份有限公司	526921
40	宁波鄞州农村合作银行	519557
41	宁波海田控股集团有限公司	515460
42	万向三农集团有限公司	513911
43	宁波市绿顺集团股份有限公司	481895
44	宁波医药股份有限公司	471906
45	雄风集团有限公司	471532
46	浙江省医药工业有限公司	467935
47	嘉兴良友进出口集团股份有限公司	444328
48	浙江凌达实业集团有限公司	429617
49	国宏电气集团股份有限公司	413660
50	宁波宁兴控股股份有限公司	374079
51	东冠集团有限公司	372179
52	宁波联合集团股份有限公司	369840
53	话机世界通信集团股份有限公司	362245
54	杭州市燃气集团有限公司	336679
55	浙江省经协集团有限公司	333896
56	湖州市浙北大厦有限责任公司	327708
57	中宁化集团有限公司	316072
58	宁波慈溪农村商业银行股份有限公司	309605
59	宁波晶圆贸易有限公司	308899
60	浙江华联商厦有限公司	307200
61	浙江远洲控股有限公司	306040
62	温州市亚泰进出口有限公司	299701
63	宁波明港液化气有限公司	298253
	合计	108579877

广东

排名	企业名称	营业收入（万元）
1	中国平安保险（集团）股份有限公司	69322000
2	华润（集团）有限公司	48122063
3	中国南方电网有限责任公司	46942579
4	招商银行股份有限公司	30384300
5	万科企业股份有限公司	18431705
6	恒大地产集团有限公司	13313000
7	中国南方航空集团公司	11220561
8	腾讯控股有限公司	10286300
9	腾邦集团有限公司	6594827
10	广东省广新控股集团有限公司	6425364
11	广东省广物控股集团有限公司	6358918
12	华侨城集团公司	5069295
13	深圳市爱施德股份有限公司	4956903
14	深圳市大生农业集团有限公司	4911064
15	深圳市飞马国际供应链股份有限公司	4763722
16	广东省广晟资产经营有限公司	4263633
17	天音通信有限公司	4247523
18	广东省丝绸纺织集团有限公司	4153256
19	广东省交通集团有限公司	4131239
20	广州轻工工贸集团有限公司	4105394
21	深圳市怡亚通供应链股份有限公司	3993867
22	广东圣丰集团有限公司	3917185
23	广州越秀集团有限公司	3376435
24	广发证券股份有限公司	3344664
25	深圳市信利康供应链管理有限公司	3044691
26	广州农村商业银行股份有限公司	2872255
27	珠海华发集团有限公司	2613290
28	广州国资发展控股有限公司	2498994
29	唯品会（中国）有限公司	2178187
30	广州发展集团股份有限公司	2111665

排名	企业名称	营业收入（万元）
31	广东省广业资产经营有限公司	2090042
32	广州银行股份有限公司	1861458
33	广东粤合资产经营有限公司	1828357
34	广州无线电集团有限公司	1718384
35	深圳市朗华供应链服务有限公司	1640888
36	广州元亨能源有限公司	1638376
37	深圳华强集团有限公司	1506450
38	广东粤海控股集团有限公司	1495606
39	利泰集团有限公司	1459020
40	深圳市中农网股份有限公司	1273121
41	广州岭南国际企业集团有限公司	1253326
42	深圳粤通集团有限公司	1220458
43	广东省商贸控股集团有限公司	1159214
44	广州珠江实业集团有限公司	1141672
45	人人乐连锁商业集团股份有限公司	1121805
46	深圳能源集团股份有限公司	1112998
47	深圳市海王生物工程股份有限公司	1111773
48	广州百货企业集团有限公司	1087276
49	佛山市顺德区乐从供销集团有限公司	1018394
50	广东鸿粤汽车销售集团有限公司	1008286
51	广东珠江投资股份有限公司	970106
52	广东省广告集团股份有限公司	962863
53	广州纺织工贸企业集团有限公司	914572
54	广州港集团有限公司	850933
55	广东合诚集团有限公司	812780
56	广州市水务投资集团有限公司	808424
57	广州中大控股有限公司	706626
58	广东天禾农资股份有限公司	649524
59	深圳市水务（集团）有限公司	647369
60	广州地铁集团有限公司	602634
61	广州华多网络科技有限公司	581806
62	广州佳都集团有限公司	532356
63	大参林医药集团股份有限公司	526548
64	广州南菱汽车股份有限公司	522550
65	中国对外贸易中心（集团）	511414
66	广东省广播电视网络股份有限公司	463595
67	深圳市恒波商业连锁股份有限公司	459374
68	鸿荣源置业集团（深圳）有限公司	446567
69	棕榈生态城镇发展股份有限公司	440051
70	深圳市润泰供应链管理有限公司	437515
71	广东省航运集团有限公司	421380
72	佛山市燃气集团股份有限公司	409380
73	深圳市粮食集团有限公司	401667
74	创美药业股份有限公司	337642
75	深圳市奇信建设集团股份有限公司	334019
76	广州金融控股集团有限公司	322797
77	广州尚品宅配家居股份有限公司	308773
78	潮州华丰集团股份有限公司	297180
	合计	381382228
四川		
1	四川蓝润实业集团有限公司	3381460
2	四川省能源投资集团有限责任公司	2111888
3	四川航空股份有限公司	1759699
4	四川省烟草公司成都市公司	1700102
5	成都银行股份有限公司	1552235
6	中国成达工程有限公司	743292
7	四川省开元集团有限公司	620762
8	四川新华发行集团有限公司	592465
9	四川华油集团有限责任公司	553350
10	四川安吉物流集团有限公司	442639
	合计	13457892
福建		
1	兴业银行股份有限公司	29188800
2	厦门建发集团有限公司	13056886
3	厦门国贸控股有限公司	10261615
4	厦门象屿集团有限公司	6561081
5	永辉超市股份有限公司	4214483
6	福建省能源集团有限责任公司	3138533
7	福建省交通运输集团有限责任公司	1627904
8	厦门海沧投资集团有限公司	1354729
9	厦门路桥工程物资有限公司	1206273
10	厦门翔业集团有限公司	1028866
11	联发集团有限公司	909424
12	厦门恒兴集团有限公司	704842
13	鹭燕（福建）药业股份有限公司	662572
14	厦门市嘉晟对外贸易有限公司	625446
15	厦门海澳集团有限公司	478347
16	厦门市明穗粮油贸易有限公司	442123
17	厦门嘉联恒进出口有限公司	367122
18	厦门住宅建设集团有限公司	362580
19	厦门轨道物资有限公司	353834
20	厦门经济特区房地产开发集团有限公司	350628
21	厦门育哲进出口有限公司	307840
	合计	77203928
广西壮族自治区		
1	广西投资集团有限公司	8516053
2	广西北部湾国际港务集团有限公司	3633746

排名	企业名称	营业收入（万元）
3	广西物资集团有限责任公司	2176546
4	广西交通投资集团有限公司	1943634
5	广西铁路投资集团有限公司	1392273
6	广西北部湾投资集团有限公司	1134122
7	广西水利电业集团有限公司	943217
8	广西西江开发投资集团有限公司	777262
9	桂林银行股份有限公司	753701
10	广西柳州医药股份有限公司	650766
11	广西云星集团有限公司	607808
12	广西北部湾银行股份有限公司	585228
13	广西金融投资集团有限公司	577049
14	柳州银行股份有限公司	517893
15	南宁威宁投资集团有限责任公司	463107
16	桂林彰泰实业集团有限公司	396909
17	广西桂东电力股份有限公司	359060
	合计	25428374
云南		
1	云南省能源投资集团有限公司	4188711
2	云南物流产业集团有限公司	814185
3	云南出版集团有限责任公司	559393
	合计	5562289
青海		
1	青海省物资产业集团总公司	510674
2	青海银行股份有限公司	384279
	合计	894953
宁夏回族自治区		
1	银川新华百货商业集团股份有限公司	740400
2	宁夏银行股份有限公司	673464
	合计	1413864
新疆维吾尔自治区		
1	新疆广汇实业投资（集团）有限责任公司	10503738
2	新疆生产建设兵团棉麻公司	1374842
3	新疆农资（集团）有限责任公司	676171
4	新疆前海集团公司	443188
5	新疆维吾尔自治区棉麻公司	402001
6	新疆生产建设兵团第一师棉麻有限责任公司	367604
	合计	13767544
内蒙古自治区		
1	内蒙古高等级公路建设开发有限责任公司	591394
	合计	591394
海南		
1	海航集团有限公司	18578021
	合计	18578021

表 10-4　2016 中国服务业企业 500 强净利润排序前 100 名企业

排名	公司名称	净利润（万元）	排名	公司名称	净利润（万元）
1	中国工商银行股份有限公司	27713100	51	中国机械工业集团有限公司	481841
2	中国建设银行股份有限公司	22814500	52	华侨城集团公司	480687
3	中国农业银行股份有限公司	18058200	53	国家开发投资公司	414326
4	中国银行股份有限公司	17084500	54	方正证券股份有限公司	406421
5	国家开发银行股份有限公司	10207656	55	中国航空集团公司	382648
6	阿里巴巴集团控股有限公司	7146000	56	中国华信能源有限公司	379051
7	交通银行股份有限公司	6652774	57	北京能源集团有限责任公司	354474
8	国家电网公司	6411002	58	世纪金源投资集团有限公司	332023
9	中国移动通信集团公司	6375034	59	中国通用技术（集团）控股有限责任公司	328355
10	招商银行股份有限公司	5801800	60	阳光保险集团股份有限公司	318176
11	中国平安保险（集团）股份有限公司	5420300	61	重庆银行股份有限公司	317006
12	上海浦东发展银行股份有限公司	5060400	62	广州银行股份有限公司	316242
13	兴业银行股份有限公司	5020700	63	中国东方航空集团公司	312810
14	中国民生银行股份有限公司	4611100	64	上海红星美凯龙投资有限公司	307103
15	百度网络技术有限公司	3366417	65	广西投资集团有限公司	305185
16	腾讯控股有限公司	2910800	66	申能（集团）有限公司	294244
17	中国邮政集团公司	2635851	67	上海东方明珠新媒体股份有限公司	290672
18	中国人寿保险（集团）公司	2620818	68	成都银行股份有限公司	281619
19	中国中信集团有限公司	2365121	69	中国太平保险集团有限责任公司	280031
20	中国人民保险集团股份有限公司	1954200	70	中国医药集团总公司	278655
21	华夏银行股份有限公司	1888267	71	大华（集团）有限公司	276320
22	万科企业股份有限公司	1811941	72	四川蓝润实业集团有限公司	275496
23	中国太平洋保险（集团）股份有限公司	1772800	73	长沙银行股份有限公司	273064
24	北京银行	1683918	74	天津农村商业银行股份有限公司	259800
25	海通证券股份有限公司	1583885	75	中国南方航空集团公司	259136
26	华润（集团）有限公司	1564330	76	吉林银行	258630
27	恒大地产集团有限公司	1554800	77	广东圣丰集团有限公司	255300
28	大连万达集团股份有限公司	1527884	78	卓尔控股有限公司	242740
29	中国华融资产管理股份有限公司	1448205	79	武汉农村商业银行股份有限公司	232785
30	中国南方电网有限责任公司	1396683	80	中华联合保险控股股份有限公司	222652
31	中国光大集团股份有限公司	1328700	81	大连金玛商城企业集团有限公司	218740
32	广发证券股份有限公司	1320101	82	广东省交通集团有限公司	210705
33	中国电信集团公司	1078171	83	中国航空油料集团公司	210099
34	泰康人寿保险股份有限公司	1059642	84	新奥能源控股有限公司	203600
35	中国银河证券股份有限公司	983551	85	中国对外贸易中心（集团）	202531
36	中国远洋海运集团有限公司	861289	86	洛阳银行股份有限公司	202137
37	新华人寿保险股份有限公司	860100	87	广州越秀集团有限公司	191299
38	重庆龙湖企业拓展有限公司	809896	88	安徽省能源集团有限公司	190009
39	浙江省能源集团有限公司	809073	89	四川省烟草公司成都市公司	187941
40	恒丰银行股份有限公司	803354	90	上海机场（集团）有限公司	184700
41	重庆农村商业银行股份有限公司	722330	91	青岛银行股份有限公司	181378
42	绿地控股集团股份有限公司	688643	92	天津城市基础设施建设投资集团有限公司	179667
43	上海国际港务（集团）股份有限公司	656245	93	深圳能源集团股份有限公司	179038
44	盛京银行股份有限公司	621133	94	青岛农村商业银行股份有限公司	171079
45	渤海银行股份有限公司	568851	95	三胞集团有限公司	170599
46	太平人寿保险有限公司	552800	96	安徽省交通控股集团有限公司	170541
47	中国保利集团公司	527612	97	福建省能源集团有限责任公司	167134
48	广州农村商业银行股份有限公司	500102	98	中粮集团有限公司	166822
49	天津银行股份有限公司	491644	99	重庆三峡银行股份有限公司	166350
50	中国联合网络通信集团有限公司	482202	100	浪潮集团有限公司	162118
				中国服务业企业 500 强平均数	451545

表 10-5 2016 中国服务业企业 500 强资产排序前 100 名企业

排名	公司名称	资产（万元）	排名	公司名称	资产（万元）
1	中国工商银行股份有限公司	2220978000	51	吉林银行	35753363
2	中国建设银行股份有限公司	1834948900	52	中国中化集团公司	35464151
3	中国农业银行股份有限公司	1779139300	53	广州越秀集团有限公司	34207525
4	中国银行股份有限公司	1681559700	54	太平人寿保险有限公司	33008946
5	国家开发银行股份有限公司	1261967489	55	广东省交通集团有限公司	32471797
6	中国邮政集团公司	751555819	56	成都银行股份有限公司	32144534
7	交通银行股份有限公司	715536158	57	重庆银行股份有限公司	31980799
8	中国中信集团有限公司	574313011	58	上海申通地铁集团有限公司	30262664
9	招商银行股份有限公司	547497800	59	中国银河证券股份有限公司	30065555
10	兴业银行股份有限公司	529888000	60	湖北省交通投资集团有限公司	30019515
11	上海浦东发展银行股份有限公司	504435200	61	天津泰达投资控股有限公司	29831699
12	中国平安保险（集团）股份有限公司	476515900	62	长沙银行股份有限公司	28542047
13	中国民生银行股份有限公司	452068800	63	中国机械工业集团有限公司	26143149
14	中国光大集团股份有限公司	348691600	64	天津农村商业银行股份有限公司	25595945
15	国家电网公司	310744265	65	江西省高速公路投资集团有限责任公司	24707259
16	中国人寿保险（集团）公司	302797957	66	广西投资集团有限公司	24228212
17	华夏银行股份有限公司	202060434	67	北京能源集团有限责任公司	23390151
18	北京银行	184490855	68	晋能集团有限公司	23387577
19	中国移动通信集团公司	163062995	69	天津物产集团有限公司	22849136
20	恒丰银行股份有限公司	106815567	70	中国医药集团总公司	22828598
21	华润（集团）有限公司	99451931	71	武汉市城市建设投资开发集团有限公司	22706916
22	中国太平洋保险（集团）股份有限公司	92384300	72	中国航空集团公司	22543387
23	大连万达集团股份有限公司	90335724	73	北京首都创业集团有限公司	22317734
24	中国华融资产管理股份有限公司	86654641	74	中国东方航空集团公司	21482117
25	中国人民保险集团股份有限公司	84646800	75	北京控股集团有限公司	21169615
26	中国电信集团公司	77269810	76	安徽省交通控股集团有限公司	20757318
27	渤海银行股份有限公司	76423544	77	广州地铁集团有限公司	19835407
28	恒大地产集团有限公司	75703500	78	苏宁控股集团有限公司	19826621
29	重庆农村商业银行股份有限公司	71680522	79	中国南方航空集团公司	19474054
30	盛京银行股份有限公司	70162850	80	阳光保险集团股份有限公司	19216872
31	天津城市基础设施建设投资集团有限公司	67044741	81	广西交通投资集团有限公司	19216814
32	中国联合网络通信集团有限公司	66079101	82	浙江省交通投资集团有限公司	19101455
33	新华人寿保险股份有限公司	66056000	83	青岛银行股份有限公司	18723525
34	中国南方电网有限责任公司	64001010	84	汉口银行股份有限公司	18314207
35	海航集团有限公司	61909572	85	浙江省能源集团有限公司	17955286
36	万科企业股份有限公司	61129557	86	天津房地产集团有限公司	17853241
37	绿地控股集团股份有限公司	60043607	87	武汉农村商业银行股份有限公司	17051194
38	中国保利集团公司	59387490	88	洛阳银行股份有限公司	16670750
39	中国远洋海运集团有限公司	59347360	89	青岛农村商业银行股份有限公司	16601331
40	广州农村商业银行股份有限公司	58280720	90	新疆广汇实业投资（集团）有限责任公司	16494133
41	海通证券股份有限公司	57544889	91	珠海华发集团有限公司	15750509
42	泰康人寿保险股份有限公司	56988311	92	河南交通投资集团有限公司	15634392
43	天津银行股份有限公司	56566773	93	方正证券股份有限公司	15442521
44	国家开发投资公司	49552967	94	腾讯控股有限公司	15144000
45	中粮集团有限公司	45897751	95	百度网络技术有限公司	14785331
46	广州银行股份有限公司	41519234	96	申能（集团）有限公司	14579503
47	中国太平保险集团有限责任公司	41210212	97	桂林银行股份有限公司	14363611
48	广发证券股份有限公司	41009701	98	重庆龙湖企业拓展有限公司	14253833
49	山东高速集团有限公司	35493037	99	中国通用技术（集团）控股有限责任公司	13942222
50	阿里巴巴集团控股有限公司	35445000	100	华侨城集团公司	13695687
				中国服务业企业 500 强平均数	37887785

表 10-6　2016 中国服务业企业 500 强从业人数排序前 100 名企业

排名	公司名称	从业人数	排名	公司名称	从业人数
1	国家电网公司	975855	51	新华人寿保险股份有限公司	52474
2	中国邮政集团公司	914611	52	兴业银行股份有限公司	52016
3	中国人民保险集团股份有限公司	659980	53	泰康人寿保险股份有限公司	48666
4	中国农业银行股份有限公司	503082	54	上海浦东发展银行股份有限公司	48427
5	中国工商银行股份有限公司	466346	55	石家庄北国人百集团有限责任公司	48124
6	华润（集团）有限公司	447348	56	华侨城集团公司	42920
7	中国移动通信集团公司	436651	57	万科企业股份有限公司	42295
8	中国电信集团公司	417101	58	百度网络技术有限公司	41467
9	中国建设银行股份有限公司	369183	59	中国通用技术（集团）控股有限责任公司	39829
10	中国银行股份有限公司	310042	60	北京能源集团有限责任公司	39803
11	中国南方电网有限责任公司	299259	61	中华联合保险控股股份有限公司	38548
12	中国联合网络通信集团有限公司	277590	62	广东省广晟资产经营有限公司	38372
13	中国平安保险（集团）股份有限公司	275011	63	唯品会（中国）有限公司	36000
14	大商集团有限公司	205930	64	阿里巴巴集团控股有限公司	34985
15	中国中信集团有限公司	194795	65	华夏银行股份有限公司	34020
16	海航集团有限公司	175600	66	福建省能源集团有限责任公司	31760
17	阳光保险集团股份有限公司	174321	67	中国港中旅集团公司	31503
18	中国人寿保险（集团）公司	157232	68	腾讯控股有限公司	30641
19	大连万达集团股份有限公司	128518	69	河南交通投资集团有限公司	30126
20	中国远洋海运集团有限公司	125759	70	上海申通地铁集团有限公司	28874
21	中粮集团有限公司	121767	71	上海强生控股股份有限公司	28698
22	中国机械工业集团有限公司	120602	72	广州无线电集团有限公司	28489
23	北京京东世纪贸易有限公司	105693	73	新奥能源控股有限公司	28317
24	中国南方航空集团公司	102924	74	福建省交通运输集团有限责任公司	28185
25	中国医药集团总公司	102147	75	庞大汽贸集团股份有限公司	28093
26	晋能集团有限公司	99732	76	安徽省交通控股集团有限公司	27841
27	重庆商社（集团）有限公司	98883	77	北京外企服务集团有限责任公司	27679
28	三胞集团有限公司	98700	78	重庆交通运输控股（集团）有限公司	25625
29	中国太平洋保险（集团）股份有限公司	91761	79	绿地控股集团股份有限公司	25621
30	交通银行股份有限公司	91468	80	广西水利电业集团有限公司	25543
31	中国航空集团公司	88178	81	辽宁日林实业集团有限公司	24511
32	中国东方航空集团公司	83846	82	北京首都创业集团有限公司	24475
33	恒大地产集团有限公司	83372	83	广东省广新控股集团有限公司	24439
34	北京控股集团有限公司	77014	84	苏州汽车客运集团有限公司	24423
35	招商银行股份有限公司	76192	85	中国诚通控股集团有限公司	24194
36	永辉超市股份有限公司	75179	86	浪潮集团有限公司	23864
37	国家开发投资公司	74058	87	太平人寿保险有限公司	23582
38	百联集团有限公司	72521	88	山西能源交通投资有限公司	23420
39	中国保利集团公司	70437	89	开元旅业集团有限公司	23301
40	新疆广汇实业投资（集团）有限责任公司	68280	90	中国华信能源有限公司	23055
41	北京首都旅游集团有限责任公司	59735	91	浙江省交通投资集团有限公司	22973
42	中国民生银行股份有限公司	59510	92	广州地铁集团有限公司	22457
43	中国光大集团股份有限公司	59500	93	浙江省能源集团有限公司	22455
44	重庆市能源投资集团有限公司	58528	94	山东高速集团有限公司	22287
45	国美电器有限公司	56007	95	深圳华强集团有限公司	22000
46	武汉商联（集团）股份有限公司	55069	96	广西投资集团有限公司	21921
47	中国太平保险集团有限责任公司	53682	97	天津市公共交通集团（控股）有限公司	21257
48	广东省交通集团有限公司	53616	98	广东省广业资产经营有限公司	20367
49	中国中化集团公司	53601	99	世纪金源投资集团有限公司	20360
50	山东省商业集团有限公司	53017	100	上海纺织（集团）有限公司	20000
				中国服务业企业 500 强平均数	27136

表10-7 2016中国服务业企业500强研发费用排序前100名企业

排名	公司名称	研发费用（万元）	排名	公司名称	研发费用（万元）
1	中国移动通信集团公司	2027226	51	重庆中节能实业有限责任公司	17645
2	中国电信集团公司	1163032	52	棕榈生态城镇发展股份有限公司	16869
3	阿里巴巴集团控股有限公司	1065800	53	长江勘测规划设计研究院	16760
4	百度网络技术有限公司	1017576	54	广东省广新控股集团有限公司	16733
5	国家电网公司	737586	55	浙大网新科技股份有限公司	16236
6	中国工商银行股份有限公司	600408	56	中国海诚工程科技股份有限公司	15885
7	浪潮集团有限公司	398165	57	赛鼎工程有限公司	15698
8	北京京东世纪贸易有限公司	345380	58	上海纺织（集团）有限公司	15574
9	中国机械工业集团有限公司	313540	59	西安曲江文化产业投资（集团）有限公司	15200
10	中国中信集团有限公司	226903	60	广州国资发展控股有限公司	14963
11	中国医药集团总公司	161875	61	北京银行	14708
12	中国中化集团公司	108245	62	广州农村商业银行股份有限公司	14253
13	中国南方电网有限责任公司	105548	63	天津银行股份有限公司	13579
14	中国远洋海运集团有限公司	100449	64	浙江省能源集团有限公司	12676
15	广东圣丰集团有限公司	99673	65	上海交运集团股份有限公司	12527
16	交通银行股份有限公司	92879	66	申能（集团）有限公司	12508
17	广东省广晟资产经营有限公司	82315	67	广发证券股份有限公司	12409
18	广州无线电集团有限公司	79373	68	银江科技集团有限公司	11740
19	东软集团股份有限公司	77007	69	广州岭南国际企业集团有限公司	11579
20	深圳华强集团有限公司	74625	70	国美电器有限公司	11113
21	银亿集团有限公司	66382	71	华数数字电视传媒集团有限公司	11084
22	珠海华发集团有限公司	66379	72	阳光保险集团股份有限公司	10993
23	苏州金螳螂企业（集团）有限公司	59698	73	北京能源集团有限责任公司	10875
24	新疆广汇实业投资（集团）有限责任公司	59145	74	重庆市金科投资控股（集团）有限责任公司	10512
25	安徽出版集团有限责任公司	49528	75	无锡市国联发展（集团）有限公司	10471
26	天津亿联投资控股集团有限公司	45200	76	深圳市奇信建设集团股份有限公司	10432
27	中国通用技术（集团）控股有限责任公司	43055	77	万事利集团有限公司	10378
28	山西省国新能源发展集团有限公司	39124	78	山东高速集团有限公司	10316
29	重庆市能源投资集团有限公司	38375	79	三胞集团有限公司	10300
30	国家开发投资公司	36890	80	广州珠江实业集团有限公司	9807
31	北京控股集团有限公司	36425	81	上海申通地铁集团有限公司	9556
32	广州华多网络科技有限公司	33657	82	中国邮政集团公司	9503
33	广东省交通集团有限公司	32862	83	兴华财富集团有限公司	9000
34	中国联合网络通信集团有限公司	32163	84	天津泰达投资控股有限公司	8721
35	广州轻工工贸集团有限公司	31377	85	晋能集团有限公司	8365
36	天津住宅建设发展集团有限公司	31082	86	江苏国泰国际集团有限公司	8210
37	天津港（集团）有限公司	29729	87	海通证券股份有限公司	8176
38	中国万向控股有限公司	29396	88	心连心集团有限公司	8000
39	网宿科技股份有限公司	28070	89	海越控股集团有限公司	7879
40	中国华信能源有限公司	25897	90	广州尚品宅配家居股份有限公司	7734
41	中文天地出版传媒股份有限公司	25554	91	万科企业股份有限公司	7720
42	上海龙旗科技股份有限公司	25537	92	东冠集团有限公司	7679
43	华侨城集团公司	25022	93	广州中大控股有限公司	7623
44	广东省广业资产经营有限公司	23799	94	河北天山实业集团有限公司	7530
45	中国成达工程有限公司	22797	95	洛阳银行股份有限公司	7150
46	中国诚通控股集团有限公司	22134	96	天音通信有限公司	6935
47	上海东方明珠新媒体股份有限公司	21678	97	腾邦集团有限公司	6837
48	宁夏银行股份有限公司	21377	98	太平鸟集团有限公司	6395
49	山西煤炭进出口集团有限公司	19942	99	广西北部湾银行股份有限公司	6299
50	泰康人寿保险股份有限公司	19039	100	广西投资集团有限公司	6111
				中国服务业企业500强平均数	42142

表 10-8　2016 中国服务业企业 500 强研发费用所占比例排序前 100 名企业

排名	公司名称	研发费所占比例（%）	排名	公司名称	研发费所占比例（%）
1	百度网络技术有限公司	15.89	51	上海东方明珠新媒体股份有限公司	1.03
2	阿里巴巴集团控股有限公司	10.54	52	湖南省轻工盐业集团有限公司	0.96
3	东软集团股份有限公司	9.93	53	天津贻成集团有限公司	0.96
4	网宿科技股份有限公司	9.57	54	广州岭南国际企业集团有限公司	0.92
5	浪潮集团有限公司	6.30	55	无锡市国联发展（集团）有限公司	0.91
6	广州华多网络科技有限公司	5.78	56	江苏江阴农村商业银行股份有限公司	0.90
7	深圳华强集团有限公司	4.95	57	洛阳银行股份有限公司	0.89
8	长江勘测规划设计研究院	4.65	58	广州珠江实业集团有限公司	0.86
9	广州无线电集团有限公司	4.62	59	天津港（集团）有限公司	0.85
10	棕榈生态城镇发展股份有限公司	3.83	60	唐山港集团股份有限公司	0.82
11	中国海诚工程科技股份有限公司	3.38	61	江西赣粤高速公路股份有限公司	0.80
12	赛鼎工程有限公司	3.27	62	广东省交通集团有限公司	0.80
13	宁夏银行股份有限公司	3.17	63	广州轻工工贸集团有限公司	0.76
14	上海龙旗科技股份有限公司	3.15	64	桂林银行股份有限公司	0.76
15	深圳市奇信建设集团股份有限公司	3.12	65	中国中信集团有限公司	0.65
16	苏州金螳螂企业（集团）有限公司	3.11	66	日照银行股份有限公司	0.65
17	浙大网新科技股份有限公司	3.08	67	汉江水利水电（集团）有限责任公司	0.62
18	中国成达工程有限公司	3.07	68	中宁化集团有限公司	0.61
19	安徽出版集团有限责任公司	3.02	69	广州国资发展控股有限公司	0.60
20	中国移动通信集团公司	3.02	70	浙江凯喜雅国际股份有限公司	0.59
21	中国电信集团公司	2.99	71	中国医药集团总公司	0.58
22	天津亿联投资控股集团有限公司	2.90	72	中国工商银行股份有限公司	0.56
23	珠海华发集团有限公司	2.54	73	新疆广汇实业投资（集团）有限责任公司	0.56
24	广东圣丰集团有限公司	2.54	74	江苏吴江农村商业银行股份有限公司	0.55
25	广州尚品宅配家居股份有限公司	2.50	75	西安高科（集团）公司	0.54
26	心连心集团有限公司	2.32	76	深圳市海王生物工程股份有限公司	0.54
27	中文天地出版传媒股份有限公司	2.20	77	汉口银行股份有限公司	0.53
28	东冠集团有限公司	2.06	78	北京控股集团有限公司	0.52
29	重庆中节能实业有限责任公司	2.01	79	广州港集团有限公司	0.50
30	西安曲江文化产业投资（集团）有限公司	2.00	80	广州农村商业银行股份有限公司	0.50
31	广东省广晟资产经营有限公司	1.93	81	上海春秋国际旅行社（集团）有限公司	0.50
32	北京京东世纪贸易有限公司	1.91	82	广州地铁集团有限公司	0.50
33	万事利集团有限公司	1.73	83	天津银行股份有限公司	0.49
34	华数数字电视传媒集团有限公司	1.66	84	华侨城集团公司	0.49
35	中国万向控股有限公司	1.55	85	广西金融投资集团有限公司	0.48
36	上海交运集团股份有限公司	1.53	86	青海省物资产业集团总公司	0.47
37	银江科技集团有限公司	1.46	87	重庆华宇集团有限公司	0.46
38	中国机械工业集团有限公司	1.42	88	宁波鄞州农村合作银行	0.46
39	山西省国新能源发展集团有限公司	1.34	89	河北天山实业集团有限公司	0.45
40	安徽省旅游集团有限责任公司	1.31	90	中国远洋海运集团有限公司	0.45
41	天津住宅建设发展集团有限公司	1.29	91	深圳能源集团股份有限公司	0.45
42	万向三农集团有限公司	1.18	92	上海机场（集团）有限公司	0.44
43	广东省广业资产经营有限公司	1.14	93	兴华财富集团有限公司	0.43
44	银亿集团有限公司	1.13	94	重庆市盐业（集团）有限公司	0.43
45	广西北部湾银行股份有限公司	1.08	95	深圳市水务（集团）有限公司	0.39
46	广州中大控股有限公司	1.08	96	太平鸟集团有限公司	0.38
47	上海申通地铁集团有限公司	1.08	97	武汉农村商业银行股份有限公司	0.38
48	海越控股集团有限公司	1.07	98	申能（集团）有限公司	0.38
49	重庆市能源投资集团有限公司	1.07	99	广发证券股份有限公司	0.37
50	河南蓝天集团有限公司	1.04	100	安徽国祯集团股份有限公司	0.37
				中国服务业企业 500 强平均数	0.72

表10-9 2016中国服务业企业500强净资产利润率排序前100名企业

排名	公司名称	净资产利润率（%）	排名	公司名称	净资产利润率（%）
1	东营华驰新能源科技有限公司	406.24	51	浙江凌达实业集团有限公司	20.40
2	武汉华中通信广场有限责任公司	118.39	52	国宏电气集团股份有限公司	20.27
3	广州中大控股有限公司	105.16	53	新疆生产建设兵团第一师棉麻有限责任公司	19.66
4	荣安集团股份有限公司	77.98	54	中基宁波集团股份有限公司	19.04
5	上海金开利集团有限公司	71.60	55	山东全福元商业集团有限责任公司	18.99
6	杭州联华华商集团有限公司	49.78	56	大商集团有限公司	18.91
7	苏州国信集团有限公司	43.34	57	四川华油集团有限责任公司	18.69
8	百度网络技术有限公司	41.95	58	太平鸟集团有限公司	18.60
9	远大物产集团有限公司	40.42	59	太平人寿保险有限公司	18.43
10	银江科技集团有限公司	40.20	60	重庆龙湖企业拓展有限公司	18.40
11	广州华多网络科技有限公司	39.08	61	武汉市金马凯旋家具投资有限公司	18.40
12	大参林医药集团股份有限公司	38.72	62	上海百润企业发展有限公司	18.20
13	湖南省新华书店有限责任公司	37.25	63	赛鼎工程有限公司	18.12
14	上海东方电视购物有限公司	36.51	64	万科企业股份有限公司	18.09
15	广州佳都集团有限公司	36.31	65	青岛世纪瑞丰集团有限公司	18.04
16	上海龙旗科技股份有限公司	34.20	66	宝利德控股集团有限公司	17.98
17	桂林彰泰实业集团有限公司	34.06	67	上海春秋国际旅行社（集团）有限公司	17.95
18	网宿科技股份有限公司	33.14	68	重庆河东控股（集团）有限公司	17.86
19	中宁化集团有限公司	33.05	69	厦门经济特区房地产开发集团有限公司	17.72
20	阿里巴巴集团控股有限公司	32.93	70	浙江省经协集团有限公司	17.64
21	深圳粤通集团有限公司	32.08	71	华侨城集团公司	17.54
22	武汉工贸有限公司	30.34	72	长春欧亚集团股份有限公司	17.36
23	泰康人寿保险股份有限公司	28.42	73	中国银河证券股份有限公司	17.28
24	四川省烟草公司成都市公司	28.28	74	中华联合保险控股股份有限公司	17.18
25	深圳市恒波商业连锁股份有限公司	27.74	75	河北保百集团有限公司	17.17
26	宁波滕头集团有限公司	27.48	76	广东圣丰集团有限公司	17.03
27	腾邦集团有限公司	26.71	77	广发证券股份有限公司	17.03
28	河北天山实业集团有限公司	26.50	78	天津恒运能源集团股份有限公司	17.02
29	上海福然德部件加工有限公司	26.33	79	重庆新华书店集团公司	16.89
30	广州纺织工贸企业集团有限公司	25.98	80	中国华信能源有限公司	16.84
31	四川航空股份有限公司	25.49	81	中国人民保险集团股份有限公司	16.83
32	安徽安粮控股股份有限公司	24.73	82	重庆三峡银行股份有限公司	16.82
33	路通建设集团股份有限公司	24.70	83	上海丝绸集团股份有限公司	16.79
34	腾讯控股有限公司	24.25	84	鸿荣源置业集团（深圳）有限公司	16.69
35	佛山市燃气集团股份有限公司	24.00	85	上海均瑶（集团）有限公司	16.59
36	青岛银盛泰集团有限公司	23.92	86	湖南友谊阿波罗控股股份有限公司	16.58
37	湖南省轻工盐业集团有限公司	23.07	87	洛阳银行股份有限公司	16.39
38	广州尚品宅配家居股份有限公司	22.84	88	上海永达控股（集团）有限公司	16.32
39	广东省广告集团股份有限公司	22.48	89	重庆中汽西南汽车（集团）有限公司	16.31
40	湖北省农业生产资料集团有限公司	22.34	90	中国平安保险（集团）股份有限公司	16.22
41	重庆市金科投资控股（集团）有限责任公司	22.33	91	万合集团股份有限公司	16.18
42	中国河南国际合作集团有限公司	21.92	92	广西投资集团有限公司	16.10
43	祥生实业集团有限公司	21.86	93	招商银行股份有限公司	16.08
44	浪潮集团有限公司	21.70	94	上海浦东发展银行股份有限公司	16.06
45	新疆前海集团公司	21.21	95	华夏银行股份有限公司	16.05
46	新疆生产建设兵团棉麻公司	21.10	96	兴业银行股份有限公司	16.01
47	大华（集团）有限公司	20.74	97	渤海银行股份有限公司	16.00
48	中国人寿保险（集团）公司	20.74	98	广州银行股份有限公司	15.96
49	中国海诚工程科技股份有限公司	20.71	99	中国建设银行股份有限公司	15.91
50	大连金玛商城企业集团有限公司	20.65	100	广西柳州医药股份有限公司	15.68
				中国服务业企业500强平均数	11.21

表 10-10　2016 中国服务业企业 500 强资产利润率排序前 100 名企业

排名	公司名称	资产利润率（%）	排名	公司名称	资产利润率（%）
1	东营华驰新能源科技有限公司	193.44	51	山东远通汽车贸易集团有限公司	6.03
2	武汉华中通信广场有限责任公司	68.88	52	上海丝绸集团股份有限公司	6.01
3	上海金开利集团有限公司	35.06	53	中文天地出版传媒股份有限公司	6.01
4	广州华多网络科技有限公司	28.35	54	大华（集团）有限公司	5.89
5	四川省烟草公司成都市公司	23.94	55	上海福然德部件加工有限公司	5.83
6	网宿科技股份有限公司	23.66	56	浙江出版联合集团有限公司	5.83
7	百度网络技术有限公司	22.77	57	重庆长安民生物流股份有限公司	5.69
8	阿里巴巴集团控股有限公司	19.61	58	重庆龙湖企业拓展有限公司	5.68
9	路通建设集团股份有限公司	19.46	59	太平鸟集团有限公司	5.61
10	腾讯控股有限公司	19.22	60	中国对外贸易中心（集团）	5.48
11	湖南省新华书店有限责任公司	15.88	61	国购投资有限公司	5.44
12	大参林医药集团股份有限公司	14.87	62	广州佳都集团有限公司	5.42
13	武汉市金马凯旋家具投资有限公司	13.93	63	张家港保税区荣德贸易有限公司	5.37
14	浙江凌达实业集团有限公司	13.63	64	广西北部湾投资集团有限公司	5.20
15	广州中大控股有限公司	11.98	65	中铁集装箱运输有限责任公司	5.20
16	湖南新长海发展集团有限公司	11.37	66	宁波市绿顺集团股份有限公司	5.12
17	大连金玛商城企业集团有限公司	10.73	67	卓尔控股有限公司	5.10
18	武汉工贸有限公司	10.60	68	安徽省能源集团有限公司	5.03
19	中国河南国际合作集团有限公司	10.17	69	浙大网新科技股份有限公司	4.98
20	青岛银盛泰集团有限公司	9.94	70	杭州解百集团股份有限公司	4.98
21	广东圣丰集团有限公司	9.84	71	广西柳州医药股份有限公司	4.84
22	国宏电气集团股份有限公司	9.80	72	江苏华地国际控股集团有限公司	4.79
23	深圳市恒波商业连锁股份有限公司	9.45	73	深圳粤通集团有限公司	4.74
24	中宁化集团有限公司	9.24	74	深圳市粮食集团有限公司	4.73
25	湖南省轻工盐业集团有限公司	8.86	75	万向三农集团有限公司	4.68
26	广州尚品宅配家居股份有限公司	8.75	76	银泰商业（集团）有限公司	4.66
27	佛山市燃气集团股份有限公司	8.58	77	上海交运集团股份有限公司	4.65
28	上海百润企业发展有限公司	8.50	78	浙江省能源集团有限公司	4.51
29	上海东方明珠新媒体股份有限公司	8.24	79	大汉控股集团有限公司	4.50
30	江西新华发行集团有限公司	8.16	80	南通化工轻工股份有限公司	4.50
31	四川华油集团有限责任公司	8.12	81	四川省开元集团有限公司	4.47
32	天津恒运能源集团股份有限公司	7.92	82	苏州汽车客运集团有限公司	4.46
33	河北天山实业集团有限公司	7.81	83	广西云星集团有限公司	4.45
34	浪潮集团有限公司	7.47	84	润华集团股份有限公司	4.45
35	远大物产集团有限公司	7.46	85	上海春秋国际旅行社（集团）有限公司	4.39
36	重庆新华书店集团公司	7.37	86	上海永达控股（集团）有限公司	4.38
37	四川蓝润实业集团有限公司	7.30	87	新奥能源控股有限公司	4.33
38	唐山港集团股份有限公司	7.21	88	弘阳集团有限公司	4.20
39	广东省广告集团股份有限公司	7.04	89	中国华信能源有限公司	4.11
40	云南出版集团有限责任公司	7.00	90	杭州联华华商集团有限公司	4.10
41	山东全福元商业集团有限责任公司	6.80	91	桂林彰泰实业集团有限公司	4.08
42	宁波滕头集团有限公司	6.70	92	广西桂东电力股份有限公司	4.07
43	上海国际港务（集团）股份有限公司	6.66	93	重庆中汽西南汽车（集团）有限公司	4.07
44	中国航空油料集团公司	6.64	94	中华联合保险控股股份有限公司	4.05
45	上海龙旗科技股份有限公司	6.50	95	中国移动通信集团公司	3.91
46	赛鼎工程有限公司	6.49	96	荣安集团股份有限公司	3.89
47	中国海诚工程科技股份有限公司	6.47	97	河北保百集团有限公司	3.87
48	重庆河东控股（集团）有限公司	6.46	98	深圳市奇信建设集团股份有限公司	3.78
49	宁波明港液化气有限公司	6.27	99	河北怀特集团股份有限公司	3.76
50	兴华财富集团有限公司	6.23	100	广州发展集团股份有限公司	3.74
				中国服务业企业 500 强平均数	1.16

表 10-11 2016 中国服务业企业 500 强收入利润率排序前 100 名企业

排名	公司名称	收入利润率（%）	排名	公司名称	收入利润率（%）
1	阿里巴巴集团控股有限公司	70.65	51	青海银行股份有限公司	17.49
2	百度网络技术有限公司	52.57	52	广州农村商业银行股份有限公司	17.41
3	盛京银行股份有限公司	43.79	53	青岛农村商业银行股份有限公司	17.40
4	重庆三峡银行股份有限公司	42.08	54	中国民生银行股份有限公司	17.24
5	海通证券股份有限公司	41.59	55	上海红星美凯龙投资有限公司	17.21
6	中国对外贸易中心（集团）	39.60	56	兴业银行股份有限公司	17.20
7	广发证券股份有限公司	39.47	57	中铁集装箱运输有限责任公司	17.17
8	中国银河证券股份有限公司	37.45	58	国家开发银行股份有限公司	17.15
9	方正证券股份有限公司	37.24	59	广州银行股份有限公司	16.99
10	重庆银行股份有限公司	36.89	60	江苏吴江农村商业银行股份有限公司	16.63
11	青岛银行股份有限公司	36.24	61	上海机场（集团）有限公司	16.16
12	恒丰银行股份有限公司	33.42	62	深圳能源集团股份有限公司	16.09
13	汉口银行股份有限公司	28.84	63	无锡农村商业银行股份有限公司	15.87
14	无锡市交通产业集团有限公司	28.52	64	吉林银行	15.47
15	腾讯控股有限公司	28.30	65	日照银行股份有限公司	15.18
16	网宿科技股份有限公司	28.30	66	重庆华宇集团有限公司	15.17
17	天津滨海农村商业银行股份有限公司	26.65	67	湖南新长海发展集团有限公司	14.85
18	厦门经济特区房地产开发集团有限公司	26.34	68	万向三农集团有限公司	14.34
19	中国工商银行股份有限公司	25.66	69	江西新华发行集团有限公司	14.17
20	洛阳银行股份有限公司	25.24	70	邢台银行股份有限公司	14.09
21	中国建设银行股份有限公司	24.64	71	重庆新华书店集团公司	13.92
22	武汉农村商业银行股份有限公司	23.99	72	上海东方明珠新媒体股份有限公司	13.76
23	唐山港集团股份有限公司	23.26	73	大连金玛商城企业集团有限公司	13.60
24	宁波鄞州农村合作银行	22.74	74	河北港口集团有限公司	13.53
25	广州华多网络科技有限公司	22.66	75	东营华驰新能源科技有限公司	13.51
26	上海国际港务（集团）股份有限公司	22.24	76	柳州银行股份有限公司	13.43
27	中国银行股份有限公司	22.21	77	安徽省能源集团有限公司	13.23
28	湖北能源集团股份有限公司	22.09	78	宁夏银行股份有限公司	13.09
29	中国农业银行股份有限公司	21.66	79	渤海银行股份有限公司	13.00
30	上海金开利集团有限公司	21.65	80	江西赣粤高速公路股份有限公司	12.94
31	大华（集团）有限公司	21.25	81	天津城市基础设施建设投资集团有限公司	12.54
32	湖南省轻工盐业集团有限公司	21.00	82	厦门住宅建设集团有限公司	12.50
33	宁波慈溪农村商业银行股份有限公司	20.63	83	浙江中国小商品城集团股份有限公司	12.08
34	青岛银盛泰集团有限公司	20.51	84	浙江省能源集团有限公司	11.91
35	广州金融控股集团有限公司	20.13	85	广西金融投资集团有限公司	11.90
36	重庆龙湖企业拓展有限公司	19.63	86	江苏华地国际控股集团有限公司	11.80
37	重庆农村商业银行股份有限公司	19.52	87	恒大地产集团有限公司	11.68
38	长沙银行股份有限公司	19.38	88	广州中大控股有限公司	11.54
39	中国华融资产管理股份有限公司	19.21	89	无锡市国联发展（集团）有限公司	11.40
40	北京银行	19.16	90	国购投资有限公司	11.14
41	上海浦东发展银行股份有限公司	19.16	91	四川省烟草公司成都市公司	11.05
42	招商银行股份有限公司	19.09	92	路通建设集团股份有限公司	10.74
43	交通银行股份有限公司	18.58	93	湖南省新华书店有限责任公司	10.56
44	天津农村商业银行股份有限公司	18.46	94	广州港集团有限公司	10.51
45	江苏江阴农村商业银行股份有限公司	18.18	95	广西桂东电力股份有限公司	10.47
46	成都银行股份有限公司	18.14	96	天津贻成集团有限公司	10.41
47	鸿荣源置业集团（深圳）有限公司	18.13	97	桂林银行股份有限公司	10.19
48	华夏银行股份有限公司	17.96	98	上海大众公用事业（集团）股份有限公司	10.09
49	张家口银行股份有限公司	17.65	99	重庆协信控股（集团）有限公司	9.96
50	天津银行股份有限公司	17.62	100	广西云星集团有限公司	9.89
				中国服务业企业 500 强平均数	8.16

表 10-12 2016 中国服务业企业 500 强人均净利润排序前 100 名企业

排名	公司名称	人均净利润（万元）	排名	公司名称	人均净利润（万元）
1	国家开发银行股份有限公司	1047.91	51	桂林彰泰实业集团有限公司	60.58
2	东营华驰新能源科技有限公司	821.48	52	中国工商银行股份有限公司	59.43
3	浙江凌达实业集团有限公司	480.85	53	长沙银行股份有限公司	59.27
4	阿里巴巴集团控股有限公司	204.26	54	华夏银行股份有限公司	55.50
5	张家港百维物贸有限公司	199.79	55	中国银行股份有限公司	55.10
6	大华（集团）有限公司	191.22	56	武汉农村商业银行股份有限公司	55.07
7	厦门住宅建设集团有限公司	187.27	57	宁波鄞州农村合作银行	54.05
8	海通证券股份有限公司	175.52	58	重庆龙湖企业拓展有限公司	51.81
9	中国华融资产管理股份有限公司	157.00	59	成都银行股份有限公司	51.12
10	青岛银盛泰集团有限公司	148.58	60	弘阳集团有限公司	49.67
11	盛京银行股份有限公司	136.00	61	方正证券股份有限公司	48.60
12	广发证券股份有限公司	134.86	62	张家港保税区荣德贸易有限公司	47.32
13	国购投资有限公司	126.42	63	上海东方明珠新媒体股份有限公司	47.10
14	中国对外贸易中心（集团）	125.80	64	广西云星集团有限公司	46.96
15	鸿荣源置业集团（深圳）有限公司	123.63	65	江苏吴江农村商业银行股份有限公司	46.93
16	北京银行	122.24	66	汉口银行股份有限公司	46.33
17	四川省烟草公司成都市公司	112.95	67	日照银行股份有限公司	46.32
18	上海浦东发展银行股份有限公司	104.50	68	重庆河东控股（集团）有限公司	45.20
19	天津现代集团有限公司	102.63	69	宁波慈溪农村商业银行股份有限公司	44.95
20	青岛世纪瑞丰集团有限公司	99.01	70	重庆农村商业银行股份有限公司	44.64
21	中国银河证券股份有限公司	97.47	71	天津农村商业银行股份有限公司	44.47
22	兴业银行股份有限公司	96.52	72	张家口银行股份有限公司	43.99
23	腾讯控股有限公司	95.00	73	万科企业股份有限公司	42.84
24	广州银行股份有限公司	94.15	74	路通建设集团股份有限公司	42.47
25	广州华多网络科技有限公司	93.72	75	宁波君安控股有限公司	40.50
26	洛阳银行股份有限公司	93.63	76	青海银行股份有限公司	39.31
27	四川蓝润实业集团有限公司	86.09	77	湖北能源集团股份有限公司	38.68
28	重庆三峡银行股份有限公司	85.31	78	深圳能源集团股份有限公司	37.26
29	恒丰银行股份有限公司	84.12	79	唐山港集团股份有限公司	36.42
30	远大物产集团有限公司	84.03	80	浙江省经协集团有限公司	36.34
31	重庆银行股份有限公司	83.86	81	网宿科技股份有限公司	36.29
32	百度网络技术有限公司	81.18	82	浙江省能源集团有限公司	36.03
33	渤海银行股份有限公司	81.03	83	中国农业银行股份有限公司	35.90
34	天津银行股份有限公司	80.70	84	上海国际港务（集团）股份有限公司	35.79
35	卓尔控股有限公司	80.64	85	厦门恒兴集团有限公司	35.76
36	广州元亨能源有限公司	78.67	86	深圳市飞马国际供应链股份有限公司	35.29
37	中国民生银行股份有限公司	77.48	87	联发集团有限公司	35.06
38	建安投资控股集团有限公司	76.71	88	中国河南国际合作集团有限公司	35.02
39	招商银行股份有限公司	76.15	89	安徽省能源集团有限公司	34.83
40	苏州国信集团有限公司	74.25	90	宁波明港液化气有限公司	34.71
41	交通银行股份有限公司	72.73	91	天津滨海农村商业银行股份有限公司	34.51
42	中铁集装箱运输有限责任公司	71.04	92	上海福然德部件加工有限公司	34.47
43	荣安集团股份有限公司	65.05	93	广东珠江投资股份有限公司	33.56
44	上海百润企业发展有限公司	64.16	94	青岛农村商业银行股份有限公司	33.37
45	无锡农村商业银行股份有限公司	62.61	95	深圳市粮食集团有限公司	33.08
46	广州农村商业银行股份有限公司	62.43	96	万向三农集团有限公司	32.30
47	江苏江阴农村商业银行股份有限公司	62.03	97	宁夏银行股份有限公司	31.23
48	中国建设银行股份有限公司	61.80	98	上海金开利集团有限公司	30.80
49	南通化工轻工股份有限公司	61.35	99	西安迈科金属国际集团有限公司	29.53
50	青岛银行股份有限公司	61.07	100	桂林银行股份有限公司	29.39
				中国服务业企业 500 强平均数	16.47

表10-13 2016中国服务业企业500强人均营业收入排序前100名企业

排名	公司名称	人均收入（万元）	排名	公司名称	人均收入（万元）
1	张家港保税区旭江贸易有限公司	59297	51	天津物产集团有限公司	2260
2	广州元亨能源有限公司	33436	52	江阴长三角钢铁集团有限公司	2193
3	珠海振戎公司	33329	53	苏州国信集团有限公司	2049
4	张家港百维物贸有限公司	26815	54	武汉华中通信广场有限责任公司	1961
5	西安迈科金属国际集团有限公司	22189	55	广西铁路投资集团有限公司	1844
6	天津俊安煤焦化工有限公司	19902	56	宁波医药股份有限公司	1691
7	厦门育哲进出口有限公司	19240	57	天津远大联合汽车贸易集团有限公司	1668
8	宁波君安控股有限公司	18930	58	上海福然德部件加工有限公司	1667
9	南通化工轻工股份有限公司	15017	59	天津市长芦盐业总公司	1647
10	上海百润企业发展有限公司	13137	60	深圳市大生农业集团有限公司	1637
11	玖隆钢铁物流有限公司	13046	61	深圳市爱施德股份有限公司	1636
12	青岛世纪瑞丰集团有限公司	10915	62	浙江省经协集团有限公司	1621
13	深圳市飞马国际供应链股份有限公司	9624	63	浙江省医药工业有限公司	1603
14	宁波明港液化气有限公司	9621	64	宁波市绿顺集团股份有限公司	1555
15	上海浦原对外经贸公司	9605	65	厦门住宅建设集团有限公司	1498
16	浙江凌达实业集团有限公司	9340	66	天津恒运能源集团股份有限公司	1440
17	上海闽路润贸易有限公司	8824	67	上海钢联电子商务股份有限公司	1437
18	上海龙宇燃油股份有限公司	8173	68	深圳粤通集团有限公司	1382
19	远大物产集团有限公司	7787	69	中国国际技术智力合作公司	1382
20	新疆生产建设兵团第一师棉麻有限责任公司	7502	70	重庆河东控股（集团）有限公司	1382
21	厦门市明穗粮油贸易有限公司	6408	71	大汉控股集团有限公司	1268
22	源山投资控股有限公司	6268	72	中国航空油料集团公司	1239
23	国家开发银行股份有限公司	6112	73	天津一商集团有限公司	1195
24	东营华驰新能源科技有限公司	6079	74	浙江华瑞集团有限公司	1165
25	温州市亚泰进出口有限公司	5753	75	上海展志实业集团有限责任公司	1153
26	深圳市信利康供应链管理有限公司	5649	76	中国华信能源有限公司	1141
27	浙江前程投资股份有限公司	5329	77	国购投资有限公司	1135
28	上海均和集团有限公司	5311	78	中国天津国际经济技术合作集团公司	1121
29	厦门嘉联恒进出口有限公司	5099	79	河北省农业生产资料有限公司	1082
30	深圳市润泰供应链管理有限公司	3872	80	江苏汇鸿国际集团股份有限公司	1080
31	深圳市朗华供应链服务有限公司	3729	81	广西物资集团有限责任公司	1058
32	厦门轨道物资有限公司	3574	82	四川蓝润实业集团有限公司	1057
33	江苏大经集团有限公司	3524	83	北方国际集团有限公司	1048
34	张家港保税区荣德贸易有限公司	3227	84	卓尔控股有限公司	1043
35	厦门市嘉晟对外贸易有限公司	3191	85	厦门恒兴集团有限公司	1037
36	厦门路桥工程物资有限公司	3174	86	弘阳集团有限公司	1025
37	日出实业集团有限公司	3070	87	四川省烟草公司成都市公司	1022
38	宁波晶圆贸易有限公司	3058	88	潮州华丰集团股份有限公司	1007
39	河北省物流产业集团有限公司	3039	89	物产中大集团股份有限公司	1002
40	厦门海澳集团有限公司	3008	90	重庆华轻商业有限公司	945
41	新疆生产建设兵团棉麻公司	2950	91	安徽辉隆农资集团	941
42	天津现代集团有限公司	2868	92	厦门象屿集团有限公司	937
43	泰德煤网股份有限公司	2866	93	荣安集团股份有限公司	920
44	黑龙江倍丰农业生产资料集团有限公司	2843	94	大华（集团）有限公司	900
45	宁波海田控股集团有限公司	2643	95	常熟市交电家电有限责任公司	888
46	浙江凯喜雅国际股份有限公司	2626	96	建安投资控股集团有限公司	851
47	深圳市中农网股份有限公司	2467	97	嘉兴良友进出口集团股份有限公司	832
48	中基宁波集团股份有限公司	2466	98	天津房地产集团有限公司	824
49	上海东浩兰生国际服务贸易（集团）有限公司	2379	99	中国华融资产管理股份有限公司	817
50	华南物资集团有限公司	2317	100	绿地控股集团股份有限公司	809
				中国服务业企业500强平均数	199

表 10-14　2016 中国服务业企业 500 强人均资产排序前 100 名企业

排名	公司名称	人均资产（万元）	排名	公司名称	人均资产（万元）
1	国家开发银行股份有限公司	129552	51	天津农村商业银行股份有限公司	4381
2	天津俊安煤焦化工有限公司	30637	52	宁波慈溪农村商业银行股份有限公司	4267
3	盛京银行股份有限公司	15363	53	宁夏银行股份有限公司	4217
4	广州元亨能源有限公司	14689	54	湖北省交通投资集团有限公司	4210
5	北京银行	13392	55	宁波鄞州农村合作银行	4193
6	广州银行股份有限公司	12361	56	广发证券股份有限公司	4189
7	广西铁路投资集团有限公司	11689	57	深圳市飞马国际供应链股份有限公司	4157
8	恒丰银行股份有限公司	11185	58	青岛世纪瑞丰集团有限公司	4123
9	渤海银行股份有限公司	10887	59	青海银行股份有限公司	4119
10	上海浦东发展银行股份有限公司	10416	60	深圳市朗华供应链服务有限公司	4068
11	兴业银行股份有限公司	10187	61	武汉农村商业银行股份有限公司	4034
12	厦门住宅建设集团有限公司	9921	62	天津现代集团有限公司	4024
13	建安投资控股集团有限公司	9651	63	吉林银行	3864
14	中国华融资产管理股份有限公司	9394	64	柳州银行股份有限公司	3659
15	天津银行股份有限公司	9285	65	中国农业银行股份有限公司	3536
16	无锡农村商业银行股份有限公司	8677	66	浙江凌达实业集团有限公司	3527
17	重庆银行股份有限公司	8461	67	武汉地产开发投资集团有限公司	3517
18	交通银行股份有限公司	7823	68	天津市政建设集团有限公司	3276
19	张家港百维物贸有限公司	7819	69	大华（集团）有限公司	3249
20	洛阳银行股份有限公司	7722	70	青岛农村商业银行股份有限公司	3238
21	中国民生银行股份有限公司	7597	71	厦门市嘉晟对外贸易有限公司	3171
22	新疆生产建设兵团第一师棉麻有限责任公司	7473	72	中国银河证券股份有限公司	2979
23	广州农村商业银行股份有限公司	7276	73	中国中信集团有限公司	2948
24	招商银行股份有限公司	7186	74	深圳市信利康供应链管理有限公司	2943
25	江苏江阴农村商业银行股份有限公司	6891	75	厦门嘉联恒进出口有限公司	2670
26	重庆三峡银行股份有限公司	6802	76	广州越秀集团有限公司	2597
27	海通证券股份有限公司	6388	77	黑龙江倍丰农业生产资料集团有限公司	2372
28	青岛银行股份有限公司	6304	78	绿地控股集团股份有限公司	2344
29	张家港保税区旭江贸易有限公司	6286	79	国购投资有限公司	2323
30	长沙银行股份有限公司	6195	80	中国对外贸易中心（集团）	2297
31	华夏银行股份有限公司	5939	81	宁波君安控股有限公司	2227
32	中国光大集团股份有限公司	5860	82	上海龙宇燃油股份有限公司	2137
33	成都银行股份有限公司	5835	83	苏州国信集团有限公司	2017
34	西安迈科金属国际集团有限公司	5828	84	中国人寿保险（集团）公司	1926
35	天津城市基础设施建设投资集团有限公司	5772	85	浙江凯喜雅国际股份有限公司	1886
36	汉口银行股份有限公司	5704	86	泰德煤网股份有限公司	1883
37	天津滨海农村商业银行股份有限公司	5644	87	方正证券股份有限公司	1847
38	江苏吴江农村商业银行股份有限公司	5548	88	温州市亚泰进出口有限公司	1841
39	桂林银行股份有限公司	5497	89	厦门市明穗粮油贸易有限公司	1832
40	中国银行股份有限公司	5424	90	厦门恒兴集团有限公司	1801
41	广东珠江投资股份有限公司	5392	91	广西金融投资集团有限公司	1737
42	天津房地产集团有限公司	5379	92	中国平安保险（集团）股份有限公司	1733
43	日照银行股份有限公司	5330	93	上海临港经济发展（集团）有限公司	1699
44	鸿荣源置业集团（深圳）有限公司	5089	94	荣安集团股份有限公司	1670
45	中国建设银行股份有限公司	4970	95	天津市长芦盐业总公司	1661
46	张家口银行股份有限公司	4883	96	山东高速集团有限公司	1637
47	珠海振戎公司	4768	97	武汉市城市建设投资开发集团有限公司	1609
48	中国工商银行股份有限公司	4763	98	厦门轨道物资有限公司	1607
49	广西北部湾银行股份有限公司	4521	99	广西交通投资集团有限公司	1588
50	重庆农村商业银行股份有限公司	4430	100	江西省高速公路投资集团有限责任公司	1583
				中国服务业企业 500 强平均数	1415

表 10-15 2016 中国服务业企业 500 强收入增长率排序前 100 名企业

排名	公司名称	收入增长率（%）	排名	公司名称	收入增长率（%）
1	上海钢联电子商务股份有限公司	182.61	51	南昌市政公用投资控股有限责任公司	35.94
2	四川蓝润实业集团有限公司	177.89	52	湖南省轻工盐业集团有限公司	35.79
3	鸿荣源置业集团（深圳）有限公司	160.59	53	安徽新华发行（集团）控股有限公司	35.54
4	东营华驰新能源科技有限公司	155.41	54	上海东方明珠新媒体股份有限公司	35.53
5	广发证券股份有限公司	149.70	55	江西赣粤高速公路股份有限公司	34.83
6	中国银河证券股份有限公司	130.10	56	泰康人寿保险股份有限公司	34.47
7	方正证券股份有限公司	122.77	57	深圳华强集团有限公司	34.22
8	天津恒运能源集团股份有限公司	122.72	58	厦门经济特区房地产开发集团有限公司	34.06
9	广州金融控股集团有限公司	118.96	59	阿里巴巴集团控股有限公司	32.73
10	温州市亚泰进出口有限公司	118.02	60	百度网络技术有限公司	32.05
11	海通证券股份有限公司	111.84	61	开元旅业集团有限公司	31.90
12	上海龙宇燃油股份有限公司	105.92	62	新疆生产建设兵团第一师棉麻有限责任公司	31.03
13	源山投资控股有限公司	101.50	63	中国平安保险（集团）股份有限公司	30.79
14	唯品会（中国）有限公司	96.19	64	广西投资集团有限公司	30.37
15	乐视网络信息技术（北京）股份有限公司	91.04	65	腾讯控股有限公司	30.32
16	上海均和集团有限公司	90.53	66	北京首都创业集团有限公司	30.32
17	桂林彰泰实业集团有限公司	90.02	67	联发集团有限公司	29.72
18	上海福然德部件加工有限公司	88.93	68	广州无线电集团有限公司	29.33
19	深圳市朗华供应链服务有限公司	83.64	69	张家口银行股份有限公司	29.23
20	四川省能源投资集团有限责任公司	80.25	70	广西北部湾投资集团有限公司	28.89
21	祥生实业集团有限公司	75.12	71	邢台银行股份有限公司	28.84
22	深圳市中农网股份有限公司	74.10	72	大华（集团）有限公司	28.15
23	广西桂东电力股份有限公司	69.81	73	天津市政建设集团有限公司	27.79
24	海越控股集团有限公司	69.44	74	中国港中旅集团公司	27.79
25	广西云星集团有限公司	66.51	75	重庆三峡银行股份有限公司	27.50
26	阳光保险集团股份有限公司	63.21	76	中华联合保险控股股份有限公司	27.43
27	厦门市明穗粮油贸易有限公司	62.44	77	广西西江开发投资集团有限公司	27.15
28	中粮集团有限公司	62.38	78	三胞集团有限公司	27.04
29	广州尚品宅配家居股份有限公司	61.47	79	盛京银行股份有限公司	26.59
30	厦门海沧投资集团有限公司	59.83	80	深圳粤通集团有限公司	26.32
31	北京京东世纪贸易有限公司	57.64	81	万科企业股份有限公司	25.91
32	太平人寿保险有限公司	56.95	82	厦门恒兴集团有限公司	25.85
33	网宿科技股份有限公司	53.43	83	厦门象屿集团有限公司	25.76
34	浙江省经协集团有限公司	53.21	84	重庆新华书店集团公司	25.35
35	中锐控股集团有限公司	53.10	85	中国太平保险集团有限责任公司	25.34
36	广东省广告集团股份有限公司	51.93	86	江西省高速公路投资集团有限责任公司	24.99
37	广州华多网络科技有限公司	51.84	87	天音通信有限公司	24.92
38	上海百润企业发展有限公司	51.66	88	洛阳银行股份有限公司	24.61
39	珠海华发集团有限公司	51.56	89	大连港集团有限公司	24.40
40	现代投资股份有限公司	50.44	90	浪潮集团有限公司	23.84
41	深圳市飞马国际供应链股份有限公司	48.31	91	苏宁控股集团有限公司	23.80
42	浙江中国小商品城集团股份有限公司	48.26	92	长沙银行股份有限公司	23.67
43	中国华融资产管理股份有限公司	47.64	93	汉江水利水电（集团）有限责任公司	23.54
44	武汉地产开发投资集团有限公司	45.41	94	太平鸟集团有限公司	23.32
45	深圳市恒波商业连锁股份有限公司	45.00	95	广西金融投资集团有限公司	23.27
46	腾邦集团有限公司	44.04	96	中国华信能源有限公司	22.97
47	建安投资控股集团有限公司	38.43	97	厦门市嘉晟对外贸易有限公司	21.66
48	话机世界通信集团股份有限公司	38.31	98	青海省物资产业集团总公司	21.57
49	广州越秀集团有限公司	36.82	99	浙江省农村发展集团有限公司	21.53
50	中国万向控股有限公司	36.72	100	远大物产集团有限公司	21.31
				中国服务业企业 500 强平均数	6.11

表 10-16　2016 中国服务业企业 500 强净利润增长率排序前 100 名企业

排名	公司名称	净利润增长率（%）	排名	公司名称	净利润增长率（%）
1	河北省国和投资集团有限公司	1433.33	51	中国远洋海运集团有限公司	101.87
2	广州中大控股有限公司	1332.20	52	中基宁波集团股份有限公司	100.30
3	青岛世纪瑞丰集团有限公司	1284.35	53	湖北省交通投资集团有限公司	100.22
4	东营华驰新能源科技有限公司	1213.83	54	福建省能源集团有限责任公司	97.69
5	话机世界通信集团股份有限公司	1068.32	55	天津泰达投资控股有限公司	96.82
6	广州地铁集团有限公司	888.57	56	宁波市绿顺集团股份有限公司	96.80
7	上海福然德部件加工有限公司	741.58	57	重庆市新大兴实业（集团）有限公司	93.56
8	深圳市海王生物工程股份有限公司	660.87	58	大华（集团）有限公司	92.48
9	山东高速集团有限公司	642.79	59	宁波晶圆贸易有限公司	86.38
10	天津贻成集团有限公司	635.50	60	河北港口集团有限公司	83.94
11	广西投资集团有限公司	499.19	61	山西汽车运输集团有限公司	80.61
12	深圳市爱施德股份有限公司	382.60	62	广西云星集团有限公司	79.41
13	四川省开元集团有限公司	356.30	63	北京外企服务集团有限责任公司	78.20
14	西安曲江文化产业投资（集团）有限公司	299.31	64	世纪金源投资集团有限公司	77.98
15	河北省物流产业集团有限公司	297.08	65	中国航空集团公司	76.32
16	中国航空油料集团公司	262.05	66	湖南省轻工盐业集团有限公司	75.15
17	广东省广物控股集团有限公司	249.73	67	广东省广新控股集团有限公司	72.23
18	阳光保险集团股份有限公司	247.37	68	网宿科技股份有限公司	71.50
19	阿里巴巴集团控股有限公司	195.91	69	中国东方航空集团公司	71.00
20	广西北部湾银行股份有限公司	191.43	70	天津恒运能源集团股份有限公司	69.91
21	上海展志实业集团有限责任公司	188.72	71	九禾股份有限公司	69.15
22	银江科技集团有限公司	188.53	72	浙江中国小商品城集团股份有限公司	68.33
23	湖南兰天集团有限公司	186.85	73	南宁威宁投资集团有限责任公司	68.06
24	中国万向控股有限公司	170.29	74	中铁集装箱运输有限责任公司	67.73
25	鸿荣源置业集团（深圳）有限公司	170.05	75	武汉金融控股（集团）有限公司	67.17
26	四川航空股份有限公司	169.30	76	四川省能源投资集团有限责任公司	66.80
27	广发证券股份有限公司	162.83	77	庞大汽贸集团股份有限公司	66.60
28	中国银河证券股份有限公司	160.84	78	华数数字电视传媒集团有限公司	64.35
29	深圳市朗华供应链服务有限公司	159.26	79	上海外经集团控股有限公司	62.73
30	百度网络技术有限公司	155.09	80	中国太平洋保险（集团）股份有限公司	60.45
31	中国人寿保险（集团）公司	152.06	81	中国南方航空集团公司	59.98
32	上海百润企业发展有限公司	150.62	82	厦门国贸控股有限公司	57.93
33	深圳市恒波商业连锁股份有限公司	147.82	83	深圳市怡亚通供应链股份有限公司	57.69
34	源山投资控股有限公司	143.49	84	乐视网络信息技术（北京）股份有限公司	57.41
35	广东省交通集团有限公司	141.34	85	浙江省经协集团有限公司	56.76
36	中国港中旅集团公司	136.77	86	华侨城集团公司	55.46
37	上海临港经济发展（集团）有限公司	132.80	87	泰康人寿保险股份有限公司	54.31
38	浙江凌达实业集团有限公司	130.69	88	江苏省苏豪控股集团有限公司	53.32
39	河北省农业生产资料有限公司	126.31	89	安徽省旅游集团有限责任公司	51.61
40	方正证券股份有限公司	126.28	90	重庆商社（集团）有限公司	51.10
41	上海均瑶（集团）有限公司	125.53	91	东软集团股份有限公司	51.10
42	中粮集团有限公司	118.86	92	深圳市粮食集团有限公司	50.76
43	深圳市大生农业集团有限公司	115.00	93	中国人民保险集团股份有限公司	49.07
44	中国诚通控股集团有限公司	111.60	94	大参林医药集团股份有限公司	48.94
45	上海均和集团有限公司	110.99	95	重庆市盐业（集团）有限公司	48.62
46	厦门恒兴集团有限公司	109.15	96	浪潮集团有限公司	48.19
47	海通证券股份有限公司	105.42	97	中国光大集团股份有限公司	46.19
48	苏州国信集团有限公司	105.29	98	无锡市国联发展（集团）有限公司	44.61
49	四川蓝润实业集团有限公司	103.44	99	重庆新华书店集团公司	44.43
50	太平人寿保险有限公司	102.43	100	南昌市政公用投资控股有限责任公司	43.21
				中国服务业企业 500 强平均数	9.98

表 10-17 2016 中国服务业企业 500 强资产增长率排序前 100 名企业

排名	公司名称	资产增长率（%）	排名	公司名称	资产增长率（%）
1	广西投资集团有限公司	163.79	51	步步高投资集团股份有限公司	39.90
2	深圳市朗华供应链服务有限公司	162.68	52	云南物流产业集团有限公司	39.71
3	深圳粤通集团有限公司	139.55	53	广州尚品宅配家居股份有限公司	39.65
4	深圳市润泰供应链管理有限公司	134.34	54	盛京银行股份有限公司	39.39
5	深圳市大生农业集团有限公司	124.53	55	广西物资集团有限责任公司	39.20
6	河北省农业生产资料有限公司	124.01	56	浪潮集团有限公司	38.80
7	东营华驰新能源科技有限公司	119.26	57	天津房地产集团有限公司	38.80
8	深圳市中农网股份有限公司	104.79	58	厦门嘉联恒进出口有限公司	38.12
9	乐视网络信息技术（北京）股份有限公司	91.87	59	华数数字电视传媒集团有限公司	37.99
10	深圳市粮食集团有限公司	89.56	60	浙江省农村发展集团有限公司	36.83
11	上海均和集团有限公司	83.76	61	创美药业股份有限公司	36.71
12	上海百润企业发展有限公司	80.68	62	广州中大控股有限公司	36.19
13	方正证券股份有限公司	77.66	63	武汉地产开发投资集团有限公司	35.41
14	网宿科技股份有限公司	77.27	64	山西省国新能源发展集团有限公司	35.18
15	中国华信能源有限公司	77.11	65	天津物产集团有限公司	35.10
16	广发证券股份有限公司	70.80	66	九州通医药集团股份有限公司	35.07
17	广州华多网络科技有限公司	68.28	67	中国港中旅集团公司	34.13
18	中国银河证券股份有限公司	67.01	68	弘阳集团有限公司	33.99
19	上海龙宇燃油股份有限公司	66.58	69	深圳市奇信建设集团股份有限公司	33.06
20	海通证券股份有限公司	63.47	70	深圳市海王生物工程股份有限公司	32.50
21	广东省广告集团股份有限公司	60.15	71	天津滨海农村商业银行股份有限公司	32.35
22	恒大地产集团有限公司	59.56	72	四川省能源投资集团有限责任公司	32.27
23	广州金融控股集团有限公司	59.08	73	青海银行股份有限公司	32.06
24	腾讯控股有限公司	58.01	74	广西北部湾银行股份有限公司	32.05
25	安徽新华发行（集团）控股有限公司	56.97	75	天津市公共交通集团（控股）有限公司	31.96
26	中国天津国际经济技术合作集团公司	55.62	76	广州元亨能源有限公司	31.87
27	广西金融投资集团有限公司	53.09	77	腾邦集团有限公司	31.80
28	鸿荣源置业集团（深圳）有限公司	51.47	78	长沙银行股份有限公司	31.72
29	广东省航运集团有限公司	51.41	79	广东省广晟资产经营有限公司	31.65
30	深圳能源集团股份有限公司	51.05	80	云南省能源投资集团有限公司	31.47
31	武汉金融控股（集团）有限公司	50.85	81	重庆三峡银行股份有限公司	31.46
32	深圳市怡亚通供应链股份有限公司	50.16	82	永辉超市股份有限公司	31.17
33	阳光保险集团股份有限公司	49.06	83	棕榈生态城镇发展股份有限公司	30.79
34	百度网络技术有限公司	48.36	84	青岛世纪瑞丰集团有限公司	30.23
35	上海均瑶（集团）有限公司	46.89	85	大连港集团有限公司	29.98
36	新华锦集团	45.58	86	上海纺织（集团）有限公司	29.75
37	新疆生产建设兵团棉麻公司	45.52	87	张家港百维物贸有限公司	29.59
38	青岛银盛泰集团有限公司	45.36	88	广东粤合资产经营有限公司	29.47
39	广州珠江实业集团有限公司	44.46	89	浙江远洲控股有限公司	29.26
40	中国华融资产管理股份有限公司	44.30	90	珠海华发集团有限公司	28.37
41	安徽国祯集团股份有限公司	43.58	91	北京京东世纪贸易有限公司	28.08
42	月星集团有限公司	43.47	92	深圳市恒波商业连锁股份有限公司	27.95
43	阿里巴巴集团控股有限公司	42.68	93	西安迈科金属国际集团有限公司	27.70
44	青海省物资产业集团总公司	42.35	94	湖北能源集团股份有限公司	27.66
45	洛阳银行股份有限公司	42.16	95	三胞集团有限公司	27.61
46	中文天地出版传媒股份有限公司	41.95	96	安徽出版集团有限责任公司	27.26
47	山东远通汽车贸易集团有限公司	40.93	97	广东珠江投资股份有限公司	26.83
48	张家港保税区旭江贸易有限公司	40.76	98	桂林银行股份有限公司	26.57
49	上海春秋国际旅行社（集团）有限公司	40.50	99	中国江苏国际经济技术合作集团有限公司	26.50
50	武汉市金马凯旋家具投资有限公司	39.99	100	上海东方明珠新媒体股份有限公司	26.24
				中国服务业企业500强平均数	13.95

表 10-18　2016 中国服务业企业 500 强研发费用增长率排序前 100 名企业

排名	公司名称	研发费增长率（%）	排名	公司名称	研发费增长率（%）
1	中文天地出版传媒股份有限公司	20180.95	51	百度网络技术有限公司	45.76
2	中国港中旅集团公司	2554.55	52	上海春秋国际旅行社（集团）有限公司	45.71
3	广州珠江实业集团有限公司	1739.96	53	厦门经济特区房地产开发集团有限公司	43.96
4	杭州市燃气集团有限公司	1450.00	54	四川新华发行集团有限公司	43.95
5	广州发展集团股份有限公司	1029.41	55	广州越秀集团有限公司	41.76
6	河北省国和投资集团有限公司	793.18	56	国家开发投资公司	41.60
7	海越控股集团有限公司	699.09	57	桂林银行股份有限公司	41.06
8	广西云星集团有限公司	371.11	58	深圳市信利康供应链管理有限公司	40.55
9	山西能源交通投资有限公司	290.18	59	重庆对外经贸（集团）有限公司	40.00
10	话机世界通信集团股份有限公司	169.35	60	福建省交通运输集团有限责任公司	39.34
11	深圳市恒波商业连锁股份有限公司	168.48	61	申能（集团）有限公司	38.30
12	上海机场（集团）有限公司	163.99	62	中国联合网络通信集团有限公司	37.39
13	浪潮集团有限公司	143.66	63	日出实业集团有限公司	37.06
14	北京首都创业集团有限公司	143.01	64	深圳华强集团有限公司	34.22
15	天津房地产集团有限公司	136.63	65	洛阳银行股份有限公司	34.20
16	九州通医药集团股份有限公司	130.22	66	浙江凯喜雅国际股份有限公司	33.59
17	路通建设集团股份有限公司	128.70	67	广州轻工工贸集团有限公司	33.30
18	深圳市中农网股份有限公司	121.37	68	青岛农村商业银行股份有限公司	33.03
19	广发证券股份有限公司	121.35	69	安徽国祯集团股份有限公司	31.61
20	新疆前海集团公司	116.22	70	上海东浩兰生国际服务贸易（集团）有限公司	31.32
21	人人乐连锁商业集团股份有限公司	110.68	71	海航集团有限公司	31.04
22	宁波鄞州农村合作银行	97.52	72	浙江省交通投资集团有限公司	31.04
23	安徽省能源集团有限公司	97.11	73	广东省航运集团有限公司	30.46
24	宁夏银行股份有限公司	94.44	74	广东省广业资产经营有限公司	29.90
25	新疆广汇实业投资（集团）有限责任公司	89.51	75	泰康人寿保险股份有限公司	29.74
26	北京京东世纪贸易有限公司	88.12	76	深圳市怡亚通供应链股份有限公司	29.31
27	天津银行股份有限公司	85.15	77	恒丰银行股份有限公司	29.06
28	广西金融投资集团有限公司	75.57	78	广东圣丰集团有限公司	28.95
29	网宿科技股份有限公司	74.74	79	青岛银盛泰集团有限公司	28.57
30	阳光保险集团股份有限公司	70.83	80	浙江省能源集团有限公司	28.05
31	海通证券股份有限公司	70.62	81	日照银行股份有限公司	27.25
32	武汉市燃气热力集团有限公司	67.38	82	重庆市能源投资集团有限公司	27.09
33	江苏汇鸿国际集团股份有限公司	65.65	83	广州金融控股集团有限公司	26.32
34	江西省高速公路投资集团有限责任公司	64.12	84	广州无线电集团有限公司	25.69
35	中国万向控股有限公司	63.68	85	上海钢联电子商务股份有限公司	24.54
36	无锡市国联发展（集团）有限公司	62.44	86	华茂集团股份有限公司	23.68
37	深圳能源集团股份有限公司	61.99	87	上海龙旗科技股份有限公司	23.19
38	太平鸟集团有限公司	59.95	88	深圳市润泰供应链管理有限公司	22.16
39	广西西江开发投资集团有限公司	58.06	89	广东省广新控股集团有限公司	21.72
40	湖北省交通投资集团有限公司	57.01	90	中国医药集团总公司	21.06
41	广东省商贸控股集团有限公司	56.95	91	广州华多网络科技有限公司	20.93
42	浙江省国际贸易集团有限公司	55.63	92	云南物流产业集团有限公司	20.21
43	广西北部湾银行股份有限公司	55.00	93	兴华财富集团有限公司	20.00
44	北京银行	54.84	94	上海交运集团股份有限公司	18.60
45	安徽省交通控股集团有限公司	52.11	95	天津泰达投资控股有限公司	18.15
46	广州尚品宅配家居股份有限公司	50.23	96	浙江中国小商品城集团股份有限公司	17.68
47	中国中信集团有限公司	50.03	97	中国电信集团公司	16.68
48	重庆市盐业（集团）有限公司	49.58	98	武汉地产开发投资集团有限公司	16.24
49	武汉农村商业银行股份有限公司	46.13	99	河南蓝天集团有限公司	15.46
50	浙大网新科技股份有限公司	46.11	100	交通银行股份有限公司	15.45
				中国服务业企业 500 强平均数	10.02

表10-19 2016中国服务业企业500强行业平均净利润

名次	行业名称	平均净利润（万元）
1	银行业	3011154.71
2	电信、邮寄、速递等服务业	2642814.50
3	综合保险业	2491043.67
4	财产保险业	1954200.00
5	证券业	1073489.50
6	信息、传媒、电子商务、网购、娱乐等互联网服务业	1008329.21
7	人寿保险业	939031.33
8	能源（电、热、燃气等能）供应、开发、减排及再循环服务业	441552.29
9	水上运输业	441169.50
10	多元化投资控股、商务服务业	314858.55
11	航空运输及相关服务业	237928.60
12	房地产开发与经营、物业及房屋装饰、修缮、管理等服务业	225391.22
13	港口服务业	215010.20
14	其他金融服务业	140066.67
15	综合服务业（以服务业为主，含有制造业）	129555.58
16	航空港及相关服务业	123638.50
17	软件、程序、计算机应用、网络工程等计算机、微电子服务业	96515.00
18	矿产、能源内外商贸批发业	92175.89
19	人力资源、会展博览、国内外经济合作等社会综合服务业	66236.75
20	机电、电子产品内外商贸及批发业	61706.38
21	文化产业（书刊出版、印刷、发行与销售及影视、音像、文体、演艺等）	60540.82
22	陆路运输、城市公交、道路及交通辅助等服务业	59447.27
23	铁路运输及辅助服务业	59248.00
24	公用事业、市政、水务、航道等公共设施投资、经营与管理业	56537.00
25	电器商贸批发、零售业	48806.33
26	生活消费品（家用、文体、玩具、工艺品、珠宝等）内外批发及商贸业	47318.36
27	医药专营批发、零售业	44612.36
28	旅游、旅馆及娱乐服务业	30365.33
29	商业零售业及连锁超市	29723.46
30	物流、仓储、运输、配送服务业	28845.68
31	粮油食品及农林、土畜、果蔬、水产品等内外商贸批发、零售业	28491.57
32	生产资料内外贸易批发、零售业	23096.78
33	科技研发、推广及地勘、规划、设计、评估、咨询、认证等承包服务业	22760.14
34	化工产品及医药内外商贸批发业	20931.33
35	汽车和摩托车商贸、维修保养及租赁业	18477.86
36	综合性内外商贸及批发、零售业	18475.31
37	金属内外贸易及加工、配送、批发零售业	10271.23

表 10-20　2016 中国服务业企业 500 强行业平均营业收入

名次	行业名称	平均营业收入（万元）	名次	行业名称	平均营业收入（万元）
1	电信、邮寄、速递等服务业	44381058.50	22	综合性内外商贸及批发、零售业	3104337.46
2	财产保险业	40601100.00	23	物流、仓储、运输、配送服务业	2998264.32
3	综合保险业	35050439.33	24	证券业	2717696.25
4	人寿保险业	18871393.67	25	商业零售业及连锁超市	2566798.32
5	银行业	14361447.80	26	人力资源、会展博览、国内外经济合作等社会综合服务业	2394733.40
6	水上运输业	11423910.50			
7	能源（电、热、燃气等能）供应、开发、减排及再循环服务业	10903274.93	27	港口服务业	2009889.12
8	航空运输及相关服务业	10475420.80	28	生活消费品（家用、文体、玩具、工艺品、珠宝等）内外批发及商贸业	1838687.59
9	电器商贸批发、零售业	8692975.00	29	金属内外贸易及加工、配送、批发零售业	1740597.00
10	化工产品及医药内外商贸批发业	6072667.57	30	旅游、旅馆及娱乐服务业	1574495.57
11	综合服务业（以服务业为主，含有制造业）	5920616.08	31	汽车和摩托车商贸、维修保养及租赁业	1457085.61
12	多元化投资控股、商务服务业	5360463.65	32	公用事业、市政、水务、航道等公共设施投资、经营与管理业	1397789.32
13	矿产、能源内外商贸批发业	5066836.71			
14	软件、程序、计算机应用、网络工程等计算机、微电子服务业	4029504.60	33	陆路运输、城市公交、道路及交通辅助等服务业	1391438.06
15	生产资料内外贸易批发、零售业	3956091.05	34	家具、家居专营批发、零售业	1121805.00
16	其他金融服务业	3640159.33	35	航空港及相关服务业	1085967.00
17	医药专营批发、零售业	3633132.82	36	文化产业（书刊出版、印刷、发行与销售及影视、音像、文体、演艺等）	978438.91
18	信息、传媒、电子商务、网购、娱乐等互联网服务业	3503940.24			
19	机电、电子产品内外商贸及批发业	3422371.62	37	科技研发、推广及地勘、规划、设计、评估、咨询、认证等承包服务业	590232.57
20	粮油食品及农林、土畜、果蔬、水产品等内外商贸批发、零售业	3411095.94	38	铁路运输及辅助服务业	345167.00
21	房地产开发与经营、物业及房屋装饰、修缮、管理等服务业	3343126.78			

表10-21 2016中国服务业企业500强行业平均资产

名次	行业名称	平均资产（万元）
1	银行业	291888769.67
2	电信、邮寄、速递等服务业	264491931.25
3	综合保险业	203370137.33
4	财产保险业	84646800.00
5	人寿保险业	80593641.83
6	证券业	36040666.50
7	多元化投资控股、商务服务业	35557779.31
8	水上运输业	30436191.50
9	航空运输及相关服务业	25566656.60
10	能源（电、热、燃气等能）供应、开发、减排及再循环服务业	18051686.74
11	房地产开发与经营、物业及房屋装饰、修缮、管理等服务业	11632970.96
12	陆路运输、城市公交、道路及交通辅助等服务业	11443403.33
13	公用事业、市政、水务、航道等公共设施投资、经营与管理业	11313799.00
14	其他金融服务业	10407242.00
15	综合服务业（以服务业为主，含有制造业）	9992024.83
16	港口服务业	6972735.62
17	化工产品及医药内外商贸批发业	5428936.57
18	信息、传媒、电子商务、网购、娱乐等互联网服务业	5244893.82
19	航空港及相关服务业	4415161.50
20	电器商贸批发、零售业	3987728.57
21	矿产、能源内外商贸批发业	3881472.64
22	软件、程序、计算机应用、网络工程等计算机、微电子服务业	3707227.40
23	粮油食品及农林、土畜、果蔬、水产品等内外商贸批发、零售业	3595258.18
24	物流、仓储、运输、配送服务业	3230891.09
25	旅游、旅馆及娱乐服务业	3201547.00
26	医药专营批发、零售业	2721805.64
27	机电、电子产品内外商贸及批发业	2629328.88
28	生产资料内外贸易批发、零售业	2156872.65
29	生活消费品（家用、文体、玩具、工艺品、珠宝等）内外批发及商贸业	1886786.50
30	文化产业（书刊出版、印刷、发行与销售及影视、音像、文体、演艺等）	1616675.36
31	商业零售业及连锁超市	1561410.66
32	人力资源、会展博览、国内外经济合作等社会综合服务业	1560642.60
33	综合性内外商贸及批发、零售业	1542015.31
34	铁路运输及辅助服务业	1138688.00
35	汽车和摩托车商贸、维修保养及租赁业	889273.72
36	家具、家居专营批发、零售业	622885.00
37	科技研发、推广及地勘、规划、设计、评估、咨询、认证等承包服务业	580254.86
38	金属内外贸易及加工、配送、批发零售业	425188.13

表 10-22　2016 中国服务业企业 500 强行业平均纳税总额

名次	行业名称	平均纳税总额（万元）
1	电信、邮寄、速递等服务业	3119087.25
2	财产保险业	2391242.00
3	银行业	1376422.89
4	能源（电、热、燃气等能）供应、开发、减排及再循环服务业	784517.67
5	人寿保险业	712343.50
6	航空运输及相关服务业	641443.80
7	综合保险业	464170.00
8	证券业	450414.75
9	综合服务业（以服务业为主，含有制造业）	382820.42
10	化工产品及医药内外商贸批发业	380947.57
11	房地产开发与经营、物业及房屋装饰、修缮、管理等服务业	325035.57
12	多元化投资控股、商务服务业	321072.92
13	水上运输业	291180.00
14	信息、传媒、电子商务、网购、娱乐等互联网服务业	151694.87
15	其他金融服务业	126318.33
16	港口服务业	124815.86
17	机电、电子产品内外商贸及批发业	110319.38
18	软件、程序、计算机应用、网络工程等计算机、微电子服务业	108466.80
19	医药专营批发、零售业	105023.73
20	矿产、能源内外商贸批发业	103184.64
21	航空港及相关服务业	102920.50
22	公用事业、市政、水务、航道等公共设施投资、经营与管理业	100847.33
23	陆路运输、城市公交、道路及交通辅助等服务业	99045.78
24	旅游、旅馆及娱乐服务业	86383.71
25	人力资源、会展博览、国内外经济合作等社会综合服务业	80746.00
26	物流、仓储、运输、配送服务业	71136.32
27	生活消费品（家用、文体、玩具、工艺品、珠宝等）内外批发及商贸业	68370.59
28	商业零售业及连锁超市	64605.20
29	电器商贸批发、零售业	61686.33
30	综合性内外商贸及批发、零售业	47618.08
31	生产资料内外贸易批发、零售业	38087.45
32	文化产业（书刊出版、印刷、发行与销售及影视、音像、文体、演艺等）	33350.00
33	家具、家居专营批发、零售业	27406.00
34	汽车和摩托车商贸、维修保养及租赁业	25987.83
35	铁路运输及辅助服务业	17982.00
36	粮油食品及农林、土畜、果蔬、水产品等内外商贸批发、零售业	16129.81
37	金属内外贸易及加工、配送、批发零售业	12665.87
38	科技研发、推广及地勘、规划、设计、评估、咨询、认证等承包服务业	11730.14

表10-23 2016中国服务业企业500强行业平均研发费用

名次	行业名称	平均研发费用（万元）	名次	行业名称	平均研发费用（万元）
1	电信、邮寄、速递等服务业	807981.00	18	港口服务业	8294.40
2	信息、传媒、电子商务、网购、娱乐等互联网服务业	252703.80	19	证券业	7103.67
3	软件、程序、计算机应用、网络工程等计算机、微电子服务业	116216.20	20	公用事业、市政、水务、航道等公共设施投资、经营与管理业	5566.50
4	医药专营批发、零售业	55973.00	21	电器商贸批发、零售业	5396.00
5	水上运输业	50882.00	22	其他金融服务业	5085.00
6	综合服务业（以服务业为主，含有制造业）	49409.10	23	生活消费品（家用、文体、玩具、工艺品、珠宝等）内外批发及商贸业	4772.65
7	能源（电、热、燃气等能）供应、开发、减排及再循环服务业	44244.32	24	综合性内外商贸及批发、零售业	4399.80
8	银行业	38240.33	25	物流、仓储、运输、配送服务业	3245.07
9	多元化投资控股、商务服务业	33780.23	26	航空港及相关服务业	3059.00
10	化工产品及医药内外商贸批发业	24065.20	27	人力资源、会展博览、国内外经济合作等社会综合服务业	3031.50
11	房地产开发与经营、物业及房屋装饰、修缮、管理等服务业	19537.00	28	旅游、旅馆及娱乐服务业	2754.25
12	文化产业（书刊出版、印刷、发行与销售及影视、音像、文体、演艺等）	18334.20	29	航空运输及相关服务业	1993.67
13	科技研发、推广及地勘、规划、设计、评估、咨询、认证等承包服务业	18069.50	30	金属内外贸易及加工、配送、批发零售业	1855.00
14	人寿保险业	15016.00	31	商业零售业及连锁超市	1633.22
15	矿产、能源内外商贸批发业	14030.00	32	生产资料内外贸易批发、零售业	1527.25
16	机电、电子产品内外商贸及批发业	12700.40	33	粮油食品及农林、土畜、果蔬、水产品等内外商贸批发、零售业	1154.38
17	陆路运输、城市公交、道路及交通辅助等服务业	9511.00	34	家具、家居专营批发、零售业	493.00
			35	汽车和摩托车商贸、维修保养及租赁业	393.00

表 10-24 2016 中国服务业企业 500 强行业平均人均净利润

名次	行业名称	人均净利润（万元）
1	证券业	115.22
2	信息、传媒、电子商务、网购、娱乐等互联网服务业	91.86
3	铁路运输及辅助服务业	71.04
4	银行业	60.94
5	金属内外贸易及加工、配送、批发零售业	19.34
6	港口服务业	18.78
7	房地产开发与经营、物业及房屋装饰、修缮、管理等服务业	18.32
8	综合保险业	17.77
9	矿产、能源内外商贸批发业	17.30
10	其他金融服务业	13.70
11	化工产品及医药内外商贸批发业	12.50
12	人寿保险业	11.39
13	科技研发、推广及地勘、规划、设计、评估、咨询、认证等承包服务业	8.96
14	文化产业（书刊出版、印刷、发行与销售及影视、音像、文体、演艺等）	8.54
15	航空港及相关服务业	8.40
16	多元化投资控股、商务服务业	8.15
17	生活消费品（家用、文体、玩具、工艺品、珠宝等）内外批发及商贸业	7.54
18	能源（电、热、燃气等能）供应、开发、减排及再循环服务业	6.92
19	水上运输业	6.71
20	人力资源、会展博览、国内外经济合作等社会综合服务业	6.49
21	机电、电子产品内外商贸及批发业	6.47
22	生产资料内外贸易批发、零售业	6.40
23	电信、邮寄、速递等服务业	5.17
24	公用事业、市政、水务、航道等公共设施投资、经营与管理业	4.76
25	综合服务业（以服务业为主，含有制造业）	4.43
26	电器商贸批发、零售业	3.50
27	综合性内外商贸及批发、零售业	3.39
28	物流、仓储、运输、配送服务业	3.34
29	医药专营批发、零售业	3.31
30	汽车和摩托车商贸、维修保养及租赁业	3.23
31	陆路运输、城市公交、道路及交通辅助等服务业	3.05
32	财产保险业	2.96
33	软件、程序、计算机应用、网络工程等计算机、微电子服务业	2.75
34	粮油食品及农林、土畜、果蔬、水产品等内外商贸批发、零售业	2.71
35	航空运输及相关服务业	2.58
36	旅游、旅馆及娱乐服务业	2.35
37	商业零售业及连锁超市	1.39

表10-25 2016中国服务业企业500强行业平均人均营业收入

名次	行业名称	人均营业收入（万元）	名次	行业名称	人均营业收入（万元）
1	金属内外贸易及加工、配送、批发零售业	3610.20	21	人寿保险业	228.83
2	生产资料内外贸易批发、零售业	1149.63	22	综合服务业（以服务业为主，含有制造业）	202.34
3	化工产品及医药内外商贸批发业	667.84	23	信息、传媒、电子商务、网购、娱乐等互联网服务业	200.66
4	综合性内外商贸及批发、零售业	569.25	24	能源（电、热、燃气等能）供应、开发、减排及再循环服务业	191.00
5	矿产、能源内外商贸批发业	433.66	25	水上运输业	173.76
6	铁路运输及辅助服务业	413.87	26	港口服务业	172.04
7	物流、仓储、运输、配送服务业	389.04	27	多元化投资控股、商务服务业	147.98
8	粮油食品及农林、土畜、果蔬、水产品等内外商贸批发、零售业	374.02	28	文化产业（书刊出版、印刷、发行与销售及影视、音像、文体、演艺等）	138.00
9	电器商贸批发、零售业	366.35	29	公用事业、市政、水务、航道等公共设施投资、经营与管理业	122.78
10	机电、电子产品内外商贸及批发业	359.01	30	商业零售业及连锁超市	120.55
11	其他金融服务业	356.17	31	软件、程序、计算机应用、网络工程等计算机、微电子服务业	114.59
12	生活消费品（家用、文体、玩具、工艺品、珠宝等）内外批发及商贸业	325.39	32	航空运输及相关服务业	113.54
13	证券业	291.70	33	电信、邮寄、速递等服务业	86.77
14	银行业	290.58	34	旅游、旅馆及娱乐服务业	80.26
15	人力资源、会展博览、国内外经济合作等社会综合服务业	276.44	35	航空港及相关服务业	73.80
16	房地产开发与经营、物业及房屋装饰、修缮、管理等服务业	271.69	36	陆路运输、城市公交、道路及交通辅助等服务业	71.10
17	医药专营批发、零售业	269.37	37	家具、家居专营批发、零售业	64.87
18	汽车和摩托车商贸、维修保养及租赁业	265.69	38	财产保险业	61.52
19	综合保险业	250.09			
20	科技研发、推广及地勘、规划、设计、评估、咨询、认证等承包服务业	232.24			

表 10-26　2016 中国服务业企业 500 强行业平均人均资产

名次	行业名称	人均资产（万元）	名次	行业名称	人均资产（万元）
1	银行业	5906.85	21	矿产、能源内外商贸批发业	332.20
2	证券业	3868.37	22	能源（电、热、燃气等能）供应、开发、减排及再循环服务业	316.15
3	综合保险业	1451.08			
4	铁路运输及辅助服务业	1365.33	23	信息、传媒、电子商务、网购、娱乐等互联网服务业	300.37
5	公用事业、市政、水务、航道等公共设施投资、经营与管理业	1032.86	24	航空港及相关服务业	300.04
6	其他金融服务业	1018.29	25	综合性内外商贸及批发、零售业	282.76
7	多元化投资控股、商务服务业	981.59	26	航空运输及相关服务业	277.10
8	人寿保险业	977.24	27	机电、电子产品内外商贸及批发业	275.82
9	房地产开发与经营、物业及房屋装饰、修缮、管理等服务业	945.39	28	科技研发、推广及地勘、规划、设计、评估、咨询、认证等承包服务业	228.32
10	金属内外贸易及加工、配送、批发零售业	881.89	29	文化产业（书刊出版、印刷、发行与销售及影视、音像、文体、演艺等）	228.01
11	生产资料内外贸易批发、零售业	626.78			
12	化工产品及医药内外商贸批发业	597.05	30	医药专营批发、零售业	201.81
13	港口服务业	596.83	31	人力资源、会展博览、国内外经济合作等社会综合服务业	180.15
14	陆路运输、城市公交、道路及交通辅助等服务业	584.71	32	旅游、旅馆及娱乐服务业	163.20
15	电信、邮寄、速递等服务业	517.10	33	汽车和摩托车商贸、维修保养及租赁业	162.15
16	水上运输业	462.95	34	财产保险业	128.26
17	物流、仓储、运输、配送服务业	419.22	35	电器商贸批发、零售业	114.74
18	粮油食品及农林、土畜、果蔬、水产品等内外商贸批发、零售业	394.21	36	软件、程序、计算机应用、网络工程等计算机、微电子服务业	105.42
19	综合服务业（以服务业为主，含有制造业）	341.48	37	商业零售业及连锁超市	73.33
20	生活消费品（家用、文体、玩具、工艺品、珠宝等）内外批发及商贸业	338.53	38	家具、家居专营批发、零售业	36.02

表 10-27 2016 中国服务业企业 500 强行业平均人均纳税总额

名次	行业名称	人均纳税总额（万元）
1	证券业	48.34
2	化工产品及医药内外商贸批发业	41.89
3	银行业	31.65
4	房地产开发与经营、物业及房屋装饰、修缮、管理等服务业	26.42
5	金属内外贸易及加工、配送、批发零售业	26.27
6	铁路运输及辅助服务业	21.56
7	能源（电、热、燃气等能）供应、开发、减排及再循环服务业	13.76
8	综合服务业（以服务业为主，含有制造业）	13.08
9	其他金融服务业	12.36
10	信息、传媒、电子商务、网购、娱乐等互联网服务业	12.09
11	机电、电子产品内外商贸及批发业	11.57
12	港口服务业	11.26
13	生产资料内外贸易批发、零售业	11.07
14	生活消费品（家用、文体、玩具、工艺品、珠宝等）内外批发及商贸业	11.00
15	人力资源、会展博览、国内外经济合作等社会综合服务业	9.32
16	物流、仓储、运输、配送服务业	9.23
17	公用事业、市政、水务、航道等公共设施投资、经营与管理业	9.01
18	多元化投资控股、商务服务业	8.86
19	矿产、能源内外商贸批发业	8.83
20	综合性内外商贸及批发、零售业	8.73
21	综合保险业	8.65
22	人寿保险业	8.64
23	医药专营批发、零售业	7.79
24	粮油食品及农林、土畜、果蔬、水产品等内外商贸批发、零售业	7.76
25	航空港及相关服务业	6.99
26	航空运输及相关服务业	6.95
27	电信、邮寄、速递等服务业	6.10
28	电器商贸批发、零售业	5.25
29	陆路运输、城市公交、道路及交通辅助等服务业	5.06
30	汽车和摩托车商贸、维修保养及租赁业	4.74
31	文化产业（书刊出版、印刷、发行与销售及影视、音像、文体、演艺等）	4.70
32	科技研发、推广及地勘、规划、设计、评估、咨询、认证等承包服务业	4.62
33	水上运输业	4.43
34	旅游、旅馆及娱乐服务业	4.40
35	财产保险业	3.62
36	软件、程序、计算机应用、网络工程等计算机、微电子服务业	3.08
37	商业零售业及连锁超市	3.03
38	家具、家居专营批发、零售业	1.58

表 10-28　2016 中国服务业企业 500 强行业平均人均研发费用

名次	行业名称	人均研发费用（万元）	名次	行业名称	人均研发费用（万元）
1	信息、传媒、电子商务、网购、娱乐等互联网服务业	12.07	18	港口服务业	0.64
			19	粮油食品及农林、土畜、果蔬、水产品等内外商贸批发、零售业	0.53
2	科技研发、推广及地勘、规划、设计、评估、咨询、认证等承包服务业	6.42	20	人力资源、会展博览、国内外经济合作等社会综合服务业	0.53
3	软件、程序、计算机应用、网络工程等计算机、微电子服务业	3.30	21	其他金融服务业	0.50
4	文化产业（书刊出版、印刷、发行与销售及影视、音像、文体、演艺等）	2.48	22	综合性内外商贸及批发、零售业	0.49
5	化工产品及医药内外商贸批发业	1.90	23	矿产、能源内外商贸批发业	0.43
6	房地产开发与经营、物业及房屋装饰、修缮、管理等服务业	1.82	24	陆路运输、城市公交、道路及交通辅助等服务业	0.42
7	电信、邮寄、速递等服务业	1.58	25	公用事业、市政、水务、航道等公共设施投资、经营与管理业	0.39
8	综合服务业（以服务业为主，含有制造业）	1.42			
9	金属内外贸易及加工、配送、批发零售业	1.35	26	物流、仓储、运输、配送服务业	0.36
10	医药专营批发、零售业	1.35	27	电器商贸批发、零售业	0.32
11	银行业	1.09	28	航空港及相关服务业	0.21
12	多元化投资控股、商务服务业	0.98	29	生产资料内外贸易批发、零售业	0.19
13	机电、电子产品内外商贸及批发业	0.88	30	汽车和摩托车商贸、维修保养及租赁业	0.17
14	生活消费品（家用、文体、玩具、工艺品、珠宝等）内外批发及商贸业	0.80	31	商业零售业及连锁超市	0.14
			32	人寿保险业	0.13
15	证券业	0.78	33	旅游、旅馆及娱乐服务业	0.11
16	水上运输业	0.77	34	家具、家居专营批发、零售业	0.03
17	能源（电、热、燃气等能）供应、开发、减排及再循环服务业	0.65	35	航空运输及相关服务业	0.02

表10-29 2016中国服务业企业500强行业平均资产利润率

名次	行业名称	平均资产利润率（%）	名次	行业名称	平均资产利润率（%）
1	信息、传媒、电子商务、网购、娱乐等互联网服务业	14.86	18	水上运输业	1.45
			19	其他金融服务业	1.35
2	铁路运输及辅助服务业	5.20	20	综合服务业（以服务业为主，含有制造业）	1.30
3	科技研发、推广及地勘、规划、设计、评估、咨询、认证等承包服务业	3.92	21	矿产、能源内外商贸批发业	1.28
			22	综合保险业	1.22
4	文化产业（书刊出版、印刷、发行与销售及影视、音像、文体、演艺等）	3.74	23	综合性内外商贸及批发、零售业	1.20
			24	人寿保险业	1.17
5	人力资源、会展博览、国内外经济合作等社会综合服务业	3.17	25	银行业	1.03
			26	电信、邮寄、速递等服务业	1.00
6	证券业	2.98	27	生产资料内外贸易批发、零售业	0.98
7	航空港及相关服务业	2.80	28	航空运输及相关服务业	0.93
8	软件、程序、计算机应用、网络工程等计算机、微电子服务业	2.61	29	电器商贸批发、零售业	0.92
			30	金属内外贸易及加工、配送、批发零售业	0.79
9	生活消费品（家用、文体、玩具、工艺品、珠宝等）内外批发及商贸业	2.51	31	物流、仓储、运输、配送服务业	0.77
			32	多元化投资控股、商务服务业	0.74
10	机电、电子产品内外商贸及批发业	2.35	33	粮油食品及农林、土畜、果蔬、水产品等内外商贸批发、零售业	0.63
11	财产保险业	2.31			
12	能源（电、热、燃气等能）供应、开发、减排及再循环服务业	2.17	34	旅游、旅馆及娱乐服务业	0.62
			35	公用事业、市政、水务、航道等公共设施投资、经营与管理业	0.46
13	房地产开发与经营、物业及房屋装饰、修缮、管理等服务业	1.94	36	化工产品及医药内外商贸批发业	0.24
14	港口服务业	1.77	37	陆路运输、城市公交、道路及交通辅助等服务业	0.09
15	医药专营批发、零售业	1.64			
16	汽车和摩托车商贸、维修保养及租赁业	1.55	38	家具、家居专营批发、零售业	-7.47
17	商业零售业及连锁超市	1.46			

第十一章
中国有关地区企业 100 强数据

表 11-1 2016 天津企业 100 强

排名	企业名称	营业收入（万元）	排名	企业名称	营业收入（万元）
1	天津物产集团有限公司	40366194	51	中国水利水电第十三工程局有限公司	1120061
2	中国石化销售有限公司华北分公司	20457512	52	天津市恒兴钢业有限公司	1106514
3	天津中环电子信息集团有限公司	12152383	53	中国石油天然气股份有限公司大港油田分公司	970362
4	天津百利机械装备集团有限公司	11866099	54	国药控股天津有限公司	969703
5	天津渤海化工集团有限责任公司	11008975	55	天津市交通（集团）有限公司	967167
6	天津渤海轻工投资集团有限公司	10381541	56	天津金元宝商厦集团有限公司	815651
7	中海石油（中国）有限公司天津分公司	6665585	57	中国天津国际经济技术合作集团公司	812861
8	天津荣程祥泰投资控股集团有限公司	5503839	58	天津市政建设集团有限公司	805169
9	天津泰达投资控股有限公司	5229092	59	伟创力电子制造（天津）有限公司	754643
10	天津一商集团有限公司	5100903	60	中国能源建设集团天津电力建设有限公司	740521
11	长城汽车股份有限公司天津哈弗分公司	4743797	61	嘉里粮油（天津）有限公司	724224
12	中国石油化工股份有限公司天津分公司	4634449	62	天津远大联合汽车贸易集团有限公司	710399
13	天津一汽丰田汽车有限公司	4498031	63	中国移动通信集团天津有限公司	706775
14	渤海银行股份有限公司	4374434	64	中国石油天然气股份有限公司天津销售分公司	687672
15	国网天津市电力公司	4081783	65	唯品会（天津）电子商务有限公司	660029
16	天津纺织集团（控股）有限公司	3881846	66	丰益油脂科技有限公司	654113
17	天津宝迪农业科技股份有限公司	3814061	67	中国联合网络通信有限公司天津市分公司	647920
18	中交第一航务工程局有限公司	3737745	68	振华物流集团有限公司	606982
19	天津市医药集团有限公司	3734912	69	铁道第三勘察设计院集团有限公司	604410
20	中铁十八局集团有限公司	3697224	70	中铁十六局集团第二工程有限公司	601307
21	天津港（集团）有限公司	3507588	71	爱玛科技集团股份有限公司	600000
22	天狮集团有限公司	3320985	72	天津市静海县宝来工贸有限公司	598628
23	中国建筑第六工程局有限公司	3118090	73	中国平安人寿保险股份有限公司天津分公司	552396
24	天津银行股份有限公司	2791035	74	中国汽车工业工程有限公司	548710
25	天津房地产集团有限公司	2734726	75	中节能（天津）投资集团有限公司	530870
26	天津友发钢管集团股份有限公司	2616643	76	天津大桥焊材集团有限公司	527290
27	天津住宅建设发展集团有限公司	2412374	77	上海烟草集团有限责任公司天津卷烟厂	521068
28	天士力控股集团有限公司	2411444	78	天津市长芦盐业总公司	515514
29	融创中国控股有限公司	2301094	79	天津顶益食品有限公司	507820
30	天津塑力线缆集团有限公司	2267043	80	华润天津医药有限公司	471459
31	中冶天工集团有限公司	2131947	81	中冀斯巴鲁（天津）汽车销售有限公司	449915
32	天津食品集团有限公司	2000853	82	天津市金桥焊材集团有限公司	445224
33	中国石化销售有限公司天津石油分公司	1951362	83	俊安（中国）投资有限公司	442890
34	中国石油集团渤海钻探工程有限公司	1928590	84	中粮佳悦（天津）有限公司	440986
35	中国石油天然气股份有限公司大港石化分公司	1926928	85	天津市新宇彩板有限公司	432668
36	中沙（天津）石化有限公司	1886803	86	当当网信息技术（天津）有限公司	430921
37	中储发展股份有限公司	1773677	87	中石化第四建设有限公司	426742
38	天津俊安煤焦化工有限公司	1771240	88	中色（天津）有色金属有限公司	425514
39	中交天津航道局有限公司	1594844	89	天津电装电子有限公司	391542
40	天津亿联投资控股集团有限公司	1560600	90	邦基正大（天津）粮油有限公司	389618
41	工银金融租赁有限公司	1533494	91	天津水泥工业设计研究院有限公司	384699
42	天津恒运能源集团股份有限公司	1440405	92	九三集团天津大豆科技有限公司	373614
43	天津城市基础设施建设投资集团有限公司	1433050	93	天津贻成集团有限公司	369516
44	天津农村商业银行股份有限公司	1407338	94	天津市公共交通集团（控股）有限公司	362083
45	北方国际集团有限公司	1349569	95	天津力神电池股份有限公司	352427
46	天津市建筑材料集团（控股）有限公司	1328549	96	中材装备集团有限公司	348029
47	天津华北集团有限公司	1312469	97	西门子机械传动（天津）有限公司	340000
48	天津城建集团有限公司	1276544	98	中国水电基础局有限公司	339502
49	天津现代集团有限公司	1201765	99	天津红日药业股份有限公司	334825
50	中国天辰工程有限公司	1155621	100	中材（天津）国际贸易有限公司	318575

发布单位：天津市企业联合会、天津市企业家协会

表 11-2 2016 上海企业 100 强

排名	企业名称	营业收入（万元）	排名	企业名称	营业收入（万元）
1	上海汽车集团股份有限公司	67044822	51	月星集团有限公司	1256391
2	交通银行股份有限公司	35798543	52	上海春秋国际旅行社（集团）有限公司	1228451
3	上海浦东发展银行股份有限公司	26413400	53	上海斐讯数据通信技术有限公司	1225724
4	中国太平洋保险（集团）股份有限公司	24720200	54	康德乐（上海）医药有限公司	1203420
5	宝钢集团有限公司	23005904	55	上海机场（集团）有限公司	1143068
6	中国远洋海运集团有限公司	22425441	56	上海龙宇燃油股份有限公司	1087028
7	绿地控股集团股份有限公司	20725659	57	奥盛集团有限公司	1081524
8	上海华信国际集团有限公司	20658881	58	上海苏宁云商销售有限公司	1025335
9	光明食品（集团）有限公司	14755461	59	致达控股集团有限公司	1020068
10	上海烟草集团有限责任公司	13183197	60	上海闽路润贸易有限公司	900040
11	中国建筑第八工程局有限公司	12790498	61	天喔食品（集团）有限公司	883243
12	上海建工集团股份有限公司	12543070	62	上海申通地铁集团有限公司	881220
13	百联集团有限公司	11933899	63	源山投资控股有限公司	846222
14	上海东浩兰生国际服务贸易（集团）有限公司	11894329	64	上海紫江企业集团股份有限公司	838975
15	益海嘉里投资有限公司	11866803	65	上海展志实业集团有限责任公司	835630
16	上海医药集团股份有限公司	10551659	66	上海交运集团股份有限公司	821093
17	太平人寿保险有限公司	10224880	67	上海龙旗科技股份有限公司	810529
18	中国东方航空集团公司	9706848	68	五冶集团上海有限公司	751469
19	上海电气（集团）总公司	9652138	69	上海申华控股股份有限公司	715235
20	上海市对外服务有限公司	9275635	70	上海东方电视购物有限公司	702572
21	国网上海市电力公司	8107730	71	上海鑫冶铜业有限公司	680959
22	中国石化上海石油化工股份有限公司	8080342	72	上海置信电气股份有限公司	637696
23	上海均和集团有限公司	6638356	73	上海美特斯邦威服饰股份有限公司	629000
24	上海华谊（集团）公司	6139317	74	协鑫集成科技股份有限公司	628000
25	上海城建（集团）公司	5503821	75	上海福然德部件加工有限公司	611753
26	上海复星高科技（集团）有限公司	5379286	76	舜杰建设（集团）有限公司	568000
27	上海纺织（集团）有限公司	4607120	77	上海临港经济发展（集团）有限公司	528978
28	上海永达控股（集团）有限公司	4461424	78	上海大名城企业股份有限公司	517000
29	海通证券股份有限公司	3808627	79	正泰电气股份有限公司	502347
30	中智上海经济技术合作公司	3687609	80	上海外经集团控股有限公司	489244
31	老凤祥股份有限公司	3571237	81	上海强生控股股份有限公司	472329
32	申能（集团）有限公司	3278680	82	上海亚泰建设集团有限公司	472290
33	上海国际港务（集团）股份有限公司	2951083	83	中国海诚工程科技股份有限公司	469302
34	亚东石化（上海）有限公司	2925209	84	中华企业股份有限公司	465000
35	中国二十冶集团有限公司	2868062	85	龙盛集团控股（上海）有限公司	461827
36	中运富通控股集团有限公司	2365648	86	上海大众公用事业（集团）股份有限公司	457136
37	沪东中华造船（集团）有限公司	2175755	87	上海星宇建设集团有限公司	454026
38	东方国际（集团）有限公司	2167315	88	新大洲本田摩托有限公司	441893
39	上海钢联电子商务股份有限公司	2135714	89	上海丝绸集团股份有限公司	436746
40	环旭电子股份有限公司	2132308	90	台积电（中国）有限公司	436226
41	上海东方明珠新媒体股份有限公司	2112597	91	科世达（上海）管理有限公司	431654
42	上海宝冶集团有限公司	2112370	92	远纺工业（上海）有限公司	429272
43	中国万向控股有限公司	1897919	93	上海金开利集团有限公司	426650
44	上海均瑶（集团）有限公司	1825059	94	永乐（中国）电器销售有限公司	424832
45	上海红星美凯龙投资有限公司	1784766	95	阿克苏诺贝尔太古漆油（上海）有限公司	408781
46	上海外高桥造船有限公司	1627774	96	上海嘉里食品工业有限公司	400612
47	上海胜华电缆（集团）有限公司	1597600	97	思源电气股份有限公司	399742
48	上海世茂股份有限公司	1503280	98	上海新朋实业股份有限公司	395602
49	中芯国际集成电路制造有限公司	1386957	99	上海浦原对外经贸公司	393841
50	大华（集团）有限公司	1300548	100	中锐控股集团有限公司	388549

发布单位：上海市企业联合会、上海市企业家协会

表 11-3 2016 重庆企业 100 强

排名	公司名称	营业收入（万元）	排名	公司名称	营业收入（万元）
1	重庆长安汽车股份有限公司	24359385	51	中交二航局第二工程有限公司	693345
2	达丰（重庆）电脑有限公司	6020685	52	重庆港务物流集团有限公司	690700
3	重庆商社（集团）有限公司	5050052	53	重庆华宇集团有限公司	651322
4	重庆建工投资控股有限责任公司	4624650	54	中铁十一局集团第五工程有限公司	615222
5	重庆龙湖企业拓展有限公司	4126402	55	中船重工（重庆）海装风电设备有限公司	610070
6	国网重庆市电力公司	3970138	56	重庆长安民生物流股份有限公司	607144
7	重庆农村商业银行股份有限公司	3700225	57	中国石化集团四川维尼纶厂	595924
8	重庆市金科投资控股（集团）有限责任公司	3654399	58	重庆百事达汽车有限公司	593946
9	隆鑫控股有限公司	3623555	59	重庆平伟科技（集团）有限公司	571647
10	重庆市能源投资集团有限公司	3600784	60	重庆润通控股（集团）有限公司	567059
11	重庆化医控股（集团）公司	3591804	61	重庆市农业投资集团有限公司	558234
12	中国烟草总公司重庆市公司	3412607	62	重庆桐君阁股份有限公司	469441
13	重庆力帆控股有限公司	3398824	63	重庆美心（集团）有限公司	466873
14	太极集团有限公司	3290472	64	重庆青山工业有限责任公司	440804
15	英业达（重庆）有限公司	2994929	65	重庆河东控股（集团）有限公司	424132
16	重庆机电控股（集团）公司	2779228	66	重庆市新大兴实业（集团）有限公司	402870
17	重庆轻纺控股（集团）公司	2656582	67	重庆三峡银行股份有限公司	395282
18	旭硕科技（重庆）有限公司	2414540	68	重庆建安建设（集团）有限公司	387011
19	重庆医药（集团）股份有限公司	1941944	69	重庆市盐业（集团）有限公司	369359
20	宗申产业集团有限公司	1867429	70	重庆紫光化工股份有限公司	366366
21	纬创资通（重庆）有限公司	1834657	71	九禾股份有限公司	352623
22	鸿富锦精密电子（重庆）有限公司	1759874	72	重庆一品建设集团有限公司	352588
23	重庆对外经贸（集团）有限公司	1738593	73	重庆信威通信技术有限责任公司	343382
24	万友汽车投资有限公司	1675670	74	重庆红宇精密工业有限责任公司	337966
25	重庆万达薄板有限公司	1662747	75	重庆宝钢汽车钢材部件有限公司	335724
26	重庆市中科控股有限公司	1600440	76	重庆鸽牌电线电缆有限公司	332687
27	重庆小康控股有限公司	1571484	77	华能重庆珞璜发电有限责任公司	331370
28	华南物资集团有限公司	1529421	78	重庆华轻商业有限公司	327054
29	重庆中烟工业有限责任公司	1424898	79	重庆兴渝投资有限责任公司	326737
30	重庆市博赛矿业（集团）有限公司	1420511	80	重庆渝万建设集团有限公司	316235
31	西南铝业（集团）有限责任公司	1378372	81	重庆望江工业有限公司	310947
32	中国建筑第二工程局有限公司西南分公司	1272822	82	重庆药友制药有限责任公司	304731
33	重庆长安工业（集团）有限责任公司	1256947	83	中铁五局集团第六工程有限责任公司	301840
34	北汽银翔汽车有限公司	1207756	84	重庆跨越（集团）股份有限公司	297139
35	重庆交通运输控股（集团）有限公司	1195255	85	重庆新华书店集团公司	295096
36	重庆钢铁（集团）有限责任公司	1168621	86	重庆砂之船苏格服饰股份有限公司	269769
37	中冶建工集团有限公司	1165314	87	重庆华强控股（集团）有限公司	267000
38	庆铃汽车（集团）有限公司	1136238	88	北城致远集团有限公司	261179
39	仁宝电脑（重庆）有限公司	1122967	89	重庆市中大建设集团有限公司	259530
40	重庆永辉超市有限公司	1112838	90	重庆一建建设集团有限公司	254992
41	重庆粮食集团有限责任公司	1075603	91	重庆涪陵能源实业集团有限公司	253875
42	重庆市国信通讯息科技产业有限公司	979799	92	重庆康明斯发动机有限公司	244373
43	重庆中节能实业有限责任公司	876762	93	重庆泰山电缆有限公司	241790
44	重庆巨能建设（集团）有限公司	875816	94	重庆市汽车运输（集团）有限责任公司	238550
45	重庆银行股份有限公司	859258	95	重庆悦来投资集团有限公司	235512
46	中国四联仪器仪表集团有限公司	855298	96	重庆茧丝绸集团有限公司	233539
47	重庆中汽西南汽车（集团）有限公司	846629	97	重庆金九控股集团有限公司	233255
48	重庆宝捷讯科技有限公司	783621	98	重庆华峰化工有限公司	229517
49	中冶赛迪集团有限公司	775417	99	民生轮船股份有限公司	227755
50	重庆协信控股（集团）有限公司	746718	100	中铁八局集团第一工程有限公司	224347

发布单位：重庆市企业联合会、重庆市企业家协会

表 11-4 2016 黑龙江企业 100 强

排名	企业名称	营业收入（万元）	排名	企业名称	营业收入（万元）
1	大庆油田有限责任公司	15530000	51	黑龙江省北大荒肉业有限公司	313900
2	黑龙江农垦北大荒商贸集团有限责任公司	4227857	52	大庄园实业有限公司	312012
3	九三粮油工业集团有限公司	4104777	53	哈尔滨东安汽车发动机制造有限公司	292564
4	国网黑龙江省电力有限公司	3898279	54	哈尔滨东安发动机集团有限公司	280539
5	中国石油天然气股份有限公司大庆石化分公司	3864171	55	中粮生化能源（肇东）有限公司	279522
6	哈尔滨铁路局	3596874	56	黑龙江恒阳农业集团有限公司	270373
7	中国石油天然气股份有限公司大庆炼化分公司	2922027	57	中石油昆仑燃气有限公司黑龙江分公司	270100
8	哈尔滨电气集团公司	2794148	58	哈尔滨誉衡药业股份有限公司	270065
9	黑龙江省农村信用社联合社	2587908	59	益海嘉里（哈尔滨）粮油食品工业有限公司	246826
10	黑龙江省建设集团有限公司	2292923	60	黑龙江贝因美乳业有限公司	233438
11	黑龙江龙煤矿业控股集团有限责任公司	2104345	61	黑龙江远大购物中心有限公司	224636
12	哈药集团有限公司	1613534	62	中粮生化能源（龙江）有限公司	223346
13	中国石油天然气股份有限公司哈尔滨石化分公司	1567235	63	哈尔滨中央红集团股份有限公司	216405
14	黑龙江倍丰农业生产资料集团有限公司	1500906	64	黑龙江珍宝岛药业股份有限公司	207306
15	中国移动通信集团黑龙江有限公司	1271213	65	黑龙江富华集团总公司	202018
16	北大荒粮食集团有限公司	1254456	66	肇源县文国冷冻食品有限公司	198461
17	哈尔滨银行股份有限公司	1194536	67	肇源县摇篮乳业有限责任公司	198461
18	大庆沃尔沃汽车制造有限公司	1116040	68	东北轻合金有限责任公司	185810
19	中亚石油有限公司	963406	69	黑龙江丰源实业集团有限公司	178992
20	中航工业哈尔滨飞机工业集团有限责任公司	935806	70	大庆市宝鑫肉联有限公司	175632
21	华电能源股份有限公司	920073	71	望奎双汇北大荒食品有限公司	171002
22	龙江银行股份有限公司	902762	72	哈尔滨顶津食品有限公司	167185
23	黑龙江烟草工业有限责任公司	874527	73	大庆隆兴汰玻璃容器制造有限公司	160738
24	中国联合网络通信有限公司黑龙江省分公司	804177	74	公准肉食品股份有限公司	160044
25	大庆中蓝石化有限公司	744435	75	黑龙江辰能投资集团有限责任公司	156321
26	东方集团股份有限公司	621437	76	齐齐哈尔伊利乳业有限责任公司	155224
27	哈尔滨光宇集团股份有限公司	603877	77	哈尔滨顶益食品有限公司	152776
28	大唐黑龙江发电有限公司	601557	78	七台河宝泰隆煤化工股份有限公司	152282
29	东北特钢集团北满特殊钢有限责任公司	597797	79	佳木斯吉庆豆业有限公司	150912
30	黑龙江安瑞佳石油化工有限公司	592563	80	大庆市庆客隆连锁商贸有限公司	145656
31	庆丰农业生产资料集团有限责任公司	523617	81	牡丹江恒丰纸业集团有限责任公司	144211
32	黑龙江省完达山乳业股份有限公司	519991	82	黑龙江省五常大仓米业有限公司	139426
33	哈尔滨秋林集团股份有限公司	516107	83	哈尔滨第一机械集团有限公司	138625
34	中国第一重型机械股份公司	501218	84	益海（佳木斯）粮油工业有限公司	134194
35	黑龙江飞鹤乳业有限公司	492000	85	佳木斯阳光生化有限公司	131123
36	黑龙江建龙钢铁有限公司	475592	86	黑龙江沃尔德电缆有限公司	127458
37	中车齐齐哈尔交通装备有限公司	430607	87	哈尔滨东安汽车动力股份有限公司	126140
38	中国邮政集团公司黑龙江省分公司	423545	88	光明集团股份有限公司	125805
39	黑龙江鑫达企业集团有限公司	395546	89	五常市昌旺米业有限公司	124556
40	北大荒建设集团	385552	90	黑龙江省光明松鹤乳业饮品有限公司	124189
41	黑龙江龙凤玉米开发有限公司	375201	91	大庆老街基农副产品有限公司	123172
42	葵花集团有限公司	374497	92	绥化市华辰商贸有限公司	122940
43	中国电信股份有限公司黑龙江分公司	370890	93	黑龙江省机场管理集团有限公司	120743
44	华能黑龙江发电有限公司	369677	94	亿阳信通股份有限公司	119754
45	黑龙江黑天鹅家电有限公司	367021	95	黑龙江电信国脉工程股份有限公司	118618
46	黑龙江北大荒农业股份有限公司	365440	96	黑龙江正大实业有限公司	118073
47	西林钢铁集团有限公司	364826	97	黑龙江比优特商贸有限责任公司	116831
48	大庆市鑫珑腾肉业有限公司	364326	98	北大荒丰缘集团有限公司	115315
49	双城雀巢有限公司	353626	99	大庆龙化新实业总公司	113822
50	万达商业管理有限公司哈尔滨分公司	318513	100	黑龙江中盟集团有限公司	109710

发布单位：黑龙江省企业联合会、黑龙江省企业家协会

表 11-5　2016 河北企业 100 强

排名	企业名称	营业收入（万元）	排名	企业名称	营业收入（万元）
1	河钢集团有限公司	28012082	51	河北怀特集团有限公司	1069650
2	冀中能源集团有限责任公司	23765521	52	河北养元智汇饮品股份有限公司	1067262
3	开滦（集团）有限责任公司	17168806	53	河北天柱钢铁集团有限公司	1037116
4	国网河北省电力公司	8353476	54	石家庄常山纺织集团有限责任公司	1031668
5	长城汽车股份有限公司	7603314	55	唐山百货大楼集团有限责任公司	1000191
6	河北新华联合冶金控股集团有限公司	6797096	56	富智康精密电子（廊坊）有限公司	984020
7	河北津西钢铁集团股份有限公司	6480019	57	河北白沙烟草有限责任公司	982872
8	河北敬业集团	5757368	58	河北建投能源投资股份有限公司	962591
9	庞大汽贸集团股份有限公司	5637498	59	河北前进钢铁集团有限公司	913003
10	河北省物流产业集团有限公司	5501006	60	中国石油化工股份有限公司沧州分公司	894533
11	唐山瑞丰钢铁（集团）有限公司	5415448	61	河北鑫海化工集团有限公司	872702
12	新兴铸管股份有限公司	5003064	62	崇利制钢有限公司	837280
13	冀南钢铁集团有限公司	4852486	63	天保建设集团有限公司	835000
14	石家庄北国人百集团有限责任公司	3280115	64	中海石油中捷石化有限公司	806392
15	河北建设集团有限公司	3266530	65	张家口卷烟厂有限责任公司	794179
16	三河汇福粮油集团有限公司	3244800	66	辛集市澳森钢铁有限公司	736786
17	河北普阳钢铁有限公司	2982913	67	河北中捷石化集团有限公司	721746
18	河北新金钢铁有限公司	2975961	68	邯郸建工集团有限公司	719959
19	武安市裕华钢铁有限公司	2965833	69	邢台钢铁有限责任公司	669729
20	晶龙实业集团有限公司	2882240	70	张家口银行股份有限公司	637924
21	武安市文安钢铁有限公司	2823973	71	天铁第一轧钢有限责任公司	635828
22	武安市明芳钢铁有限公司	2797137	72	河北省农业生产资料有限公司	626720
23	唐山港陆钢铁有限公司	2794399	73	信誉楼百货集团有限公司	616691
24	河北建工集团有限责任公司	2760579	74	卓正控股集团有限公司	607727
25	五得利面粉集团有限公司	2568657	75	秦皇岛宏兴钢铁有限公司	601958
26	中国石油化工股份有限公司石家庄炼化分公司	2567684	76	唐山东华钢铁企业集团有限公司	586921
27	旭阳控股有限公司	2525870	77	奥邦线缆有限公司	584402
28	中太建设集团股份有限公司	2281839	78	万合集团股份有限公司	581600
29	迁安市九江线材有限责任公司	2152367	79	中国石油天然气股份有限公司冀东油田分公司	525583
30	石药控股集团有限公司	2123923	80	国网冀北电力有限公司张家口供电公司	492717
31	兴华财富集团有限公司	2081628	81	河北新启元能源技术开发股份有限公司	441067
32	中国石油天然气股份有限公司华北石化分公司	1972794	82	河北龙凤山铸业有限公司	435824
33	河北诚信有限责任公司	1900138	83	中铁山桥集团有限公司	433040
34	冀东发展集团有限责任公司	1775846	84	文安县新钢钢铁有限公司	418266
35	唐山三友集团有限公司	1768265	85	河北保百集团有限公司	414606
36	中国石油天然气股份有限公司华北油田分公司	1754861	86	承德建龙特殊钢有限公司	412669
37	河北新武安钢铁集团鑫汇冶金有限公司	1728972	87	河北国华定州发电有限责任公司	409907
38	河北天山实业集团有限公司	1659488	88	河北国华沧东发电有限责任公司	409204
39	唐山国丰钢铁有限公司	1629456	89	唐山市德龙钢铁有限公司	403989
40	中信戴卡股份有限公司	1619894	90	大唐国际发电股份有限公司张家口发电厂	391033
41	河北冠丰冶金工业有限公司	1567601	91	河北冀衡集团有限公司	378670
42	大元建业集团股份有限公司	1520014	92	河北长安汽车有限公司	354798
43	北方凌云工业集团有限公司	1377750	93	沧兴集团有限公司	345086
44	春风实业集团有限责任公司	1321623	94	河北海生实业集团有限公司	344500
45	国药乐仁堂医药有限公司	1279966	95	河北迎新玻璃集团有限公司	329996
46	邯郸市正大制管有限公司	1204200	96	邢台银行股份有限公司	323298
47	武安市广耀铸业有限公司	1193649	97	玉锋实业集团有限公司	311819
48	河北港口集团	1173751	98	河北阳煤正元化工集团有限公司	310976
49	河北安丰钢铁有限公司	1165418	99	河北京西建设集团	304124
50	河北立中集团	1080344	100	唐山国义特种钢铁有限公司	300405

发布单位：河北省工业经济联合会（河北省经济团体联合会）、河北省企业联合会、河北省企业家协会和河北省统计学会

表 11-6 2016 山东企业 100 强

排名	公司名称	营业收入（万元）	排名	公司名称	营业收入（万元）
1	山东魏桥创业集团有限公司	33323772	51	东营方圆有色金属有限公司	3000268
2	海尔集团公司	18869388	52	东营鲁方金属材料有限公司	2972611
3	国网山东省电力公司	18799748	53	青岛钢铁控股集团有限责任公司	2886532
4	信发集团有限公司	18219600	54	洪业化工集团股份有限公司	2858644
5	山东能源集团有限公司	15796767	55	威高集团有限公司	2851131
6	山东大王集团有限公司	11269181	56	山东华星石油化工集团有限公司	2787230
7	山东钢铁集团有限公司	10210768	57	天元建设集团有限公司	2766325
8	兖矿集团有限公司	10123468	58	青岛啤酒股份有限公司	2763469
9	海信集团有限公司	9901546	59	山东九羊集团有限公司	2702077
10	山东省商业集团有限公司	9070000	60	山东泰山钢铁集团有限公司	2652281
11	南山集团有限公司	8222167	61	山东中矿集团有限公司	2603563
12	山东东明石化集团有限公司	8122000	62	富海集团有限公司	2496233
13	潍柴控股集团有限公司	8065115	63	东岳集团有限公司	2486872
14	山东黄金集团有限公司	6819803	64	山东汇丰石化集团有限公司	2474562
15	中国石油化工股份有限公司胜利油田分公司	6440612	65	利群集团股份有限公司	2424083
16	浪潮集团有限公司	6320086	66	东辰控股集团有限公司	2423357
17	中国重型汽车集团有限公司	6166359	67	恒丰银行股份有限公司	2403855
18	华泰集团有限公司	6023778	68	中国联合网络通信有限公司山东省分公司	2259027
19	山东大海集团有限公司	5885447	69	山东博汇集团有限公司	2242230
20	万达控股集团有限公司	5562545	70	香驰控股有限公司	2238194
21	中国石油化工股份有限公司齐鲁分公司	5488063	71	岚桥集团有限公司	2233887
22	山东晨鸣纸业集团股份有限公司	5272957	72	滨化集团公司	2229340
23	山东京博控股股份有限公司	5018811	73	永锋集团有限公司	2225806
24	利华益集团股份有限公司	5016802	74	山东国有资产投资控股有限公司	2207729
25	山东海科化工集团有限公司	4789504	75	山东垦利石化集团有限公司	2147491
26	济宁如意投资有限公司	4728115	76	山东清源集团有限公司	2030380
27	山东高速集团有限公司	4656767	77	日照港集团有限公司	2023165
28	山东晨曦集团有限公司	4615704	78	正和集团股份有限公司	2004611
29	山东招金集团有限公司	4548008	79	山东寿光鲁清石化有限公司	1938624
30	华勤橡胶工业集团有限公司	4505142	80	山东鲁花集团有限公司	1823368
31	山东科达集团有限公司	4362008	81	上海通用五菱汽车股份有限公司青岛分公司	1756162
32	山东太阳控股集团有限公司	4233027	82	山东金茂纺织化工集团有限公司	1752694
33	山东祥光集团	4196200	83	新华锦集团有限公司	1731695
34	山东新希望六和集团有限公司	4187333	84	淄博商厦股份有限公司	1685211
35	中车青岛四方机车车辆股份有限公司	4004504	85	国电山东电力有限公司	1662387
36	中铁十四局集团有限公司	3879506	86	齐星集团有限公司	1653741
37	山东天信集团有限公司	3832286	87	鲁丽集团有限公司	1610397
38	中色奥博特铜铝业有限公司	3658900	88	华鲁控股集团有限公司	1587326
39	中铁十局集团有限公司	3527938	89	三角集团有限公司	1580676
40	山东金岭集团有限公司	3480577	90	山东淄博傅山企业集团有限公司	1576268
41	中国移动通信集团山东有限公司	3469998	91	山东远通汽车贸易集团有限公司	1571777
42	山东胜通集团股份有限公司	3461245	92	诸城外贸有限责任公司	1553336
43	山东时风（集团）有限责任公司	3419957	93	金猴集团有限公司	1538448
44	山东金诚石化集团有限公司	3365179	94	山东创新金属科技股份有限公司	1525236
45	中国石化青岛炼油化工有限责任公司	3311766	95	中车四方车辆有限公司	1481626
46	山东玉皇化工有限公司	3291689	96	山东科瑞控股集团有限公司	1474785
47	日照钢铁控股集团有限公司	3147573	97	山东中海化工集团有限公司	1383478
48	西王集团有限公司	3123063	98	山东联盟化工集团有限公司	1367950
49	沂州集团有限公司	3108066	99	山东恒源石油化工股份有限公司	1359898
50	山东渤海实业股份有限公司	3033890	100	润华集团股份有限公司	1353271

发布单位：山东省企业联合会、山东省企业家协会

表 11-7　2016 湖南企业 100 强

排名	企业名称	营业收入（万元）	排名	企业名称	营业收入（万元）
1	五矿有色金属控股有限公司	11094974	51	湖南省茶业集团股份有限公司	500318
2	中国建筑第五工程局有限公司	7601307	52	老百姓大药房连锁股份有限公司	456848
3	中国烟草总公司湖南省公司	7543262	53	中国南方航空工业（集团）有限公司	456473
4	三一集团有限公司	7505031	54	江南工业集团有限公司	426662
5	湖南华菱钢铁集团有限责任公司	6679742	55	江麓机电集团有限公司	424205
6	国网湖南省电力公司	6471091	56	长沙通程控股股份有限公司	422873
7	湖南省建筑工程集团总公司	5569464	57	长丰集团有限责任公司	418872
8	中联重科股份有限公司	5194081	58	湖南省沙坪建筑有限公司	406660
9	中国石化销售有限公司湖南石油分公司	4327438	59	湖南电广传媒股份有限公司	405565
10	大汉控股集团有限公司	3363883	60	嘉凯城集团股份有限公司	405565
11	步步高投资集团股份有限公司	3101749	61	湖南省轻工盐业集团有限公司	401073
12	湖南博长控股集团有限公司	3051172	62	湖南望新建设集团股份有限公司	399924
13	中车株洲电力机车研究所有限公司	2943165	63	湖南新长海发展集团有限公司	381620
14	中国建设银行股份有限公司湖南省分行	2735944	64	株洲联诚集团有限责任公司	365400
15	中车株洲电力机车有限公司	2607654	65	中华联合财产保险股份有限公司湖南分公司	347029
16	中国水利水电第八工程局有限公司	1859809	66	心连心集团有限公司	344684
17	蓝思科技股份有限公司	1722738	67	中国石油化工股份有限公司巴陵分公司	338397
18	中国石化集团资产经营管理有限公司巴陵石化分公司	1340368	68	金杯电工股份有限公司	323613
19	湖南金龙国际集团	1248300	69	爱尔眼科医院集团股份有限公司	316558
20	中国石油天然气股份有限公司湖南销售分公司	1204974	70	湖南顺天建设集团有限公司	313138
21	湘电集团有限公司	1152477	71	中国能源建设集团湖南火电建设有限公司	302153
22	方正证券股份有限公司	1091499	72	湖南湘江涂料集团有限公司	295357
23	湖南九龙经贸集团有限公司	1080782	73	湖南对外建设集团有限公司	286520
24	湖南省新华书店有限责任公司	1079753	74	益丰大药房连锁股份有限公司	284552
25	湖南路桥建设集团有限责任公司	1066357	75	快乐购物股份有限公司	279761
26	华融湘江银行股份有限公司	1038030	76	湖南黄花建设集团股份有限公司	257137
27	五矿二十三冶建设集团有限公司	1005944	77	湖南新天地投资控股集团有限公司	253823
28	唐人神集团股份有限公司	941457	78	湖南景峰医药股份有限公司	245904
29	中国电子科技集团公司第四十八研究所	884888	79	株洲千金药业股份有限公司	244668
30	长沙银行股份有限公司	839555	80	中冶长天国际工程有限责任公司	232133
31	湖南安石企业（集团）有限公司	798688	81	湖南郴电国际发展股份有限公司	230047
32	大唐华银电力股份有限公司	740635	82	华润电力湖南有限公司	225722
33	泰格林纸集团股份有限公司	676547	83	长安益阳发电有限公司	221823
34	湖南友谊阿波罗控股股份有限公司	668107	84	道道全粮油股份有限公司	218617
35	湖南兰天集团有限公司	662714	85	盛仕达钢铁股份有限公司	214003
36	湖南高岭建设集团股份有限公司	658214	86	长城信息产业股份有限公司	212393
37	中车株洲电机有限公司	654101	87	大唐湘潭发电有限责任公司	211625
38	现代投资股份有限公司	651614	88	袁隆平农业高科技股份有限公司	202582
39	长沙新振升集团有限公司	649366	89	恩瑞集团有限公司	190268
40	湖南佳惠百货有限责任公司	632574	90	中国人寿财产保险股份有限公司湖南省分公司	189651
41	湖南粮食集团有限责任公司	622640	91	克明面业股份有限公司	189182
42	泰富重装集团有限公司	613464	92	益海嘉里（岳阳）粮油工业有限公司	188868
43	郴州市金贵银业股份有限公司	578875	93	华天实业控股集团有限公司	187405
44	特变电工衡阳变压器有限公司	570219	94	湖南尔康制药股份有限公司	175600
45	国药控股湖南有限公司	523637	95	加加食品集团股份有限公司	175501
46	湖南宇腾有色金属股份有限公司	518623	96	长沙水业集团有限公司	163426
47	株洲旗滨集团股份有限公司	516946	97	常德烟草机械有限责任公司	157191
48	湖南辰州矿业有限责任公司	511773	98	湖南东信集团有限公司	155224
49	中国铁建重工集团有限公司	504919	99	湖南梦洁家纺股份有限公司	151745
50	中国邮政集团公司湖南省分公司	500358	100	伟大集团	145791

发布单位：湖南省工业经济联合会、湖南省企业联合会、湖南省企业家协会

表11-8 2016湖北企业100强

排名	公司名称	营业收入（万元）	排名	公司名称	营业收入（万元）
1	东风汽车公司	52045396	51	武汉建工集团股份有限公司	754655
2	中国建筑第三工程局有限公司	14364692	52	中国联合网络通信有限公司湖北省分公司	741114
3	武汉钢铁（集团）公司	10183092	53	中铁第四勘察设计院集团有限公司	713628
4	大冶有色金属集团控股有限公司	10012809	54	中国核工业第二二建设有限公司	712131
5	中国葛洲坝集团有限公司	8345752	55	湖北能源集团股份有限公司	710421
6	湖北宜化集团有限责任公司	8103725	56	中铁武汉电气化局集团有限公司	706843
7	湖北中烟工业有限责任公司	6405378	57	湖北长安建筑股份有限公司	698746
8	武汉铁路局	5952358	58	武汉航空港发展集团有限公司	698323
9	中铁十一局集团有限公司	5180149	59	长飞光纤光缆股份有限公司	673784
10	九州通医药集团股份有限公司	4958925	60	武汉商贸国有控股集团有限公司	661073
11	稻花香集团	4355216	61	中维世纪建设集团有限公司	652265
12	中交第二航务工程局有限公司	4170849	62	湖北祥云（集团）化工股份有限公司	625773
13	中国石油化工股份有限公司武汉分公司	4010029	63	武汉东湖高新集团股份有限公司	619809
14	中百控股集团股份有限公司	3500646	64	黄石东贝机电集团有限责任公司	609514
15	武汉武商集团股份有限公司	3460628	65	湖北省工业建筑集团有限公司	592937
16	卓尔控股有限公司	3139470	66	武汉工贸有限公司	576924
17	山河建设集团有限公司	3048533	67	盛隆电气集团有限公司	557550
18	宜昌兴发集团有限责任公司	2850201	68	中国邮政集团公司湖北省分公司	553230
19	中铁大桥局集团有限公司	2674019	69	武汉联杰国际贸易有限公司	553096
20	武汉邮电科学研究院	2408951	70	顺泰建设股份有限公司	550883
21	新八建设集团有限公司	2229854	71	新力建设集团有限公司	537025
22	中国移动通信集团湖北有限公司	2114498	72	湖北齐星集团	534202
23	新七建设集团有限公司	2040552	73	武汉市汉商集团股份有限公司	527674
24	湖北新冶钢有限公司	1901425	74	湖北银丰实业集团有限责任公司	519707
25	三环集团公司	1814593	75	汉口银行股份有限公司	515905
26	福星集团控股有限公司	1756352	76	汉江水利水电（集团）有限责任公司	511427
27	中国航天三江集团公司	1724312	77	湖北省农业生产资料集团有限公司	508124
28	中国一冶集团有限公司	1562846	78	高品建设集团有限公司	501285
29	武汉市金马凯旋家具投资有限公司	1506240	79	湖北白云边酒业股份有限公司	496520
30	武汉中商集团股份有限公司	1468202	80	武汉地产开发投资集团有限公司	480076
31	湖北枝江酒业集团	1438944	81	湖北省烟草公司恩施州公司	473376
32	宜城市襄大农牧有限公司	1379015	82	湖北中首投资控股有限公司	470000
33	武汉金融控股（集团）有限公司	1345637	83	黄石山力兴冶薄板有限公司	453852
34	骆驼集团股份有限公司	1337419	84	中国化学工程第六建设有限公司	449175
35	华新水泥股份有限公司	1327132	85	湖北景天棉花产业集团有限公司	448066
36	湖北省烟草公司武汉市公司	1319050	86	武汉市燃气热力集团有限公司	447278
37	湖北省交通投资集团有限公司	1311139	87	奥山集团	445210
38	宝业湖北建工集团有限公司	1240751	88	武汉顺乐不锈钢有限公司	430183
39	武汉城市建设投资开发集团有限公司	1099284	89	武汉东方建设集团有限公司	423176
40	湖北三宁化工股份有限公司	1072023	90	中国电力工程顾问集团中南电力设计院有限公司	421963
41	新十建设集团有限公司	1062644	91	益海嘉里（武汉）粮油工业有限公司	411248
42	武昌船舶重工集团有限公司	1055150	92	武汉船用机械有限责任公司	400486
43	中国十五冶金建设集团有限公司	1052906	93	赤东建设集团有限公司	399780
44	湖北东圣化工集团有限公司	1047949	94	中国人民财产保险股份有限公司武汉市分公司	375585
45	人福医药集团股份公司	1005398	95	湖北中阳建设集团有限公司	367416
46	武汉农村商业银行股份有限公司	970516	96	长江勘测规划设计研究院	360453
47	湖北新洋丰肥业股份有限公司	961908	97	航天电工集团有限公司	354497
48	国药控股湖北有限公司	910808	98	华能武汉发电有限责任公司	352217
49	中冶南方工程技术有限公司	812922	99	鄂州鸿泰钢铁有限公司	342310
50	劲牌有限公司	799801	100	中交第二公路勘察设计研究院有限公司	339907

发布单位：湖北省企业联合会

表 11-9　2016 浙江企业 100 强

排名	企业名称	营业收入（万元）	排名	企业名称	营业收入（万元）
1	物产中大集团股份有限公司	18257322	51	万丰奥特控股集团有限公司	2318110
2	浙江吉利控股集团有限公司	16530399	52	中航国际钢铁贸易有限公司	2249858
3	海亮集团有限公司	14016131	53	红狮控股集团有限公司	2204165
4	万向集团公司	11535989	54	浙江富冶集团有限公司	2170590
5	中国石油化工股份有限公司镇海炼化分公司	9448030	55	森马集团有限公司	2151065
6	广厦控股集团有限公司	8971015	56	华仪集团有限公司	2057746
7	中国石化销售有限公司浙江石油分公司	8942789	57	浙江逸盛石化有限公司	1973642
8	青山控股集团有限公司	8768949	58	中策橡胶集团有限公司	1967958
9	浙江荣盛控股集团有限公司	8060568	59	纳爱斯集团有限公司	1928936
10	浙江省兴合集团有限责任公司	8019763	60	升华集团控股有限公司	1815954
11	浙江恒逸集团有限公司	7940567	61	三花控股集团有限公司	1804273
12	浙江中烟工业有限责任公司	7861183	62	浙江大东南集团有限公司	1800211
13	杭州钢铁集团公司	7769455	63	华峰集团有限公司	1790300
14	超威电源有限公司	7497736	64	宁波君安控股有限公司	1779394
15	天能电池集团有限公司	7239327	65	银泰商业（集团）有限公司	1766183
16	绿城中国控股有限公司	7190000	66	海天建设集团有限公司	1734693
17	浙江省能源集团有限公司	6795234	67	奥康集团有限公司	1727009
18	雅戈尔集团股份有限公司	6236444	68	太平鸟集团有限公司	1690096
19	中天发展控股集团有限公司	6196618	69	浙江元立金属制品集团有限公司	1654482
20	奥克斯集团有限公司	5961205	70	兴乐集团有限公司	1615432
21	银亿集团有限公司	5883621	71	龙元建设集团股份有限公司	1602877
22	杭州汽轮动力集团有限公司	5701132	72	华立集团股份有限公司	1593805
23	远大物产集团有限公司	5536429	73	巨星控股集团有限公司	1563792
24	浙江省建设投资集团有限公司	5500256	74	维科控股集团股份有限公司	1561437
25	盾安控股集团有限公司	5163973	75	五洋建设集团股份有限公司	1548097
26	杭州锦江集团有限公司	5010179	76	浙江英特药业有限责任公司	1546639
27	杭州娃哈哈集团有限公司	4947540	77	花园集团有限公司	1543197
28	浙江省国际贸易集团有限公司	4854702	78	兴惠化纤集团有限公司	1493600
29	德力西集团有限公司	4349427	79	新凤鸣集团股份有限公司	1464008
30	宁波金田投资控股有限公司	4228775	80	广博投资控股有限公司	1462376
31	正泰集团股份有限公司	4051877	81	利时集团股份有限公司	1461771
32	中基宁波集团股份有限公司	3842756	82	宁波华东物资城市场建设开发有限公司	1459500
33	浙江桐昆控股集团有限公司	3797275	83	浙江富春江通信集团有限公司	1425103
34	浙江中成控股集团有限公司	3763391	84	中厦建设集团有限公司	1420230
35	杉杉控股有限公司	3602365	85	宝利德控股集团有限公司	1415266
36	浙江省交通投资集团有限公司	3520031	86	宁波博洋控股集团有限公司	1390152
37	人民电器集团有限公司	3480507	87	浙江东南网架集团有限公司	1381010
38	浙江前程投资股份有限公司	3367880	88	浙江协和集团有限公司	1380109
39	浙江昆仑控股集团有限公司	3106717	89	人本集团有限公司	1377484
40	宁波富邦控股集团有限公司	3030961	90	杭州联华华商集团有限公司	1358186
41	浙江宝业建设集团有限公司	2983568	91	中设建工集团有限公司	1351726
42	杭州华东医药集团有限公司	2839662	92	浙江建华集团有限公司	1351511
43	卧龙控股集团有限公司	2735584	93	天洁集团有限公司	1350968
44	浙江龙盛控股有限公司	2724673	94	宁波建工股份有限公司	1327623
45	精功集团有限公司	2709184	95	歌山建设集团有限公司	1276811
46	浙江省商业集团有限公司	2708020	96	宁波申洲针织有限公司	1263933
47	巨化集团公司	2434504	97	浙江勤业建工集团有限公司	1252651
48	富通集团有限公司	2383588	98	精工控股集团有限公司	1234126
49	西子联合控股有限公司	2360427	99	胜达集团有限公司	1218258
50	传化集团有限公司	2360208	100	浙江国大集团有限责任公司	1213380

发布单位：浙江省企业联合会、浙江省企业家协会

表11-10 2016广东企业100强

排名	企业名称	营业收入（万元）	排名	企业名称	营业收入（万元）
1	中国平安保险（集团）股份有限公司	69322000	51	深圳市信利康供应链管理有限公司	3044691
2	华润（集团）有限公司	48122063	52	玖龙纸业（控股）有限公司	3009255
3	中国南方电网有限责任公司	46942579	53	华信石油（广东）有限公司	2969818
4	华为技术有限公司	39500900	54	广东省建筑工程集团有限公司	2969028
5	招商银行股份有限公司	30384300	55	国信证券股份有限公司	2913913
6	正威国际集团有限公司	30036385	56	广州农村商业银行股份有限公司	2872255
7	广州汽车工业集团有限公司	21643680	57	广州万宝集团有限公司	2834469
8	万科企业股份有限公司	19554913	58	珠海华发集团有限公司	2613290
9	美的集团股份有限公司	13844123	59	广东格兰仕集团有限公司	2607792
10	恒大地产集团有限公司	13313000	60	白云电气集团有限公司	2601966
11	保利房地产（集团）股份有限公司	12342878	61	国药集团一致药业股份有限公司	2599314
12	碧桂园控股有限公司	11322264	62	广东电力发展股份有限公司	2572381
13	中国南方航空集团公司	11220561	63	广东海大集团股份有限公司	2556740
14	TCL 集团股份有限公司	10457948	64	中船海洋与防务装备股份有限公司	2551924
15	腾讯控股有限公司	10286300	65	招商证券股份有限公司	2529179
16	中兴通讯股份有限公司	10018639	66	研祥高科技控股集团有限公司	2503735
17	珠海格力电器股份有限公司	9774514	67	广州国资发展控股有限公司	2498994
18	比亚迪股份有限公司	8000897	68	伯恩光学（惠州）有限公司	2372473
19	广州医药集团有限公司	7485668	69	海信科龙电器股份有限公司	2347160
20	中国长城计算机深圳股份有限公司	7293585	70	广州钢铁企业集团有限公司	2291521
21	广州铁路（集团）公司	6595666	71	深圳中电投资股份有限公司	2257754
22	腾邦集团有限公司	6594827	72	广州发展集团股份有限公司	2111665
23	广东省广新控股集团有限公司	6425364	73	广东省广业资产经营有限公司	2090042
24	广东省广物控股集团有限公司	6358918	74	宜华企业（集团）有限公司	1950210
25	中国国际海运集装箱（集团）股份有限公司	5868580	75	日立电梯（中国）有限公司	1916091
26	中信证券股份有限公司	5601344	76	广州白云山医药集团股份有限公司	1912466
27	华侨城集团公司	5069295	77	广州银行股份有限公司	1861458
28	中国广核集团有限公司	5060433	78	深圳欧菲光科技股份有限公司	1849777
29	招商局蛇口工业区控股股份有限公司	4922242	79	康佳集团股份有限公司	1839518
30	深圳市大生农业集团有限公司	4911064	80	广东粤合资产经营有限公司	1828357
31	广东温氏食品集团股份有限公司	4823737	81	康美药业股份有限公司	1806683
32	深圳市飞马国际供应链股份有限公司	4763722	82	广州立白企业集团有限公司	1790758
33	广东省粤电集团有限公司	4674915	83	中海壳牌石油化工有限公司	1770281
34	广州富力地产股份有限公司	4429092	84	天虹商场股份有限公司	1739606
35	雅居乐地产控股有限公司	4300431	85	广州无线电集团有限公司	1718384
36	广东省广晟资产经营有限公司	4263633	86	深圳市中金岭南有色金属股份有限公司	1696571
37	天音通信有限公司	4247523	87	广州金博物流贸易集团有限公司	1685576
38	广东省丝绸纺织集团有限公司	4153256	88	深圳市朗华供应链服务有限公司	1640888
39	广东省交通集团有限公司	4131239	89	广州元亨能源有限公司	1638376
40	广州市建筑集团有限公司	4116464	90	华润广东医药有限公司	1636877
41	广州轻工工贸集团有限公司	4105394	91	广深铁路股份有限公司	1572531
42	百丽国际控股有限公司	4079020	92	金发科技股份有限公司	1568210
43	广州唯品会信息科技有限公司	4020321	93	深圳控股有限公司	1543359
44	深圳市怡亚通供应链股份有限公司	3964107	94	深圳长城开发科技股份有限公司	1536181
45	广州晶东贸易有限公司	3948476	95	深圳华强集团有限公司	1506450
46	广东圣丰集团有限公司	3917185	96	广东粤海控股集团有限公司	1495606
47	广州越秀集团有限公司	3376435	97	利泰集团有限公司	1459020
48	广发证券股份有限公司	3344664	98	中粮地产（集团）股份有限公司	1349954
49	创维集团有限公司	3342900	99	深圳市中农网股份有限公司	1273121
50	金地（集团）股份有限公司	3273327	100	东凌控股有限公司	1263166

发布单位：广东省企业联合会

表 11-11 2016 广西企业 100 强

排名	公司名称	营业收入（万元）	排名	公司名称	营业收入（万元）
1	上汽通用五菱汽车股份有限公司	9224764	51	百色百矿集团有限公司	448187
2	广西投资集团有限公司	8516053	52	中国联合网络通信集团有限公司广西壮族自治区分公司	436049
3	广西建工集团有限责任公司	7008182	53	广西平铝集团有限公司	398064
4	广西电网有限责任公司	6203706	54	中粮油脂（钦州）有限公司	396885
5	广西柳州钢铁集团有限公司	4446462	55	广西桂鑫钢铁集团有限公司	392218
6	广西北部湾国际港务集团有限公司	3633746	56	广西正润发展集团有限公司	372920
7	广西壮族自治区农村信用社联合社	3438049	57	燕京啤酒（桂林漓泉）股份有限公司	361339
8	广西玉柴机器集团有限公司	3392300	58	广西桂东电力股份有限公司	359060
9	中国石油天然气股份有限公司广西石化分公司	3105383	59	广西银亿新材料有限公司	303227
10	广西盛隆冶金有限公司	2572506	60	广西南城百货有限责任公司	298738
11	南宁富桂精密工业有限公司	2383700	61	桂林国际电线电缆集团有限责任公司	292356
12	广西中烟工业有限责任公司	2255847	62	中国邮政集团公司广西壮族自治区分公司	288484
13	广西农垦集团有限责任公司	2231563	63	广西来宾东糖集团有限公司	268797
14	东风柳州汽车有限公司	2204633	64	嘉里粮油（防城港）有限公司	253812
15	广西物资集团有限责任公司	2176546	65	广西广播电视信息网络股份有限公司	244358
16	广西交通投资集团有限公司	1943634	66	南宁百货大楼股份有限公司	236656
17	广西汽车集团有限公司	1652140	67	广西贵丰特钢有限公司	223563
18	广西新发展交通集团有限公司	1611254	68	广西林业集团有限公司	219564
19	广西铁路投资集团有限公司	1392273	69	广西贵港建设集团有限公司	218150
20	桂林力源粮油食品集团有限公司	1218471	70	南宁建宁水务投资集团有限责任公司	217248
21	中国大唐集团公司广西分公司	1152483	71	华润电力（贺州）有限公司	212880
22	广西北部湾投资集团有限公司	1134122	72	广西凤糖生化股份有限公司	212539
23	十一冶建设集团有限责任公司	1022236	73	广西新华书店集团股份有限公司	208550
24	广西洋浦南华糖业集团股份有限公司	1009020	74	桂林建筑安装工程有限公司	208135
25	广西柳工集团有限公司	968546	75	广西五鸿建设集团有限公司	202255
26	广西水利电业集团有限公司	943217	76	中铁二十五局集团第四工程有限公司	201198
27	广西壮族自治区机电设备有限责任公司	845471	77	广西泰禾发展集团有限公司	200098
28	广西壮族自治区冶金建设公司	835426	78	广西南宁梦之岛百货有限公司	200022
29	中国电信股份有限公司广西分公司	798260	79	广西金源置业集团有限公司	196902
30	中国邮政储蓄银行股份有限公司广西壮族自治区分行	781907	80	广西鼎华商业股份有限公司	191956
31	广西西江开发投资集团有限公司	777262	81	广西大锰锰业集团有限公司	190529
32	大海粮油工业（防城港）有限公司	758374	82	南方黑芝麻集团股份有限公司	188761
33	桂林银行股份有限公司	753701	83	广西登高集团有限公司	188070
34	中国石化销售有限公司广西南宁石油分公司	704005	84	广西中鼎世纪投资集团有限责任公司	180554
35	广西华南建设集团有限公司	681643	85	银河天成集团有限公司	178059
36	广西南方有色集团	669843	86	广西湘桂糖业集团有限公司	174790
37	广西裕华建设集团有限公司	652143	87	广西贵糖（集团）股份有限公司	173540
38	广西柳州医药股份有限公司	650766	88	台泥（贵港）水泥有限公司	171630
39	广西云星集团有限公司	607808	89	皇氏集团股份有限公司	168514
40	广西方盛实业股份有限公司	604334	90	华厦建设集团有限公司	164193
41	南宁产业投资集团有限责任公司	590790	91	广西运德汽车运输集团有限公司	155409
42	广西北部湾银行股份有限公司	585228	92	广西参皇养殖集团有限公司	155164
43	桂林福达集团有限公司	579803	93	广西三环企业集团股份有限公司	154861
44	广西金融投资集团有限公司	577049	94	中铝广西有色稀土开发有限公司	153529
45	广西扬翔股份有限公司	538108	95	广西矿建集团有限公司	147386
46	中国铝业股份有限公司广西分公司	524792	96	扶绥新宁海螺水泥有限责任公司	144301
47	柳州银行股份有限公司	517893	97	广西鱼峰集团水泥有限公司	143831
48	广西贵港钢铁集团有限公司	517872	98	桂林三金集团股份有限公司	139693
49	桂林彰泰实业集团有限公司	499825	99	中国有色集团（广西）平桂飞碟股份有限公司	139459
50	南宁威宁投资集团有限责任公司	463107	100	华蓝集团股份公司	138238

发布单位：广西企业与企业家联合会

表11-12 2016安徽企业100强

排名	企业名称	营业收入（万元）	排名	企业名称	营业收入（万元）
1	铜陵有色金属集团控股有限公司	14534744	51	建安投资控股集团有限公司	728669
2	安徽海螺集团有限责任公司	9307035	52	芜湖美智空调设备公司	709266
3	中铁四局集团有限公司	5684232	53	安徽天康（集团）股份有限公司	690277
4	淮北矿业（集团）有限责任公司	5224436	54	安徽丰源集团有限公司	682091
5	马钢（集团）控股有限公司	5037063	55	安徽古井集团有限责任公司	676666
6	安徽江淮汽车集团控股有限公司	4705129	56	中粮生物化学（安徽）股份有限公司	645728
7	联宝（合肥）电子科技有限公司	4487395	57	安徽环新集团有限公司	632411
8	淮南矿业（集团）有限责任公司	4336057	58	安徽湖滨建设集团有限公司	628074
9	合肥百货大楼集团股份有限公司	3922800	59	安徽省司尔特肥业股份有限公司	612503
10	安徽建工集团有限公司	3698666	60	格力电器（芜湖）有限公司	597872
11	中国石油化工股份有限公司安庆分公司	3557044	61	安徽叉车集团有限责任公司	589042
12	中国石化销售有限公司安徽石油分公司	3501729	62	安徽鑫科新材料股份有限公司	577196
13	安徽国贸集团控股有限公司	2915157	63	安徽天大企业（集团）有限公司	565169
14	奇瑞汽车股份有限公司	2805540	64	惠而浦（中国）股份有限公司	546819
15	安徽省交通控股集团有限公司	2702205	65	申洲针织（安徽）有限公司	544263
16	安徽省皖北煤电集团有限责任公司	2687318	66	安徽天星医药集团有限公司	543984
17	安徽新华发行（集团）控股有限公司	2498904	67	安徽水安建筑集团股份有限公司	535553
18	美的集团合肥公司	2279182	68	安徽康佳电子有限公司	522692
19	芜湖新兴铸管有限责任公司	1855986	69	合肥华泰集团股份有限公司	506977
20	安徽国购投资集团	1850042	70	安徽国祯集团股份有限公司	493532
21	安徽安粮控股股份有限公司	1650746	71	安徽中盐红四方股份有限公司	493092
22	安徽出版集团有限责任公司	1641701	72	中国移动通信集团安徽有限公司合肥分公司	479051
23	安徽辉隆农资集团	1580277	73	国投新集能源股份有限公司	477926
24	格力电器（合肥）有限公司	1502795	74	安徽迎驾集团股份有限公司	476731
25	安徽华源医药股份有限公司	1473862	75	阳光电源股份有限公司	456925
26	安徽省能源集团有限公司	1436251	76	安徽昊晨食品有限公司	454199
27	安徽省文一投资控股集团	1410598	77	安徽金煌建设集团有限公司	452038
28	中国十七冶集团有限公司	1350318	78	安徽省高速石化有限公司	445871
29	联合利华服务（合肥）有限公司	1324476	79	黄山永佳（集团）有限公司	441197
30	蚌埠玻璃工业设计研究院	1301252	80	合肥世纪城置业有限责任公司	438242
31	国网安徽省电力公司合肥供电公司	1201374	81	中国能源建设集团安徽电力建设第二工程有限公司	438121
32	合肥鑫晟光电科技有限公司	1191440	82	安徽宝业建工集团有限公司	420319
33	中建四局第六建筑工程有限公司	1160698	83	安徽美芝精密制造有限公司	399404
34	安徽中鼎控股（集团）股份有限公司	1156148	84	安徽昊源化工集团有限公司	393975
35	安徽蓝德集团股份有限公司	1112858	85	安徽华茂集团有限公司	388387
36	徽商银行合肥分行	1094900	86	安徽金瑞投资集团有限公司	374611
37	合肥美菱股份有限公司	1041583	87	合肥世纪精信机械制造有限责任公司	373080
38	安徽山鹰纸质股份有限公司	978700	88	安徽皖维集团有限责任公司	370124
39	安徽三建工程有限工程	964915	89	中联重机股份有限公司	363878
40	安徽华力建设集团有限公司	955685	90	东华工程科技股份有限公司	363297
41	铜陵化学工业集团有限公司	948129	91	安徽省华鑫铅业集团有限公司	361380
42	合肥建工集团有限公司	920910	92	华菱星马汽车（集团）股份有限公司	354266
43	安徽省外经建设（集团）有限公司	864497	93	中冶华天工程技术有限公司	352293
44	合肥晶澳太阳能科技有限公司	852398	94	安徽省旅游集团有限责任公司	350230
45	安徽楚江投资集团有限公司	801346	95	安徽省贵航特钢有限公司	343897
46	安徽楚江科技新材料股份有限公司	801122	96	安徽尊贵电器集团有限公司	342515
47	安徽省盐业总公司	790283	97	芜湖市富鑫钢铁有限公司	342037
48	铜陵精达铜材（集团）有限责任公司	774196	98	安徽凯源建设集团有限责任公司	337868
49	合肥京东方光电科技有限公	756728	99	洽洽食品股份有限公司	331137
50	安徽华文国际经贸股份有限公司	739249	100	安徽晋煤中能化工股份有限公司	330729

发布单位：安徽省企业联合会、安徽省企业家联合会

表 11-13　2016 武汉企业 100 强

排名	企业名称	营业收入（万元）	排名	企业名称	营业收入（万元）
1	东风汽车公司	52045396	51	中国电信股份有限公司武汉分公司	524325
2	中国建筑第三工程局有限公司	14364692	52	湖北银丰实业集团有限责任公司	519707
3	武汉钢铁（集团）公司	10183092	53	汉口银行股份有限公司	515905
4	中铁十一局集团有限公司	5180149	54	湖北省农业生产资料集团有限公司	508124
5	中国葛洲坝集团有限公司	8345752	55	高品建设集团有限公司	501285
6	湖北中烟工业有限责任公司	6405378	56	武汉艾德蒙科技股份有限公司	486597
7	武汉铁路局	5952358	57	武汉地产开发投资集团有限公司	480076
8	九州通医药集团股份有限公司	4958925	58	湖北中首投资控股有限公司	470000
9	中交第二航务工程局有限公司	4170849	59	武汉天马微电子有限公司	455284
10	中国石油化工股份有限公司武汉分公司	4010029	60	武汉武钢北湖经济开发公司	448883
11	武汉国有资产经营公司	3930289	61	武汉市燃气热力集团有限公司	447278
12	中百控股集团股份有限公司	3500646	62	奥山集团	445210
13	武汉武商集团股份有限公司	3460628	63	武汉顺乐不锈钢有限公司	430183
14	卓尔控股有限公司	3139470	64	武汉东方建设集团有限公司	423176
15	山河建设集团有限公司	3048533	65	中国电力工程顾问集团中南电力设计院有限公司	421963
16	中铁大桥局集团有限公司	2674019	66	武汉中原发展汽车物流有限公司	414791
17	武汉邮电科学研究院	2408951	67	益海嘉里（武汉）粮油工业有限公司	411248
18	新八建设集团有限公司	2229854	68	武汉船用机械有限责任公司	400486
19	新七建设集团有限公司	2040552	69	湖北良品铺子食品有限公司	390000
20	三环集团有限公司	1814593	70	中国人民财产保险股份有限公司武汉市分公司	375585
21	中国航天三江集团公司	1724312	71	中交二公局第一工程有限公司	374852
22	中国一冶集团有限公司	1562846	72	太平人寿保险有限公司湖北分公司	373041
23	武汉市金马凯旋家具投资有限公司	1506240	73	湖北中阳建设集团有限公司	367416
24	武汉中商集团股份有限公司	1468202	74	长江勘测规划设计研究院	360453
25	武汉金融控股（集团）有限公司	1345637	75	航天电工集团有限公司	354497
26	湖北省烟草公司武汉市公司	1319050	76	华能武汉发电有限责任公司	352217
27	宝业湖北建工集团有限公司	1240751	77	中交第二公路勘察设计研究院有限公司	339907
28	绿地控股集团（武汉房地产事业部）	1140000	78	武汉市水务集团有限公司	337771
29	武汉市城市建设投资开发集团有限公司	1099284	79	凌云科技集团有限责任公司	337653
30	新十建设集团有限公司	1062644	80	湖北楚安建筑工程有限公司	332558
31	人福医药集团股份公司	1005398	81	武汉中东磷业科技有限公司	324510
32	武汉农村商业银行股份有限公司	970516	82	中国五环工程有限公司	322183
33	国药控股湖北有限公司	910808	83	远大医药（中国）有限公司	315955
34	中冶南方工程技术有限公司	812922	84	武汉海尔电器股份有限公司	315457
35	武汉建工集团股份有限公司	754655	85	湖北高艺装饰工程有限公司	311238
36	福星惠誉房地产有限公司	717574	86	武汉金牛经济发展有限公司	306781
37	中铁第四勘察设计院集团有限公司	713628	87	武汉中原电子集团有限公司	304681
38	湖北能源集团股份有限公司	710421	88	武汉华中通信广场有限责任公司	290249
39	中铁武汉电气化局集团有限公司	706843	89	武汉新建总建设集团有限公司	285449
40	武汉航空港发展集团有限公司	698324	90	TCL 空调器（武汉）有限公司	281365
41	长飞光纤光缆股份有限公司	673784	91	武汉苏泊尔炊具有限公司	280960
42	武汉商贸国有控股集团有限公司	661073	92	中国联合网络通信有限公司武汉市分公司	276713
43	中维世纪建设集团有限公司	652265	93	武汉统一企业食品有限公司	273328
44	武汉东湖高新集团股份有限公司	619809	94	钰龙集团有限公司	270436
45	中国移动通信集团湖北有限公司武汉分公司	597075	95	湖北凌志科技集团	269992
46	武汉工贸有限公司	576924	96	武汉新港建设投资开发集团有限公司	269666
47	盛隆电气集团有限公司	557550	97	湖北民族建设集团有限公司	265756
48	顺泰建设股份有限公司	550883	98	华工科技产业股份有限公司	261955
49	新力建设集团有限公司	537025	99	百胜餐饮（武汉）有限公司	260203
50	武汉市汉商集团股份有限公司	527674	100	中国邮政集团公司武汉市分公司	259426

发布单位：武汉企业联合会、企业家协会

第十二章 2016 世界企业 500 强数据

表 12-1　2016 世界企业 500 强

上年排名	排名	公司名称	国家	营业收入（百万美元）	净利润（百万美元）	资产（百万美元）	股东权益（百万美元）	员工人数（人）
1	1	沃尔玛	美国	482130	14694	199581	80546	2300000
7	2	国家电网公司	中国	329601	10201	478539	207345	207345
4	3	中国石油天然气集团公司	中国	299271	7091	621242	320222	1589508
2	4	中国石油化工集团公司	中国	294344	3595	317006	112455	810538
3	5	荷兰皇家壳牌石油公司	荷兰	272156	1939	340157	162876	90000
5	6	埃克森美孚	美国	246204	16150	336758	170811	75600
8	7	大众公司	德国	236600	-1520	414858	95651	610076
9	8	丰田汽车公司	日本	236592	19264	422029	149021	348877
15	9	苹果公司	美国	233715	53394	290479	119355	110000
6	10	英国石油公司	英国	225982	-6482	261832	97216	79800
14	11	伯克希尔-哈撒韦公司	美国	210821	24083	552257	255550	331000
16	12	麦克森公司	美国	192487	2258	56563	8924	68000
13	13	三星电子	韩国	177440	16532	206585	147468	319000
10	14	嘉能可	瑞士	170497	-4964	128485	41254	102388
18	15	中国工商银行	中国	167227	44098	3420257	275575	466346
17	16	戴姆勒股份公司	德国	165800	9345	235886	58178	284015
35	17	联合健康集团	美国	157107	5813	111383	33830	200000
30	18	CVS Health 公司	美国	153290	5237	93657	37196	199000
19	19	EXOR 集团	意大利	152591	825	170419	11012	303247
21	20	通用汽车公司	美国	152356	9687	194520	39871	215000
27	21	福特汽车公司	美国	149558	7373	224925	28642	199000
29	22	中国建设银行	中国	147910	36303	2825781	220836	369183
33	23	美国电话电报公司	美国	146801	13345	402672	122671	281450
11	24	道达尔公司	法国	143421	5087	224484	92494	96019
31	25	鸿海精密工业股份有限公司	中国台湾	141213	4627	70287	30682	1060000
24	26	通用电气公司	美国	140389	-6126	492692	98274	333000
37	27	中国建筑股份有限公司	中国	140159	2251	166279	14063	241474
46	28	美源伯根公司	美国	135962	-135	27736	634	17000
36	29	中国农业银行	中国	133419	28735	2739835	186351	508726
41	30	威瑞森电信	美国	131620	17879	244640	16428	177700
12	31	雪佛龙	美国	131118	4587	266103	152716	61500

上年排名	排名	公司名称	国家	营业收入（百万美元）	净利润（百万美元）	资产（百万美元）	股东权益（百万美元）	员工人数（人）
22	32	意昂集团	德国	129277	−7764	123493	17845	56490
20	33	安盛	法国	129250	6231	963535	74378	98279
32	34	安联保险集团	德国	122948	7339	922121	68587	142459
45	35	中国银行	中国	122337	27186	2589565	200959	310042
44	36	本田汽车	日本	121624	2870	162211	60166	208399
38	37	日本邮政控股公司	日本	118762	3548	2597856	92809	250876
52	38	好市多	美国	116199	2377	33440	10617	161000
42	39	法国巴黎银行	法国	111531	7426	2166092	104567	181551
50	40	房利美	美国	110359	10954	3221917	4030	7300
96	41	中国平安保险	中国	110308	8625	733824	51474	275011
54	42	克罗格	美国	109830	2039	33897	6820	431000
49	43	法国兴业银行	法国	107736	4438	1449415	64126	151149
88	44	亚马逊	美国	107006	596	65444	13384	230800
55	45	中国移动通信集团公司	中国	106761	10144	251113	134371	436651
60	46	上海汽车集团股份有限公司	中国	106684	4741	78790	26969	92780
114	47	沃尔格林联合博姿集团	美国	103444	4220	68782	30861	302500
53	48	惠普公司	美国	103355	4554	106882	27768	287000
48	49	意大利忠利保险公司	意大利	102567	2252	543696	25596	76191
84	50	康德乐	美国	102531	1215	30142	6256	34500
56	51	宝马集团	德国	102248	7065	187015	187015	122244
66	52	美国快捷药方控股公司	美国	101752	2476	53243	17373	25900
59	53	日产汽车	日本	101536	4364	154597	48172	152421
94	54	中国人寿保险	中国	101274	4170	466302	19462	130732
61	55	摩根大通公司	美国	101006	24442	2351698	247573	234598
26	56	俄罗斯天然气工业股份公司	俄罗斯	99464	12882	233958	145292	462400
71	57	中国铁路工程总公司	中国	99435	983	110319	11090	281824
28	58	巴西国家石油公司	巴西	97314	−8450	230521	65236	78470
40	59	托克集团	新加坡	97237	1236	39087	5601	5248
65	60	日本电报电话公司	日本	96134	6145	187186	78607	241450
85	61	波音	美国	96114	5176	94408	6335	161400
79	62	中国铁道建筑总公司	中国	95652	1106	108671	9911	284100
95	63	微软	美国	93580	12193	176223	80083	118000

上年排名	排名	公司名称	国家	营业收入（百万美元）	净利润（百万美元）	资产（百万美元）	股东权益（百万美元）	员工人数（人）
80	64	美国银行	美国	93056	15888	2144316	256205	213280
25	65	埃尼石油公司	意大利	92985	-9743	146411	56214	81954
70	66	雀巢公司	瑞士	92285	9423	123905	62294	335000
90	67	美国富国银行	美国	90033	22894	1787632	192998	264700
81	68	汇丰银行控股公司	英国	89061	13522	2409656	188460	264000
101	69	家得宝	美国	88519	7009	42549	6316	385000
86	70	花旗集团	美国	88275	17242	1731210	221857	231000
63	71	西门子	德国	87660	8338	134320	38476	348000
62	72	乐购	英国	87633	209	61176	12020	357835
64	73	家乐福	法国	87474	1087	48982	10463	380920
23	74	菲利普斯 66 公司	美国	87169	4227	48580	23100	14000
67	75	西班牙国家银行	西班牙	84885	6618	1455790	111229	191038
43	76	卢克石油公司	俄罗斯	84677	4765	68884	44213	106200
58	77	法国农业信贷银行	法国	84099	3900	1661119	58452	71499
69	78	意大利国家电力公司	意大利	83926	2436	175073	35167	67914
89	79	日立	日本	83584	1434	111684	24338	335244
78	80	法国电力公司	法国	83202	1317	302986	37744	156312
109	81	东风汽车集团	中国	82817	1480	56688	11002	191950
82	82	国际商业机器公司	美国	82461	13190	110495	14262	411798
34	83	瓦莱罗能源公司	美国	81824	3990	44343	20527	10103
99	84	现代汽车	韩国	81320	5675	141063	52908	129315
120	85	Anthem 公司	美国	79157	2560	61718	23044	53000
100	86	宝洁公司	美国	78756	7036	129495	62419	110000
150	87	博世公司	德国	78323	3542	83926	35678	374778
76	88	巴斯夫公司	德国	78147	4423	76942	33581	108048
73	89	Engie 集团	法国	77520	-5122	174507	154935	154935
102	90	德国电信	德国	76793	3610	156326	31934	226000
115	91	中国华润总公司	中国	76574	2489	153154	23812	447348
110	92	软银集团	日本	76469	3950	184261	23257	63591
127	93	州立农业保险公司	美国	75697	6229	241183	82660	70425
124	94	Alphabet 公司	美国	74989	16348	147461	120331	61814
113	95	中国南方电网有限责任公司	中国	74697	2223	98560	37283	303301

上年排名	排名	公司名称	国家	营业收入（百万美元）	净利润（百万美元）	资产（百万美元）	股东权益（百万美元）	员工人数（人）
135	96	美国康卡斯特电信公司	美国	74510	8163	166574	52269	153000
117	97	塔吉特公司	美国	73785	3363	40262	12957	341000
47	98	墨西哥石油公司	墨西哥	73514	-44904	102830	-77133	130447
156	99	太平洋建设集团	中国	73047	3205	42798	17936	351679
106	100	空中客车集团	荷兰	71493	2991	115877	6480	136574
97	101	麦德龙	德国	71266	769	30867	5780	203773
N. A.	102	中国南方工业集团公司	中国	70081	1488	60348	7857	238287
118	103	强生	美国	70074	15409	133411	71150	127100
121	104	大都会人寿	美国	69951	5310	877933	67949	69000
143	105	中国邮政集团公司	中国	69637	4194	1157379	43032	938494
103	106	慕尼黑再保险公司	德国	69433	3447	300356	33312	43554
137	107	美国邮政	美国	68928	-5060	24014	-50391	556850
111	108	德国邮政	德国	68358	1708	41134	11985	450508
72	109	中国海洋石油总公司	中国	67799	4608	179004	74168	110200
165	110	中国交通建设集团有限公司	中国	67764	1709	140783	14589	136655
147	111	日本永旺集团	日本	67758	50	72886	9593	265736
104	112	ADM 公司	美国	67702	1849	40157	17899	32300
116	113	索尼	日本	67519	1231	148366	21920	125300
138	114	日本生命保险公司	日本	67118	3361	628296	17187	73578
126	115	巴西银行	巴西	67071	4221	351167	20874	109191
77	116	来宝集团	中国香港	66712	-1672	17074	3314	1500
91	117	荷兰国际集团	荷兰	66206	5464	910078	48849	57553
51	118	俄罗斯石油公司	俄罗斯	64749	5810	132236	39597	261500
174	119	中国人民保险集团股份有限公司	中国	64606	3110	129892	17879	172213
83	120	马拉松原油公司	美国	64566	2852	43115	13237	45440
272	121	中粮集团有限公司	中国	64516	266	70682	10840	121767
146	122	天津物产集团有限公司	中国	64232	160	35187	3651	17860
108	123	安赛乐米塔尔	卢森堡	63578	-7946	76846	25272	209404
133	124	房地美	美国	63491	6376	1986050	2940	5439
68	125	马来西亚国家石油公司	马来西亚	63466	3372	137974	87384	53149
74	126	英国保诚集团	英国	63106	3940	570300	19092	23924
141	127	百事公司	美国	63056	5452	69667	11923	263000

上年排名	排名	公司名称	国家	营业收入（百万美元）	净利润（百万美元）	资产（百万美元）	股东权益（百万美元）	员工人数（人）
131	128	松下	日本	62921	1610	49804	15172	249520
228	129	华为投资控股有限公司	中国	62855	5873	57311	18329	170000
107	130	中国第一汽车集团公司	中国	62852	3253	51325	24651	132083
92	131	JX 控股公司	日本	62511	-2320	59838	11636	26339
160	132	中国电信集团公司	中国	61796	1716	118994	57902	417101
136	133	沃达丰集团	英国	61690	-6059	192159	94683	111684
144	134	中国兵器工业集团公司	中国	61621	803	51870	12598	241309
142	135	日本第一生命保险	日本	61090	1487	444251	10049	54617
149	136	联合技术公司	美国	61047	7608	87484	27358	197200
140	137	西班牙电话公司	西班牙	60917	3045	133574	19433	129890
125	138	丸红株式会社	日本	60810	519	63336	11720	39914
105	139	中国中化集团公司	中国	60656	-55	54614	9581	53432
128	140	标致	法国	60651	997	53343	11465	187347
122	141	苏黎世保险集团	瑞士	60568	1842	381972	31178	54335
170	142	安泰保险	美国	60337	2390	53424	16114	50100
159	143	中国航空工业集团公司	中国	60252	883	143814	27513	542236
129	144	欧尚集团	法国	60158	575	38696	10535	337737
75	145	挪威国家石油公司	挪威	59895	-4652	109282	40098	21581
93	146	泰国国家石油有限公司	泰国	59196	582	60439	19381	24790
153	147	联合利华	英国/荷兰	59093	5445	56806	16770	171000
176	148	美国劳氏公司	美国	59074	2546	31266	225000	225000
168	149	联合包裹速递服务公司	美国	58363	4844	38311	2470	341240
152	150	美国国际集团	美国	58327	2196	496943	89658	66400
132	151	三菱商事株式会社	日本	57689	-1244	132731	40866	68247
194	152	保德信金融集团	美国	57119	5642	757388	41890	49384
190	153	交通银行	中国	57068	10586	1101910	82371	93770
155	154	美洲电信	墨西哥	56361	2209	75081	6502	195475
134	155	法国 BPCE 银行集团	法国	56209	3596	1267090	62600	102886
186	156	中国中信集团有限公司	中国	55938	3764	884429	41355	194795
151	157	路易达孚集团	荷兰	55733	211	18592	4849	17555
182	158	英特尔公司	美国	55355	11420	103065	61085	107300
112	159	伊塔乌联合银行控股公司	巴西	55082	7721	322735	28382	90320

上年排名	排名	公司名称	国家	营业收入（百万美元）	净利润（百万美元）	资产（百万美元）	股东权益（百万美元）	员工人数（人）
207	160	北京汽车集团	中国	54933	1098	45852	7013	126000
119	161	印度石油公司	印度	54711	1714	36550	11476	34659
216	162	哈门那公司	美国	54289	1276	24705	10346	50100
234	163	山东魏桥创业集团有限公司	中国	53026	1121	27049	9458	140358
214	164	华特迪士尼公司	美国	52465	8382	88182	44525	185000
178	165	拜耳集团	德国	52437	4559	80289	26357	116800
164	166	德意志银行	德国	52422	-7536	1769561	68081	101104
189	167	瑞士罗氏公司	瑞士	52390	9212	75710	20964	91747
139	168	必和必拓	澳大利亚	52267	1910	124580	64768	42829
157	169	东芝	日本	52032	-3832	48348	2926	188000
148	170	Finatis 公司	法国	51960	-80	45340	-32	330433
171	171	西农	澳大利亚	51931	2029	31045	19042	205000
193	172	韩国电力公司	韩国	51805	11752	149499	56841	41949
162	173	韩国浦项制铁公司	韩国	51752	152	68880	35149	34327
154	174	莱茵集团	德国	51617	-80	86173	7383	59762
167	175	诺华公司	瑞士	51030	17783	131556	131556	77046
181	176	澳大利亚伍尔沃斯公司	澳大利亚	50618	1785	19469	8325	197000
161	177	东京电力公司	日本	50561	1173	121550	19545	42855
191	178	雷诺	法国	50280	3132	98415	30405	120136
184	179	Seven & I 控股公司	日本	50099	1334	48216	20287	53993
175	180	LG 电子	韩国	49996	110	30977	9918	77000
195	181	巴克莱	英国	49490	-75	1650561	88142	129400
166	182	法国国家人寿保险公司	法国	49305	1254	427672	18588	4740
225	183	思科公司	美国	49161	8981	113481	59698	71833
179	184	蒂森克虏伯	德国	48981	354	39838	3551	154906
202	185	巴西 JBS 公司	巴西	48870	1392	30785	7006	238020
211	186	辉瑞制药有限公司	美国	48851	6960	167460	64720	97900
169	187	陶氏化学	美国	48778	7685	68026	25374	49495
229	188	西斯科公司	美国	48681	687	17989	5260	51700
235	189	招商银行	中国	48459	9181	843135	55563	76192
247	190	正威国际集团	中国	47795	1141	18559	9471	17683
201	191	三菱日联金融集团	日本	47600	7925	2654413	105498	110936

上年排名	排名	公司名称	国家	营业收入（百万美元）	净利润（百万美元）	资产（百万美元）	股东权益（百万美元）	员工人数（人）
238	192	联邦快递	美国	47453	1050	37069	14993	323035
145	193	英国劳埃德银行集团	英国	47192	1314	1188816	68658	75306
187	194	卡特彼勒	美国	47011	2102	78497	14809	112200
271	195	兴业银行	中国	46446	7989	816016	48301	52016
192	196	圣戈班集团	法国	46169	1437	48723	20590	168114
237	197	洛克希德-马丁	美国	46132	3605	49128	3097	126000
297	198	美国纽约人寿保险公司	美国	45891	257	271668	19496	11463
177	199	俄罗斯联邦储蓄银行	俄罗斯	45608	3655	375039	32555	330677
253	200	中国电力建设集团有限公司	中国	45607	1170	77400	9272	196368
239	201	河钢集团有限公司	中国	45266	-204	53712	7489	128798
231	202	联想集团	中国	44912	-128	24933	3000	60000
197	203	德国联邦铁路公司	德国	44818	-1470	60891	14402	297202
199	204	Orange 公司	法国	44651	2942	99311	33571	156191
276	205	中国医药集团	中国	44325	443	35156	5762	104464
232	206	可口可乐公司	美国	44294	7351	90093	25554	123200
227	207	中国联合网络通信股份有限公司	中国	44085	552	94758	12117	231299
242	208	起亚汽车	韩国	43792	2326	39222	20647	50348
185	209	巴西布拉德斯科银行	巴西	43740	5439	259596	22956	79782
200	210	万喜集团	法国	43618	2270	67504	16422	185452
226	211	百威英博	比利时	43604	8273	134635	42137	152321
277	212	HCA 公司	美国	43591	2129	32744	-7599	203500
233	213	德国大陆集团	德国	43519	3025	35666	13889	207899
172	214	邦吉公司	美国	43455	791	17922	6441	33000
158	215	信实工业公司	印度	43437	4221	91549	36796	24930
205	216	南苏格兰电力	英国	43334	694	31885	7465	21118
224	217	中国华能集团公司	中国	43224	775	149670	7718	142910
230	218	美国英格雷姆麦克罗公司	美国	43026	215	12307	3968	27700
221	219	西班牙对外银行	西班牙	42968	2931	814735	51366	137968
217	220	英国森特理克集团	英国	42734	-1141	27794	1736	38848
281	221	中国民生银行	中国	42449	7337	696176	46387	59510
248	222	荷兰皇家阿霍德集团	荷兰	42378	945	17249	6107	129000
206	223	日本伊藤忠商事株式会社	日本	42345	2002	71511	19520	120413

上年排名	排名	公司名称	国家	营业收入（百万美元）	净利润（百万美元）	资产（百万美元）	股东权益（百万美元）	员工人数（人）
173	224	意大利联合圣保罗银行	意大利	42239	3038	734810	51894	90807
183	225	能量转移股权公司	美国	42126	1189	71189	-932	30078
254	226	印度塔塔汽车公司	印度	42092	1684	40669	12200	76500
296	227	上海浦东发展银行股份有限公司	中国	42030	8052	776819	48536	48427
261	228	迪奥	法国	41901	2840	66879	11445	113208
342	229	中国华信能源有限公司	中国	41845	603	14201	3466	23055
130	230	印尼国家石油公司	印度尼西亚	41763	1420	45519	19282	27971
256	231	MS&AD 保险集团控股有限公司	日本	41758	1512	180670	11738	40617
260	232	印度国家银行	印度	41681	1867	448658	27273	293459
241	233	赛诺菲	法国	41460	4756	111141	63053	63053
265	234	中国化工集团公司	中国	41412	-132	57366	4032	129836
311	235	泰森食品	美国	41373	1220	23004	9691	113000
257	236	美国航空集团	美国	40990	7610	48415	5635	118500
210	237	韩国现代重工集团	韩国	40883	-1194	42423	35195	35195
204	238	新日铁住金	日本	40878	1211	57173	22713	92504
273	239	达美航空	美国	40704	4526	53134	10850	82949
208	240	马士基集团	丹麦	40308	791	62408	35087	88355
320	241	美国全国保险公司	美国	40222	581	185306	15095	34032
245	242	江森自控有限公司	美国	40204	1563	29673	10376	139000
243	243	日本三井住友金融集团	日本	39751	5387	1660312	66331	73652
262	244	百思买	美国	39745	897	13519	4378	125000
213	245	三井物产株式会社	日本	39647	-695	97086	30074	43611
259	246	默沙东	美国	39498	4442	101779	44676	68000
209	247	沙特基础工业公司	沙特阿拉伯	39481	5004	87446	43141	40000
251	248	富士通	日本	39477	723	28709	6966	156515
286	249	美国利宝互助保险集团	美国	39450	514	121707	19143	50000
188	250	雷普索尔公司	西班牙	39419	-1361	68514	30914	25917
328	251	中国太平洋保险	中国	39336	2821	142270	20533	91761
278	252	高盛	美国	39208	6083	861395	86728	36800
163	253	荷兰全球保险集团	荷兰	39062	789	453135	29858	31530
252	254	丰益国际	新加坡	38777	1056	37939	15127	92000
203	255	西班牙 ACS 集团	西班牙	38741	805	38321	3716	127362

上年排名	排名	公司名称	国家	营业收入（百万美元）	净利润（百万美元）	资产（百万美元）	股东权益（百万美元）	员工人数（人）
275	256	霍尼韦尔国际公司	美国	38581	4768	49316	18283	129000
308	257	瑞银集团	瑞士	38511	6448	942160	55274	60099
356	258	万通互惠理财	美国	38243	1425	266550	14983	11593
355	259	和硕	中国台湾	38239	750	14497	4579	196251
300	260	甲骨文公司	美国	38226	9938	110903	48663	132000
290	261	东京海上日动火灾保险公司	日本	38143	2120	194477	14863	36902
240	262	中国铝业公司	中国	37996	-851	74973	2017	133799
306	263	摩根士丹利	美国	37897	6127	787465	75182	56218
338	264	信诺	美国	37876	2094	57088	12035	39300
294	265	美国联合大陆控股有限公司	美国	37864	7340	40861	8966	84000
N. A.	266	中国中车股份有限公司	中国	37837	1881	48000	14922	186963
315	267	冀中能源集团	中国	37817	-228	31673	2271	128372
293	268	电装公司	日本	37688	2035	44874	27795	151775
269	269	澳洲联邦银行	澳大利亚	37680	7537	671156	40288	45948
196	270	神华集团	中国	37612	1391	143436	49306	208432
267	271	日本 KDDI 电信公司	日本	37202	4119	51675	29438	31834
268	272	沃尔沃集团	瑞典	37061	1786	44394	9944	93983
282	273	怡和集团	中国香港	37007	1797	66955	19948	440000
287	274	加拿大乔治威斯顿公司	加拿大	36683	412	27217	5543	196000
218	275	宝钢集团有限公司	中国	36608	399	81516	36629	124310
291	276	三菱电机股份有限公司	日本	36604	1903	36127	16362	135160
329	277	韩华集团	韩国	36590	-252	124219	3544	46000
309	278	英国葛兰素史克公司	英国	36550	12867	78763	7537	101255
123	279	英杰华集团	英国	36252	1403	571610	23526	29639
244	280	法国布伊格集团	法国	36074	447	36752	8543	120254
371	281	中国船舶重工集团公司	中国	36012	1308	68229	18319	181781
313	282	瑞士再保险股份有限公司	瑞士	35714	4597	196135	33517	12767
333	283	好事达	美国	35653	2171	104656	20025	41350
263	284	日本明治安田生命保险公司	日本	35623	1783	348499	11003	41045
285	285	汉莎集团	德国	35559	1884	35260	6265	103158
284	286	瑞士 ABB 集团	瑞士	35481	1933	41356	14481	135800
215	287	斯伦贝谢公司	美国	35475	2072	68005	35633	95000

上年排名	排名	公司名称	国家	营业收入（百万美元）	净利润（百万美元）	资产（百万美元）	股东权益（百万美元）	员工人数（人）
301	288	森宝利	英国	35391	709	24392	8434	108300
292	289	Talanx 公司	德国	35379	814	165928	8996	20334
326	290	中国冶金科工集团有限公司	中国	35314	384	54555	3922	136104
349	291	美国教师退休基金会	美国	35181	1214	517963	34736	12735
289	292	瑞士信贷	瑞士	35173	-3060	820231	44351	48200
288	293	中国机械工业集团有限公司	中国	35134	767	40260	8892	116722
N. A.	294	SK 集团	韩国	34992	4728	82431	10720	83000
283	295	Iberdrola 公司	西班牙	34852	2686	113686	40362	27169
222	296	力拓集团	英国	34829	-866	91564	37349	54938
299	297	加拿大皇家银行	加拿大	34795	7979	821134	47505	72839
352	298	国际资产控股公司	美国	34693	56	5070	397	1231
255	299	CHS 公司	美国	34582	781	15228	7658	12511
246	300	联合信贷集团	意大利	34576	1879	934603	54404	125510
305	301	Alimentation Couche-Tard 公司	加拿大	34530	933	10838	3893	80000
325	302	美国运通公司	美国	34441	5163	161184	20673	54800
362	303	广州汽车工业集团	中国	34440	498	26847	3546	67426
266	304	澳大利亚国民银行	澳大利亚	34181	4963	670542	38962	41826
310	305	意大利邮政集团	意大利	34098	612	190993	10491	142798
318	306	麦格纳国际	加拿大	33871	2013	19706	8966	128975
319	307	日本三菱重工业股份有限公司	日本	33709	532	48868	14574	83932
350	308	住友商事	日本	33409	621	69566	20035	66860
391	309	中国能源建设集团有限公司	中国	33223	540	41840	4917	169823
347	310	现代摩比斯公司	韩国	33196	2702	32223	21856	25216
258	311	绿地控股集团有限公司	中国	33024	1096	92466	7481	25621
374	312	埃森哲	爱尔兰	32914	3054	18266	6134	358000
420	313	中国光大集团	中国	32901	2114	538517	15246	59500
274	314	江苏沙钢集团	中国	32751	142	25068	5438	36710
236	315	利安德巴塞尔工业公司	荷兰	32736	4476	22757	6550	13000
478	316	Gilead Sciences 公司	美国	32639	18108	51839	18534	8000
388	317	大众超级市场公司	美国	32619	1965	16359	12394	180000
344	318	新兴际华集团	中国	32567	456	19554	4502	64487
322	319	SNCF Mobilités 公司	法国	32497	-2416	40861	4697	196152

上年排名	排名	公司名称	国家	营业收入（百万美元）	净利润（百万美元）	资产（百万美元）	股东权益（百万美元）	员工人数（人）
488	320	采埃孚	德国	32340	1080	32947	6032	138269
314	321	德国艾德卡公司	德国	32017	277	6791	1651	346800
341	322	大同煤矿集团有限责任公司	中国	31958	-166	39738	3075	164365
198	323	中国五矿集团公司	中国	31883	-1680	54493	1919	90653
361	324	三菱化学控股	日本	31846	387	36141	8011	68988
380	325	陕西延长石油	中国	31755	-367	45024	13718	135225
389	326	广达电脑	中国台湾	31734	562	16186	4042	90167
270	327	中国建筑材料集团有限公司	中国	31706	-142	66627	4548	171690
354	328	江西铜业集团公司	中国	31555	-57	17195	3192	26258
366	329	中国电子信息产业集团有限公司	中国	31537	176	38158	4871	127875
386	330	通用动力	美国	31469	2965	31997	10738	99900
345	331	中国华电集团公司	中国	31437	1213	117240	8139	109431
334	332	佳能	日本	31401	1820	36812	24663	189571
340	333	普利司通	日本	31318	2349	31558	18354	144303
295	334	德国中央合作银行	德国	31195	1571	443540	16301	28213
372	335	住友生命保险公司	日本	31100	551	282942	8711	42115
330	336	西太平洋银行	澳大利亚	31064	6274	570215	37280	35241
264	337	山西焦煤集团有限责任公司	中国	31039	76	40194	3989	218602
410	338	TJX 公司	美国	30945	2278	11500	4307	216000
180	339	康菲石油公司	美国	30935	-4428	97484	39762	15900
447	340	来德爱	美国	30737	166	11277	581	70580
387	341	费森尤斯集团	德国	30645	1506	46891	11878	222305
403	342	国家电力投资集团公司	中国	30616	289	119163	8469	126878
425	343	耐克公司	美国	30601	3273	21600	12707	62600
437	344	中国航天科技集团公司	中国	30554	1854	55006	19909	161022
343	345	中国国电集团公司	中国	30515	819	121090	7641	126502
250	346	全球燃料服务公司	美国	30380	187	4549	1911	4700
416	347	陕西煤业化工集团	中国	30331	-247	67314	6365	132007
377	348	3M 公司	美国	30274	4833	32718	11708	89446
N. A.	349	中国船舶工业集团公司	中国	30191	438	41204	9166	71257
357	350	多伦多道明银行	加拿大	30174	6361	844193	50006	81483
298	351	加拿大鲍尔集团	加拿大	29933	1438	304456	10100	26500

上年排名	排名	公司名称	国家	营业收入（百万美元）	净利润（百万美元）	资产（百万美元）	股东权益（百万美元）	员工人数（人）
348	352	亿滋国际	美国	29636	7267	62843	28012	99000
464	353	海航集团	中国	29562	235	95339	4370	175600
367	354	施耐德电气	法国	29551	1561	46247	22645	160843
435	355	Exelon 公司	美国	29447	2269	95384	25793	29762
N. A.	356	万科企业股份有限公司	中国	29329	2883	94168	15428	42295
363	357	爱立信公司	瑞典	29282	1607	33740	17385	116988
280	358	巴拉特石油公司	印度	29082	1219	14164	4232	13535
339	359	浙江物产集团	中国	29052	220	11237	2894	18218
375	360	二十一世纪福克斯	美国	28987	8306	50051	17220	20500
303	361	苏格兰皇家银行集团	英国	28984	-2435	1201666	78741	93659
368	362	澳新银行集团	澳大利亚	28958	5868	624799	40193	50152
365	363	法国航空-荷兰皇家航空集团	法国	28910	131	25347	244	93300
323	364	迪尔公司	美国	28863	1940	57948	6743	57180
370	365	西班牙天然气公司	西班牙	28858	1666	52281	15605	19939
N. A.	366	京东	中国	28847	-1492	13115	4703	105963
327	367	印度斯坦石油公司	印度	28829	752	13242	2617	10538
385	368	荷兰皇家飞利浦公司	荷兰	28689	716	33646	12667	112959
411	369	英国电信集团	英国	28670	3897	61209	14917	102500
358	370	潞安集团	中国	28642	-277	29742	2886	99739
337	371	日本钢铁工程控股公司	日本	28586	280	37684	14948	59460
397	372	Migros 集团	瑞士	28486	833	62095	16717	76183
429	373	马自达汽车株式会社	日本	28376	1120	22677	7718	46398
409	374	山西阳泉煤业（集团）有限责任公司	中国	28310	-30	31669	1877	155306
279	375	Tesoro 公司	美国	28150	1540	16332	5213	6016
415	376	时代华纳	美国	28118	3833	63848	23619	24800
433	377	西北互助人寿保险公司	美国	28111	815	238472	19656	5530
395	378	欧莱雅	法国	28017	3658	36617	25649	82881
324	379	杜邦公司	美国	27940	1953	41166	9993	52000
430	380	安富利公司	美国	27925	572	10800	4685	18800
N. A.	381	中国航天科工集团公司	中国	27867	1471	36732	12935	142709
376	382	法国威立雅环境集团	法国	27693	499	38982	9057	158780
426	383	中国通用技术（集团）控股有限责任公司	中国	27667	523	21471	5271	39829

上年排名	排名	公司名称	国家	营业收入（百万美元）	净利润（百万美元）	资产（百万美元）	股东权益（百万美元）	员工人数（人）
379	384	山西晋城无烟煤矿业集团有限责任公司	中国	27572	-154	32624	3594	145890
N. A.	385	大连万达集团	中国	27377	2431	139115	17114	128518
390	386	中国有色矿业集团有限公司	中国	27189	-463	19332	2184	51263
418	387	金巴斯集团	英国	27157	1342	13247	2934	515864
396	388	Sompo Japan Nipponkoa Holdings 公司	日本	27123	1329	90646	7466	45326
421	389	梅西百货	美国	27079	1072	20576	4250	157500
407	390	德尔海兹集团	比利时	27070	406	14155	6700	116646
384	391	关西电力	日本	27038	1173	65959	9856	33089
220	392	企业产品的合作伙伴公司	美国	27028	2521	48952	20295	6800
442	393	爱信精机	日本	27015	808	25492	8728	99389
212	394	宏利金融	加拿大	26933	1714	507339	29634	33500
452	395	富士重工	日本	26924	3637	23068	12115	34735
401	396	Coop 集团	瑞士	26916	432	17642	7886	67877
438	397	Travelers Cos. 公司	美国	26800	3439	100184	23598	30900
398	398	菲利普-莫里斯国际公司	美国	26794	6873	33956	-13244	80200
412	399	日本瑞穗金融集团	日本	26783	5589	1721468	58373	56375
423	400	仁宝电脑	中国台湾	26695	274	9985	3160	72796
457	401	中国保利集团	中国	26675	840	91455	7531	70437
465	402	大和房建	日本	26596	863	28989	9434	47143
472	403	台积电	中国台湾	26575	9542	50467	36357	45272
359	404	意大利电信	意大利	26569	-80	77372	19128	82094
436	405	铃木汽车	日本	26494	972	24044	8940	61601
392	406	中国大唐集团公司	中国	26440	184	112349	7592	96204
351	407	Enbridge 公司	加拿大	26436	196	60958	13607	8652
N. A.	408	中国电子科技集团	中国	26410	1637	33981	14862	140493
427	409	Tech Data 公司	美国	26380	266	6358	2006	9000
477	410	浙江吉利控股集团	中国	26304	287	24839	2544	45720
475	411	CRH 公司	爱尔兰	26218	803	34766	14137	78106
307	412	日本出光兴产株式会社	日本	26147	-300	21375	3102	9203
331	413	Achmea 公司	荷兰	25763	425	100926	11148	15412
445	414	乐天百货	韩国	25758	-339	34712	13860	26030
468	415	BAE 系统公司	英国	25647	1403	29596	4405	75000

上年排名	排名	公司名称	国家	营业收入（百万美元）	净利润（百万美元）	资产（百万美元）	股东权益（百万美元）	员工人数（人）
405	416	PHOENIX PHARMAHANDEL 公司	德国	25642	224	8409	2684	24842
312	417	巴西淡水河谷公司	巴西	25609	-12129	88492	33589	74098
408	418	法国邮政	法国	25563	704	253105	10561	245424
381	419	KOC 集团	土耳其	25515	1310	25013	7929	91304
434	420	麦当劳	美国	25413	4529	37939	7088	420000
443	421	国际航空集团	英国	25356	1658	30662	5677	60862
448	422	高通	美国	25281	5271	50796	31421	33000
N. A.	423	拉杰什出口公司	印度	25237	163	3435	680	358
454	424	Medipal 控股公司	日本	25224	256	13324	3367	14697
383	425	西尔斯控股	美国	25146	-1129	11337	-1963	178000
373	426	山东能源集团有限公司	中国	25136	-28	41122	7222	196435
N. A.	427	新华人寿保险股份有限公司	中国	25129	1369	101725	8907	53474
417	428	加拿大丰业银行	加拿大	25119	5639	654714	39764	89214
473	429	LG DISPLAY 公司	韩国	25100	855	19259	10401	49205
496	430	第一资本金融公司	美国	25098	4050	334048	47284	45400
302	431	GS 加德士	韩国	25061	859	16164	7654	3969
223	432	奥地利石油天然气集团	奥地利	24989	-1174	35480	12678	24124
422	433	达能	法国	24861	1422	35532	13693	99781
399	434	曼福集团	西班牙	24795	786	68962	9313	38405
455	435	阿斯利康	英国	24708	2825	60124	18490	61500
487	436	EMC 公司	美国	24704	1990	46612	21140	21140
431	437	威廉莫里森超市连锁公司	英国	24522	338	13189	5327	82992
N. A	438	LafargeHolcim 公司	瑞士	24514	-1527	73247	31343	100956
456	439	三星人寿保险	韩国	24501	1071	196505	20171	5348
461	440	住友电工	日本	24432	758	24407	11139	240865
453	441	伟创力	新加坡	24419	444	12385	2571	200000
446	442	德科集团	瑞士	24415	9	10564	3628	32000
316	443	台湾中油股份有限公司	中国台湾	24362	-45	22593	5851	14685
492	444	联合服务汽车协会	美国	24361	2272	137077	27725	28681
394	445	荷兰合作银行	荷兰	24019	976	728159	27922	45658
462	446	杜克能源	美国	24002	2816	121156	39727	29188
476	447	东日本旅客铁道株式会社	日本	23883	2043	69316	21297	86127

上年排名	排名	公司名称	国家	营业收入（百万美元）	净利润（百万美元）	资产（百万美元）	股东权益（百万美元）	员工人数（人）
419	448	日本中部电力	日本	23774	1414	49288	13751	30659
369	449	哈里伯顿公司	美国	23633	-671	36942	15462	65000
494	450	美国诺斯洛普格拉曼公司	美国	23526	1990	24454	5522	65000
458	451	米其林公司	法国	23516	1296	25953	10307	105798
444	452	日本电气公司	日本	23500	573	22188	7195	98726
424	453	巴登-符滕堡州能源公司	德国	23480	139	41447	3514	18763
353	454	波兰国营石油公司	波兰	23438	753	12195	5617	19932
N. A.	455	艾睿电子	美国	23282	498	13022	4142	18500
467	456	友邦保险	中国香港	23274	2691	167622	29401	20000
N. A.	457	雷神公司	美国	23247	2074	29281	10128	61000
317	458	森科能源公司	加拿大	23217	-1561	55819	28108	13190
463	459	喜力控股公司	荷兰	23208	1062	40965	7332	73767
249	460	平原 GP 控股公司	美国	23152	118	24142	1762	5400
N. A.	461	美国食品控股公司	美国	23128	168	9239	1873	25000
N. A	462	SAP 公司	德国	23065	3399	44958	25273	76986
N. A	463	Inditex 公司	西班牙	23053	3171	18779	12345	152854
332	464	韩国天然气公司	韩国	23039	282	36156	8579	3412
432	465	中国远洋海运集团有限公司	中国	22965	1145	55642	82708	82708
485	466	索迪斯	法国	22942	810	16220	4157	422844
469	467	途易	德国	22914	390	15722	2136	76036
471	468	国泰人寿保险股份有限公司	中国台湾	22881	1205	157732	10533	32296
N. A.	469	艾伯维	美国	22859	5144	53050	3945	28000
N. A.	470	Centene 公司	美国	22795	355	7339	2157	18200
486	471	英国国家电网	英国	22758	3901	84694	19480	25068
N. A	472	Emirates Group 公司	阿拉酋	22734	1940	32448	8688	61205
N. A.	473	长江和记实业有限公司	中国香港	22715	15295	133285	55302	270000
414	474	Ultrapar 控股公司	巴西	22695	451	5301	2009	14597
N. A.	475	Community Health Systems 公司	美国	22678	158	132429	14455	123000
495	476	美铝公司	美国	22534	-322	36528	12046	60000
474	477	绿能燃料控股公司	英国	22479	4	2604	185	594
404	478	俄罗斯外贸银行	俄罗斯	22449	175	187170	19952	92882
450	479	国际纸业	美国	22365	938	30587	3884	56000

上年排名	排名	公司名称	国家	营业收入（百万美元）	净利润（百万美元）	资产（百万美元）	股东权益（百万美元）	员工人数（人）
484	480	艾默生电气	美国	22304	2710	22088	8081	110800
N. A.	481	美的集团股份有限公司	中国	22174	2022	19841	7577	93299
481	482	澳大利亚电信	澳大利亚	22126	3519	31078	10837	36165
490	483	Onex 公司	加拿大	22104	−573	35810	−163	144000
321	484	中国航空油料集团公司	中国	22101	334	4875	2096	11481
493	485	联合太平洋	美国	21813	4772	54600	20702	47457
N. A	486	英国沃斯利集团	瑞士	21720	332	11674	4057	38464
N. A.	487	安进	美国	21662	6939	71578	28983	17900
N. A	488	H&M Hennes & Mauritz 公司	瑞典	21627	2499	9843	6658	104634
402	489	首钢集团	中国	21514	−320	67291	16397	114807
N. A.	490	美国合众银行	美国	21494	5879	421853	46131	65433
406	491	Unipol Group 公司	意大利	21478	302	97512	6000	13242
N. A	492	阿弗瑞萨控股公司	日本	21461	291	11154	3262	11788
N. A	493	Swiss Life 公司	瑞士	21365	906	189120	12169	7595
N. A	494	任仕达控股公司	荷兰	21319	576	7939	4195	29750
N. A.	495	万洲国际有限公司	中国	21209	786	14301	5763	105000
N. A.	496	恒大集团	中国	21184	2474	116582	19518	83372
N. A.	497	史泰博	美国	21059	379	10172	5376	58963
479	498	渣打银行	英国	20976	−2194	640483	46204	84076
498	499	罗尔斯·罗伊斯公司	英国	20969	127	32899	7389	50500
466	500	英国耆卫保险公司	英国	20923	938	196810	9844	64043

第十三章
中国500强企业按照行业分类名单

行业名次	公司名称	通讯地址	邮编	名次（1）
农、林、渔、畜牧业				
1	黑龙江北大荒农垦集团总公司	黑龙江省哈尔滨市南岗区千山路 8 号	150090	116
煤炭采掘及采选业				
1	冀中能源集团有限责任公司	河北省邢台市中兴西大街 191 号	54021	55
2	神华集团有限责任公司	北京市东城区安定门西滨河路 22 号	100011	56
3	大同煤矿集团有限责任公司	山西省大同市矿区新平旺	37003	71
4	山西焦煤集团有限责任公司	山西省太原市新晋祠路一段 1 号	30024	78
5	陕西煤业化工集团有限责任公司	陕西省西安市高新区锦业路 1 号都市之门 B 座	710065	82
6	山西潞安矿业（集团）有限责任公司	山西省长治市襄垣县侯堡镇	46204	89
7	阳泉煤业（集团）有限责任公司	山西省阳泉市北大西街 5 号	45000	90
8	山西晋城无烟煤矿业集团有限责任公司	山西省晋城市城区北石店镇	48006	93
9	开滦（集团）有限责任公司	河北省唐山市新华东道 70 号	63018	94
10	河南能源化工集团有限责任公司	河南省郑州市郑东新区 CBD 商务外环 6 号国龙大厦	450046	101
11	山东能源集团有限公司	山东省济南市经十路 10777 号山东能源大厦	250014	103
12	中国平煤神马能源化工集团有限责任公司	河南省平顶山市矿工中路 21 号	467000	106
13	兖矿集团有限公司	山东省邹城市凫山南路 298 号	273500	147
14	中国中煤能源集团有限公司	北京市朝阳区黄寺大街 1 号	100120	168
15	淮北矿业（集团）有限责任公司	安徽省淮北市孟山路 1 号	235006	253
16	淮南矿业（集团）有限责任公司	安徽省淮南市洞山中路 1 号	232001	304
17	徐州矿务集团有限公司	江苏省徐州市淮海西路 235 号	221006	320
18	四川宏达（集团）有限公司	四川省成都市青羊区锦里东路 2 号宏达国际广场 27 楼	610041	324
19	内蒙古伊泰集团有限公司	内蒙古鄂尔多斯市东胜区天骄北路伊泰大厦	17000	396
20	淄博矿业集团有限责任公司	山东省淄博市淄川区淄矿路 133 号	255120	473
21	安徽省皖北煤电集团有限责任公司	安徽省宿州市西昌路 157 号	234000	474
石油、天然气开采及生产业				
1	中国石油天然气集团公司	北京市东城区东直门北大街九号	100007	2
2	中国海洋石油总公司	北京市东城区朝阳门北大街 25 号	100010	22
3	陕西延长石油（集团）有限责任公司	陕西省西安市高新技术产业开发区科技二路 75 号	710075	61
建筑业				
1	中国建筑股份有限公司	北京市海淀区三里河路 15 号中建大厦	100037	6
2	中国铁路工程总公司	北京市海淀区复兴路 69 号 9 号楼中国中铁大厦	100039	13
3	中国铁道建筑总公司	北京市海淀区复兴路 40 号	100855	14
4	太平洋建设集团有限公司	江苏省南京市鼓楼区五台山 1 号	210019	19

注：名次（1）为 2016 中国企业 500 强中的名次

续表

行业名次	公司名称	通讯地址	邮编	名次(1)
5	中国交通建设集团有限公司	北京市西城区德胜门外大街85号	100088	23
6	中国电力建设集团有限公司	北京市海淀区车公庄西路22号海赋国际A座	100048	43
7	中国冶金科工集团有限公司	北京市朝阳区曙光西里28号中冶大厦3521室	100028	60
8	中国能源建设集团有限公司	北京市朝阳区西大望路26号院1号楼	100022	66
9	上海建工集团股份有限公司	上海市虹口区东大名路666号	200080	119
10	广厦控股集团有限公司	浙江省杭州市莫干山路231号广厦锐明大厦17楼	310005	162
11	广西建工集团有限责任公司	广西南宁市朝阳路49号	530012	195
12	南通三建控股有限公司	江苏省海门市狮山路131号	226100	196
13	陕西建工集团有限公司	陕西省西安市莲湖区北大街199号	710003	199
14	中国化学工程股份有限公司	北京市东直门内大街2号	100007	215
15	中国长江三峡集团公司	北京市海淀区玉渊潭南路1号B座	100038	216
16	中天发展控股集团有限公司	浙江省杭州市钱江新城城星路69号中天国开大厦	310020	220
17	湖南省建筑工程集团总公司	湖南省长沙市芙蓉南路一段788号	410004	238
18	上海城建（集团）公司	上海市徐汇区宛平南路1099号	200032	242
19	浙江省建设投资集团有限公司	浙江省杭州市文三路20号省建工大厦	310012	244
20	四川华西集团有限公司	四川省成都市解放路二段95号	610081	256
21	北京城建集团有限责任公司	北京市海淀区北太平庄路18号	100088	259
22	中南控股集团有限公司	江苏省海门市上海路899号	226100	263
23	重庆建工投资控股有限责任公司	重庆市北部新区金开大道1596号	401122	288
24	江苏南通二建集团有限公司	江苏省启东市人民中路683号	226200	294
25	云南建工集团有限公司	云南省昆明经济技术开发区信息产业基地林溪路188号	650501	298
26	山东科达集团有限公司	山东省东营市府前大街65号	257091	300
27	甘肃省建设投资（控股）集团总公司	甘肃省兰州市七里河区西津东路575号	730050	308
28	江苏省苏中建设集团股份有限公司	江苏省南通市海安中坝南路18号	226600	311
29	广州市建筑集团有限公司	广东省广州市广卫路4号（建工大厦）	510030	319
30	浙江中成控股集团有限公司	浙江省绍兴市中兴中路375号	312000	347
31	安徽建工集团有限公司	安徽省合肥市芜湖路325号建工大厦	230000	352
32	南通四建集团有限公司	江苏省南通市通州区世纪大道999号	226300	355
33	江西省建工集团有限责任公司	江西省南昌市北京东路956号	330029	362
34	山西建筑工程（集团）总公司	山西省太原市新建路9号	30002	373
35	北京建工集团有限责任公司	北京市西城区广莲路1号	100055	380
36	河北建设集团有限公司	河北省保定市五四西路329号	71000	394
37	浙江昆仑控股集团有限公司	浙江省杭州市体育场路580号昆仑大厦1号楼3楼办公室	310007	406
38	四川公路桥梁建设集团有限公司	四川省成都市高新区九兴大道12号	610041	410

续表

行业名次	公司名称	通讯地址	邮编	名次(1)
39	山河建设集团有限公司	湖北省武汉市武昌友谊大道山河大厦	430063	413
40	北京市政路桥集团有限公司	北京市西城区南礼士路 17 号	100045	419
41	北京住总集团有限责任公司	北京市朝阳区慧忠里 320 号	100101	421
42	浙江宝业建设集团有限公司	浙江省绍兴县杨汛桥镇杨汛路 228 号	312028	425
43	广东省建筑工程集团有限公司	广东省广州市天河天润路 87 号广建大厦	510635	429
44	龙信建设集团有限公司	江苏省海门市北京东路 1 号	226103	457
45	天元建设集团有限公司	山东省临沂市兰山区银雀山路 63 号	276003	460
46	河北建工集团有限责任公司	河北省石家庄市友谊北大街 146 号	50051	462
47	新疆生产建设兵团建设工程（集团）有限责任公司	新疆乌鲁木齐市新民路 113 号	830000	468
48	成都建筑工程集团总公司	四川省成都市八宝街 111 号	610031	491
电力生产业				
1	中国华能集团公司	北京市西城区复兴门内大街 6 号	100031	47
2	中国华电集团公司	北京市西城区宣武门内大街 2 号	100031	77
3	国家电力投资集团公司	北京市西城区金融大街 28 号 3 号楼	100033	79
4	中国国电集团公司	北京市西城区阜成门北大街 6-8 号	100034	81
5	中国大唐集团公司	北京市西城区广宁伯街 1 号	100033	97
6	内蒙古电力（集团）有限责任公司	内蒙古呼和浩特市锡林南路 218 号	10020	217
7	中国广核集团有限公司	广东省深圳市福田区深南大道 2002 号	518031	261
8	广东省粤电集团有限公司	广东省广州市天河东路 2 号	510630	285
9	登封电厂集团有限公司	河南省登封市中岳大街 288 号	452470	490

行业名次	公司名称	通讯地址	邮编	名次（1）	名次（2）
农副食品及农产品加工业					
1	新希望集团有限公司	北京市朝阳区望京街10号望京soho塔3B座11层	100000	197	92
2	通威集团有限公司	四川省成都市高新区天府大道中段588号通威国际中心	610093	250	121
3	正邦集团有限公司	江西省南昌市高新技术开发区艾溪湖一路569号	330096	254	123
4	广东温氏食品集团股份有限公司	广东省云浮市新兴县新城镇东堤北路9号温氏集团总部	527400	278	136
5	双胞胎（集团）股份有限公司	江西省南昌市火炬大道999号高新管委会北二楼	330096	338	163
6	天津宝迪农业科技股份有限公司	天津市宝坻区马家店津围公路东侧	301800	343	166
7	三河汇福粮油集团有限公司	河北省三河市燕郊开发区汇福路8号	65201	395	194
8	西王集团有限公司	山东省邹平县西王工业园	256209	404	199
9	山东渤海实业股份有限公司	山东省滨州市博兴县工业园滨河路333号	256500	416	204
10	五得利面粉集团有限公司	河北省邯郸市大名县五得利街	56900	487	253
11	广东海大集团股份有限公司	广东省广州市番禺区番禺大道北555号天安科技创新大厦213号	511400	488	254
12	广西农垦集团有限责任公司	广西南宁市七星路135号	530022		278
13	山东鲁花集团有限公司	山东省莱阳市龙门东路39号	265229		304
14	桂林力源粮油食品集团有限公司	广西桂林市中山北路122号	541001		382
15	辽宁禾丰牧业股份有限公司	辽宁省沈阳市沈北新区辉山大街169号	110164		436
16	青岛九联集团股份有限公司	山东省青岛莱西市上海西路	266611		471
食品加工制造业					
1	光明食品（集团）有限公司	上海市华山路263弄7号	200040	105	36
2	中国盐业总公司	北京市丰台区广外大街莲花池中盐大厦	100055	236	114
3	天狮集团有限公司	天津市武清开发区新源道北18号	301700	387	189
4	北京二商集团有限责任公司	北京市西城区槐柏树街2号1号楼202室	100053	482	249
5	香驰控股有限公司	山东博兴县博城五路172号	256500		277
6	天津食品集团有限公司	天津市河西区气象台路96号	300074		294
7	广西洋浦南华糖业集团股份有限公司	广西南宁市民族大道81号气象大厦16楼	530022		430
8	厦门银鹭集团有限公司	福建省厦门市湖里区钟岭路2号银鹭大厦4楼	361015		438
9	龙大食品集团有限公司	山东省莱阳市龙大工业园	265231		467
10	新和成控股集团有限公司	浙江省新昌县七星街大道西路418号	312500		479

注：名次（2）为2016中国制造业企业500强中的名次

续表

行业名次	公司名称	通讯地址	邮编	名次（1）	名次（2）
乳制品加工业					
1	内蒙古伊利实业集团股份有限公司	内蒙古呼和浩特市金山开发区金山大道 8 号	10010	226	106
饮料加工业					
1	杭州娃哈哈集团有限公司	浙江省杭州市清泰街 160 号	310009	271	131
2	维维集团股份有限公司	江苏省徐州市维维大道 300 号	221111	417	205
3	农夫山泉股份有限公司	浙江省杭州市西湖区曙光路 148 路	310007		408
4	河北养元智汇饮品股份有限公司	河北省衡水经济开发区	53000		417
5	宏胜饮料集团有限公司	浙江省杭州市萧山经济技术开发区恒盛路 9 号	311215		492
酿酒制造业					
1	四川省宜宾五粮液集团有限公司	四川省宜宾市翠屏区岷江西路 150 号	644007	208	98
2	稻花香集团	湖北省宜昌市夷陵区龙泉镇沙街 1 号	443112	302	150
3	中国贵州茅台酒厂（集团）有限责任公司	贵州省仁怀市茅台镇	564501	356	173
4	泸州老窖集团有限责任公司	四川省泸州市江阳区泸州酒业集中发展区爱仁堂广场泸州老窖集团财务中心	646000	459	236
5	青岛啤酒股份有限公司	山东省青岛市香港中路五四广场青啤大厦	266071	461	237
6	劲牌有限公司	湖北省大冶市大冶大道 169 号	435100		470
7	安徽古井集团有限责任公司	安徽省亳州市古井镇	236820		495
烟草加工业					
1	上海烟草集团有限责任公司	上海市长阳路 717 号	200082	115	42
2	红塔烟草（集团）有限责任公司	云南省玉溪市红塔区红塔大道 118 号	653100	139	54
3	红云红河烟草（集团）有限责任公司	云南省昆明市五华区红锦路 367 号	650231	158	67
4	浙江中烟工业有限责任公司	浙江省杭州市中山南路 77 号	310008	178	79
5	湖北中烟工业有限责任公司	湖北省武汉市东西湖区金山大道环湖路特 66 号	430040	211	100
6	贵州中烟工业有限责任公司	贵州省贵阳市友谊路 25 号	550001	353	172
7	福建中烟工业有限责任公司	福建省厦门市思湖区莲岳路 118 号	361012	442	221
8	广西中烟工业有限责任公司	广西南宁市北湖南路 28 号企业管理部	530001		275
9	江西中烟工业有限责任公司	江西省南昌市新开发区京东大道 201 号金圣工业科技园	330096		311
10	河北白沙烟草有限责任公司	河北省石家庄市珠江大道 366 号	52165		435
11	黑龙江烟草工业有限责任公司	黑龙江省哈尔滨市南岗区一曼街 104 号	150001		450
12	张家口卷烟厂有限责任公司	河北省张家口市桥东区钻石北路 9 号	75000		474
纺织、印染业					
1	山东魏桥创业集团有限公司	山东省邹平经济开发区魏纺路 1 号	256200	37	10
2	山东大海集团有限公司	山东省东营市东城黄河路 38 号生态谷 37 号楼 409 室	257091	230	109

续表

行业名次	公司名称	通讯地址	邮编	名次(1)	名次(2)
3	济宁如意投资有限公司	山东省济宁市洸河路72号如意大厦	272000	282	139
4	天津纺织集团（控股）有限公司	天津市空港经济区中心大道东九道6号天纺大厦	300308	337	162
5	江苏阳光集团有限公司	江苏省江阴市新桥镇陶新路18号	214426	364	177
6	华芳集团有限公司	江苏省苏州市张家港市城北路178号华芳国际大厦	215600	443	222
7	澳洋集团有限公司	江苏省张家港市杨舍镇塘市镇中路澳洋国际大厦	215600	465	239
8	山东金茂纺织化工集团有限公司	山东省东营市东营区莒州路56号	257091		317
9	兴惠化纤集团有限公司	浙江省杭州市萧山区衙前镇吟龙村	311209		351
10	北京纺织控股有限责任公司	北京市东城区东单三条33号	100005		401
11	浙江天圣控股集团有限公司	浙江省绍兴县滨海工业区兴滨路6756号	312000		415
12	石家庄常山纺织集团有限责任公司	河北省石家庄市和平东路260号	50011		424
13	富丽达集团控股有限公司	浙江省杭州市萧山区临江高新技术产业园区长风路3999号	311228		440
纺织品、服装、鞋帽(含皮草、毛、绒等)加工业					
1	海澜集团有限公司	江苏省江阴市新桥镇海澜工业园	214426	202	95
2	雅戈尔集团股份有限公司	浙江省宁波市鄞州区鄞县大道西段2号	315153	219	101
3	红豆集团有限公司	江苏省无锡市锡山区东港镇红豆工业城	214199	265	127
4	杉杉控股有限公司	浙江省宁波市 鄞州区日丽中路777号	315100	360	175
5	波司登股份有限公司	江苏省常熟市古里镇波司登工业园	215532	436	217
6	森马集团有限公司	浙江省温州市瓯海区娄桥工业园南汇路98号	325041		284
7	奥康集团有限公司	浙江省温州市永嘉县瓯北镇千石奥康工业园	325101		319
8	维科控股集团股份有限公司	浙江省宁波市海曙区和义路99号维科大厦	315000		343
9	金猴集团有限公司	山东省威海市和平路106号	264200		346
10	宁波博洋控股集团有限公司	浙江省宁波市海曙区启文路157弄6号	315012		358
11	宁波申洲针织有限公司	浙江省宁波市北仑区大港工业城甬江路18号	315800		377
12	即发集团有限公司	山东省青岛即墨市黄河二路386号	266200		425
13	罗蒙集团股份有限公司	浙江省宁波市奉化县江口街道江宁路47号	315504		473
肉食品加工业					
1	万洲国际有限公司			111	40
2	诸城外贸有限责任公司	山东省诸城市密州路东首	262200		344
3	唐人神集团股份有限公司	湖南省株洲市天元区栗雨工业园唐人神集团	412007		442
木材、家具及竹、藤、棕、草制品业加工业					
1	宜华企业（集团）有限公司	广东省汕头市天山路76号宜华家具体验馆一楼办公区	515041		297

续表

行业名次	公司名称	通讯地址	邮编	名次(1)	名次(2)
2	大亚科技集团有限公司	江苏省丹阳市开发区齐梁路 99 号	212300		349
造纸及纸制品加工业					
1	山东大王集团有限公司	山东省东营市广饶县大王镇	257335	126	48
2	华泰集团有限公司	山东省东营市广饶县大王镇潍高路 251 号	257335	227	107
3	山东晨鸣纸业集团股份有限公司	山东省农圣东街 2199 号	262700	251	122
4	山东太阳控股集团有限公司	山东省济宁市兖州区友谊路一号	272100	306	152
5	金东纸业（江苏）股份有限公司	江苏省镇江市大港兴港东路 8 号	212132	434	216
6	山东博汇集团有限公司	山东省淄博市桓台县马桥镇	256405		276
7	胜达集团有限公司	浙江省杭州市萧山区经济技术开发区北塘路 2 号	311215		383
生活消费品（含家居、文体、玩具、工艺品、珠宝等）加工制造业					
1	天津渤海轻工投资集团有限公司	天津市河西区解放南路 398 号	300200	138	53
2	老凤祥股份有限公司	上海市漕溪路 270 号	200235	365	178
3	恒安国际集团有限公司	福建省晋江市安海镇恒安工业城	362261		295
石化产品、炼焦及其他燃料加工业					
1	中国石油化工集团公司	北京市朝阳区朝阳门北大街 22 号	100728	3	1
2	山东京博控股股份有限公司	山东省滨州市博兴县经济开发区	256500	266	128
3	利华益集团股份有限公司	山东省东营市利津县大桥路 86 号	257400	267	129
4	山东海科化工集团有限公司	山东省东营市北一路 726 号	257088	280	138
5	山东晨曦集团有限公司	山东省日照市莒县刘官庄镇晨曦路 99 号	276512	289	143
6	宝塔石化集团有限公司	宁夏银川市金凤区宁安大街 88 号 18 楼党委宣传部	750004	322	155
7	嘉晨集团有限公司	辽宁省营口市老边区营大路 66 号	115005	346	168
8	山东金诚石化集团有限公司	山东省淄博市桓台县马桥镇	256405	383	187
9	旭阳控股有限公司	北京市丰台区南四环西路 188 号五区 4 号楼	100070	492	256
10	富海集团有限公司	山东省东营市河口区黄河路 37 号	257200	496	258
11	山东汇丰石化集团有限公司	山东省桓台经济开发区	256410	498	260
12	山东垦利石化集团有限公司	山东省东营市垦利县胜兴路西 1 号	257500		285
13	山东清源集团有限公司	山东省淄博市临淄区金岭镇清源商务中心	255400		291
14	正和集团股份有限公司	山东省东营广饶县石村镇辛桥	257342		293
15	山东寿光鲁清石化有限公司	山东省寿光羊口渤海化工园	262715		299
16	美锦能源集团有限公司	山西省太原市清徐县文源路东段 9 号	30400		350
17	山东科瑞控股集团有限公司	山东省东营市南二路 233 号	257067		352
18	山东恒源石油化工股份有限公司	山东省德州市临邑县石化路 70 号	251500		365
19	山东荣信煤化有限责任公司	山东省邹城市太平镇工业园区	273500		422
20	景德镇市焦化工业集团有限责任公司	江西省景德镇市历尧	333000		448

续表

行业名次	公司名称	通讯地址	邮编	名次（1）	名次（2）
21	河北鑫海化工集团有限公司	河北省渤海新区黄骅港南疏港路中段	61110		451
22	湖南安石企业（集团）有限公司	湖南省娄底市月塘街安石广场	417000		472
23	河北中捷石化集团有限公司	河北省沧州渤海新区中捷产业园区黄赵路北	61108		487
化学原料及化学制品制造业					
1	中国化工集团公司	北京市海淀区北四环西路62号	100080	51	14
2	天津渤海化工集团有限责任公司	天津市和平区湖北路10号	300040	131	50
3	湖北宜化集团有限责任公司	湖北省宜昌市沿江大道52号	443000	170	72
4	上海华谊（集团）公司	上海市常德路809号	200040	223	103
5	云天化集团有限责任公司	云南省昆明市滇池路1417号	650228	233	111
6	江阴澄星实业集团有限公司	江苏省江阴市梅园大街618号	214400	273	132
7	亚邦投资控股集团有限公司	江苏省常州市武进区牛塘镇人民西路105号	213163	297	148
8	山东金岭集团有限公司	山东省东营市广饶县傅家路588号金领国际	257300	369	180
9	金浦投资控股集团有限公司	江苏省南京市鼓楼区马台街99号	210009	415	203
10	洪业化工集团股份有限公司	山东省东明县北外环路（106国道）中段	274500	444	223
11	宜昌兴发集团有限责任公司	湖北省兴山县古夫镇高阳大道58号	443799	446	225
12	浙江龙盛控股有限公司	浙江省上虞区道墟镇龙盛大道1号	312368	467	241
13	巨化集团公司	浙江省衢州市柯城区	324004		262
14	东辰控股集团有限公司	山东省东营市垦利县永莘路98号	257500		263
15	江苏三木集团有限公司	江苏省宜兴市官林镇都山村三木路85号	214258		265
16	新疆天业（集团）有限公司	新疆石河子经济技术开发区北三东路36号	832000		268
17	传化集团有限公司	浙江省杭州市萧山经济技术开发区	311215		270
18	滨化集团公司	山东省滨州市滨城区黄河五路869号	256600		279
19	纳爱斯集团有限公司	浙江省丽水市括苍南路19号	323000		300
20	河北诚信有限责任公司	河北省石家庄市元氏县元赵路南	51130		301
21	升华集团控股有限公司	浙江省德清县武康镇武源街700号	313220		305
22	广州立白企业集团有限公司	广州市荔湾区陆居路2号立白中心	510170		312
23	唐山三友集团有限公司	河北省唐山市南堡开发区	63305		315
24	新疆中泰（集团）有限责任公司	新疆乌鲁木齐市经济技术开发区阳澄湖路39号	830022		323
25	铭源控股集团有限公司	辽宁省大连市中山区港兴路6号万达中心29层	116001		353
26	红太阳集团有限公司	江苏省南京市高淳县双高路36号	211300		359
27	山东中海化工集团有限公司	山东省东营市河口区何庆路开元大厦八楼	257200		360
28	山东联盟化工集团有限公司	山东省寿光市建新街199号	262700		364
29	鲁西集团有限公司	聊城市鲁化路68号	252000		369

续表

行业名次	公司名称	通讯地址	邮编	名次(1)	名次(2)
30	东凌控股有限公司	广东省广州市华夏路 8 号国际金融广场 28 \ 29 层	510623		378
31	万华化学（宁波）有限公司	浙江省宁波市大榭县（区）环岛北路 39 号万华工业园	315812		384
32	瑞星集团股份有限公司	山东省泰安市东平县彭集镇	271509		388
33	青海盐湖工业股份有限公司	青海省格尔木市黄河路 28 号	816000		411
34	湖北东圣化工集团有限公司	湖北省宜昌市远安县荷花工业园	444208		421
35	湖北新洋丰肥业股份有限公司	湖北省荆门市东宝区石桥驿镇洋丰大道 1 号	448150		439
36	铜陵化学工业集团有限公司	安徽省铜陵市翠湖一路 2758 号	244000		441
37	江苏隆力奇集团有限公司	江苏省常熟市辛庄镇南隆力奇工业园	215555		456
38	上海紫江企业集团股份有限公司	上海市长宁区虹桥路 2272 号虹桥商务大厦 7 楼 C 座	200336		458
39	大化集团有限责任公司	辽宁省大连市甘井子区工兴路 10 号	116032		463
40	浙江新安化工集团股份有限公司	浙江省建德市江滨中路新安大厦 1 号	311600		485
41	云南南磷集团股份有限公司	云南省昆明市东风西路 11 号顺城东塔 15A 楼	650032		489
42	云南祥丰化肥股份有限公司	云南省昆明市安宁市园山北路 2 号祥丰大厦	650300		497
医药、医疗设备制造业					
1	上海医药集团股份有限公司	上海市太仓路 200 号上海医药大厦	200020	133	51
2	广州医药集团有限公司	广东省广州市沙面北街 45 号	510130	187	86
3	科创控股集团有限公司	四川省成都市武侯区武科西二路 5 号	610041	286	142
4	四川科伦实业集团有限公司	四川省成都市青羊区百花西路 36 号	610072	332	160
5	天津市医药集团有限公司	天津市河西区友谊北路 29 号	300204	348	169
6	太极集团有限公司	重庆市渝北区龙塔街道黄龙路 38 号	401147	390	192
7	威高集团有限公司	山东省威海市兴山路 18 号	264210	445	224
8	杭州华东医药集团有限公司	浙江省杭州市拱墅区莫干山路 866 号	310011	447	226
9	天士力控股集团有限公司	天津市北辰科技园区普济河东道 2 号天士力现代中药城	300410		264
10	石药控股集团有限公司	河北省石家庄高新技术产业开发区黄河大道 226 号	50035		286
11	云南白药集团股份有限公司	云南省昆明市呈贡新区云南白药大街 3686 号	650500		288
12	康美药业股份有限公司	广东省普宁流沙长春路中段	515300		308
13	哈药集团有限公司	黑龙江省哈尔滨市道里区群里大道 7 号	150000		330
14	华鲁控股集团有限公司	山东省济南市榜棚街 1 号华鲁大厦	250011		336
15	江西济民可信集团有限公司	江西省南昌市高新区高新七路 888 号	330096		373
16	齐鲁制药有限公司	山东省济南市工业北路 243 号运营管理部 \	250100		375
17	人福医药集团股份有限公司	湖北省武汉市东湖高新区高新大道 666 号	430075		432

续表

行业名次	公司名称	通讯地址	邮编	名次（1）	名次（2）
18	浙江海正药业股份有限公司	浙江省台州市椒江区外沙路46号	318000		449
化学纤维制造业					
1	恒力集团有限公司	江苏省苏州市吴江区盛泽镇南麻经济开发区	215226	65	21
2	盛虹控股集团有限公司	江苏省苏州市吴江区盛泽镇纺织科技示范园	215228	169	71
3	浙江荣盛控股集团有限公司	浙江省杭州市萧山区益农镇红阳路98号	311247	172	74
4	浙江恒逸集团有限公司	浙江省杭州市萧山区衙前镇	311209	177	78
5	江苏三房巷集团有限公司	江苏省江阴市周庄镇	214423	301	149
6	浙江桐昆控股集团有限公司	浙江省桐乡市桐乡经济开发区光明路199号	314500	345	167
7	江苏华宏实业集团有限公司	江苏省江阴市周庄镇澄杨路1128号	214423		274
8	华峰集团有限公司	浙江省瑞安市莘塍工业园区	325200		313
9	兴达投资集团有限公司	江苏省无锡市锡山区东港镇锡港南路888号	214196		334
10	新凤鸣集团股份有限公司	浙江省桐乡市洲泉镇德胜路888号	314513		354
11	浙江翔盛集团有限公司	浙江省杭州市萧山区瓜沥镇（党山）工业园	311245		396
12	浙江古纤道新材料股份有限公司	浙江省绍兴袍江工业区越东路	312071		420
橡胶制品业					
1	华勤橡胶工业集团有限公司	山东省济宁市兖州市华勤工业园	272100	292	145
2	山东胜通集团股份有限公司	山东省东营市垦利县新兴路377号	257500	371	182
3	山东玉皇化工有限公司	山东省东明县武胜桥镇经济开发区	274512	389	191
4	重庆轻纺控股（集团）公司	重庆市北部新区高新园黄山大道中段7号	401121	478	247
5	中策橡胶集团有限公司	浙江省杭州市下沙经济技术开发区1号大街1号	310018		296
6	三角集团有限公司	山东省威海市青岛中路56号	264200		337
塑料制品业					
1	浙江大东南集团有限公司	浙江省诸暨市璜山镇建新路88号	311809		310
2	浙江富陵控股集团有限公司	浙江省绍兴市袍江区新区富陵	312075		444
3	浙江中财管道科技股份有限公司	浙江省新昌县新昌大道东路658号	312500		481
建材及玻璃等制造业					
1	中国建筑材料集团有限公司	北京市海淀区复兴路17号国海广场2号楼	100036	74	25
2	安徽海螺集团有限责任公司	安徽省芜湖市文化路39号	240001	157	66
3	中国中材集团有限公司	北京市西城区西直门内北顺城街11号	100035	190	89
4	北京金隅集团有限责任公司	北京市东城区北三环东路36号	100013	283	140
5	吉林亚泰（集团）股份有限公司	吉林省长春市二道区吉林大路1801号	130031	329	159
6	天瑞集团股份有限公司	河南省汝州市广成东路63号	467599	400	197
7	沂州集团有限公司	山东省临沂市罗庄区付庄办事处	276018	405	200
8	红狮控股集团有限公司	浙江省兰溪市东郊上郭	321100		281
9	冀东发展集团有限责任公司	河北省唐山市丰润区林荫路233号	64000		314

续表

行业名次	公司名称	通讯地址	邮编	名次(1)	名次(2)
10	天津市建筑材料集团（控股）有限公司	天津市南开区红旗南路508号	300381		368
11	华新水泥股份有限公司	湖北省武汉市洪山区关山二路特一号国际企业中心一期5号楼	430070		370
12	奥盛集团有限公司	上海市商城路518号16-17楼	200120		413
13	沈阳远大企业集团	辽宁省沈阳市经济技术开发区十六号街6号	110027		418
14	杭州诺贝尔集团有限公司	浙江省杭州市余杭区临平镇世纪大道1133号	311100		428
15	广东新明珠陶瓷集团有限公司	广东省佛山市禅城区南庄镇华夏陶瓷博览城	528061		480
黑色冶金及压延加工业					
1	河钢集团有限公司	河北省石家庄市裕华区体育南大街385号	50000	44	13
2	宝钢集团有限公司	上海市浦东新区浦电路370号宝钢大厦	200122	57	17
3	江苏沙钢集团有限公司	江苏省苏州市张家港市锦丰镇	215625	69	22
4	新兴际华集团有限公司	北京市朝阳区东三环中路7号财富中心A座	100020	70	23
5	首钢总公司	北京市石景山区石景山路68号首钢厂东门	100041	112	41
6	鞍钢集团公司	辽宁省鞍山市铁东区五一路63号	114001	118	43
7	山东钢铁集团有限公司	山东省济南市高新区舜华路2000号舜泰广场4号楼	250101	143	55
8	武汉钢铁（集团）公司	湖北省武汉市友谊大道999号	430080	144	56
9	酒泉钢铁（集团）有限责任公司	甘肃省嘉峪关市雄关东路12号	735100	149	59
10	中天钢铁集团有限公司	江苏省常州市中吴大道1号	213011	151	61
11	太原钢铁（集团）有限公司	山西省太原市尖草坪2号	30003	160	68
12	青山控股集团有限公司	浙江省温州市龙湾区永中街道青山村青陶路1号	325038	164	69
13	杭州钢铁集团公司	浙江省杭州市半山路178号	310022	179	80
14	本钢集团有限公司	辽宁省本溪市明山区环山路36号	117000	181	81
15	陕西东岭工贸集团股份有限公司	陕西省宝鸡市金台大道东段69号	721004	182	82
16	河北新华联合冶金控股集团有限公司	河北省沧州市渤海新区	61113	200	94
17	北京建龙重工集团有限公司	北京市丰台区南四环西路188号总部基地十二区50号楼	100070	203	96
18	湖南华菱钢铁集团有限责任公司	湖南省长沙市湘府西路222号	410004	204	97
19	河北津西钢铁集团股份有限公司	河北省唐山市迁西县三屯营镇	64302	209	99
20	河北敬业企业集团有限责任公司	河北省平山县南甸镇河北敬业集团	50400	234	112
21	天津荣程祥泰投资控股集团有限公司	天津市经济技术开发区第三大街盛达街9号泰达金融广场8楼	300457	241	116
22	唐山瑞丰钢铁（集团）有限公司	河北省唐山市丰南区小集镇工业区	63303	246	118
23	马钢（集团）控股有限公司	安徽省马鞍山市九华西路8号	243000	264	126
24	冀南钢铁集团有限公司	河北省武安市南环路南侧	56300	276	134

续表

行业名次	公司名称	通讯地址	邮编	名次（1）	名次（2）
25	南京钢铁集团有限公司	江苏省南京市六合区大厂卸甲甸	210035	295	146
26	广西柳州钢铁集团有限公司	广西柳州市北雀路117号	545002	296	147
27	四川省川威集团有限公司	四川省成都市龙泉驿区车城东6路5号	610100	325	157
28	安阳钢铁集团有限责任公司	河南省安阳市殷都区梅元庄	455004	350	171
29	昆明钢铁控股有限公司	云南省昆明市安宁市昆明钢铁控股有限公司	650302	366	179
30	江苏新长江实业集团有限公司	江苏省江阴市临港街道滨江西路328号长江村	214442	378	186
31	四川德胜集团钒钛有限公司	四川省乐山市沙湾区铜河路南段8号	614900	391	193
32	包头钢铁（集团）有限责任公司	内蒙古包头市昆区河西工业区包钢信息大楼	14010	397	195
33	日照钢铁控股集团有限公司	山东省日照市沿海路600号	276806	401	198
34	湖南博长控股集团有限公司	湖南省冷水江市轧钢路5号	417500	412	202
35	河北普阳钢铁有限公司	河北省武安市阳邑镇东	56305	426	211
36	河北新金钢铁有限公司	河北省武安市武邑路骈山村东	56300	427	212
37	武安市裕华钢铁有限公司	河北省武安市上团城乡崇义四街村北	56300	430	214
38	青岛钢铁控股集团有限责任公司	山东省青岛市李沧区遵义路5号	266043	439	219
39	武安市文安钢铁有限公司	河北省武安市南环路	56300	449	228
40	武安市明芳钢铁有限公司	河北省武安市北关河北侧	56300	451	230
41	唐山港陆钢铁有限公司	河北省遵化市镇海东街198号	64200	452	231
42	山东九羊集团有限公司	山东省莱芜市莱城区羊里镇九羊集团	271100	472	243
43	凌源钢铁集团有限责任公司	辽宁省凌源市钢铁路3号	122504	476	245
44	新余钢铁集团有限公司	江西省新余市冶金路	338001	477	246
45	山东泰山钢铁集团有限公司	山东省莱芜市新甫路1号	271100	479	248
46	天津友发钢管集团股份有限公司	天津市静海县大邱庄镇尧舜度假村	301606	483	250
47	广西盛隆冶金有限公司	广西防城港市港口区公车镇	538004	486	252
48	福建省三钢（集团）有限责任公司	福建省三明市梅列区工业中路群工三路	365000	499	261
49	广州钢铁企业集团有限公司	广东省广州市荔湾区芳村大道1号	510381		272
50	永锋集团有限公司	山东省德州市齐河县经济开发区	251100		280
51	迁安市九江线材有限责任公司	河北省迁安市木厂口镇松汀村南	64404		283
52	东北特殊钢集团有限责任公司	辽宁省大连市金州新区登沙河临港工业区河滨南路18号	116105		292
53	江西萍钢实业股份有限公司	江西省南昌市红谷滩新区凤凰中大道890号	330038		298
54	四川省达州钢铁集团有限责任公司	四川省达州市通川区西河路25号	635002		322
55	唐山国丰钢铁有限公司	河北省唐山市丰南区青年路193号	63000		328
56	山东淄博傅山企业集团有限公司	山东省淄博市高新区卫固镇傅山村	255084		339
57	河北冠丰冶金工业有限公司	河北省邯郸市武安市崇义村北铸造工业园区内	56300		341
58	浙江协和集团有限公司	浙江省杭州市萧山区红山农场	311234		362
59	武安市广耀铸业有限公司	河北省武安市大同镇小屯村东	56300		390

续表

行业名次	公司名称	通讯地址	邮编	名次（1）	名次（2）
60	重庆钢铁（集团）有限责任公司	重庆市大渡口区大堰三村 1 栋 1 号	400080		393
61	河北安丰钢铁有限公司	河北省秦皇岛市昌黎县安镇安丰大厦 5 楼	66603		395
62	天津市恒兴钢业有限公司	天津市静海县静海镇北环工业园	301600		406
63	河南济源钢铁（集团）有限公司	河南省济源市虎岭产业集聚区	459000		419
64	河北天柱钢铁集团有限公司	河北省唐山市丰润区殷官屯村村东	64000		423
65	振石控股集团有限公司	浙江省桐乡市崇福大道 708 号振石科技大楼	314500		426
66	潍坊特钢集团有限公司	山东省潍坊市钢铁工业园区东路	251201		429
67	河北前进钢铁集团有限公司	河北省霸州市胜芳镇开发区中星园区	65701		447
68	崇利制钢有限公司	河北省邯郸市涉县井店一街崇利制钢有限公司	56404		459
69	方大特钢科技股份有限公司	江西省南昌市青山湖区冶金大道 475 号	330012		465
70	宁波宝新不锈钢有限公司	浙江省宁波市经济技术开发区（北仑。霞浦）	315807		477
71	辛集市澳森钢铁有限公司	河北省辛集市南智邱镇赵马村村东	52360		484
72	山西建邦集团有限公司	山西省侯马市北效工业园区	43000		486
73	邢台钢铁有限责任公司	河北省邢台市桥西区钢铁南路 262 号	54027		498
一般有色冶金及压延加工业					
1	正威国际集团有限公司	广东省深圳市福田区深南大道 7888 号东海国际中心一期 A 座 29 层	518040	40	12
2	中国铝业公司	北京市海淀区西直门北大街 62 号	100082	54	16
3	金川集团股份有限公司	甘肃省金昌市金川区金川路 98 号	737103	63	19
4	江西铜业集团公司	江西省南昌市高新区昌东大道 7666 号	330096	75	26
5	中国有色矿业集团有限公司	北京朝阳区安定路 10 号中国有色大厦（北楼）	100029	95	32
6	铜陵有色金属集团控股有限公司	安徽省铜陵市长江西路有色大院	244001	107	37
7	海亮集团有限公司	浙江省诸暨市店口镇解放路 386 号	311814	108	38
8	陕西有色金属控股集团有限责任公司	陕西省西安市高新区高新路 51 号高新大厦	710075	124	46
9	大冶有色金属集团控股有限公司	湖北省黄石市新下陆下陆大道 18 号	435005	152	62
10	南山集团有限公司	山东省龙口市东江镇南山工业园	265706	167	70
11	白银有色集团股份有限公司	甘肃省白银市白银区友好路 96 号	730900	245	117
12	宁波金田投资控股有限公司	浙江省宁波市江北区慈城城西西路 1 号	315034	310	153
13	云南锡业集团（控股）有限责任公司	云南省个旧市金湖东路 121 号	661000	314	154
14	山东天信集团有限公司	山东省东营市东营区淮河路 79 号	257091	341	164
15	宁夏天元锰业有限公司	宁夏中宁新材料循环经济示范区	755103	349	170
16	西部矿业集团有限公司	青海省西宁市五四大街 56 号	810001	388	190
17	东营方圆有色金属有限公司	山东省东营经济开发区浏阳河路 99 号	257091	423	209
18	东营鲁方金属材料有限公司	山东省东营市东营区养殖区骨干路 22 号	257091	428	213
19	河南豫光金铅集团有限责任公司	河南省济源市荆梁南街 1 号	459001	456	234
20	万基控股集团有限公司	河南省洛阳市新安县万基工业园	471800	497	259

续表

行业名次	公司名称	通讯地址	邮编	名次（1）	名次（2）
21	浙江富冶集团有限公司	浙江省杭州市富阳区鹿山街道谢家溪	311407		282
22	河南神火集团有限公司	河南省永城市东城区光明路17号	476600		287
23	深圳市中金岭南有色金属股份有限公司	广东省深圳市福田区车公庙深南大道6013号中国有色大厦23-26楼	518040		321
24	齐星集团有限公司	山东省滨州市邹平县会仙二路齐星大厦	256200		325
25	山东创新金属科技股份有限公司	山东省滨州市邹平县城北外环路东首	256200		347
26	天津华北集团有限公司	天津市北城区津围公路15号	300040		372
27	山东亨圆铜业有限公司	山东省东营市东营区淮河路85号	257091		376
28	济源市万洋冶炼（集团）有限公司	河南省济源市思礼镇思礼村北	454691		389
29	河南金利金铅集团有限公司	河南省济源市虎岭产业集聚区	459000		392
30	河北立中有色金属集团	河北省保定市七一东路948号	71000		414
31	兰溪自立铜业有限公司	浙江省兰溪市大仙东路23-2号	321100		460
32	安徽楚江投资集团有限公司	安徽省芜湖市九华北路10号	241008		469
33	厦门钨业股份有限公司	福建省厦门市湖滨南路619号1601	361004		475
34	博威集团有限公司	浙江省宁波市鄞州区云龙镇鄞州大道东段1777号	315137		500
金属制品、加工工具、工业辅助产品加工制造业					
1	法尔胜泓昇集团有限公司	江苏省江阴市澄江中路165号	214434	437	218
2	精功集团有限公司	浙江省绍兴柯桥金柯桥大道112号精功大厦18F	312030	469	242
3	江苏大明金属制品有限公司	江苏省无锡市通江大道1518号	214191		307
4	福星集团控股有限公司	湖北省汉川市沉湖镇福星街1号	431608		316
5	江苏新华发集团有限公司	江苏省江阴市临港新城申港镇澄路1299号	214443		318
6	浙江元立金属制品集团有限公司	浙江省遂昌县元立大道479号	323300		324
7	浙江东南网架集团有限公司	浙江省杭州市萧山区衙前镇新林周村	311209		361
8	春风实业集团有限责任公司	河北省冀州市冀新西路86号	53200		371
9	河南龙成集团有限公司	河南省西峡县仲景路大道63号	474500		374
10	湖南金龙国际铜业有限公司	湖南省长沙市望城金星路888号	410000		379
11	精工控股集团有限公司	浙江省绍兴市袍江开发区世纪西街1号	312000		380
12	邯郸市正大制管有限公司	河北省邯郸市成安工业区聚良大道9号	56700		387
13	浙江栋梁新材股份有限公司	浙江省湖州市吴兴区织里镇栋梁路1688号	313008		397
14	无锡凌峰材料科技有限公司	江苏省宜兴市官林镇宜金南路1号	214251		433
15	北京君诚实业投资集团有限公司	北京市朝阳区八里庄西里61号楼1404室	100025		455
16	江苏海达科技集团有限公司	江苏省江阴市华士镇环南路800号	214421		462
工程机械、设备及零配件制造业					
1	三一集团有限公司	湖南省长沙市经济开发区三一工业城	410100	185	84

续表

行业名次	公司名称	通讯地址	邮编	名次（1）	名次（2）
2	徐州工程机械集团有限公司	江苏省徐州市金山桥经济开发区驮蓝山路26号	221004	189	88
3	中联重科股份有限公司	湖南省长沙市银盆南路361号	410013	255	124
4	四川省宜宾普什集团有限公司	四川省宜宾市岷江西路150号普什集团产业发展部	644007		303
5	大连机床集团有限责任公司	辽宁省大连市开发区双D港辽河东路100号	116022		332
6	巨星控股集团有限公司	杭州市江干区九环路35号	310014		342
7	广西柳工集团有限公司	广西柳州市柳南区柳太路1号	545007		437
8	卫华集团有限公司	河南省长垣市卫华大道西段	453400		445
9	大连重工·起重集团有限公司	辽宁省大连市西岗区169号华锐大厦	116013		490
工业机械、设备及零配件制造业					
1	盾安控股集团有限公司	浙江省杭州市滨江区泰安路239号	310052	257	125
2	中国恒天集团有限公司	北京市朝阳区建国路99号中服大厦	100020	323	156
3	沈阳机床（集团）有限责任公司	辽宁省沈阳市经济技术开发区开发大路17甲1号	110142		348
4	人本集团有限公司	浙江省温州市经济开发区南江路17号	325011		363
5	天洁集团有限公司	浙江省诸暨市牌头镇杨傅村天洁工业园	311825		366
6	海天塑机集团有限公司	浙江省宁波市北仑区小港海天路1688号	315821		399
7	北方重工集团有限公司	辽宁省沈阳市经济技术开发区开发大路16号	110141		403
8	大连冰山集团有限公司	辽宁省大连市沙河口区西南路888号	116033		412
9	江西博能实业集团有限公司	江西省上饶经济开发区七六西路博能集团	334100		457
10	杭州制氧机集团有限公司	浙江省杭州市下城区中山北路592号弘元大厦	310014		478
11	沈阳鼓风机集团股份有限公司	辽宁省沈阳经济技术开发区开发大路16号甲	110869		483
农林业机械、设备及零配件制造业					
1	山东时风（集团）有限责任公司	山东省高唐县鼓楼西路	252800	372	183
2	杭州东华链条集团有限公司	浙江省杭州余杭经济技术杆塔我昌达路1号	311102		466
电力、电气等设备、机械、元器件及线缆制造业					
1	天津百利机械装备集团有限公司	天津市南开区长江道4号	300100	123	45
2	超威电源有限公司	浙江省长兴县画溪街道画溪工业功能区	313100	186	85
3	天能电池集团有限公司	浙江省湖州市长兴县画溪工业功能区包桥路18号	313100	191	90
4	新疆特变电工集团有限公司	新疆昌吉市北京南路189号特变电工商务区	831100	277	135
5	亨通集团有限公司	江苏省苏州市吴江区经济技术开发区中山北路2288号	215200	279	137
6	德力西集团有限公司	浙江省乐清市柳市镇柳青路1号	325604	303	151
7	正泰集团股份有限公司	浙江省乐清市柳市镇工业区正泰大楼	325603	326	158

续表

行业名次	公司名称	通讯地址	邮编	名次（1）	名次（2）
8	人民电器集团有限公司	浙江省乐清市柳市镇车站路555号	325604	370	181
9	江苏金辉铜业集团有限公司	江苏省宜兴市官林镇金辉工业园	214252	399	196
10	晶科能源有限公司	江西省上饶经济技术开发区晶科大道1号	334100	411	201
11	宁波富邦控股集团有限公司	浙江省宁波市海曙区长春路2号	315010	418	206
12	远东控股集团有限公司	江苏省宜兴市高塍镇远东大道6号	214257	431	215
13	中科电力装备集团有限公司	安徽省蚌埠市长征南路829号	233000	489	255
14	富通集团有限公司	浙江省富阳市金秋大道富春科技园18号	311400		267
15	天津塑力线缆集团有限公司	天津市北辰科技园区高新大道41号	300412		273
16	华仪集团有限公司	浙江省乐清经济开发区中心大道228号	325600		289
17	兴乐集团有限公司	浙江省乐清市柳市镇后街工业区昌盛路17号	325604		329
18	上海胜华电缆（集团）有限公司	上海市浦东新区沪南公路7577号胜华科技大厦	201314		333
19	中国西电集团公司	陕西省西安市高新区唐兴路7号	710075		338
20	浙江富春江通信集团有限公司	浙江省富阳市江滨东大道138号	311401		356
21	湘电集团有限公司	湖南省湘潭市下摄司街302号	411101		400
22	安徽蓝德集团股份有限公司	安徽省天长市新河北路586号	239300		404
23	广州电气装备集团有限公司	广东省广州市大德路187号广州机电大厦15楼	510120		407
24	江苏上上电缆集团有限公司	江苏省溧阳市上上路68号	213300		409
25	江南集团有限公司	江苏省宜兴市官林镇管东路53号	214251		446
26	合肥晶澳太阳能科技有限公司	安徽省合肥市高新区长宁大道999号			454
27	泰豪集团有限公司	江西省南昌市高新开发区泰豪信息大厦	330096		461
28	铜陵精达铜材（集团）有限责任公司	安徽省铜陵市经济技术开发区黄山大道	244000		476
29	安徽天康（集团）股份有限公司	安徽省天长市仁和南路20号	239300		494
30	长飞光纤光缆有限公司	湖北省武汉市洪山区关山二路4号	430073		496
电梯及运输、仓储设备、设施制造业					
1	中国国际海运集装箱（集团）股份有限公司	广东省深圳市南山区蛇口工业区港湾大道2号中集集团研发中心	518067	232	110
2	西子联合控股有限公司	浙江省杭州市江干区庆春东路1-1号	310016		269
轨道交通设备及零部件制造业					
1	中国中车集团公司	北京市海淀区西四环中路16号院5号楼	100036	53	15
家用电器及零配件制造业					
1	海尔集团公司	山东省青岛市海尔路1号	266101	84	30
2	美的集团股份有限公司	广东省佛山市顺德区北滘镇美的大道6号美的总部大楼B区26-28楼	528311	110	39

续表

行业名次	公司名称	通讯地址	邮编	名次(1)	名次(2)
3	TCL 集团股份有限公司	广东省惠州市仲恺高新区惠风三路 17 号 TCL 科技大厦	516006	136	52
4	四川长虹电子控股集团有限公司	四川省绵阳市高新区绵兴东路 35 号	621000	146	58
5	海信集团有限公司	山东省青岛市市南区东海西路 17 号	266071	153	63
6	珠海格力电器股份有限公司	广东省珠海市香洲区前山金鸡路 789 号	519070	154	64
7	奥克斯集团有限公司	浙江省宁波市鄞州县（区）日丽中路 757 号 25F	315100	229	108
8	创维集团有限公司	广东省深圳市南山区高新南四道创维半导体设计大厦东座 24 层	518057	386	188
9	双良集团有限公司	江苏省江阴市临港街道西利路 88 号	214444	424	210
10	广州万宝集团有限公司	广东省广州市海珠区江南大道中 111 号	510220	448	227
11	广东格兰仕集团有限公司	广东省佛山市顺德区容桂大道南 25 号	528305	485	251
12	星星集团有限公司	浙江省台州市椒江区洪家星星电子产业区 13#楼	318015		434
13	杭州金鱼电器集团有限公司	浙江省杭州市西湖区天目山路 159 号现代国际大厦 A 座 16 楼	310013		443
14	澳柯玛股份有限公司	山东省青岛经济技术开发区前湾港路 315 号	266510		452
15	宁波方太厨具有限公司	浙江省宁波市慈溪县杭州湾新区滨海二路 218 号	315330		499
黄金冶炼及压延业					
1	中国黄金集团公司	北京市东城区安定门外大街 9 号	100011	130	49
2	紫金矿业集团股份有限公司	福建省上杭县紫金大道 1 号	364200	188	87
3	山东黄金集团有限公司	山东省济南市高新区舜华路 2000 号舜泰广场 3 号楼	250100	198	93
4	山东招金集团有限公司	山东省招远市开发区盛泰路 108 号	265400	291	144
电子元器件与仪器仪表、自动化控制设备制造业					
1	中国电子信息产业集团有限公司	北京市海淀区万寿路 27 号电子大厦	100846	76	27
2	中国电子科技集团公司	北京市海淀区万寿路 27 号	100846	98	33
3	新疆金风科技股份有限公司	新疆省乌鲁木齐市经济技术开发区上海路 107 号	830026	420	207
4	晶龙实业集团有限公司	河北省宁晋县晶龙大街 289 号	55550	440	220
5	三花控股集团有限公司	浙江省新昌县城关镇七星街道下礼泉村	312500		309
6	上海斐讯数据通信技术有限公司	上海市松江区思贤路 3666 号	201616		381
7	江苏新潮科技集团有限公司	江苏省江阴市澄江东路 99 号	214429		410
8	中国四联仪器仪表集团有限公司	重庆市北碚区蔡家镇同熙路 99 号	400707		453
9	中国华录集团有限公司	辽宁省大连市高新园区华路 1 号	116023		491

续表

行业名次	公司名称	通讯地址	邮编	名次（1）	名次（2）
计算机及零部件制造业					
1	联想控股股份有限公司	北京市海淀区科学院南路2号融科资讯中心B座17层	100190	38	11
2	北大方正集团有限公司	北京市海淀区成府路298号中关村方正大厦9层	100871	173	75
3	清华控股有限公司	北京市海淀区中关村东路1号院8号楼（科技大厦）A座25层	100084	193	91
4	京东方科技集团股份有限公司	北京市朝阳区酒仙桥路10号	100015	274	133
通讯器材及设备、元器件制造业					
1	华为技术有限公司	广东省深圳市龙岗区坂田华为基地	518129	27	5
2	天津中环电子信息集团有限公司	天津市南开区复康路23号	300191	120	44
3	中兴通讯股份有限公司	北京市海淀区花园东路19号中兴大厦	100191	150	60
4	武汉邮电科学研究院	湖北省武汉市洪山区邮科院路88号院办机要室	430074		266
5	四川九洲电器集团有限责任公司	四川省绵阳市九华路6号	621000		290
6	侨兴集团有限公司	广东省惠州市汤泉侨兴科技园	516023		482
办公、影像等电子设备、元器件制造业					
1	研祥高科技控股集团有限公司	深圳市南山区高新中四道31号研祥科技大厦	515087	493	257
2	蓝思科技股份有限公司	湖南省长沙国家级浏阳经济杆塔我蓝思科技园	410300		320
3	得力集团有限公司	浙江省宁波市宁海县得力工业园	315600		391
4	舜宇集团有限公司	浙江省宁波市余姚区阳明街道舜宇路6668号	315400		416
5	浙江大华技术股份有限公司	浙江省杭州市滨江区滨安路1199号	310053		431
汽车及零配件制造业					
1	上海汽车集团股份有限公司	上海市威海路489号	200041	11	2
2	东风汽车公司	湖北省武汉市经济技术开发区东风大道特1号	430056	16	3
3	中国第一汽车集团公司	吉林省长春市东风大街2259号	130011	28	6
4	北京汽车集团有限公司	北京市顺义区双河大街99号北京汽车产业基地	101300	36	9
5	广州汽车工业集团有限公司	广东省广州市天河区珠江新城兴国路23号广汽中心	510623	64	20
6	浙江吉利控股集团有限公司	浙江省杭州市滨江区江陵路1760号	310051	99	34
7	华晨汽车集团控股有限公司	辽宁省沈阳市大东区东望街39号	110044	100	35
8	万向集团公司	浙江省杭州市萧山经济技术开发区	311215	125	47
9	江苏悦达集团有限公司	江苏省盐城市世纪大道东路2号	224007	145	57
10	长城汽车股份有限公司	河北省保定市朝阳南大街2266号	71000	183	83
11	中国重型汽车集团有限公司	山东省济南市英雄山路165号	250002	222	102

续表

行业名次	公司名称	通讯地址	邮编	名次（1）	名次（2）
12	江铃汽车集团公司	江西省南昌市迎宾北大道 666 号	330001	249	120
13	安徽江淮汽车集团控股有限公司	安徽省合肥市包河区东流路 176 号	230022	284	141
14	郑州宇通集团有限公司	河南省郑州市管城区宇通路河宇通工业园	450061	342	165
15	陕西汽车控股集团有限公司	陕西省西安市经济开发区泾渭工业园	710200	422	208
16	奇瑞汽车股份有限公司	安徽省芜湖市经济技术开发区长春路 8 号	241009	450	229
17	厦门金龙汽车集团股份有限公司	厦门市厦禾路 668 号 22-23 层	361004	475	244
18	万丰奥特控股集团有限公司	浙江省新昌县江滨西路 518 号	312500		271
19	三环集团有限公司	湖北省武汉市东湖新技术开发区佳园路 33 号	430074		306
20	广西汽车集团有限公司	广西柳州市河西路 18 号	545007		326
21	重庆小康控股有限公司	重庆市沙坪坝区井口工业园	400033		340
22	骆驼集团股份有限公司	湖北省襄阳市高新汉江北路 65 号	441057		367
23	北汽银翔汽车有限公司	重庆市合川区土场镇三口村北汽银翔工业园	401533		385
24	安徽中鼎控股（集团）股份有限公司	安徽省宁国市经济技术开发区	242300		398
25	庆铃汽车（集团）有限公司	重庆市九龙坡区中梁山协兴村 1 号	400052		402
26	华翔集团股份有限公司	浙江省宁波市象山县西周镇镇安路 104 号	315722		405
27	宁波均胜电子股份有限公司	浙江省宁波市高新区聚贤路 1266 号	315040		468
28	波鸿集团有限公司	四川省成都市高新区高新国际广场 D 座二楼（天韵路 150 号）	61000		488
29	恒威集团有限公司	浙江省宁波市江北区洪塘工业 B 区江北大道 1236 弄 9 号	315033		493
摩托车及零配件制造业					
1	隆鑫控股有限公司	重庆市九龙坡区石坪桥横街 2 号附 5 号	400051	358	174
2	重庆力帆控股有限公司	重庆市北碚区蔡家岗镇凤栖路 16 号	400707	374	184
3	宗申产业集团有限公司	重庆市巴南区渝南大道 126 号宗申工业园	400054		302
航空航天及国防工业					
1	中国兵器装备集团公司	北京市海淀区车道沟 10 号院	100089	20	4
2	中国兵器工业集团公司	北京市西城区三里河路 46 号	100821	30	7
3	中国航空工业集团公司	北京市朝阳区建国路 128 号中航工业大厦	100022	32	8
4	中国航天科技集团公司	北京市海淀区阜成路 16 号航天科技大厦	100048	80	28
5	中国航天科工集团公司	北京市海淀区阜成路甲 8 号	100048	91	31
动力、电力生产等装备、设备制造业					
1	上海电气（集团）总公司	上海市四川中路 110 号	200002	156	65
2	潍柴控股集团有限公司	山东省潍坊市高新技术开发区福寿东街 197 号甲	261061	171	73
3	杭州汽轮动力集团有限公司	浙江省杭州市庆春东路 68 号杭州汽轮国际大厦 18 楼	310016	235	113

续表

行业名次	公司名称	通讯地址	邮编	名次(1)	名次(2)
4	广西玉柴机器集团有限公司	广西玉林市天桥西路88号	537005	375	185
5	哈尔滨电气集团公司	黑龙江省哈尔滨市香坊区三大动力路39号	150040	453	232
6	卧龙控股集团有限公司	浙江省绍兴市上虞区人民西路1801号	312300	463	238
综合制造业（以制造业为主，含有服务业）					
1	中国五矿集团公司	北京市海淀区三里河路5号五矿大厦	100044	73	24
2	比亚迪股份有限公司	广东省深圳市坪山新区比亚迪路3009号	518118	175	76
3	协鑫（集团）控股有限公司	江苏省苏州市工业园区新庆路28号协鑫能源中心	215000	176	77
4	新华联集团有限公司	北京市通州区台湖镇政府大街新华联集团总部大楼10层	101116	224	104
5	无锡产业发展集团有限公司	江苏省无锡市县前西街168号	214031	225	105
6	万达控股集团有限公司	山东省东营市垦利县行政办公新区万达大厦	257500	239	115
7	上海复星高科技（集团）有限公司	上海市黄浦区复兴东路2号	200010	247	119
8	杭州锦江集团有限公司	浙江省杭州市湖墅南路111号锦江大厦20-22楼	310005	268	130
9	江苏华西集团公司	江苏省无锡市江阴市华士镇华西新市村	214420	336	161
10	重庆化医控股（集团）公司	重庆市北部新区星光大道70号天王星A1座	401121	363	176
11	重庆机电控股（集团）公司	重庆市北部新区黄山大道中段60号	401123	455	233
12	苏州创元投资发展（集团）有限公司	江苏省苏州市工业园区苏桐路37号	215021	466	240
13	攀枝花钢城集团有限公司	四川省攀枝花市东区长寿路	617023		327
14	鲁丽集团有限公司	山东省潍坊市寿光市侯镇政府驻地	262724		331
15	华立集团股份有限公司	浙江省杭州市余杭区五常大道181号华立科技园	310023		335
16	花园集团有限公司	浙江省东阳市南马镇花园工业区	322121		345
17	利时集团股份有限公司	浙江省宁波市鄞州区投资创业中心诚信路518号	315105		355
18	重庆市博赛矿业（集团）有限公司	重庆市渝中区邹容路131号世界贸易中心47楼	400010		357
19	安徽淮海实业发展集团有限公司	安徽省淮北市相山北路57号	235000		386
20	华盛江泉集团有限公司	山东省临沂市罗庄区双月湖西岸	276017		394
21	致达控股集团有限公司	上海市静安区延平路121号29楼	200042		427
22	浙江航民实业集团有限公司	浙江省杭州市萧山区瓜沥镇航民村	311241		464
船舶工业					
1	中国船舶重工集团公司	北京市海淀区昆明湖南路72号	100097	58	18
2	中国船舶工业集团公司	北京市海淀区首体南路主语城1号楼	100044	83	29
3	江苏扬子江船业集团公司	江苏省江阴市鲥鱼港路38号	214431	458	235

行业名次	公司名称	通讯地址	邮编	名次（1）	名次（3）
能源（含电力、热力、燃气等）供应、开发、减排及再生循环服务业					
1	国家电网公司	北京市西城区西长安街 86 号	100031	1	1
2	中国南方电网有限责任公司	广东省广州市珠江新城华穗路 6 号	510623	18	11
3	浙江省能源集团有限公司	浙江省杭州市天目山路 152 号	310007	201	71
4	北京能源集团有限责任公司	北京市朝阳区永安东里 16 号 CBD 国际大厦 A 区	100022	228	81
5	申能（集团）有限公司	上海市虹井路 159 号申能能源中心	201103	393	135
6	新奥能源控股有限公司	河北省廊坊市经济技术开发区新源东道	65001	398	136
7	福建省能源集团有限责任公司	福建省福州市省府路 1 号	350001	403	138
8	山西省国新能源发展集团有限公司	山西省太原市高新区中心街 6 号 2212 室	30006	433	144
9	四川省能源投资集团有限责任公司	四川省成都市锦江区毕昇路468号创世纪大厦 A 座	610063		168
10	广州发展集团股份有限公司	广东省广州市珠江新城临江大道 3 号发展中心 33 楼	510623		169
11	安徽省能源集团有限公司	安徽省合肥市马鞍山路 76 号	230011		216
12	无锡市国联发展（集团）有限公司	江苏省无锡市金融一街 8 号国联金融大厦 20 楼	214131		247
13	深圳能源集团股份有限公司	广东省深圳市深南中路 2068 号华能大厦 33 楼	518031		253
14	广西水利电业集团有限公司	广西南宁市厢竹大道 30 号	530023		280
15	重庆中节能实业有限责任公司	重庆市渝中区中山三路 131 号庆隆希尔顿商务中心 19 层	400015		287
16	海越控股集团有限公司	浙江省诸暨市西施大街 59 号海越大厦	311800		318
17	四川华油集团有限责任公司	四川省成都市青羊区狮子巷 55 号	610017		375
18	汉江水利水电（集团）有限责任公司	湖北省武汉市东西湖区航天路 7 号	430048		395
19	安徽国祯集团股份有限公司	安徽省合肥市高新技术开发区科学大道 91 号	230088		401
20	上海大众公用事业（集团）股份有限公司	上海市中山西路 1515 号 8 楼 807 室	200235		417
21	武汉市燃气热力集团有限公司	湖北省武汉市江汉区台北路 225 号	430015		419
22	佛山市燃气集团股份有限公司	广东省佛山市禅城区季华五路 25 号	528000		437
23	广西桂东电力股份有限公司	广西贺州市平安西路 12 号	542899		463
24	东华能源股份有限公司	江苏省张家港市保税区出口加工区东华路 668 号	215634		470
25	杭州市燃气集团有限公司	浙江省杭州市天目山路 30 号	310007		473
26	青岛能源集团有限公司	山东省青岛市宁夏路 123 号	266071		484
27	潮州华丰集团股份有限公司	广东省潮州市潮州大道中银大厦 13-17 楼	521000		496

注：名次（3）为 2016 中国服务业企业 500 强中的名次

续表

行业名次	公司名称	通讯地址	邮编	名次（1）	名次（3）
铁路运输及辅助服务业					
1	中铁集装箱运输有限责任公司	北京市宣武区鸭子桥路24号中铁商务大厦622房间	100055		468
陆路运输、城市公交、道路及交通辅助等服务业					
1	山东高速集团有限公司	山东省济南市历下区龙奥北路8号	250098	287	96
2	广东省交通集团有限公司	广东省广州市珠江新城珠江东路32号利通广场	510623	317	107
3	浙江省交通投资集团有限公司	浙江省杭州市钱江新城五星路199号明珠国际商务中心	310020	367	125
4	安徽省交通控股集团有限公司	安徽省合肥市望江西路520号	230088	471	151
5	江西省高速公路投资集团有限责任公司	江西省南昌市西湖区朝阳州中路367号	330025		223
6	重庆交通运输控股（集团）有限公司	重庆市北部新区高新园青松路33号	401121		243
7	天津市交通（集团）有限公司	天津市和平区营口道10号	300041		278
8	上海申通地铁集团有限公司	上海市桂林路909号	201103		286
9	上海交运集团股份有限公司	上海市闸北区恒丰路288号10楼	200070		295
10	现代投资股份有限公司	湖南省长沙市芙蓉中路二段128号现代广场	410004		342
11	广州地铁集团有限公司	广东省广州市海珠区新港东路1238号万胜广场A座	510330		359
12	内蒙古高等级公路建设开发有限责任公司	内蒙古呼和浩特市新城区哲里木路9号	10051		363
13	万合集团股份有限公司	河北省邯郸市机场路与河大路交叉口东行50米	56001		367
14	苏州汽车客运集团有限公司	江苏省苏州市金阊区留园路288号	215008		374
15	江西赣粤高速公路股份有限公司	江西省南昌市朝阳洲中路367号	330025		377
16	上海强生控股股份有限公司	上海市静安区南京路920号强生南泰大厦1802室	200041		408
17	山西汽车运输集团有限公司	山西省太原市迎泽大街50号	30001		436
18	天津市公共交通集团（控股）有限公司	天津市河西区黑牛城道59号增1号	300211		461
水上运输业					
1	中国远洋海运集团有限公司	上海市东大名路670号	200080	59	30
2	广东省航运集团有限公司	广东省广州市越秀区八旗二马路48号广东航运大厦	510111		433
港口服务业					
1	广西北部湾国际港务集团有限公司	广西南宁市金浦路33号	530021	357	122
2	天津港（集团）有限公司	天津市滨海新区（塘沽）津港路99号	300461	368	126
3	上海国际港务（集团）股份有限公司	上海市虹口区东大名路358号国际港务大厦	200080	432	143
4	日照港集团有限公司	山东省日照市黄海一路91号	276826		172

续表

行业名次	公司名称	通讯地址	邮编	名次(1)	名次(3)
5	大连港集团有限公司	辽宁省大连市中山区港湾街 1 号	116001		218
6	河北港口集团有限公司	河北省秦皇岛市海港区海滨路 35 号	66002		244
7	广州港集团有限公司	广东省广州市越秀区沿江东路 406 号港口中心	510100		289
8	唐山港集团股份有限公司	河北省唐山市唐山海港经济开发区唐山港大厦	63611		391
航空运输业					
1	海航集团有限公司	海南省海口市国兴大道 7 号海航大厦	570203	85	35
2	中国南方航空集团公司	广东省广州市机场路航云南街 27 号	510406	127	49
3	中国航空集团公司	北京市朝阳区霄云路 36 号国航大厦	100027	128	50
4	中国东方航空集团公司	上海市长宁区虹桥机场空港三路 99 号	200335	155	60
5	四川航空股份有限公司	四川省成都市双流国际机场四川航空大厦	610202		186
航空港及相关服务业					
1	上海机场（集团）有限公司	上海市虹桥机场迎宾二路 200 号	200335		248
2	厦门翔业集团有限公司	福建省厦门市思明区仙岳路 396 号翔业大厦 17 楼	361000		268
电信、邮寄、速递等服务业					
1	中国移动通信集团公司	北京市西城区金融大街 29 号	100033	10	7
2	中国邮政集团公司	北京市西城区金融街甲 3 号	100808	21	12
3	中国电信集团公司	北京市西城区金融大街 31 号	100033	29	16
4	中国联合网络通信集团有限公司	北京市西城区金融大街 21 号中国联通大厦	100033	46	25
软件、程序、计算机应用、网络工程等计算机、微电子服务业					
1	三胞集团有限公司	江苏省南京市雨花台区软件大道 68 号	210012	132	52
2	浪潮集团有限公司	山东省济南市高新区浪潮路 1036 号	250101	218	79
3	广州无线电集团有限公司	广东省广州市天河区黄埔大道西平云路 163 号	510656		189
4	东软集团股份有限公司	辽宁省沈阳市浑南新区新秀街 2 号东软软件园	110179		310
5	浙大网新科技股份有限公司	浙江省杭州市西湖区三墩镇西园一路 18 号浙大网新软件园 A 楼 1501 室	310030		382
物流、仓储、运输、配送服务业					
1	厦门建发集团有限公司	福建省厦门市思明区环岛东路 1699 号建发国际大厦 43 楼	361008	117	46
2	腾邦集团有限公司	广东省深圳市福田保税区桃花路 9 号腾邦集团大厦	518038	206	73
3	厦门象屿集团有限公司	福建省厦门象屿路 99 号厦门国际航运中心 E 栋 11 楼	361006	207	74
4	中国诚通控股集团有限公司	北京市南四环西路 188 号总部基地 6 区 17 号楼	100070	221	80
5	河北省物流产业集团有限公司	河北省石家庄市中华北大街三号	50000	243	85

续表

行业名次	公司名称	通讯地址	邮编	名次(1)	名次(3)
6	深圳市飞马国际供应链股份有限公司	深圳市深南大道7008号阳光高尔夫大厦26楼	518040	281	95
7	玖隆钢铁物流有限公司	江苏省张家港市锦丰镇锦绣路1号玖隆物流园	215625	328	111
8	深圳市怡亚通供应链股份有限公司	深圳市福田区深南中路3039号国际文化大厦27楼	518033	330	112
9	深圳市信利康供应链管理有限公司	深圳市福田区深南中路6011号NEO（A座）36楼	518000	414	142
10	山西能源交通投资有限公司	山西省太原市长风西街1号丽华大厦A座15-16层	30021		166
11	广西交通投资集团有限公司	广西南宁市民族大道146号三祺广场48楼	530028		173
12	福建省交通运输集团有限责任公司	福建省福州市东水路18号交通综合大楼东楼21-23层	350001		201
13	深圳市海王生物工程股份有限公司	广东省深圳市南山区科技中三路1号海王银河科技大厦24层	518057		254
14	云南物流产业集团有限公司	云南省昆明市广福路8号	650228		299
15	广东合诚集团有限公司	广东省佛山市顺德大良广珠公路新松路段	528300		301
16	浙江华瑞集团有限公司	浙江省杭州市萧山区建设一路66号华瑞中心一号楼28楼	311215		325
17	重庆港务物流集团有限公司	重庆市江北区海尔路298号	400025		329
18	重庆长安民生物流股份有限公司	重庆市渝北区红锦大道561号	401121		357
19	青海省物资产业集团总公司	青海省西宁市朝阳东路34-2号	810003		397
20	四川安吉物流集团有限公司	四川省宜宾市岷江西路150号	644007		423
21	深圳市润泰供应链管理有限公司	深圳市福田区滨海大道9032号国通大厦25楼	518084		427
22	新疆维吾尔自治区棉麻公司	新疆乌鲁木齐市火车北站四路38号	830000		439
矿产、能源内外商贸及批发业					
1	中国华信能源有限公司	上海市徐汇区兴国路111号	200031	50	28
2	中国航空油料集团公司	北京市海淀区马甸路2号桥冠城园中国航油大厦	100088	109	43
3	山西煤炭进出口集团有限公司	山西省太原市长风大街115号	30006	165	64
4	晋能集团有限公司	山西省太原市开化寺街82号	30002	180	67
5	珠海振戎公司	北京市朝阳区大屯里121号华悦国际公寓J座	100108	327	110
6	广州国资发展控股有限公司	广东省广州市天河区临江大道3号发展中心9楼	510623	494	155
7	天津俊安煤焦化工有限公司	天津市滨海新区开发区洞庭路2号国际发展大厦	300457		184
8	广州元亨能源有限公司	广东省广州市越秀区东风东路850号锦城大厦18楼	510600		200

续表

行业名次	公司名称	通讯地址	邮编	名次(1)	名次(3)
9	天津恒运能源集团股份有限公司	天津市塘沽区海洋高新技术开发区金江路 45 号	300451		215
10	上海龙宇燃油股份有限公司	上海市浦东新区东方路 710 号 19 楼	200122		259
11	东营华驰新能源科技有限公司	山东省东营市广饶滨海新区滨六路以西清河路以北	25700		297
12	厦门海澳集团有限公司	福建省厦门市海沧区钟林路 12 号海沧商务大楼 19 楼	361026		407
13	泰德煤网股份有限公司	辽宁省大连市高新园区黄浦路 537 号泰德大厦	116023		426
14	宁波明港液化气有限公司	浙江省宁波市海曙区江厦街 21 号浦发大厦 5 楼	315010		494
化工产品及医药批发及内外商贸业					
1	中国中化集团公司	北京市复兴门内大街 28 号凯晨世贸中心中座 F11	100031	31	17
2	南通化工轻工股份有限公司	江苏省南通市南大街 28 号	226001		164
3	日出实业集团有限公司	浙江省宁波市鄞州县（区）天童南路 588 号宁波商会国贸中心 A 座 42 楼	315000		348
4	河南蓝天集团有限公司	河南省驻马店市解放路 68 号中原大厦 17 楼	463000		371
5	湖南省轻工盐业集团有限公司	湖南省长沙市芙蓉区建湘路 519 号	410005		441
6	中宁化集团有限公司	浙江省宁波市海曙区江厦街 21 号	315000		483
7	宁波晶圆贸易有限公司	浙江省余姚市中国塑料城舜汇东路 38 号	315400		487
机电、电子批发及内外商贸业					
1	中国通用技术（集团）控股有限责任公司	北京市丰台区西三环中路 90 号	100055	92	39
2	广东省广新控股集团有限公司	广东省广州市海珠区新港东路 1000 号	510308	210	75
3	广东省商贸控股集团有限公司	广东省广州市广州大道北 680 号	510500		246
4	温州开元集团有限公司	浙江省温州市温州大道南郊工业区 2729 号	325000		336
5	广州佳都集团有限公司	广东省广州市天河软件园建中路 66 号佳都商务大厦东塔 9 楼	510665		380
6	上海金开利集团有限公司	上海市黄浦区西藏南路 758 号金开利广场 5 楼	200011		430
7	国宏电气集团股份有限公司	浙江省宁波市宁海县（区）跃龙街道跃龙路 169 号	315600		435
8	厦门嘉联恒进出口有限公司	福建省厦门市莲秀里 185 号必利达大厦 28D	361000		457
生活消费商品（含家居、文体、玩具、工艺品、珠宝等）内外批发及商贸业					
1	浙江省国际贸易集团有限公司	浙江省杭州市中山北路 308 号	310003	275	94
2	江苏国泰国际集团有限公司	江苏省张家港市人民中路国泰大厦 3009 室	215600	305	100
3	广东省丝绸纺织集团有限公司	广东省广州市东风西路 198 号丝丽大厦	510180	315	105
4	广州轻工工贸集团有限公司	广东省广州市沿江西路 147 号	510120	321	109
5	江苏汇鸿国际集团股份有限公司	江苏省南京市白下路 91 号汇鸿大厦 2601 室	210001	334	115
6	安徽国贸集团控股有限公司	安徽省合肥市政务文化新区祁门路 1779 号	230071	435	145

续表

行业名次	公司名称	通讯地址	邮编	名次(1)	名次(3)
7	上海红星美凯龙投资有限公司	上海市普陀区怒江北路598号红星世贸大厦B座25楼	200333		182
8	新华锦集团	山东省青岛市崂山区松岭路127号11号楼	266101		188
9	四川省烟草公司成都市公司	四川省成都市青羊区槐树街1号	610031		190
10	太平鸟集团有限公司	浙江省宁波市环城西路南段826号	315011		191
11	江苏省苏豪控股集团有限公司	江苏省南京市雨花台区软件大道48号A座519室	210012		195
12	武汉市金马凯旋家具投资有限公司	湖北省武汉市黄陂区武湖巨龙大道特1号	430013		211
13	深圳粤通集团有限公司	广东省深圳市龙岗区布澜路李朗国际珠宝园B1栋8楼			240
14	广州纺织工贸企业集团有限公司	广东省广州市越秀区东风中路438号广德大厦	510040		282
15	厦门市嘉晟对外贸易有限公司	福建省厦门市思明区塔埔东路165号1803单元	361008		350
16	浙江凯喜雅国际股份有限公司	浙江省杭州市体育场路105号	310004		354
17	万事利集团有限公司	浙江省杭州市江干区天城路68号B幢17楼	310021		360
18	浙江中国小商品城集团股份有限公司	浙汇省义乌市福田路105号海洋商务楼17楼	322000		370
19	湖北银丰实业集团有限责任公司	湖北省武汉市江岸区青岛路7号银丰大厦12楼	430014		387
20	上海丝绸集团股份有限公司	上海市吴兴路283号	200030		428
21	广州尚品宅配家居股份有限公司	广东省广州市天河区花城大道85号A座35/36楼	510000		488
22	武汉华中通信广场有限责任公司	湖北省武汉市江岸中山大道715号	430014		500
粮油食品及农林、土畜、果蔬、水产品等内外批发商贸业					
1	中粮集团有限公司	北京市朝阳区朝阳门南大街8号中粮福临门大厦	100020	25	14
2	深圳市大生农业集团有限公司	广东省深圳市福田区金田路2028号皇岗商务中心2201单元	518034	272	93
3	北京粮食集团有限责任公司	北京市朝阳区东三环中路16号京粮大厦	100022	500	157
4	安徽安粮控股股份有限公司	安徽省合肥市金寨路389-399号盛安广场	230061		197
5	新疆生产建设兵团棉麻公司	新疆乌鲁木齐市沙依巴克区西北路955号香江丽华酒店	830000		225
6	重庆粮食集团有限责任公司	重庆市北部新区星光大道90号土星商务中心A2	401121		263
7	浙江省农村发展集团有限公司	浙江省杭州市武林路437号农发大厦	310006		281
8	安徽省盐业总公司	安徽省合肥市胜利路1366号	230011		308
9	良运集团有限公司	辽宁省大连市中山区五五路12号	116000		319

续表

行业名次	公司名称	通讯地址	邮编	名次（1）	名次（3）
10	天津市长芦盐业总公司	天津市和平区睦南道 20 号	300050		392
11	万向三农集团有限公司	浙江省杭州市萧山经济技术开发区	311215		394
12	宁波市绿顺集团股份有限公司	浙江省宁波市江东县（区）大戴街 2 号	315040		403
13	新疆前海集团公司	新疆喀什市克孜都维路 478 号	844000		422
14	厦门市明穗粮油贸易有限公司	福建省厦门现代物流园区象屿路 88 号保税市场大厦 3 楼 303 室	361006		424
15	深圳市粮食集团有限公司	广东省深圳市福田区福虹路 9 号世贸广场 A 座 13 楼	518033		440
16	重庆市盐业（集团）有限公司	重庆市渝北区金石大道 458 号	401120		455
17	新疆生产建设兵团第一师棉麻有限责任公司	新疆阿克苏地区阿拉尔市军垦大道西 1099 号质量技术监督局拐角楼	843300		456
生产资料批发及内外商贸业					
1	天津物产集团有限公司	天津市和平区营口道四号	300041	26	15
2	物产中大集团股份有限公司	浙江省杭州市环城西路 56 号	310006	87	37
3	广东省广物控股集团有限公司	广东省广州市北较场横路 12 号物资大厦	510050	214	78
4	重庆对外经贸（集团）有限公司	重庆市北部新区高新园星光大道 80 号	401121		187
5	安徽辉隆农资集团	安徽省合肥市祁门路 1777 号辉隆大厦	230022		203
6	黑龙江倍丰农业生产资料集团有限公司	黑龙江省哈尔滨市松北区新湾路 88 号	150028		212
7	浙江建华集团有限公司	浙江省杭州市沈半路 2 号	310015		229
8	厦门路桥工程物资有限公司	福建省厦门市海沧区海虹路 5 号	361026		241
9	佛山市顺德区乐从供销集团有限公司	广东省佛山市顺德区乐从镇跃进路供销大厦四楼	528315		269
10	中国天津国际经济技术合作集团公司	天津市和平区睦南道 103 号	300050		300
11	厦门恒兴集团有限公司	福建省厦门市思明区鹭江道 100 号财富中心大厦 42 层	361001		327
12	新疆农资（集团）有限责任公司	新疆乌鲁木齐市中山路 2 号	830002		331
13	广东天禾农资股份有限公司	广州市越秀区东风东路 709 号	510080		345
14	河北省农业生产资料有限公司	河北省石家庄市胜利北街 3 号农资大厦 1710	50000		349
15	湖北省农业生产资料集团有限公司	湖北省武汉市汉口建设大道 737 号广发银行大厦 25 楼	430014		398
16	浙江凌达实业集团有限公司	浙江省绍兴市柯桥时代广场 H 座 12 楼	312030		429
17	张家港百维物贸有限公司	江苏省张家港锦丰镇江苏扬水江国际冶金工业园锦绣路 1 号	215625		450
18	九禾股份有限公司	重庆市九龙坡区西郊路 33 号九龙明珠大厦 5 楼	400050		465
19	厦门育哲进出口有限公司	福建省厦门市同安区银湖路 85 号莲福大厦 3 层 311 室	361100		489

续表

行业名次	公司名称	通讯地址	邮编	名次（1）	名次（3）
20	温州市亚泰进出口有限公司	浙江省温州市上江路198号新世纪商务大厦A幢25楼	325011		493
金属内外商贸及加工、配送、批发零售业					
1	西安迈科金属国际集团有限公司	陕西省西安市高新区唐延路33号迈科国际大厦23层	710075	192	69
2	上海均和集团有限公司	上海市陆家嘴环路166号未来资产大厦27层	200120	205	72
3	大汉控股集团有限公司	湖南省长沙市人民东路大汉建材城1栋	410000	384	132
4	华南物资集团有限公司	重庆市江北区红黄路1号1幢15-1	400020		209
5	张家港保税区旭江贸易有限公司	江苏省张家港市锦丰镇永新新路289号	215600		233
6	青岛世纪瑞丰集团有限公司	山东省青岛市南区中山路43-60号	266001		271
7	上海闽路润贸易有限公司	上海市杨浦区国宾路36号万达广场B座11楼	200433		285
8	上海展志实业集团有限责任公司	上海市杨浦区国宾路36号万达广场B座17层	200433		294
9	江苏大经集团有限公司	江苏省江阴市澄杨路268号	214422		317
10	江阴长三角钢铁集团有限公司	江苏省江阴市果园路9号	214400		334
11	上海福然德部件加工有限公司	上海市宝山区友谊路1518弄永景国际1号10-16F	201999		355
12	重庆河东控股（集团）有限公司	重庆市南岸区丹龙路18号东原亲亲里7栋6楼	400060		431
13	厦门轨道物资有限公司	福建省厦门市思明区厦禾路1236-1238号2号楼一层	361004		464
14	上海百润企业发展有限公司	上海市黄埔区中山南路891号锦汇建设集团大厦7楼	200011		477
15	张家港保税区荣德贸易有限公司	江苏省张家港市锦丰镇永新新路289号	215600		492
综合性内外商贸及批发业、零售业					
1	厦门国贸控股有限公司	福建省厦门市湖滨南路388号国贸大厦38楼	361004	141	57
2	浙江省兴合集团有限责任公司	浙江省杭州市延安路312号	310006	174	66
3	远大物产集团有限公司	浙江省宁波市江东区惊驾路555号泰富广场A座12-15层	315040	240	84
4	上海纺织（集团）有限公司	上海市古北路989号	200336	290	97
5	中基宁波集团股份有限公司	浙江省宁波市鄞州区天童南路666号	315199	340	118
6	广西物资集团有限责任公司	广西省南宁市东葛路78号	530022		162
7	东方国际（集团）有限公司	上海市娄山关路85号东方国际大厦A座23F	200336		163
8	北方国际集团有限公司	天津市和平区大理道68号	300050		230
9	浙江万丰企业集团公司	浙江省杭州市萧山区城厢街道人民路51号	311203		376
10	宁波海田控股集团有限公司	浙江省宁波市江北区文教路72弄16号	315016		393
11	上海外经集团控股有限公司	上海市小木桥路681号上海外经大厦	200032		402

续表

行业名次	公司名称	通讯地址	邮编	名次（1）	名次（3）
12	嘉兴良友进出口集团股份有限公司	浙江省嘉兴市东升东路 2500 号良友大厦	314033		421
13	上海浦原对外经贸公司	上海市黄浦区北京东路 444 号	200001		444
汽车及摩托车商贸、维修保养及租赁业					
1	庞大汽贸集团股份有限公司	河北省唐山市滦县火车站广场东侧庞大汽贸集团	63700	237	83
2	上海永达控股（集团）有限公司	上海市瑞金南路 299 号	200023	293	98
3	万友汽车投资有限公司	重庆市渝中区瑞天路企业天地 7 号楼 20 楼	400043		193
4	山东远通汽车贸易集团有限公司	山东省临沂市通达路 319 号	276002		204
5	利泰集团有限公司	广东省佛山市季华五路 10 号金融广场 23 楼	528000		214
6	宝利德控股集团有限公司	浙江省杭州市西湖区求是路 8 号公元大厦南楼 1001 室	310013		220
7	润华集团股份有限公司	济南市经十西路 3999 号润华汽车文化产业园	250117		228
8	浙江康桥汽车工贸集团股份有限公司	浙江省杭州市拱墅区拱康路 100 号康华大厦 17 楼	310015		251
9	广东鸿粤汽车销售集团有限公司	广东省广州市白云区白云大道北 958 号鸿粤集团大楼	510440		270
10	河北省国和投资集团有限公司	河北省石家庄市北二环东路 68 号国际汽车园区东门	50033		275
11	重庆中汽西南汽车（集团）有限公司	重庆市北部新区金渝大道 99 号附 23 号	401122		290
12	宁波轿辰集团股份有限公司	浙江省宁波市高新区星海南路 16 号轿辰大厦	315040		307
13	上海申华控股股份有限公司	上海市宁波路 1 号申华金融大厦 24F	200002		322
14	天津远大联合汽车贸易集团有限公司	天津港保税区海滨八路惠通陆华大厦1、3、5层	300134		324
15	山西大昌汽车集团有限公司	山西省太原市平阳南路 88 号	30032		330
16	湖南兰天集团有限公司	湖南省长沙市岳麓大道 375 号	410003		338
17	重庆百事达汽车有限公司	重庆市渝北区松牌路 521 号百事达汽车	401147		361
18	广州南菱汽车股份有限公司	广东省广州市白云区白云大道北 1399 号	510440		386
电器商贸批发业、零售业					
1	苏宁控股集团有限公司	江苏省南京市玄武区徐庄软件园苏宁大道 1 号	210042	35	20
2	国美电器有限公司	北京市朝阳区霄云路 26 号鹏润大厦	100016	104	42
3	深圳市爱施德股份有限公司	广东省深圳市南山区河西路 3151 号健兴科技大厦 8 楼	518055	270	92
4	天音通信有限公司	广东省深圳市深南中路 1002 号新闻大厦 26 层	518027	309	102
5	武汉工贸有限公司	湖北省武汉市硚口区解放大道 855 号工贸家电大厦	430032		369
6	话机世界通信集团股份有限公司	浙江省杭州市密渡桥路 1 号白马大厦 28 楼	310005		460
7	常熟市交电家电有限责任公司	江苏省常熟市海虞金家浜路 2 号	215500		485

续表

行业名次	公司名称	通讯地址	邮编	名次（1）	名次（3）
医药专营批发业、零售业					
1	中国医药集团总公司	北京市海淀区知春路20号	100191	45	24
2	九州通医药集团股份有限公司	湖北省武汉市汉阳区龙阳大道特8号	430051	269	91
3	重庆医药（集团）股份有限公司	重夫市渝中区大同路1号	400011		174
4	浙江英特药业有限责任公司	浙江省杭州市滨江区江南大道96号中化大厦1107	310051		208
5	鹭燕（福建）药业股份有限公司	福建省厦门市湖里区安岭路1004号	361006		339
6	广西柳州医药股份有限公司	广西省柳州市柳州区长风路4号	545000		344
7	安徽天星医药集团有限公司	安徽省合肥市长江中路328号	230061		378
8	大参林医药集团股份有限公司	广东省广州市荔湾区龙溪大道410号/410－1号	510000		384
9	宁波医药股份有限公司	浙江省宁波市海曙县车轿街26号	315000		409
10	浙江省医药工业有限公司	浙江省杭州市莫干山路文北巷27号	310012		412
11	创美药业股份有限公司	广东省汕头市龙湖区嵩山北路235号	515041		472
商业零售业、连锁超市					
1	大商集团有限公司	辽宁省大连市中山区青三街1号	116001	72	34
2	百联集团有限公司	上海市黄浦区中山南路315号百联大厦13楼	200010	121	47
3	武汉商联（集团）股份有限公司	湖北省武汉市汉江区唐家墩路32号国资大厦B座	430015	159	61
4	山东省商业集团有限公司	山东省济南市山师东路4号	250014	161	62
5	天津一商集团有限公司	天津市和平区唐山道54号	300040	258	88
6	重庆商社（集团）有限公司	重庆市渝中区青年路18号	400010	262	90
7	永辉超市股份有限公司	福建省福州市鼓楼区湖头街光荣路5号院	350002	312	103
8	合肥百货大楼集团股份有限公司	安徽省合肥市长江西路689号拓基金座A座	230088	331	113
9	长春欧亚集团股份有限公司	吉林省长春市高新技术产业开发区飞跃路2686号	130011	359	123
10	石家庄北国人百集团有限责任公司	河北省石家庄市中山东路188号	50000	392	134
11	步步高投资集团股份有限公司	湖南省湘潭市韶山西路309号步步高大厦	411100	407	139
12	浙江省商业集团有限公司	浙江省杭州市惠民路56号	310002	470	150
13	利群集团股份有限公司	山东省青岛市崂山区崂山路67号	266102		158
14	银泰商业（集团）有限公司	浙江省杭州市下城区延安路528号标力大厦B座8F综合部	310006		185
15	淄博商厦股份有限公司	山东省淄博市张店区中心路125号	255000		192
16	大连金玛商城企业集团有限公司	辽宁省大连市金普新区金马路永德街1号	116600		202
17	杭州联华华商集团有限公司	浙江省杭州市庆春路86号	310003		226
18	月星集团有限公司	上海市普陀区澳门路168号	200060		237

续表

行业名次	公司名称	通讯地址	邮编	名次（1）	名次（3）
19	广州百货企业集团有限公司	广东省广州市越秀区西湖路 12 号 23 楼	510030		258
20	河北怀特集团股份有限公司	河北省石家庄市裕华区槐岭路 26 号	50021		264
21	唐山百货大楼集团有限责任公司	河北省唐山市路北区新华东道 125 号	63000		272
22	无锡商业大厦大东方股份有限公司	江苏省无锡市中山路 343 号	214001		293
23	天津金元宝商厦集团有限公司	天津市滨海新区塘沽解放路 668 号	300450		298
24	银川新华百货商业集团股份有限公司	宁夏银川市兴庆区解放西街 2 号老大楼写字楼 7 楼	750001		316
25	山西美特好连锁超市股份有限公司	山西省太原市迎泽区南内环街 179 号	30012		321
26	山东全福元商业集团有限责任公司	山东省寿光市圣城东街 198 号	262700		333
27	湖南友谊阿波罗控股股份有限公司	湖南省长沙市芙蓉区车站中路 345 号	410001		335
28	武汉商贸国有控股集团有限公司	湖北省武汉市解放大道 1127 号富商大厦8-9楼	430030		340
29	青岛利客来集团股份有限公司	山东省青岛市李沧区京口路 58 号	266100		364
30	青岛维客集团股份有限公司	山东省青岛市李沧区京口路 86 号	266100		372
31	杭州解百集团股份有限公司	浙江省杭州市解放路 251 号	310001		379
32	江苏华地国际控股集团有限公司	江苏省无锡市县前东街 1 号金陵饭店 26F	214005		406
33	雄风集团有限公司	浙江省诸暨市陶朱街道诸三路 100 号	311800		410
34	深圳市恒波商业连锁股份有限公司	深圳市罗湖区洪湖二街新南滨大楼三/四楼	518020		416
35	长沙通程控股股份有限公司	湖南省长沙市劳动西路 589 号	410007		432
36	河北保百集团有限公司	河北省保定市朝阳北大街 916 号	71051		434
37	重庆市新大兴实业（集团）有限公司	重庆市涪陵区鹅颈管 1 组新大兴大厦	408000		438
38	心连心集团有限公司	湖南省湘潭市韶山中路 10 号	411100		469
39	湖州市浙北大厦有限责任公司	浙江省湖州市红旗路南街口	313000		478
40	重庆华轻商业有限公司	重庆市渝中区邹容路 107 号	400010		479
41	浙江华联商厦有限公司	浙江省宁波市余姚市南雷南路 2 号商会大厦南楼 27 层	315400		490
家具、家居专营批发业、零售业					
1	人人乐连锁商业集团股份有限公司	广东省深圳市南山区前海路心语家园首层			252
银行业					
1	中国工商银行股份有限公司	北京市西城区复兴门内大街 55 号	100140	4	2
2	中国建设银行股份有限公司	北京市西城区金融大街 25 号	100033	5	3
3	中国农业银行股份有限公司	北京市东城区建国门内大街 69 号	100005	7	4
4	中国银行股份有限公司	北京市西城区复兴门内大街 1 号	100818	8	5
5	国家开发银行股份有限公司	北京市西城区复兴门内大街 18 号	100031	15	9
6	交通银行股份有限公司	上海市银城中路 188 号 32 楼企业文化部	200120	33	18

续表

行业名次	公司名称	通讯地址	邮编	名次（1）	名次（3）
7	招商银行股份有限公司	广东省深圳市深南大道7088号招商银行大厦45楼	518040	39	21
8	兴业银行股份有限公司	福建省福州市湖东路154号中山大厦A座	350003	41	22
9	中国民生银行股份有限公司	北京市中关村南大街1号友谊宾馆嘉宾楼	100873	48	26
10	上海浦东发展银行股份有限公司	上海市中山东一路12号	200002	49	27
11	中国光大集团股份有限公司	北京市西城区太平桥大街25号中国光大中心	100033	68	33
12	华夏银行股份有限公司	北京市东城区建国门内大街22号华夏银行大厦	100005	134	53
13	北京银行	北京市西城区金融大街丙17号北京银行大厦	100033	163	63
14	渤海银行股份有限公司	天津市河东区海河东路218号	300012	299	99
15	重庆农村商业银行股份有限公司	重庆市江北区洋河东路10号	400020	351	120
16	广州农村商业银行股份有限公司	广东省广州市天河区珠江新城华夏路1号	510623	441	147
17	天津银行股份有限公司	天津市河西区友谊路15号	300201	454	148
18	恒丰银行股份有限公司	山东省烟台市芝罘区南大街248号	264008		160
19	广州银行股份有限公司	广东省广州市天河区珠江东路30号广州银行大厦	510620		177
20	吉林银行	吉林省长春市东南湖大路1817号	130033		194
21	成都银行股份有限公司	四川省成都市西御街16号	610015		207
22	盛京银行股份有限公司	辽宁省沈阳市沈河区北站路109号	110013		219
23	长沙银行股份有限公司	湖南省长沙市芙蓉中路1段433号	410005		221
24	天津农村商业银行股份有限公司	天津市河西区马场道59号国际经济贸易中心A座1-6层	300203		222
25	青岛农村商业银行股份有限公司	山东省青岛市香港东路109号	266061		274
26	武汉农村商业银行股份有限公司	湖北省武汉市江岸区建设大道618号	430015		276
27	重庆银行股份有限公司	重庆市渝中区邹容路153号	40010		288
28	洛阳银行股份有限公司	河南省洛阳市洛阳新区开元大道与通济街交叉口	471023		306
29	桂林银行股份有限公司	广西省桂林市中山南路76号	541002		312
30	宁夏银行股份有限公司	宁夏回族自治区银川市金凤区北京中路157号	750002		332
31	张家口银行股份有限公司	河北省张家口市桥东区胜利北路51号	75000		347
32	广西北部湾银行股份有限公司	广西省南宁市青秀路10号	530028		365
33	日照银行股份有限公司	山东省日照市烟台路197号	276826		383
34	无锡农村商业银行股份有限公司	江苏省无锡市金融二街9号	214125		385
35	宁波鄞州农村合作银行	浙江省宁波市鄞州县民惠西路88号	315000		388
36	柳州银行股份有限公司	广西壮族自治区柳州市中山西路12路	545001		389
37	汉口银行股份有限公司	湖北省武汉市建设大道933号	430015		390

续表

行业名次	公司名称	通讯地址	邮编	名次(1)	名次(3)
38	青岛银行股份有限公司	山东省青岛市香港中路 68 号青岛银行 12 楼办公室	266071		400
39	江苏江阴农村商业银行股份有限公司	江苏省江阴市澄江中路 1 号	214431		418
40	重庆三峡银行股份有限公司	重庆市渝中区民权路 107 号	400011		443
41	青海银行股份有限公司	青海省西宁市黄河路 36 号	810000		448
42	江苏吴江农村商业银行股份有限公司	江苏省吴江市中山南路 1777 号	215200		458
43	邢台银行股份有限公司	河北省邢台市中兴乐大街 111 号	54001		480
44	宁波慈溪农村商业银行股份有限公司	浙江省宁波市慈溪县浒山街道南城路 25 号	315300		486
45	天津滨海农村商业银行股份有限公司	天津市空港经济区西三道 158 号金融中心一号楼	300308		495
人寿保险业					
1	中国人寿保险（集团）公司	北京市西城区金融大街 17 号中国人寿中心	100033	12	8
2	新华人寿保险股份有限公司	北京市朝阳区建国门外大街甲 12 号新华保险大厦	100022	102	41
3	泰康人寿保险股份有限公司	北京市西城区复兴门内大街 156 号泰康人寿大厦	100031	114	45
4	太平人寿保险有限公司	上海市浦东新区银城中路 488 号太平金融大厦	200120	142	58
5	阳光保险集团股份有限公司	北京市朝阳区朝外大街乙 12 号 1 号楼昆泰国际大厦 28 层	100020	213	77
6	中华联合保险控股股份有限公司	北京市西城区丰盛胡同 20 号丰铭国际大厦 B 座 10 层	100032	335	116
证券业					
1	海通证券股份有限公司	上海市广东路 689 号	200001	344	119
2	广发证券股份有限公司	广东省广州市天河区天河北路 183-187 号大都会广场 43 楼	510075	385	133
3	中国银河证券股份有限公司	北京市西城区金融大街 35 号国际企业大厦 C 座	100033	481	153
4	方正证券股份有限公司	湖南省长沙市芙蓉中路二段 200 号华侨国际大厦 22 层	410015		257
财产保险业					
1	中国人民保险集团股份有限公司	北京市海淀区清华西路 28 号	100084	24	13
其他金融服务业					
1	广西投资集团有限公司	广西南宁市民族大道 109 号	530028	166	65
2	兴华财富集团有限公司	河北省武安市上团城西	56310		171
3	广州金融控股集团有限公司	广东省广州市天河区体育西路 191 号中石化大厦 B 塔 26 楼	510620		482

续表

行业名次	公司名称	通讯地址	邮编	名次(1)	名次(3)
投资经营管理、商务服务业					
1	华润（集团）有限公司	广东省深圳市罗湖区深南东路5001号华润大厦28楼2801单元	518001	17	10
2	中国中信集团有限公司	北京市朝阳区新源南路6号京城大厦	100004	34	19
3	国家开发投资公司	北京市西城区阜成门北大街6号-6	100034	137	55
4	中国华融资产管理股份有限公司	北京市西城区金融大街8号	100033	184	68
5	广东省广晟资产经营有限公司	广东省广州市珠江新城珠江西路17号广晟国际大厦50-58楼	510623	307	101
6	云南省能源投资集团有限公司	北京市海淀区西直门外大街168号腾达大厦709室	100044	313	104
7	重庆市金科投资控股（集团）有限责任公司	重庆市渝北区佳园路2号康田凯旋国际大厦北楼18层	400000	354	121
8	重庆市能源投资集团有限公司	重庆市渝北区洪湖西路12号	401121	361	124
9	浙江前程投资股份有限公司	浙江省宁波市江东区39号前程大厦C座	315040	381	130
10	中国万向控股有限公司	上海浦东新区陆家嘴西路99号万向大厦	200120		176
11	国购投资有限公司	安徽省合肥市蜀山区肥西路66号汇金大厦26层	230031		178
12	广东粤合资产经营有限公司	广东省广州市天河区天河路242号丰兴广场B座8楼804-810室	510620		180
13	宁波君安控股有限公司	浙江省宁波市江东区彩虹北路40号	315040		183
14	广东粤海控股集团有限公司	广东省广州市天河区天河路208号粤海天河城大厦45楼	510620		213
15	广西铁路投资集团有限公司	广西南宁市青秀区金浦路33号港务大厦27层	530021		224
16	厦门海沧投资集团有限公司	福建省厦门市海沧区钟林路8号海投大厦	361026		227
17	武汉金融控股（集团）有限公司	武汉市江汉区长江日报路77号投资大厦	430015		231
18	河南交通投资集团有限公司	河南省郑州市郑东新区农业南路100号	450016		260
19	源山投资控股有限公司	上海市虹口区曲阳路910号15楼	200437		291
20	广西西江开发投资集团有限公司	广西南宁市民族大道100号西江大厦	530022		309
21	湖北能源集团股份有限公司	湖北省武汉市武昌区徐东大街137号	430062		323
22	广州中大控股有限公司	广州市海珠区新港西路135号中大东南区255号1号楼	510275		326
23	四川省开元集团有限公司	四川省成都市一环路南三段47号	610041		353
24	广西金融投资集团有限公司	广西南宁市金浦路22号名都大厦	530022		368
25	南宁威宁投资集团有限责任公司	广西南宁市锦春路15号威宁大厦	530021		414
26	无锡市交通产业集团有限公司	江苏省无锡市运河东路100号	214031		481

续表

行业名次	公司名称	通讯地址	邮编	名次（1）	名次（3）
房地产开发与经营、物业及房屋装饰、修缮、管理等服务业					
1	大连万达集团股份有限公司	北京市朝阳区建国路 93 号万达广场 B 座	100022	42	23
2	绿地控股集团股份有限公司	上海市打浦路 700 号绿地总部大厦	200023	67	32
3	万科企业股份有限公司	深圳市盐田区大梅沙环梅路 33 号万科中心	518083	86	36
4	恒大地产集团有限公司	广东省广州市天河区黄埔大道 78 号恒大中心 36 楼	510620	113	44
5	银亿集团有限公司	浙江省宁波市江北区人民路 132 号 27 楼	315020	231	82
6	天津泰达投资控股有限公司	天津市经济技术开发区盛达街 9 号	300457	252	87
7	华侨城集团公司	广东省深圳市南山区华侨城办公楼	518053	260	89
8	重庆龙湖企业拓展有限公司	重庆市渝江区天山大道西段 32 号 1 幢	401123	318	108
9	广东圣丰集团有限公司	广州市广州大道中 988 号圣丰广场北塔 s 层	510620	333	114
10	四川蓝润实业集团有限公司	四川省成都市红星路三段 1 号 IFS 一号写字楼 39 楼	610000	377	128
11	广州越秀集团有限公司	广东省广州市珠江新城珠江西路 5 号国金中心 64-65 楼	510623	379	129
12	世纪金源投资集团有限公司	北京市海淀区蓝晴路 1 号	100097	382	131
13	卓尔控股有限公司	湖北省武汉市盘龙城经济开发区楚天大道特 1 号卓尔大厦	430312	402	137
14	弘阳集团有限公司	江苏省南京市大桥北路 9 号弘阳大厦	210031	409	141
15	天津房地产集团有限公司	天津市河西区宾水道增 9 号环渤海发展中心 A 座 16-19 层	300061	464	149
16	福佳集团有限公司	辽宁省大连市沙河口区兴工街 4 号 A 栋 24 楼	116021	480	152
17	珠海华发集团有限公司	广东省珠海市拱北联安路 9 号	519020	484	154
18	天津住宅建设发展集团有限公司	天津市和平区马场道 66 号	300050		159
19	苏州金螳螂企业（集团）有限公司	江苏省苏州市姑苏区西环路 888 号	215004		175
20	河北天山实业集团有限公司	河北省石家庄市高新技术开发区天山大街 109 号	50035		196
21	天津亿联投资控股集团有限公司	天津市东丽区金钟河大街 3699 号	300240		206
22	大华（集团）有限公司	上海市宝山区华灵路 698 号	200442		235
23	天津现代集团有限公司	天津市和平区滨江道 219 号利华佳商厦	300051		242
24	广州珠江实业集团有限公司	广东省广州市环市东路 371-375 号世界贸易中心大厦南塔 28、29 楼	510095		249
25	西安高科（集团）公司	陕西省西安市高新区科技路 33 号高新国际商务中心 34 层	710075		255
26	亿达集团有限公司	辽宁省大连市沙河口区东北路 99 号亿达广场 4 号楼 10 楼	116021		267

续表

行业名次	公司名称	通讯地址	邮编	名次（1）	名次（3）
27	祥生实业集团有限公司	浙江省诸暨市苎萝东路195号祥生新世纪广场商务楼15层	311800		273
28	广东珠江投资股份有限公司	广东省广州市珠江东路421号珠江投资大厦6楼	510623		277
29	联发集团有限公司	福建省厦门市湖里大道31号联发大厦	361006		283
30	重庆协信控股（集团）有限公司	重庆市满意经区洋河一路68号协信中心C座27楼	400020		313
31	重庆华宇集团有限公司	重庆市沙坪坝区华宇广场1号世纪银河30楼	400030		343
32	荣安集团股份有限公司	浙江省宁波市海曙县区灵桥路513号天封大厦5楼	315000		352
33	广西云星集团有限公司	广西南宁市金湖路59号地王国际商务中心34层	530028		356
34	武汉地产开发投资集团有限公司	湖北省武汉市江汉区新华路25号伟业大厦	430022		405
35	鸿荣源置业集团（深圳）有限公司	广东省深圳市宝安区宝安34区宝民一路288号鸿景园一栋202-B	518000		420
36	桂林彰泰实业集团有限公司	广西桂林市九岗岭康桥半岛1号公馆	541001		442
37	中锐控股集团有限公司	上海市金钟路767-2号	200335		446
38	宁波宁兴控股股份有限公司	浙江省宁波市中山西路138号天宁大厦26楼	315010		451
39	东冠集团有限公司	浙江省杭州市滨江区江南大道588号恒鑫大厦	310052		452
40	宁波联合集团股份有限公司	浙江省宁波市开发区东海路1号联合大厦	315803		453
41	天津贻成集团有限公司	天津市塘沽区河北路4862-1号	300451		454
42	厦门住宅建设集团有限公司	福建省厦门市思明区莲富大厦办公楼8/20楼	361009		459
43	厦门经济特区房地产开发集团有限公司	福建省厦门市思明区文塔路211号4-6层	361000		466
44	深圳市奇信建设集团股份有限公司	深圳市福田区福强路2131号江南名苑一/二层	518038		474
45	浙江省经协集团有限公司	浙江省杭州市下城区白石路258号浙江经协发展大厦	310004		475
46	青岛银盛泰集团有限公司	青岛市城阳区正阳路196号国际商务港三层	266109		476
旅游、宾馆及娱乐服务业					
1	北京首都旅游集团有限责任公司	北京市朝阳区雅宝路10号凯威大厦	100020	339	117
2	中国港中旅集团公司	北京市宣武区广安门内大街338号9层（香港干诺道中78-83号中旅集团大厦）	100053	376	127
3	上海春秋国际旅行社（集团）有限公司	上海市长宁区1558号	200500		239
4	中青旅控股股份有限公司	北京市东城区东直门南大街5号	100007		265
5	开元旅业集团有限公司	浙江省杭州市萧山区市心中路818号	311202		292
6	安徽省旅游集团有限责任公司	安徽省合肥市梅山路18号IFC安徽国际金融中心38-39F	230022		467

续表

行业名次	公司名称	通讯地址	邮编	名次(1)	名次(3)
7	浙江远洲控股有限公司	上海市金沙江西路 1555 弄 360	201803		491
公用事业、市政、水务、航道、港口等公共设施的投资、经营与管理业					
1	北京控股集团有限公司	北京市朝阳区东三环北路 38 号院北京国际中心 4 号楼	100026	194	70
2	北京首都创业集团有限公司	北京市东城区朝阳门北大街 6 号首创大厦 15 层	100027	408	140
3	辽宁日林实业集团有限公司	辽宁省丹东振兴区三纬路 1 号 A 区 A 座	118000	438	146
4	南昌市政公用投资控股有限责任公司	江西省南昌市青山湖区湖滨东路 1399 号	330039		179
5	天津城市基础设施建设投资集团有限公司	天津市和平区大沽北路 161 号城投大厦	300040		217
6	湖北省交通投资集团有限公司	湖北省武汉市洪山区珞喻路 1077 号东湖广场	430074		232
7	广西北部湾投资集团有限公司	广西南宁市中泰路 11 号北部湾大厦	530029		250
8	武汉市城市建设投资开发集团有限公司	湖北省武汉市洪山区团结大道 1020 号	430061		256
9	广东省广告集团股份有限公司	广东省广州市东风东路 745 号之二金广大厦	510062		279
10	广州市水务投资集团有限公司	广东省广州市天河区临江大道 501 号	510655		303
11	天津市政建设集团有限公司	天津市和平区衡阳路 4 号	300050		305
12	建安投资控股集团有限公司	安徽省亳州市谯城区药都大道 1366 号	236800		320
13	南京大地建设集团有限责任公司	江苏省南京市华侨路 56 号大地建设大厦 27 楼 2703	210000		341
14	深圳市水务（集团）有限公司	广东省深圳市深南中路 1019 号万德大厦	518031		346
15	上海临港经济发展（集团）有限公司	上海市浦东新区新元南路 555 号	201306		381
16	路通建设集团股份有限公司	山东省东营市东营区东城府前大街 55 号金融港 G 座	257000		399
17	棕榈生态城镇发展股份有限公司	广东省广州市天河区马场路 16 号富力盈盈广场（广州总部）	510627		425
18	武汉市水务集团有限公司	湖北省武汉市建设大道 957 号	430015		471
19	无锡市市政公用产业集团有限公司	江苏省无锡市解放东路 800 号	214002		499
人力资源、会展博览、国内外经济合作等社会综合服务业					
1	中国国际技术智力合作公司	北京市朝阳区光华路 7 号汉威大厦西区 25 层	100004	248	86
2	北京外企服务集团有限责任公司	北京市朝阳区西大望路 15 号外企大厦 B 座 19 层	100022	316	106
3	中国江苏国际经济技术合作集团有限公司	江苏省南京市北京西路 5 号	210008		205
4	中国对外贸易中心（集团）	广东省广州市海珠区阅江中路 382 号	510335		396
5	中国大连国际经济技术合作集团有限公司	辽宁省大连市西岗区黄河路 219 号	116011		445
科技研发、推广及地勘、规划、设计、评估、咨询、认证等承包服务业					
1	上海龙旗科技股份有限公司	上海市徐汇区漕宝路 401 号 1 号楼	200233		302
2	银江科技集团有限公司	浙江省杭州市西湖科技园西园八路 2 号银江软件园 G 座	310030		304

续表

行业名次	公司名称	通讯地址	邮编	名次（1）	名次（3）
3	中国成达工程有限公司	四川省成都市天府大道中段279号成达大厦	610041		314
4	赛鼎工程有限公司	山西省太原市高新区晋阳街赛鼎路1号	30032		404
5	中国海诚工程科技股份有限公司	上海市宝庆路21号	200031		411
6	中国河南国际合作集团有限公司	河南省郑州市东明路北11号	450004		415
7	长江勘测规划设计研究院	湖北省武汉市汉口江岸区解放大道1863号	430010		462
文化产业（书刊的出版、印刷、发行与销售及影视、广播、音像、文体、演艺等）					
1	安徽新华发行（集团）控股有限公司	安徽省合肥市包河区北京路8号	230051	495	156
2	安徽出版集团有限责任公司	安徽省合肥市政务文化新区翡翠路1118号	230071		198
3	中文天地出版传媒股份有限公司	江西省南昌市红角洲新区学府大道299号中文传媒大厦	330038		245
4	湖南省新华书店有限责任公司	湖南省长沙市五一大道826号新华大厦	410005		262
5	浙江出版联合集团有限公司	浙江省杭州市西湖区天目山路40号	310013		266
6	西安曲江文化产业投资（集团）有限公司	陕西省西安市雁塔南路292号曲江文化大厦	710061		311
7	中原出版传媒投资控股集团有限公司	河南省郑州市金水东路39号	450016		315
8	四川新华发行集团有限公司	四川省成都市人民南路一段86号城市之心12楼	610017		362
9	云南出版集团有限责任公司	云南省昆明市环城西路609号	650034		373
10	江西新华发行集团有限公司	江西省南昌市红谷滩新区红古南大道2799号	330038		447
11	重庆新华书店集团公司	重庆市渝中区邹容路121号	400010		497
信息、传媒、电子商务、网购、网络娱乐等互联网服务业					
1	北京京东世纪贸易有限公司	北京市亦庄经济开发区科创十一街18号院京东大厦	100101	88	38
2	腾讯控股有限公司	广东省深圳市南山区高新科技园科技中一路腾讯大厦	518057	140	56
3	阿里巴巴集团控股有限公司	浙江省杭州市余杭区文一西路969号	311121	148	59
4	百度网络技术有限公司	北京市海淀区上地十街10号百度大厦		212	76
5	唯品会（中国）有限公司	广东省广州市荔湾区芳村花海街20号自编6号楼	510370		161
6	上海钢联电子商务股份有限公司	上海市宝山区园丰路68号	200444		165
7	上海东方明珠新媒体股份有限公司	中国上海市徐汇区宜山路757号	200233		167
8	深圳市朗华供应链服务有限公司	广东省深圳市福田区深南大道6021号喜年中心B座朗华大厦11楼	518040		199
9	乐视网络信息技术（北京）股份有限公司	北京市朝阳区姚家园路105号3号楼6184室	100025		234
10	深圳市中农网股份有限公司	广东省深圳市福田区福强路文化创意园二期A座301	518017		236
11	北京当当网信息技术有限公司	北京市东城区朝阳门北大街7号第五广场C座4层	100010		284

续表

行业名次	公司名称	通讯地址	邮编	名次(1)	名次(3)
12	上海东方电视购物有限公司	上海市杨浦区国定路 400 号	200433		328
13	华数数字电视传媒集团有限公司	浙江省杭州市莲花街 333 号莲花商务中心 A 座 8 楼	310012		337
14	广州华多网络科技有限公司	广东省广州市番禺区南村镇万博二路 79 号万博商务区万达广场北区 B-1 栋	511400		366
15	广东省广播电视网络股份有限公司	广东省广州市珠江西路 17 号广晟国际大厦 37 层	510623		413
16	湖南新长海发展集团有限公司	湖南省长沙市经开区板仓南路 26 号	410100		449
17	网宿科技股份有限公司	上海市徐汇区斜土路 2899 号光启文化广场 A 幢 5 楼	200030		498
综合服务业（以服务业为主，含有制造业）					
1	中国机械工业集团有限公司	北京市海淀区丹棱街 3 号 A 座	100080	62	31
2	中国保利集团公司	北京市东城区朝阳门北大街 1 号保利大厦 28 层	100010	96	40
3	上海东浩兰生国际服务贸易（集团）有限公司	上海市延安中路 837 号	200040	122	48
4	新疆广汇实业投资（集团）有限责任公司	乌鲁木齐市新华北路 165 号广汇中天广场 32 层	830002	135	54
5	广东省广业资产经营有限公司	广东省广州市东风中路 350 瑞星大厦 22 楼	510030		170
6	上海均瑶（集团）有限公司	上海市徐汇区肇嘉浜路 789 号均瑶国际广场 37 楼	200032		181
7	深圳华强集团有限公司	广东省深圳市深南中路华强路口华强集团 1 号楼	518031		210
8	广州岭南国际企业集团有限公司	广东省广州市流花路 122 号中国大酒店商业大厦 4-6 层	510015		238
9	湖南九龙经贸集团有限公司	湖南省娄底市长青中街 199 号	417100		261
10	宁波滕头集团有限公司	浙江省奉化市萧王庙街道滕头村	315503		296
11	苏州国信集团有限公司	江苏省太仓市文治路 55 号国信金融大厦	215411		351
12	华茂集团股份有限公司	浙江省宁波市西门望春工业区龙嘘路 125 号	315175		358
综合保险业					
1	中国平安保险（集团）股份有限公司	广东省深圳市福田区福华路星河发展中心 15 楼	518048	9	6
2	中国太平洋保险（集团）股份有限公司	上海市浦东新区银城中路 190 号交银金融大厦南楼	200120	52	29
3	中国太平保险集团有限责任公司	北京市西城区广宁伯街 2 号金泽大厦 7 层	100023	129	51

后 记

一、《2016 中国 500 强企业发展报告》是由中国企业联合会、中国企业家协会组织编写的全面记载和反映中国 500 强企业改革和发展的综合性大型年度报告。

二、为深入贯彻落实党的十八届五中全会精神，引导我国大企业牢固树立新的发展理念，把握机遇，迎接挑战，促进企业做强做优做大，提高国际竞争力，发展我国大型跨国公司，我会连续第 15 年参照国际惯例推出了中国企业 500 大及其与世界企业 500 强的对比分析报告，连续第 12 年推出了中国制造业企业 500 强、中国服务业企业 500 强及其分析报告，并连续第 6 年推出了中国跨国公司 100 大及其分析报告。国务院领导多次作出批示，希望中国企业联合会继续把这方面的工作做好。2016 中国企业 500 强、中国制造业企业 500 强、中国服务业企业 500 强、中国跨国公司 100 大的产生得到了各有关企联（企办）、企业家协会和相关企业的大力支持，在此深表感谢！

三、本报告为中国企业联合会、中国企业家协会的研究成果。各章的作者为：第一章：冯立果、李素云；第二章：赵红；第三章：高蕊、李奥林；第四章：李建明；第五章：郝玉峰；第六章：刘兴国；第七章：殷恒晨；第八章至第十三章：张德华、吴晓。全书由郝玉峰统稿，参加编辑工作的有：郝玉峰、缪荣、刘兴国、冯立果、高蕊、张德华、吴晓、杨润。

四、凡引用本报告研究数据、研究成果的，应注明引自“中国企业联合会《2016 中国 500 强企业发展报告》”，未经授权不得转载 2016 中国企业 500 强、2016 中国制造业企业 500 强、2016 中国服务业企业 500 强、2016 中国跨国公司 100 大名单。

五、2017 年我会将继续对中国企业 500 强、中国制造业企业 500 强、中国服务业企业 500 强进行分析研究，出版《2017 中国 500 强企业发展报告》，希望申报 2017 中国企业 500 强、2017 中国制造业企业 500 强、2017 中国服务业企业 500 强的企业，请与我会研究部联系，电话：010 –

88512628、68701280、68431613、88413605；传 真：010 – 68411739；网 址：www. china –500. org。

六、本报告得到了协鑫集团、华融湘江银行、埃森哲、中国可持续发展工商理事会、中国企业管理科学基金会、复旦管理学奖励基金会、清华大学全球产业 4. 5 研究院、汇桔网、世界村健康产业集团、六度伯乐网的大力支持，在此特别致谢！

由于时间仓促，本报告难免出现疏漏和不尽人意之处，恳请经济界、企业界及其他各界人士提出宝贵意见和建议。

在本书即将出版之际，我们还要向一直负责本书出版的企业管理出版社表示感谢！

编 者

二〇一六年八月

2016中国企业500强
2016中国制造业企业500强
2016中国服务业企业500强

部分企业介绍

中国盐业总公司

董事长 李耀强

中国盐业总公司（原名中国盐业公司，以下简称中盐公司）创立于 1950 年，现为国务院国资委监管的国有大型企业。主要承担两大任务：一是履行中央企业职责，实现国有资产保值增值；二是作为全国食盐的生产经营主体，确保国家合格碘盐供应。中盐公司是中国盐行业龙头企业和唯一中央企业，亚洲最大、世界第二的盐业企业和国内重要化工企业，拥有全资、控股子二级公司 46 家，职工 3.1 万余人，除盐的核心业务外，还向盐化工下游产业链延伸，初步形成各类化工产品的系列布局，部分产品进入世界和全国前列。

中国盐业总公司长期以来一直致力于推动盐行业持续、稳定、健康发展。以服务民生为根本，保障全国食盐供应，在应对抢购风潮、自然灾害等突发时刻和非常时期，发挥了关键作用保障了食盐供应。在落实国家食盐专营政策、普及碘盐供应上，建立规范的食盐生产销售网络体系，为我国实现消除碘缺乏病目标做出了重要贡献，得到了有关国际组织的高度评价，被称为“世界的典范”“里程碑性的成就”，荣获联合国“全球儿童事业贡献奖”。中盐公司重视社会责任，关注企业文化建设，获得“中国儿童慈善奖 – 突出贡献奖”“中国五星品牌”“全国企业文化建设特殊贡献单位”等众多荣誉。在中国社科院发布的社会责任蓝皮书中，中盐公司社会责任发展指数多次位列食品饮料行业第一名。

未来，中盐将立足于“创新行业价值，服务民生，体现国家意志”三大主体功能，通过观念创新、发展方式创新、工艺技术创新、商业模式创新和产品用途创新等多种手段，达到行业价值的提升；通过发挥品牌优势，以“中盐”品牌为核心，以安全、健康、可靠、优质的产品为载体，赋予中盐品牌等更多时代内涵，积极发挥为人民提供安全食品保障的综合服务功能；通过主动承担特定的社会功能，在体现国家意志、履行社会责任等方面积极配合政府，充分发挥行业影响力。

中盐将秉持转型发展、创新发展、开放发展、合作发展的理念，致力于做强做优、创先争优、厚德培优，坚持道术并重、知行合一，铸就“绿色中盐、品质中盐、责任中盐、百年中盐”。

中盐东兴公司生产区

湖盐——莱盐船作业

海盐——盐田

化工生产装置

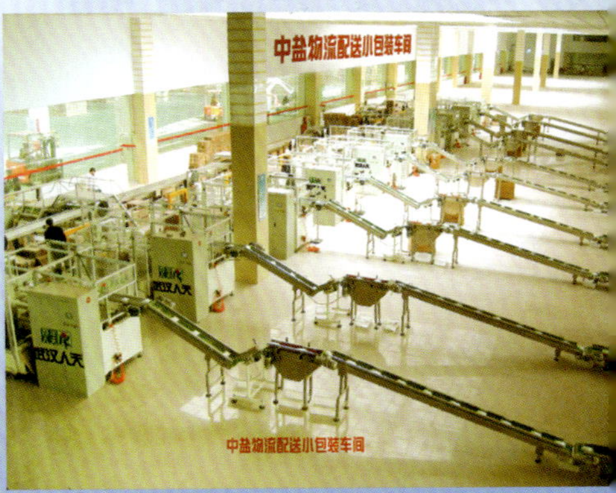

食盐分装达到食品要求

荣程集团
ROCKCHECK GROUP

天津荣程祥泰投资控股集团有限公司(以下简称荣程集团)是天津市大型民营骨干企业之一。集团总部座落在天津滨海新区，现有员工 8000 余人，资产总值 130 亿元。2015 年实现产值 550 亿元，位列全国企业 500 强第 253 位，中国民营企业 500 强第 55 位，连续十一年位居天津市百强私营企业第 1 位。

荣程集团紧密结合国家和地方发展战略，制定了“主业做精，相关多元发展”的战略规划，历经多年的发展和实践，现已形成钢铁冶金、互联网金融和文化健康三大产业，初步构建“3+2”战略组合模式和“一体两翼、多业并举”(一体：实体产业；两翼：互联网 + 金融)的战略布局，立志成为互联网金融的领跑者、运营模式的创新者、美丽庄园的建设者、健康标准的制定者。

自成立至今，荣程集团累计实现净利润 67 亿元，累计缴纳税金 72 亿元，社会贡献总额 180 亿元，社会公益事业投入 4.5 亿元。在经济新常态下，荣程集团持续稳定健康运行，经济效益稳步增长，连续保持盈利。

“十三五”期间，荣程集团紧密围绕“创新、协调、绿色、开放、共享”五大发展理念，积极响应供给侧结构性改革，落实“三去一降一补”，做好荣程“加减乘除”法。按照集团制定的“十三五”顶层设计和战略规划，继续坚持“发展五项原则”和“三不投”原则，强化推进运营五项原则、文化建设和品牌建设，推进“四资”运作管理。秉承“以利他为基准、以市场为导向、以客户为中心、以产品为核心、以奋斗者为本”的运营五项原则，坚持稳中求进、绿色发展、转型升级的主旨方向不动摇，确保稳健经营和持续盈利，推动各产业齐头并进、快速发展，向进入世界 500 强的奋斗目标阔步前行。

荣程集团董事会主席　张荣华

天津荣程钢铁
厂区风貌

2016年12月6日
放羊公社北京鸟巢发布会

2013年3月26日
天津时代纪念馆开馆

2014年3月26日
荣程集团“四位一体”服务平台
新闻发布会

2013年1月12日
融宝支付上线发布会

荣程与自然和谐　创建可持续发展空间

天津一商集团有限公司

天津一商集团党委副书记、总经理 杨连发

一商集团加快向现代服务流通产业集团转型升级

一商集团为天津市国有独资大型商业集团，列 2016 中国企业 500 强第 258 位；中国服务业企业 500 强第 88 位；天津企业 100 强第 10 位；天津服务业企业 80 强第 4 位。

一商集团拥有 120 万平米的商业设施，包括 9 个大型百货商场，分布在天津中心城区、中心商务区、滨海新区、京津走廊，12 个大型专业交易市场，主要聚焦在环线以内、商务密集区，4 个大型物流基地具有多功能的存储和配送服务。同时，集团企业还为过百个世界 500 强、国内 500 强、行业 10 强企业，做品牌销售代理商，拥有多星级的专业批发渠道超过 2 万个，搭建了“易商通”电子交易平台。

近年来，集团定位于成为全国知名的现代流通业集成服务商，正加快转变原有百货零售、批发贸易、商务服务三大传统主业的发展方式，融合发展形成了“现代百货、批发贸易、实业投资、商服金融四大核心主业和现代物流、商业置业、电子商务三大功能业务”，以“4+3”的主业新架构，逐步向现代服务流通产业集团转型升级。

永保创新精神 展现一商风采

一商集团旗下“天津渤商大百商贸股份有限公司”
新三板上市挂牌

友谊新天地广场

一商平行进口汽车

优客工场——友谊创客 MALL

集团抢抓发展机遇，在精耕细作传统优势市场同时，以创新模式、创新机制的“双创项目”为引擎，聚焦现代服务、大宗贸易、新型金融、文化健康、电子商务五大突破方向，积极推动城市地产、养老健康、高端制造、文化教育、现代物流等新兴领域新项目，创新发展新动能加快生成，推动生产和生活性服务业并重发展和现代服务业和传统主业并举的新格局。

未来，天津一商集团将以改革为统领，以市场为导向，加快转变发展方式，推动战略升级、管理升级和提质增效升级，通过规模化、品牌化、网络化、国际化经营，加快“十三五”期间，实现“千亿规模、十亿利润”的发展目标，进入全国大型商业集团前列。

湖北荆岳长江大桥

SRBG

全国"五一"劳动奖

全国抗震救灾英雄集体

全国文明单位

四川公路桥梁建设集团有限公司是由四川省人民政府批准成立的国有独资大型企业，注册资金30亿元。公司为国家公路工程施工总承包特级资质和公路行业甲级设计资质企业，主要从事路桥施工、路桥投资收费、水电开发、房地产开发、矿藏开发、证券投资等业务。公司下辖50多个全资和控股分、子公司，员工10000多人，年营业收入300多亿元。

60多年来，公司共修建公路1.8万余公里，其中高等级公路8000余公里，大型桥梁2000多座，以及隧道、机场、码头、水坝、市政工程等，以"优质高效、信守合同"赢得了业界的良好赞誉。公司自1979年开展对外承包以来，先后承担工程110多个。目前在建工程主要分布于厄立特里亚、坦桑尼亚、阿联酋、科威特、挪威、密克罗尼西亚等国。公司在高速公路路面及特大型桥梁施工方面有较强实力，多项施工技术处于国内或世界先进水平，多次荣获国家及部、省级科技和质量奖项。

近年来，公司坚持"一业为主、两翼并举、多元发展"的战略，公司先后投资建设了宜宾长江大桥等5个独立大桥BOT工程项目，成德绵高速公路等13条高速公路BOT项目；投资开发了多个水电项目、房地产项目、矿产开发项目，并在医药、证券行业进行了成功的开拓。

公司多次被评为"四川省国有建筑企业综合实力首强"及"最佳效益首强""四川省大型企业集团经营规模10强"及"综合实力10强"，并荣获了"全国五一劳动奖状""全国抗震救灾英雄集体""全国文明单位""全国先进基层党组织"等荣誉称号。

雅西高速公路

福建龙长高速管理

浙江舟山西堠门跨海大桥

巴河水电站

CHENG DU JIAN GONG
成都建工

成都建筑工程集团总公司

成都建工集团办公楼

集团党委书记、董事长祝年贵到集团建筑工业化生产基地调研

成都建筑工程集团总公司为全民所有制企业，于 2003 年 5 月挂牌成立。集团先后 10 次跻身中国企业 500 强，是成都市唯一拥有建筑业特级资质，唯一年产值首破 100 亿元、200 亿元、300 亿元的大型国有企业。

作为地方行业标杆，集团紧跟国家、省、市战略部署，以创新精神率先推进西南地区建筑产业现代化发展，并在探索建筑工业化的道路上加速领跑。

集团已建成投产目前省内最大、技术最先进的建筑工业化生产基地，拥有两条国内领先水平的自动化流水生产线，设计年产能 15 万 m^3 预制部品构件，可满足 150 万 m^2 二业化建筑的需求。在承建建筑工业化项目上创造了多个“第一”，包括成都市第一个建筑工业化示范项目、四川省第一个预制率接近 100% 的全装配式结构、首次植入“海绵城市”理念的成都市中环路改造项目、全国单体量最大的工业化住宅项目。同时，成功研发了地下综合管廊构件；开发了适应“海绵城市”建设需要的系列预制部品；研发出免装修清水混凝土内外墙板、结构保温一体化混凝土外墙板等实用技术，实现了建筑工业化构件产品及关键技术首次在成都市公共建筑、保障性住房、市政项目中的成功应用，绿色施工示范引领效果明显，被省建设厅授予“四川省建筑产业现代化示范基地”。由集团主编的四川省工程建设地方标准《装配式混凝土结构工程施工与质量验收规程》已经省住建厅批准发布。同时，集团作为主要编制单位，积极推进成都市建筑工业化相关地方标准编制工作。

实践证明，建筑工业化既是集团参与市场竞争的利器，更是推进集团转型升级的重要途径。当前，集团已把建筑工业化纳入“十三五”发展规划，作为重点板块优先发展。面对广阔市场和良好前景，集团将乘势而上，继续加大投入，做大规模，做强技术，做宽市场，做全产业优势，扩大领先优势，进一步领跑西南市场。

成都建工集团承建的全国单体量最大的工业化住宅项目——大丰保障性住房锦丰新城项目

绿地·东村幼儿园项目第一次吊装

建筑工业化生产基地内景

建筑工业化生产基地生产的预制构件

建筑工业化生产基地外景